Dignidade da Pessoa Humana
Fundamentos e Critérios Interpretativos

Dignidade da Pessoa Humana
Fundamentos e Critérios Interpretativos

AGASSIZ ALMEIDA FILHO
PLÍNIO MELGARÉ
(Organizadores)

AGASSIZ ALMEIDA FILHO • ANTÓNIO JOSÉ AVELÃS NUNES
CLAUDIO PEDROSA NUNES • EDUARDO C. B. BITTAR
EDUARDO RAMALHO RABENHORST • HELOISA HELENA BARBOZA
INGO WOLFGANG SARLET • IVO DANTAS • JANAÍNA RIGO SANTIN
JOSE LUIS BOLZAN DE MORAIS • LUIZ EDSON FACHIN
LUIZ FELIPE BRASIL SANTOS • LUIZ FERNANDO BARZOTTO
MÁRCIO ACCIOLY DE ANDRADE
PAULO FERREIRA DA CUNHA • PLÍNIO MELGARÉ
RICARDO ARONNE • ROGÉRIO MAGNUS VARELA GONÇALVES
WILLIS SANTIAGO GUERRA FILHO

Dignidade da Pessoa Humana
Fundamentos e Critérios Interpretativos

© AGASSIZ ALMEIDA FILHO
PLÍNIO MELGARÉ
(orgs.)

ISBN 978-85-7420-986-9

Direitos reservados desta edição por
MALHEIROS EDITORES LTDA.
Rua Paes de Araújo, 29, conjunto 171
CEP 04531-940 – São Paulo – SP
Tel.: (11) 3078-7205 – Fax: (11) 3168-5495
URL: *www.malheiroseditores.com.br*
e-mail: *malheiroseditores@terra.com.br*

Composição
Scripta

Capa
Criação: Vânia L. Amato
Arte: PC Editorial Ltda.

Impresso no Brasil
Printed in Brazil
01.2010

APRESENTAÇÃO

O esgotamento das fórmulas totalitárias do século XX e a conseqüente difusão dos regimes políticos democráticos, a prevalência normativa dos direitos fundamentais, a crise do direito natural e do positivismo jurídico, todos esses aspectos apontam para a necessidade de encontrar um valor (referência material) capaz de dar sentido ao ordenamento jurídico. No meio de uma busca de consenso teórico que toma o Estado Constitucional e a historicidade do Direito como postulados inafastáveis, as idéias de pessoa humana e de proteção da sua dignidade aparecem como verdadeiros marcos axiológicos da nossa época. Também é importante "destacar a dimensão prospectiva da dignidade, apontando para a configuração de um futuro compatível com a dignidade da pessoa" humana (Häberle).

Mas como se deve compreender esse princípio? Quais os mecanismos jurídicos que podem ser mobilizados para que a dignidade da pessoa humana venha a gozar de efetividade normativa? Qual o papel que ela desempenha como fundamento do Estado Democrático de Direito (art. 1º, inc. III, da CF de 1988)? Em outras palavras, sob sua influência normativa é possível conciliar o primado da soberania popular com a integração supranacional? No final das contas, tais indagações traduzem parte das dificuldades em torno da definição de um conteúdo axiológico para o Direito no mundo global. É procurando analisar o papel da pessoa humana e da proteção da sua dignidade nas democracias constitucionais contemporâneas que surge a presente obra.

João Pessoa/Porto Alegre, dezembro de 2009

Os Organizadores

SUMÁRIO

PRIMEIRA PARTE
COMPREENSÃO DA PESSOA HUMANA

1 – O VALOR DA PESSOA HUMANA E O VALOR DA NATUREZA
EDUARDO RAMALHO RABENHORST

1. Introdução 21
2. O valor do homem 22
3. O valor da natureza 31
4. Sobre a noção de valor intrínseco 35

2 – PESSOA E RECONHECIMENTO – UMA ANÁLISE ESTRUTURAL DA DIGNIDADE DA PESSOA HUMANA
LUIZ FERNANDO BARZOTTO

1. Introdução 39
2. A pessoa humana
   2.1 Preliminares 41
   2.2 A pessoa, ser em si 41
   2.3 A pessoa, ser com outrem 45
   2.4 A pessoa, ser para si 47
3. O reconhecimento
   3.1 Preliminares 50
   3.2 Reconhecimento e dignidade 50
   3.3 Reconhecimento e epistemologia: a pessoa como mistério 52
   3.4 Reconhecimento e ética: a pessoa como absoluto 55
   3.5 Reconhecimento e ontologia: a pessoa como sagrado 60
   3.6 Reconhecimento e fé 63
4. Conclusão 65

3 – HOMEM E PESSOA: CONOTAÇÕES E DENOTAÇÕES NO DEALBAR DE UM NOVO DIREITO PESSOAL E SOCIAL

PAULO FERREIRA DA CUNHA

1. Introdução
   1.1 Interrogações liminares 68
   1.2 Problema conceptual e linguístico nas Humanidades e afins 69
   1.3 Pessoa, Homem, Dignidade como tópicos do nosso tempo 69
2. Conotações de vocábulos radicados em "Homem"
   2.1 Homem e homens 70
   2.2 Humano e desumano 71
   2.3 Humanista(s) 72
   2.4 Humanismo e Humanitarismo 72
3. Paradigmas
   3.1 Da personalidade do gato à pessoa do robot 73
   3.2 A caminho de um novo paradigma jurídico 75

SEGUNDA PARTE
PESSOA HUMANA E DIREITO CIVIL

4 – A PROTEÇÃO DA IDENTIDADE GENÉTICA

HELOISA HELENA BARBOZA

1. *Identidade: conceito complexo e dinâmico* 83
2. *Identidade e "status"* 86
3. *Identidade genética e informação genética* 91
4. *Proteção da identidade genética no ordenamento jurídico brasileiro* 96

5 – DIREITO CIVIL E DIGNIDADE DA PESSOA HUMANA: UM DIÁLOGO CONSTITUCIONAL CONTEMPORÂNEO

LUIZ EDSON FACHIN

1. *Introdução* 101
2. *Direito, sujeito e sociedade* 104
3. *Caminhar histórico do sujeito: construindo a ponte* 105

4. *A dignidade da pessoa humana: elemento concretizador da noção de sujeito* 107
5. *Superação do nominalismo* 109
6. *Paradoxos em face da nova codificação* 110
7. *Conclusão: a perspectiva da Constituição* 119

6 – PARENTALIDADE SOCIOLÓGICA, UMA AFIRMAÇÃO DA DIGNIDADE HUMANA 122
Luiz Felipe Brasil Santos

7 – NASCITURO – PESSOA HUMANA, SUJEITO DE DIREITOS
Márcio Accioly de Andrade

1. *Introdução* 136
2. *O início da vida humana* 137
    2.1 Início da pessoa humana 138
    2.2 A relação da pessoa do nascituro com sua mãe 140
3. *Personalidade jurídica do nascituro no Direito Civil brasileiro e português* 142
    3.1 Direitos do nascituro 144
4. *O nascituro e sua personalidade no Código Civil brasileiro e português*
    4.1 No Código Civil brasileiro 145
    4.2 No Código Civil português 147
5. *Conclusão* 147

8 – NOTAS SOBRE A REPERSONALIZAÇÃO DO DIREITO CIVIL
Plínio Melgaré

1. *Introdução* 150
2. *Da Codificação no Direito Civil* 150
3. *Relevante questão material: a pessoa humana como núcleo axiológico constitutivo do Direito Civil.* 156
4. *Conclusão: uma idéia de igualdade* 160

9 – APROXIMAÇÕES CRÍTICAS DE DIREITO CIVIL-CONSTITUCIONAL, REPERSONALIZAÇÃO E DIREITOS REAIS: DETERMINISMO DOGMÁTICO E INDETERMINAÇÃO JURISPRUDENCIAL
Ricardo Aronne

1. Nota prévia 164
2. Redesenhos e rearranjos – Da unidade entrópica à coerência plural 167
3. Semiologia das titularidades – Os vínculos reais 176
4. A teoria da autonomia e a publicização dialógica do privado 189
5. Significantes e significados normativos: principiologia e função social da propriedade 197
6. Sem pândegas ou pandectas: considerações finais 206

Terceira Parte
PESSOA HUMANA E CONSTITUIÇÃO

10 – CONSTITUIÇÃO E VONTADE POPULAR: ELEMENTOS PARA A COMPREENSÃO DO PRINCÍPIO DEMOCRÁTICO
Agassiz Almeida Filho

1. Princípio democrático e Estado Constitucional 215
2. Atualidade e passado constitucionais. Subsídios e fundamentos para a compreensão da racionalidade da Constituição 219
   2.1 Os pressupostos da racionalidade constitucional 221
3. Princípio democrático e racionalidade constitucional 224
4. Racionalidade constitucional e poder constituinte 226
5. Representação política e racionalidade constitucional 229
6. Concretização normativa, abertura da Constituição e princípio democrático 232

11 – HERMENÊUTICA E CONSTITUIÇÃO: A DIGNIDADE DA PESSOA HUMANA COMO LEGADO À PÓS-MODERNIDADE
Eduardo C. B. Bittar

1. Pressupostos da investigação: hermenêutica e interpretação 239
2. Análise da expressão "dignidade da pessoa humana"
   2.1 Sentido histórico-filosófico 246

2.2 Sentido topográfico da expressão no direito positivo
brasileiro..249
2.3 Significação e vagueza da expressão: contraposição de duas
visões...252
2.4 Sentido principiológico da expressão: a ética dos direitos
humanos..256
3. A "dignidade da pessoa humana" numa sociedade aberta e
pluralista...258
4. Balanço teórico: a dignidade da pessoa humana como legado
moderno na pós-modernidade...261

12 – CONSTITUIÇÃO E BIOÉTICA (BREVES E CURTAS NOTAS)
Ivo Dantas

1. Bioética, valores e Constituição. A Bioconstituição ou o Biodireito
Constitucional..267
   1.1 A dignidade da pessoa humana...272
2. Uma nova geração de direitos? Bioética: um primeiro contato..........278
   2.1 O caráter multidisciplinar da Bioética e do Biodireito 289
3. Os grandes princípios da Bioética...303

13 – PROPOSTA DE TEORIA FUNDAMENTAL DA CONSTITUIÇÃO
(COM UMA INFLEXÃO PROCESSUAL)...318
Willis Santiago Guerra Filho

Quarta Parte
PESSOA HUMANA E DIREITOS FUNDAMENTAIS

14 – A CONSTRUÇÃO EUROPEIA E OS DIREITOS
FUNDAMENTAIS..339
António José Avelãs Nunes

15 – A CONCILIAÇÃO DA VIDA LABORAL E FAMILIAR NO
CONTEXTO DA PRESERVAÇÃO DA DIGNIDADE HUMANA
Claudio Pedrosa Nunes

1. Introdução...360
2. A conciliação entre trabalho e família no Brasil................................361
3. Trabalho versus poder empresarial. Disciplina jurídico-
constitucional..363
4. Mobilidade geográfica e conciliação entre trabalho e família na
Espanha

4.1 Intróito..366
4.2 Perfil da Lei n. 39/1999.......................................366
4.3 Limitação do poder empresarial...........................369
5. Conclusões..372

16 – OS DIREITOS FUNDAMENTAIS SOCIAIS, O DIREITO A UMA VIDA DIGNA (MÍNIMO EXISTENCIAL) E O DIREITO PRIVADO: APONTAMENTOS SOBRE A POSSÍVEL EFICÁCIA DOS DIREITOS SOCIAIS NAS RELAÇÕES ENTRE PARTICULARES

INGO WOLFGANG SARLET

1. Notas preliminares..375
2. Os direitos sociais como direitos fundamentais na ordem constitucional brasileira..377
3. O assim designado mínimo existencial e os direitos fundamentais sociais..386
4. Os direitos (fundamentais) sociais e o mínimo existencial: algumas notas sobre sua eficácia nas relações entre particulares
   4.1 Breves observações sobre a constitucionalização do Direito Privado de um modo geral...............................397
   4.2 O reconhecimento da vinculação do Estado e dos particulares (portanto, de uma eficácia simultaneamente "vertical" e "horizontal") à dignidade da pessoa humana e, em princípio, a todos os direitos fundamentais..............................400
   4.3 A necessária superação da alternativa eficácia direta ou indireta por uma metódica reciprocamente complementar e diferenciada, a partir de uma eficácia direta "prima facie" dos direitos fundamentais também nas relações entre particulares..... 403
   4.4 A garantia de um mínimo existencial como critério material para a aplicação dos direitos fundamentais sociais no Direito Privado e, de modo especial, no âmbito das relações entre particulares.. 409
5. Palavras de encerramento..416

17 – CONSTITUIÇÃO E DIREITOS HUMANOS. OU: SÓ É POSSÍVEL DIGNIDADE NA CONSTITUIÇÃO!........................422

JOSE LUIS BOLZAN DE MORAIS E JANAÍNA RIGO SANTIN

1. A questão dos direitos humanos..............................424
2. O Brasil e o constitucionalismo de 1988.................428
3. A realização dos direitos humanos..........................435
4. Constituição, funções do Estado e neoconstitucionalismo.................438

18 – A DIGNIDADE DA PESSOA HUMANA E O DIREITO À VIDA

Rogério Magnus Varela Gonçalves

1. Introdução 448
2. O princípio da dignidade da pessoa humana 451
3. O princípio vida 453
4. A eventual colisão dos princípios (vida e dignidade) 456
5. A ponderação de interesses 457
6. Alguns "hard cases" entre o direito à vida e a dignidade da pessoa humana
     6.1 A pena de morte 459
     6.2 O aborto eugênico 461
     6.3 A greve de fome (com intuito de óbito) em penitenciárias 462
     6.4 A eutanásia 464
7. À guisa de conclusão 468

COLABORADORES

AGASSIZ ALMEIDA FILHO
Professor Titular de Direito Constitucional da UEPB. Doutorando em Direito Constitucional pela Universidade de Salamanca. Mestre em Ciências Jurídico-Políticas pela Universidade de Coimbra. Especialista em Direito Penal Econômico e Europeu pela Universidade de Coimbra. Membro da Comissão para a Defesa da República e da Democracia da OAB/PB. Colaborador Permanente da *Revista Latino-Americana de Estudos Constitucionais*. Coordenador do Núcleo de Estudos Jurídicos da Fundação Casa de José Américo (2003-2009). Autor de livros jurídicos e artigos publicados no Brasil e no exterior. Advogado (*www.agassizfilho.com*).

ANTÓNIO JOSÉ AVELÃS NUNES
Professor Catedrático da Faculdade de Direito de Coimbra.

CLAUDIO PEDROSA NUNES
Juiz do Trabalho Substituto do TRT da 13ª Região. Mestre em Direito Público pela Universidade Federal de Pernambuco-UFPE. Doutorando em Direito do Trabalho pela Universidade de Salamanca (Espanha).

EDUARDO C. B. BITTAR
Livre-Docente e Doutor. Professor Associado do Departamento de Filosofia e Teoria Geral do Direito da Faculdade de Direito da Universidade de São Paulo. Professor e Pesquisador do Programa de Mestrado em Direitos Humanos da UniFIEO. Professor Titular de Filosofia do Direito da Faculdade de Direito da FAAP.

EDUARDO RAMALHO RABENHORST
Centro de Ciências Jurídicas da UFPB.

HELOISA HELENA BARBOZA
Professora Titular de Direito Civil da Universidade do Estado do Rio de Janeiro-UERJ. Professora do Mestrado em Direito da Faculdade de Direito de Campos-FDC.

INGO WOLFGANG SARLET
Doutor em Direito pela Universidade de Munique. Pós-Doutorado pela Universidade de Munique e Instituto Max-Planck de Direito Social Estrangeiro e Internacional e pela Universidade de Munique, além de pesquisa em nível de Pós-Doutorado no Georgetown Law Center, Washington-DC. Professor Titular de Direito Constitucional da PUC-RS, nos níveis de Graduação, Mestrado e Doutorado. Professor da Escola Superior da Magistratura do RS (AJURIS). Juiz de Direito em Porto Alegre-RS.

IVO DANTAS
Professor Titular da Faculdade de Direito do Recife-UFPE. Doutor em Direito Constitucional-UFMG. Livre-Docente em Direito Constitucional-UERJ. Livre-Docente em Teoria do Estado-UFPE. Membro da Academia Brasileira de Letras Jurídicas. Membro da Academia Brasileira de Ciências Morais e Políticas. Presidente do Instituto Pernambucano de Direito Comparado. Presidente da Academia Pernambucana de Ciências Morais e Políticas. Membro do Instituto Ibero-Americano de Derecho Constitucional México. Membro do Consejo Asesor del *Anuario Ibero-Americano de Justicia Constitucional*, Centro de Estudios Políticos y Constitucionales-CEPC, Madrid. Ex-Diretor da Faculdade de Direito do Recife-UFPE. Membro da Academia Pernambucana de Letras Jurídicas. Fundador da Associação Brasileira dos Constitucionalistas Democráticos. Membro Efetivo do Instituto dos Advogados de Pernambuco. Membro do Instituto Pimenta Bueno – Associação Brasileira dos Constitucionalistas. Professor Orientador Visitante do Programa de Pós-Graduação em Ciências da Saúde, Universidade Federal do Rio Grande do Norte. Juiz Federal do Trabalho (aposentado). Advogado e Parecerista.

JANAÍNA RIGO SANTIN
Doutora em Direito das Relações Sociais. Professora PPGH-UPF e Faculdade de Direito-UPF. Coordenadora de Iniciação Científica UPF. Advogada.

JOSE LUIS BOLZAN DE MORAIS
Doutor em Direito do Estado. Professor PPGD-UNISINOS. Procurador do Estado do Rio Grande do Sul.

LUIZ EDSON FACHIN
Professor Titular de Direito Civil e Diretor da Faculdade de Direito da Universidade Federal do Paraná-UFPR. Membro da Academia Brasileira de Direito Constitucional. Ex-Conselheiro da OAB-PR. Doutor em "Direito das Relações Sociais" pela Pontifícia Universidade Católica de São Paulo-PUC-SP. Procurador do Estado do Paraná. Membro da "International Society of Family Law", do IBDFAM, do IAB, do IAP e da Academia Paranaense de Letras Jurídicas. Autor de diversas obras e artigos sobre Direito Civil.

LUIZ FELIPE BRASIL SANTOS
Desembargador do TJRS. Professor na Escola da Magistratura da Ajuris. Presidente do IBDFAM-RS.

LUIZ FERNANDO BARZOTTO
Doutor em Direito pela Universidade de São Paulo. Professor da Universidade Federal do Rio Grande do Sul, na área de Direito, com ênfase em Filosofia do Direito.

MÁRCIO ACCIOLY DE ANDRADE
Professor do Centro Universitário de Ensino da Paraíba-UNIPÊ. Professor de Cursos Preparatórios para a Carreira Jurídica. Especialista e Mestre em Ciências Jurídico-Civilísticas pela Faculdade de Direito da Universidade de Coimbra-Portugal. Especialista em Direito pela Universidade Potiguar, Rio Grande do Norte-UNP. Especialista em Direito pela Centro Universitário de Ensino da Paraíba-UNIPÊ. Autor de artigos publicados em revistas especializadas; Advogado militante.

PAULO FERREIRA DA CUNHA
Catedrático e Director do Instituto Jurídico Interdisciplinar da Faculdade de Direito da Universidade do Porto. Agregado em Direito Público. Doutor em Direito pela Faculdade de Direito da Universidade de Coimbra e pela Universidade Paris II.

PLÍNIO MELGARÉ
Mestre em Ciências Jurídico-Filosóficas pela Faculdade de Direito da Universidade de Coimbra. Professor da Faculdade de Direito da PUC-RS e da Faculdade de Direito São Judas Tadeu. Palestrante da Escola Superior da Magistratura da Associação dos Juízes do Rio Grande do Sul e da Escola Superior da Magistratura Federal-ESMAFE-RS

RICARDO ARONNE
Doutor em Direito Civil e Sociedade pela UFPR. Mestre em Direito do Estado pela PUC-RS. Pós-Graduado em Direito Processual Civil pela PUC-RS. Coordenador do Núcleo de Pesquisa e Iniciação Científica da Faculdade de Direito da PUC-RS. Professor e Orientador nos programas de graduação e pós-graduação desta mesma instituição. Líder do Grupo de Pesquisa Prismas do Direito Civil-Constitucional da PUC-RS/CNPq. Professor da AJURIS. Membro do IARGS e do IBDP. Advogado no RS.

ROGÉRIO MAGNUS VARELA GONÇALVES
Doutorando em Direito Constitucional pela Universidade de Coimbra. Mestre em Direito Público pela Universidade Federal da Paraíba. Professor da Graduação e da Pós-

graduação do Centro Universitário de João Pessoa-UNIPÊ. Professor da Graduação da Sociedade Caruaruense de Ensino Superior-ASCES. Professor da Pós-graduação da Universidade Potiguar, Rio Grande do Norte-UNP. Professor da Pós-graduação do Centro de Ensino Superior de Maceió-CESMAC. Advogado militante.

WILLIS SANTIAGO GUERRA FILHO
Professor Titular do Centro de Ciências Jurídicas e Políticas da Universidade Federal do Estado do Rio de Janeiro-UNIRIO [cedido para a Faculdade de Direito da Universidade de Brasília, UnB]. Professor Titular licenciado de Filosofia do Centro de Ciências Humanas da Universidade Estadual do Ceará-UECE. Professor de Filosofia do Direito e Teoria Geral do Direito dos Cursos de Mestrado e Doutorado em Direito da Pontifícia Universidade Católica de São Paulo-PUC-SP. Professor de Filosofia Política do Curso de Mestrado em Direito do Centro Universitário de Osasco-SP, e de Teoria da Ciência do Direito do Curso de Mestrado em Direito da Universidade Candido Mendes-RJ.

Primeira Parte

COMPREENSÃO DA PESSOA HUMANA

1
O VALOR DA PESSOA HUMANA E O VALOR DA NATUREZA

EDUARDO RAMALHO RABENHORST

1. Introdução. 2. O valor do homem. 3. O valor da natureza. 4. Sobre a noção de valor intrínseco.

1. Introdução

A degradação do meio ambiente e o nascimento de uma consciência ecológica planetária impuseram ao pensamento contemporâneo a necessidade de repensar as bases tradicionais da ética, notadamente no que concerne à definição daquilo que recebe o nome de "comunidade moral", isto é, do parâmetro que separa aqueles que "contam" moralmente daqueles que "não contam". Com efeito, as éticas convencionais restringem o âmbito da comunidade moral à órbita dos seres racionais e atribuem ao homem uma centralidade absoluta. As filosofias ambientalistas, entretanto, contestam tal privilégio e propõem uma ampliação da comunidade moral, de maneira a incluir os animais ou até mesmo o conjunto da natureza. Na esfera jurídica tal contestação também se faz presente de forma cada vez mais intensa, correspondendo a uma exigência de expansão da própria idéia de direitos humanos. Os direitos humanos, como sabemos, podem ser definidos como o conjunto de faculdades e instituições que buscam concretizar algumas das principais exigências concernentes ao reconhecimento da dignidade de todos os homens. Tais exigências apareceram inicialmente sob a forma de princípios morais, porém, gradativamente, elas foram se incorporando ao direito positivo. Em virtude dessa dupla constituição, os direitos humanos podem ser concebidos ao mesmo tempo como "direitos legais" e "direitos morais". Direitos humanos são "direitos legais" na medida em que estão consignados em preceitos reconhecidos por uma ordem jurídica nacional ou internacional, correspondendo, assim, a determinadas previsões legais. Contudo, os direitos humanos são também "direitos morais" ou "direitos extralegais", vez que atribuem aos indivíduos um amplo leque de pretensões que não dependem da existência de determinações jurídicas específicas. À primeira vista, a expressão "direitos morais" pode parecer contraditória, mas ela pretende destacar um aspecto fundamental, ou seja, o de que os direitos humanos não são simples instrumentos jurídicos, mas representam, antes de tudo, uma tentativa de se atribuir força jurídica à convicção de que o homem é portador de direitos que fazem referência à sua qualidade moral, enquanto ser livre e racional.

Não é difícil perceber, portanto, que o pressuposto necessário à noção de direitos morais é atribuição de um valor intrínseco ao homem. Segundo a visão tradicional, tal valor decorre da própria racionalidade humana, isto é, do fato de que, ao contrário dos animais infra-humanos, o homem pensa, delibera e é consciente de sua própria existência. Note-se que as filosofias ambientalistas questionam essa linha divisória, por entender que ela não atende às necessidades impostas pelo colapso ecológico. Dessa forma, partindo principalmente do argumento dos "casos marginais", ou seja, da situação de seres humanos que não manifestam ou deixaram de manifestar as características acima, os filósofos ambientalistas propõem novas bases para a noção de valor intrínseco, de forma a incluir, no âmbito da comunidade moral, o conjunto dos seres vivos. Nesse novo quadro teórico, o pensamento jurídico é convocado a repensar a categoria de sujeito de direito e a própria disparidade jurídica entre os homens e os animais. Ora, pode o direito renunciar à centralidade atribuída à espécie humana? Questão complexa que requer, como tarefa prévia, um breve inventário acerca dos valores do homem e da natureza.

2. O valor do homem

"A história européia, a idéia de homem se exprime na maneira como este se distingue do animal. A falta de razão do animal serve para demonstrar a dignidade do homem." A frase acima, extraída da *Dialética da Razão* de T. Adorno e M. Horkheimer, traduz bem os problemas que gostaríamos de abordar aqui. De fato, a noção tradicional da dignidade humana não teria sido construída a partir da suposição de uma irredutibilidade do homem ao mundo natural?

Lembremos que o enigma inerente à condição humana foi mote constante das tragédias gregas. Édipo, por exemplo, personagem tão próximo dos humanos reais por suas atitudes intempestivas, foi consagrado rei de Tebas exatamente por ter derrotado a Esfinge ao elucidar um mistério concernente ao homem, ainda que sua resposta venha, na verdade, mascarar o verdadeiro problema. De fato, ao responder à pergunta proposta pela Esfinge, o personagem trágico deixou intacta a interrogação mais importante: "Quem é o homem?". Também em *Antígona*, o ser humano é descrito e exaltado como a coisa mais "maravilhosa" do mundo, mas sua natureza dual permanece inacessível. O coro dessa tragédia enaltece a grandeza do homem e afirma sua superioridade sobre as outras espécies advindas de sua capacidade criativa. Contudo, adverte o coro que essa mesma habilidade de criar e de transformar a natureza pode conduzir o homem à desmedida. A propósito, importa lembrar que o termo empregado no verso de Sófocles, *deinos*, pode ser traduzido por *maravilha*, mas também por *espantoso* ou *inquietante*, como bem sugeriu Heidegger em seu famoso curso sobre Hölderlin (Heidegger, 1962). Para Sófocles, inquietante no homem, em primeiro lugar, é a maneira como ele se impõe sobre todas as coisas, em particular sobre a natureza. Nesse sentido, dirá Heidegger, o homem nunca se sente "em casa", tanto no que concerne à natureza que lhe cerca, quanto no que diz respeito à sua própria natureza. Por isso mesmo, após exaltar as diversas habilidades humanas, dentre as quais a de criar uma vida societária regida por regras, o coro de Antígona também observa que o ser humano, contraditoriamente, se julga no direito de afrontar a ordem social que ele próprio instituiu.

O enigma acerca da condição humana emerge na história da filosofia como uma reflexão sobre a própria animalidade do homem. Afinal, o objetivo de uma reflexão sobre a essência animal não é identificar aquilo que é próprio do homem? Ora, uma das primeiras análises da especificidade do homem face aos animais pode ser encontrada em Platão, mais precisamente no famoso diálogo *Teeteto*. Nele Platão atribui ao sofista Protágoras de Abdera a máxima segundo a qual "o homem é a medida de todas as coisas, das que são pelo que são e das que não são pelo que são" (152a). À primeira vista poderia parecer que Protágoras estaria antecipando o humanismo e a centralidade do homem proposta pelo pensamento moderno. Contudo, conforme observa Watanabe (1995), o escopo de Protágoras é mostrar que é o homem "que se constitui como a dimensão segundo a qual as coisas são ou não são. (...) Afinal, sem o homem, não há como questionar o ser das coisas, pois quem estaria questionando?" Como já interpretara Sexto Empírico, a máxima de Protágoras diz que o homem é o juízo de todos os fatos. Por isso, "*tudo aquilo, de fato que parece aos homens é; e o que não parece a nenhum homem, não é*" (vide Mondolfo, 1971, p. 142).

Ora, a questão que se apresenta ao sofista Protágoras é saber como podemos avaliar as coisas, discernindo o bem do mal. Para Protágoras, a fonte desse discernimento pode ser encontrada na natureza (*physis*) como também nos costumes (*nomos*), mas em todo caso ela exige educação e exercício próprio a cada um. Daí a narrativa que Protágoras faz do mito de Prometeu no intuito de mostrar como ocorreu a formação da humanidade pelos deuses e a própria origem da sociedade e das leis. Conta-nos o sofista, por meio de Platão, que Prometeu (aquele que pensa antes), juntamente com Epimeteu (aquele que pensa depois), foram encarregados de distribuir, de forma eqüitativa, entre todas as espécies, as diversas qualidades das quais elas seriam providas. Ocupando-se de uma parte do mundo, Prometeu deixa a Epimeteu a banda na qual se encontrava o homem. Entretanto, Epimeteu acabou por esquecer o homem em sua empreitada, distribuindo todas as qualidades disponíveis para as outras espécies. Ao constatar o fato de que o homem seria a criatura mais desprovida de todas, Prometeu decide furtar dos deuses o fogo e a habilidade artística. E foi assim que o homem passou a ocupar um lugar intermediário entre as outras espécies e os deuses, participando, como diz Platão, do lote divino. Donde a própria constituição ambivalente do homem: composto por uma alma inteligível e um corpo sensível, o homem, ao mesmo tempo em que pensa racionalmente e venera os deuses, também se inflama de desejos irracionais e apetitivos (vide Platão, 435 "f" e 439 "d").[1] Porém, prossegue Protágoras, a simples capacidade de criar e transformar a natureza não poderia garantir a sobrevivência da espécie humana. Daí a necessidade de uma nova intervenção divina, realizada por Hermes, que consistiu em outorgar aos homens os sentimentos de honra e de direito, de maneira a possibilitar a vida societária. Essa nova arte é precisamente a política.

Aristóteles também concebe o homem como uma criatura constituída por uma alma e um corpo. Contudo, não se trata de um dualismo, mas de uma unidade. A alma é exatamente aquilo que determina e estrutura o corpo sensível. Ela está para o corpo como o piloto está para o navio. Aristóteles reconhece assim a animalidade do homem, enquanto ser vivo, mas também aponta sua diferença específica, enquanto ser racional. Para o estagirita, a estrutura racional do homem encontra-se li-

---

1. A visão mítica da estória de Prometeu, que encontramos na poesia de Hesíodo, preocupa-se menos com a alma humana e mais com as transformações que o furto do fogo divino acarreta nas órbitas do trabalho e da natureza. Como Pandora que deixa escapar da caixa divina todos os males do mundo, Prometeu também é um personagem profundamente ambivalente, já que ao mesmo tempo agracia o homem e provoca malefícios. Afinal, como castigo pelo crime por ele cometido, os homens passam a trabalhar e a própria terra deixa de ser mãe dos humanos para se converter no lugar sobre o qual o labor será exercido.

gada a *techne*, concebida como um conhecimento inencontrável nas outras espécies. Por essa razão, o homem não é nem uma besta nem um deus, pois a sua natureza, essencialmente política, só pode realizar-se plenamente na vida gregária da *polis*. Para Aristóteles, a natureza fez do homem um animal singular, ou seja, o único dentre todas as espécies a distinguir o bem do mal, o justo do injusto, ou outras noções do gênero. Mas tal disposição natural do homem de refletir racionalmente só efetiva-se na cidade. O homem apenas se torna verdadeiramente humano quando pertence a uma vida coletiva submetida às leis. De onde emerge a própria diferença entre a sociabilidade humana, essencialmente política, e a sociabilidade que encontramos nas outras espécies.

Na visão Aristotélica os homens possuem uma única natureza enquanto espécie e não enquanto indivíduos. Acredita Aristóteles que a natureza humana é a mesma, mas que ela não se apresenta da mesma forma entre todos os homens. Neste sentido, como observou Michel Villey (1983), o mundo é concebido por Aristóteles como uma ordem de relações, dotada de finalidade e fundada sobre a hierarquia de gêneros e espécies. Daí a estrutura de subordinação existente entre os seres que nele habitam. Primeiro, entre os homens e os animais, pois apenas os primeiros são providos do *logos*. Em seguida, entre os próprios homens, pois alguns são naturalmente mestres, enquanto outros, por deficiência intelectual, são serviçais (*douloi*). Não se trata, obviamente, de uma concepção racista, pois Aristóteles reconhece a possibilidade do homem ultrapassar sua natureza servil por meio da educação (*paideia*). Contudo, inexiste em Aristóteles, como de resto em todo mundo antigo, uma concepção da dignidade humana entendida como uma qualidade comum a todos os homens indistintamente.[2] Em todo caso, a reflexão aristotélica

2. Na verdade, não só a idéia de dignidade, mas também a própria noção de humanidade está ausente do pensamento clássico. Conforme observa Jean-François Mattei (2005), no mundo antigo a dignidade está vinculada à honra. Trata-se de um mérito ligado a uma função, posição social ou ofício. Quando os gregos empregam as palavras *hoi anthropoi* (os homens) – escreve o filósofo francês – eles estão se referindo ao conjunto dos homens e não à essência de uma humanidade distinta de suas raízes lingüísticas, políticas ou geográficas. Complementa tal afirmação Jean-Frédéric Poisson (2004), ao sublinhar que as diversas palavras gregas que expressam a idéia de dignidade derivam da raiz "axio" e evocam sempre a idéia de um valor particular (o vocábulo "axioma", por exemplo, designa o peso, valor, prestígio ou qualidade de algo). O mesmo ocorre com o adjetivo latino "dignus" que também se refere às qualidades particulares de um indivíduo que suscitam estima, prestígio ou mérito. A propósito, alerta Garcia Moreno (1997), a palavra latina *dignitas* tem um caráter nitidamente aristocrático. Pertencer à nobreza romana, desempenhar um cargo político ou ter antepassados ilustres é o que confere dignidade aos indivíduos. Mesmo em Cícero, o termo *dignitas* guarda esse sentido de

servirá de base para a identificação daquilo que doravante se constituirá como critério básico de pertencimento à "comunidade moral", ou seja, a posse da razão, ainda que o termo empregado pelo filósofo grego em sua célebre definição do homem – *Zoon logikon* – não corresponda exatamente ao sentido moderno de razão.

O cristianismo levará adiante tal forma de pensar. Na concepção cristã, o homem é digno em função de sua origem divina e de sua semelhança com Deus. Daí deriva a estrutura fortemente hierarquizada dos seres que compõem o universo e o fim da crença de uma solidariedade entre todos os seres vivos. Com efeito, conforme observa Van Eyden (2001), segundo a teologia cristã, há no universo todas as classes de graduações do ser, decrescentes desde o Ser absoluto: espíritos (superiores e inferiores), o homem (que consiste de espírito e corpo), animais, plantas, matéria inanimada; uma série que decresce do espírito puro à matéria pura. No âmbito dessa ordem, ao mesmo tempo celestial e terrena, os seres apresentam gradações e valores distintos. Donde a dignidade específica que o homem possui no plano terreno, advinda de sua razão e inteligência, como observava Santo Agostinho. Essa posição privilegiada do homem na hierarquia terrestre repercute na ordem natural, social e política. Construída a partir de uma estrutura de subordinação ou de autoridade, a hierarquia sempre acarreta na subordinação de um ser com relação ao outro. No cristianismo, a natureza está subordinada ao homem, como bem observa Van Eyden, já que a primeira existe para benefício do segundo. Já na ordem social e política, a hierarquia acarreta na subordinação do vassalo ao senhor, como também na dominação que o homem exerce sobre a mulher. A propósito, é sempre bom lembrar que apenas recentemente a Igreja Católica passou a insistir na idéia de que a expressão dignidade humana deve ser interpretada numa acepção ampla, abrangendo também a dignidade feminina (*Mulieris Dignitatem*), ainda que tal dignidade seja concebida antes de tudo como o exercício da maternidade ou da virgindade.

É interessante notar que apesar de acordar um lugar essencial ao homem no plano da criação, o pensamento cristão, durante a época medieval, ainda guardava proximidade com a forma de pensar que encontramos ainda hoje nas culturas tradicionais. Com efeito, nessas culturas a natureza encontra-se irremediavelmente ligada ao sobrenatural,

excelência, grandeza ou eminência, ainda que o ilustre pensador romano tenha se aproximado do conceito cristão de dignidade ao afirmar que o valor do homem decorre de suas semelhanças com os deuses, principalmente no que concerne à capacidade de discernir o justo do injusto.

sendo, portanto, um mistério, um lugar habitado por deuses e espíritos diversos. No mais, ainda que as culturas tradicionais reconheçam a diferença entre o homem e os animais, nem sempre elas estabelecem uma completa descontinuidade entre estas duas espécies. Para os índios Trumaï, que vivem no Xingu, por exemplo, os seres humanos são ao mesmo tempo homens e peixes. Da mesma forma, os bororos estabelecem uma relação de parentesco entre os homens e as araras.

No início do século XX, Lucien Lévy-Bruhl havia identificado em certas culturas tradicionais, a existência de um princípio de participação que suporia uma espécie de indistinção entre os homens e os animais (Lévi-Bruhl, 1951). Como se sabe, Lévi-Bruhl acreditou inicialmente que uma concepção desse tipo seria pré-lógica, já que ela tenderia a ignorar os princípios de identidade e de contradição. Posteriormente, o antropólogo francês reconheceu as limitações de sua análise e passou a sustentar que esta lei de participação poderia ser explicada através da categoria afetiva do sobrenatural. Hoje, entretanto, a idéia de uma "mentalidade primitiva" não seduz mais os antropólogos. A forma de pensar que encontramos nas culturas tradicionais tende a ser considerada, nos nossos dias, *selvagem* não no sentido tradicional da palavra (primitivo), mas *selvagem* na acepção latina original (o homem da floresta). Claude Lévi-Strauss, por exemplo, sustenta que as culturas tradicionais raciocinam de forma tão abstrata quanto às culturas modernas (Lévi-Strauss, 1962).[3]

Ora, o pensamento cristão medieval ainda admite uma forma de continuidade entre os homens e os animais que aparece claramente na representação da existência de criaturas resultantes da união entre estas duas espécies. Como observa oportunamente Kenneth Bock (1982), ainda que os pensadores medievais acreditassem na distinção entre todas as espécies, acordando um valor privilegiado ao homem na escala dos seres terrestres, eles sustentavam a concepção de que o mundo deveria ser repleto de todo tipo imaginável de criaturas e coisas, inclusive de *similitudines homines*, como testemunham os famosos bestiários medievais, que surgem na Inglaterra do século XII.[4]

---

3. Robin Horton, por sua vez, identifica uma continuidade entre o saber dos povos tradicionais, denominado primário, posto que calcado entre relações de causalidade simples, e o saber da ciência moderna, nomeado secundário, que busca explicar a realidade de forma mais complexa e sistemática (Horton, 1990). Neste sentido, o pensamento tradicional é primitivo não por ser atrasado, mas por ser originário.
4. Apesar de oficialmente defendida pela Igreja, a tese sobre a unidade do gênero humano continuou a ser vista com certa suspeita, já que em sua base encontrava-se a

Apenas com o advento da Modernidade é que a noção de gênero humano começou a se delinear de forma mais clara no pensamento ocidental. A partir do século XVI, os vários relatos de navegadores e missionários publicados na Europa estabelecem a necessidade de se refletir sobre a humanidade destes novos povos encontrados, especulação que, obviamente, continha profundas conseqüências políticas e jurídicas. Na célebre controvérsia entre Bartolomeu de Las Casas e Juan de Sepúlveda, a concepção aristotélica segundo a qual a natureza humana não se apresenta da mesma forma entre todos os homens é empregada pelos dois lados. Para Sepúlveda, ela justifica a escravidão dos índios, já que estes parecem corresponder à definição aristotélica de servos por natureza. Para Las Casas, ao contrário, a concepção aristotélica vale apenas para os povos sem leis e instituições, o que certamente não parece ser o caso dos astecas e incas. Ao defender a idéia de uma unidade específica do gênero humano, o religioso de Chiapas aparece como uma referência pioneira na defesa da idéia de uma dignidade inerente a todos os homens.

A partir do final do século XIV, a tese sobre a unidade do gênero humano começa a se impor na Europa. O que caracteriza o novo humanismo é a afirmação do valor do homem enquanto homem, por um lado, e o reconhecimento de uma natureza incompleta desta criatura, por outro. Tal afirmação encontra-se expressa de forma exemplar na célebre oração que o florentino Pico de la Mirandola dedica à dignidade humana. Nesta nova atmosfera intelectual também se desenvolveu, sobretudo em Florença e Milão, um humanismo cívico representado principalmente pelos Dante, Boccacio e Petrarca, e caracterizado pela admiração da vida ativa, o elogio da riqueza, a defesa da liberdade e o amor pela pátria (vide Guenée, 1973, p. 242). É importante observar que nesse mesmo período desponta uma nova concepção da natureza que se encontra num meio termo entre a representação grega antiga, proposta por Aristóteles, e a visão que será mais tarde sustentada pela ciência moderna. Os pintores renascentistas, por exemplo, ao mesmo tempo em que sustentam uma visão orgânica da natureza, concebendo-a como natureza animada que

---

concepção teológica do monogenismo, isto é, a suposição de que todos os homens descenderiam de um tronco comum. A partir do século XVIII, surgem as primeiras propostas de subdivisão do *Homo sapiens* em subespécies distintas que compreendem os monstros e as quatro variedades geográficas (europeus, asiáticos, americanos e africanos). O primeiro, conforme observa Michel Foucault, ocupa uma posição-limite, pois o que o define é não apenas a violação das leis da natureza, mas também a violação das leis da sociedade. Por isso, acrescenta Foucault, o campo de surgimento do monstro é simultaneamente biológico e jurídico (Foucault, 2001).

não deve ser representada em sua mera aparência, mas através de seus elementos fundamentais, também afirmam que nela não há efeito sem causa, e que esta última só pode ser compreendida a partir da experiência (Da Vinci, 1987, p. 95).[5]

Contudo, a partir da influência de Francis Bacon e René Descartes, uma visão da natureza e do homem começa a dominar no pensamento europeu. Para Bacon, a função do conhecimento científico é possibilitar ao homem a exploração técnica das riquezas da natureza. Descartes, por sua vez, reduz a matéria à condição de *res extensa*, isto é, um mecanismo destituído de dinamismo próprio e passível de ser compreendido de forma objetiva através da matemática. A partir daí, o filósofo francês passa a sustentar a separação radical entre a *alma* que se encontraria inserida na matéria humana, e que faz com que o homem seja um ser pensante, e a configuração meramente *mecânica* dos animais, que faz com que eles sejam simples máquinas. Doravante, o homem passa a ser definido como um sujeito e a natureza a ser percebida como um mero objeto, passível de ser descrito e explicado a partir do conhecimento de suas leis.

Não podendo apelar para algo sagrado no homem, os filósofos modernos estabeleceram uma complicada articulação entre racionalidade, autonomia e moralidade, como justificativa para a atribuição de um valor intrínseco ao homem. Na sua *Crítica da Razão Pura*, Kant define a natureza como um conjunto de fatos regidos por leis e princípios necessários e universais, mas em si mesmos desprovidos de normatividade. Para o filósofo alemão, há entre a natureza e o homem uma cesura irredutível: a natureza, como havia mostrado Newton, é o reino das leis necessárias de causa e efeito. Nela, os eventos seguem um determinismo inflexível. O homem, em contrapartida, é livre e racional. Como tal, ele pode agir por meio de valores e fins que ele próprio se atribui, construindo assim uma outra realidade que vem a ser o mundo da cultura. Em outras palavras: enquanto ser sensível, o homem é parte da natureza e suas ações são determinadas pelas leis que regem todos os seres vivos; entretanto,

---

5. É bem verdade que o humanismo renascentista conheceu vozes dissonantes. Contestando o lugar privilegiado atribuído ao homem pelo Renascimento, Montaigne concebe os seres humanos como criaturas miseráveis e insignificantes em nada superiores às outras espécies. Daí a razão de ser de sua luta contra as diversas teorias da dignidade humana que concebem o homem como um *miraculum magnum* (grande milagre). Mais tarde, esta visão profundamente negativa da natureza humana encontrará fortes aliados na filosofia de Hobbes, que descreverá o homem como uma criatura naturalmente desejosa e invejosa, e na literatura de Rabelais, que tratará do apego dos seres humanos à vida carnal.

enquanto ser pensante, o homem possui um caráter inteligível, que faz com que suas ações sejam livres (Kant, 1985, 466). Todavia, Kant toma suas distâncias com relação às idéias de Descartes no que concerne aos animais. Entende Kant que os animais não são máquinas, pois assim como os humanos, eles agem segundo representações. Contudo, ao contrário do animal, que está submetido ao instinto, isto é, à faculdade que deseja possuir seu objeto antes mesmo de conhecê-lo, o homem pode ultrapassar sua condição natural, submetendo suas pulsões aos fins que ele próprio se atribui. Pela educação, o homem supera sua animalidade e acede a uma "segunda natureza", assumindo assim sua condição humana.

Tal concepção acerca da perfectibilidade do gênero humano faz com que Kant renuncie às teorias tradicionais sobre a natureza humana. Com efeito, a escolha moral humana é livre e racional exatamente porque não decorre dos desejos e inclinações naturais do homem, mas da razão. Daí o formalismo da concepção kantiana acerca das ações morais: "*Nada se pode pensar no mundo e, em geral, também fora dele que possa ser considerado incondicionalmente bom, a não ser uma boa vontade*". Em outras palavras, as ações morais devem ser avaliadas a partir da forma e não do conteúdo. Afinal, todas as qualidades desejadas pelos seres humanos são boas ou desejáveis relativamente à bondade da vontade que as possui, o que implica, portanto, na possibilidade de que algo bom ou desejável venha a se tornar mal ou prejudicial quando a natureza dessa vontade não é boa. Dessa forma, conclui Kant, a única coisa realmente desejável em si mesma é a boa vontade.

E é assim que Kant desenvolve sua teoria sobre a dignidade dos seres humanos. Sustenta o filósofo alemão que se o mundo fosse composto unicamente por seres vivos desprovidos de razão, sua existência não teria qualquer valor, pois nesse mundo não existiria qualquer ser possuindo o menor conceito de valor (Kant, 1985, *Section* II, *Dialectique*, § 87, p. 256). Ora, enquanto ser valorizador, o homem, ao contrário das coisas e dos animais, é um fim em si mesmo.

Ao contrário de Hobbes que definia o *valor* (*value*) como o preço que se atribui a um homem em função do juízo ou da necessidade de outro (por exemplo, em virtude de sua competência), Kant estabelece uma distinção inexistente na língua portuguesa entre *Wert* (valor em alemão) e *valor* (valor em latim). Para Kant, aquilo que pode ser comparado ou substituído por algo equivalente, tem um preço. Em contrapartida, aquilo que é incomparável e insubstituível, encontra-se acima de qualquer preço. Dessa forma, o homem pode ser avaliado sob dois prismas distintos: em função de suas habilidades, méritos ou competências, ele tem um valor (*valor*); entretanto, enquanto pessoa moral, ele é portador de um valor (*Wert*) incalculável que recebe o nome de dignidade (*Würdigkeit*). E um ser digno, acrescenta Kant, deve ser tratado, pelos outros, mas também por ele próprio, sempre com respeito (*Achtung*), isto é, como um fim um si mesmo e não como meio para obtenção de alguma coisa.

Apesar da influência que continua a exercer sobre o pensamento contemporâneo, principalmente no plano da teoria dos direitos humanos, a concepção de dignidade humana proposta por Kant suscita certa desconfiança entre os filósofos. Primeiro, pelo fato de que ela se alicerçar na suposição de uma irredutibilidade do homem ao mundo natural. Ora, os filósofos mais atrelados a um paradigma naturalista não aceitam a "sobrenaturalidade" do homem pressuposta por Kant. No mais, a própria representação kantiana do homem como agente moral autônomo também desperta várias suspeitas. Afinal, tudo aquilo que parecia ser, aos olhos de Kant, uma escolha humana livre e racional passou a ser visto com extrema cautela. Talvez por trás da liberdade humana, encontrem-se forças econômicas, pulsões inconscientes, condicionamentos culturais ou reações bioquímicas. A propósito, é bom lembrar que o próprio Kant reconhece a fragilidade de sua concepção no tocante à prova mesma da existência da liberdade. Conforme ele observa, a liberdade não pode ser objeto de uma demonstração, pois ela é um "fato da razão" do qual o homem tem consciência *a priori* (vide Kant, 1985, prefácio).

A concepção kantiana da dignidade humana parece pressupor a existência de uma propriedade intrínseca, no caso, a própria razão, que justificaria a atribuição do mesmo valor a todos os seres humanos, concebidos como fins em si mesmos. Ora, a pressuposição de existência de uma propriedade intrínseca que faria do homem um ser valioso em si mesmo conduz a um labirinto de problemas metafísicos relacionados com a própria natureza dos valores. Afinal, não são os valores elementos ou critérios que orientam as nossas escolhas? Nesse caso, o que poderia ser um valor intrínseco? Um valor que existiria no mundo de forma objetiva, independentemente dos sujeitos valorizadores?

3. O valor da natureza

A emergência da crise ecológica no final do século XX trouxe à baila um importante debate sobre os limites das concepções tradicionais acerca dos valores do homem e da natureza. O principal alvo das filosofias ambientalistas foi o antropocentrismo que sempre caracterizou as diversas análises acerca da relação entre os seres humanos e os demais seres vivos. As objeções às concepções antropocêntricas foram inicialmente conduzidas sob um viés jurídico, como bem revelam os principais trabalhos provenientes do chamado "abolicionismo animal". O filósofo australiano Peter Singer, por exemplo, propôs uma revisão do status moral dos animais a partir de um argumento calcado na perspectiva da filosofia utilitarista. Para Singer, o antropocentrismo que caracteriza as éticas tradicionais se baseia no fato de que apenas os seres humanos manifestariam as qualidades exigíveis para tanto, isto é, a racionalidade, a aptidão lingüística, a autonomia etc. O filósofo australiano contesta tal raciocínio por julgá-lo irracional. O núcleo da argumentação está calcado no reconhecimento dos "casos marginais", isto é, na situação específica de seres humanos que não manifestam ou deixaram de manifestar tais características. De fato, observa Singer que, do ponto de vista concreto, nem todos os seres humanos possuem as peculiaridades que mencionamos acima (basta pensar na situação das pessoas senis, dos pacientes em coma, dos deficientes mentais ou dos embriões humanos, por exemplo). Daí sua proposta de substituição das propriedades tradicionais por um móvel de caráter afetivo, ou seja, o interesse (Singer, 1985 e 1994).

O que é um interesse? Não se trata de uma noção fácil. Normalmente se entende por interesse aquilo que torna um objeto atrativo ou repulsivo para um sujeito consciente. Nesse sentido, o interesse é a atitude de um espírito dirigido para algo.[6] Singer, contudo, concebe o interesse não como resultante de um cálculo ou escolha, mas como algo relacionado à sensibilidade. Se a vontade está vinculada à consciência, observa Singer, o interesse, por seu turno, está ligado à senciência, isto é, à capacidade de sentir dor ou prazer. Ora, os seres humanos não são os únicos a manifestar tal capacidade. Os animais também sofrem ou se comprazem. Conseqüentemente, eles têm interesses que deveriam ser considerados equivalentes aos interesses humanos.

Entende Singer que a recusa por parte das teorias morais tradicionais de pensar a equivalência entre os interesses humanos e os interesses dos animais está baseada num preconceito que deve ser superado por

---

6. Daí a posição tradicional da filosofia com relação à ausência de interesses entre os animais. Para Thomas Hobbes, por exemplo, o interesse marca a própria diferença entre os homens e os animais que vivem de forma societária. Estes, diz Hobbes, confundem o bem comum com o bem privado; os homens, em contrapartida, dirigem suas ações com vistas a uma vantagem comum. Entre os animais existe uma fusão entre os interesses dos indivíduos e o interesse da espécie. Entre os homens, os dois interesses não se confundem. Donde decorre a própria distinção entre a sociabilidade animal, de traço natural e espontâneo, e a sociabilidade humana resultante de um artifício político que vem a ser o pacto social.

razões de continuidade histórica: o especismo. Afinal, por que o vínculo de pertencimento à espécie humana deveria ser considerado como o critério definidor da inclusão de uma entidade na comunidade moral? Não seria uma tal discriminação tão absurda quanto aquelas calcadas em critérios raciais ou de gênero? Se respondermos positivamente, concluiremos que práticas como a experimentação animal ou o consumo de proteína animal sacrificam de forma injustificada os interesses dos animais em favor dos interesses humanos (Cavalieri, 1992).[7]

Para Singer, devemos estabelecer uma distinção entre a noção biológica de "homem" e a noção jurídico-moral de pessoa. Se a primeira designa apenas o *Homo sapiens*, a segunda é uma categoria que deve abranger todos os seres portadores de interesses. Todas as pessoas, humanas ou não humanas, são tributárias de um valor especial e devem ter seus direitos morais plenamente reconhecidos. Contudo, o reconhecimento da dignidade inerente a toda vida senciente não deve conduzir a um biologismo igualitário. É possível, diz Singer, reconhecer uma certa ordenação hierárquica no sentido de que um ser com maior grau de evolução, isto é, autônomo, consciente, capaz de planejar o futuro e etc., venha a ter uma importância maior com relação a um ser não dotado de tais aptidões.

É contra essa linha de raciocínio que se insurge outro grande filósofo ambientalista, o norte-americano Tom Regan. Para Regan, a noção de valor intrínseco não pode ser descartada, pois ela justifica a própria atribuição de direitos morais a um ser. De fato, o que se exige de um ser para que ele seja considerado portador de um valor intrínseco? Tradicionalmente, como vimos, se requer de uma tal entidade a posse de alguns critérios particulares tais como racionalidade, autonomia, linguagem etc. Pois bem, se voltarmos à situação dos "casos marginais", perceberemos que nem todos os seres humanos manifestam de forma plena tais características. Contudo, nem por isso eles são considerados como objetos de direito. Em contrapartida, as pesquisas mais recentes mostram que muitos animais atendem aos requisitos tradicionalmente evocados.[8] Portanto,

---

7. Obviamente, da equivalência entre os interesses humanos e não humanos não se infere que animais e homens sejam tratados da mesma maneira. Os animais, por exemplo, não têm interesse em votar e, ao contrário dos humanos, não precisam dos direitos correspondentes a tal interesse.

8. Se, por exemplo, concebermos o pensamento como operações mentais e estratégias mobilizadas na solução de situações-problema, não é difícil concluirmos que os animais também pensam. Certo, é bem verdade que não se pode atribuir aos animais toda a rede de estados mentais presentes nos humanos. Afinal, a linguagem humana permite não só a elaboração de um estado mental dentro do qual nós, humanos, fazemos nossas

o que devemos fazer? Negar o estatuto moral dos seres humanos que se encontram naquela situação ou expandir a própria noção de sujeito moral?

Regan escolhe a segunda opção, propondo a substituição da noção de sujeito moral por uma categoria mais abrangente, a de "sujeito de uma vida". Como explica o filósofo norte-americano, "os indivíduos são sujeitos de uma vida quando eles são capazes de perceber e de lembrar; quando eles possuem crenças, desejos e preferências; quando eles são capazes de agir intencionalmente na busca de seus desejos e fins; quando eles têm uma identidade psicológica que se mantém no tempo; e quando eles manifestam um bem-estar individual derivando da experiência que é logicamente independente de sua utilidade para os outros, como também dos interesses dos outros" (Regan, 1985).

Para Regan, todos os sujeitos de uma vida são portadores de um valor intrínseco e, por conseguinte, titulares de um direito fundamental, o direito a um tratamento respeitoso. Daí a condenação de práticas como a criação de animais para alimentação ou mesmo para experimentação científica, mormente quando se trata de animais com grau elevado de consciência, como é o caso dos grandes primatas. Por razão de coerência, negar o direito ao tratamento respeitoso a estes animais seria equivalente a negar o estatuto moral dos seres humanos que se encontrariam na situação dos casos marginais. Os animais, portanto, são titulares de direitos morais tais como o direito à vida, o direito à liberdade e o direito à integridade física e a violação desses direitos deve ser combatida da mesma forma que fazemos com as transgressões aos direitos humanos.

Ainda que coerentes filosoficamente, as propostas de Peter Singer e Tom Regan esbarram em aporias que parecem ser incontornáveis. É bem verdade que do ponto de vista técnico, o direito pode expandir a noção de sujeito de direito de maneira a incluir os animais ou o conjunto dos seres vivos. Afinal, a categoria da personalidade é seguramente uma ficção, como mostra a própria noção de personalidade jurídica. Contudo, a proposta de Regan conduz a um biologismo igualitário que contraria nossas intuições mais profundas com relação à hierarquia existentes entre as espécies. De fato, como aceitar que o valor da vida de um inseto venha a ser comparado com o valor da vida de um primata? A proposta

experiências do mundo, mas ela possibilita, ainda, o acesso ao espaço mental e às experiências de nossos congêneres, algo impossível para os animais. Contudo, é impossível negar que os animais manifestam algumas das características mentais humanas tais como crenças, memória, senso de futuro, preferências etc. Vide a propósito Rabenhorst, 1999.

de Singer, em contrapartida, leva a um pathocentrismo limitado que só pode prolongar a comunidade moral até os limites da vida senciente. Ora, ao aceitar a tese de que os seres vivos não têm um idêntico valor inerente, Singer, indiretamente, fornece argumentos para a própria afirmação de uma primazia do homem com relação aos outros animais. Tais aporias manifestam a necessidade de melhor avaliarmos a própria noção de valor intrínseco.

4. Sobre a noção de valor intrínseco

A noção de valor intrínseco é antiga na história da filosofia. Ela aparece na distinção kantiana entre meios e fins da qual tratamos ainda há pouco, como também nas principais filosofias hedonistas. Contudo, não se trata de uma noção muito clara. Numa primeira acepção, valor intrínseco designa um valor não instrumental. Nesse sentido, algo tem um valor intrínseco quando não pode ser convertido em meio para a obtenção de algo. Para o filósofo G. E. Moore, por exemplo, o bem é um valor intrínseco, pois ele é um fim em si mesmo. Numa segunda acepção, valor intrínseco designa um valor absoluto, isto é, o valor que algo tem independente de qualquer apreciação subjetiva. Essa segunda acepção é a que mais oferece embaraços teóricos. Como Schopenhauer já havia assinalado em sua crítica à filosofia de Kant, a idéia de valor absoluto comporta uma visível contradição: se todo valor é uma grandeza mensurável, como é possível falarmos de um valor absoluto?

Conforme sublinhou o escritor e jornalista Alain de Benoist, no debate acerca da noção de valor intrínseco encontra-se uma disputa entre duas grandes concepções acerca dos próprios valores como um todo. A primeira caracteriza-se pelo seu objetivismo. Os valores são objetivos e podem ser deduzidos a partir de regras universais. A segunda concepção, em contrapartida, é nitidamente subjetivista. Não existem valores fora de uma atividade de valoração, ou seja, todo valor é atribuído pelo homem. Transpostas para a nossa discussão, as concepções acima dão lugar a duas visões diferentes acerca do valor da natureza. De acordo com a primeira, o valor da natureza é um dado objetivo que pode ser inferido, por exemplo, da idéia de uma ordem natural (se o cosmos é um todo ordenado, como julgavam os filósofos da Antiguidade, tal ordem tem um valor intrínseco independente dos homens). A corrente subjetiva, ao contrário, estima que o valor intrínseco, ainda que concedido pelo homem, pode ser estabelecido independente dos interesses humanos. Para Ronald Dworkin, por exemplo, é possível falarmos de um valor intrínseco da vida apelando para a idéia de investimento necessário, natural ou artificial, à constituição de algo (Dworkin, 1998). De acordo com essa idéia, valor intrínseco é simplesmente aquele que não pode ser calculado material ou subjetivamente, isto é, de forma meramente instrumental ou em função do prazer ou desprazer do homem. Ora, a natureza apresenta esse valor exatamente em função do investimento natural de bilhões de anos para sua constituição. O patrimônio artístico e cultural também pode ser depositário do mesmo valor. Por fim, os embriões podem ser tratados com respeito e considerados como portadores de uma qualidade especial pelo simples fato de que a vida, além de representar um investimento natural, continua a ser, apesar de todo progresso científico, o maior dos enigmas.

Contudo, mesmo essa visão "laica" da sacralidade da natureza oferece dificuldades no que concerne à construção de uma ética ambiental. Afinal, se o reconhecimento do valor intrínseco da natureza é subjetivo, ele está, por conseguinte, sujeito a uma diversidade de interpretações (variações culturais, apreciações particulares, circunstâncias históricas etc.). Nesse caso, como bem observou Singer, os limites da comunidade moral tornam-se extremamente fluidos. De fato, é coerente imaginarmos que as obras de arte e o patrimônio histórico, que na perspectiva de Dworkin têm valor intrínseco, possam integrar a idéia de comunidade moral?

O que podemos concluir então? Que um certo antropocentrismo, de caráter moderado, parece ser indispensável à elaboração de uma ética ambiental. Um antropocentrismo que não confunda a gênese do valor com a centralidade. Afinal, mesmo que toda atitude valorativa seja humana, o homem pode atribuir à natureza um valor que não seja autoreferencial, isto é, um valor que não traduza apenas os interesses humanos (como bem reconhece a *Convenção sobre a Diversidade Biológica*, todo ser vivo, pelo simples fato de existir e desenvolver estratégias complexas para conservar a vida e reproduzir-se, tem um valor inerente, independente do que possa proporcionar à espécie humana). Em suma, uma ética ambiental pode ser antropocentrífuga sem necessariamente ser antropocêntrica.

Bibliografia

ENOIST, Alain de (s/d). "La nature et sa valeur intrinsèque", in *www.alaindebenoist. com/pdf/la_nature_et_sa_valeur_ intrinseque.pdf.*

BOCK, Kenneth (1982). *Natureza Humana e História. Uma Réplica à Sociobiologia*. Rio de Janeiro, Zahar.

CAVALIERI, Paola (1992). "Combien les Animaux comptent-ils?", *Les Cahiers Antispecistes*, n. 2.

CASSIN, Bárbara (1999). *Aristóteles e o Logos. Contos da Fenomenologia Comum*. São Paulo, Loyola.

DA VINCI, Leonardo (1987). *Traité de la Peinture*, Paris, Éditions Berger-Leyrault.

DWORKIN, Ronald (1998). *El Dominio de la Vida*. Barcelona, Ariel.

FOUCAULT, Michel (2001). *Os Anormais*. São Paulo, Martins Fontes.

GARCIA MORENO, Francisco (1997). "El Concepto de Dignidad como Categoría Existencial. Un Recorrido del Concepto a la largo de la Historia de la Filosofía", *El Búho. Revista Electrónica de la Asociación Andaluza de Filosofía*.

GUENÉE, Bernard (1973). *Occidente durante los Siglos XIV y XV*. Barcelona, Editorial Labor.

HABERMAS, Jürgen (1987). *Théorie de l'Agir Communicationnel*. Paris, Fayard.

HEIDEGGER, Martin (1962). *Approche de Hölderlin*. Paris, Gallimard.

_____ (1983). "Sobre o Humanismo", in HEIDEGGER, Martin. *Conferências e escritos filosóficos*. São Paulo, Abril Cultural (Coleção Os Pensadores).

_____ (1987). *Introdução à Metafísica*. Rio de Janeiro, Tempo Brasileiro.

HORTON, Robin (1990). *La Pensée Métissée*. Paris, PUF/IUED.

KANT, Immanuel (1985). *Crítica da Razão Pura*. Lisboa, Calouste Gulbenkian.

KRIEGEL, Blandine (2001). "Les Fondements Philosophiques des Droits de l'Homme", in ESTANQUEIRO ROCHA, Acílio da Silva. *Justiça e Direitos Humanos*. Braga, Universidade do Minho/Centro de Estudos Humanísticos.

LÉVI-BRUHL, Lucien (1951). *Les Fonctions Mentales dans les Sociétés Inférieures*. Paris, PUF.

LÉVI-STRAUSS, Claude (1962). *La Pensée Sauvage*. Paris, Plon.

MARCUZZI, Jean-Claude (1995). "Le Genre Humain", in KAMBOUCHNER, Denis. *Notions de philosophie*, I. Paris, Gallimard.

MATTÉI, Jean-François (2005). *De l'Indignation*. Paris, Table Ronde.

MONDOLFO, Rodolfo (1971). *O Pensamento Antigo*. São Paulo, Mestre Jou.

POISSON, Jean-Frédéric (2004). *La Dignité Humaine*. Bourdeaux, Les Études Hospitalières.

RABENHORST, Eduardo Ramalho (1999). "Breves Considerações sobre o Princípio da Dignidade Humana". Recife, *Revista do Gajope,* pp. 14-19.

REGAN, Tom (1985). "The Case for Animal Rights", in SINGER, Peter. *Defence of Animals*. Dir. Peter Singer. Oxford, Ed. Blackwell.

SINGER, Peter (1985). *Liberación Animal: una nueva Ética para nuestro Trato hacia los Animales*. México, Editora Cuzamil.

_____ (1994). *Ética Prática*. São Paulo, Martins Fontes.

VAN EYDEN, René (2001). "A Mulher no Pensamento Hierárquico", in *Olhares Feministas sobre a Igreja Católica*, Cadernos n. 9, Publicações CDD. Reproduzido em *www.womenpriests.org/pr/portug/eyden4.htm*.

VALADIER, Paul (1998). *A Anarquia dos Valores*. Lisboa, Instituto Piaget.

_____ (2002). *A Moral em Desordem*. Lisboa, Instituto Piaget.
VARTIER, J. (1970). *Les Procès d'Animaux au Moyen-Age*. Paris, Hachette.
VILLEY, Michel (1983). *Le Droit et les Droits de l'Homme*. Paris, PUF.
WATANABE, Lygia Araújo (1995). "O Amigo do Sábio". *Jornal de Resenhas/Folha de São Paulo*. São Paulo, Discurso Editorial, pp. 264-266, 14.12.1995.

2

PESSOA E RECONHECIMENTO – UMA ANÁLISE ESTRUTURAL DA DIGNIDADE DA PESSOA HUMANA

LUIZ FERNANDO BARZOTTO

> *"Como ciência, a ciência jurídica está entre a teologia e a técnica."*
> Carl Schmitt

1. Introdução. 2. A pessoa humana: 2.1 Preliminares; 2.2 A pessoa, ser em si; 2.3 A pessoa, ser com outrem; 2.4 A pessoa, ser para si. 3. O reconhecimento: 3.1 Preliminares; 3.2 Reconhecimento e dignidade; 3.3 Reconhecimento e epistemologia: a pessoa como mistério; 3.4 Reconhecimento e ética: a pessoa como absoluto; 3.5 Reconhecimento e ontologia: a pessoa como sagrado; 3.6 Reconhecimento e fé. 4. Conclusão.

1. Introdução

Este artigo parte da seguinte tese de Carl Schmitt: "Todos os conceitos significativos da moderna teoria do Estado são conceitos teológicos secularizados".[1] Essa secularização pode ocorrer de dois modos: genealógico e sistemático. Genealogicamente, a secularização indica uma "evolução histórica, por haver-se transferido da teologia à teoria do Estado – ao converter-se, por exemplo, o Deus todo-poderoso no legislador onipotente". Há uma metamorfose histórica de um conceito teológico em um conceito jurídico. Outro modo, mais sutil, de efetuar a secularização é apontar a isomorfia que existe entre "a estrutura sistemática" dos conceitos teológicos e jurídicos, por exemplo, "para a ciência do

---

1. Carl Schmitt, "Teologia Política", p. 43, in O. Aguilar (Org.), *Carl Schmitt, Teólogo de la Política*.

direito, o estado de exceção tem um significado análogo ao de milagre na teologia". Estado de exceção é um conceito secularizado na medida em que somente entendido como a contrapartida laica do conceito de milagre, ele adquire sua plena significação.

A dignidade da pessoa humana, objeto deste artigo, é o conceito central do Estado constitucional e democrático contemporâneo. Como os outros conceitos de teoria do Estado (soberania, estado de exceção) também a dignidade da pessoa humana no Ocidente é o resultado da secularização da crença judaico-cristã do homem como imagem de Deus, que tornou acessível à razão um conceito originalmente teológico: "A tradução da crença na imagem de Deus presente no homem para a dignidade igual, a ser necessariamente observada por todos os homens (...) torna acessível o conteúdo de conceitos bíblicos (...) para o público genérico dos que não crêem ou crêem em outra coisa".[2] Deve-se acrescentar que o conceito de dignidade da *pessoa humana* depende do conceito de *pessoa*, e este também tem origem teológica: "Sabemos que o conceito de pessoa na cultura ocidental surgiu, como de sua fonte mais profunda, da presença do Fato do Cristo como matriz de uma nova idéia do homem que acabou sendo formulada no campo da racionalidade analógica aberto pela revelação da Pessoa divina feito homem. Estendido analogicamente ao homem o conceito de pessoa (...)".[3] Estendido analogicamente ou comparativamente o conceito de pessoa, nos seus elementos de existência, alteridade e subjetividade, da divindade ao ser humano, tem-se o conceito de pessoa *humana*.

O conceito de dignidade aponta para a adequada atitude em relação à pessoa, a sua reta apreensão, o que a filosofia contemporânea chama de reconhecimento. A dignidade, como valor inerente à identidade humana, exige reconhecimento. Por sua vez, o reconhecimento encontra um paralelo sistemático no conceito teológico de fé. De fato, o reconhecimento como a fé, está voltado a uma realidade transcendente. O reconhecimento é uma fé secular, um ato livre e imediato de afirmação da transcendência da pessoa face ao conhecimento (mistério), deliberação (absoluto) e ao mundo das coisas (sagrado).

O nosso ensaio pretende, assim, analisar a estrutura do conceito de dignidade da pessoa humana, que tem dois elementos constitutivos: a pessoa humana e o reconhecimento. A argumentação se desenvolve com a consciência de que a filosofia do direito, como a ciência do direito,

---

2. Idem, ibidem.
3. Henrique Cláudio de Lima Vaz, *Antropologia Filosófica II*, p. 232.

"está entre a teologia e a técnica", ou seja, a tradução ou apropriação filosófica nunca dissolve por completo o elemento religioso original, conforme a lição de Habermas: "A interpenetração entre cristandade e metafísica grega (...) também fomentou uma *apropriação de conteúdos genuinamente cristãos pela filosofia*. Esse trabalho de apropriação transformou o sentido originariamente religioso, mas *não o deflacionou ou consumiu de modo que o esvaziasse*" (itálico nosso).[4]

2. A pessoa humana

2.1 Preliminares

Toda ética supõe uma antropologia. O que é o bem para o ser humano, o que ele deve fazer, o que lhe é devido, baseia-se, consciente ou inconscientemente, sobre uma concepção do humano. Todo aquele que utiliza o conceito de "dignidade da pessoa humana" o faz em nome de uma certa concepção do ser humano. Neste tópico, faremos uma análise do conceito antropológico mais tradicional do Ocidente, o conceito de pessoa humana.

Para a tematização do conceito de pessoa, recorreremos aos dois maiores teólogos ocidentais, Agostinho de Hipona (354-430) e Tomás de Aquino (1225-1274) e ao filósofo alemão Robert Spaemann.[5]

2.2 A pessoa, ser em si

Ao ver-se envolvido na questão de explicar a Trindade, Agostinho pergunta: "O Pai, o Filho e o Espírito são três. (...) O que então são os três?"[6] De fato, a expressão "pessoa" não pertence ao vocabulário bíblico: "Na Escritura não encontramos qualquer referência a três pessoas. Pelo fato de a Escritura não denominar as três de pessoas (lemos, sim, a pessoa do Senhor, mas não que o Senhor seja pessoa), será lícito dizer três pessoas pela necessidade de expressão e discussão, não porque a Escritura diz, mas porque não contradiz a Escritura".[7]

Para diferenciar cada um dos três que compõem a Trindade, Agostinho analisa algumas possibilidades, como os termos filosóficos subs-

---

4. Jürgen Habermas, "Os Secularizados não devem negar o Potencial de Verdade a Visões de Mundo Religiosas", *Folha de S. Paulo*, Caderno *Mais*, 24.4.2005, p. 5.
5. Robert Spaemann, *Personas. Acerca de la Distinción entre "Algo" e "Alguien"*.
6. Agostinho de Hipona, *Da Trindade*, VII, 7.
7. Idem, ibidem, 8.

tância, essência e natureza. Na Trindade, teríamos três substâncias, essências ou naturezas, ou o Pai seria uma substância, essência ou natureza e assim também o Filho e o Espírito. Ora, essa formulação é totalmente inadequada, pois a substância entendida como o universal, aquilo que Aristóteles chama de substância segunda,[8] natureza enquanto princípio de ação e essência enquanto modalidade distintiva do ser, na Trindade designam o que é comum aos três e não algo que permite diferenciar ou distinguir um membro da Trindade dos outros. Os três possuem uma única substância, natureza e essência.

Diante desse problema, Agostinho retoma o termo "pessoa" (*persona*), introduzido por Tertuliano (155-220 d.C.) no Ocidente para distinguir os membros da Trindade. "Pessoa" apresenta uma grande vantagem. Ele "expressa não uma espécie, mas algo de singular e indiviso. (...) Não se emprega o nome de (...) pessoa como se emprega o de homem, nome comum a todos os homens. Emprega-se apenas para designar um homem concreto, como Abraão, Isaac ou Jacó, ou qualquer pessoa que se poderia indicar com o dedo".[9] O termo "pessoa" indica um ser concreto, individual, não a espécie à qual ele pertence. Ao passo que "homem", ou "humano", indica a espécie, o universal, algo que não "se pode indicar com o dedo", Abraão é pessoa, um ente singular e concreto, que "se pode indicar com o dedo". Na Trindade, o termo "pessoa" permitirá referir o que singulariza cada membro, ao contrário do termo "natureza divina" ou "divindade", por exemplo, que expressa o que é comum aos três. Uma divindade – afirma-se a unidade divina – em três pessoas. Para o conceito de pessoa humana, tem-se o primeiro elemento: uma *existência individual*, isto é, um ser que *existe concretamente como indivíduo*, e não uma abstração – Abraão, que pode ser indicado com o dedo, e não "o homem", uma idéia. A pessoa, como indivíduo concreto, constitui um todo (indiviso) em si mesmo, porque existe em si, e não como parte de um todo.

Seguindo Boécio (480-524), Tomás de Aquino define a pessoa do seguinte modo: "pessoa significa (...) o que subsiste em uma natureza racional".[10] Voltamos a encontrar o elemento da existência em si, a individualidade concreta como característico da pessoa: "Enquanto pessoa,

---

8. Dada a ambigüidade de "substância", que pode significar tanto substância primeira (o indivíduo), como substância segunda (o universal), é importante frisar que o termo substância, ao se referir à pessoa, designa sempre a substância individual, o ser individual que subsiste por si.

9. Agostinho de Hipona, *Da Trindade*, VII, 6.

10. Tomás de Aquino, *Suma Teológica*, I, q. 29, a. 3.

chama-se subsistência (*subsistentia*), pois subsistir se diz do que existe em si mesmo e não em outra realidade".[11] Pessoa e subsistência (existência por si) são sinônimos para os seres de natureza racional: "Para Deus, empregamos o plural três pessoas ou três subsistências (*subsistentias*)".[12]

O caráter analógico do conceito de pessoa, que pode ser estendido aos seres humanos, fica patente na seguinte passagem de Tomás: "Pessoa é um nome comum (...), mas não como gênero ou espécie, mas como indivíduo indeterminado. (...). O indivíduo indeterminado, como algum homem, significa uma natureza comum com determinado modo de existência que convém aos singulares, a saber: ser por si subsistente distinto dos outros. (...) Pessoa, não foi dado para significar o indivíduo por parte de sua natureza, mas para significar a coisa que subsiste em tal natureza".[13] Pessoa não o "humano" ou a natureza humana, mas o que subsiste em uma natureza humana. A pessoa é Pedro, Tiago ou João, e não a natureza humana de Pedro, Tiago e João. A natureza é comum, a personalidade é individual. Quando se fala de pessoa, não se está falando do *homem* (uma abstração ou essência: animal racional e social), mas de *algum homem*, um ser concreto, real (Pedro, Tiago).

A pessoa é um indivíduo que existe em si: "o indivíduo é o que é indiviso em si e distinto dos outros. (...). Portanto, a pessoa, em qualquer natureza, significa o que é distinto nessa natureza. Por exemplo, na natureza humana, significa estas carnes, estes ossos e esta alma, que são os princípios individuantes do homem. Se tais elementos não entram na significação de pessoa (pois a pessoa divina não possui corpo), eles entram na significação de pessoa humana".[14] Na definição de humano, sabe-se que alma e corpo fazem parte de sua *essência*. Mas a pessoa é existência, e o que faz parte da existência de Pedro é *esta* alma e *este* corpo. Nos termos de Rassam, "a pessoa é uma substância primeira ou hipóstase, ou seja, um ser concreto e individual que subsiste em si e para si, como um todo completo, com suas determinações essenciais e as suas características acidentais, integradas no ato de existir que ela exerce por si mesma".[15] A pessoa humana não é a natureza humana, mas o ato de existir de uma natureza humana. Por isso, a pessoa abrange suas determinações concretas, não só na sua essência (racionalidade, sociabilida-

---

11. Idem, ibidem, a. 2.
12. Idem, ibidem, a. 3.
13. Idem, ibidem, q. 31, a. 4.
14. Idem, ibidem, q. 29, a. 4.
15. Joseph Rassam, *Tomás de Aquino*, p. 52.

de), mas também nos acidentes que acompanham necessariamente a concretização dessa essência (limitações de saúde, inteligência etc.). A pessoa humana, como ser que existe em si, como totalidade independente, como indivíduo, sempre será considerada no efetivar-se de uma natureza humana, e não em abstrato.

No estado de natureza dos jusnaturalistas modernos há homens, mas não pessoas, uma vez que as particularidades históricas que formam a vida de cada um foram abolidas. Daí a facilidade com que entram em consenso todos aqueles que estão no estado de natureza. As características acidentais (renda, religião, ideologia), que acompanham todas as pessoas e as lançam no conflito, foram eliminadas. Temos puras essências que se entendem à perfeição. Ao contrário, o que caracteriza o ser humano como pessoa é a existência: "a personalidade pertence necessariamente à dignidade e perfeição de alguma coisa na medida em que pertence à sua dignidade e perfeição o existir por si, que é o que se entende pelo nome de pessoa. (...) O nome de pessoa só convém ao que existe por si, não ao que existe em outro mais perfeito. Assim, a mão de Sócrates, embora seja um indivíduo, não é pessoa, porque não existe por si, mas em algo mais perfeito, a saber em seu todo. O que também pode ser significado ao dizer-se que a pessoa é uma substância individual, pois a mão não é uma substância completa, mas é parte de uma substância".[16] Os acidentes não existem por si, mas são parte de um todo. A mão de Sócrates não existe em si, mas em Sócrates. Sócrates existe em si, é substância, e não acidente (a mão de Sócrates). Isso significa que Sócrates é um todo, não podendo, metafisicamente, ser pensado como parte de um todo maior, ao qual seria atribuída a existência em si.

Na dicotomia essência e existência, a pessoa é colocada no lado desta última, embora não seja qualquer existência que possa configurar-se como pessoa, pois a "personalidade é a forma de existência de uma natureza racional".[17] Tomás é, contudo, enfático: "aquilo em razão do que Sócrates é homem pode ser comunicado a muitos; mas aquilo em razão do que ele é *este* homem não pode ser comunicado a não ser a um".[18] O que Sócrates é, homem, pode ser comunicado a muitos. De fato, Sócrates compartilha a humanidade ou a natureza humana com todos os seres humanos. Mas o que faz de Sócrates, Sócrates, um ser humano concreto, isto é, uma pessoa, é a sua existência singular, com todas as suas particularidades, e que ele não compartilha com mais ninguém.

16. Tomás de Aquino, *Suma Teológica*, III, q. 2, a. 2.
17. Robert Spaemann, *Personas*, p. 49.
18. Tomás de Aquino, *Suma Teológica*, I, q. 11, a. 3.

Desse modo, a pessoa está para a natureza humana como o todo para a parte. A pessoa é o homem singular e concreto, portanto, a natureza humana (racionalidade, sociabilidade etc.), com seus acidentes (idade, inteligência etc.), unidos existencialmente.

"Humano" designa uma classe ou um gênero, um grupo, a espécie. Pessoa designa "algum homem" e, portanto, um existente: "As pessoas não pertencem a um âmbito de essências que podem existir ou não existir. Não há 'idéia' de pessoa. Só há pessoas reais. O homem que apareceu no meu sonho era um homem. Mas tal como se manifestava, não era uma pessoa".[19] Obviamente, há um conceito de pessoa, e ele é objeto deste artigo. Spaemann simplesmente quer afirmar que "pessoa" não indica uma idéia, como "árvore", "humano" ou "animal", uma vez que a pessoa não é um universal, mas um singular concreto, Pedro ou Sócrates.

Para a antropologia personalista não se aplica a advertência de Ernesto Sábato, que dizia tremer quando ouvia falar no "Homem" com "h" maiúsculo, porque sabia que homens com "h" minúsculo iriam morrer para alcançar aquele. O Homem com "h" maiúsculo é uma idéia de homem. A pessoa é o homem com "h" minúsculo, o homem real.

2.3 A pessoa, ser com outrem

Ao passo que o elemento individualidade, existência em si, aplicada à pessoa, seja intuitivo, o segundo elemento da idéia de pessoa, a alteridade, é insólita, por sua oposição ao individualismo moderno. Contudo, a idéia de alteridade, ou do caráter relacional do ser humano é central para a compreensão do conceito de pessoa tal como se formou na teologia: "Ser Pai é relativo a Filho (...). Segue-se que Deus subsiste em forma de relação, pois sua atividade geradora é uma relação".[20] "Pai" é um termo relativo a "Filho", e vice-versa. Na Trindade, cada um só é pessoa na relação com os outros. Daí que o termo "pessoa" adquire um significado relacional: "pessoa é termo relativo. Assim, dizemos três pessoas: Pai, Filho e Espírito Santo, como dizemos três amigos, três parentes ou três vizinhos, porque o são reciprocamente e não com relação a si mesmos".[21] Vizinho, amigo e parente são conceitos que exigem pluralidade, pois ninguém é vizinho, amigo ou parente de si mesmo, da mesma forma também pessoa é um conceito relacional. Quando se aplicar por

---

19. Robert Spaemann, *Personas*, p. 82.
20. Agostinho de Hipona, *Da Trindade*, VII, 4.
21. Idem, ibidem, 6.

analogia o conceito de pessoa ao ser humano, não será possível erradicar essa dimensão de alteridade da identidade do ser humano. A pessoa é um ser em relação ou um ser com outrem: "Ser pessoa significa ocupar um lugar na comunidade de todas as pessoas".[22]

Isso significa que não há pessoa anteriormente à relação com outra pessoa: "A experiência do outro é tão originária quanto a experiência de si".[23] Não há uma percepção de si como pessoa e, posteriormente, a percepção do outro como pessoa. Somente na relação alguém é pessoa. Não há a possibilidade de separar-se do outro para alcançar uma posição imparcial para fazer um juízo sobre a sua personalidade. Ao abstrair e negar a relação com o outro, o indivíduo não consegue mais perceber-se como pessoa. A pessoa define-se por referência a outrem. Sem outra pessoa, seria impossível apreender-se como pessoa, assim como ninguém pode perceber-se como parente, vizinho ou amigo a não ser na relação com outro parente, vizinho e amigo.

Spaemann menciona que a própria liberdade, que como veremos, é constitutiva da pessoa, só pode ser alcançada na relação com outrem: "A liberdade é, antes de mais nada, liberdade de algo. Do que é livre a pessoa? Da sua própria natureza. A pessoa tem a sua natureza, não é a sua natureza. Pode relacionar-se livremente com ela. Mas isso não o pode fazer por si mesma, mas pelo encontro com outra pessoa. A afirmação de outra identidade – como reconhecimento, justiça, amor – nos permite a autodistância e auto-apropriação que é constitutiva das pessoas – ou seja, a liberdade de nós mesmos".[24]

No próximo tópico, será analisada a noção de "ter uma natureza". O importante notar aqui é que a pessoa, ser mediatizado, ser que possui uma consciência de si e uma disponibilidade de si mesmo, depende de outra pessoa para alcançar essa mediação, para não ser imediatamente o que se é, e reduzir-se à sua natureza. A reflexividade, o voltar-se sobre si, só é possível na presença de outrem, sob pena dessa reflexividade desdobrar-se ao infinito, destroçando a unidade da pessoa. A reflexividade, a tomada de consciência de si como subsistência, e não como atividade, depende da presença de outrem, de modo que o diálogo interno que constitui o pensamento possa manifestar-se como atividade de um único sujeito.[25] Só a presença do outro, como um tu que afirma um eu,

---

22. Robert Spaemann, *Personas*, p. 215.
23. Idem, ibidem, p. 81.
24. Idem, ibidem, p. 207.
25. Cf. Spaemann, *Personas*, p. 81.

garante que o diálogo interno não se torne esquizofrênico, mas que seja o desdobramento reflexivo de uma *única* pessoa.

Do mesmo modo, a autodisposição característica da pessoa depende de um processo de socialização, do outro. É o outro que limita as tendências e instintos de cada um, e é antecipando seu olhar sobre si que o indivíduo consegue distanciar-se de si e apropriar-se de si. É antecipando as reações dos pais, de aprovação e desaprovação, que a criança adquire um ponto de vista externo a si, podendo, a partir daí, distanciar-se de suas inclinações, percebendo-se como um ser não determinado por sua natureza, assumindo-se, como um sujeito que pode agir de modo a receber aprovação ou desaprovação, que pode, portanto, agir por si mesmo.

O elemento de alteridade presente no conceito de pessoa da civilização ocidental altera a concepção de vida boa: esta não pode consistir em atividades que tenham como objeto algo impessoal, ainda que seja a contemplação da verdade. A idéia de felicidade no Ocidente está ligada ao amor romântico, à família, aos amigos. O ápice da existência parece ser um certo modo de relação com outrem. A pessoa se apresenta como *telos* (finalidade) da pessoa.

2.4 A pessoa, ser para si

Neste tópico, será analisado o terceiro elemento constitutivo da pessoa, denominado por Spaemann "diferença interna". Consiste essa em que as pessoas não se identificam imediatamente com o que são, com sua natureza ou essência: "Entendemos a relação de um homem com seu ser de outro modo como entendemos a relação do cão com o seu. No caso do homem, pensamos em uma relação, isto é, em uma diferença interna que não pensamos nos demais casos, em que identificamos um indivíduo como exemplar de uma espécie. O homem não é homem como o cão é cão, isto é, como caso imediato de seu conceito específico".[26] O cão realiza sua natureza canina de um modo imediato, ele não se distancia dessa natureza, não dispõe dela. Tomás de Aquino aponta essa diferença entre pessoa e natureza: "Pessoa significa algo diferente de natureza. Pois natureza indica a essência da espécie significada pela definição".[27] Mas a natureza humana (racionalidade, sociabilidade, animalidade) revela a essência do ser humano, mas não sua identidade, *o que* ele é, mas não *quem* ele é. O que é Abraão? Um ser humano. Quem

26. Idem, ibidem, p. 29.
27. Tomás de Aquino, *Suma Teológica*, III, q. 2, a. 2.

é Abraão? Esta pessoa. Abraão dispõe de sua natureza humana, ele realiza de um modo particular a animalidade, racionalidade e sociabilidade comuns a todos os seres humanos: "As pessoas mantêm uma distância com o que são, ou seja, com sua essência. Têm sua essência"[28] ou natureza. A natureza humana de Abraão não determina quem ele é. Ele guarda uma distância em relação a essa natureza.

O ser que não se identifica com a sua natureza é sujeito, do latim *subjectus*: "posto debaixo, situado abaixo". O sujeito sustenta uma natureza, subjaz a ela, a exercita na sua ação. O ser que se identifica com a sua natureza é um objeto, do latim *objectus*, algo que está posto adiante, algo que está dado, que não age por si. Só o sujeito age por si, pode dizer "eu", na medida em que não se identifica com sua natureza. A diferença interna torna possível a subjetividade, o ser para si constitutivo da pessoa.

Na teologia é preciso explicar a simultaneidade da unidade de Deus com a presença do Pai, Filho e Espírito Santo. Ora, como a natureza divina é única, a explicação da existência dos três só pode passar com uma diferença de cada um dos três em relação à natureza comum. A natureza divina passa a ser algo entregue e recebido pelas pessoas divinas. O Pai entrega a natureza ou essência divina ao Filho e ambos, ao Espírito Santo: "Uma única essência (...), que existe de tal maneira que as pessoas que a realizam entregam a essência em uma ordem determinada, e neste processo de dar-se e receber-se, têm sua realidade. A diferença que as pessoas mantêm com sua natureza, com sua essência, está imediatamente relacionada com o fato de que uma pessoa entendida desse modo só pode pensar-se com relação a outras pessoas, ou seja, no plural".[29] Isto é, a diferença interna à divindade entre pessoa e natureza (subjetividade) está ligada ao segundo traço da pessoa (alteridade).

A determinação do mistério do Cristo como Deus que se fez homem também passou pela adoção do conceito de pessoa como um ser que tem uma natureza: "A união individual de ambas as naturezas não consiste na mescla das duas, mas em que ambas são 'tidas' por uma pessoa. Esta pessoa é a divina, precisamente aquela que se conduz com a essência divina de uma maneira que consiste em quem a tem. Precisamente por isso a pessoa divina é pensada de tal forma que, com respeito a uma natureza criada e finita, se conduz com ela em forma de tê-la".[30] A pessoa

28. Robert Spaemann, *Personas*, p. 85.
29. Idem, ibidem, p. 46.
30. Idem, ibidem.

divina é o ser que *tem* uma natureza divina. A pessoa divina do Filho de Deus encarnado *tem* duas naturezas: a divina, recebida eternamente do Pai, e a humana, assumida no tempo. A pessoa humana é o ser que *tem* uma natureza humana.

No tocante à pessoa humana, devem-se evitar dois erros: o naturalismo e o subjetivismo.

O naturalismo identifica a pessoa humana com a natureza humana. Ora, "quem somos não se identifica evidentemente com o que somos".[31] O que é Sócrates? Sócrates é um ser humano. Quem é Sócrates? Sócrates é esta pessoa. As duas respostas são verdadeiras, mas designam aspectos diferentes no mesmo ser. O naturalismo é um reducionismo antropológico, que tira ao ser humano a característica de sujeito, submetendo-o às suas determinações naturais como os demais animais. Assim, como foi popular no século XIX considerar o ser humano determinado socialmente, no século XXI difunde-se a idéia de considerá-lo determinado biologicamente, o que coerentemente coloca a natureza animal do ser humano como explicação e justificação últimas do seu comportamento.

De outro lado, está o erro do subjetivismo, ao afirmar que a pessoa humana é independente da natureza humana: "O ser de uma pessoa tem que ser descrito como ter uma natureza, não como uma identidade independente da natureza humana. A liberdade é um modo determinado de relacionar-se com a própria natureza, não uma auto-realização mais além e fora dela".[32] Aqui se encontra a fonte do erro central do liberalismo: achar que a natureza é indiferente ao sujeito, que ela não aponta fins objetivos à sua ação, tornando o ser humano neutro em relação a qualquer conteúdo. Ora, "a vontade das pessoas não procede do nada. Consiste sempre na apropriação, rechaço ou transformação de impulsos naturais".[33] A natureza forma o conteúdo da vontade e a possibilidade de auto-realização. A pessoa humana é sempre um certo modo de realização livre da humanidade (animalidade, racionalidade, sociabilidade), por isso nós falamos em pessoa "humana". Se o ser humano fosse determinado por sua natureza, não falaríamos de pessoa. Mas se o seu agir fosse completamente livre da natureza humana, não poderíamos falar de pessoa "humana".

---

31. Idem, ibidem, p. 32.
32. Robert Spaemann, *Personas*, p. 222.
33. Idem, ibidem, p. 107.

3. O reconhecimento

3.1 Preliminares

A primeira parte do artigo foi dedicada à determinação do conceito de pessoa humana. Do ponto de vista especulativo, a verdade tem precedência sobre o bem e, portanto, é imprescindível, na ordem da fundamentação, partir da verdade metafísica da pessoa para alcançar o bem da pessoa.

A metafísica descreve a verdade de que "todo ser humano é pessoa". Contudo, a constatação, no campo da *praxis*, de que "*este* ser humano é pessoa", não é mediada pela reflexão filosófica. A metafísica estabelece os fundamentos últimos do agir, o que é crucial para uma fundamentação racional da *praxis*. Mas a identificação de alguém como pessoa em uma situação concreta não depende da filosofia, mas de uma atitude que será chamada de "reconhecimento".

A filosofia do direito, na determinação do conceito de dignidade da pessoa humana, tem uma dupla tarefa. Em primeiro lugar, em uma investigação metafísica, deve apontar o fundamento da dignidade, que é o estatuto de pessoa do ser humano. Em segundo lugar, por meio de uma análise da *praxis* do reconhecimento, deve especificar a condição de efetividade da dignidade.

3.2 Reconhecimento e dignidade

Neste tópico trataremos de como ocorre o reconhecimento. De fato, a pessoa não é dada empiricamente. Empiricamente é dado o ser humano ou a natureza humana, como qualquer natureza. Todo ser humano, apelando aos seus sentidos e à socialização em comunidades humanas, consegue distinguir um membro da espécie *homo sapiens* de outros seres vivos. Esse fenômeno é universal na história humana. Toda dificuldade começa em considerar o ser humano diante de si como pessoa, pois isso traz conseqüências normativas. Como ser em si, o ser humano é um todo, e não uma parte de um grupo, nação ou Estado: isto é, não pode ser sacrificado em nome do todo ou da maioria, como no utilitarismo. Como um ser com outrem, a pessoa traz consigo a exigência de reciprocidade. Como um ser para si, o ser humano é autofinalizado, não podendo ser transformado em meio para fins externos a si, na expressão de Kant. Considerar o ser humano como pessoa é o que será denominado reconhecimento.

Reconhecer o ser humano como pessoa é o desafio ético de civilizações (escravidão, colonialismo, imperialismo), povos (estrangeiros, minorias, hierarquia social) e pessoas (preconceito, discriminação, indiferença). Reconhecer o outro como pessoa é afirmar o valor ou a dignidade inerente à condição de pessoa.

A dignidade de alguém impõe determinado comportamento àqueles que se defrontam com ele. O portador da dignidade "merece" (é digno de) ser tratado de uma determinada maneira. Alguém que se encontra diante de um monarca ou presidente é compelido a adotar uma conduta compatível com a dignidade desses personagens. A dignidade é a manifestação vinculante de uma identidade, é a consideração da identidade como dotada de valor e, portanto, regulativa do comportamento. Quem é x (monarca, presidente), sua identidade, vincula o comportamento de outrem, y. O termo "dignidade" expressa também a idéia de que a apreciação de uma identidade como valiosa não é um fenômeno subjetivo e arbitrário. *Todos* devem atribuir valor a quem possui certa identidade (rei, sacerdote etc.), pois o valor da identidade é objetivo. A dignidade é assim, o valor positivo e objetivo de uma identidade. Como a identidade em si é regulativa, o que é exigido para adequar o comportamento a ela é apenas que seja reconhecida como tal. O reconhecimento consiste na captação do valor positivo de uma identidade e, portanto, é um conceito correlativo ao de dignidade. Toda dignidade exige reconhecimento e todo reconhecimento tem por objeto a dignidade. O reconhecimento ocorre quando alguém manifesta, por sua atitude, o valor que percebe na identidade de outrem.

É importante observar que não há o reconhecimento da identidade, e posteriormente, o respeito da dignidade: a dignidade é inerente à identidade. Reconhecer alguém como monarca é identificá-lo como portador de uma dignidade política específica. Não há um "fato" da existência de um monarca ao qual venha se somar o "valor" da dignidade. É constitutivo da instituição da monarquia a atribuição de dignidade ao monarca, isto é, adotar determinada conduta que afirme o valor da identidade do monarca. A dignidade do monarca exige o seu reconhecimento *como* monarca.

A dignidade da pessoa humana expressa a exigência do reconhecimento de todo ser humano como pessoa. Dizer, portanto, que uma conduta ou situação viola a dignidade da pessoa humana significa que nesta conduta ou situação o ser humano não foi reconhecido como pessoa: "ou que não quer respeitar os homens como pessoas, ou lhes nega o título de pessoas, ou considera o conceito de pessoa como supérfluo e inadequado para caracterizar algo. O emprego do conceito de pessoa é idêntico a um ato de aceitação de determinados deveres frente ao que denominamos assim".[34]

3.3 Reconhecimento e epistemologia: a pessoa como mistério

Um dos mitos mais populares do mundo moderno é o cientificismo, a pretensão de que o conhecimento predicativo seja a única abordagem válida do real. O conhecimento predicativo é um "saber que" algo é assim, operando com conceitos que designam essências (ferro, metal) e produzindo definições (o ferro é um metal). O conhecimento científico constitui o padrão do conhecimento predicativo na civilização contemporânea e por isso utilizaremos ambos como sinônimos.

Repugna à cultura cientificista contemporânea o conceito de pessoa, uma vez que o conhecimento científico é incapaz de apreender a pessoa. O ser humano como pessoa é um existente e, portanto, particular, ao passo que o conhecimento científico só se dá sobre essências ou universais. Não se pode conhecer a existência ou o particular como tal. A existência só pode ser captada, apreendida, em um ato de percepção, e o modo da existência se fazer presente à razão não se dá por meio de um conceito, mas de um juízo. Há um conceito de relógio (artefato que serve para marcar a passagem do tempo), mas a existência *deste* relógio, não é conteúdo de um conceito, mas de um juízo: este relógio *existe*.

Do mesmo modo, a pessoa não pode ser apreendida em um conceito. Há um conceito de ser humano ou natureza humana (animal racional e social) e, portanto, humano, homem, como universais, podem ser objeto de conhecimento científico. Não há uma definição científica de Sócrates. Sócrates não é um *algo* que possa ser definido, mas é um existente concreto, um *alguém* que só pode ser apreendido em um ato de reconhecimento expresso no seguinte juízo: "Sócrates é pessoa". Este juízo engaja quem o profere na assunção do valor ou na dignidade de Sócrates, por este ser uma pessoa. O reconhecimento é um engajamento, não uma contemplação.

O reconhecimento se dá de modo diferente que o conhecimento predicativo. O conhecimento predicativo se move no horizonte dos fenômenos, daquilo que me aparece e é controlável por critérios. Sabe-se que se está diante de um relógio porque as características sensíveis de um determinado objeto relacionadas ao uso deste objeto em um contexto cultural específico permitem às pessoas identificá-lo como relógio. As-

---

34. Idem, ibidem, p. 38.

sim, a arqueologia e a história tentarão estabelecer se um determinado monumento de uma civilização desaparecida era ou não um relógio. Isso significa que os critérios compartilhados em nossa cultura ou forma de vida para a identificação de relógios serão aplicados em um caso concreto.

No caso da pessoa, não existem esses critérios. Não se pode depender de nenhum critério para reconhecer um membro do gênero humano como pessoa: todos os seres humanos são pessoas. O ser humano existe como pessoa, isto é, como um ser que não se identifica com sua natureza. Mas o que posso perceber pelos sentidos, o que é dado empiricamente, é a natureza humana, mas não o *ter* uma natureza. A perversão aqui é tentar reduzir a pessoa à sua natureza, adotando uma antropologia "naturalista", como a dos gregos, por exemplo. Essa naturalização do ser humano sempre leva à hierarquização e à opressão e, no limite, à exclusão e eliminação, porque sempre haverá graus de atualização da natureza, e aqueles que realizam a natureza de um modo mais pleno serão colocados acima dos demais, e aqueles que a realizam de modo insuficiente serão objeto de subordinação e exclusão.

Na história do Ocidente, a característica da natureza humana mais utilizada para se estabelecer distinções e hierarquias entre as pessoas tem sido a racionalidade. Esse critério foi utilizado para negar que alguns fossem plenamente humanos e, portanto, deveriam se submeter aos "dotados de razão". Para Aristóteles, por exemplo, que não dispunha do conceito de pessoa e definia o ser humano como animal racional e político, somente o cidadão grego, culto e rico, desenvolvia plenamente a racionalidade e, por conseguinte, só ele era plenamente humano: os trabalhadores braçais, os bárbaros, as mulheres, os estrangeiros e os escravos, por não participarem da *polis* e não cultivarem a razão, eram casos periféricos do conceito de "humano".

Essa concepção essencialista do ser humano está ligada à idéia de que a comunidade das pessoas é uma classe que funciona conforme uma definição por gênero (animal) e diferença específica (racional, político), que tem certos atributos que funcionariam como critérios de inclusão, exclusão e hierarquização. Ora, o conceito de pessoa implode essa concepção. Como vimos, acima, Tomás afirma que "pessoa é um nome comum (...), mas não como gênero ou espécie, mas como indivíduo indeterminado". Pessoa se refere à existência, e não à essência e, portanto, não é um gênero ou uma espécie. Portanto, "pessoa" não designa uma universalidade ao qual poderiam ser subsumidos casos particulares a partir da aplicação de certos critérios, como ocorre na ciência. Assim, o ouro é definido por sua classificação como espécie do gênero mineral.

A ciência sistematiza a realidade coordenando universais ou essências por gêneros e espécies (ouro, mineral). Mas a pessoa é existência, e a existência não pode ser definida ou subsumida em uma classe.

Utilizando uma dicotomia de Jacques Maritain,[35] pode-se dizer que a pessoa é um mistério, não um problema.

O problema é uma questão que pode ser formulada em termos que permitam a sua resolução. Apresenta-se uma questão acerca de um aspecto da realidade e levantam-se hipóteses sobre suas possibilidades de resolução. É o procedimento da ciência. Por sua vez, o mistério é aquilo que é inexaurível no ser, aquilo que força a razão a tomar consciência dos seus limites. De novo, retoma-se a dicotomia entre essência e existência. A essência (o que é "x"?) é o foco da ciência. A existência (por que o ser e não o nada?) está no âmbito do mistério.

Para o problema, há critérios de formulação. Os critérios são estabelecidos pela comunidade científica. Ao contrário, aceitar algo como mistério é aceitar que não é possível a sua adequada e definitiva formulação, ou seja, aceitar que não há critérios.

No mundo contemporâneo, há uma série de autores que estabelecem a autoconsciência atual como critério para determinar se estamos diante de uma pessoa ou não. Com isso, a pessoa torna-se um mero problema, a ser solucionado pela reta aplicação do critério proposto. Assim, nascituros não são pessoas, pois não são dotados de autoconsciência. Logo, crianças recém-nascidas também não, pelo mesmo critério. Ora, também os doentes mentais, que não têm autoconsciência, não são pessoas. Igualmente, aqueles que estão em coma. Mas, como alguns autores coerentes com este critério estabelecem, seres humanos que estão dormindo também não são pessoas, pois não há autoconsciência *atual*. De fato, entre um nascituro, que terá autoconsciência em alguns anos, e um adulto dormindo, que terá autoconsciência em algumas horas, a distinção é apenas quantitativa, e não qualitativa e, conseqüentemente, irrelevante para a validade universal do critério: ambos não têm autoconsciência *atual*.

A idéia de estabelecer um critério é sempre uma idéia "aquerôntica", para utilizar uma expressão de Carl Schmitt.[36] Aqueronte é um dos rios do inferno, na mitologia grega. A situação aquerôntica é a situação em que as "forças do inferno" foram liberadas, criando um ambiente incontrolável e caótico, de violência total, que submerge amigos e inimigos. O emprego de qualquer critério para *definir* as pessoas, exigindo

---

35. Jacques Maritain, *Sete Lições sobre o Ser*, pp. 14-21.
36. Carl Schmitt, *Teoría del Guerrillero*, pp. 22-23.

algo além da pertença ao gênero humano para ser considerado pessoa, será infalivelmente um critério para *excluir* alguns seres humanos da comunidade das pessoas. E o critério de definição assumirá um caráter aquerôntico, podendo, a qualquer momento, voltar-se contra aquele que o formulou, e inflacionário, com potencial de exclusão crescente. Formular um critério de definição do humano tem sido, historicamente, uma liberação das forças do inferno, trazendo exclusão, opressão e aniquilação, uma lição não aprendida por algumas tendências da bioética contemporânea.

Sabemos que a constitucionalização da dignidade da pessoa humana, no pós-guerra, representou uma reação histórica a movimentos totalitários que violaram de modo consciente, planejado e sistemático a dignidade da pessoa humana. Assim, o que o totalitário pretende é realizar o projeto aquerôntico de definir o humano, apelando a um de seus predicados. Assim, o nazista definia o humano pelo predicado "raça" e o comunista, pelo predicado "classe". O ser humano é um problema a ser concebido em termos científicos. Daí o cientificismo do nazismo, que atribuía à biologia a tarefa de fundar a antropologia, e do comunismo, que atribuía essa tarefa à história. O ser humano, na perspectiva totalitária, é um problema a ser resolvido por uma definição. Aquele que não se enquadrar na definição será eliminado.

Qualquer tentativa de determinar critérios para a definição do humano é incompatível com a pessoa, pois "identificar definitivamente a uma pessoa com qualquer de seus predicados significa a negar-se a aceitá-la como pessoa, isto é, como ser livre face a seus predicados".[37] O conjunto de predicados de uma pessoa elucida *o que* ela é (animal racional, brasileiro, estudante), mas não *quem* ela é, pois o ser humano, como pessoa, é a existência de um sujeito que *tem* esses predicados. A pessoa é sempre mais do que os seus predicados, é um mistério que não pode ser conhecido, mas somente reconhecido como tal.

Reconhecer o ser humano como pessoa, em termos epistemológicos, significa considerá-lo um mistério, transcendente às representações e definições.

3.4 Reconhecimento e ética: a pessoa como absoluto

Dentre as várias causas do relativismo de nossa época, talvez uma das mais influentes seja a mercantilização da sociedade. Quanto algo se

---

37. Robert Spaemann, *Personas*, p. 223.

torna mercadoria, assume um valor (preço) que é sempre relativo a um padrão, a moeda, também ela relativa, como se constata nos mercados de câmbio. Onde tudo é mercadoria, tudo é relativo, incluindo aí o próprio ser humano, como afirma Hobbes: "o valor de um homem, tal como o de todas as outras coisas, é o seu preço (...). Portanto, não absoluto, mas algo que depende da necessidade e julgamento de outrem".[38]

Neste horizonte de relativismo, afirmar a dignidade da pessoa humana tem o sentido culturalmente contra-intuitivo de considerar o ser humano como absoluto.[39] Considerá-lo como absoluto significa apreender a sua condição de ser para si, definido por uma auto-referência que não pode ser substituída por nenhuma hetero-referência, isto é, o ser humano não tem sua identidade como pessoa dependente de fatores externos a si: o grupo étnico, a classe, o Estado, o mercado, a história, a utilidade e outros tantos "pseudo-absolutos" (H. C. Lima Vaz) que povoam a modernidade. Como ser para si, o reconhecimento da pessoa é incondicional, uma vez que não pode ser referido a qualquer fator externo, cuja presença seria contingente. Diante de um ser humano concreto, tem-se as condições necessárias e suficientes para o seu reconhecimento como pessoa. Como ser para si, a pessoa é autofundada, um absoluto, o que traz conseqüências relevantes para a teoria da razão prática.

O ser para si, a pessoa, escapa à deliberação da razão prática. A razão prática, na moral, no direito e na política sempre opera de modo condicional, pois seus princípios, regras e procedimentos dependem de circunstâncias concretas: não há regra sem exceção. Como os deveres estabelecidos pela razão prática são contingentes, eles se sujeitam a procedimentos de fundamentação, que vão do relativo ao absoluto, do condicional ao incondicional.

A razão prática opera, portanto, no horizonte do relativo. Não se tem conhecimento necessário de que x seja o bem, pois o bem é sempre relativo a um sujeito determinado e a uma situação determinada, isto é, o bem é contingente. Aquilo que para uma criança é um ato de coragem, pode ser um ato de covardia para um soldado. Ora, o reconhecimento do ser humano como outro como pessoa tem uma natureza peculiar, porque é um bem incondicional, universal e necessário. O reconhecimento, portanto, foge ao âmbito da opinião. Para todo ser humano é um bem reconhecer a si mesmo e a outrem como pessoa, em qualquer momento, em qualquer lugar, em qualquer circunstância.

---

38. Thomas Hobbes, *Leviatã*, X.
39. A expressão "considerar como absoluto" é de Hegel, *apud* Honneth, p. 91.

Todos os bens são medidos pela razão. Aquilo que não é racional não pode ser concebido como bem. Mas a pessoa é a medida da razão. Como absoluto ela é a medida de todos os bens, relativos a ela por definição. Assim, a pessoa é anterior e superior a qualquer deliberação acerca do bem, sendo o seu reconhecimento o único bem absoluto.[40] A deliberação da razão prática *parte* do reconhecimento da pessoa. O reconhecimento do outro como pessoa não se fundamenta em qualquer procedimento da razão prática, seja interpretação/aplicação de uma regra, argumentação ou ponderação.

O reconhecimento do outro como pessoa é o ponto de partida do raciocínio prático, moral, jurídico ou político, mas não pode ser o *objeto* do raciocínio prático, pois o objeto deste sempre é um bem relativo. Assim, o chamado princípio da dignidade da pessoa humana é princípio não como preceito, mas como origem, início.[41] Ele mesmo não é uma norma, mas o fundamento de toda norma: "os deveres necessitam fundamentação, enquanto que a percepção das pessoas é a fundamentação última dos deveres".[42]

Assim como todo raciocínio parte de percepções que não remontam a princípios ulteriores na razão especulativa, sendo a percepção do ente o fundamento último, a pessoa não é objeto de deliberação, mas de percepção. *Após* reconhecer alguém como pessoa, delibera-se sobre o que lhe é devido. Como origem, início do processo de deliberação da razão prática moral, política e jurídica, a dignidade da pessoa humana é anterior e pressuposta pela deliberação do que é devido à pessoa humana.

Não pode haver, nestes termos, aplicação do princípio da dignidade da pessoa humana a uma situação, como se aplicam princípios e regras a casos. A dignidade da pessoa humana não é uma norma, porque normas somente nos orientam a ver algo (x) como algo (y): ver uma ação como crime, uma ato econômico como fato gerador de um tributo etc. No processo de reconhecimento, trata-se de ver alguém (pessoa) como alguém (pessoa), o que não pode ser assumido como prescrição, sendo uma tautologia. Na prescrição, tem-se um *se x, então y*. A norma supõe certas condições para sua aplicação. No reconhecimento, tem-se uma percepção, o que é condição da aplicação de normas, mas não uma norma. A dignidade da pessoa humana não é um conceito que possa ser explicado,

---

40. Para a noção da possibilidade de identificar um bem à margem de um processo de deliberação, cf. Claudio Fortunato Michelon Jr., *Being apart from Reasons*, 2003.
41. Os primeiros princípios da lei natural em Tomás de Aquino têm essa característica. Cf. "Tratado da Lei", *Suma Teológica* I-II, q. 94.
42. Robert Spaemann, *Personas*, p. 180.

portanto, por teorias centradas na interpretação e aplicação de normas, mas apenas por uma teoria do reconhecimento.

Veja-se o caso da segregação racial nas escolas do sul dos Estados Unidos. Todo racismo é uma ausência de reconhecimento, uma tentativa de reduzir o ser humano a um de seus predicados, para negar a igualdade existente entre as pessoas. A XIV emenda da constituição americana, de 1870, instituiu o princípio da igualdade para todos os estados, visando a abolir práticas discriminatórias de cunho racista. Porém, desde 1896, com o caso *Plessy*, a Suprema Corte, por oito decisões consecutivas, declarou constitucional a prática da segregação racial nas escolas dos estados do sul, afirmando que era compatível com a cláusula da igualdade da XIV emenda. No caso *Brown*, de 1954, ela abandona esta série de precedentes e declara a segregação racial incompatível com a XIV emenda.

Em termos de teoria do reconhecimento, o que ocorreu pode ser descrito de modo breve: os juízes que compunham a Corte em 1954 foram capazes de reconhecer os afro-americanos como pessoas, o que os integrantes da Suprema Corte até então não tinham alcançado.

Deste modo, não foi a igualdade presente na XIV emenda americana que trouxe o reconhecimento dos afro-americanos como pessoas, mas o contrário: é o reconhecimento dos afro-americanos como pessoas que deu conteúdo à cláusula da igualdade, abolindo a segregação racial nas escolas. Não se deve entender este caso como a determinação do conteúdo de um universal (igualdade) aplicado a um caso. Ao contrário: é a captação, a percepção das pessoas, ou seja, a experiência de singulares que dá conteúdo ao conceito genérico. A igualdade entre as pessoas não é a consequência de um raciocínio, mas seu ponto de partida: reconhecer o outro como pessoa é reconhecê-lo como igual.

Dado o caráter absoluto das pessoas, e a exigência de reconhecimento, pode-se dizer que a verdadeira questão acerca da dignidade da pessoa humana não é, portanto: "qual é a melhor interpretação da constituição?", mas "ocorre o reconhecimento?" A constituição não vai além, e não substitui o reconhecimento efetivado pelo intérprete. As grandes questões constitucionais já foram decididas *antes* da interpretação e da argumentação, porque o ponto de partida da razão prática, como vimos, o absoluto que não pode ser relativizado, é o reconhecimento. A correta via de aproximação teórica do fenômeno jurídico não passa portanto pela hermenêutica jurídica ou pela teoria da argumentação, mas pela teoria do reconhecimento, uma vez que o fundamento do direito não está em um texto ou em argumentos, mas na pessoa. Só o idealismo filosófico tipicamente moderno, que pretende que o pensamento ou a linguagem tenham prioridade em relação ao ser, pode sustentar o contrário. Em uma perspectiva realista, que afirme o primado da existência em relação à essência, a pessoa é o absoluto e a constituição, o relativo, a pessoa é o fundamento, e a constituição, o fundamentado. O conceito de dignidade da pessoa humana, como qualquer conceito, tem sua origem na experiência. De fato, ele depende da experiência do reconhecimento.

Na verdade, o reconhecimento não pode depender de regras, princípios, ideologia, interpretação, constituição, ou de qualquer outro procedimento da razão prática. Perde-se a verdade prática dada na percepção imediata do reconhecimento: o ser humano, o outro, é pessoa. Perguntar se o ser humano é pessoa é relativizá-lo, isto é, negá-lo como pessoa, ente absoluto. Tentar fundar com argumentos a condição de pessoa de um ser humano é tornar esse caráter dependente dos argumentos e, portanto, relativo. Diante do outro, não há lugar para a argumentação e fundamentação: "já não se coloca mais a pergunta por uma fundamentação última. A renúncia a essa pergunta é a fundamentação última, e a renúncia se faz sempre que os homens se aceitam reciprocamente como pessoas ou reivindicam essa aceitação".[43]

Quando é levantada a questão sobre o caráter de pessoa de um ser humano, a resposta já está dada de antemão. Colocar essa pergunta é relativizar o outro, impossibilitando o seu reconhecimento como absoluto. Do mesmo modo, nas discussões de bioética contemporânea, todo questionamento sobre a personalidade de nascituros, doentes mentais, pacientes em coma, está viciado desde o início. Ao colocar a pergunta, o outro deixa de ser concebido como um absoluto que está além da argumentação, sendo a sua personalidade carente de "fundamentação". Só o relativo carece de fundamentação, não o absoluto. O absoluto é o fundamento.

Henry Thoreau (1817-1862) acerta ao apontar o caráter insólito de um tribunal que, em 1854, pretendia decidir se o ser humano Antony Burns era ou não um escravo, isto é, fazia depender da argumentação jurídica a condição de pessoa de um ser humano. Ora, como vimos, o estatuto de pessoa de um ser humano é matéria de percepção, e não de deliberação. Toda tentativa de solucionar uma questão como essa por meio de argumentos está equivocada, pois a própria colocação em termos jurídicos é um equívoco: "mais uma vez assistimos a uma sessão no Tribunal de Boston, cheia de homens armados, mantendo preso e

43. Idem, ibidem, p. 215.

julgando um homem, para descobrir se ele é ou não é na verdade um escravo. Será que alguém considera que a Justiça ou Deus estejam atentos ao veredicto do juiz Loring? Ele apenas se faz de ridículo ao se sentar ali para tomar alguma decisão sua, pois *a questão já foi decidida para todos os tempos* (...). Somos tentados a perguntar de quem ele recebeu sua autoridade e quem é esse homem que a recebeu; que estatutos inéditos segue ele e a que precedentes recorrerá para a fundamentação. A própria existência de um árbitro desse é impertinente" (itálico nosso).[44]

A dignidade da pessoa humana, o valor de cada ser humano como pessoa, é matéria de constatação, e não de argumentação. Por isso, não há como ponderá-la com quaisquer princípios, regras, conveniências etc. O fundamento não pode ser ponderado com o fundamentado, o absoluto com o relativo.

Reconhecer o ser humano como pessoa, em termos éticos, significa assumi-la como um absoluto, como transcendente à deliberação e à fundamentação.

3.5 Reconhecimento e ontologia: a pessoa como sagrado

Com a noção de pessoa, introduz-se uma dualidade insuperável na realidade: de um lado, a pessoa, ser que tem uma natureza, e os outros entes, seres que são uma natureza. Essa dicotomia ontológica pessoas/não-pessoas pode ser apreendida com o auxílio da dicotomia sagrado/profano.

Utilizaremos a definição de sagrado de Émile Durkheim: "O distintivo dos entes sagrados é serem retirados da circulação comum, serem separados".[45] Um altar não é uma mesa profana: a mesa tem um uso comum, cotidiano. Um altar é uma mesa sagrada, isto é, retirada do uso comum, separada de outras mesas. Assim, para Durkheim, não é a idéia de hierarquia que expressa a essência do sagrado, mas sim a noção de oposição irredutível. Deste modo, também a posição da pessoa no cosmos não pode ser adequadamente descrita em termos de hierarquia, pois a hierarquia só pode se dar entre naturezas (os seres vivos são superiores aos inanimados), ao passo que entre os seres que se identificam com a sua natureza e a pessoa, trata-se antes de uma oposição irredutível: a pessoa exclui o mundo impessoal como o sagrado exclui o profano.

---

44. Henry Thoreau, "A Escravidão em Massachusetts", p. 152.
45. Émile Durkheim, *Lições de Sociologia*, p. 130.

Como afirma Durkheim, essa dicotomia "é absoluta. Não existe na história do pensamento humano um outro exemplo de duas categorias de coisas tão profundamente diferenciadas, tão radicalmente opostas uma à outra. (...) O sagrado e o profano sempre foram concebidos pelo espírito humano como gêneros separados, como mundos entre os quais nada existe em comum".[46] Assim como o sagrado está em oposição ao profano, a pessoa humana se destaca do restante do universo, estando separada do restante das coisas físicas (mundo natural) e culturais (mundo social) por sua estrutura ontológica própria, sua diferença interna. A pessoa não está apenas no centro de um mundo indiferenciado, ou representando o nível mais alto de complexidade de um mundo ontologicamente homogêneo, mas fora dele.

Com isso, o modo de lidar com a pessoa é diferenciado do modo instrumental de lidar com o mundo das coisas. Os entes do mundo das coisas estão disponíveis para o uso, para o emprego cotidiano, têm um caráter instrumental. A pessoa traz em si a marca do sagrado, a indisponibilidade e a intangibilidade: "as coisas sagradas são aquelas que as proibições protegem e isolam".[47]

Vamos chamar aqui de positivismo[48] o tipo de pensamento que reduz o mundo a um dado empírico, uma totalidade contínua, um todo homogêneo e indiferenciado. Para o monismo, não há uma ruptura no real, um aquém e um além que poderiam ser delimitados em instâncias distintas. Para a antropologia positivista, o ser humano reduz-se a um animal com um grau de desenvolvimento superior em algumas dimensões a outros animais. Assim, como afirmam alguns autores, primatas superiores poderiam ser preferidos a seres humanos em algumas situações. De fato, coerentes com o naturalismo que os inspira, se o ser humano não transcende a natureza humana, se não é pessoa, alguns de seus traços naturais, como a consciência ou a capacidade de sentir dor, podem estar presentes de um modo mais intenso em algumas situações em outros membros do reino animal. Se esses traços forem assumidos como critérios de avaliação, haverá situações em que animais terão prioridade em relação aos seres humanos.

O sagrado só é acessível para aqueles que também são sagrados, como os sacerdotes.[49] Para a questão antropológica que nos ocupa, só

---

46. Idem, *As Formas Elementares da Vida Religiosa*, p. 22.
47. Idem, ibidem, p. 24.
48. Trata-se aqui do positivismo filosófico, do qual o positivismo jurídico é uma derivação.
49. Émile Durkheim, *Lições de Sociologia*, p. 130.

aquele que se coloca em uma atitude adequada em relação à outra pessoa tem condições de perceber-se a si e ao outro como pessoa, como pertencentes a um âmbito estranho ao mundo das coisas. Este "colocar-se no sagrado" é a relação do eu com um tu: "O homem se torna Eu na relação com o Tu".[50] Com as coisas, na expressão de Martin Buber, a relação que se estabelece é a de um eu-isso. Mas a relação originária permanece sendo eu-tu. O eu constituído nessa relação é que vai posicionar-se diante do mundo, diante do "isso". É inviável o distanciamento do eu em relação ao tu, portanto, para julgar se o tu é ou não um isso, se o ser humano é coisa ou pessoa. Sem um tu, não há um eu para realizar esse juízo.

Os seres humanos percebem-se mutuamente como pessoas, e nessa relação eles são constituídos como tais: "O ser pessoal se dá somente no ato de reconhecimento. Em realidade o próprio ser pessoal não se dá antes que o dos demais. Nós não sabemos se entendemos uma língua antes de saber que os outros a entendem".[51] O reconhecimento de si como pessoa não precede o reconhecimento de outrem como pessoa. Só na relação há percepção de pessoas. O que significa que não há como distanciar-se do outro para adquirir sobre ele um "saber objetivo", sem perder a condição de sujeito: não há como desvincular-se do sagrado (pessoa) sem reduzir-se ao profano (coisa).

O utilitarismo e o consequencialismo dependem de uma visão positivista do mundo. O ser humano é um ente que pertence ao mundo das coisas. Ora, a percepção de si e do outro como pessoa revela seu caráter sagrado, sua indisponibilidade. A pessoa não pode ser objeto de cálculos consequencialistas, pois seu caráter sagrado a distingue dos entes que pertencem à dimensão profana do mundo das coisas, daquilo que pode ser instrumentalizado.

Uma boa descrição do caráter sagrado da pessoa encontra-se na obra de Dostoiévski, *Irmãos Karamazov*, na pergunta de Ivan Karamazov e a resposta de seu irmão, Aliocha:

"– Responda-me francamente. Imagine que os destinos da humanidade estejam em suas mãos e que para tornar as pessoas definitivamente felizes, proporcionar-lhes finalmente a paz e o repouso, seja indispensável torturar um ser apenas, uma criança que bate no peito com seu pequeno punho, e basear sobre suas lágrimas a felicidade futura. Você concordaria, nestas condições, em edificar semelhante felicidade? Responda-me sem mentir.

50. Martin Buber, *Eu e Tu*, p. 70.
51. Robert Spaemann, *Personas*, p. 186.

"– Não, eu não concordaria."⁵²

Reconhecer o ser humano como pessoa, em termos ontológicos, significa considerá-la sagrada, isto é, transcendente ao mundo das coisas e, portanto, intangível.

3.6 Reconhecimento e fé

De um modo análogo à teologia cristã, que na sua especulação mais radical assume-se como teologia negativa, podendo dizer o que Deus não é (ilimitado, sem princípio etc.), mas não o que Deus é, a antropologia personalista deve culminar em uma antropologia negativa, para ser fiel ao seu objeto: pode-se dizer o que a pessoa não é, mas não o que ela é. Como mistério, a pessoa é indefinível; como absoluto, é incomensurável; como sagrado, é inviolável.

O reconhecimento da pessoa ou a dignidade da pessoa humana consiste, portanto, na afirmação da sua transcendência: a pessoa transcende representações, definições e conceitos (mistério); ela transcende a deliberação, argumentação e a ponderação (absoluto); ela transcende o mundo das coisas na sua disponibilidade e instrumentalidade (sagrado).

Na medida em que o reconhecimento é apreensão de um ser transcendente, ele pode ser comparado com o ato de fé, pois só a fé dá acesso ao que transcende a razão especulativa (mistério), a razão prática (absoluto) e o mundo (sagrado). A pessoa é "um objeto de fé".⁵³

O ato de reconhecimento do outro não se confunde nem com a ciência, nem com a opinião. A ciência é um conhecimento certo e demonstrável. A opinião, um conhecimento incerto e indemonstrável. O reconhecimento é um conhecimento certo e indemonstrável, similar à fé: "a fé é intermediária entre ciência e opinião".⁵⁴

Tomás de Aquino distingue dois modos de o intelecto assentir a uma tese ou captar uma verdade. O primeiro modo ocorre quando "o intelecto é movido pelo próprio objeto, ou conhecido em si mesmo, como acontece nos primeiros princípios que são matéria do intelecto, ou conhecido por outra coisa, como é claro nas conclusões, que são matéria da ciência".⁵⁵ A ciência conhece aquilo que é evidente, do ponto de vista

---

52. Fiódor Dostoiévski, *Os Irmãos Karamazov*, V, IV, p. 258. Devo esta citação ao prof. Joaquín-Garcia Huidobro, da Universidade dos Andes (Chile).
53. Robert Spaemann, *Personas*, p. 89.
54. Tomás de Aquino, *Suma Teológica*, II-II, q. 1, a. 3.
55. Idem, ibidem, a. 4.

racional ou empírico, e aquilo que deriva por inferência do que é evidente. Deste modo, o intelecto adere necessariamente ao seu objeto. Ele é constrangido a admitir as verdades racionais e empíricas. O objeto se impõe ao intelecto, é "movido" por ele.

De outro lado, "o intelecto adere a um objeto, não porque esteja suficientemente movido por ele, mas porque por escolha voluntária se inclina mais para um do que para outro".[56] Este é o caso da opinião e da fé, com a diferença de que na opinião há dúvida de que a verdade possa ser o contrário do que se acredita, ao passo que a fé não admite essa possibilidade.

Fé e reconhecimento são modos de aproximação do transcendente que têm os mesmos elementos estruturais: liberdade e imediação.

A fé é voluntária, livre: "Crer é um ato do intelecto movido pela vontade para assentir".[57] A fé exige dois atos: um do intelecto, que adere a uma verdade, e um ato da vontade, que move o intelecto. O ato da vontade é necessário porque o objeto da fé não é evidente, como ocorre na ciência. O que crê, *quer* crer: "entre os que vêem um e mesmo milagre e entre os ouvintes da mesma pregação, alguns crêem e outros não (...) porque crer, na verdade, depende da vontade do que crê".[58] As razões aduzidas para crer têm um caráter meramente persuasivo, não demonstrativo.[59] Crer é, portanto, um ato livre (vontade) de adesão a uma verdade (intelecto).

Do mesmo modo, o reconhecimento é um ato livre. Nada obriga, demonstrativamente, a atribuir a outrem o caráter de pessoa. A personalidade não é evidente. A história mostra como a negação da condição de pessoa é um fenômeno não só possível, mas freqüente. Reconhece o ser humano como pessoa aquele que *quer* reconhecê-lo como pessoa. Diante de cada ser humano, deve ocorrer um ato de fé: "Este ser humano é pessoa". E assim como o ato de fé só é perfeito em quem possui a caridade,[60] o reconhecimento do outro como pessoa está na dependência da virtude da fraternidade.[61]

A fé tem um caráter imediato. Tomás cita São João Damasceno, um autor cristão do século VIII que define a fé como "um consentimento

---

56. Idem, ibidem.
57. Idem, ibidem, q. 2, a. 2.
58. Idem, ibidem, q. 6, a. 1.
59. Idem, ibidem, q. 1, a. 5.
60. Idem, ibidem, II-II, q. 4, a. 3.
61. Cf. Luis Fernando Barzotto, "Reconhecimento, Direito e Fraternidade", *Anais do I Colóquio Sul-Americano de Filosofia do Direito*, 2005.

sem discussão".[62] Querer argumentar é submeter a fé aos parâmetros da razão, voltada à evidência. Ora, a fé exclui a evidência, não sendo dependente, portanto, de nenhum argumento que manifeste um vínculo necessário entre a crença e uma evidência acessível à razão. Nessa recusa *a priori* de mediações argumentativas reside o seu caráter de certeza, assumindo a verdade da fé um caráter incondicional. Contudo, deve-se ter presente que para Tomás a fé é um modo de acesso à verdade. Não há fé na falsidade ou no erro, mas uma mera crença.

Do mesmo modo, o reconhecimento não admite argumentações. Ele consiste em perceber o outro como pessoa aceitando-o como membro da comunidade das pessoas. O reconhecimento é um ato imediato. Qualquer mediação argumentativa ou reflexiva cinde a unidade entre o "eu" e o "tu". O ser humano pode distanciar-se das coisas do mundo pela reflexão, e o faz, para compreendê-las. Mas não pode distanciar-se do outro para fazer dele um objeto de conhecimento. Aqui, como na fé, é necessário crer para compreender, com o elemento de certeza que acompanha a fé: tem-se certeza da pessoa, porque não se faz depender o *status* de pessoa de argumentos ou raciocínios, o que o tornaria relativo e condicional.

A fé que permite acolher o outro como pessoa não é uma fé religiosa, pois seu conteúdo não é transcendente, mas humano. É, portanto, uma "fé secular".[63] O reconhecimento é um caso de um conceito teológico secularizado: um conceito que somente na teologia tem um equivalente adequado.

4. Conclusão

A dignidade da pessoa humana exige o reconhecimento do ser humano como pessoa, isto é, como mistério, absoluto e sagrado, transcendente à cognição, à deliberação e à instrumentalização. A categoria de pessoa, como categoria que tenta apreender algo que transcende o mundo dos fenômenos, não encontra nenhum equivalente no "mundo sub-lunar" (Aristóteles). Não há análogos adequados no campo da ciência, da moral ou da política. Somente no âmbito em que se faz a experiência do mistério, do absoluto e do sagrado, a saber, no âmbito religioso, tem-se um tipo de experiência suficientemente radical que permite traçar uma analogia adequada com a "dignidade da pessoa humana". Aquele que reco-

---

62. Tomás de Aquino, *Suma Teológica*, II-II, q. 4, a. 1.
63. Jacques Maritain, *O Homem e o Estado*, p. 130.

nhece o outro como pessoa faz uma experiência de transcendência, tem uma fé secular análoga à fé religiosa.

A analogia no campo da experiência (reconhecimento/fé) leva a uma analogia no campo dos conceitos (ciência do direito/teologia). O argumento desse artigo pertence ao horizonte da filosofia do direito.[64] O recurso à teologia foi uma exigência de método. Contudo, há algo de teológico no artigo que não se deve a exigências metodológicas, mas à pretensão de situá-lo verdadeiramente no âmbito da filosofia. Seguindo a lição de um dos fundadores da Escola de Frankfurt, Max Horkheimer: "não existe uma filosofia (...) sem que contenha em si também um momento teológico, pois o que em definitivo se trata é de reconhecer em que medida o mundo em que vivemos deve ser interpretado como relativo". O trabalho pretendeu afirmar a relatividade do mundo, e isso em nome de um absoluto, porque "o mundo, que é relativo, pressupõe, segundo seu sentido, um absoluto, que todavia, nós não somos capazes de conhecer".[65] De fato, o absoluto tematizado neste artigo não pode ser conhecido, mas somente reconhecido.

Bibliografia

AGOSTINHO DE HIPONA, Santo. *A Trindade*. São Paulo, Paulus, 1994.

AQUINO, Tomás de. *Suma Teológica*. vols. I, V e VIII. São Paulo, Loyola, 2003-2005.

BARZOTTO, Luis Fernando. "Reconhecimento, Direito e Fraternidade", *Anais do I Colóquio Sul-Americano de Filosofia do Direito*. Porto Alegre, PUCRS, 2005 (1 cd-rom).

BUBER, Martin. *Eu e Tu*. São Paulo, Centauro, 2004.

DOSTOIÉVSKI, Fiódor. *Os Irmãos Karamazov*. Rio de Janeiro, Ediouro, 2001.

DURKHEIM, Émile. *Lições de Sociologia*. São Paulo, Edusp, 1983.

HABERMAS, Jürgen. "Os Secularizados não devem negar o Potencial de Verdade a Visões de Mundo Religiosas," *Folha de S. Paulo*, "Caderno Mais", 24 de abril de 2005.

HOBBES, Thomas. *Leviatã* (Os Pensadores). São Paulo, Abril, 1983.

HORKHEIMER, Max. *Anhelo de Justicia*. Madrid, Trotta, 2000.

MARITAIN, Jacques. *O Homem e o Estado*. Rio de Janeiro, Agir, 1952.

---

64. Portanto, o argumento esboçado carece de uma articulação dogmática que lhe dê operacionalidade. Cf. a principal obra no país com esse enfoque: Ingo Wolfgang Sarlet, *Dignidade da Pessoa Humana e Direitos Fundamentais*, 2004.

65. Max Horkheimer, *Anhelo de Justicia*, pp. 147-148.

_____. *Sete Lições sobre o Ser.* São Paulo, Loyola, 1996.

MICHELON JR., Claudio Fortunato. *Being apart from Reasons.* Edinburgh, 2003.

RASSAM, Joseph. *Tomás de Aquino.* Lisboa, Edições 70, 1988.

SARLET, Ingo Wolfgang. *Dignidade da Pessoa Humana e Direitos Fundamentais.* Porto Alegre, Livraria do Advogado, 2004.

SCHMITT, Carl. *Ex Captivitate Salus.* Buenos Aires, Struhart, 1994.

_____. "Teologia Política", in AGUILAR, O. (Org.). *Carl Schmitt, Teólogo de la Política.* México, Fondo de Cultura Econômica, 2001.

_____. *Teoría del Guerrillero.* In www.laeditorialvirtual.com.ar.

SPAEMANN, Robert. *Personas. Acerca de la Distinción entre "Algo" e "Alguien".* Trad. José Luis del Barco. Pamplona, Eunsa, 2000.

VAZ, Henrique Cláudio de Lima. *Antropologia Filosófica II.* São Paulo, Loyola, 2000.

3

***HOMEM E PESSOA:
CONOTAÇÕES E DENOTAÇÕES NO DEALBAR
DE UM NOVO DIREITO PESSOAL E SOCIAL***

PAULO FERREIRA DA CUNHA

1. Introdução: 1.1 Interrogações liminares; 1.2 Problema conceptual e linguístico nas Humanidades e afins; 1.3 Pessoa, Homem, Dignidade como tópicos do nosso tempo. 2. Conotações de vocábulos radicados em "Homem": 2.1 Homem e homens; 2.2 Humano e desumano; 2.3 Humanista(s); 2.4 Humanismo e Humanitarismo. 3. Paradigmas: 3.1 Da personalidade do gato à pessoa do robot; 3.2 A caminho de um novo paradigma jurídico.

1. Introdução

1.1 Interrogações liminares

Sendo cada um de nós uma Pessoa, porque não haveríamos de ser todos personalistas? E contudo não somos, nem poderíamos quiçá todos sê-lo.

Sendo cada um de nós um ser humano, porque não deveríamos considerar-nos nós também todos humanistas, humanos, e humanitários? E também assim não sucede, como é óbvio.

Porquê? Não, obviamente, por qualquer intento auto-negativista ou, no limite, suicidário enquanto espécie ou género ou raça humana. Nada disso. A verdade é que estas designações ganharam especificidade, adquiriram um cunho próprio, e, em consequência, não deveriam ser banalizadas.

E contudo, o pior que lhes pode acontecer nem sequer é serem barbarizadas nas *vox populi*. Uma *vox populi* que não seria *vox dei*. O pior que lhes pode acontecer é serem absorvidas por esse falar mesclado que junta a ignorância com a pouca sabedoria, e depreende, falsificando, o que não consegue adivinhar. É o meio-dizer, o meio-falar, e, assim, não o meio-significar, mas o tresler, enviesando os sentidos.[1]

1.2 Problema conceptual e linguístico nas Humanidades e afins

No domínio das Humanidades, das Ciências Humanas, das Ciências Sociais, e também das Normativas, como é o caso do Direito, não dispomos da univocidade definitória que, olhando a partir desta nossa banda "mole" das Ciências, nos habituamos a pressupor existente do outro lado do mundo "científico", o lado das *epistemai* "duras". Não temos unificação de nomenclaturas como na química ou na farmacologia – tivemos de dizer cordialmente um dia a um colega, ao que pensamos professor desta última disciplina, quando, certo dia, publicamente entramos em amigável mas complexa polémica sobre definições político-jurídicas. Eles têm mais sorte do que nós. São mais definitórios, racionais, mensuráveis, quantitativos, e denotativos. Nós somos mais valorativos, hermenêuticos, heurísticos, conotativos.

Em grande medida, muitos dos nossos problemas são questões de conceitos e de palavras, flutuação e evolução de uns e de outras. A técnica, a metodologia, é, em Direito, desde logo mental e linguística, como chamaria a atenção na sua tese Francisco Lucas Pires.[2]

1.3 Pessoa, Homem, Dignidade como tópicos do nosso tempo

Há assim muitos mal-entendidos quanto à presença da Pessoa e do Homem no Direito. E muito do direito ou dos teóricos do direito, ou dos políticos que, directa ou indirectamente sobre direito falam quando se declaram humanistas, personalistas, defensores da dignidade da pessoa,[3] da pessoa humana ou do homem, ou dos direitos humanos ou do homem – em geral limitam-se a repetir de forma psitacista um discurso que corre no vento, e que tem bom curso, porque diz, afinal, o que se tornou trivial. Chega a ser desesperante, quando não é cómico, ver como o bicho-homem é capaz de agir por simples mimetismo, e como, nos domínios da cultura e da justiça, quem não tem a primeira e pode não ser sensível à

---

1. Esta mescla de falar culto e inculto, sabedor e não sabedor, foi a nosso ver bem surpreendida, noutro contexto, politológico, por Reinaldo de Carvalho, *Partidos e Pessoas*.
2. Francisco Lucas Pires, *Teoria da Constituição de 1976. A Transição Dualista*.
3. Cf., *v.g.*, AA.VV., *La Dignidad de la Persona*, XXV Jornadas de Derecho Público.

segunda por vezes desenvolve estratégias de imitação, que acabam até por resultar socialmente.

Não posso deixar de recordar aquele professor pouco preparado que confundia o "mínimo ético" com o "mínimo de subsistência" (material), mas que foi muito bem sucedido numa conversa entre juristas até que se explicou, traduzindo-se. Para ele, "mínimo ético" era o rol de "benefícios da civilização" (assim diria a antiga constituição portuguesa, de 1933), que uma canção dos tempos revolucionários, da autoria de Sérgio Godinho (para quem, no Brasil o não conheça, pessoalmente traduziríamos:[4] o Chico Buarque português) explicitava, num refrão:

"*A paz, o pão, saúde, habitação /*

Só há liberdade a sério quando houver /

Liberdade de escolher e decidir /

Quando pertencer ao povo o que o povo produzir."[5]

Mas é evidente que há expressões com bom-tom e bom curso. É hoje, na verdade uma bizarria alguém, a não ser em conventículo muito fechado, dizer-se anti-humanista, anti-pessoa, anti-direitos humanos.

Mesmo neste último caso, se é verdade que havia um grupo relativamente consistente de teóricos que ainda resistiam ao vendaval jushumanista ou *antropodikeu* (e com argumentos respeitáveis, embora, do nosso ponto de vista, inactuais e inaceitáveis), operou-se um "suave milagre", o qual, de conversão em conversão, quase desertificou as hostes renitentes ou reticentes.[6]

2. Conotações de vocábulos radicados em "Homem"

2.1 Homem e homens

A verdade é que, mesmo em termos estritamente filosóficos e culturais, os vocábulos radicados em "Homem" têm significados muito diversos. Recebendo o Direito, como que por tabela, influência dessa situação.

Um Homem é sempre Homem. Embora por vezes, quando menos íntegro, ou, quiçá, quando menos heróico ou correspondente a um ideal

---

4. A comparação, a nosso ver, é ao mesmo tempo fiel e elogiosa para ambos, mas sabemos que toda a metáfora é transporte, e todo o tradutor pode ser traidor.

5. Citamos de cor.

6. Cf., sobre estas correntes críticas, já Paulo Ferreira da Cunha, *Teoria da Constituição*, II. *Direitos Humanos, Direitos Fundamentais*, passim.

ou arquétipo de Homem, tenhamos tendência a grafá-lo, despromovendo-o, com minúscula.

Em certos casos, o homem é apenas "meio homem". Diz-se que em alguns países isso decorre do nível da sua conta bancária, e noutros meramente da posse e do manejo de certos artefactos técnicos. Por exemplo, num certo país, quem não é capaz de conduzir veículos automóveis terá sido já dito "meio homenzinho", ou, pelo menos "meio homem".

Trata-se, em ambos os casos, de discriminação que repugna os direitos fundamentais, e humanos...

Mas ainda não compreenderam muitos que a maioria das actividades humanas operam com base em preconceitos, que são em muitos casos fundados em ideias feitas, pré-conceitos. Há pré-conceitos interessantíssimos sobre tabus, superstições de todo o género, que relevam da meteorologia, da agricultura, da gastronomia, das relações familiares, e, obviamente, do círculo da família irradiam para a sociedade, para os mais radicalmente "outros". Já se começa a observar que quase todas as anedotas são preconceituosas para um ou outro grupo. Talvez as anedotas de absurdo, que dizem tão ao gosto dos professores, sejam das poucas que vão resistindo a essa estigmatização, a qual, muitas vezes, não veicula um ânimo hostil. Um dos problemas da avaliação a fio de espada do humor é que, para pretensamente protegermos a dignidade ou a reputação das sogras ou dos bebés foca (para usar exemplos canónicos), estamos a limitar seriamente o direito ao riso, esse humor que é um descompressor social fundamental, e também um direito fundamental da sociedade. Em Portugal, um tribunal expressamente reconheceu esse direito, mesmo durante o período da ditadura do Estado Novo, a propósito de um pretenso delito de imprensa de um humorista. O advogado foi o Prof. José Hermano Saraiva.

2.2 Humano e desumano

Ser ou não ser... Humano? Mas este mesmo homem, pode ser considerado pelos seus semelhantes (e sobretudo pelos que estão de fora do seu círculo) como "humano", se procede com uma certa magnanimidade, doçura quiçá, moderação (dependendo das épocas e dos contextos...), ou "desumano", se é cruel, fero, imoderado sobretudo no tratamento dos outros, e em especial no tratamento dos dependentes, subordinados etc.

Homem "desumano" deveria ser considerado um caso de *contradictio in terminis* mais grave que a alegada *petitio principii* ou tautologia presente ou alegadamente presente no sintagma "direitos humanos".

2.3 Humanista(s)

Mas de Homem "humano" a Homem "humanista" vai ainda um grande caminho. A expressão é ambígua, é dúbia, é polissémica.

Para uns, humanista é sobretudo o homem de hoje que se assemelha, pela sua pose de príncipe artista da Renascença, aos Humanistas de então. Enciclopédico nas suas preocupações, livre no seu espírito, cultivado nas Humanidades Greco-Latinas, e na cultura em geral. Capaz de fazer seu o lema de Protágoras e Terêncio (que depois Karl Marx também adoptaria – mas muito mais tarde, e em tempos já menos humanistas): *homo sum, nihil human...*

Esta é a fórmula mais abrangente de falar em Humanismo.

Para outros, o humanista racionalizou-se, tornou-se agnóstico, talvez até relativista, céptico, no limite niilista. E a esta figura laica se opõe a do *clerc* de formação medieval, com ligações religiosas mais evidentes.

Não nos parece, contudo, que esta utilização delimitadora seja correcta, até porque existem outros epítetos para designar este "humanista" laico, racionalista, puro livre-pensador.

2.4 Humanismo e Humanitarismo

No plano jurídico, o Humanismo jurídico é o do tempo renascentista, e um pouco mais adiante – até ao período da jurisprudência elegante, dir-se-ia.

Mas o humanitarismo, que em cultura e sociedade remete para auxílio, socorro, solidariedade, em Direito tende a limitar-se ou pelo menos a centrar-se muito no domínio penal ou criminal. A expressão ganha foros sobretudo para designar o movimento de suavização das penas, erradicando as cruéis, infamantes. E tal é obra do século das Luzes, tendo como grande nome internacionalmente conhecido o Marquês de Beccaria, o Autor de *Dos Delitos e das Penas*,[7] que deveu parte do seu renome ao apoio de Voltaire (que o cuidou seu discípulo), mas cujas ideias em parte já se encontravam, ao menos em parte, na mesmo em sua terra na quase ignota obra do obscuro juiz português Manuel José de Paiva.[8]

---

7. Cesare Beccaria, *Dei Delitti e delle Pene*, trad. fr., *Des Délits et des Peines*; há pelo menos uma edição portuguesa, da Fundação Calouste Gulbenkian de Lisboa.

8. Manuel José de Paiva, *Governo do Mundo em Seco...*, t. II, Lisboa, Domingos Rodrigues, 1751.

3. Paradigmas

3.1 Da personalidade do gato à pessoa do robot

A palavra "Pessoa" evoca também muitos mal-entendidos.

A excelente e muito actual *Enciclopédia Einaudi* abre o seu verbete respectivo com a seguinte frase:

"Ninguém ousaria afirmar que o seu gato é uma pessoa, mas por outro lado não hesitaria em atribuir-lhe uma personalidade".[9]

Entre personalidade e Pessoa vai distância. E contudo, parte-se normalmente de um ponto unanimista. Como começámos por dizer, em geral, todos os grandes autores confluem – desde logo Kant e Hegel, veros pais fundadores filosóficos do fundo ético da contemporaneidade moderna (não certamente da pós-moderna, mas essa ainda se não terá radicado em nós) – no reconhecimento da dimensão (filosófica e não naturalística) de Pessoa a todo o ser humano. E os pequenos autores seguem-nos.

Na filosofia do Direito, acaba por haver uma ponte, um lugar intermédio, entre a reflexão puramente filosófica e a discussão expressamente jurídica sobre o que seja "pessoa".[10]

A Pessoa surge no direito como sujeito, agente, protagonista. No Direito Romano pode detectar-se, contudo, uma perspectiva objectivista e institucionalista. Um notável texto do intuitivo filósofo português Orlando Vitorino dá-nos a dimensão dessa importância das coisas, para lá das pessoas, e sobre as próprias pessoas: "A forma predominante do direito romano não é, pois, o contrato, mas a propriedade, que tem o significado que na palavra verbalmente exprime: o que é próprio das coisas, o que reside nas coisas mesmas e não em quem as possui. Em direito romano não se poderá dizer, como em direito moderno, que 'as coisas são propriedade de alguém', mas sim que 'as coisas têm propriedade'".[11]

---

9. (M. A.) — "Pessoa", in *Enciclopédia Einaudi*, edição portuguesa, vol. 30, Lisboa, Imprensa Nacional — Casa da Moeda, 1994, p. 106.

10. Cf., por exemplo, Jean-Marc Trigeaud, "Idée de Personne et Vérité du Droit. De la Dikélogia à la Prosopologie", in *Filosofia Oggi*, n. 56, f. IV, pp. 475 e ss.; idem, "La Personne Dénaturalisée. De l'Impuissance de la 'Naturalistic Fallacy' à Atteindre la Persone", in *Persona y Derecho*, 29, 1993, pp. 139 e ss.; idem, "La Personne Humaine, Sujet de Droit", in AA. VV., *La Personne Humaine, Sujet de Droit*; idem "La Tradizione Classica del Diritto Naturale e il suo Superamento Personalistico", in *I*, pp. 100-118, 1991; Stamatios Tzitzis, *Qu'est-ce que la personne?*

11. Orlando Vitorino, *Refutação da Filosofia Triunfante*, p. 179.

Mas já com o sincretismo medieval, e sobretudo depois que surgiu em força o nominalismo do franciscanismo jurídicos,[12] com os direitos subjectivos, a mentalidade moderna e individualista, e finalmente o direito liberal, em geral tudo no processo histórico tem concorrido para aprofundar a ideia de que o direito se move movido pela mão pessoal de alguém, singular ou plural. Apesar de a mão invisível ser guiada por outra mão, não raro.[13]

O direito atribui coisas *latissimo sensu* a pessoas. O direito é grande tradutor, mediador, ou – noutros termos, talvez mais concisos – consiste na atribuição por uma Pessoa de algo a uma outra Pessoa. Esse algo pode ser, como sabemos, uma *res* do mundo exterior, material, ou uma entidade mais abstracta que chega a poder ser um crédito, uma pena, ou um poder, um cargo, ou até uma honra. O direito é comunicador e laço entre pessoas. Daí, uma das suas assinaladas características: a alteridade, mais que a bilateralidade (por vezes assinalada em catálogos de características jurídicas), porque o sistema simples assim descrito pode complexificar-se. Relações entre simples coisas são, nos nossos dias em que a escravatura se quer erradicada, algo não do domínio do direito.

E contudo subsiste a dificuldade sobre encontrar um consenso e uma visão profunda sobre o que seja Pessoa.

Indagar o que seja Pessoa em sentido filosófico levar-nos-ia muito longe. Não podemos é nunca esquecer o símbolo que a própria palavra encerra, como para nos lembrar sempre da metáfora. Pessoa é a *persona*, máscara do teatro grego. Como se se dissesse: a Pessoa não pode ser nunca o próprio Homem natural, ser em si, mas um ser social, e uma capa que se ganha para estar no mundo. *Persona* é, em grande medida, a veste social e jurídica do Homem.[14] Confundir a máscara com o rosto ocorre, mas é sempre perigoso.

Juridicamente, deveremos quiçá tirar as consequências desta distância e diferença entre o *eu pessoal*, o *radical eu*, e o *eu social*, entre o sujeito na sua privacidade, desprovido de máscara, e o que dela necessita... Até como uma espécie de língua franca para se entender com os outros.

A Pessoa no plano jurídico, não podendo esquecer as determinações naturais que a enformam, contudo não pode deixar de ser vista como

---

12. Cf., por todos, Michel Villey, *La Formation de la Pensée Juridique Moderne*, pp. 202 e ss.
13. António Manuel Hespanha, *Guiando a Mão Invisível*.
14. No plano jurídico, v. Jean-Marc Trigeaud, *Persona ou la Justice au Double Visage*, 1990.

uma certa ficção, ou constructo. O que seja Pessoa em sentido jurídico está, por isso mesmo, bem longe de ser questão pacífica. Sobretudo se nos lembrarmos dos agudos problemas biojurídicos (e tanáticos):[15] se menos problemas há no período após o "nascimento completo e com vida" e até à morte claramente detectada, antes desse nascimento e até depois dele (ou em fases de transição) as dúvidas sobre a personalidade (ou as suas dimensões e implicações), o seu reconhecimento, ou atribuição são deveras complexas.

Uma vez que a personalidade, partindo embora da natura, tem dimensão em grande medida fictiva, pode perguntar-se se não poderá vir a interessar à ordem jurídica, a uma determinada forma de encarar a ordem jurídica, a atribuição de personalidade jurídica a *robots* – lembrando assim a questão da personalidade do *robot* feminino de o *Homem Bicentenário*, e outros filmes ulteriores.

Não esqueçamos que a personalidade jurídica foi já atribuída a pessoas morais ou colectivas – o que é também uma ficção. Não se diz que será, em tese, um bem ou um mal: devemos é estar preparados para a discussão, no futuro. Talvez não distante.

3.2 A caminho de um novo paradigma jurídico

A evolução semântica, por um lado, e, por outro, o trânsito histórico, levam-nos à conclusão de que a Pessoa e o Homem tiveram no Direito, ao longo dos tempos, contextos diversificados.

Mas mais: pode dizer-se que da forma de encarar a Pessoa e o Homem, do Personalismo e do Humanismo e da consideração da dignidade depende o tipo de Direito que se tem. De uma consideração teórica e normativa, mas sobretudo de uma consideração prática – não do direito livresco, ou dos professores, mas do vivo, real, imediato do *law in action*.

Além disso, podemos considerar três grandes tempos jurídicos de acordo com a consideração da Pessoa.[16] Antes de mais, com o próprio *ius redigere in artem*, e sua evolução, há uma personalidade jurídica criada com os romanos, detecta-se ainda uma personalidade moral alcançada pelo cristianismo (a que não foi alheia a filosofia greco-romana) – e essa será a mais generalizada forma de pensamento a este propósito

---

15. Cf., entre tantos, especificamente sobre essa relação com a pessoa e a sua dignidade, já, *v.g.*, Roberto Andorno, *La Bioéthique et la Dignité de la Personne*, 1997.
16. Diogo Leite de Campos, *Lições de Direitos da Personalidade*, pp. 17 e ss.

dos tempos cristãos medievais –, e só mais tarde, com as revoluções liberais, triunfará uma personalidade política.

Hoje a situação é já diversa. Cremos que ao direito objectivo romano, e ao direito subjectivo que nasce de uma certa versão da visão franciscana (com Guilherme de Ockham[17] e seus sucessores) se está a suceder, ainda de forma incerta e em esboço, um direito novo – melhor, uma nova compreensão do paradigma jurídico.

Como poderíamos começar a tentar caracterizar esse direito, só nascendo, de mescla com muita anomia, muita confusão, muita inconsequência, muito desnorte do legislador? Não sei se tomamos as esperanças por factos, mas quer parecer-nos que estamos perante um *novum*, que pode já começar a determinar-se teoricamente como direito *social* e direito *pessoal*.

Ou seja, esta nova forma de organizar significativamente a juridicidade, de lhe dar uma finalidade e um fundamento, tem como pólos, afinal, o Homem, enquanto ser pessoal e a radicalidade da sua dignidade em si e por si, e a Pessoa, o ser social, o Homem com os outros Homens. Numa tentativa de harmonização desses pólos da existência, individual e colectiva, mas não individualista (nem egoísta) nem colectivista.

Não se trata, assim, nem de um direito neo-liberal individualista[18] (que se tem dúvidas até como poderia conceber-se ainda dentro da jurisdicidade), nem de um direito simplesmente gregário, direito colectivista (em que, por razões simétricas, pairam no nosso espírito muitas interrogações) – como, num e noutro tempos ainda não distantes, a muitos pareceria inevitável.

Sabe-se que ao colectivismo avassalador e quase invasor (sem dúvida "ideologia dominante" no plano teórico) sucedeu idêntico neo-liberalismo, hoje em perda nos grandes meios, e só defendido tardiamente pelas periferias de colonização intelectual de segundo tempo.

A Pessoa e o Homem, na sua Dignidade, procuram, também pelo Direito, encontrar um ponto de equilíbrio entre o próprio e o comum, entre o livre desenvolvimento da personalidade de cada um e a sua inalienável dignidade, por um lado, e os direitos de todos, e da sociedade enquanto representante e abstracção de todos e cada um, por outro.

---

17. Sobre a nossa visão do pensamento juspolítico de Guilherme de Ockham, muito em síntese, *v.g.*, Paulo Ferreira da Cunha, *O Essencial sobre Filosofia Política Medieval*, pp. 73 e ss.

18. Para a captação hodierna da abissal diferença entre liberal e neo-liberal, nem sempre apercebida, cf., por todos, Paulo Ferreira da Cunha, *Repensar e Política. Ciência & Ideologia*, máx. pp. 220 e ss., 238 e ss., 264 e ss., 333 e ss.

A própria palavra "Homem", segundo alguns teriam numa sua interpretação, partindo da língua grega, significara "todo" ou "conjunto", afinal, universalidade. E precisamente a partir dessa ideia de totalidade um humanista como Guazzo pôde glorificar a excelência e a imprescindibilidade da conversa,[19] que em francês se disse *commerce*, comércio,[20] e entre nós se pôde dizer frequentação. Sem essa "vida conversável", expressão das Descobertas relembrada pelo luso-brasileiro Agostinho da Silva,[21] não há "eu" e "outro", e não há "nós".

Talvez por isso se compreenda tão bem que o recuo geral do uso da linguagem significativa, nos nossos dias, para que alertou o etólogo e prémio Nobel da Medicina Konrad Lorenz,[22] seja um sinal de alerta de desumanidade – de barbárie, ainda que civilizada...[23]

Parafraseando uma frase de outro contexto, que para mais parece jamais ter sido proferida, *o Direito do séc. XXI ou será social e pessoal, simultaneamente, ou não será*. Não será, pelo menos, verdadeiro Direito.

Bibliografia

(M. A.). "Pessoa", in *Enciclopédia Einaudi*, edição portuguesa, vol. 30. Lisboa, Imprensa Nacional/Casa da Moeda, 1994.

AA.VV. *La Dignidad de la Persona* (3 vols.). XXV Jornadas de Derecho Público. Valparaíso, Edeval, 1995.

ANDORNO, Roberto. *La Distinction Juridique entre les Personnes et les Choses à l'Épreuve des Procréations Artificielles*. Préface de François Chabas. Paris, LGDJ, 1996.

_____. *La Bioéthique et la Dignité de la Personne*. Paris, PUF, 1997.

ANDRADE, Manuel da Costa. *Liberdade de Imprensa e Inviolabilidade da Pessoa. Uma Perspectiva jurídico-Criminal*, Coimbra, Coimbra Editora, 1996.

BECCARIA, Cesare. *Dei Delitti e delle Pene*. Trad. fr.: *Des Délits et des Peines*. Paris, Flammarion, 1979.

---

19. S. Guazzo, *La Civile Conversation*, 1574, Paris, 1592, p. 38, *apud* Jean-Jacques Courtine e Claudine Haroche, *Histoire du Visage. XVIe – début XIXe siècle*, máx. p. 28.
20. Tal é, de resto, o primeiro sentido repertoriado pela *Enciclopédia* de Diderot e D'Alembert.
21. Agostinho da Silva, *Vida Conversável*, 1994.
22. Konrad Lorenz, Entrevista, in *Mais além com*, pp. 137 e ss.; idem, *Der Abbau des Menschlichen*, trad. port., *O Homem Ameaçado*; idem *Die Acht Todsünden der Zivilisierten Menschheit*, trad. fr., *Les Huit Péchés Capitaux de notre Civilisation*, 1973.
23. Pier-Paolo Ottonello, *La Barbarie Civilizzata*, 1993.

BLOCH, Ernst. *Derecho Natural y Dignidad Humana*. Trad. cast. de Felipe González Vicen. Madrid, Aguilar, 1980.

CAMPOS, Diogo Leite de. *Lições de Direitos da Personalidade*. 2ª ed.. Separata do vol. LXVI (1990) do *Boletim da Faculdade de Direito da Universidade de Coimbra*. Coimbra, 1992.

CARVALHO, Reinaldo de. *Partidos e Pessoas*. Porto, Rés, s/d.

CASTELANO, Danilo. "Il Problema della Persona Umana nell'Esperienza Giuridico-Politica: (I) Profili Filosofici", in *Diritto e Società*, n. 1. Pádua, 1988.

_____. "Il 'Concetto' di Persona Umana negli Atti dell'Assemblea Costituente e l'Impossibile Fondazione del Politico", *Diritto e Società*, n. 4. Pádua, 1994.

COMISSÃO TEOLÓGICA INTERNACIONAL. *A Pessoa Humana*. Trad. de Isabel de Castro, Rev. de H. Noronha Galvão. Lisboa, Rei dos Livros, 1998.

COSTA, José Manuel M. Cardoso da. *O Princípio da Dignidade da Pessoa Humana na Constituição e na Jurisprudência Constitucional Portugueses*. Separata de *Direito Constitucional. Estudos em Homenagem a Manoel Gonçalves Ferreira Filho*. Coord. de Sérgio Resende de Barros e Fernando Aurélio Zilveti. São Paulo, Dialética, 1999.

COURTINE, Jean-Jacques; HAROCHE, Claudine. *Histoire du Visage. XVIe – début XIXe siècle*. Paris, Rivages, 1988.

CUNHA, Paulo Ferreira da. *Teoria da Constituição*, II. *Direitos Humanos, Direitos Fundamentais*. Lisboa/São Paulo, 2000.

_____. *O Essencial sobre Filosofia Política Medieval*. Lisboa, Imprensa Nacional/Casa da Moeda, 2005.

_____. *Repensar e Política. Ciência & Ideologia*. Coimbra, Almedina, 2005.

HERVADA, Javier. "Los Derechos Inherentes a la Dignidad de la Persona Humana", in *Persona y Derecho*. Suplemento *Humana Iura*. Pamplona, 1991.

HESPANHA, António Manuel. *Guiando a Mão Invisível*. Coimbra, Almedina, 2005.

HOYOS CASTAÑEDA, Ilva-Myriam. *El Concepto Jurídico de Persona*. Pamplona, EUNSA, 1989.

HOYOS, Ilva-Myriam. "La Dimensión Jurídica de la Persona Humana", *Persona y Derecho*, XXVI, 1992.

LORENZ, Konrad. *Die Acht Todsünden der Zivilisierten Menschheit*. Trad. fr.: *Les Huit Péchés Capitaux de notre Civilisation*. Paris, Flammarion, 1973.

_____. Entrevista, in *Mais além com*. Trad. port. de Mem Martins. Europa-América, 1975.

_____. *Der Abbau des Menschlichen*. Trad. port.: *O Homem Ameaçado*. Lisboa, Dom Quixote, 1988

MORTATI, A. *La Persona, lo Stato e le Comunità Intermedie*. 2ª ed., Turim, ERI, 1971.

MOURA, José Souto de. *Dignidade da Pessoa e Poder Judicial*, in www.smmp.pt/moura.htm.

NEVES, António Castanheira. "Dignidade da Pessoa e Direitos do Homem", in *Digesta. Escritos acerca do Direito, do Pensamento Jurídico, da sua Metodologia e Outros*, vol. II. Coimbra, Coimbra Editora, 1995.

OTTONELLO, Pier-Paolo. *La Barbarie Civilizzata*. Génova, Edizioni dell'Arcipelago, 1993.

PAIVA, Manuel José de. *Governo do Mundo em seco...*, t. II. Lisboa, Domingos Rodrigues, 1751.

PIRES, Francisco Lucas. *Teoria da Constituição de 1976. A Transição Dualista*. Coimbra, Ed. do Autor, 1988.

SANTOS, Fernando Ferreira dos. *Princípio Constitucional da Dignidade da Pessoa Humana*: www.apriori.com.br/artigos/arti_199.htm.

SILVA, Agostinho da. *Vida Conversável*. Organização e prefácio de Henryk Siewierski. Lisboa, Assírio & Alvim, 1994.

SOUSA, Rabindranath Capelo de. *O Direito Geral de Personalidade*, Coimbra, Coimbra Editora, 1995.

TRIGEAUD, Jean-Marc. *Persona ou la Justice au Double Visage*. Genova, Studio Editoriale di Cultura, 1990.

_____. "Idée de Personne et Vérité du Droit. De la Dikélogia à la Prosopologie", in *Filosofia Oggi*, n. 56, f. IV. Genova, Edizione dell'Arcipelago, Ano XIV, out.-dez./1991.

_____. "La Tradizione Classica del Diritto Naturale e il suo Superamento Personalistico", in *I*, ano XLIV. Roma, Giuffrè, abril-jun./1991.

_____. "La Personne Dénaturalisée. De l'Impuissance de la 'Naturalistic Fallacy' à Atteindre de la Personne", *Persona y Derecho*, 29, 1993.

_____. "La Personne Humaine, Sujet de Droit", in AA. VV. *La Personne Humaine, Sujet de Droit*. Paris, PUF, 1994.

TZITZIS, Stamatios. *Qu'est-ce que la Personne?* Paris, Armand Colin, 1999.

VILLEY, Michel. *La Formation de la Pensée Juridique Moderne*. Paris, Montchrestien, 1975; nova ed., Paris, PUF, 2003.

VITORINO, Orlando. *Refutação da Filosofia Triunfante*. Lisboa, Guimarães Ed., 1976.

Segunda Parte

PESSOA HUMANA E DIREITO CIVIL

4
A PROTEÇÃO DA IDENTIDADE GENÉTICA

Heloisa Helena Barboza

1. Identidade: conceito complexo e dinâmico. 2. Identidade e "status". 3. Identidade genética e informação genética. 4. Proteção da identidade genética no ordenamento jurídico brasileiro.

> *"(...) Nas relações consigo mesmo,*
> *com os outros homens, com a Natureza e com Deus,*
> *ou pelo menos com a idéia d'Ele,*
> *cada homem é um ser em si mesmo*
> *e só igual a si mesmo."*
>
> Rabindranath Capelo de Sousa

1. Identidade: conceito complexo e dinâmico

Sob o título "Identidade: *neandertal*", jornal de grande circulação[1] apresentou debate existente sobre o "homem de *neandertal*", descoberto em 1856. Não há dúvida de que ele é o parente mais próximo do homem moderno, mas seria um meio-irmão ou um primo, ou seja, seria uma espécie diferente ou uma subespécie do *homo sapiens*. Segundo a notícia, "todas as evidências, DNA e anatômicas, sugerem que os *neandertais* eram uma espécie separada e não estavam em linha direta ou ancestral para os humanos modernos". A matéria (mais uma) demonstra a busca recorrente do homem por sua ancestralidade, a incansável procura da solução para o enigma da origem.

Essa preocupação constante com a origem não se verifica apenas no que interessa à humanidade, no espaço público, mas também e de

---

1. *Folha de S. Paulo*, edição de 16.10.2005, "caderno Mais", p. 9.

modo crescente na esfera privada, em especial após a popularização dos exames de DNA que permitem a verificação da origem genética. Esse instrumento fornecido pela biotecnologia, se de um lado permite o estabelecimento da verdade biológica no que se refere à ancestralidade, tornando-se elemento de grande importância na construção da identidade das pessoas, por outro vem provocando diversos questionamentos na área jurídica que ainda aguardam resposta adequada.

Na verdade, a apreensão pelo Direito dos efeitos decorrentes das ações no campo da biociência tem sido lenta e tormentosa, na medida em que envolvem aspectos humanos essenciais, provocando profundas indagações éticas. Neste contexto inscreve-se a identidade genética, desvendada pela biotecnologia, mas de todo vulnerável às suas interferências.

A compreensão da identidade humana pelo Direito, no Brasil, tem sido acanhada, diferentemente da Filosofia, da Sociologia e da Psicologia que lhe têm dedicado alongados estudos, dos quais deverá se valer o Direito, não só para esclarecimento de toda sua constituição, como também para previsão e aplicação da tutela já reclamada.

Entendida, de modo geral, como o conjunto de caracteres próprios e exclusivos de uma pessoa, tais como o nome, o sexo, a idade, as impressões digitais, os defeitos físicos, a nacionalidade, o estado civil, a profissão, a identidade carece de um reconhecimento como tal, ou seja, como o complexo de *elementos que individualizam cada ser humano, distinguindo-o dos demais na coletividade, conferindo-lhe autonomia para que possa se desenvolver e se firmar como pessoa em sua dignidade*,[2] sendo, portanto e nessa medida, *expressão objetiva da dignidade humana*. O tratamento jurídico compartimentado que lhe é dispensado por vezes deixa à mingua de proteção certos aspectos, como a identidade cultural, e em outros se revela insuficiente, como se dá com a identidade genética.

Se difícil (se não impossível) é a tutela do conjunto, indispensável o reconhecimento dos seus elementos, para que, enquanto nessa qualidade, tenham a proteção conveniente e condizente com a dignidade da pessoa humana.

A dificuldade apontada decorre não só da necessidade inicial de se reconhecer quais devam ser esses elementos e do fato de que alguns de-

---

2. Ver boa síntese dos entendimentos sobre o tema em Raul Choeri, *O Conceito de Identidade e a Redesignação Sexual*, pp. 25-28.

les nem sempre (e necessariamente) devam ser considerados integrantes da identidade, embora possam integrar o *status jurídico* do indivíduo, como adiante examinado. Há elementos estáveis, como o sexo biológico, o genoma e as impressões digitais, e elementos modificáveis, como o nome, a imagem, a nacionalidade e a filiação (jurídica).

Nessa ótica, qualquer elemento de identificação, quer pessoal, quer resultante da vida de relação, que seja peculiar ou torne peculiar uma pessoa, integrará sua identidade, enquanto compreendida como *expressão objetiva da dignidade humana*.

A existência de elementos modificáveis aumenta o grau de dificuldade no reconhecimento dos elementos que integram a identidade de uma pessoa e que merecem tutela jurídica como tal. Em geral, a atribuição da identidade inicia-se com o nascimento, momento em que se define o sexo, com base na genitália externa, se dá um nome ao indivíduo, se estabelece a filiação e se constatam "sinais de nascença" (marcas corporais, defeitos ou deficiências físicas), identificadores que o acompanhavam durante toda a vida, já que inalteráveis, como durante muito tempo se entendeu.

Contudo, as ações da biociência, especialmente nas últimas décadas, vêm possibilitando a alteração de elementos tidos como imutáveis, inclusive os físicos, mediante correção de vários defeitos de nascença, modificação da aparência do corpo e mesmo do sexo, com radical modificação da genitália.

As cirurgias para "mudança de sexo", embora não alterem o sexo biológico, determinado pela composição genética, provocam tão severas alterações morfológicas, que o Direito tem admitido a modificação, não só do nome, como do sexo do indivíduo, implicando na assunção de outro *status* jurídico em todos os seus efeitos.

A filiação materna, em geral tida como certa e determinada com base no fato da gestação e do parto, pode não ser a que juridicamente se estabelecerá, caso tenha sido empregada uma das técnicas de reprodução assistida, especialmente se houve doação de óvulo e/ou maternidade de substituição. A paternidade, considerada durante séculos incerta e fixada por critérios jurídicos, como a presunção legal, é alterada com freqüência para estabelecimento da "verdade biológica", decorrente do exame de DNA.

Tais possibilidades incrementam a chamada "crise de identidade (...) parte de um processo mais amplo de mudança, que está deslocando as estruturas e processos centrais das sociedades modernas e abalando os quadros de referência que davam aos indivíduos uma ancoragem estável no mundo social".[3]

As velhas identidades, que por tanto tempo estabilizaram o mundo social, estão em declínio, fazendo surgir novas identidades.[4] Neste contexto, parece mais adequado ao Direito e à proteção que confere às pessoas, um conceito de identidade "estratégico e posicional", que "aceita que as identidades não são nunca unificadas; que elas são, na modernidade tardia, cada vez mais fragmentadas e fraturadas; que elas não são, nunca, singulares, mas multiplamente construídas ao longo dos discursos, práticas e posições que podem se cruzar ou ser antagônicos. As identidades estão sujeitas a uma historicização radical, estando constantemente em processo de mudança e transformação".[5]

2. *Identidade e* status

O estudo da pessoa em Direito Privado refere habitualmente a noção de *status*, coligada à de capacidade, como uma qualidade jurídica decorrente da inserção de um sujeito numa categoria social, na sua qualificação na sociedade, da qual derivam, para esse, direitos e deveres. Por esta noção técnica define-se a situação do indivíduo na sociedade política e familiar, considerada sua condição física, compreendendo elementos de *individualização da personalidade*, distintos de simples *qualidades jurídicas*, como as de herdeiro, condômino ou sócio,[6] que decorrem da titularidade de relações jurídicas concretas, inclusive decorrentes do exercício de uma profissão.[7] O Estado "relaciona-se com a personalidade, porque é uma forma de sua integração, e articula-se com a capacidade porque influi sobre ela".[8]

Definindo a situação do indivíduo na sociedade política e na família, o *status* encerra elementos de individualização da personalidade, considerando-se três estados: o político, o familiar e o individual.[9] Quanto ao primeiro, as pessoas dividem-se em nacionais ou estrangeiras; na ordem familiar, têm o estado de parente (incluindo a relação de filiação) e o denominado "estado civil", que refere à situação de conjugalidade

---

3. Stuart Hall, *A Identidade Cultural na Pós-Modernidade*, p. 13.
4. Idem, ibidem.
5. Idem, "Quem precisa de Identidade?", in *Identidade e Diferença*, p. 108.
6. Orlando Gomes, *Introdução ao Direito Civil*, p. 166.
7. Francisco Amaral, *Direito Civil: Introdução*, p. 238.
8. Cáio Mário da Silva Pereira, *Instituições de Direito Civil*, vol. I, p. 265.
9. Orlando Gomes, *Introdução...*, cit., pp. 167-168.

ou não (solteiro, casado, viúvo, divorciado etc.); o estado individual diz respeitos às condições psicofísicas do indivíduo, determinantes de seu poder de agir, segundo a idade (maiores ou menores), o sexo (hoje importante para casamento e união estável, que exigem a diversidade de sexos) e a saúde (mental e física, interferindo na capacidade de agir).

Atualmente, indispensável afastar da compreensão do estado o significado de "condição social", por força do princípio da igualdade formal. Não obstante, o princípio da igualdade material legitima estados diversificados, "libertadores para a pessoa e reequilibradores da justiça". O *status* deixa a categoria abstrata e neutra, assumindo uma noção instrumental, como técnica idônea para criar ou dar tratamentos desiguais, estatutos singulares. O *status* tem, portanto, vários significados e diversa relevância jurídica, os quais devem ser individuados para que se "possa propor uma distinção que não seja simplesmente formal e descritiva, mas fundada nos conteúdos e na função".[10]

Constata-se que várias das mencionadas qualidades peculiares que integram o *status* de uma pessoa não se resumem a meras particularidades, na medida em que são, de per si, direitos, como o nome. Além disso, a maioria, senão todos, os elementos que compõem o *status* são integrantes da identidade pessoal, merecendo, enquanto tal, especial proteção jurídica. A noção de *status*, portanto, embora compreenda outros direitos e contenha elementos da identidade, é autônoma, mas não menos importante, na medida em que congrega, como assinalado de início, elementos de *individualização da personalidade*, dos quais decorrem, não só a qualificação na sociedade, mas direitos e deveres, servindo de referência para estabelecimento de diferentes relações jurídicas.

O estado não se confunde com a identidade, embora ambos expressem a *individualização da personalidade* e haja imbricações e coincidência de vários de seus elementos. Entende-se que para "a determinação do *status* da pessoa, consideram-se apenas as qualidades necessárias e básicas", não incluindo, assim, a profissão, embora se mencione atualmente um *status* profissional.[11] Contudo, tendo em vista que o estado do indivíduo é apreciado em relação ao lugar em que se fixa (domicílio), seu quadro profissional e seu cadastro perante as autoridades civis (identidade, CPF), na qualificação das pessoas encontram-se comumente mencionados tais aspectos,[12] que a rigor não integram o *status* na visão tradicional, mas podem ser incluídos numa concepção funcionalizada.

10. Pietro Perlingieri, *Perfis do Direito Civil*, pp. 132-134.
11. Orlando Gomes, *Introdução...*, cit., p. 167.
12. Arnoldo Wald, *Direito Civil – Introdução e Parte Geral*, p. 129.

A identidade, como o *status*, se constitui de diversos elementos, que tendo ou não, de per si, natureza de direito, constroem a "verídica representação da própria personalidade espiritual". Em outras palavras, significa a identidade a representação de si mesmo, com seus próprios caracteres e ações, constituindo a verdade da pessoa, não só perante ela própria, mas também socialmente. Compreende todos os elementos que permitem seja a pessoa reconhecida em sua "peculiar realidade", em seus "atributos, qualidades, caracteres, ações, que o distinguem de qualquer outro indivíduo", enfim, que expressam o seu modo de ser (igual a si mesma) para os outros na sociedade em que vive, tais como: a filiação, caracteres físicos e morais, profissão, acontecimentos diversos da vida.[13]

Observa-se que alguns dos mencionados elementos são estáticos, como o sexo, a idade, o nome, a filiação, outros dinâmicos, vinculados ao dinamismo da vida, de sua aparência diante dos outros, alterando-se conforme as vivências pessoais, as idéias políticas, religiosas, estéticas, costumes e hábitos. Os elementos estáticos, caracterizados pela estabilidade e não necessariamente pela imutabilidade, são afetados pelo interesse público, tendo alguns natureza de direito personalíssimo. Os dinâmicos, ao contrário, são, de modo geral, "dados identificadores", que não têm natureza jurídica própria, mas que integram a "verdade exterior o próprio patrimônio intelectual, político, social, religioso, ideológico, profissional, segundo tenha aparecido com base em circunstâncias concretas e unívocas no ambiente social".[14] Neste conjunto devem ser considerados, especialmente, os dados étnicos e culturais.

O fato de se reunirem em um único conceito (direito à identidade) "entidades distintas e que, por isso, têm diferentes causa e organização jurídica", não parece conduzir a um "desajuste conceitual", quando se considera a identidade como *expressão objetiva da dignidade humana*, "verídica representação da própria personalidade espiritual", exigindo tutela de qualquer dos elementos que a integram, tenham natureza de direito ou de dado identificador, na medida em que cada pessoa tem o interesse, juridicamente protegido, de conhecer (e de ser conhecido) sua realidade, sua verdadeira identidade.[15]

O nome é, por excelência, um "sinal distintivo de cada homem" e pelo menos três teorias procuram explicar a natureza do direito ao nome.

---

13. Adriano de Cupis, *apud* Santos Cifuentes, *Derechos Personalísimos*, 1995.
14. Idem, referindo decisão de 1985, da Corte de Cassação italiana.
15. Tais conclusões tomaram por base a doutrina de Santos Cifuentes, *Derechos Personalísimos*, pp. 606-612, debatendo os ensinamentos de Adriano De Cupis. Contudo, Cifuentes adota, por fim, entendimento contrário ao aqui adotado.

O Código Civil vigente reconheceu o direito ao nome como um dos direitos da personalidade[16] ou direitos personalíssimos,[17] conferindo-lhe proteção especial. Como já se afirmou em feliz síntese "sob a denominação de direitos da personalidade, compreendem-se direitos considerados essenciais à pessoa humana, que a doutrina moderna preconiza e disciplina, a fim de resguardar a sua dignidade".[18]

A doutrina tem se esmerado em estabelecer a distinção entre os direitos da personalidade (denominação adotada pelo Código Civil) e os direitos fundamentais,[19] havendo forte tendência a entendê-los distintos, que podem coincidir ou não, ambos direitos essenciais que têm por fim a proteção integral da pessoa humana. Do mesmo modo, há controvérsia quanto à existência de um "direito geral de personalidade" ou de uma pluralidade de direitos personalíssimos, desdobrando-se essa última corrente em duas concepções: uma série aberta de tais direitos (atipicidade) e uma série fechada (tipicidade). O importante debate escapa, porém, à presente proposta.[20]

Indispensável, todavia, registrar que o melhor entendimento, por se harmonizar com a cláusula geral de tutela da pessoa humana constitucionalmente prevista, preconiza a natureza necessariamente aberta da normativa, por considerar de "máxima importância constatar que a pessoa se realiza não através de um único esquema de situação subjetiva, mas com uma complexidade de situações", que se apresentam de forma diversificada (poder jurídico, interesse legítimo, direito subjetivo), não sendo de ser negada tutela jurídica, ainda que na fase patológica, "por não serem qualificáveis como direitos ou no pressuposto de que elas não representariam interesses substanciais".[21]

Consolida-se, desse modo, a necessidade de proteção de todos os elementos que integram a identidade, particularmente no momento de reconhecida "crise de identidade", como assinalado de início.

16. Lei 10.406/2002, arts. 16 a 19.
17. Orlando Gomes, *Introdução...*, cit, p. 150: registra o Autor as hesitações da doutrina quanto ao conceito, natureza, conteúdo, extensão e denominação, sendo também identificados como direitos individuais, direitos sobre a própria pessoa, direitos pessoais, direitos de estado, direitos originários, direitos inatos e direitos personalíssimos, esta a que tem sido preferida.
18. Idem, ibidem, p. 149.
19. Também denominados direitos humanos ou direitos fundamentais da pessoa humana.
20. Sobre o assunto ver Adriano De Cupis, *I Diritti della Personalità*, 1982; Santos Cifuentes, *Derechos Personalísimos*, 1995; Rabindranath V. A. Capelo de Sousa, *O Direito Geral de Personalidade*, 1995.
21. Pietro Perlingieri, *Perfis do Direito Civil*, p. 155.

Como já se observou com propriedade, "ao se tutelar o nome, vai-se além da simples afirmação de um direito ao nome e chega-se a um verdadeiro direito à identidade pessoal".[22]

O mesmo pode ocorrer com outros elementos de individualização da pessoa, como a qualificação profissional, o domicílio ou mesmo da naturalidade,[23] que podem ser tutelados para resguardo da identidade do indivíduo, como se verifica com determinadas pessoas, cuja identidade social está vinculada à sua atuação profissional (jogador de futebol, modelo, médico) ou a certa localidade (cantores populares, como sambistas conhecidos pela escola a que estão vinculados, líderes comunitários). Nessas hipóteses, tais referências passam a fazer parte de identidade do indivíduo, que tem direito não só a sua agregação ao nome, como também a sua defesa, caso a utilização por outrem lhe seja prejudicial.

A tutela da identidade no direito brasileiro se encontra fragmentada, não havendo, como no direito português,[24] o reconhecimento do direito à identidade pessoal. A tradicional configuração do direito à identidade pessoal tem maior alcance, incluindo o patrimônio genético de cada indivíduo, constituindo um meio de identificação da pessoa física. De acordo com a doutrina portuguesa, compreende a identidade pessoal duas diferentes dimensões: a) uma absoluta ou individual, segundo a qual cada pessoa humana é uma realidade singular e irrepetível e que a distingue de todas as demais, o que conduz à proibição da clonagem humana; e b) outra relativa ou relacional, que define a identidade de cada pessoa igualmente em função de uma memória oriunda de seus antepassados e que constitui sua "historicidade pessoal", reconhecida como um direito.[25]

Teve o constituinte especial preocupação com os bens materiais e imateriais que constituem o patrimônio cultural brasileiro, no seu aspecto individual ou conjunto, que sejam portadores de referência à identidade, à ação e à memória dos diferentes grupos formadores da sociedade brasileira, sendo punidos na forma da lei os danos e ameaças ao mesmo.[26] Fica evidenciada a tutela dos elementos culturais, como fatores de iden-

---

22. Danilo Doneda, "Os Direitos da Personalidade no Novo Código Civil", in *A Parte Geral do Novo Código Civil*, Coord. Gustavo Tepedino, p. 51.
23. Há dois famosos jogadores de futebol com o nome Ronaldinho, um deles é identificado como Ronaldinho *Gaúcho*.
24. Constituição da República Portuguesa, art. 26, n. 3.
25. Paulo Otero, *Personalidade e Identidade Pessoal e Genética do Ser Humano: um Perfil Constitucional da Bioética*, pp.64-65, 84-85.
26. Constituição Federal, art. 216 e § 4º.

tificação, não só do indivíduo, como da comunidade, ganhando relevo o reconhecimento específico feito aos bens dos índios.[27]

Neste contexto deve ser examinada a identidade genética.

3. Identidade genética e informação genética

O conhecimento e a possibilidade de intervenção no material genético humano, que se acelerou em meados do século passado, evidenciou sua importância para o estabelecimento da individualidade de cada pessoa e colocou em destaque a necessidade de sua proteção. Tal fato, contudo, não alterou a compreensão da identidade do indivíduo, como se constata da Declaração Internacional sobre os Dados Genéticos Humanos,[28] segundo a qual cada indivíduo possui uma configuração genética característica, mas a identidade de uma pessoa não deve se limitar aos traços genéticos, pois sobre eles influem complexos fatores educativos, ambientais e pessoais, tais como os laços afetivos, sociais, espirituais e culturais dessa pessoa com os outros seres humanos e implica em uma dimensão da liberdade.[29]

Manteve-se a orientação adotada na Declaração Universal sobre o Genoma Humano e Direitos Humanos, que estabelecera o dever de respeito à dignidade e aos direitos do indivíduo, independentemente de suas características genéticas, sendo imperativo, por força da dignidade, a não redução dos indivíduos às suas características genéticas e o respeito à sua singularidade e diversidade.[30]

Com base nas considerações até aqui feitas, constata-se que a referência à *identidade genética*, na verdade, indica mais um dos elementos de individualização da personalidade. Impõe-se examinar o que se compreende como tal.

O conjunto de todo material genético que define um ser vivo denomina-se *genoma*. O material genético contém todas as informações para gerar um organismo vivo e determinar suas características. As biomoléculas que representam o material genético correspondem ao DNA. No núcleo das células encontram-se os cromossomos, que representam ar-

27. Constituição Federal, art. 231.
28. Aprovada por unanimidade e por aclamação na 32ª Sessão da *Conferência Geral da UNESCO*, em 16.10.2003, disponível em www.portal.unesco.org.
29. Declaração Internacional sobre os Dados Genéticos Humanos, art. 3.
30. Declaração Universal sobre o Genoma Humano e os Direitos Humanos, adotada unanimemente por aclamação pela 29ª Sessão da Conferência Geral da UNESCO em 11.11.1997, art. 2, "a" e "b".

ranjos lineares de DNA. Dispersados ao longo dos cromossomos encontram-se os genes que são segmentos de DNA.

As breves observações acima feitas buscam exclusivamente evidenciar o papel essencialmente informacional do DNA: o DNA é um dado. Todas as *informações genéticas* de um indivíduo estão contidas em seus genes. Como já se assinalou, "o conceito de informação genética é muito amplo", podendo se entender como tal "toda e qualquer informação obtida a partir de seqüências gênicas, cariótipo, produtos gênicos e até análise de características hereditárias".[31] A referência a *dados genéticos humanos* corresponde à informação sobre as características hereditárias das pessoas, obtida por análise de ácidos nucléicos ou outras análises científicas.[32]

As informações genéticas podem ser obtidas a partir de amostras biológicas de um indivíduo, de uma família ou de um grupo de pessoas, e são de há muito utilizadas para a realização de diagnósticos clínicos. São hereditárias e únicas: não existem duas pessoas com informações genéticas idênticas, exceto os gêmeos monozigóticos.[33]

Parece mais adequado estabelecer a correspondência entre identidade genética e o genoma de cada ser humano. A formulação do conceito é árdua, embora a expressão venha sendo utilizada internacionalmente. Como já se esclareceu, pode haver dupla acepção: a primeira referindo às bases biológicas da identidade de cada ser humano, a sua constituição genética, enfim, ao genoma, tornando-se *identidade genética* sinônimo de individualidade genética; a segunda, indica que dois ou mais seres têm a mesma constituição genética, o que ocorre apenas no caso de divisão embrionária, visto que na clonagem não haverá identidade perfeita entre o clone e o clonado, graças às diferenças em nível das mitocôndrias.[34]

Como observado, as informações genéticas podem ser obtidas a partir de pequenas amostras corporais, ainda que, sem o consentimento da pessoa, não obstante sua importância, evidenciando a imperiosa necessidade de sua proteção. Todo procedimento relacionado à genética humana, cuja aceitação ainda não esteja consagrada na literatura científica, é considerado pesquisa, estando sujeito às diretrizes e normas re-

---

31. Cristiano Costa e Giselda M. K. Cabello, in *www.ghente.org.br*, acesso em 18.10.2005.
32. *Declaração Internacional sobre os Dados Genéticos Humanos*, art. 2, "i".
33. Cristiano Costa e Giselda M. K. Cabello, in *www.ghente.org.br*, acesso em 18.10.2005.
34. João Carlos Gonçalves Loureiro, "O Direito à Identidade Genética do Ser Humano", in *Boletim da Faculdade de Direito da Universidade de Coimbra*, pp. 288-289.

gulamentadoras de pesquisas envolvendo seres humanos. De acordo com essas normas, a pesquisa genética produz uma categoria especial de dados, por conter informação médica, científica e pessoal, devendo por isso ser avaliado o impacto do seu conhecimento sobre o indivíduo, a família e a totalidade do grupo a que o indivíduo pertença.[35]

Os dados genéticos têm sido utilizados para diferentes fins, tais como testes pré-nupciais (prevenção de prole defeituosa), pré-natais (diagnóstico de doenças do embrião), preventivos (logo após o nascimento, para detecção e tratamento de doenças), rastreamento de doenças etc.

Tornou-se comum a identificação de pessoas, como em caso de grandes acidentes, por meio do DNA. Do mesmo modo, os exames de DNA têm sido francamente utilizados em investigações civis, como a da filiação (em geral da paternidade), e criminais.

No campo jurídico está assegurada a proteção dos dados genéticos humanos, que vêm merecendo, porém, tratamento diferenciado, em virtude da natureza dos interesses envolvidos. A *Declaração Internacional sobre os Dados Genéticos Humanos* expressamente se destina à coleta, ao tratamento, à utilização e à conservação dos dados genéticos, dados proteômicos humanos[36] e mostras biológicas,[37] salvo quando se trata da investigação, descoberta e julgamento de delitos penais ou de provas para determinação de parentesco, que estão sujeitos à legislação interna que seja compatível com o direito internacional relativo aos direitos humanos.

Nesse sentido, entre nós, tem-se reconhecido a distinção entre a identidade genética ou origem genética e o estado de filiação,[38] como um direito da personalidade, na medida em que constitui uma das mais legítimas e concretas expressões da personalidade humana, sendo talvez a última fronteira em termos de individualização, já que, por ora, imu-

---

35. Resolução 340, de 8.7.2004, do Conselho Nacional de Saúde, do Ministério da Saúde, III.1.

36. Informação relativa às proteínas de uma pessoa, a qual inclui sua expressão, modificação e interação (art. 2, ii).

37. Qualquer mostra de substância biológica (por exemplo: sangue, pele, células ósseas ou plasma sanguíneo) que albergue ácidos nucléicos e contenha a dotação genética característica de uma pessoa (art. 2, iv).

38. Sobre o assunto ver: Heloisa Helena Barboza, "Direito à Identidade Genética", *Anais do III Congresso Brasileiro de Direito de Família*, Coord. Rodrigo da Cunha Pereira, pp. 379-389; Paulo Luiz Netto Lobo, "Direito ao Estado de Filiação e Direito à Origem Genética: uma Distinção Necessária" in *Revista Brasileira de Direito de Família*, n 19, ago.-set./2003, pp.133-156.

tável. Registre-se que a identidade genética não se limita ao direito de conhecer a identidade dos genitores, encontrando-se em nível prévio, relacionado ao substrato biológico do ser humano, à dimensão da historicidade pessoal.[39]

Ressalvadas hipóteses como as acima referidas, em que estão presentes o interesse público e/ou outros direitos da personalidade, exigindo a ponderação dos interesses envolvidos, a identidade genética tem assegurada sua proteção como direito da personalidade, merecendo especial tutela os aspectos relativos à privacidade, à disponibilidade e às restrições de acesso aos dados genéticos.

A Declaração Internacional sobre os Dados Genéticos Humanos recomenda especial atenção ao "caráter sensível" dos dados genéticos, que são extraordinários porque podem: indicar predisposições genéticas dos indivíduos; ter para a família, compreendida a descendência e por vezes todo o grupo a que pertença a pessoa, conseqüências importantes que se perpetuem durante gerações; conter informações cuja relevância não se conheça necessariamente no momento de se colher as mostras biológicas; ser importantes sob o ponto de vista cultural para as pessoas ou grupos.[40]

O conhecimento das predisposições genéticas da pessoa, como já se noticiou, pode ter influência na celebração (ou não) de contratos de seguros de vida ou saúde e de trabalho. As possibilidades de interferência na constituição genética do indivíduo, mediante manipulação genética,[41] envolvendo pesquisa, diagnóstico ou terapia, pode afetar gerações positiva ou negativamente, inclusive sob o ponto de vista cultural, para pessoas ou grupos. Considerem-se nas ações de interferência, por exemplo, a variedade de efeitos que vêm provocando as pesquisas com células-tronco.

A disponibilidade ou o acesso às informações genéticas, compreendendo qualquer forma de coleta, processamento, uso e armazenamento, só deve ser permitido, portanto, em favor do indivíduo (prioritariamente) e, quando houver justificativa, para fins compatíveis com a Declaração Universal sobre o Genoma Humano e os Direitos Humanos e com os Direitos Fundamentais do Homem. Restrições devem ser impostas a todas as ações que não respeitem à ética e a dignidade humana.

---

39. João Carlos Gonçalves Loureiro, "O Direito à Identidade Genética do Ser Humano", cit., pp. 290-291.
40. *Declaração Internacional sobre os Dados Genéticos Humanos*, art. 4, "a" e "b".
41. Lei 11.105/2005 (Lei de Biossegurança): "Art. 6º. Fica proibido: III – engenharia genética em célula germinal humana, zigoto humano e embrião humano". De acordo com o art. 3º, engenharia genética é a atividade de produção e manipulação de moléculas de ADN/ARN recombinante.

Em qualquer caso e para qualquer fim é indispensável, como imperativo ético, o expresso consentimento livre e esclarecido daquele de quem se obtem as informações, assim compreendido aquele que decorre de informação clara, objetiva, suficiente e apropriada ao indivíduo que consente, explicitadas a finalidade, os riscos e conseqüências, sem influência de incentivos econômicos ou benefícios pessoais, assegurados os direitos de: livre revogação, sem aplicação de sanções; de assistência e ressarcimento em caso de dano; de ser ou não informado sobre os resultados, no caso de investigação médica ou científica.[42]

Constata-se que a proteção do genoma humano se verifica, na maioria das vezes, de forma indireta, na medida em que se busca preservar não só sua integridade, mas evitar interferências que atentem contra a dignidade do ser humano, desde o seu mais primitivo estágio de desenvolvimento, abrangendo o embrião.[43]

A diversidade de possibilidades e seus efeitos sociais, em especial de natureza patrimonial, de imediato, conduzem à indagação quanto à admissibilidade ou não da disponibilidade, incluída a comercialização, dos dados em questão. O reconhecimento da identidade genética como um direito da personalidade não parece o bastante para se afirmar a impossibilidade de negociação dos dados genéticos. Muito se tem debatido sobre a disponibilidade dos direitos da personalidade pelo seu titular, admitindo-se que não haja invalidade, quando não afetam a ordem pública.[44]

Em setembro de 2001, o Comitê Internacional de Bioética (IBC) da UNESCO, expediu orientação (*advice*) sobre a patenteabilidade do genoma humano, com base na Declaração Universal sobre o Genoma Humano e os Direitos Humanos, na qual se expressa a preocupação das organizações governamentais e não governamentais de que o patenteamento do genoma humano poderia inibir a pesquisa genética e permitir a monopolização desse importante conhecimento científico, temendo-se que muitos povos sejam privados dos benefícios das terapias que daí decorrerem. Para esclarecer tal situação e para colaborar no desenvolvimento ulterior de um sistema justo de propriedade intelectual relacionada

---

42. Sobre consentimento livre e esclarecido para pesquisas envolvendo seres humanos, ver Resoluções 196/1996 e 340/2004, do Conselho Nacional de Saúde.
43. Sobre a tutela do embrião humano ver Heloisa Helena Barboza, "Proteção Jurídica do Embrião Humano", in *Biotecnologia e suas Implicações Ético-Jurídicas*, Coord. Carlos Maria Romeu Casabona e Juliane Fernandes Queiroz, pp. 248-269.
44. Sobre o assunto ver Gustavo Tepedino, "A Tutela da Personalidade no Ordenamento Civil-Constitucional Brasileiro", in *Temas de Direito Civil*, pp. 23-58.

ao genoma humano, o IBC apresentou ao Diretor Geral seu entendimento de que: a) há fortes fundamentos éticos para excluir o genoma humano do patenteamento; b) deve ser recomendado à Organização Mundial do Comércio (*World Trade Organization* – WTO) esclarecer, na revisão do TRIPS *Agreement* e de acordo com o artigo 27(2) do mesmo, que o genoma humano não é patenteável com base nas considerações sobre interesse público ali divulgadas, em particular, de ordem pública, moralidade e proteção da vida humana e saúde.[45]

O tema é bastante complexo, retomando-se o debate quanto à propriedade sobre o corpo e suas partes, bem como quanto à distinção entre descobertas e invenções para fins de patentes. Não obstante, tem sido crescente a aceitação do patenteamento de genes, seqüências de genes, mesmo parciais, desde que seja indicada aplicação industrial.[46] O assunto também merece exame em separado.

4. Proteção da identidade genética no ordenamento jurídico brasileiro

Boa doutrina já esclareceu que "(...) a escolha da dignidade da pessoa humana como fundamento da República, associada ao objetivo fundamental de erradicação da pobreza e da marginalização, e de redução das desigualdades sociais, juntamente com a previsão do § 2º do art. 5º, no sentido de não exclusão de quaisquer direitos e garantias, mesmo que não expressos, desde que decorrentes dos princípios adotados pelo texto maior, configuram verdadeira *cláusula geral de tutela e promoção da pessoa humana*, tomada como valor máximo pelo ordenamento".[47]

Sendo a pessoa o valor fundamental do ordenamento e a personalidade um valor e não um direito, que está "na base de uma série de situações existenciais, nas quais se traduz a sua incessantemente mutável exigência de tutela", indispensável não se perder de vista a unidade do valor envolvido.[48] Sob essa ótica deve se dar a proteção da identidade genética, enquanto *expressão objetiva da dignidade humana* e que contém *elementos de individualização da personalidade*.

---

45. *Advice of the IBC*, 8ª Sessão do IBC, UNESCO, Paris, 12-14 de setembro de 2001, disponível em www.portal.unesco.org.
46. João Carlos Gonçalves Loureiro, "O Direito à Identidade Genética...", cit., pp. 349-350.
47. Gustavo Tepedino, "A Tutela da Personalidade...", cit., p. 50.
48. Pietro Perlingieri, *Perfis do Direito Civil*, pp. 155-156.

Diversos dispositivos constitucionais, ao assegurar direitos individuais,[49] ensejam igualmente a proteção dos interesses ou bens mencionados como integrantes da identidade. De acordo com o artigo 225, § 1º, II, incumbe ao Poder Público preservar a diversidade e a integridade do patrimônio genético do país e fiscalizar as entidades dedicadas à pesquisa e manipulação de material genético. Tais referências, contudo, estão diretamente relacionadas ao direito ao meio ambiente, bem de uso comum do povo e essencial à sadia qualidade de vida, dizendo respeito à proteção da biodiversidade e não ao patrimônio genético humano.[50]

A proteção do patrimônio genético humano, compreendendo os dados genéticos, por sua natureza, encontra-se na cláusula geral de tutela e promoção da pessoa humana, que resulta do princípio da dignidade humana. Constituindo objetivo fundamental da República a promoção do bem de todos, sem preconceitos e qualquer outra forma de discriminação,[51] rejeitados de plano devem ser a supressão ou a limitação de direitos, bem como qualquer tentativa de estigmatização, com base em características genéticas.

Do mesmo modo, o direito fundamental à saúde está assegurado a todos, mediante políticas sociais e econômicas que visem à redução do risco de doenças e de outros agravos, e acesso universal igualitário às ações e serviços para sua promoção, proteção e recuperação. Incumbe ao Poder Público, nos termos da lei, a regulamentação, fiscalização e controle das ações e serviços de saúde, considerados de relevância pública.[52] A reprodução do texto legal é imperativa, por sua clareza e por evidenciar a inclusão das ações e serviços relacionados à genética humana.[53]

Nos termos do art. 5º, § 2º, da Constituição da República, os direitos e garantias expressos no texto constitucional não excluem outros decorrentes dos tratados internacionais de que o Brasil seja parte. Embora não tendo tecnicamente a natureza jurídica dos tratados, têm especial relevo

49. Servem de exemplo: art. 5º, IV, VI, IX, XIII, XVII, da Constituição Federal.
50. Nesse sentido também João Carlos Gonçalves Loureiro, "O Direito à Identidade Genética...", cit. p. 352.
51. Constituição Federal, art. 3º, IV.
52. Constituição Federal, art. 196.
53. Por oportuno, permita-se registrar a procedência, em face do acima exposto, das críticas a recente Lei de Biossegurança (Lei 11.105/2005) que, ao regulamentar os incisos II, IV e V, do § 1º, do art. 225, da Constituição Federal, estabelecendo normas de segurança sobre organismos geneticamente modificados, autorizou a utilização de células-tronco obtidas de embriões humanos, para fins de pesquisa e terapia, que se submete a princípios distintos, iniciando pelo da dignidade humana.

na matéria as já mencionadas: Declaração Universal sobre o Genoma Humano e os Direitos Humanos (UNESCO, 1997) e Declaração Internacional sobre os Dados Genéticos Humanos (UNESCO, 2003), cujas diretrizes têm sido adotadas internacionalmente.

No Brasil, não há, a rigor, legislação infraconstitucional específica sobre proteção de dados genéticos humanos. Na verdade, ação eficaz vem sendo desenvolvida pelos Comitês de Ética em Pesquisa (CEP), colegiados interdisciplinares e independentes, que têm a atribuição de aprovar, quanto aos aspectos éticos, todos os protocolos de pesquisa envolvendo seres humanos, sob orientação da Comissão Nacional de Ética em Pesquisa (CONEP), instância colegiada, multi e interdisciplinar, de natureza consultiva, deliberativa, normativa, educativa, independente, vinculada ao Conselho Nacional de Saúde.

Mediante Resoluções, o Conselho Nacional de Saúde vem regulamentando as pesquisas envolvendo seres humanos, de modo a assegurar os direitos e deveres que dizem respeito à comunidade científica, aos sujeitos da pesquisa e ao Estado. Fundamentam-se as Resoluções nos principais documentos internacionais sobre pesquisa em seres humanos, incorporando, sob a ótica do indivíduo e da coletividade, os quatro referenciais básicos da Bioética: autonomia, beneficência, não-maleficência e justiça. Para orientar a proteção dos direitos humanos, das liberdades fundamentais e do respeito à dignidade humana na coleta, processamento, uso e armazenamento de dados e materiais genéticos humanos, foi editada a Resolução 340, de 8.7.2004, em complementação à de n. 196/1996, que contém as normas gerais sobre pesquisa envolvendo seres humanos.

Exerce-se, desse modo, o controle social sobre as pesquisas envolvendo seres humanos, talvez o único que se revele eficaz em matéria tão complexa e vasta. Sob o aspecto estritamente jurídico, a identidade genética, em suas várias projeções, já tem sólida proteção constitucional, devendo ser examinada com cautela a necessidade e conveniência de regulamentação infraconstitucional.[54] Não obstante, já se indagou se cabe ao intérprete construir, a partir da norma constitucional, a proteção da constituição genética do ser humano, admitindo-se, na ausência de preceitos específicos sobre integridade e identidade, que o princípio da dignidade da pessoa humana tenha função normogenética, permitindo a construção de norma que vedem fenômenos que lhe sejam ofensivos.[55]

---

54. Tratam do tema os projetos de Lei 4.610, de 1998, e 1.934, de 1999, ambos da Câmara dos Deputados, que suscitam inúmeras indagações.
55. João Carlos Gonçalves Loureiro, "O Direito à Identidade Genética...", cit., pp. 355-358.

Contudo, considerado o ser humano como valor máximo do ordenamento, não há como negar proteção jurídica à identidade genética, enquanto um dos meios de *expressão objetiva da dignidade humana* e que contém *elementos de individualização da personalidade*.

Janeiro de 2006.

Bibliografia

AMARAL, Francisco. *Direito Civil: Introdução*. 5ª ed., Rio de Janeiro, Renovar, 2003.

BARBOZA, Heloisa Helena. "Direito à Identidade Genética", in *Anais do III Congresso Brasileiro de Direito de Família*. Coord. Rodrigo da Cunha Pereira. Belo Horizonte, IBDFAM/Del Rey, 2002.

_____. "Proteção Jurídica do Embrião Humano", in *Biotecnologia e suas Implicações Ético-Jurídicas*. Coord. Carlos Maria Romeu Casabona e Juliane Fernandes Queiroz. Belo Horizonte, Del Rey, 2005.

CHOERI, Raul. *O Conceito de Identidade e a Redesignação Sexual*. Rio de Janeiro, Renovar, 2004.

CIFUENTES, Santos. *Derechos Personalísimos*. Buenos Aires, Editorial Astrea, 1995.

DE CUPIS, Adriano. *I Diritti della Personalità*. Milano, Giuffrè, 1982.

DONEDA, Danilo. "Os Direitos da Personalidade no Novo Código Civil", in *A Parte Geral do Novo Código Civil*. Coord. Gustavo Tepedino. Rio de Janeiro, Renovar, 2002.

GOMES, Orlando. *Introdução ao Direito Civil*. 11ª ed., Rio de Janeiro, Forense, 1999.

HALL, Stuart. "Quem precisa de Identidade?", in *Identidade e Diferença*. Org. Tomaz Tadeu da Silva. Petrópolis, Vozes, 2000.

_____. *A Identidade Cultural na Pós-Modernidade*. Trad. de Tomaz Tadeu da Silva e Guaracira Lopes Louro. 5ª ed., Rio de Janeiro, DP&A, 2001.

LOBO, Paulo Luiz Netto. "Direito ao Estado de Filiação e Direito à Origem Genética: uma Distinção Necessária", in *Revista Brasileira de Direito de Família*, n. 19. Porto Alegre, Síntese, ago-set./2003.

LOUREIRO, João Carlos Gonçalves. "O Direito à Identidade Genética do Ser Humano", in *Boletim da Faculdade de Direito da Universidade de Coimbra*. Portugal-Brasil Ano 2000. Coimbra, Coimbra Editora, 1999.

OTERO, Paulo. *Personalidade e Identidade Pessoal e Genética do Ser Humano: um Perfil Constitucional da Bioética*. Coimbra, Almedina, 1999.

PEREIRA, Cáio Mário da Silva. *Instituições de Direito Civil*, vol. I. 20ª ed., Rio de Janeiro, Forense, 2004.

PERLINGIERI, Pietro. *Perfis do Direito Civil*. Rio de Janeiro, Renovar, 1997.

SOUZA, Rabindranath V. A. Capelo de. *O Direito Geral de Personalidade*. Coimbra, Coimbra Editora, 1995.

TEPEDINO, Gustavo. "A Tutela da Personalidade no Ordenamento Civil-Constitucional Brasileiro", in *Temas de Direito Civil*. 3ª ed., Rio de Janeiro, Renovar, 1999.

WALD, Arnoldo. *Direito Civil – Introdução e Parte Geral*. 9ª ed., São Paulo, Saraiva, 2002.

5

DIREITO CIVIL E DIGNIDADE DA PESSOA HUMANA: UM DIÁLOGO CONSTITUCIONAL CONTEMPORÂNEO

LUIZ EDSON FACHIN

1. Introdução. 2. Direito, sujeito e sociedade. 3. Caminhar histórico do sujeito: construindo a ponte. 4. A dignidade da pessoa humana: elemento concretizador da noção de sujeito. 5. Superação do nominalismo. 6. Paradoxos em face da nova codificação. 7. Conclusão: a perspectiva da Constituição.

1. Introdução

A temática posta à análise impõe a retomada de preliminares da teoria crítica do Direito Civil.

O modelo civilista herdado dos valores vigorantes no final do século passado está na pauta das discussões. Ao principiar de um novo tempo, esse debate continua entrelaçando, na ótica da principiologia constitucional do Direito Civil brasileiro contemporâneo, relações vincadas pela dimensão do sujeito e de poderes.

Trata, agora mais que antes, da principiologia axiológica de índole constitucional diante das crises e transformações que emergem das novas demandas calcadas em ideais como a plena cidadania, gerando mudanças nos papéis tradicionalmente cometidos aos institutos fundamentais do Direito Civil: trânsito jurídico (contrato), projeto parental (família) e titularidades (posse, apropriação).

O ponto de partida, já o explicitamos quando asseveramos que era (e ainda é) legítimo, por conseguinte, indagar se o ordenamento jurídico tem respondido adequadamente às exigências que os fatos sociais impõem. Para tanto, compreender a *constitucionalização* do Direito Civil é imprescindível. Essa *virada de Copérnico* operada na dicotomia Código Civil e Constituição é o marco espaço-temporal dessas reflexões.

Premissas inaugurais fundam os trabalhos que podem nascer dessa idéia, dentre elas, a de não considerar o Direito e o mundo uma mera evidência, agrupando aqueles que não se acostumaram, ainda, com o mundo em si, com as coisas, e não deixaram, quiçá, que tudo se convertesse numa gigantesca "normalidade", dada, *prêt-à-porter*.

A releitura constitucional de estatutos fundamentais do Direito Privado é útil e necessária para compreender a crise e a superação do sistema clássico que se projetou para o contrato, a família e o patrimônio. Trata-se de um debate em aberto, poroso e plural.

A complexidade desse fenômeno apresenta, neste momento, um interessante banco de provas que se abre em afazeres epistemológicos que acolhem as novas demandas da juridicidade. Através desse exame nasce um caminho que é ao mesmo tempo desafio.

Aquele ponto de partida pode estar fincado na observação colhida dos fatos, indicadores de manifesta tendência de rearranjo social dos modelos. E esse estudo deve considerar a problemática jurídica como problema social e como tendência à análise crítica de seus reflexos na legislação, na doutrina e na jurisprudência.

Cogita-se de aprofundar uma revisão crítica principiada e não terminada, dado que não basta mais revelar a franca decadência que sofreram as bases sobre as quais se edificaram os institutos jurídicos. Não se trata de uma crise de formulação, eis que o desafio de um novo ou renovado Direito Civil está além de apenas reconhecer o envelhecimento do dogmatismo.

Entre a resistência muito viva à transformação e as necessidades que se impõem pelos fatos, o papel a ser exercido, nesse campo, pelos operadores do Direito, poderá antecipar, em parte, aquilo que virá. Essa via mesma há de ser submetida à prova: o que está se passando no Direito Civil (*a constitucionalização* e a *repersonalização*, por exemplo) se trata de uma renovação por dentro e ao fundo vai, ou são apenas retoques que operam na estrutura do projeto racionalista que fundou as codificações privadas? Esta interrogação sugere pensar se o passo à frente que se esboça é uma mudança efetiva ou será tão-só a última fronteira de um sistema oitocentista moribundo que agoniza, mas ainda não se esgotou.

Há um vazio na doutrina civilística que vai do desconhecimento à rejeição de novas idéias, e quando tênues construções metodológicas se avizinham das atividades de estudo, a técnica engessada das fórmulas acabadas torna a tentativa um tema perdido no ar.

Recusar essa direção, sem desconhecer o saber clássico, e contribuir para a sua superação significa reconhecer que consciência social e mudança integram a formação jurídica. Representa, ainda, um compromisso com o chamamento à verdadeira finalidade do ensino e da pesquisa jurídica, um desafio que questiona.[1]

Para tanto, a dimensão histórica e cultural soa fundamental, especialmente para apreender que a moldura dos pilares fundamentais do privado imposta precede, de certo modo, à própria configuração contemporânea do Estado neste século. Para ilustrar, o antigo sistema fundado no Código Civil francês de 1804, cujos valores se projetaram sobre o Código Civil brasileiro de 1916 (e em boa parte sobre a nova codificação civil), forneceu estreitos limites sob horizontes oitocentistas, calcado num modelo ultrapassado.

As mudanças percebidas ao longo de décadas, desde a primeira metade deste século, não foram suficientes para compor, entre nós, um novo sistema de relações. Em 1988, com a nova constituição federal, há formalmente um certo rompimento teórico com o *standard* privado clássico, abrindo as portas para uma reforma que ainda não se realizou.

Essa perspectiva funda uma crença quase sempre inabalável na relevância cada vez maior da verdadeira educação jurídica, uma formação distante de um adestramento embalsamado pela exegese estrita do direito instituído, e sempre voltada para os fatos sociais, rentes à vida e às circunstâncias.

Esse é o desafio que não confunde estudo e pesquisa com confinamento intelectual. Pensar longe da mera exegese. Distante da superficialidade como não fizeram os bacharéis de então, que nos primeiros anos do século se dedicaram a um verdadeiro "torneio de mandarins" em torno da redação de uma lei, como o foi com o projeto do Código Civil, pouco importando realmente o conteúdo, *dando valor ornamental à inteligência, ao talento como prenda, numa erudição desinteressada e descomprometida*.

Abrir-se para esse horizonte é uma opção de sentido que se afasta das concepções didáticas meramente ilustrativas; é um caminho de sacrifícios e eleição de finalidade que não convive com a inércia e com a repetição.

Para pensar um novo ou renovado Direito Civil, a partir de seus pilares fundamentais, o contrato, o projeto parental e as titularidades, o espaço é aqui e em diversos lugares, e o tempo é agora, síntese do passado que restou e do futuro ainda por se estabelecer.

---

1. É este o caminho que Jacques Alfonsin nos convida a trilhar: "Do Nós de uma Lei e um Mercado que prendem e excluem ao Nós de uma Justiça que liberta", in D. D. Dora, *Direito e Mudança Social*, pp. 333-378.

Cumpre, agora, pensar o Direito e a Sociedade, sob a mirada de seu elemento subjetivo – agora tomado em concepção não mais insular e abstrata, mas como um sujeito concreto de seus direitos e afazeres jurídicos.

2. Direito, sujeito e sociedade

A vigência do novo Código Civil e o principiar do século XXI testemunham tempos frutíferos de inquietude, denunciam dilemas expostos na fratura social, arrostam a exclusão econômica e jurídica, e apontam para novas situações sociais.

Na contramão destas mudanças, inaugura-se um novo diploma legislativo, o qual não guarda nem atende os anseios sociais deste sujeito concreto da contemporaneidade.

O Direito Civil tradicional é acima de tudo um direito do sujeito burguês e, assim sendo, o homem burguês é aprioristicamente um homem privado. Há três importantes dimensões do viver privado – pilares fundantes[2] – captadas pelo direito civil: a perspectiva contratual que é o modo de circulação de bens; a dimensão patrimonial que é a maneira do homem se apropriar dos bens; e o projeto parental que o sujeito tem exteriorizado pela família.

Na toada, bem explicita Tepedino: "(...) Os quatro personagens do Código Civil – o marido, o proprietário, o contratante e o testador –, que exauriam as atenções (sociais) do codificador, renascem, redivivos, com o projeto, agora em companhia de mais um quinto personagem: o empresário".[3]

Como se vê, elementos que conformaram e informaram a racionalidade positiva ainda se encontram, em larga medida, em que pese algumas distinções, na ordem jurídica presente, reforçados e reafirmados, em muitos aspectos pelo novo Código Civil brasileiro.

O indivíduo, na concepção clássica do direito, se insere com o nascimento numa órbita abstrata de direitos subjetivos pessoais e inalienáveis. Entre nascer e viver há, nada obstante, uma sensível distância. Basta perguntar o quanto realiza em suas prerrogativas sociais, como direito à educação, à saúde, ao trabalho, à justiça, à liberdade, enfim, a uma vida digna.

---

2. "Tríplice Vértice fundante do Direito Privado", in L. E. Fachin, *Teoria Crítica do Direito Civil*, 2003.
3. G. Tepedino, *Temas de Direito Civil*, p. 438.

O indivíduo insular compõe o tempo em que cidadão era apenas considerado membro da sociedade nacional, como se afirmava no século XVII, ou aquele que tinha o direito de associação, como se reconheceu no século XVIII. O século pretérito chegou à proclamação formal dos direitos sociais, num belo ensaio que principia nos direitos políticos individuais, passa pelo reconhecimento dos direitos coletivos, até alcançar os direitos sociais, aptos a garantir uma proteção mínima e um padrão de vida decente. No entanto, a ponte entre o sujeito virtual de direitos e o sujeito-cidadão está para ser erguida.

3. Caminhar histórico do sujeito: construindo a ponte

É no câmbio do período pré-moderno para a modernidade propriamente dita que há a gênese do sujeito moderno. O momento imediatamente anterior à época moderna tinha uma organização social ainda muito informada pelas características feudais. É a cena moderna, que a partir daí se avizinha, que se torna o *locus*, por excelência, desta concepção subjetiva que ainda hodiernamente encontra pouco nos diplomas legais.

A modernidade é, por sua vez, a época do sujeito devido à crescente individualidade. Ao contrário do paradigma racional vigente anteriormente, o racionalismo moderno se aloja no sujeito desprendido da faticidade. Alicerçado por esta dissociação inaugura-se, neste momento histórico, a dualidade entre as categorias do sujeito e do objeto, pois o sujeito, enquanto portador de toda racionalidade, observa a ordem das coisas. Destarte, o desenvolvimento político surge concebido como um conjunto volitivo-racional do próprio indivíduo. De maneira análoga desenvolve-se a ordem jurídica vigente, também compreendida como produto do armamento racional do sujeito.

Na metade do século XVIII esta compreensão alcança seu ápice com o desenvolvimento do ideário iluminista. Com o ideário da ilustração há o auge do sujeito abstrato e de suas potencialidades vincados em uma ascendente individualidade e autonomia.

É no século XIX, todavia, que a era burguesa se consolida efetivamente. Neste *locus* histórico, o positivismo ocupa uma posição de destaque como *standard* do pensamento científico. Escoltando tais direções positivistas, é operado o projeto de unificação do direito sob a égide de um otimismo, cientificismo e racionalismo burguês – alicerces desta realidade social.

Esta reconfiguração das fontes e da produção jurídica tem, na promulgação do Código Napoleônico de 1807, sua solidificação. A formalização do direito, conforme os ideais positivistas, é obrada por este *Code* que passa a ser fonte unitária, exclusiva e completa da produção jurídica.

Os sujeitos de direito introduzidos por este diploma legal – em consonância com o pensamento iluminista do século XVIII – são na sua essência abstratos e descolados da faticidade. Na condição de fruto de determinada unidade fato-temporal na qual está fixada, emerge à categoria de sujeito de direito como cerne da órbita jurídica. Entretanto não é a concepção subjetiva o enfoque do Código, o sujeito só assume relevância neste paradigma uma vez que jungido com as vestes proprietárias.

Apesar de não serem objeto imediato do projeto codificador, o conceito de pessoa e de sujeito de direito informa todo o corpo dos diplomas legais – bem como a parte geral do Novo Código. Estes conceitos estão conectados ao legado positivo-iluminista focado em um sujeito edificado pela ordem jurídica com características qualitativas e individuais superiores aos outros seres, ou seja, o sujeito abstrato conforme acima já exposto.

A pessoa é observada, deste modo, em consonância com o pensamento kantiano que vê o "homem como um fim em si mesmo". A noção de pessoa adquire este viés natural que não admite sua instrumentalização devido às suas características imanentes – de acordo com o pensamento jusracionalista.

Dentro da racionalidade codificadora, as noções de pessoa e sujeito de direitos não se distinguem elevando-se, apenas formalmente, a pessoa ao patamar de sujeito de direito. Contudo, esta identidade formal apresenta-se falsa já que, com substrato no pensamento clássico de Savigny, sujeito de direito é a pessoa com potencialidade para criação de direitos e deveres subjetivos.

É este processo de subjetivação aguda que a racionalidade moderna introduz. Desta maneira, sujeito de direito é aquele que se relaciona com outros sujeitos em relação a determinado objeto. O sujeito de direito, e conseqüentemente a pessoa, é arquitetada para produzir direitos sobre as coisas. Assim, a subjetividade é sempre definida sem deixar de lado o paradigma patrimonial. Sobre esta superposição, Kant identifica duas coisas no mundo: sujeito e objeto. Segundo o Autor, o que não é sujeito é, por sua vez, objeto.

Sob esta perspectiva proprietária que o Código de 1916 – a qual o Código de 2002 preservou quando possível –, executa a desnaturalização da idéia de pessoa porque ele não tutelava bens que fossem interiores ao sujeito, tais quais os direitos da personalidade.

O novo Código recepciona a noção de pessoa como ente moral com atributos naturais que prescinde de regulação jurídica. Há hoje, no entanto, uma superação desta noção clássica de direitos subjetivos referentes aos direitos da personalidade que não encontra morada no novo diploma legal privado brasileiro. Esta concepção de direitos da personalidade colada a um sujeito de direito virtual descolado da realidade social não é bastante para a tutela dos conflitos jurídicos emergentes hodiernamente até porque corresponde ao ideário jurídico de dois séculos atrás.

4. *A dignidade da pessoa humana:*
elemento concretizador da noção de sujeito

Faz-se mister, nesta ordem de idéias, o soerguimento de um ator concreto no cenário jurídico. Esta imperatividade de concretude será operada justamente pelo princípio da dignidade humana, igualmente tomado em sua materialidade.

Conforme os ensinamentos do Professor Ingo Wolfgang Sarlet, "no pensamento filosófico e político da antiguidade clássica, verifica-se que a dignidade (*dignitas*) da pessoa humana dizia, em regra, com a posição social ocupada pelo indivíduo e o seu grau de reconhecimento pelos demais membros da comunidade".[4] Entretanto, apenas após o fim da Segunda Guerra Mundial é que a concepção contemporânea da intangibilidade da dignidade da pessoa humana veio a consolidar-se.

É o pensamento cristão, todavia, que desenvolve a idéia de uma dignidade pessoal, atribuída a cada indivíduo. Neste sentido, eis a lição de Tomás de Aquino: "a dignidade é inerente ao homem, como espécie; e ela existe *in actu* só no homem enquanto indivíduo".[5]

O debate acerca da dignidade da pessoa humana é intensificado com o desenvolvimento jusnaturalista, sobressaindo-se o pensamento jusfilosófico de Immanuel Kant, expoente clássico do desenvolvimento dessa temática sob tal focalização.[6]

De acordo com Kant, existem na sociedade duas categorias: o preço e a dignidade – o primeiro representa um valor exterior, de mercado, e

---

4. I. W. Sarlet, *Dignidade da Pessoa Humana e Direitos Fundamentais na Constituição Federal de 1988*, p. 30.
5. M. C. Bodin de Moraes, "O Conceito de Dignidade Humana: Substrato Axiológico e Conteúdo Normativo", in I. W. Sarlet (Org.), *Constituição, Direitos Fundamentais e Direito Privado*, p. 110.
6. C. L. Antunes Rocha, "O Princípio da Dignidade da Pessoa Humana e a Exclusão Social", *Revista Interesse Público* 4/27.

manifesta interesses particulares; já a dignidade representa um valor interior (moral) e é de interesse geral. As coisas, nesse sentido, têm um preço; as pessoas, dignidade. O valor moral, por conseguinte, encontra-se indiscutivelmente acima do valor de uma mercadoria, porque, ao contrário deste, não admite ser substituído por equivalente. Daí advém, pois, a máxima kantiana de que o homem não pode jamais ser transformado em meio para alcançar quaisquer fins.

Muito embora toda esta edificação teórica, desenvolvida historicamente, sobre a dignidade do ser humano, parte da doutrina a refuta por entender ser um conceito demasiado indeterminado e abstrato, porque se pauta em uma idéia mais ampla que engloba e exterioriza todos essas expressões que se sintetizam nela. Não são poucos os autores que se somam a essa corrente doutrinária que refuta a concepção da dignidade da pessoa humana como valor concreto, recepcionado pelo ordenamento jurídico porque não tem uma aplicabilidade *in casu*.

Superando esta visão pedestre, não conectada a uma prática libertadora dos direitos fundamentais, erige-se, na seara da filosofia do Direito, um novo paradigma jusfilosófico que contém em si a semente de razões sólidas e consubstanciadoras fundantes do caráter concreto e auto-aplicável da dignidade da pessoa humana. Trata-se, pois, do paradigma da vida concreta de cada sujeito[7] que tem sua condição de possibilidade de existência na própria vida, vida humana.

Abrolha neste paradigma a concepção da supremacia da vida humana que deixa de ser o primeiro e mais fundamental direito tutelado pelo ordenamento jurídico para se tornar condição essencial de possibilidade dos outros direitos.

O porto do qual este modelo parte é a vida tomada em seu aspecto material, ou seja, como conteúdo concreto, pois, a princípio, a vida é também biológica – de acordo com a *autopoiese* que funda esta ordem do pensar. Desta feita, pode-se afirmar que a vida nunca irá reduzir-se a uma mera abstração, haja vista seu substrato concreto físico e biológico.[8]

Deste modo, por intermédio deste novo paradigma, está evidenciado o fundamento material da dignidade da pessoa humana, silenciando os argumentos contrários da crítica pedestre e rasteira, consolidando-se como princípio-fundamento da ordem constitucional brasileira.

7. E. Dussel, *Ética da Libertação na Idade da Globalização e da Exclusão*, 2000.
8. H. Maturana e F. Varela, *A Árvore do Conhecimento: as Bases Biológicas da Compreensão Humana*, 2001.

Por ser signo plural e poroso, torna-se impossível "reduzir a uma fórmula abstrata e genérica aquilo que constitui o conteúdo da dignidade da pessoa humana". Destarte, a delimitação do fundamento que reside na base da dignidade pode ser realizada no caso concreto. Deve haver na "verificação no caso concreto uma efetiva agressão contra a dignidade da pessoa humana".[9]

Neste mesmo influxo, Maria Celina Bodin de Morais fixa o conteúdo do escopo material da dignidade da pessoa humana em quatro postulados: "i) o sujeito moral (ético) reconhece a existência dos outros como sujeitos iguais a ele; ii) merecedores do mesmo respeito à integridade psicofísica de que é titular; iii) é dotado de vontade livre, de autodeterminação; iv) é parte do grupo social, em relação ao qual tem a garantia de não vir a ser marginalizado".[10]

Somente com a promulgação da atual constituição é que se erigiu no Brasil "um sistema constitucional consentâneo com a pauta valorativa afeta à proteção ao ser humano, em suas mais vastas dimensões, em tom nitidamente principiológico, a partir do reconhecimento de sua dignidade intrínseca".[11]

Nesse passo, subscrevemos a valiosa lição da Professora Carmem Lúcia Antunes Rocha para quem a dignidade da pessoa humana seria um "*superprincípio constitucional*", desta feita, este princípio passa a incidir de forma especial e diversa sobre os demais princípios constitucionais.

5. Superação do nominalismo

A defesa e proteção do sujeito concreto, na seara privada, impendem a superação do nominalismo que embasa o apartamento das categorias dos direitos humanos-fundamentais e os direitos da personalidade.

A busca pela proteção efetiva da pessoa humana torna necessária a derrubada dos pressupostos formais frente a *praxis* libertadora. Neste sentido, faz-se mister a aproximação teórica das categorias dos Direitos Humanos Fundamentais e dos Direitos da Personalidade.

Assim sendo, afasta-se de pronto o nominalismo, fixando a dignidade da pessoa humana como pedra angular de todo sistema, sem operar distinções entre a seara pública e a seara privada. A proteção efetiva dos Direitos Fundamentais da Personalidade demanda uma tutela unitária,

---

9. I. W. Sarlet, *A Eficácia dos Direitos Fundamentais*, p. 107.
10. Idem, ibidem, p. 117.
11. Idem, ibidem, p. 358.

ou melhor, geral dos direitos da personalidade que tenha na dignidade da pessoa humana o seu centro de irradiação axiológica.

Neste influxo, afirma a professora Maria Celina Bodin de Moraes: "À identificação taxativa e ao desmembramento dos direitos da personalidade se opõe a consideração de que a pessoa humana – e, portanto, sua personalidade – configura um valor unitário, daí decorrendo o reconhecimento, pelo ordenamento jurídico, de uma cláusula geral de tutela a consagrar a proteção integral da personalidade, em todas as suas manifestações, tendo como ponto de confluência a dignidade da pessoa humana, posta no ápice da Constituição Federal de 1988".[12]

6. Paradoxos em face da nova codificação

No tempo das fragmentações legislativas e da despatrimonialização do direito privado, da constitucionalização do direito de família e da defesa principiológica e valorativa das relações de afeto, o que se viu produzir, no campo das representações políticas do Estado, foi o novo Código Civil brasileiro em vigor.

A pergunta é: qual é a contribuição da nova codificação para a superação dos dilemas que enfrenta a realização da cidadania no Brasil?

Pode-se dizer que debater por 25 anos um novo Código Civil faz parte do legado brasileiro, pois o projeto Bevilaqua teve 16 anos de debate no Congresso. Mas, a questão fundamental, no plano da cidadania,[13] é questionar para quem se dirige o novo Código.

Tal interrogação compete ao exercício da cidadania como a define o Código: todos aqueles capazes de adquirir direitos e contrair obrigações como comprar, vender, trabalhar, constituir família, testar, herdar, possuir e ser proprietário, e assim por diante. Eles, os portadores de direitos civis, enfim, os cidadãos.

Todavia, o novo Código Civil nasce excludente, como quanto ao debate sobre as uniões estáveis em sentido amplo, à família fraterna (entre irmãos ou irmãs), à filiação socioafetiva,[14] que poderia ter sido expressamente mencionada, para dar alguns exemplos. Os *fora dessa lei* não estão *fora da lei* quando é de outra lei que se trata.

12. M. C. Bodin Moraes, "Recusa à Realização do Exame de DNA na Investigação de Paternidade e Direitos da Personalidade", in V. Barreto, *A nova Família*, p. 174.
13. Essa foi a interrogação pertinente que se fez. Ver, a propósito, K. Grinberg, *Código Civil e Cidadania*, p. 11.
14. É certo que a hermenêutica construtiva do art. 1.593 permite assentar ali a família sócioafetiva, por inferência legítima e sustentável a todos os títulos.

Não haverá cidadania na família sem a plena cidadania social. Advogamos a formação de conceitos sempre *a posteriori*, especialmente para não enjaular, em *numerus clausus*, a arquitetura que, com base no afeto, pode fazer emergir a família. A jurisprudência deve se abrir para compreender e empreender os novos desafios, sem preconceitos ou visões preconcebidas.

Resistir ao triunfo de uma superficial filosofia de vida que "entroniza o egoísmo como lei superior, porque é o instrumento da busca da ascensão social" e que "privilegia os meios materiais e se despreocupa com os aspectos finalistas da existência", como escreveu Milton Santos.[15]

Compreendemo-nos como integrantes da cidade que forma a cidadania, mas sabemos que dessa urbe política há os que foram banidos e os que não foram incluídos. Aqueles que entre o princípio do prazer e o princípio da realidade foram remetidos ao desterro. Não apenas estão fora do Código, mas estão em outros *códigos*, e nesses mares continuarão se enfrentando a ordem da lei e o horizonte do desejo.

Para isso, a todos se apresenta uma tarefa educativa. "O verbo educar significa exatamente conduzir a algum lugar para o exterior, para fora deste mundo: aparelhar. Aqui, eu adormeço, neste mundo eu repouso. Aqui jaz", escreveu Michel Serres para afirmar que "às vezes, a separação é uma boa solução do amor".[16]

Nessa direção, cumpre decifrar que o corpo da família, sem deixar de ser o que é, vive a paixão de ser *outro*. Sobrevive, pois, na razão jurídica e no espaço social, prefaciando o futuro com a afirmação de sua história em contínua reconstrução, não raro com especial valor ao afeto.[17]

Estamos, como escreveu Edgar Morin,[18] no começo do conhecimento. Partir para essa travessia mesmo com a consciência da incerteza

---

15. M. Santos, *O Espaço do Cidadão*, p. 13.
16. M. Serres, *O Contrato Natural*, p. 123.
17. A matéria aparece de modo instigante: "Le champ d'application de ce sentiment multiforme s'est élargi à toutes les branches du droit, avec la complicité des différentes sources normatives; le législateur, la jurisprudence et la doctrine participent à sa consécration.

"Intrinsèquement dynamique, l'affection joue un rôle antinomique, elle altère, paralyse, déjuridicise les règles du droit mais tel le Dieu Çiva son action destructrice et pernicieuse est neutralisée par son pouvoir créateur. La présence de liens affectifs suscite de nouveaux rapports juridiques" (J. Pousson-Petit e A. Pousson, *L'Affection et le Droit*, p. 373).

18. E. Morin, *O Paradigma Perdido: a Natureza Humana*, p. 212.

e do acaso é a fonte que nos ilumina a matar a sede do que não tem nome e a saciar a fome da utopia que escreve o amanhã.

Sob o tempo do porvir espera-se que, diante da vigência da Lei 10.406, de 10 de janeiro de 2002, restará ainda mais valorizado o papel decisivo da jurisprudência,[19] evidenciando-se que, a rigor, um Código *não nasce pronto, a norma se faz Código em processo contínuo de construção.*

A doutrina brasileira já partiu, gradativamente, do endosso à estrita exegese do Código Civil de 1916, com a assunção dos seus valores informativos quanto ao estatuto da desigualdade na filiação, para uma postura de valorização da igualdade entre os filhos e do reconhecimento do valor socioafetivo da relação paterno-filial.

Os valores que informaram a elaboração do Código Civil de 1916, com a legitimidade da família e dos filhos fundada no casamento, foram dando lugar a uma nova dimensão, em que surgem como elementos de maior relevo a igualdade e o afeto. De fato, conforme escreve Silvana Carbonera, "os operadores do direito, com os olhos voltados para o sujeito, começam a agregar outros elementos àqueles já relacionados à clássica noção jurídica de família, indicando que, em alguns casos, somente a formalidade do vínculo é insuficiente".[20]

O contorno do modelo patriarcal e hierarquizado de família, com sua dimensão transpessoal, dá lugar a um novo modelo igualitário e fundado no afeto.

Nessa esteira, a noção de filiação vai abandonando a relação outrora necessária com o matrimônio, desvinculando-se, via de conseqüência, das noções de legitimidade e ilegitimidade.

A igualdade passa a se impor como elemento decorrente do respeito à dignidade da pessoa humana. Conforme já escrevemos: "a busca da eliminação das desigualdades é o traço dominante desse transcurso, uma longa evolução da bastardia ao estatuto da unidade".[21]

A verdade jurídica da filiação, a seu turno, se vincula com maior força à sua dimensão fática. Essa dimensão, todavia, não é só aquela que

---

19. Modelar é o teor da Súmula 84 do Superior Tribunal de Justiça: "É admissível a oposição de embargos de terceiro fundados em alegação de posse advinda do compromisso de compra e venda de imóvel, ainda que desprovido de registro". Sobre o tema, cite-se a obra de Marcelo Domanski (*Posse: da Segurança Jurídica à Questão Social*, 1997), fruto de dissertação de Mestrado defendida e aprovada no âmbito da pós-graduação em Direito da Universidade Federal do Paraná.

20. S. Carbonera, "O Papel Jurídico do Afeto nas Relações de Família", in L. E. Fachin (Coord.), *Repensando Fundamentos do Direito Civil Contemporâneo*, p. 277.

21. L. E. Fachin, *Da Paternidade: Relação Biológica e Afetiva*, p. 82.

diz respeito aos vínculos biológicos. Tem espaço, então, a discussão acerca do valor sociológico e afetivo da filiação.

A Constituição de 1988, ao vedar o tratamento discriminatório dos filhos, a partir dos princípios da igualdade e da inocência, veio a consolidar o afeto como elemento de maior importância no que tange ao estabelecimento da paternidade. Foi para a Constituição o que estava reconhecido na doutrina, na lei especial e na jurisprudência.

Os professores José Lamartine Corrêa de Oliveira e Francisco José Ferreira Muniz buscam definir esses elementos: "(...) haveria posse de estado de filho no caso de presença dos três elementos, isto é, a utilização pelo suposto filho do nome do suposto pai *(nominatio)*, 'a continuada atuação da relação de filiação', ou seja, o fato que o suposto pai assegura ao suposto filho manutenção, educação e instrução, agindo como provedor e educador *(tractatio)* e, finalmente, a reputação social de uma pessoa como filho da outra, a fama ou notoriedade de tal filiação *(reputatio)*".[22]

É na reunião dos três elementos clássicos (*nomen, tractatus, fama*) que começa a se formar a conjunção suficiente de fatos para indicar a real existência de relações familiares, em especial entre pai e filho; quando o direito recolhe esse fenômeno, o ordenamento jurídico se abre para acolher a verdade oriunda do afeto e do amor.[23]

Se a lei civil não se refere explicitamente à situação, sobre o papel da jurisprudência diante das lacunas do ordenamento, lapidar a conclusão de Francisco José Ferreira Muniz: "nessa medida, a decisão judicial, ao integrar a lacuna para resolver o caso concreto, esboça, para além disso, o desenho da norma jurídica que o legislador deverá editar para, em futuros desenvolvimentos do sistema, preencher o vazio normativo existente".[24]

Esse ponto de chegada talvez não passe de uma nova partida. O ente familiar não é mais uma única definição.[25] A família se torna plural.[26]

22. J. L. C. de Oliveira e F. J. F. Muniz, *Curso de Direito de Família*, p. 53.
23. L. E. Fachin, *Da Paternidade...*, cit., p. 126.
24. F. J. F. Muniz, "O Direito de Família na Solução dos Litígios", in *Textos de Direito Civil*, p. 116.
25. Daí a importância do saber interdisciplinar e multidisciplinar em matéria de Direito de Família, como exposto por Fernanda Otoni de Barros no estudo ("Interdisciplinaridade: uma Visita ao Tribunal de Família pelo Olhar da Psicanálise", in R. da C. Pereira (Org.), *Direito de Família Contemporâneo*, p. 781-835).
26. "Longe estamos de acreditar na predominância de um único modelo familiar na vida social atual na sociedade brasileira" (T. da S. Pereira, *Direito da Criança e do Adolescente: uma Proposta Interdisciplinar*, p. 186).

Da superação do antigo modelo da *grande-família*, na qual avultava o caráter patriarcal e hierarquizado da família, uma unidade centrada no casamento, nasce a família constitucional, com a progressiva eliminação da hierarquia, emergindo uma restrita liberdade de escolha; o casamento fica dissociado da legitimidade dos filhos.

Sob as relações de afeto, de uma principiologia constitucional fundada na solidariedade e na cooperação,[27] proclama-se, com mais assento, a concepção eudemonista da família: não é mais o indivíduo que existe para a família e para o casamento, mas a família e o casamento existem para o seu desenvolvimento pessoal, em busca de sua aspiração à felicidade.[28]

Eis aí, à guisa de exemplo, os espaços que revelam o arco histórico dos aspectos relevantes e positivos do fenômeno da *constitucionalização*,[29] dentro de certas possibilidades e alguns limites.[30]

27. Em diversos julgamentos versando sobre guarda de menor, esse tema aparece sob o viés do valor jurídico do afeto, *verbi gratia*, AI 17.496-0, rel. Des. Lair Loureiro, j. em 2.9.1993 pelo TJSP, no qual impediu-se a devolução da criança à mãe biológica sob o argumento de que o menor se encontrava bem com o casal guardião; já houvera trilhado essa linha a AC 13.281-0 julgada em 26.9.1991, rel. Des. Cezar de Moraes, o mesmo TJSP, destituindo do pátrio poder a genitora diante da impossibilidade de se tirar a menor do ambiente sadio em que vive com os atuais guardiões. Mais recentemente, em 29.6.1995, no julgamento da AC 25.099-0, perante a Câmara Especial também do TJSP, o Des. Lair Loureiro remarcou a tese de proteger a família substituta quando o menor se encontra bem assistido. Como se vê, o valor jurídico do afeto se sobrepõe ao valor jurídico do sangue. Isso de modo algum quer sugerir a dissociação entre os laços naturais e os de afeto.

28. A. Michel, "Modèles Sociologiques de la Famille dans les Sociétés Contemporaines", *Archives de Philosophie du Droit: Réforme du Droit de la* Famille, t. 20, pp. 131-132.

29. É da palavra de Gustavo Tepedino o atestado inequívoco dessa realidade: "a Constituição Federal, centro reunificador do direito privado, disperso na esteira da proliferação da legislação especial, cada vez mais numerosa, e da perda de centralidade do Código Civil, parece consagrar, em definitivo, uma nova tábua de valores", à p. 48 do estudo ("A Disciplina Civil-Constitucional das Relações Familiares", in Vicente Barreto (Org.), *A nova Família: Problemas e Perspectivas*. Rio de Janeiro, Renovar, 1997).

30. Escreveu precisamente sobre esse ponto Marcela Castro de Cifuentes: "(...) si bien el derecho privado debe acoger e incorporar los principios y valores de la nueva Constitución y sobre todo debe propugnar por las medidas que tiendan a evitar o remediar la inequidad, no todos los conflictos entre particulares deben constitucionalizarse", referindo-se à circunstância análoga à realidade constitucional brasileira diante da vigência da Constituição colombiana de 1991, no editorial ("Constitución y Derecho Privado", *Revista de Derecho Privado da Facultad de Derecho de Universidad de Los Andes*, n. 19, vol. 10, p. 16, jun./1996).

De outro lado, já sustentamos que têm relevância jurídica as uniões estáveis de natureza homossexual. Essa afirmação, contida na obra dos Professores José Lamartine Corrêa de Oliveira e Francisco José Ferreira Muniz,[31] constitui a primeira premissa inafastável para um reconhecimento que se impõe. A segunda proposição emerge de precedente no Superior Tribunal de Justiça, em acórdão do Ministro Ruy Rosado de Aguiar,[32] e outros pronunciamentos pioneiros[33] que atribuíram, a seu modo e sob certas limitações, efeitos de sociedade de fato entre pessoas do mesmo sexo.

Pode ser localizada, a partir do texto constitucional brasileiro que assegura a liberdade, a igualdade sem distinção de qualquer natureza (art. 5º da CF/1988), a inviolabilidade da intimidade e a vida privada (art. 5º, inciso X), a base jurídica para a construção do *direito à orientação sexual como direito personalíssimo*, atributo inerente e inegável da pessoa humana. Assim, como direito fundamental, surge um prolongamento de direitos da personalidade imprescindíveis para a construção de uma sociedade livre, justa e solidária.[34]

O direito personalíssimo à orientação sexual conduz a afastar a identificação social e jurídica das pessoas por esse predicado. A questão, todavia, está em que os limites e possibilidades da eficácia desse direito estão na estreita dependência do modelo jurídico ancorado no conjunto de valores prevalentes nas relações sociais.[35] É precisamente para estribar a arquitetura desse modelo que princípios e regras são edificados num sistema que atribui direitos e deveres.

---

31. *Direito de Família: Direito Matrimonial*, p. 215. Para diferenciar tal situação da *união estável* referida no texto constitucional seria mais adequado mencionar-se *união livre*. Nada obstante, o vocábulo *estável* empregado no texto é tomado na acepção coloquial de assente, firme, sólida.

32. No REsp 148.897-MG, de 10.2.1998: "O parceiro tem o direito de receber a metade do patrimônio adquirido pelo esforço comum, reconhecida a existência de sociedade de fato com os requisitos previstos no art. 1.363 do Código Civil", em cujo voto assentou passagem lapidar de "Kelsen, reptado por Cossio, o criador da teoria egológica, perante a congregação da Universidade de Buenos Aires, a citar um exemplo de relação intersubjetiva que estivesse fora do âmbito do Direito, não demorou para responder: *Oui, monsieur, l'amour*".

33. Nesse sentido: Acórdão de 30.6.1990, rel. Des. Narcizo A. Teixeira Pinto, na AC 731/1989, publicado à p. 206 e ss. do vol. 173 da *Jurisprudência Brasileira*.

34. Como está no art. 3º, inciso I, da Constituição Federal, acerca dos objetivos fundamentais da República.

35. Sobre o assunto, v. Rosa Maria Rodrigues de Oliveira, no estudo "Sexismo, Misoginia, Machismo, Homofobia: Reflexões sobre o Androcentrismo no Ensino Jurídico", *Revista Crítica Jurídica*, n. 20, jan-jul/2002, pp. 254-264.

Do mesmo modo, os filhos tidos fora do casamento foram excluídos da *cidadania jurídica*, pois embora filhos fossem, no sentido natural, direito algum tinham em homenagem à *paz e à honra* das famílias matrimonializadas. Segredos conservavam uma decência aparente da família e instituíam a *mentira jurídica*.[36]

Por isso, a presença dessas pessoas no Direito é, a rigor, a história de uma ausência. O que se nega não se denega apenas à mulher, em especial à mulher não casada, ou aos filhos que na linguagem discriminatória eram tidos como ilegítimos ou bastardos. Diversos sujeitos são propositadamente colocados à margem do sistema jurídico, inseridos no elenco daqueles que não portam convites ao ingresso das titularidades de direitos e obrigações.

Entretanto, como os fatos acabam se impondo perante o Direito[37] e a realidade acaba desmentindo esses mesmos *códigos*, mudanças e circunstâncias mais recentes têm contribuído para dissolver a *névoa da hipocrisia*[38] que encobre a negação de efeitos jurídicos à orientação sexual.[39] Tais transformações decorrem, dentre outras razões, de alteração da razão de ser das relações familiares, que passam agora a dar origem a um berço de afeto, solidariedade e mútua constituição de uma história em comum.

Há, por conseguinte, um estereótipo do modelo clássico superado que tem se reproduzido, sem que seja lícito reduzir as idéias emergentes de sentenças e acórdãos a uma única concepção monolítica. Se, de um lado, predomina a valoração negativa das condutas, de outro, se afirma

---

36. Nesse sentido, v. Guilherme de Oliveira, "Sobre a Verdade e a Ficção no Direito de Família", p. 271.
37. Ao noticiar as novidades em matéria de Direito de Família nos Países-Baixos, Madzy Rood-de-Boer, da Universidade Católica de Tilburg, informa, na publicação *Regards sur le Droit de la Famille dans le Monde*, que "au cours de l'année 1991, quelques conseils municipaux ont décidé que, dans leurs commune, un registre serait mis en place pour ces couples qui ne pouvaient pas se marier, mais qui voulaient que leur union soit publiquement scellée", à p. 261, referindo-se, como se vê, às uniões entre pessoas do mesmo sexo ("Pays-Bas: de nouveaux Événements Juridiques", in J. Rubellin-Devichi (Dir.), *Regards sur le Droit de la Famille dans le Monde: Annual Survey of Family Law*, pp. 255-261).
38. Exemplar é o artigo de José Carlos Giorgis sobre "A Natureza Jurídica da Relação Homoerótica", publicado na *Revista Jurídica da Ed. Del Rey*, em maio de 2002, n. 8, pp. 12-13.
39. O tema aqui tratado não adentra as considerações que dizem respeito ao transexualismo, realidade diversa, como resulta da análise do que afirmou o professor Antonio Chaves no estudo "Responsabilidade Médica, Operações de Mudança de Sexo, Transmissão de Vírus da AIDS", *RT* 707/9.

tenuamente os novos valores, como a igualdade entre os gêneros, liberdade e não discriminação. É que já há espaço para encontrar pronunciamentos como aquele do Ministro Sálvio de Figueiredo Teixeira, do Superior Tribunal de Justiça,[40] segundo o qual "o fetichismo das normas legais, em atrito com a evolução social e científica, não pode prevalecer a ponto de levar o Judiciário a manietar-se em face de uma realidade mais palpitante".

Esta é a razão pela qual, no reconhecimento que emerge da própria magistratura, "não pode a Justiça seguir dando respostas mortas a perguntas vivas, ignorando a realidade social subjacente, encastelando-se no formalismo, para deixar de dizer o direito".[41]

Dificuldades e resistências mostram o fosso abissal entre a realidade e seu espelho jurídico, tendo indiscutível valia instrumento que preencha esse vazio legislativo para expressar uma forma mais ampliada de compreensão das relações sociais apreendidas pelo Direito.[42] O pronunciamento legislativo tem importância na medida em que preenche um espaço jurídico de definição de valores e vincula o próprio julgador. Com virtudes e defeitos, toda a manifestação legislativa pode ser um veículo situado no reconhecimento de uma mudança de padrões dentro e fora da família. E não se trata, tão-só, de relações patrimoniais.[43]

40. No REsp 4.987, j. em 4.6.1991.
41. Henrique Nelson Calandra, Sentença proferida na 7ª Vara de Família e das Sucessões da Comarca de São Paulo, de 28.8.1992, embora situada num contexto diverso, eis que se tratava de retificação do prenome e da condição física e psíquica de transexual. A decisão está publicada à p. 275 e ss. da obra: Teresa Alvim, *Repertório de Jurisprudência e Doutrina sobre Direito de Família: Aspectos Constitucionais, Civis e Processuais*, vol. 2, pp. 275-285.
42. Longa é a discussão sobre a intervenção no Estado no que é considerado como esfera da autonomia privada das pessoas naturais, aptas a definirem seu modo de vida. Num outro contexto, o da união estável entre homem e mulher, ao criticar a Lei 8.971/1994, manifestou-se pela desregulamentação o professor João Baptista Vilella ("Alimentos e Sucessão entre Companheiros: Apontamentos Críticos sobre a Lei n. 8.971/94", *Repertório IOB de Jurisprudência*, n. 7, pp. 113-119). Em sentido contrário: Álvaro Villaça Azevedo, *Do Concubinato ao Casamento de Fato*, p. 279. A seu turno, o Professor Rodrigo da Cunha Pereira apresentou lúcida distinção entre desregulamentação e não proteção do Estado (*Concubinato e União Estável*, p. 52).
43. A propósito, cumpre ver com atenção o pronunciamento do STJ no REsp 148.897 -MG (Reg. 97/66124-5) rel. Min. Ruy Rosado de Aguiar, v.u., *DJU* 6.4.1998, p. 132.
"Ementa: Sociedade de fato. Homossexuais. Partilha do bem comum. O parceiro tem o direito de receber a metade do patrimônio adquirido pelo esforço comum, reconhecida a existência de sociedade de fato com os requisitos previstos no art. 1.363 do CCivil. Responsabilidade civil. Dano moral. Assistência ao doente com AIDS. Improcedência da pretensão de receber do pai do parceiro que morreu com Aids a indenização pelo dano

Humanismo e solidariedade constituem, quando menos, duas ferramentas para compreender esse desafio que bate às portas do terceiro milênio com mais intensidade. Reacender o significado de projeto de vida em comum é uma tarefa que incumbe a todos, num processo sacudido pelos fatos e pela velocidade das transformações.

7. Conclusão: a perspectiva da Constituição

Do ponto de vista das fontes formais, relevante foi a migração operada do Código Civil de 1916 à Constituição, que, sem dúvida, continua a ser baliza hermenêutica do novo Código Civil.

O sistema clássico originário do Código Civil brasileiro de 1916 é uma página que na história antecede o Direito Constitucional da Família, um campo de saber que rompe as fronteiras tradicionais do público (tendo espaço para um Estado forte quando os desiguais dele necessitam para assegurar seus direitos fundamentais) e do privado (tendo os horizontes abertos para um Estado fraco que permita aos indivíduos e à coletividade a realização pessoal e social de suas aspirações).

Acolhe o novo Código Civil, em alguns dispositivos, normas constitucionais expressas, como a que trata do princípio da igualdade; deixa, contudo, de espelhar avanço numa visão de mundo e de sistema. Deve, pois, ser a codificação de 2002 vista e lida à luz dos princípios constitucionais.

Apontando mudanças substanciais, é indisfarçavelmente reconhecida a relevância do texto constitucional. Foi na Constituição que se venceu a *desvalia* dos filhos não matrimoniais, vigente sob a noção patriarcal que associava a legitimidade ao casamento.

O legado do sistema clássico, fundado na *lei de desigualdade*, deve ser apreendido para bem compreender o estatuto unitário da filiação e não discriminação[44] entre as diversas espécies de filhos.

moral de ter suportado sozinho os encargos que resultaram da doença. Dano que resultou da opção de vida assumida pelo autor e não da omissão do parente, faltando o nexo de causalidade. Art. 159 CCivil. Ação possessória julgada improcedente. Demais questões prejudicadas. Recurso conhecido em parte e provido.

"Acórdão. Vistos, relatados e discutidos estes autos, acordam os Ministros da 4ª Turma do Superior Tribunal de Justiça, na conformidade dos votos e das notas taquigráficas a seguir, por unanimidade, conhecer em parte do recurso e, nessa parte, dar-lhe provimento, nos termos do voto do Sr. Ministro Relator. Votaram com o Relator os Srs. Ministros Sálvio de Figueiredo Teixeira, Barros Monteiro e César Asfor Rocha. Ausente, justificadamente, o Sr. Ministro Bueno da Souza. Brasília-DF, 10 de fevereiro de 1998."

44. O princípio da igualdade ensina o Professor Paulo Luiz Netto Lôbo, "não apenas se revela como diretiva essencial da aplicação do direito, mas igualmente da produ-

Para tanto, no texto maior há princípios constitucionais vinculantes,[45] dentre eles o da igualdade, da neutralidade e da inocência. Na elasticidade que o espaço jurídico principiológico propicia, a jurisprudência reafirma seu papel de construção,[46] e põe em relevo o direito sumular. Ancorado nos princípios constitucionais, o Direito *constitucionalizado* não deve ter como horizonte final o texto constitucional expresso. Por isso, sustentamos o direito para além do novo Código Civil. Os princípios constitucionais desbordam das regras codificadas e neles a hermenêutica familiar do século XXI poderá encontrar abrigo e luz.

Bibliografia

ALFONSIN, Jacques. "Do Nós de uma Lei e um Mercado que prendem e excluem ao Nós de uma Justiça que liberta", in DORA, D. D. *Direito e Mudança Social*. Rio de Janeiro, Renovar, 2003.

ALVIM, Teresa. *Repertório de Jurisprudência e Doutrina sobre Direito de Família: Aspectos Constitucionais, Civis e Processuais*, vol. 2. São Paulo, Ed. RT, 1995.

ANTUNES ROCHA. C. L. "O Princípio da Dignidade da Pessoa Humana e a Exclusão Social", *Revista Interesse Público*, n. 4. Out.-dez. 1999, São Paulo, Notadez, 1999.

AZEVEDO Álvaro Villaça. *Do Concubinato ao Casamento de Fato*. Belém, CEJUP, 1986.

BARROS, Fernanda Otoni. "Interdisciplinaridade: uma Visita ao Tribunal de Família pelo Olhar da Psicanálise", in PEREIRA, R. da C. (Org.). *Direito de Família Contemporâneo*. Belo Horizonte, Del Rey, 1997.

BODIN DE MORAES. M. C. "Recusa à Realização do Exame de DNA na Investigação de Paternidade e Direitos da Personalidade", in BARRETO, V. *A nova Família*. Rio de Janeiro, Renovar, 1994.

ção do direito", numa dupla dimensão, *perante* a lei e *na* lei. No estudo ("Igualdade Conjugal: Direitos e Deveres", in Rodrigo da Cunha Pereira (Org.), *Direito de Família Contemporâneo*, p. 223).

45. "Os princípios constitucionais do Direito de Família têm eficácia jurídica direta e são, portanto, normas vinculativas" (Francisco José Ferreira Muniz, "O Direito de Família na Solução dos Litígios", in *XII Congresso Brasileiro de Magistrados*, 14-16.9.1991).

46. Especialmente expressivo, nessa toada, é o acórdão da lavra do Ministro Sálvio de Figueiredo, promanado do REsp 4.987, julgado em 4.6.1991 pela 4ª Turma do Superior Tribunal de Justiça, assentando que "o Superior Tribunal de Justiça, pela relevância de sua missão constitucional, não pode deter-se em sutilezas de ordem formal que impeçam a apreciação das grandes teses jurídicas que estão a reclamar pronunciamento e orientação pretoriana".

_____. "O Conceito de Dignidade Humana: Substrato Axiológico e Conteúdo Normativo", in SARLET, I. W. (Org.). *Constituição, Direitos Fundamentais e Direito Privado*. Porto Alegre, Livraria do Advogado, 2003.

BOER, Madzy Rood-de-. "Pays-Bas: de nouveaux Événements Juridiques", in RUBELLIN-DEVICHI, J. (Dir.). *Regards sur le Droit de la Famille dans le Monde: Annual Survey of Family Law*. Lyon, Universitaires de Lyon, 1993.

CARBONERA, S. "O Papel Jurídico do Afeto nas Relações de Família", in FACHIN, L. E. (Coord.). *Repensando Fundamentos do Direito Civil Contemporâneo*. Rio de Janeiro, Renovar, 1998.

CHAVES, Antonio. "Responsabilidade Médica, Operações de Mudança de Sexo, Transmissão de Vírus da AIDS", *RT* 707/9. São Paulo, set./1994.

DOMANSKI, Marcelo. *Posse: da Segurança Jurídica à Questão Social*. Rio de Janeiro, Renovar, 1997.

DUSSEL, E. *Ética da Libertação na Idade da Globalização e da Exclusão*. Petrópolis, Vozes, 2000.

FACHIN, L. E. *Da Paternidade: Relação Biológica e Afetiva*. Belo Horizonte, Del Rey, 1996.

_____. "Tríplice Vértice fundante do Direito Privado", in FACHIN, L. E. *Teoria Crítica do Direito Civil*, 2ª ed., Rio de Janeiro, Renovar, 2003.

GIORGIS, José Carlos. "A Natureza Jurídica da Relação Homoerótica", *Revista Jurídica da Ed. Del Rey*, n. 8. Ano IV, maio/2002.

GRINBERG, K. *Código Civil e Cidadania*. Rio de Janeiro, Zahar, 2001.

LÔBO, Paulo Luiz Netto. "Igualdade Conjugal: Direitos e Deveres", in PEREIRA, Rodrigo da Cunha (Org.). *Direito de Família Contemporâneo*. Belo Horizonte, Del Rey, 1997.

MATURANA, H.; VARELA, F. *A Árvore do Conhecimento: as Bases Biológicas da Compreensão Humana*. São Paulo, Palas Athena, 2001.

MICHEL, A. "Modèles Sociologiques de la Famille dans les Sociétés Contemporaines", *Archives de Philosophie du Droit: Réforme du Droit de la Famille*. Paris, Sirey, 1975.

MORIN, E. *O Paradigma Perdido: a Natureza Humana*. 4ª ed., Mira-Sinta – Mem Matins, Europa-América, (s/d).

MUNIZ, Francisco José Ferreira. "O Direito de Família na Solução dos Litígios", in *Textos de Direito Civil*. Curitiba, Juruá, 1998 e in *XII Congresso Brasileiro de Magistrados*, 14-16 nov. de 1991. Belo Horizonte/Curitiba, mar./1992.

PEREIRA, Rodrigo da Cunha. *Concubinato e União Estável*. Belo Horizonte, Del Rey, 2000.

OLIVEIRA, Guilherme de. "Sobre a Verdade e a Ficção no Direito de Família", *Boletim da Faculdade de Direito*, vol. 51. Coimbra, 1975.

OLIVEIRA, J. L. C. de; MUNIZ, F. J. F. *Direito de Família: Direito Matrimonial*. Porto Alegre, Fabris, 1990.

_____. *Curso de Direito de Família*. Curitiba, Juruá, 1998.

OLIVEIRA, Rosa Maria Rodrigues de. "Sexismo, Misoginia, Machismo, Homofobia: Reflexões sobre o Androcentrismo no Ensino Jurídico", *Revista Crítica Jurídica*, n. 20. Jan-jul/2002.

PEREIRA, T. da S. *Direito da Criança e do Adolescente: uma Proposta Interdisciplinar*. Rio de Janeiro, Renovar, 1996.

POUSSON-PETIT, J.; POUSSON, A. *L'Affection et le Droit*. Toulouse, CNRS, 1990.

SANTOS, M. *O Espaço do Cidadão*. 3ª ed., São Paulo, Nobel, 1996.

SARLET, I. W. *A Eficácia dos Direitos Fundamentais*. Porto Alegre, Livraria do Advogado, 1998.

_____. *Dignidade da Pessoa Humana e Direitos Fundamentais na Constituição Federal de 1988*. Porto Alegre, Livraria do Advogado, 2001.

SERRES, M. *O Contrato Natural*. Rio de Janeiro, Nova Fronteira, 1991.

TEPEDINO, G. "A Disciplina Civil-Constitucional das Relações Familiares", in BARRETO, Vicente (Org.). *A nova Família: Problemas e Perspectivas*. Rio de Janeiro, Renovar, 1997.

_____. *Temas de Direito Civil*. Rio de Janeiro, Renovar, 1999.

VILELLA, João Baptista. "Alimentos e Sucessão entre Companheiros: Apontamentos Críticos sobre a Lei n. 8.971/94", *Repertório IOB de Jurisprudência*, n. 7. São Paulo, abr./1995.

/ 6

PARENTALIDADE SOCIOLÓGICA, UMA AFIRMAÇÃO DA DIGNIDADE HUMANA

Luiz Felipe Brasil Santos

Um dos mais instigantes temas da atualidade, no âmbito do Direito de Família, é o que diz respeito às relações parentais, e, dentro dele, as possíveis repercussões da comumente denominada "paternidade socioafetiva" ou sociológica.

Para a adequada compreensão do tema, impõe-se uma visão inicial das transformações que a concepção de família sofreu durante o século recentemente findo.

Ao longo da história, a entidade familiar tradicionalmente exerceu uma dupla função: a) unidade de produção de bens e transmissão do patrimônio; b) célula reprodutora e socializadora de cidadãos. Assim, no dizer de Michelle Perrot,[1] "a família, como rede de pessoas e conjunto de bens, é um nome, um sangue, um patrimônio material e simbólico, herdado e transmitido".

Ao tempo do Código Civil de 1916, e ainda durante toda a primeira metade do século XX, a família só se concebia como a união formada a partir do casamento civil, que lançava as bases de uma realidade social de contornos perfeitamente definidos e plena visibilidade dentro da coletividade.

As pessoas casavam com uma perspectiva essencialmente utilitarista: ter filhos, auxiliar-se mutuamente na luta pela vida, e, se possível, formar um patrimônio e transmiti-lo à descendência. Daí porque era importante ter uma família numerosa, que formasse uma boa força de trabalho, propiciando melhores condições de sobrevivência ao grupo.

---

1. Michelle Perrot, "O Nó e o Ninho", in *Reflexões para o Futuro*, p. 81.

Nessa visão, o lugar do afeto no âmbito familiar, tanto no momento de sua formação (pelo casamento) quanto na sua posterior manutenção, era secundário, preponderando os aspectos institucionais e utilitários do matrimônio e da filiação.

Este quadro, entretanto, que já começara a ser gradualmente transformado a partir da revolução industrial, passou a sofrer uma acelerada mudança depois da segunda guerra mundial, com o incremento da urbanização e da emancipação feminina. Os costumes se modificaram. O afeto passou a ocupar um lugar central na relação conjugal, constituindo o seu próprio fundamento e a única justificativa da preservação da união. O casamento deixou de ter um caráter preponderantemente institucional para se converter em uma mera formalidade, à qual muitos casais optavam por não aderir, temendo que viesse a deteriorar a relação.

A partir daí, a família e o casamento passam a existir e se justificar como forma de propiciar o desenvolvimento da pessoa, em sua plenitude existencial. Assim, enquanto ao início do século XX (tempo do Código Civil de 1916) a família preponderava sobre o indivíduo, a relação agora se inverte, passando ela a ser avaliada em função da contribuição que possa oferecer à realização das vidas privadas. Constitui-se a denominada família eudemonista.

Em extraordinária síntese, constata Michelle Perrot:[2] "As rupturas a que assistimos hoje são a culminação de um processo de dissociação iniciado há muito tempo. Ele está ligado, em particular, ao desenvolvimento do individualismo moderno no século XIX. Um imenso desejo de felicidade, essa felicidade que o revolucionário Saint-Just considerava uma idéia nova na Europa – ser a gente mesmo, escolher sua atividade, sua profissão, seus amores, sua vida – apoderou-se de cada um. Especialmente das categorias mais dominadas da sociedade – os operários, por exemplo – e da família: os jovens, as mulheres. (...) Não é a família em si que nossos contemporâneos recusam, mas o modelo excessivamente rígido e normativo que assumiu no século XIX. Eles rejeitam o nó, não o ninho. A casa é, cada vez mais, o centro da existência. O lar oferece, num mundo duro, um abrigo, uma proteção, um pouco de calor humano. O que eles desejam é conciliar as vantagens da solidariedade familiar e as da liberdade individual. Tateando, esboçam novos modelos de famílias, mais igualitárias nas relações de sexos e de idades, mais flexíveis em suas temporalidades e em seus componentes, menos sujeitas à regra e mais ao desejo. O que se gostaria de conservar da família, no

---

2. Idem, ibidem.

terceiro milênio, são seus aspectos positivos: a solidariedade, a fraternidade, a ajuda mútua, os laços de afeto e o amor. Belo sonho".

É neste contexto que surge a Constituição de 1988, consagrando esse caráter instrumental do grupamento familiar, como meio apto a propiciar o pleno desenvolvimento de seus membros. É abandonada a rigidez do sistema codificado. O casamento deixa de ser a única forma de constituir família, sendo reconhecida como entidade familiar a união estável (art. 226, § 3º, da CF) e o conjunto formado por qualquer dos pais e seus descendentes (família monoparental) também encontra expressão (art. 226, § 4º da CF).

Os antigos paradigmas – a) autoridade única do marido; b) formação exclusiva a partir do casamento civil; c) desigualdade na filiação; e d) indissolubilidade do vínculo – dão seu lugar aos novos, a saber: a) democratização na gestão familiar; b) pluralidade na formação; c) igualdade absoluta entre os filhos; e d) facilitação para dissolver o matrimônio.

Substitui-se o velho modelo – baseado na autoridade despótica, na falsidade institucionalizada e na hipocrisia – pelo novo, fundado na igualdade, na verdade e na afetividade.

E é justamente a partir dessa concepção de família que devemos nos debruçar sobre o tema da filiação, que, como não poderia deixar de ser, evoluiu ao influxo dessas alterações.

Tendo a Carta de 1988 eliminado a vetusta e odiosa discriminação entre os filhos conforme sua origem, adotando o estatuto unificado da filiação – no qual *filho* passou a ser um substantivo bastante em si, não aceitando adjetivações preconceituosas e discriminatórias –, um passo gigantesco foi dado, abrindo perspectivas para um novo universo até então não pensado.

Numa visão retrospectiva, é preciso ter presente que no Direito, tradicionalmente, a definição da paternidade sempre apareceu como questão tormentosa, uma vez que a maternidade resulta das evidências, enquanto sobre a paternidade recaía o manto da incerteza. Os romanos resumiam essa compreensão na conhecida formulação *mater semper certa est, pater incertus*.

O Código Civil brasileiro de 1916, ao tratar dos critérios de estabelecimento da filiação – aliás, na linha das codificações de inspiração romana – optou por uma nítida lógica patrimonialista, fazendo com que a tutela dos filhos ficasse ligada à espécie de relacionamento mantido entre os pais. Para o legislador de final do século XIX e princípio do século XX, acima dos interesses da prole e da própria família – instituição social – impunha-se preservar o casamento – instituição jurídica. Assim, na perspectiva desse diploma, portador de plenos direitos era apenas o filho legítimo, aquele concebido na constância do casamento dos pais.

Em notável ensaio sobre o tema, salienta Gustavo Tepedino:[3] "Em primeiro lugar, os bens deveriam ser concentrados e contidos na esfera da família legítima, assegurando-se a sua perpetuação na linha consangüínea, como que resguardados pelos laços de sangue. Em seguida, e em conseqüência, por atrair o monopólio da proteção estatal à família, o casamento representava um valor em si, identificava-se com a noção de família (legítima), de sorte que a sua manutenção deveria ser preservada a todo custo, mesmo quando o preço da paz (formal) doméstica fosse o sacrifício individual de seus membros, em particular da mulher e dos filhos sob pátrio poder. Daí a indissolubilidade do vínculo matrimonial; o poder marital e a subordinação da mulher casada ao cônjuge varão; a chefia centralizadora da sociedade conjugal atribuída ao marido; os excessivos poderes definidores do pátrio poder; a presunção de paternidade do marido (...), sempre em favor da manutenção da paz doméstica".

Sob o influxo dessa ideologia, que tinha em mira, acima de tudo, manter a unidade matrimonial, e, por decorrência, patrimonial, é que foi incorporado em nossa legislação civil codificada o princípio romano *pater vero is est quem justae nuptiae demonstrant*, que, de forma lapidar, foi assim justificado por Lafayete Rodrigues Pereira:[4] "A paternidade, porém, é, por sua natureza, oculta e incerta; e, pois, não pode ser firmada em prova direta, como a maternidade. Daí a necessidade de fundá-la em uma probabilidade que a lei eleva à categoria de presunção legal".

Como ensina Luiz Roldão de Freitas Gomes:[5] "(...) a motivação da regra estava em evitar que pessoas alheias à família pudessem levantar suspeitas injuriosas contra a mulher, que pudessem causar perturbação às relações matrimoniais. (...) Há de se reter também – o que auxilia na interpretação da regra no Direito Romano – que nele vigorava o princípio geral de que aos filhos nascidos de uniões qualificadas como matri-

---

3. Gustavo Tepedino, "A Disciplina Jurídica da Filiação na Perspectiva Civil-Constitucional", in *Direito de Família Contemporâneo*, p. 550.
4. Citado por Luiz Roldão de Freitas Gomes, no artigo "A Presunção *pater is est* e a Constituição brasileira de 1988", in *O Direito na Década de 1990*, p. 111.
5. Idem, ibidem, p. 115.

mônios legítimos (...) é atribuído o *status civitates* de que o pai desfrutava ao tempo da concepção".

Daí a necessidade de atribuir ao marido da mãe a paternidade dos filhos por esta concebidos. A presunção *pater is est*, portanto, faz prevalecer – em nome da "paz doméstica", da moral então vigente, e do interesse patrimonial – o que Luiz Edson Fachin denominou de "paternidade jurídica" sobre a paternidade biológica. É o que se define como primeira fase do direito da filiação.

Além das razões de ordem moral, de defesa da estabilidade familiar, e do interesse em preservar a segurança na transmissão do patrimônio no âmbito da família, que então informavam a predominância da presunção *pater is est*, há que ter em conta também que, à época, os recursos da ciência não permitiam que se investigasse diretamente a verdade acerca da paternidade biológica, concorrendo, assim, para que esta – que não resultava das evidências (ao contrário da maternidade) – acabasse cedendo passo àquela estabelecida a partir de presunções. Ou seja, um fato conhecido (a coabitação conjugal), aliado à fidelidade da mulher (posta como dever conjugal) levava a inferir certeza acerca de outro fato em torno do qual não se podia ter conhecimento direto (a concepção de um filho).

E tão grande era a preocupação do codificador civil com a preservação dessa presunção, tida como pacificadora das famílias, que toda uma série de suportes legais foram erigidos para sustentá-la, quais sejam: 1) apenas ao marido era dada a legitimação para intentar a ação que visava a contestar a legitimidade dos filhos havidos por sua esposa na constância matrimonial (art. 344, CC/1916). Não tomasse ele a iniciativa, ninguém jamais poderia fazê-lo; 2) mesmo a ação intentada exclusivamente pelo marido encontrava prazos extremamente curtos para seu exercício (2 ou 3 meses, conforme as circunstâncias dos §§ 3º e 4º do art. 178 do CC/1916); 3) a ação exercida por aquele exclusivo titular dentro dos prazos curtíssimos que lhe eram ensejados deveria, ainda por cima, encontrar fundamentação apenas nas hipóteses limitadas do art. 340, incs. I e II, do CC/1916, que, em resumo, restringiam-se à ausência de coabitação do casal no período conceptivo. Não bastassem todas essas restrições, ainda se acrescentava, como regra de segurança, que nem a prova do adultério da mulher e nem sequer a sua confissão (arts. 343 e 346, CC/1916) bastariam para afastar a rigidez da presunção de que pai era o marido.

A jurisprudência, por sua vez, na dianteira da evolução legislativa, como ocorre especialmente na área do Direito de Família, em esforço exegético direcionado à superação das amarras legais que impediam a descoberta da verdade real acerca da filiação, já vinha fazendo o seu trabalho, solapando os alicerces que mantinham praticamente intangível a presunção *pater is est*, consagradora da paternidade jurídica.

Assim, quanto à limitação dos fundamentos que servem de base para contestar a legitimidade dos filhos havidos pela mulher na constância do casamento, afirmou-se estar ab-rogado o art. 340 do CC/1916, por cercear a possibilidade de investigar a paternidade, assegurada pela igualdade constitucional dos filhos, qualquer que seja a origem da filiação, como também pelos arts. 26 e 27 do ECA. Nesse sentido, vale conferir os acórdãos proferidos na ApC 595163114, da 8ª Câmara do TJRS, e os REsp 4.987 e 194.866-RS da 3ª Turma do STJ.

No que diz com a legitimação exclusiva do marido para contestar a paternidade dos filhos havidos por sua mulher na constância do casamento, afirmou-se também ab-rogado o art. 344 (CC/1916), por incompatível com a legitimidade do filho reconhecido para demandar contra terceiro o reconhecimento da paternidade. Ocorre que a razão de ser de tal dispositivo estava no *favor legitimitatis* (protetor do casamento na perspectiva institucional), o que é totalmente incompatível com o hoje constitucionalmente consagrado *favor filii* (prioridade do interesse do filho). Flagrou-se uma franca contradição desse dispositivo limitador do art. 344, do CC/1916, com os vetores axiológicos que regem a atual organização familiar, pois, enquanto anteriormente a preocupação era de proteger a instituição familiar, o norte constitucional passou a priorizar, acima de qualquer outra consideração, a proteção dos filhos. Assim decidiu a Corte gaúcha, ainda ao tempo da vigência do Código Bevilaqua, por exemplo, na ApC 595163114 (8ª Câm. Cív. do TJRS) e no AI 599296654 (7ª Câm. Cív. do TJRS).

Finalmente, refletindo o trabalho jurisprudencial direcionado à ampliação das possibilidades investigatórias, culminou-se por reconhecer superados os prazos exíguos da negatória, estatuídos nos §§ 3º e 4º do art. 178 (CC/1916), em razão de não ser lógico, por um lado, ter-se por imprescritível a ação do filho para demandar o reconhecimento da filiação contra terceiro, e, por outro, limitar-se rigidamente o prazo paterno para impugnar a paternidade. Isso ocorreu, *v.g.*, nas ApC 595163114 e 596054056, ambas da 8ª Câm. Cív. do TJRS.

Embora algumas resistências iniciais a esse entendimento ainda se encontrassem no STJ, essa Alta Corte, antes da vigência do atual Código, mostrou abertura quanto ao tema, ao decidir, no REsp 194.866 (3ª Turma; rel. Min. Eduardo Ribeiro), que "admitindo-se a contestação da paternidade, ainda quando o marido coabite com a mulher, o prazo de decadência haverá de ter como termo inicial a data em que disponha ele de elementos seguros para supor não ser o pai do filho de sua esposa".

De outra banda, apesar de a legislação codificada lançar no opróbrio a filiação na perspectiva biológica – chegando ao extremo de que os filhos adulterinos e os incestuosos estavam condenados a jamais ser reconhecidos – esse vínculo natural foi se impondo gradualmente na legislação extravagante. Em 1941, o Decreto-lei 3.200 determina não se faça menção, nas certidões de registro civil, da filiação ilegítima, salvo a requerimento do próprio interessado ou em virtude de decisão judicial. Em 1942, o Decreto-lei 4.737 permite que o filho adulterino possa ser reconhecido ou obter o reconhecimento judicial da filiação, após o desquite do genitor adúltero. Em 1949, a Lei 883, revogando o Decreto-lei 4.737/1942, amplia a regra, possibilitando o reconhecimento após a dissolução da sociedade conjugal do genitor, o que abrange também a situação de viuvez. Em 1977, a Lei 6.515 (Lei do Divórcio) permite que o reconhecimento se dê ainda na constância do casamento, desde que ocorra mediante testamento cerrado, aprovado antes ou depois do nascimento do filho. Em 1984, a Lei 7.250 avança mais um passo, admitindo o reconhecimento do filho havido fora do matrimônio pelo cônjuge separado de fato há mais de cinco anos contínuos. Em 1988, finalmente, a Constituição Federal afasta qualquer distinção entre os filhos, afirmando-os iguais em direitos, independentemente da espécie de relacionamento existente entre os genitores. Para não deixar qualquer dúvida (apesar da clareza do texto constitucional), a Lei 7.841/1989 veio a revogar expressamente o art. 358 do Código Civil de 1916, que impedia o reconhecimento de filhos incestuosos e adulterinos. Culminando esse percurso, o art. 27 do Estatuto da Criança e do Adolescente (Lei 8.069/1990) estabelece que o reconhecimento do estado de filiação é direito personalíssimo, indisponível e imprescritível, podendo ser exercitado sem qualquer restrição.

Ao tempo em que ocorria toda uma mudança na valoração social da família, sobreveio o avanço científico, especialmente na área genética, com a introdução do método do DNA, que passou a permitir a determinação da paternidade com certeza praticamente absoluta, tornando flagrantemente obsoleto todo um arcabouço legislativo próprio do século passado, que – além dos outros fatores já apontados – também por falta de alternativa científica tinha que se contentar com meras aparências e presunções (*pater is est*). As possibilidades que tal tecnologia passou a oferecer simplesmente relegaram para o museu da história a já lembrada máxima *mater semper certa est, pater incertus*, pois a paternidade já não mais se revestia de incerteza, e, em contrapartida, a maternidade, antes tão garantida pelas evidências fisiológicas, hoje já não se tinha por segura, ante a evolução nas técnicas de reprodução assistida.

Essa possibilidade proporcionada pela ciência de decifrar o segredo das origens da pessoa humana baliza o que Jose Castan Tobeñas[6] denomina de "primeira revolução biológica", que está na base do grande movimento de reforma da filiação, desenvolvido nos países ocidentais na segunda metade do século XX e que teve seu reflexo, em um primeiro momento, na jurisprudência, como já se assinalou.

Postas, dessa forma, as condições legais e científicas para a plena afirmação da paternidade em sua perspectiva biológica, o que se pode definir como sendo a segunda fase do direito da filiação – resultante da primeira revolução biológica assinalada por Tobeñas –em que é permitida, modo irrestrito, a investigação da paternidade genética, em detrimento da jurídica. Isso resulta consolidado sobretudo nos arts. 26 e 27 da Lei 8.069/1990, assim como na Lei 8.560/1992.

Entretanto, a extraordinária dinâmica das relações familiares em nosso tempo tem conduzido ao que João Baptista Villela[7] denomina de "desbiologização da paternidade", que configura a terceira fase do direito da filiação, na qual se ingressa, e sob cujo enfoque a verdadeira parentalidade é a que se funda no afeto – parentalidade socioafetiva ou sociológica, que se revela pela "posse do estado de filho" –, podendo ou não coincidir com o vínculo biológico ou jurídico.

Posse do estado de filho, sinale-se, consiste em ostentar frente aos olhos do público a condição de filho de alguém. Para Clovis Bevilaqua, "resulta de uma série de fatos que, no seu conjunto, bastem para demonstrar as relações de filiação e paternidade entre um indivíduo e o chefe da família a que ele pretende pertencer".[8] Essa ostensividade se manifesta sob três aspectos: nome, trato e fama (*nomen, tractatus, fama*). Isto é: o filho deve possuir o sobrenome paterno, ser por este tratado como filho e assim reconhecido no meio social. É certo, porém, que a doutrina valoriza mais os dois últimos aspectos (tratamento e fama), admitindo que o fato de o filho nunca ter usado o sobrenome paterno não descaracteriza a "posse de estado".

6. Jose Castan Tobeñas, *Derecho Civil Español: Común e Foral*, vol. 2, p. 219.
7. João Baptista Villela, "A Desbiologização da Paternidade", in *Revista da Faculdade de Direito da UFMG*, n. 21.
8. Clovis Bevilaqua, *Direito de Família* (da ed. Freitas Bastos), p. 319.

No direito comparado, noticia-se que, em França e Portugal, com as reformas de 1972 e 1977, respectivamente, ensaiou-se expressamente o reconhecimento da paternidade socioafetiva como geradora de alguns efeitos. Em ambos os sistemas, conforme salienta J. C. Delinski,[9] três aspectos ressaltam na visualização da "posse de estado" de filho como forma de definição da paternidade: a) a valorização da "posse do estado de filho" busca uma aproximação, ou presunção, da verdade biológica; b) através da "posse de estado" (reveladora dos laços afetivos), faz prevalecer os interesses do filho; c) o reconhecimento da "posse de estado de filho" como causa suficiente para oportunizar o reconhecimento da paternidade socioafetiva depende da filiação de fato, o que deixa ao julgador grande margem de interpretação.

Para tal fenômeno em muito contribuiu a dissociação entre sexualidade e reprodução, em decorrência do emprego cada vez mais ampliado das tecnologias reprodutivas. Atente-se que inicialmente a pílula anticoncepcional havia afastado o ato sexual de sua necessária conseqüência reprodutiva. Posteriormente, com a introdução das técnicas de reprodução assistida deu-se mais um passo, desligando-se a reprodução de seu pressuposto, o ato sexual. Além disso, ficou profundamente alterada a noção de ato procriador, antes situado na mais estrita intimidade do casal, agora podendo resultar de um ato público, com intervenção de terceiros, cientificamente comprovável.

Esse excepcional avanço científico configurou a segunda revolução biológica, cujos reflexos inevitavelmente se lançaram sobre o Direito de Família, fazendo com que muitos juristas tenham passado a tratar da filiação fora de um suporte meramente biológico, em favor de uma paternidade de intenção, constituída a partir da vontade. Como assinala Guilherme Calmon Nogueira da Gama:[10] "É fundamental considerar, no âmbito da parentalidade-filiação decorrente das técnicas de reprodução assistida, a vontade como elemento essencial para o fim de se admitir o estabelecimento do vínculo de paternidade-filiação e de maternidade-filiação".

Alinhado nesse diapasão, nosso atual Código Civil, na disposição pioneira do art. 1.593, de conteúdo extremamente aberto, define como

---

9. Julie Cristine Delinski, *O novo Direito da Filiação*, p. 79.
10. Guilherme Calmon Nogueira da Gama, *A nova Filiação: o Biodireito e as Relações Parentais: o Estabelecimento da Parentalidade-Filiação e os Efeitos Jurídicos da Reprodução Assistida Heteróloga*, p. 693.

parentesco civil a relação que decorre de "outra origem" que não a consangüinidade (geradora esta do parentesco natural).

Interessante ressaltar que na redação original do Projeto do Código constava como parentesco civil apenas aquele resultante da adoção, ignorando por completo a situação daqueles filhos havidos por inseminação artificial heteróloga (art. 1.597, inc. V), que, a permanecer aquele texto, não teriam relação de parentesco possivelmente nem sequer com o marido da mãe (e com os parentes deste), o que configuraria evidente absurdo. Na etapa final de tramitação do Projeto, já na Comissão de Redação é que, resultante de proposta encaminhada pelo Instituto Brasileiro de Direito de Família (IBDFAM), foi modificada a parte final do dispositivo, sendo trocada a palavra "adoção" pela expressão "outra origem". Na justificativa[11] então apresentada ficou consignado que:

"A proposta de retificação do texto do dispositivo substituindo 'adoção' por 'outra origem' leva em conta a necessidade de não se excluírem outras fontes das relações de parentesco como, por exemplo, aquelas relativas à utilização de técnicas de reprodução assistida com a utilização de material genético de terceiro. Por força do disposto no art. 227, § 6º, da Constituição Federal, bem como do reconhecimento da presunção de paternidade relativamente ao marido que consente que sua esposa seja inseminada artificialmente com sêmen de terceiro (o doador), logicamente que a criança que venha a nascer, fruto de uma das técnicas de reprodução assistida, terá vínculos de parentesco não apenas com os pais, mas também com os parentes em linha reta e em linha colateral deles. Ademais, a expressão proposta enseja o reconhecimento jurídico da paternidade socioafetiva, fonte das mais saudáveis relações familiares. Portanto, a referência apenas à adoção é restritiva e exclui outras fontes do parentesco civil, motivo pelo qual deve ser retificada a redação do dispositivo."

A expressão "outra origem" engloba, portanto, a filiação não decorrente da consangüinidade, que se pode classificar em: a) adotiva; b) havida por reprodução artificial heteróloga; c) sociológica ou socioafetiva (resultante da posse de estado de filho). Nesse sentido é o Enunciado n. 103,[12] aprovado por ocasião da *I Jornada de Direito Civil*, promovida pelo Centro de Estudos Judiciários do Conselho da Justiça Federal, em

---

11. Disponível em: *www.ibdfam.org.br/private/legislacao/LegislacaoCodigo. aspx*; acesso em: 16.2.2006.
12. Disponível em: *www.cjf.gov.br/revista/enunciados/IJornada.pdf*; acesso em: 16.2.2006.

setembro de 2002, que, na exegese do art. 1.593, sustenta: "O Código Civil reconhece, no art. 1.593, outras espécies de parentesco civil além daquele decorrente da adoção, acolhendo assim a noção de que há também parentesco civil no vínculo parental proveniente quer das técnicas de reprodução assistida heteróloga relativamente ao pai (ou mãe) que não contribuiu com seu material fecundante, quer da paternidade socioafetiva, fundada na posse de estado de filho".

Enquanto a filiação consangüínea (na qual estão incluídos os filhos havidos por reprodução artificial homóloga) tem como origem e fundamento a concepção (intencional ou fortuita), a filiação civil (em que se inclui a resultante de reprodução artificial heteróloga) resulta, como antes assinalado, da vontade, inspirada pelo afeto.

Reconhecendo esse fenômeno, o Enunciado n. 104[13] do Centro de Estudos Judiciários do Conselho da Justiça Federal, aprovado por ocasião da mesma Jornada, afirma: "No âmbito das técnicas de reprodução assistida envolvendo o emprego de material fecundante de terceiros, o pressuposto fático da relação sexual é substituído pela vontade (ou, eventualmente, pelo risco da situação jurídica matrimonial) juridicamente qualificada, gerando presunção absoluta ou relativa de paternidade no que tange ao marido da mãe da criança concebida, dependendo de manifestação expressa (ou implícita) de vontade no curso do casamento".

Desse modo, a mais abalizada teoria familiarista, coerente com a defesa dos melhores interesses da criança e orientada pela doutrina da proteção integral, vem pugnando por um enfoque mais amplo que consiste em valorar a "posse do estado de filho" como verdadeiro balisador da definição da paternidade, valendo lembrar, com João Baptista Villela,[14] que "se se prestar atenta escuta às pulsões mais profundas da longa tradição cultural da humanidade, não será difícil identificar uma persistente intuição que associa a paternidade antes com o serviço que com a procriação. Ou seja: ser pai ou ser mãe não está tanto no fato de gerar quanto na circunstância de amar e servir".

Assim é com efeito. É Françoise Héritier[15] que, em interessantíssimo estudo antropológico, em que analisa diferentes formações familiares primitivas, conclui: "Não existem, até nossos dias, sociedades humanas que sejam fundadas unicamente sobre a simples consideração da pro-

---

13. Idem, ibidem.
14. Citado por Julie Cristine Delinski, *O novo Direito da Filiação*, p. 33.
15. Françoise Héritier, "A Coxa de Júpiter: Reflexões sobre os novos Modos de Procriação", in *Estudos Feministas*, p. 98.

criação biológica ou que lhe tenham atribuído a mesma importância que a filiação socialmente definida. Todos consagram a primazia do social – da convenção jurídica que funda o social – sobre o biológico puro. A filiação não é, portanto, jamais um simples derivado da procriação".

A fundamentação legal dessa forma de visualizar a paternidade agora se ampara no art. 1.593 do Código Civil, que, sob a inspiração da doutrina da proteção integral (art. 227 da Constituição Federal e arts. 4º e 6º da Lei 8.069/1990), permite, em nosso ordenamento positivo, a consagração do vínculo sociológico ou socioafetivo, revelado pela "posse do estado de filho", como gerador de efeitos jurídicos capazes de, em determinadas circunstâncias, definir a filiação. Com efeito, qual a melhor forma de assegurar à criança e ao adolescente, com "absoluta prioridade", a efetivação dos amplos direitos que lhes são assegurados na Carta Maior e no Estatuto da Criança e do Adolescente, assim como a plena dignidade como pessoa humana (e não mera associação de gametas), a não ser garantindo-lhes juridicamente um vínculo afetivo que lhes preserve o equilíbrio emocional?

Nessa esteira, destaca Heloisa Helena Barboza:[16] "Indispensável salientar que o reconhecimento da paternidade afetiva não configura uma 'concessão' do direito ao laço de afeto, mas uma verdadeira relação jurídica que tem por fundamento o vínculo afetivo, único, em muitos casos, capaz de permitir à criança e ao adolescente a realização dos direitos fundamentais da pessoa humana e daqueles que lhes são próprios, a saber: direito à vida, à saúde, à alimentação, à educação, ao esporte, ao lazer, à profissionalização, à cultura, à dignidade, ao respeito, à liberdade e à convivência familiar e comunitária, assegurando-lhes, enfim, o pleno desenvolvimento físico, mental, moral, espiritual e social, em condições de liberdade e dignidade".

Em excelente monografia sobre o tema, José Bernardo Ramos Boeira,[17] ao concluir, salienta que: "(...) a verdade socioafetiva deve assumir papel de destaque, sobretudo nos casos em que é importante manter a estabilidade de famílias que cumpram o seu papel afetivo e social, embora não assentem num vínculo biológico, e ainda nos casos em que se deva evitar o reconhecimento da filiação biológica por inconveniência para os interesses do filho. Esta situação aparece, claramente, quando se

16. Heloisa Helena Barboza, "Novas Relações de Filiação e Paternidade", in *Congresso Brasileiro de Direito de Família, 1ºˢ Anais*, p. 135.
17. José Bernardo Ramos Boeira, *Investigação de Paternidade – Posse do Estado de Filho*, p. 196.

trata de inseminação artificial heteróloga consentida, por exemplo, em que a proibição de impugnar a paternidade do marido, que recai sobre o cônjuge que consentiu na referida inseminação, afasta a verdade biológica, devendo a verdade estruturar-se na verdade sociológica, que é revelada pela posse de estado de filho".

Expressando bem, na ficção, aquilo em que consiste a parentalidade socioafetiva, o escritor francês Marcel Pagnol,[18] na obra "César", dramatizando o encontro entre o pai que criou a criança (pai afetivo, portanto) e o pai biológico, cria um diálogo, no qual o primeiro, dirigindo-se ao segundo, diz: "Existe a paternidade daquele que deu a vida. Existe a paternidade daquele que pagou as mamadeiras. Quando ele nasceu, pesava quatro quilos (...) quatro quilos da carne de sua mãe. Mas hoje, ele pesa nove quilos, e tu sabes o que é isso, esses cinco quilos a mais, são cinco quilos de amor". Ao final, arremata: "Pai é aquele que ama".

Na medida em que se admita que a verdadeira família encontre sua justificativa nas relações de afeto (parentalidade sociológica ou socioafetiva) e não em superadas ficções jurídicas (paternidade jurídica) ou no mero partilhamento genético (paternidade biológica), estaremos dando nossa contribuição à realização plena do ser humano no âmbito familiar, ensejando relações que correspondam ao novo papel que atualmente se atribui a este conjunto de pessoas. Utilizando a feliz imagem de Michelle Perrot:[19] não mais um "nó", permeado de aparências, hipocrisia e dominação, mas, sim, um "ninho" de afetos verdadeiros e assumidos.

Bibliografia

BARBOZA, Heloisa Helena. "Novas Relações de Filiação e Paternidade", in *Congresso Brasileiro de Direito de Família*, 1ºˢ Anais. Belo Horizonte, Del Rey, 1998.

BEVILAQUA, Clovis. *Direito de Família*. 7ª ed., Rio de Janeiro, Ed. Rio, 1976 (ed. fac-símile); e 8ª ed., Rio de Janeiro, Freitas Bastos.

BRASIL. Conselho da Justiça Federal. *Centro de Estudos Judiciários*. Disponível em: *www.cjf.gov.br/revista/enunciados/IJornada.pdf*; acesso em: 16.2.2006.

BRASIL. *IBDFAM*. Disponível em: *www.ibdfam.org.br/private/legislacao/LegislacaoCodigo.aspx*; acesso em: 16.2.2006.

DELINSKI, Julie Cristine. *O novo Direito da Filiação*. São Paulo, Dialética, 1997.

FREITAS GOMES, Luiz Roldão. *O Direito na Década de 1990*. São Paulo, Ed. RT, 1992.

---

18. Citado por J. C. Delinski, *O novo Direito da Filiação*, nota 28, p. 49.
19. Michelle Perrot, "O Nó e o Ninho", cit., p. 91.

GAMA, Guilherme Calmon Nogueira da. *A nova Filiação: o Biodireito e as Relações Parentais: o Estabelecimento da Parentalidade-Filiação e os Efeitos Jurídicos da Reprodução Assistida Heteróloga.* Rio de Janeiro, Renovar, 2003.

HÉRITIER, Françoise. "A Coxa de Júpiter: Reflexões sobre os novos Modos de Procriação", in *Estudos Feministas.* Ano 8, 1º sem./2000.

PERROT, Michelle. "O Nó e o Ninho", in *Reflexões para o Futuro.* São Paulo, Abril, 1993.

RAMOS BOEIRA, José Bernardo. *Investigação de Paternidade – Posse do Estado de Filho.* Porto Alegre, Livraria do Advogado, 1999.

TEPEDINO, Gustavo. "A Disciplina Jurídica da Filiação na Perspectiva Civil-Constitucional", in *Direito de Família Contemporâneo.* Belo Horizonte, Del Rey, 1997.

TOBEÑAS, Jose Castan. *Derecho Civil Español: Común e Foral*, vol. 2. Madrid, Réus, 1995.

VILLELA, João Baptista. "A Desbiologização da Paternidade", in *Revista da Faculdade de Direito da UFMG*, n. 21. Ano XXVII, Belo Horizonte, 1979.

NASCITURO
– PESSOA HUMANA, SUJEITO DE DIREITOS

MÁRCIO ACCIOLY DE ANDRADE

1. Introdução. 2. O início da vida humana: 2.1 Início da pessoa humana; 2.2 A relação da pessoa do nascituro com sua mãe. 3. Personalidade jurídica do nascituro no Direito Civil brasileiro e português: 3.1 Direitos do nascituro. 4. O nascituro e sua personalidade no Código Civil brasileiro e português: 4.1 No Código Civil brasileiro; 4.2 No Código Civil português. 5. Conclusão.

1. Introdução

A presente investigação tem por objetivo a análise e consideração do nascituro ("aquele que vai nascer; o ser humano já concebido, cujo nascimento é dado como certo";[1] que foi concebido no ventre materno), como pessoa humana – sujeito de direitos, tema esse que vem provocando importantes discussões jurídicas ao longo do tempo.

Procuramos, sob nosso ponto de vista, estabelecer a partir de que momento o pré-nato deve ser reconhecido como pessoa humana, dotada de personalidade jurídica, reconhecida por todos, bem como titular de direitos e obrigações na órbita civil, deixando de lado possíveis discussões sobre questões penais relativas ao aborto e estupro.

A importância em admitirmos o nascituro como pessoa humana, com personalidade jurídica desde a concepção, perfilhando dessa forma a *teoria concepcionista*, implica atribuirmos a este ser vivo humano, uma série de direitos e obrigações a serem tutelados pelo Estado, com implicações tanto na ordem civil como penal.

1. Antônio Houaiss, *Dicionário Houaiss da Língua Portuguesa*, p. 1.997.

Para melhor compreendermos e fundamentarmos o nascituro como pessoa humana – sujeito de direitos – faz-se necessário trazermos, ao presente estudo, não apenas os aspectos jurídicos consagrados no Direito Civil português e brasileiro, mas, também, elementos médicos da reprodução humana.

2. O início da vida humana

A partir de que momento inicia-se a vida humana? Quando podemos nos considerar como ser vivo, como uma pessoa humana? De onde e como surgimos? O que somos em vida intra-uterina, apenas uma simples célula embrionária, apenas uma parte do corpo de nossa mãe? Tais perguntas são necessariamente respondidas através de estudos da embriologia humana.

Com o avanço da ciência, notadamente na medicina, torna-se plenamente possível identificarmos os nossos primeiros vestígios como pessoa humana, de acompanharmos todo o nosso processo de evolução como seres humanos, e nessa ordem, a embriologia define como marco inicial da vida humana a fecundação, fertilização ou concepção. Em tais fenômenos ocorre a fusão entre um óvulo com o núcleo do espermatozóide, formando um zigoto, um ser totalmente individualizado, contendo uma carga genética própria, ou seja, uma nova combinação cromossômica (46 cromossomos, originários da somatória dos 23 cromossomos contidos no gameta masculino com os 23 do gameta feminino),[2] totalmente distinta de seu pai e de sua mãe.

Com aproximadamente 72 horas após a fecundação, a mórula, uma massa celular contendo de 12 a 16 blastômeros penetra na cavidade do útero, ocasião em que certa quantidade de líquido é nela introduzida, formando-se uma cavidade no interior da mórula denominada de blastocisto, a qual originará o embrião.[3]

É nesse período embrionário que ocorrem as maiores e mais importantes transformações no pré-nato, com a formação e desenvolvimento de suas principais estruturas internas e externas, a exemplo do que ocorre com a formação do sistema cardiovascular primitivo (13 a 15 dias), do tubo neural,[4] o que nos permite concluir a existência da autonomia e independência intrínseca deste ser já como um novo indivíduo, um novo ser vivo humano.

2. Keith L. Moore, *Embriologia Clínica*, p. 30.
3. Idem, ibidem, pp. 34 e 35.
4. Idem, ibidem, p. 30.

Através dessa análise embrionária, consideramos esse ser humano, o nascituro – concebido no ventre materno, como sendo uma pessoa humana, dotada de todas as características de um ser racional, diferentemente de seu pai e de sua mãe. Tais estudos comprovam ainda que, ainda no ventre materno, já se percebe a notável vitalidade do pré-nato, tendo em vista que muitas vezes não chega a se desenvolver apenas no útero materno, como também no peritônio, nas trompas de falópio, gerando neste último caso a chamada gravidez tubária.

Essa *força vital* intrínseca ao concepto implica em uma plena independência quanto ao seu destino, é o que chamamos de *autonomia intrínseca*. Essa autonomia e independência apresentam-se desde o momento da união dos gametas masculino e feminino, seguindo-se com as suas subdivisões, com o seu crescimento e até mesmo a sua autodestruição, sem qualquer interferência materna, o que nos leva a aceitar que o nascituro não pode ser considerado como uma mera célula humana, uma simples célula integrante da parte de um todo, o nosso corpo.

Em relação à autonomia intrínseca do nascituro, afirma com bastante clareza o professor lusitano Diogo Leite de Campos que, o nascituro não é um protoplasma, um ser humano parcial, mas uma vida humana completa, perfeita, existente, possuindo um "genótipo DNA que determina o desenvolvimento físico e psíquico do ser daí por diante. Mas também, e sobretudo, o embrião já pode afirmar-se como início da cadeia espaço-temporal que é um corpo, um ser humano. A vida não poderia se tornar humana depois do nascimento se não fosse já antes e desde a concepção".[5]

2.1 Início da pessoa humana

De acordo com os argumentos biológicos trazidos à baila, concluímos que a vida humana começa desde a fecundação, e, conseqüentemente, a partir desse momento, aquela célula embrionária passa a existir, a viver, a ser respeitada como um ser vivo humano, uma verdadeira pessoa humana, dotada de autonomia intrínseca, com características próprias de um ser racional e de personalidade jurídica.

Todos os estágios embrionários que passamos, ou seja, de zigoto, mórula, blástula, embrião e feto, representam tão-somente o nosso desenvolvimento (nascituro) em vida intra-uterina, uma continuidade de etapas, como ocorre na fase da criança para adolescência e desta para a

---

5. Diogo Leite de Campos, "O Estatuto Jurídico do Nascituro", *Revista da Ordem dos Advogados*, 1996, p. 882.

fase adulta. Assim, podemos afirmar que o embrião está para a criança assim como a criança está para o adulto, ao mesmo tempo em que não podemos ignorar a nossa condição de *seres humanos históricos*, que, para alcançarmos à nossa plenitude, o reconhecimento e proteção por parte do legislador, necessitamos de uma existência e experiência, por meio de um trajeto vital.

Neste diapasão, perfilhamos o entendimento do professor Mário Bigotte Chorão que, com bastante clareza assevera: "Ora, com apóio nos dados científicos, é possível sustentar que desde a fecundação existe um novo individuo da espécie humana, com uma identidade genética própria, cujo organismo vai se desenvolvendo autônoma, coordenada, contínua e gradualmente, segundo uma lei ontogenética e um plano unificado intrínsecos, num processo vital sem fissuras, que se prolonga pela fase pós-natal até a morte".[6]

Consoante o magistério de Rabindranath Capelo de Sousa, os nascituros concebidos, em sendo considerados seres vivos humanos, têm como direito fundamental o da tutela jurídica tanto em relação à sua dignidade como pessoa humana, como a integridade física, pois: "Parece, assim, inegável a existência de vida humana no nascituro concebido, uma vez que ele, desde a concepção, emerge como um ser dotado de uma estrutura e de uma dinâmica humanas autônomas, embora funcionalmente dependente da mãe. Pelo que não só a nível de garantias constitucionais mas também no âmbito das relações entre particulares, por força da eficácia civil daquela norma, dever-se-á considerar o ser do concebido como um bem juridicamente protegido, tanto mais que o legislador constitucional não distinguiu no art. 24 a vida humana extra-uterina da uterina, aquela depende desta e a razão de ser da lei a ambas abrange, no respeito das correlativas especificidades".[7]

Para o jurista José Tavares, acolhendo a *teoria concepcionista*, aduz que: "Este ser, este organismo, forma-se pelo fenômeno biológico da concepção, começa a existir, a viver, e a desenvolver-se desde esse momento; desde então começa a ser protegido pela lei para diversos efeitos jurídicos (art. 6, 17, I.478, 1.776...) e por isso desde logo deveria ser reconhecida a sua personalidade."[8]

---

6. Mário Emílio Chorão, "O Problema da Natureza e Tutela Jurídica do Embrião Humano à luz de uma Concepção Realista e Personalista do Direito", *O Direito* I, pp. 586-587.
7. Rabindranath Capelo de Sousa, *O Direito Geral da Personalidade*, pp. 157-158.
8. Silmara J. A. Chinelato Almeida, *Tutela Civil do Nascituro*, p. 142.

A medicina, por meio da *perinatalogia* (ramo da medicina que estuda primariamente o feto e a criança recém-nascida), vem se preocupando em tutelar a vida humana *desde o momento da concepção*, ao aceitar o nascituro como ser vivo humano, autônomo, independente de sua genitora, com escopo de garantir-lhe não apenas o direito a vida, como também o de possibilitar que chegue com sucesso à sua próxima fase de desenvolvimento, a de criança.

Nessa esteira, pensamos que o ordenamento jurídico brasileiro não pode mais ficar isento ou mesmo distante de todos os novos acontecimentos e transformações ocorridas no plano médico e filosófico da sociedade contemporânea, mas deve acompanhar de maneira mais rápida e eficaz a sua evolução e seus reclamos, partindo para uma tutela mais específica, isto é, tutelando amplamente os direitos do pré-nato através de um estatuto jurídico próprio, admitindo a sua personalidade jurídica incondicional.

2.2 A relação da pessoa do nascituro com sua mãe

Do contrário ao que se percebe como influência de uma simples célula biológica, plasmática num organismo materno, o nascituro como pessoa humana *reage intensamente* com sua mãe, provocando várias reações por ela sentidas, através, por exemplo, do excesso de hormônios da gravidez; o aumento dos vários órgãos sexuais, a exemplo do útero (que pesa 50g, e passa a apresentar 1.100g aproximadamente), das mamas, da vagina; alterações no próprio aspecto da mulher, resultando algumas vezes edemas, acne, e aumento do peso que chega a uma média de 11 kg.[9]

Além de constatar as citadas *reações fisiológicas*, torna-se possível verificar um outro tipo de intercâmbio entre a pessoa do nascituro e sua mãe, a *psicológica* entre ambos, não a partir do seu nascimento, mas, sim, desde a sua fase de vida intra-uterina, quando, por exemplo, o nascituro se mostrar mais calmo, mais sereno em virtude da ausência de problemas de sua genitora durante a gestação, ou mais intranqüilo em decorrência das angústias ou problemas.

Outros fenômenos semelhantes aos que ocorrem nas pessoas adultas são também constatados nas pessoas dos conceptos, como o *sonho* que, detectado por exame eletroencefalográfico, são caracterizados e observados pelos movimentos oculares no cristalino fetal; a *reação a estímulos*

---

9. Arthur C. Guyton, *Tratado de Fisiologia Médica*, pp. 778-784.

do som, revelada por meio da aceleração cardíaca ou da realização de movimentos; a *capacidade degustativa* demonstrada através da introdução de açúcar pelo líquido amniótico ocasionando o aumento da deglutição e a diminuição com substâncias amargas.[10]

Por sua vez, a parapsicologia sustenta que as primeiras experiências psíquicas humanas ocorrem durante a gestação, por meio dos laços afetivos dos inconscientes entre a mãe e o nascituro, em que muitas gestantes, com raro engano, mesmo sem auxílio da ecografia, sabem antecipadamente o sexo do feto.

Destarte, face às razões acima expostas, acreditamos que o fato de sermos um zigoto, um embrião, ou um feto, significa tão-somente que somos um ser em desenvolvimento, em evolução, assim como ocorre com o recém-nascido até a sua fase adulta, logo, somos seres humanos históricos, uma verdadeira *pessoa humana em formação* a partir da vida intra-uterina.

Ao tratar do início da personalidade humana, encontramos, com muita clareza, magistério ao qual nos acostamos de Diogo Leite de Campos, que assim dispõe, *verbis*:

"O problema que se põe é, pois, o de saber quando o ser humano fixa o início da sua personalidade humana.

"Hoje, é difícil negar que esse reconhecimento se opera a partir da concepção.

"Como ser histórico, o homem reconhece-se um início com a concepção, o momento a partir do qual ele é referido, e se refere, como alguém já existente: é 'ele' que está (estava) no ventre de sua mãe.

"Reconhece, conseqüentemente, o mesmo início da 'história' de qualquer outro ser humano, da sua personalidade jurídica.

"A partir daqui, é só dar um passo para determinar o início da personalidade jurídica.

"Qualquer norma que se refira à personalidade jurídica, não é constitutiva, é simples reconhecimento de um direito (anterior e superior). 'A personalidade jurídica (...) é um direito inato, um facto originário (...). Pertence a todo indivíduo vivo. Advém-lhe com a vida. Fundado sobre a natureza, sobre a biologia, o direito civil responde aqui às exigências da vida: é a vida que reclama – que exige desde que existe e enquanto dura ser reconhecida. Forte com a sua conformidade à natureza (ao direito natural) este princípio positivo governa a aquisição e a perda da

---

10. Paulo de Almeida Cravo, *Da Vida à Morte*, p. 61.

personalidade jurídica'. Assente na biologia, na essência do homem que é vida, o Direito reconhece o início da personalidade jurídica no começo da personalidade humana – na concepção."[11]

Hodiernamente, percebemos que a negação da existência do nascituro como *ser vivo humano em formação* reside muitas vezes na falta de compreensão, tratando-os como sendo uma simples coisa, uma simples parte orgânica materna, em razão de não terem, nos primeiros estágios embrionários, uma aparência humana ou mesmo viabilidade (se assim fosse, estaríamos negando aos absolutamente incapazes, portadoras de doenças até então incuráveis, idosos, a existência como ser vivo humano, conseqüentemente, sua personalidade); outras, para esconder egoisticamente a sua *honoris causa* diante de uma gravidez indesejada, de dificuldades financeiras.

Considerando-nos como seres vivos humanos em evolução desde o momento de nossa concepção, somos, desse modo, dotados de dignidade humana, merecedores de consideração e respeito por parte de todas as pessoas, sejam elas físicas ou jurídicas, e nesse sentido sustenta Eduardo Rabenhost que *a dignidade humana só faz sentido se ela for vista como um valor que pertence de forma irrevogável a todos os homens, independentemente de suas qualidades singulares.*[12]

A propósito, lembram Diogo Leite de Campos e Mônica Horta Neves Leite de Campos que a vida humana merece respeito independentemente do direito e da sociedade, sendo inaceitável que se permita o ser humano dispor da vida do outro e negar ao nascituro a condição de ser vivo humano; seria como se deixássemos de existir, pois, "cada um de nós existe desde o momento da concepção. Se fosse possível recuar no tempo e destruir as duas células no segundo a seguir ao da concepção de um ser humano hoje nascido, a 'Maria', não era uma parte do corpo da mãe que seria destruída: seria a 'Maria' que deixaria de existir".[13]

3. Personalidade jurídica do nascituro no Direito Civil brasileiro e português

A questão da personalidade jurídica do nascituro é questão controvertida em todo mundo, razão pela qual procuramos desde logo posicionarmos entre os adeptos da *teoria concepcionista*, admitindo a sua per-

---

11. Diogo Leite de Campos, *Lições de Direito da Personalidade*, p. 42.
12. Eduardo Ramalho Rabenhorst, *Dignidade Humana e Moralidade Democrática*, pp. 40-41.
13. Diogo Leite de Campos e Mônica Horta Neves Leite de Campos, pp. 50 e 51.

sonalidade jurídica plena do pré-nato desde a concepção, perfilhando a esteira de tantos outros doutrinadores tais como Teixeira de Freitas, Mário Emílio Bigotte Chorão, Álvaro Villaça, Maria Helena Diniz, R. Limonge França, entre outros.

Como é cediço, a personalidade jurídica nada mais é que aptidão genérica atribuída ao ente que se considera pessoa humana, como uma conseqüência própria e imediata de sua formação e existência, para exercer direitos e obrigações na ordem civil. Em que pese o magistério do Professor Rabindranath Capelo de Sousa ao argumentar que, *se é a própria lei que aí admite reconhecer direitos, embora sujeitos a condição legal, aos próprios nascituros, isso até justifica a concepção de uma qualquer **parcial personificação jurídica dos nascituros**, sobretudo se concebido* (grifos nossos).[14]

Continua o Autor: "Assim, mesmo se admitirmos a legitimidade da idéia de um *numerus clausus* de direitos reconhecidos aos nascituros, isso não impede a validade e a eficácia da tutela prevista na nossa lei do bem da personalidade física e moral dos nascituros concebidos, para além de entendermos que um dos direitos legalmente reconhecidos ao nascituro concebido é justamente, nos termos daquelas disposições legais, o direito ao respeito e ao desenvolvimento geral da sua personalidade física e moral e, nomeadamente, o direito à omissão contra ofensas e ameaças à sua vida e à sua saúde, pois, como vimos, ele, *embora não tenha personalidade jurídica plena, é, para efeitos do art. 70 do C. Civ., 'um indivíduo' - e, até mais do que isso, uma 'pessoa' - e tem uma 'personalidade física' e 'moral'*" (grifos nossos).[15]

Neste sentido, ousamos, *permissa vênia*, discordar do festejado Autor com fulcro no *art. 70 do Código Civil português*, que reconhece o nascituro como um indivíduo, uma pessoa, dotada inclusive de personalidade física e moral. Na realidade, a personalidade jurídica é um valor inerente à própria pessoa, não podendo ser dela dissociada ou mesmo ser medida, fracionada, pois, não podemos dizer que somos mais ou menos pessoa humana, tal afirmativa somente poderá ser realizada em relação à capacidade, por ser considerada um *quantum*, admitindo uma quantificação. Por outro lado, e nesse ponto, concordamos com o entendimento do Autor em epígrafe segundo o qual, quando o *art. 70 do Código Civil lusitano* emprega a expressão "indivíduo", deve ser interpretada de forma abrangente aos concebidos, por serem considerados seres humanos intra-uterinos dotados de estrutura própria, sendo assim con-

14. *O Direito Geral da Personalidade*, p. 160.
15. Idem, ibidem, p. 161.

siderados indivíduos: "Por outro lado, o art. 70 do Código Civil acolhe uma interpretação tendente à proteção geral da personalidade física e moral dos nascituros concebidos. (...) Ou seja, se o legislador quisesse circunscrever a tutela geral da personalidade às pessoas jurídicas singulares nascidas e com vida mais razoavelmente utilizaria no art. 70 do Código Civil, em vez do abrangente termo 'indivíduos', a expressão 'personalidades jurídicas singulares' ou equivalente. Por outro lado, os concebidos são, como vimos, seres humanos intra-uterinos dotados de uma estrutura e dinâmica próprias e, como tais, são 'indivíduos' dotados de uma naturalística 'personalidade físico-moral'."[16]

3.1 Direitos do nascituro

Como reflexo da atribuição da personalidade jurídica incondicional ao nascituro, isto é, independentemente de seu nascimento, a ele importará ter direito *à vida*, estabelecido não apenas pela Constituição brasileira e portuguesa, como também estipulada no Pacto de São José da Costa Rica ou Convenção Americana de direitos Humanos (22 de novembro de 1969), que em seu *art. 4* estabelece: "Toda pessoa tem direito a que se respeite sua vida. Esse direito deve ser protegido pela lei e, em geral, *desde o momento da concepção*. Ninguém pode ser privado da vida arbitrariamente"(grifos nossos).

Como se pode verificar, a presente Convenção não faz, em momento algum, qualquer distinção entre o ser humano em vida intra-uterina ou extra-uterina; *à saúde*, em seu sentido lato como também no sentido para que possa se desenvolver com normalidade, abrangendo a assistência médica pré-natal; *à representação*, no caso a quem esteja na plenitude do poder familiar; *de ser adotado* com a anuência de seus representantes; *a ser reconhecido como consumidor*, quando for considerado destinatário final de produtos e serviços, como, por exemplo, à transfusão de sangue e cirurgia intra-útero, ultra-sonografia etc.; *à curatela*; *à integridade física e moral*, podendo assim exigir que cesse a ameaça ou a lesão a direito da personalidade, reclamando ainda indenização; *a alimentos*; *a ser emitido através de seus representantes na posse de bens recebidos a título de herança e doação*; *a receber os frutos civis*; *de ser beneficiário de seguro de vida*; *à sucessão*, direito este já contemplado ao nascituro na Antiguidade Clássica, e tantos outros não expressamente previstos pelos nossos Códigos Civis, admitindo assim uma interpretação extensiva.

16. Idem, ibidem, p. 160.

Nesse sentido a professora Silmara Chinelato observa em seu magistério a posição por nós assumida de que o nascituro é pessoa desde a concepção, e, nesse caso, importa em outros direitos lhe possam ser atribuídos, além dos expressamente admitidos pelo Código Civil, e, continua a citada Autora, "Perfilhar na teoria de que o nascituro não é pessoa implica reconhecer-lhe apenas os direitos que expressa e excepcionalmente lhe foram atribuídos pelo Código, já que, segundo lições de hermenêutica lembradas por Carlos Maximiliano em sua obra clássica: 'em regra é restrita a interpretação das leis excepcionais, das fiscais e das punitivas'".[17]

4. O nascituro e sua personalidade no Código Civil brasileiro e português

4.1 No Código Civil brasileiro

O art. 2º do Código Civil brasileiro, ao tratar sobre o início da personalidade dispõe:

"A personalidade civil da pessoa começa do nascimento com vida; mas a lei põe a salvo, desde a concepção, os direitos do nascituro."[18]

O Direito Civil brasileiro vincula o início da personalidade ao nascimento com vida, todavia, tutela os direitos do nascituro desde a sua concepção, que nos leva a concluir pela existência de uma verdadeira contradição em sua redação.

Nessa última reforma que sofreu o *Código Civil brasileiro*, o legislador pecou em não harmonizar o texto do artigo acima mencionado com o *art. 4º* da prefalada Convenção Americana sobre Direitos Humanos (item 3.1), em razão de ser o Brasil signatário.

Ora, se o ordenamento jurídico civil concede e ao mesmo tempo protege os direitos do nascituro, assim o faz por entender ser este novo ser, *pessoa humana dotada de personalidade*, não existindo razão para deixarmos de reconhecê-lo, desde a sua concepção, como pessoa humana – sujeito de todos os direitos que lhe possam ser atribuídos. Ademais, cumpre lembrar que devemos também interpretar a norma civil à luz da Constituição Federal Brasileira/1988, que em seu *art. 5º*, *caput*, garante a todos indistintamente o direito à vida.[19]

Neste diapasão, tem-se posicionado o Superior Tribunal de Justiça que, num caso concreto em que a mãe pleiteava a interrupção da gravi-

---

17. *Tutela Civil do Nascituro*, pp. 202-203.
18. Maria Helena Diniz, *Código Civil Anotado*, p. 6.
19. Constituição da Republica Federativa do Brasil, Senado Federal, 2002, p. 15.

dez, em decorrência da inviabilidade do feto por ser portador de anencefalia, decidiu não permitir a aludida interrupção da gestação.

Foi uma verdadeira batalha judicial, começando pelo indeferimento do pleito em primeira instância, já que, segundo a fundamentação do magistrado, o pedido não tinha previsão legal. Inconformada com a decisão impetrou recurso junto ao Tribunal de Justiça do Rio de Janeiro, obtendo a concessão de medida liminar que autorizava a interrupção de sua gestação sob fundamento de que o feto não seria *viável*, não sendo justo condenar a mãe a passar por meses de sofrimento.

No dia seguinte à sua concessão, o Presidente da 2ª Câmara Criminal do Tribunal de Justiça do Rio de Janeiro cassou a mencionada liminar. Ao ser submetido ao colegiado daquela Corte, foi novamente autorizada a interrupção da gestação.

Horas antes do julgamento pelo colegiado daquela Corte, o padre Luiz Carlos Lodi da Cruz, estudante de Direito e comandante do Pró-vida em Anápolis, um dos grupos contra o aborto, ingressou com *habeas corpus* em favor do feto junto ao Superior Tribunal de Justiça, requerendo a garantia de seu direito à vida, conseqüentemente de ir e vir.

A Ministra relatora Laurita Vaz, em seu voto condutor, concedeu a medida liminar para suspender a autorização do aborto, aduzindo que *o recurso se presta justamente a defender o direito de ir e vir, o que inclui o direito à preservação da vida do nascituro*. Destacou ainda a Ministra que a legislação penal e a Constituição Federal de 1988 tutelam a vida como bem maior a ser preservado, estando ainda o caso travejado nos autos fora do rol em que o aborto é autorizado.

A citada decisão teve supedâneo no parecer à época do Procurador Geral da República, Dr. Cláudio Fonteles, que, em suas alegações, sustentou que: "A vida intra-uterina existe. Se ele (o feto) está fisicamente deformado, por mais feio que possa aparecer, isso jamais impedirá que a acolhida, o carinho, o amor flua à vida, que existe, e enquanto existir possa".

Mesmo diante da decisão do Superior Tribunal de Justiça, as diretorias do Instituto de Bioética, Direito Humanos e Gênero (Anis) e da Themis Assessoria Jurídica, ainda ingressaram com novo *habeas corpus* em favor da mãe do nascituro junto ao Supremo Tribunal Federal. No dia 4 de março de 2004, ocasião do julgamento, os Ministros tomaram conhecimento que já teria ocorrido o nascimento e conseqüentemente a morte do nascituro, que foi chamada de Maria Vida.[20]

---

20. Eliane Brum, "A Guerra dos Embriões", *Época* 304/68-72.

4.2 No Código Civil português

De acordo com o *art. 66, 1 e 2 do Código Civil português*,[21] o início da personalidade dar-se-á no momento do nascimento completo e com vida, reconhecendo em seu *item 2*, que os direitos inerentes ao nascituro dependem de seu nascimento.

Percebe-se de forma cristalina, conforme o dispositivo acima citado, que a lei civil portuguesa reconhece a existência dos direitos dos nascituros, ou seja, que têm personalidade, e, caso queiramos interpretar que tais direitos ficam condicionados ao seu nascimento, estaríamos diante da teoria da existência de direitos sem sujeitos, ou de que discordamos.

Outrossim, o *art. 70, 1 e 2* do *Código Civil lusitano* contempla ao mesmo tempo em que reconhece a proteção de todos os indivíduos a qualquer ofensa ilícita ou ameaça de ofensa à sua personalidade física ou moral, incluindo a obrigação de indenizar. Tal interpretação deve, segundo comentários no capítulo referente ao da personalidade jurídica do nascituro, ser compreendido também em relação aos conceptos, sendo estes inclusive indenizados no caso de sofrerem injúrias ou difamações.

Nesse aspecto, concordamos com o magistério de Rabindranath Capelo de Sousa ao afirmar que: "A tutela da personalidade do concebido abrange inclusivamente a sua personalidade moral, devendo, por ex., ser civilmente indemnizáveis as injúrias ou difamações ao nascituro concebido. Tal tutela implica ainda uma protecção do espaço e das fontes vitais do nascituro, pelo que as agressões, as sevícias ou os maus tratos aos pais (máxime, à sua mãe), de que lhe resultem danos, deverão ser objetos de medidas cíveis eliminatórias ou atenuadoras e de responsabilidade civil, de acordo com o n. 2 do art. 70 do Código Civil".

5. Conclusão

De acordo com estudos baseados na embriologia humana, podemos afirmar que o início da vida humana ocorre com a fecundação ou concepção, em que os gametas masculino e feminino se fundem para formar um zigoto, um ser totalmente individualizado, contendo carga genética própria e distinta de seus pais, com autonomia e independência intrínseca, como um novo indivíduo, um novo ser humano, uma nova pessoa humana.

---

21. M. Henrique Mesquita, *Código Civil Português*, p. 22.

Os estágios de desenvolvimento experimentados pelo nascituro em vida intra-uterina, ou seja, de zigoto ao feto, significam apenas uma continuidade de etapas de evolução, pois, somos seres históricos e não podemos chegar à condição completa de pessoa humana, sem antes passarmos por um trajeto vital de desenvolvimento. O embrião está para a criança assim como esta está para o adulto.

Durante esse trajeto vital embrionário, o nascituro, além de manter um vínculo, uma interação fisiológica com sua mãe, permanece em constante intercâmbio psicológico, comprovado por técnicas médicas, a exemplo do exame eletroencefalográfico; de reações a estímulos de som e substâncias, bem como pelas experiências psíquicas experimentadas pelas mães durante a gestação, comprovando o seu laço afetivo com esse novo ser humano, com essa pessoa que carrega em seu ventre.

Vislumbramos que tanto o *art. 2º do Código Civil brasileiro e do art. 66. 1 e 2 e art. 70 do Código Civil português* reconhecem direitos ao nascituro, devendo, portanto, serem interpretados de maneira abrangente, todos em harmonia com a Constituição Federal da República Federativa do Brasil (*caput* do art. 5º), a Constituição da República Portuguesa (art. 24), e a Convenção Americana dos Direitos do Homem (art. 4º), pois do contrário, estaríamos admitindo direitos sem sujeitos.

Destarte, sob nossa ótica, não há razão biológica, filosófica, tampouco jurídica para deixarmos de compartilhar da *teoria concepcionista*. Consideramos o nascituro como pessoa humana desde o momento de sua concepção, dotado de personalidade jurídica plena e incondicional, tendo em vista ser esta considerada um valor inerente à própria pessoa humana, não admitindo ser essa personalidade medida, pois do contrário, poderíamos chegar à conclusão que podemos ser considerados *mais ou menos* pessoa, o que é inconcebível. Tal limitação, medida, poderá ser em relação ao seu exercício, no campo da capacidade, que, por ser esta considerada um *quantum*, nos permitirá exercer a personalidade jurídica de forma plena ou parcial.

Como conseqüência do nosso posicionamento, admitimos ser o nascituro titular não apenas de determinados direitos expressamente previstos tanto no *Código Civil brasileiro* como no *Código Civil português*, mas também tantos outros direitos que lhe possam ser atribuídos, como, por exemplo, o direito de ser considerado consumidor ou mesmo sujeito passivo de relação tributária.

Bibliografia

ALMEIDA, Silmara J. A. Chinelato. *Tutela Civil do Nascituro*. São Paulo, Saraiva, 2000.

BRASIL. *Constituição da República Federativa do. Texto Constitucional Promulgado em 5 de outubro de 1988, com as alterações adotadas pelas Emendas Constitucionais n. 1/92 a 38/2002 e pelas Emendas Constitucionais de Revisão ns. 1 a 6/1994.* Brasília, Senado Federal, Subsecretaria de Edições Técnicas, 2002.

BRUM, Eliane. "A Guerra dos Embriões", *Revista Época*, São Paulo, n. 304, mar./2004.

CAMPOS, Diogo Leite de. "O Estatuto Jurídico do Nascituro", *Revista da Ordem dos Advogados*. Ano 56, Lisboa, 1996.

_____. *Lições de Direito da Personalidade.* 2ª ed., Coimbra, 1995.

_____. "A Nossa Vida é Importante para Nós", in GOUVEIA, Jorge B. e outros (Orgs.). *Vida e Direito: Reflexões sobre um Referendo.* Cascais, Principia, 1998.

CHORÃO, Mário Emílio. "O Problema da Natureza e Tutela Jurídica do Embrião Humano à luz de uma Concepção Realista e Personalista do Direito", *O Direito* I. Ano 123, Lisboa, jan.-mar./1991.

CRAVO, Paulo de Almeida. *Da Vida à Morte.* Coimbra, Gráfica de Coimbra.

DINIZ, Maria Helena. *Código Civil Anotado.* São Paulo, Saraiva, 2003.

GUYTON, Arthur C. *Tratado de Fisiologia Médica.* 7ª ed., Rio de Janeiro. Guanabara, 1989.

HOUAISS, Antônio. *Dicionário Houaiss da Língua Portuguesa.* Rio de Janeiro, Objetiva, 2001.

MESQUITA, M. Henrique. *Código Civil Português.* 9ª ed., Coimbra, Coimbra Editora, 2002.

MOORE, Keith L. *Embriologia Clínica.* 3ª ed., Rio de Janeiro, Ed. Guanabara, 1986.

RABENHORST, Eduardo Ramalho. *Dignidade Humana e Moralidade Democrática.* Brasília, Brasília Jurídica, 2001.

SOUSA, Rabindranath Capelo de. *O Direito Geral da Personalidade.* Coimbra, Coimbra Editora, 1995.

_____. *Teoria Geral do Direito Civil*, vol. 1. Coimbra, Coimbra Editora, 2003.

8
NOTAS SOBRE A REPERSONALIZAÇÃO DO DIREITO CIVIL

PLÍNIO MELGARÉ

1. Introdução. 2. Da codificação no Direito Civil. 3. Relevante questão material: a pessoa humana como núcleo axiológico constitutivo do Direito Civil. 4. Conclusão: uma idéia de igualdade.

1. Introdução

O conceito de Direito Civil deve ser entendido a partir de sua formulação histórica. Compreende-se o Direito Civil como uma categoria histórica, fruto da experiência e da dinâmica do pensamento jurídico – decerto que permeado pelo diálogo com a realidade social. Todavia, como característica do fenômeno jurídico, considerada sua natureza cultural, a historicidade encontra-se coordenada com elementos de constância. Pode-se pensar aqui nas denominadas *constantes axiológicas do Direito*, apontadas por Miguel Reale.[1] Constitui-se, destarte, uma relação dialética, tensa entre o contingente e o constante. Assim analisa-se o fenômeno da codificação do Direito Civil, bem como a proposição de um outro elemento material que fundamente as relações jurídico-civis.

2. Da Codificação no Direito Civil

Identifica-se, na linha diacrônica do Direito Civil, culminando em um processo histórico-evolutivo desde o *ius civile*, a afirmação do paradigma da codificação do Direito Civil, franqueando o surgimento e a afirmação do Direito Civil moderno.

1. Miguel Reale, *Horizontes do direito e da história*, 3ª ed., p. 345.

O fenômeno da codificação, nada obstante suas mais diversas e complexas causas, identificado com o contexto moderno, positiva o jusracionalismo como o direito dos povos, postulando a racionalização da vida jurídica do homem.[2] Tal se percebe com a pretensão de completude, generalidade e abstração dos códigos modernos, que, fundados em um escasso número de princípios gerais de onde derivavam outros mais específicos, pretendiam resolver todas as questões possíveis.[3] Outrossim, isso ocorreu em razão da conjunção do direito natural moderno com o Iluminismo, pois, fenômenos com origem comum, se auto-alimentaram, uma vez que o jusracionalismo emprestou os elementos necessários para a planificação político-jurídica projetada para a nova sociedade nascente, iluminada a razão.

A codificação desenvolve-se em um âmbito nunca antes experimentado, qual seja o da rigorosa separação entre o espaço público e o espaço privado, afivelando o Direito Privado – e por excelência o Direito Civil – à liberdade burguesa e ao dogma da autonomia da vontade. Tudo isso, decerto, em consonância com os valores do individualismo, marca da condição social do homem moderno. De outra parte, encontrar-se-ia a Constituição, normatizando o espaço público, centrada na divisão tripartite dos poderes, reconhecendo a supremacia do Poder Legislativo, instância legítima para a criação do direito, visto que ali residiria a *volonté générale*. De fato, o movimento codificador oitocentista chancela o surgir do Direito Civil moderno, pensado nos termos de um sistema jurídico axiomático e fechado, atrelando o Direito Civil ao campo do Direito Privado: reino absoluto da autonomia da vontade e da liberdade individual.[4]

Tradicionalmente, a divisão do direito em público e privado se estabeleceu:

– *em razão da natureza dos sujeitos da relação jurídica* – o Direito Público regularia as atividades do Estado, enquanto que o Direito Privado disciplinaria as relações entre particulares;

– *em razão da natureza do interesse presente na relação jurídica* – o Direito Público visaria a proteger os interesses do Estado, enquanto que o Direito Privado protegeria os interesses do particular;

---

2. Nesse sentido, v., de Jose Luis de los Mozos, *Derecho Civil: método, sistemas y categorias jurídicas*, pp. 95-128.
3. J. L. Lacruz. *Elementos de Derecho Civil*, I.
4. Ilustrativas as palavras de Teresa Negreiros: "Supera-se o Estado absoluto, ergue-se o indivíduo absoluto" (*Teoria do contrato – novos paradigmas*, p. 16).

– *pela forma da relação jurídica* – se a relação fosse de subordinação, estaríamos diante do Direito Público, se a relação fosse de coordenação, em que as partes ocupam um mesmo plano relacional, falaríamos em Direito Privado.

Os critérios acima elencados, ante a percepção da realidade, mostram-se insuficientes. Basicamente, a estrutura e a dinâmica social contemporâneas impuseram alterações ao quadro da distinção público/privado. Em nossas complexas sociedades, torna-se extremamente difícil distinguir, de modo inequívoco e apriorístico, os interesses particulares dos públicos. A dicotomia público/privado acentuou-se em um período histórico no qual se afirmavam os postulados do absenteísta Estado liberal.[5] Com a superação desse Estado, ocorreu, progressivamente, uma inter-relação entre as esferas públicas e privadas.

De outra banda, o poder imperial do Estado sofreu limitações[6] e, conseqüentemente, as relações travadas com os particulares cada vez mais passaram a se dar de modo isonômico. A essência da relação entre os particulares e o Estado contemporâneo não se caracteriza pela subordinação ilimitada daqueles aos poderes deste. Ao contrário, firma-se um pacto, chancelado pela ordem constitucional, em torno da promoção e do pleno desenvolvimento autônomo das pessoas. O Estado assume o papel de tutela dos direitos fundamentais, bem como, através de políticas públicas, a tarefa de promovê-los – o que, inclusive, fundamenta e justifica sua intervenção.

A *onda democratizante*, vivenciada pelo mundo ocidental no último século, e que varreu do mapa arcaicas ordens ditatoriais, igualmente contribuiu para a aproximação entre o espaço público e o privado. A idéia veiculada pela democracia, desde suas origens, traz consigo uma exigência: que a administração dos assuntos públicos seja de competência pública – ou exercida diretamente pelos cidadãos, ou através de seus representantes. Mas isso não significa que a vida e os assuntos particulares enclausurem o indivíduo em torno de si mesmo, como se o público e o privado constituíssem dois hemisférios incomunicáveis da sociedade. Essa circunstância, por promover demasiadamente os interesses individuais, arriscaria a integridade da nossa tessitura social, possibilitando a

---

5. V. Francisco Amaral, *Direito Civil – Introdução*, 4ª ed., p. 69.
6. A corroborar o afirmado, observamos o fenômeno da *contratualização da lei*, ou seja, o fato de, no processo de formação da lei, não mais se constatar um ato de soberania estatal, mas o acordo prévio de grupos organizados da sociedade civil, forjando um tipo de contrato, conforme bem sublinha Ricardo Lorenzetti (*Fundamentos do direito privado*, p. 58).

abertura de severas fendas na arquitetura sociodemocrática. Muitas vezes, os interesses particulares podem afetar bens coletivos, reclamando a intervenção pública.[7] Por conseguinte, as democracias contemporâneas incorporam em seu campo normativo diversos aspectos da vida privada.

Percebe-se, portanto, um suavizar das fronteiras demarcatórias das áreas do direito, sem suprimir, todavia, a clássica distinção entre o público e o privado. Por via de conseqüência, não há de ser o direito exclusivamente público ou privado, pois há apenas uma fluida linha entre os pólos público e privado.

Pelo visto e ponderado, importa que tenhamos o direito lastrado por uma perspectiva material, a se constituir como uma ordem de validade – que não é dada apenas pela análise das leis, mas, antes, e sobretudo, pelos princípios constituintes da normatividade jurídica. Princípios que se encontram, no mais das vezes, reconhecidos pela ordem constitucional, alcançando a todas as relações intersubjetivas normatizadas pelo direito – inclusive as relações de Direito Privado.

Com efeito, aportaríamos no que se tem denominado por constitucionalização do Direito Privado, isto é, o recepcionar de certos direitos em normas fundamentais, reconhecendo-os e tornando-os indisponíveis ao legislador ordinário, bem como a incidência da normativa constitucional nas relações privadas. A perpassar tal compreensão está a superação de um puro liberalismo estatal, bem como a correlata visão constitucional do Estado Liberal. Rigorosamente, queremos dizer a superação de um Estado de Direito Liberal, a se forjar, acompanhando sinteticamente o escólio de Gomes Canotilho, através da:[8]

a) minimização do Estado;

b) não-intervenção estatal nos domínios socioeconômicos;

c) submissão das atividades políticas e dos poderes públicos aos desígnios e interesses da economia.

Outrossim, implica a superação de um paradigma constitucional perspectivado:

a) apenas pela limitação racional do poder político;

b) pela pretensão constitucional de tão-somente disciplinar e organizar os órgãos estatais;

---

7. É o caso, por exemplo, do Direito Ambiental, em que, com base em uma mera suspeita de dano ambiental, sujeita-se o particular à realização de estudo de impacto ambiental.

8. *Direito Constitucional*, 5ª ed., p. 76.

c) pela afirmação de direitos e liberdades de caráter individual a serem opostos pelos cidadãos perante o Estado.[9]

Em contrapartida, afirma-se um Estado Democrático de Direito Material, substancialmente comprometido com a efetivação da justiça, no qual a Constituição, expressando um pacto entre a deliberação política e o propósito do direito, com suas autonomias e especificidades próprias, afirma-se como um real "estatuto jurídico do político",[10] consolidando uma efetiva ordem democrática. O *ethos* dessa tipologia estatal radica no postulado de uma existência em harmonia com a dignidade humana, pois, em uma democracia, a sociedade há de ser solidária com os seus integrantes, afirmando-se a exigência "che anche il singolo debba garantire ad ogni altro un'esistenza degna".[11]

Ora bem, estávamos a falar do reconhecimento de certos princípios éticos pela ordem constitucional. Sem espaço para dúvidas, conforme percebeu a inteligência penetrante de Pontes de Miranda, "a passagem dos direitos e liberdades às Constituições representa uma das maiores aquisições políticas da invenção humana. Invenção da democracia".[12] Contudo, ressaltamos que estamos apenas e tão-somente perante um processo de *reconhecimento* de certos valores por um Poder. Falou Pontes de Miranda de *passagem*, ou seja, de algo que transita de um lugar para outro – como se os valores passassem de um patamar supra-positivo para o estalão constitucional. Quer isso dizer que não é o Poder a instância criadora de tais princípios e valores superiores. Pensar de tal forma seria, no mínimo, desconhecer – ou desconsiderar – o complexo processo histórico de formação dos direitos humanos e dos direitos fundamentais. Impende, isto sim, observar a harmonia entre valores ético-culturais caracterizadores de uma época, com a expressão do poder político e a própria positivação do direito.

---

9. Releva sublinhar que tal modelo de Estado influenciava a compreensão, e, por via de conseqüência, a regulação das relações entre os particulares. Assim, afirmava-se a plena autonomia das partes, não se aceitando a revisão dos contratos, a serem interpretados no sentido da intenção das partes, bem como afirmava soberanamente a responsabilidade civil subjetiva. De fato, pretendia-se uma plena liberdade contratual, cimentada em uma igualdade formal. Contudo, ante a realidade social, tal liberdade contratual do direito converter-se-ia em... "escravidão contratual na sociedade. O que, segundo o direito, é liberdade, volve-se, na ordem dos factos sociais, em servidão" (Gustav Radbruch, *Filosofia do direito*, 6ª ed., p. 288)

10. Conforme a consagrada expressão do Professor António Castanheira Neves, "A revolução e o Direito", em *Digesta*, v. 1º, 1995, p. 234.

11. Cf. Franz Wieacker, *Diritto privato e società industriale*, p. 58.

12. *Democracia, liberdade e igualdade – os três caminhos*, p. 37.

De fato, referimo-nos a certos princípios – princípios normativos – que se referem à essencial intencionalidade do direito, ao essencial núcleo normativo ético-axiológico fundamental que, ao fim e ao cabo, caracteriza e constitui o direito como direito. Em termos de exemplos, lembraríamos o princípio da isonomia, da legalidade, da ampla defesa, da presunção de inocência, da liberdade de expressão, da liberdade religiosa, do devido processo legal e, sobretudo, o princípio da dignidade da pessoa humana. Tais princípios enriquecem a experiência humana, tendo validade por sua própria força normativa,[13] independente de qualquer reconhecimento formal por parte do Poder: são aqueles padrões a serem observados em razão de alguma exigência de justiça, eqüidade ou de alguma outra dimensão de eticidade.

Nesse sentido, quer nos parecer que a expressão *constitucionalização* do Direito Privado pode dar margem a uma idéia reducionista da leitura e da concretização exigidas atualmente na seara do Direito Privado – o nome não corresponderia ao que é nominado, pois a efetividade de tais princípios independe da vontade do legislador constituinte em reconhecê-los.

Não se nega a existência de um processo de constitucionalização do direito privado, de um modo geral, e, particularmente, do direito civil. Um ligeiro passar de olhos sobre a Constituição brasileira é suficiente para que isso se evidencie. Senão, vejamos: o inciso X do artigo 5º prevê a reparação do dano moral, além de estabelecer a inviolabilidade da vida privada, da imagem e da honra das pessoas; o art. 226 estabelece os princípios institucionais da família, e, em seu § 3º, reconhece a união estável entre o homem e a mulher como entidade familiar. Com efeito, advoga-se, para além da constitucionalização, uma efetiva e substancial repersonalização do Direito Civil, cujo sentido será caracterizado pela densidade material dos princípios normativos, escritos ou não,[14] e que oferecem o sentido axiológico-normativo da resposta do direito aos casos concretos que postulam a sua mediação.

Assiste-se, assim, a superação de postulados ideológicos típicos do Estado Liberal – e, por via de conseqüência, o rechaço das tentativas de um neoliberalismo –, bem como da arquitetura jurídico-política estabe-

---

13. Cf. Paul Ricoeur, *O justo ou a essência da justiça*, p. 149.
14. Segundo o magistério de Orlando de Carvalho: "o Direito não é simplesmente a letra dos dispositivos (...); é também o que está para além dos dispositivos – quer se trate de princípios informadores das disposições existentes, quer de disposições ainda inexistentes ou não postas. A teoria geral da relação jurídica – seu sentido e limites" (*A teoria geral da relação jurídica – seu sentido e limites*, 2ª ed., p. 50).

lecida pela centralização codificante. Nesse sentido, basta, sucintamente, lembrar o maciço surgimento dos estatutos e a afirmação de um policentrismo legislativo.[15]

3. Relevante questão material: a pessoa humana como núcleo axiológico constitutivo do Direito Civil

A superação do modelo civilístico oitocentista expressa o assumir de novo fundamento axiológico, que passa pelo reconhecimento profundo da pessoa humana como centro e vértice da normatividade jurídica. Há, outrossim, a superação da compreensão do homem que concebe tudo como um fim, onde tudo é visto como um instrumento para a realização de algo.

Igualmente, haveremos de nos opor àquele homem que se identifica com o individualismo. E, nesse sentido, trazemos a lume, nomeadamente, o individualismo contemporâneo, identificado com Narciso, i.é, que tem "Narciso por medida".[16] Uma situação que reflete um afastamento de qualquer referência ético-social, acentuando superlativamente os desejos individuais e a busca do bem-estar pessoal. A configurar uma desvinculação do homem, tanto com o passado quanto com o futuro. Um homem que vive para si, desfrutando do momento atual, buscando o efêmero, e que perde a consciência, o senso do caráter histórico, que pulveriza o passado e se despreocupa com o futuro. Enfim, uma despreocupação, indiferença com o mundo e com os que o cercam, buscando tão-somente a realização pessoal. Como efeito, um homem axiologicamente vazio, que não encontra sentido em seu viver, incapaz de sentir as coisas e os seres. Como se fosse possível ao homem viver sem relacionar-se, como um ser completo, que se bastasse.[17]

Assim, o Direito Civil contemporâneo, apresenta como seu princípio estruturante a dignidade da pessoa humana e, por via de conseqüência, o estabelecimento do homem como pessoa. O que, de plano, rejeita qualquer pretensão individualista, postulando-se a plena dignidade da pessoa, "compreendido o pressuponente compromisso e o recíproco re-

---

15. Nesse sentido, Natalino Irti, *La edad de la descodificación*, trad. Luis Rojo Ajuria, 1992. Outrossim, ver Ricardo Lorenzetti, *Fundamentos do direito privado*, pp. 46 e ss.

16. Gilles Lipovetsky, *A era do vazio – Ensaio sobre o individualismo contemporâneo*, p. 48

17. Então: "O que actualmente importa é que o indivíduo seja absolutamente ele próprio, que se realize em pleno e independentemente dos critérios do Outro (...)" (idem, ibidem, p. 66).

conhecimento comunitários que (...) a dignidade implica".[18] A dizer-se que ser pessoa não corresponde singularmente a ser sujeito de direitos, mas, ao mesmo tempo, ser sujeito de deveres, posto não serem os direitos meras demandas respaldadas por uma condição política, assim como os deveres não o são em razão de limitações externas, obtidas por um cálculo racional, que consideram os interesses em causa, senão que da expressão do próprio valor da pessoa, um valor responsável e responsabilizante.

Importa considerar que a compreensão do homem como pessoa, a compreensão da sua pessoalidade, não se contrapõe ao homem sujeito. Em verdade, são categorias distintas, são compreensões que existem em planos diversos, e não antagônicos. O homem como sujeito é aquele capaz de criar, que age, singular em sua individualidade. É o homem capaz de ação, do qual se pode esperar algo insuspeitável, o menos provável possível, haja vista que cada homem é único, pois, em cada nascimento, tem-se algo novo no mundo, singularmente novo. Sujeito é o homem autônomo em sua individual originalidade e ação, inserido em um plano antropológico, biológico e sociocultural. Por sua vez, a compreensão do homem como pessoa faz caminho em outro plano, que não antropológico, senão que ético. Refere-se, sobretudo, a uma afirmação ética do homem. A distinguir-se pelo reconhecimento e consideração da dignidade que caracteriza todos os homens. Dignidade que impõe a inaceitabilidade da instrumentalização humana, do homem como objeto. Eleva-se o homem como um fim em si mesmo, não sendo visto e utilizado como um meio, mas como fundamento homogêneo, como fundamento-identidade presente na multiplicidade existencial.

O sentido da dimensão ética passa pela relação do homem com seu semelhante – e também com o ambiente. E, para tal, há de haver, além de um incondicional respeito à dignidade da pessoa humana, o reconhecimento de que cada ser humano representa e significa um sujeito ético, com um valor indisponível diante das estruturas de poder (público e privado). Então, surge, na própria estrutura radical e essencial do ser humano, a exigência do outro. A presença do outro é fator estruturalmente condicionante da consciência. O "eu" do homem afirma-se enquanto é relação. Nessa perspectiva, surge o direito como pólo oposto de qualquer discriminação, bem como da violência, nas suas mais variadas formas. Descortina-se, pois, o direito como uma ordem a exigir um fundamento material, axiologicamente constituída, onde o homem, agora pessoa, seja

---

18. António Castanheira Neves, *Apontamentos complementares de teoria do direito*, p. 76.

visto como fim último, como sujeito, e não só um meio, ou um objeto, para a consecução de fins. A pessoa é valor, não o tendo.[19] E compreende-se, também, a necessidade da pessoa ser "individuada", é dizer, identificável diante e graças a indicações peculiares que tornam cada ser único.[20] Sublinha-se, nesse sentido, que a concepção ora retratada distingue-se de posicionamentos que inserem o homem na contingência de uma massa humana, como qualquer visão totalitária que, muitas vezes, sob o pretexto de organizar as massas, obscurece a pessoa.

É certo que o reconhecimento do valor da pessoa humana implica conseqüências. Uma das quais é a exigência de responsabilidade, que se afirma como condição e capacidade dessa mesma pessoa de responder por suas autônomas escolhas no mundo. E responsável se é tanto perante si mesmo quanto aos demais. Partindo desse ponto, depara-se com outra conseqüência: a objeção a que nos enclausuremos em nós mesmos, segundo prescrições individualistas. Porque ser pessoa implica ser solidário[21] – e aqui temos indicada outra conseqüência –, estar aberto ao seu semelhante. O reconhecimento da pessoa traz, de maneira incontornável, a compreensão do relacionamento com o outro. Como encontramos em Fernando Pessoa: "não há homens normais em si próprios. Há apenas homens normais nas suas relações com os outros".[22] Isso porque somos na medida em que nos relacionamos, uns com os outros, e percebemos no outro uma pessoa, vivendo integrados em comunidade. Cuida-se, ademais, de obstar qualquer espaço opressivo, sendo, em contrapartida, um espaço livre, com base na conscientização de que, através da reciprocidade das relações humanas, se fomenta o reconhecimento das diferenças e também das particularidades. Portanto, impedindo a conversão do homem em instrumento. E o elemento relacional é que distingue

---

19. Ilustrando, lembramos o poeta Antonio Machado: "por mucho que un hombre valga, nunca tendrá valor más alto que el de ser hombre" (*Poesías completas*, p. 10).

20. Acaso não se enquadraria aqui a necessidade de se ampliar o conceito de personalidade para além da mera aptidão genérica para adquirir direitos e contrair deveres, conforme a doutrina tradicional, para uma noção que envolva plenamente os atributos da pessoa, tutelados pelo direito, que expressam a sua (dinâmica) maneira de ser e a sua projeção exterior?

21. Então, decorrentes dessa compreensão material da pessoa humana, concebe-se o contrato não apenas como um instrumento de circulação de riquezas, mas vinculado, p. ex., à idéia de solidariedade, cindindo-se a supremacia da autonomia negocial. Outrossim, encontramos a preocupação com a tutela da pessoa humana como o fundamento do art. 208 do Código Civil Brasileiro, que estende ao instituto da decadência o já previsto ao instituto da prescrição: o impedimento da contagem do prazo em relação aos absolutamente incapazes.

22 Em Teresa Rita Lopes. *Pessoa por conhecer*, Lisboa: Estampa, 1990.

"pessoa" de "indivíduo", pois, enquanto a pessoa só existe entre outras pessoas, pelas linhas éticas responsabilizadoras que costuram nossa coexistência,[23] sendo constituída pelos outros, o indivíduo, substancialmente, também existe isoladamente. Sendo assim, indaga-se: quando os indivíduo se tornam pessoas? E a resposta, encontra-se em Arthur Kaufmann: "as criaturas humanas só se personalizam quando elas se reconhecem reciprocamente como pessoas (o que simultaneamente implica o reconhecimento, por parte delas, do direito)".[24]

Em face do exposto, temos: a dimensão ético-jurídica requer do homem a condição de sujeito de direitos – e de deveres. Condição a ser alcançada pelo reconhecimento mútuo entre as pessoas, e compreendida na integralidade das relações intersubjetivas.[25] Intrínseco ao reconhecimento, exige-se que o direito se nos apresente, então, com uma ordem de fundamento, repousando em uma validade autonomamente material, e não como simples forma. Tal validade transpõe os limites de uma formal validade normativa, consubstanciada no estrito âmbito da legalidade.

A validade referida invoca uma instância que a afirmará, através de um sentido que supere as perspectivas individuais, manifestas na coexistência intersubjetiva. Invoca um fundamento para as pretensões dos sujeitos que em correlata relação convivem. A superar, pela via da fundamentação argumentativamente justificável, os postulados individuais,

---

23. "Ao invocarmos o termo responsabilidade, por certo que, aqui como em qualquer outra parte deste trabalho, não pensamos na reprodução de um modelo de responsabilidade clássico-individualista, centrado de modo capital na individualidade humana, onde a responsabilidade afere-se através do nexo de causalidade entre a acção do homem e o efeitos imediatos perceptíveis de sua acção. Então que falamos em uma responsabilidade ante si e o outro, visto o homem como um ser sequencial, subsecutivo. De modo a se considerar tanto o absoluto da dignidade da pessoa humana de épocas passadas, da época contemporânea e das épocas futuras. Sendo o homem dos dias actuais responsável pelo homem de amanhã e assim sucessivamente. Falamos de um homem que hoje vive em uma comunidade e se projecta pelo porvir. Enfim, falamos em responsabilidade de homens concretos, que se (re)constróem através da história, com outros homens concretos, e não incorpóreas e genéricas abstracções, que o futuro nos apresentará e já estão a nos exigir uma responsabilidade, haja vista que nossos actos – ou nossas omissões – de agora podem comprometê-los – senão que até sacrificá-los irremediavelmente".
24. *Prolegómenos a uma lógica jurídica e a uma ontologia das relações – Fundamentos de uma teoria do direito baseado na pessoa*, p. 26.
25. Intersubjetividade que se caracteriza através da peculiaridade assumida por certas situações relacionais entre sujeitos, onde a conduta, assim como as possibilidades de cada um, condicionam-se à conduta, e igualmente às possibilidades do outro, i. é, numa correspondência mútua entre os sujeitos que se relacionam.

vinculando os partícipes da relação intersubjetiva. Tal fundamento há de expressar um senso axiológico, situado além – e autônomo – dos interesses individuais ou identificados com alguma classe – ou corporação – componente das relações sociais. Sustenta-se: o direito o é pela afirmação dessa validade, e não pelo cumprimento de pleitos unilateralmente comprometidos ou como uma escala intermediária na consecução de objetivos econômicos ou políticos.

Nessa pessoal inter-relação, somos por meio de uma troca de diálogos, um intercâmbio de razões e sentidos, em que assumimos uma postura ético-argumentativa. O comunicar-se com o outro, como nível necessário para aferir e firmar a identidade, estabelece o relacionamento interpessoal. Ademais, a capacidade discursiva faz do homem um ser ímpar no mundo. Portanto, expressa-se o homem, visto que diante de uma dialógica inter-relação com seus semelhantes, como um ser essencialmente "comunicável e comunicado".[26]

4. Conclusão: uma idéia de igualdade

O reconhecimento ético ao qual temos nos referido pressupõe a consideração de que os homens, com suas identidades próprias, são iguais. E, sendo assim, pomos à vista ligeiras palavras acerca do princípio da igualdade. Tal princípio, como sabemos, erigiu-se em 1793, na Declaração dos Direitos do Homem e do Cidadão. Desde então, passa a ser incorporado nas constituições dos mais diversos países existentes no mundo, tornando-se também elemento integrante da cultura jurídica. Pode ser concebida essa igualdade sob dois aspectos, prismas: formal e material (substancial).

A concepção formal supõe a igualdade perante a lei, que se configura como uma conquista do estado liberal, considerando abstratamente todas as pessoas como receptoras das normas jurídicas, devendo receber tratamento igual, tanto nas normas quanto diante de sua aplicação. Tal igualdade perante a lei dimensiona que os cidadãos estão submetidos aos mesmos ritos, instituições e órgãos jurisdicionais. Não há uma particularização em relação ao destinatário da norma jurídica. As normas são postas, frise-se, para um sujeito abstrato. É a visão fruto da concepção identificadora do direito com a lei. Uma lei genérica e abstrata dirigida a pessoas não-identificáveis.

A concepção material, ou substancial, distingue-se sobremaneira da anterior. Busca-se uma efetivação concreta da igualdade por intermédio

---

26. Paul-Eugéne Charbonneau, *Cristianismo, Sociedade e revolução*, p. 97.

da lei. A igualdade é vista como uma exigência valorativa no conteúdo da lei e na realização do direito.

Certamente, contudo, que os sentidos e as compreensões do princípio da igualdade não se encerram apenas nas duas distinções aqui assinaladas. Eis que podemos vê-lo, o princípio da igualdade, sob o prisma *político-jurídico* e *axiológico-jurídico*.[27] No primeiro desses prismas, a igualdade, historicamente, foi concebida como um postulado contrário aos privilégios e garantidora de uma mesma posição dos cidadãos frente ao Estado e em relação a seus pares. É a igualdade suscitada pelos revolucionários franceses: uma igualdade de cunho formal, despreocupada com sua concreta e fática implementação, que destinava à lei, e sua silogística aplicação, a garantia da igualdade. A igualdade se afirmava pela justiça formal e o ideário da fidelidade absoluta aos textos legais. Essa concepção formalista, por certo, não alcança aquela dimensão ética de reconhecimento da pessoa humana como valor absoluto, exatamente por descurar as reais e históricas condições de sua efetivação.

Distinta da visão liberal, é aquela que pleiteia e expressa a exigência de uma efetiva igualdade de participação, tanto nos procedimentos de feitura das leis quanto nas decisões políticas do Estado e suas instituições, buscando eliminar as distâncias entre a sociedade civil e o Estado.

Nada obstante o supracitado, trazemos à colação um outro tipo de participação, suscitada pelo princípio da igualdade: uma participação na concretude do direito.[28] E, para que tal participação se efetivai, necessário é abandonar, rejeitar, a lógica formal-subsuntiva, uma simples operação de inferência do geral ao particular, bem como uma visão determinista das decisões judicativas. Deve, ao contrário, a determinação do direito ocorrer por sua realização, ou seja, através de um participante processo dialógico, de troca de razões das partes envolvidas na específica historicidade do litígio. Como corolário desse pensar, teremos a indicação do direito como um "trabalho" efetivado pelas pessoas envolvidas no problema jurídico, mediatizado pela atividade jurisdicional.

Ao cabo, temos que as esferas constitutivas e integrantes do princípio da igualdade acima sinalizadas não são excludentes, podendo ser vistas como dimensões a serem justapostas, para se alcançar e preencher a dimensão ética do direito. Sob o ponto de vista axiológico-jurídico, o

---

27. Conf. A. Castanheira Neves em *O instituto dos assentos e a função jurídica dos Supremos Tribunais*, p.121.
28. Idem, ibidem, p. 125.

princípio da igualdade, referindo-se mais a uma perspectiva jurídica, apresenta a noção, o ideal de igualdade relacionado a uma idéia de justiça.

Bibliografia

AMARAL, Francisco. *Direito Civil – Introdução*. 4ª ed. Rio de Janeiro, Renovar, 2002.

CANOTILHO, José Joaquim Gomes. *Direito Constitucional*. 5ª ed. 2ª reimpressão. Coimbra, Almedina, 1992.

CARVALHO, Orlando de. *A teoria geral da relação jurídica – seu sentido e limites*. 2ª ed. Coimbra, Centelha, 1981.

CASTANHEIRA NEVES, António. *O instituto dos assentos e a função jurídica dos Supremos Tribunais*. Coimbra, 1983.

_____. *Apontamentos complementares de teoria do direito*. Ed. policopiada. Coimbra, s.d.

_____. "A revolução e o Direito", em *Digesta*. v. 1º, Coimbra, 1995, p. 234.

CHARBONNEAU, Paul-Eugéne. *Cristianismo, Sociedade e revolução*. São Paulo, Herder, 1965.

DE LOS MOZOS, Jose Luis, *Derecho Civil: método, sistemas y categorias jurídicas*, Madri, Civitas, 1988.

IRTI, Natalino. *La edad de la descodificación*.Trad. Luis Rojo Ajuria. Barcelona, Bosch, 1992.

KAUFMANN, Arthur. *Prolegómenos a uma lógica jurídica e a uma ontologia das relações – Fundamentos de uma teoria do direito baseado na pessoa*. Trad. Fernando Bronze, ed. policopiada. Coimbra, 1991.

LACRUZ, J. L. *Elementos de Derecho Civil*, I. Barcelona, 1975.

LIPOVETSKY, Gilles. *A era do vazio – Ensaio sobre o individualismo contemporâneo*. Trad. Miguel Pereira e Ana Faria, Lisboa, Antropos, s.d.

LOPES, Teresa Rita. *Pessoa por conhecer*. Lisboa, Estampa, 1990.

LORENZETTI, Ricardo. *Fundamentos do direito privado*. Trad. Vera Fradera. São Paulo, Ed. RT, 1998.

MACHADO, Antonio. *Poesías completas*. 24ª ed. Madri, Espasa, 1997.

NEGREIROS, Teresa. *Teoria do contrato – Novos paradigmas*. Rio de Janeiro, Renovar, 2002,

PONTES DE MIRANDA, Francisco Cavalcanti. *Democracia, liberdade e igualdade – Os três caminhos*. Rio de Janeiro, José Olympio, 1945.

RADBRUCH, Gustav. *Filosofia do direito*. Trad. Luis Cabral de Moncada. 6ª ed. Coimbra, Armênio Amado, 1979.

REALE, Miguel. *Horizontes do direito e da história*. 3ª ed., São Paulo, Saraiva, 2000.

RICOEUR, Paul. *O justo ou a essência da justiça*. Trad. Vasco Casimiro. Lisboa, Instituto Piaget, 1997.

WIEACKER, Franz. *Diritto privato e società industriale*. Trad. Gianfranco Liberati. Nápoles, Edizioni Scientifiche Italiane, 2001

9

*APROXIMAÇÕES CRÍTICAS
DE DIREITO CIVIL-CONSTITUCIONAL
– REPERSONALIZAÇÃO E DIREITOS REAIS:
DETERMINISMO DOGMÁTICO
E INDETERMINAÇÃO JURISPRUDENCIAL*

RICARDO ARONNE

1. Nota prévia. 2. Redesenhos e rearranjos – Da unidade entrópica à coerência plural. 3. Semiologia das titularidades – Os vínculos reais. 4. A teoria da autonomia e a publicização dialógica do privado. 5. significantes e significados normativos: principiologia e função social da propriedade. 6. Sem pândegas ou pandectas: considerações finais.

1. Nota prévia

Convidado pelo Prof. Plíno Melgaré, colega em docência e parceiro em linhas de pesquisa irmanamente compostas, a integrar o seleto rol deste volume, afeiçoei-me de pronto à proposta.

Desde logo, tracei o tema a partir do diálogo entre o patrimonialismo e a despatrimonialização, paradoxalmente presentes na doutrina e nos recantos legislativos, já ponderando os elementos traduzidos pelas relações entre a Teoria do Caos[1] e suas aplicações no sistema jurídi-

---

1. James Gleick, *Caos – a Criação de uma Nova Ciência*, p. 4: "Hoje, uma década depois, o caos se tornou uma abreviatura para um movimento que cresce rapidamente e que está reformulando a estrutura do sistema científico. (...) Em todas grandes universidades e em todos os grandes centros de pesquisas privados, alguns teóricos relacionam-se primeiro com o caos, e só em segundo lugar com as suas especialidades propriamente ditas. (...) A nova ciência gerou sua linguagem própria, um elegante jargão de *fractais* e *bifurcações, intermitências* e *periodicidades*, difeomorfismo *folded-towel* e mapas *smooth noodle*. (...) Para alguns físicos, o caos é antes uma ciência de processo do que de estado, de vir a ser do que de ser. Agora que a ciência está atenta, o caos parece estar por toda parte".

co,[2] para refletir sobre os elementos atratores que redesenham a jurisprudência contemporânea no curso da travessia do século.

Essa afirmação, constatadora de iludíveis conservadorismos em setores dogmáticos, ressoa ainda mais alto dentro dos corredores epistemológicos do direito das coisas, fundado em uma moldura proprietária de arquétipos incompatíveis ao próprio Estado contemporâneo.

Mais que isso, acaba por perseguir uma discussão que remete à filosofia da ciência, por razões de rigor e transparência. Funda um diálogo em diversos níveis, caracterizadores dos diversos níveis de uma mesma travessia. Uma travessia do paradigma moderno de ciência,[3] evidente no predicado da pragmática e difuso, etéreo e até esotérico em setores da dogmática positivista, impermeáveis a qualquer ressonância social.

Trata-se de um trabalho que comparece na condição de convite. Convite a um diálogo de premissas, cuja justificação há de assentar-se em uma legitimação ético-comunicatica,[4] em detrimento da lógica formal surda e superada em todos os setores da ciência. Busca, assim, tecer uma introdução crítica ao direito das coisas, comungando em núcleo comum, com texto em que trabalhei o diálogo deste com os bens imateriais, na esfera regulatória.[5]

Não é um texto especificamente voltado a demonstrar o novo paradigma ou sua transição ora em curso[6] no Direito Civil. É um trabalho que busca rever as premissas tradicionais que fundaram o discurso científico clássico no Direito Privado, à luz deste novo paradigma impresso na jurisprudência. Retrato da ressaca contemporânea da embriaguez objetivista do século XIX, cujas seqüelas se evidenciaram na segunda me-

2. Ricardo Aronne, *Direito Civil-Constitucional e Teoria do Caos – Estudos Preliminares*, cap. 1.
3. Thomas S. Kuhn, *A Estrutura das Revoluções Científicas*, p. 126: "As revoluções políticas iniciam-se com um sentimento crescente, com freqüência restrito a um segmento da comunidade política, de que as instituições existentes deixaram de responder adequadamente aos problemas postos por um meio que ajudaram em parte a criar. De forma muito semelhante, as revoluções científicas iniciam-se com um sentimento crescente, também seguidamente restrito a uma pequena subdivisão da comunidade científica, de que o paradigma existente deixou de funcionar adequadamente na exploração de um aspecto da natureza, cuja exploração fora anteriormente dirigida pelo paradigma. Tanto no desenvolvimento político como no científico, o sentimento de funcionamento defeituoso, que pode levar a crise, é um pré-requisito para revolução".
4. Ricardo Aronne, *Direito Civil-Constitucional...*, cit., cap. 3.
5. Referência a texto produzido a convite da Profa. Helenara Braga Avancini, para obra específica sobre propriedade intelectual.
6. Boaventura de Souza Santos, *Um Discurso sobre as Ciências*, pp. 13-92.

tade do século XX e resultam inconclusas no século XXI. Um diálogo em uma bifurcação da história.

Ou enfrentamos os excrementos sociais expelidos pelos parlamentos, instituições e favelas, para recolher o que de proveitoso resta na reconstrução dialógica de um futuro melhor para a humanidade; ou prosseguimos cegos, bebendo do vinho desse louco Bacco cartesiano,[7] para que as gerações vindouras decidam o que fazer com o que restar dela e do mundo que conhecemos ou que conseguimos reconhecer.

Busca ser uma lente. Uma lente prospectora. Útil ao míope e ao cientista. Engastada na esperança da razão. Comunicativa. Vivencial. Complexa. Humana. Estrutura-se para dialogar a partir de um discurso com um interlocutor monológico e surdo. Dialoga com a manualística para verter desconstrução dialética. Para dialogar com as premissas. Discutindo arquiteturas. Arquiteturas proprietárias, fundantes do Direito Civil. Já traçara esse percurso anteriormente, para denunciar o distanciamento de tratamento entre a propriedade material e imaterial. Agora o faço com outro impulso. Situa-se criticamente o direito das coisas em sua descrição nas matrizes tradicionais, trazendo em seguida as teorias que suportam tal discurso. A partir disso, podem-se dialogar estas premissas junto às novas matrizes epistemológicas, para investigar suas possibilidades contemporâneas em nova arquitetura axiológica, em seguida enfrentada à luz do sistema jurídico vigente em sua noção redimensionada.

Talvez inspirado em Foucault, desafia-se à dogmática em favor de uma necessária semiologia jurídica;[8] epistemologicamente edificada no sistema, em detrimento do conceitualismo ou positivismo formal e abstrato. Reconhecedora da positividade dos princípios e da axiologia intrínseca do ordenamento jurídico, cuja malha fractal é discursivamente moldada tópica e teleologicamente nos gargalos normativos desses atratores.[9]

---

7. Não pelo título, mas pela sagacidade crítica do Autor, cite-se Sartre para caracterizar o período e seus dilemas (Jean-Paul Sartre, *A Idade da Razão*, p. 11), em que o patrimonialismo ungiu a racionalidade até das questões existenciais: "Eram dez e vinte e cinco. Mathieu estava adiantado. Passou sem parar, sem querer volver a cabeça diante da casinha azul. Mas ele a espreitava com o rabo dos olhos. Todas as janelas estavam escuras, à exceção da de Mme. Duffet. Marcelle não tivera ainda tempo para abrir a porta de entrada; debruçada sobre sua mãe, ela ajeitava, com gestos másculos, o leito do dossel. Mathieu preocupado pensava: 'Quinhentos francos para viver até o dia 29, isto é, trinta francos por dia, mais ou menos. Como é que vou me arranjar?' Fez meia-volta e volveu".
8. Michel Foucault, *As Palavras e as Coisas*, pp. IX-XXII.
9. Vide Ricardo Aronne, *Direito Civil-Constitucional...*, cit., em especial no cap. 1, 2 e no anexo.

2. Redesenhos e rearranjos – Da unidade entrópica à coerência plural

O direito das coisas, sob uma matriz civilista de enfoque tradicional, não obstante apontado como "(...) a província do direito privado mais sensível às influências de evolução social",[10] ainda corresponde ao "complexo de normas reguladoras das relações jurídicas referentes às coisas suscetíveis de apropriação pelo homem";[11] resultando prismado de uma coordenada que o reduz à pertença, ignorando o sujeito enquanto não seja titular de bens.

De mínima sensibilidade social, esta percepção[12] natural da Pandectista e da Escola da Exegese, retoma o fetiche oitocentista da codificação revelando uma visão própria de mundo[13] aplicada ao Direito, em especial Civil, sob o filtro de duas teorias que lhe são fundamentais (relação jurídica e direitos subjetivos).

Identificado o Direito Civil ao Código Civil enquanto sistema fechado, mormente em se falando da presente disciplina à luz da já senil caracterização do regime de *numerus clausus*,[14] um dos respectivos livros da codificação, destinado aos direitos reais, ali modelados como absolutos, carrega tal efígie nominal perfazendo eficiente fronteira para o discurso clássico que permanece nos manuais.[15]

---

10. Caio Mário da Silva Pereira, *Instituições de Direito Civil – Direitos Reais*, vol. 4, p. 8.

11. Clovis Bevilaqua, *Direito das Coisas*, vol. 1, p. 11.

12. Para uma introdução à crítica da percepção patrimonialista que norteou a confecção das bases do Direito Civil, vide Jussara Meirelles ("O Ser e o Ter na Codificação Civil Brasileira: do Sujeito Virtual à Clausura Patrimonial", in Luiz Edson Fachin, *Repensando os Fundamentos do Direito Civil Brasileiro Contemporâneo*, pp. 87-114).

13. Paradigmáticas as palavras de Sylvio Capanema de Souza, apresentando a obra de Melhim Namem Chalhub (*Curso de Direito Civil – Direitos Reais*, p. IX): "Neste momento tão denso, que vive a ordem jurídica brasileira, ao receber uma nova ordem jurídica, é de excepcional relevância o papel da doutrina *a quem cabe desvendar e explicar as mensagens que fluem do Código Civil*, orientando a construção pretoriana que surgirá, integrando o novo texto legal, para suprir eventuais lacunas".

14. Contraponha-se a realidade imobiliária do *shopping center, flat* e *time-share* ao rol do art. 1.225 do CC para ter-se uma idéia inicial do suscitado. Da manualística, em Sílvio Rodrigues (*Direito Civil – Direito das Coisas*, p. 9) colhe-se entendimento estritamente contrário à própria realidade registral nacional, traduzindo enfoque substancialmente conservador, oitocentista, que ainda persevera em nichos teóricos do Direito Privado: "Tal entendimento, *data venia*, não merece acolhida. O direito real é uma espécie que vem munida de algumas regalias importantes, tais a oponibilidade *erga-omnes* e a seqüela, de modo que a sua constituição não pode ficar a mercê do arbítrio individual".

15. Vide, por todos, Caio Mário da Silva Pereira, *Instituições*..., cit., p. 1: "Prosseguem, agora, com os Direitos Reais, designação que desde Savigny se vem difundindo e

Aportada a temática da nova codificação, saliente-se que os contrastes com o Código Bevilaqua até existem, mas não são gritantes.[16] A matriz patrimonialista de sua arquitetura aliada ao discurso de centralidade normativa que o envolve, ambos somados ao anteparo da manutenção de uma parte geral e à atitude de preservação que a comissão encarregada de sua feitura seguiu, denunciam o exposto.[17-18]

Inaugurado sob a ótica das teorias oitocentistas, recebidas no núcleo do novo Código, o direito das coisas importa na regulação e disciplina dos direitos patrimoniais absolutos, compreendidos como a propriedade privada em suas diversas manifestações, expressões e emanações, na percepção original, quase nominalista em razão da taxatividade aplicada. Perceba-se tal formato de digressão já presente em Lafayette, a mais referenciada doutrina nacional do século XIX.[19]

Como resultado do discurso privatista tradicional, uma forte perspectiva abstrata e patrimonialista, coerente aos ares do liberalismo econômico que gestou o regime de propriedade no nascimento do Estado Moderno a partir do discurso iluminista, se entranhou no Direito Civil.[20]

aceitando, posto que a denominação clássica 'Direito das Coisas' tenha sido consagrada no Código Civil Brasileiro de 1916, e mantida no Código Civil de 2002, como prevalecera no BGB de 1896".

16. Arnaldo Rizzardo, *Direito das Coisas*, p. IX: "A entrada em vigor do Código Civil sancionado pela Lei n. 10.406, de 10.1.2002, que revogou o Código Civil introduzido pela Lei n. 3.071, de 1º.1.1916, não causará um impacto forte e muito menos inspirará grandes modificações nas relações da vida civil, social e econômica das pessoas. Isto porque grande parte das inovações mais fortes que apareceu já era conhecida, tendo colaborado com a difusão a longa tramitação do Projeto nas Casas do Congresso Nacional. De outro lado, várias das matérias novas vinham sendo debatidas e aplicadas pela doutrina e jurisprudência. (...) No caso do Direito das Coisas, ficou acentuada a tendência de se manter o Código de 1916, tendo a nova ordem mais aperfeiçoado o texto antigo, introduzindo poucos princípios ou institutos totalmente diferentes dos existentes no direito codificado ou superveniente anterior".

17. Miguel Reale, "Visão Geral do novo Código Civil", in Giselle de Melo Braga Tapai, *Novo Código Civil Brasileiro – Estudo Comparativo do Código Civil de 1916, Constituição Federal, Legislação Codificada e Extravagante*, p. XI.

18. Para aprofundamento crítico vide Ricardo Aronne, *Anotações ao Direito das Coisas e Legislação Especial*, cap. 1.

19. Lafayette Rodrigues Pereira, *Direito das Coisas*, vol. 1, p. IX: "Sob esta denominação se compreendem a posse, o domínio e os modos de adquiri-lo, os direitos reais separados do domínio (*jura in re aliena*), a saber: o usufruto, o uso e a habitação, as servidões, a enfiteuse, o penhor, a anticrese e a hipoteca. Aquela simples nomenclatura é por si só suficiente para fazer antever a gravidade e o alcance da matéria; quer dizer que estamos a braços com o Direito de propriedade".

20. Ainda ficando-se em Lafayete, idem, ibidem: "Nas condições da vida humana, neste mundo que Kant chamava fenomenal, a propriedade, isto é, o complexo de coisas

Fundado no jusracionalismo e ancorando-se no jusnaturalismo, para o qual o direito de propriedade perfaz um direito natural do homem,[21] facilmente o discurso moderno entronizou a inviolabilidade da propriedade privada, alinhando-a com a noção de liberdade e dignidade do indivíduo,[22] derivada da sacralização do instituto, já na *Declaração de Direitos do Homem e do Cidadão* havida no outono do século XVIII.

Recebendo um livro próprio no *Code Napoléon*, a propriedade em suas diversas manifestações e arranjos, cuja relevância interessara ao liberalismo nascente, ingressava no infante Direito Civil com arquitetura e configuração própria.[23] Na leitura tradicional privatista, a disciplina do direito das coisas corresponde ao estudo do respectivo livro da codificação, com o patrimonialismo e abstração que são naturais aos esquemas juscivilistas clássicos.[24-25]

corpóreas susceptíveis de apropriação, representa um papel necessário. A subsistência do homem, a cultura e o engrandecimento de suas faculdades mentais, a educação e o desenvolvimento dos germes que a mão da Providência depositou em seu coração, dependem essencialmente das riquezas materiais".

21. Novamente observa-se, em Lafayete (idem, ibidem), na nota acima, que o termo a "Providência", comparece literalmente no trecho transcrito acima.

22. Para crítica mais aprofundada do tema: Ricardo Aronne, *Por uma nova Hermenêutica dos Direitos Reais Limitados – das Raízes aos Fundamentos Contemporâneos*, pp. 7-197.

23. René Gonnard, *La Propriété dans la Doctrine et dans l'Histoire*, pp. 1-2: "Dans les sociétés humaines même les plus rudimentaires, se pose le problème de l'appropriation, c'est-à-dire le problème de la manière dont sera assurée, aux individus ou aux groupes, la faculté, plus ou moins durable et plus ou moins exclusive, de disposer des biens.(...) Et le droit de propriété, dans sa forme et dans son organisation, on a beaucoup varié dans le temps et dans l'espace". Ou seja: "Na sociedade humana, mesmo nas mais rudimentares, é colocado o problema da apropriação, quer dizer a maneira que será assegurada, aos indivíduos ou aos grupos, a faculdade, mais ou menos durável e mais ou menos exclusivo, para se dispor dos bens. (...) E o direito de propriedade, na sua forma e na sua organização, alterou-se no espaço e no tempo" (tradução livre).

24. Ricardo Aronne, *Por uma nova Hermenêutica dos Direitos Reais...*, cit., cap. 1.

25. Giuseppe Provera, "La Distinzione fra Diritti Reali e Diritti di Obbligazione alla luce delle Istituzioni di Gaio", *Il Modello di Gaio nella Formazione del Giurista*, p. 387: "La distinzione fra diritti reali e diritti di obbligazione è fra le più dibattute dalla nostra dottrina civilistica, impegnata nello sforzo di individuare i criteri idonei a giustificarla sul piano scientifico e su quello normativo. Non occorre certo insistere per sottolinearne l'importanza, non solo perché tutti i rapporti giuridici patrimoniali dovrebbero trovar posto, almeno in linea di massima, nell'una o nell'altra delle due categorie, pensate come esaustive, ma anche e soprattutto perché da tale collocazione dipende la scelta della disciplina normativa appropriata, rispetivamente, a quelli di tipo reale ed a quelli di tipo obbligatorio. Non va, d'altra parte, dimenticato che negli uni e negli altri si riflettono realtà economiche radicalmente diverse a seconda

"Direito das coisas é o ramo do saber humano e das normatizações que trata da regulamentação do poder do homem sobre os bens e das formas de disciplinar a sua utilização econômica. Dir-se-ia que, em última instância, o ser humano é sempre movido tendo como motivo fundamental um fim econômico, o qual se concretiza na conquista de bens. Por isso, o direito das coisas, embora necessária a sua especificação dentro do universo do direito, repercute em todos os setores jurídicos, seja qual for a divisão que lhe empresta a metodologia na sua consideração geral."[26]

Reduzido à condição de sujeito de direito, o homem passa a ser mero partícipe do abstrato reino da relação jurídica patrimonial.[27] Como tal, este personagem somente manifesta motivações e percepções compatíveis com as opções do liberalismo laico burguês.[28] Um homem ideal, vivendo em um cerco privado (ou mercado) ideal. Condições ideais.

dei modi in cui l'uomo opera concretamente, nella vita di ogni giorno, al fine di procurarsi i mezzi necessari al soddisfacimento dei suoi bisogni. Si pensi, ad esempio, al bisogno di una casa, che può, secondo l'*id quod plerumque accidit*, essere soddisfatto acquistandola, in cambio di un prezzo, da chi ne è proprietario oppure impegnando quest'ultimo a metterla a disposizione affinché altri ne goda per un certo tempo in cambio di un corrispettivo". Ou seja: "A distinção entre direitos reais e direitos obrigacionais é um dos assuntos mais debatidos na nossa doutrina civil, empenhada no esforço de individualizar os critérios idôneos e justificá-la no plano científico e no plano normativo. Não é necessário insistir, nem ressaltar a importância, não só porque todos os relatórios jurídicos patrimoniais devem encontrar o seu lugar, ao menos no preceito, em uma ou em outra categoria, pensem como exaustiva, mas sobretudo porque a colocação depende da escolha apropriada da disciplina normativa, respectivamente, aqueles tipos reais e aqueles tipos obrigatórios. Não se pode, por outro lado, esquecer que em uma e em outra se refletem realidades econômicas radicalmente diversas e segundo os modos pelos quais o homem opera concretamente, no cotidiano, para obter os meios necessários à satisfação de suas necessidades. Pense-se, por exemplo, na necessidade de moradia, que, segundo o *id quod plerumque accidit*, pode ser satisfeita, em troca da oferta de um preço ao proprietário, que entregará a casa para que o comprador possa utilizá-la" (tradução livre).

26. Arnaldo Rizzardo, *Direito das Coisas*, p. 1.

27. Exemplo do que se afirma, pode ser colhido em sede de responsabilidade civil extracontratual. O dano moral, por não importar em redução do *status quo* patrimonial para o lesado, restava à margem da tutela jurídica. Não havendo prejuízo financeiro, nada haveria a reparar. A matéria ganhou pacificação apenas com o advento da Constituição vigente, no recente ano de 1988, sendo incluída no rol dos direitos fundamentais positivados no respectivo art. 5º.

28. Afirma Washington de Barros Monteiro (*Curso de Direito Civil – Direito das Coisas*, p. 1), introduzindo a matéria em pauta, denunciando uma fronteira entre o direito e o não direito, haverem bens sem interesse para o direito das coisas, fazendo perceber sua matriz patrimonialista – sem atenção ao art. 170 e ss. da CF/1988 –, de forma mais nítida ao posicionar-se dizendo neste ponto haver uma "sincronização perfeita entre a ciência jurídica e a ciência econômica".

Imunes. Neutras. Em um determinado ponto de vista. De um observador também abstrato. Determinada visão de mundo. Determinista. Cria um *Homo Economicus*. Codificado. Abstrato. Eficiente.

É ateu. Não tem ódio, paixão, amor, raiva, desprezo, amizade, ira, afeto ou sentimentos estranhos à codificação. Não ri ou chora. Suas motivações são exclusivamente econômicas. Ele se limita a possuir, dispor, usar, fruir ou negociar. É um autômato metalista, apto a viver sob a égide da *Lex Mercatoria*.[29] Suas motivações centram-se na teoria da justa troca.[30-31]

Percebida a função social da propriedade, a partir do núcleo substancial do ordenamento jurídico, como direito fundamental (para bem mais além de uma cláusula geral[32]), uma mutação inicia seu curso dando um profundo golpe na visão de direito absoluto que por séculos envolveu o discurso proprietário[33] e teceu o direito das coisas codificado.

29. Fundamental ao operador jurídico a releitura do papel das titularidades procedida por Luiz Edson Fachin (*Estatuto Jurídico do Patrimônio Mínimo, passim*).
30. Florestan Fernandes; Bárbara Freitag; Sérgio Paulo Rouanet, *Habermas*, pp. 15-16: "Toda ideologia (como veremos a seguir) tem como função impedir a tematização dos fundamentos do poder. As normas vigentes não são discutidas porque são apresentadas como legítimas pelas diferentes visões de mundo que se sucederam na História, desde as grandes religiões até certas construções baseadas no direito natural, das quais a doutrina da justa troca, fundamento do capitalismo liberal, constitui um exemplo. A ideologia tecnocrática partilha com as demais ideologias a característica de tentar impedir a problematização do poder existente. Mas distingue-se radicalmente de todas as outras ideologias do passado porque é a única que visa esse resultado, não através da *legitimação* das normas, mas através de sua supressão: o poder não é legítimo por obedecer a normas legítimas, e sim por obedecer a regras técnicas, das quais não se exige sejam justas, e sim que sejam eficazes. (...) A ideologia tecnocrática é muito mais indevassável que as do passado, porque ela está negando a própria estrutura da ação comunicativa, assimilando-a à ação instrumental. Pois enquanto àquela, como vimos, se baseia numa intersubjetividade fundada em normas, que precisam ser justificadas (mesmo que tal justificação se baseie em falsas legitimações), esta se baseia em regras, que não exigem qualquer justificação. O que está em jogo, assim, é algo de muito radical, que é nada menos que uma tentativa de sabotar a própria estrutura de interesses da espécie, que inclui, ao lado do interesse instrumental, também o interesse comunicativo".
31. Especificamente tratando os elementos da teoria da justa troca: Jürgen Habermas, *A Crise de Legitimação do Capitalismo Tardio*, pp. 90-99.
32. Sobre a questão das cláusulas gerais, importantes considerações encontram-se tecidas por Cristiano Tutikian, "Sistema e Codificação: as Cláusulas Gerais e o Código Civil", in Ricardo Aronne (Org.), *Estudos de Direito Civil-Constitucional*, vol. 1, pp. 19-31.
33. Enquanto construção axiológica, o direito de propriedade se projetou para um inconsciente da percepção jurídica (qualquer paralelismo com o inconsciente coletivo traçado por Jung, não somente é possível como necessário; neste sentido a propriedade

O repensar inerente ao fenômeno da constitucionalização do Direito Civil[34] introduziu novas reflexões acerca dos direitos reais, cuja gama de interesses centrais da disciplina deixava de estar ubicada tão-somente na figura do proprietário ou demais titulares, percebendo interesses distintos e até difusos em seu seio.[35]

Plural, como a sociedade brasileira resultou amalgamada, esta nova visão projeta um foco bem mais amplo, abrigando, para além dos personagens codificados tradicionais, os despossuídos e os interesses extrapatrimoniais.[36] Uma visão includente. Indeterminista.[37] Libertadora. Não obstante, com um padrão. Um sentido teleológico impresso por atratores normativos, que vinculam o discurso conformador do intérprete.[38]

ocupa o papel de arquétipo) por meio de um reiterado, aprofundado e decapado discurso. Para aprofundamento vide Eroults Courtiano Jr., *O Discurso Jurídico da Propriedade e suas Rupturas*, passim.

34. Para que se compreenda a real extensão deste fenômeno, com a prospecção nos três pilares fundamentais do Direito Privado (propriedade, família e contrato), vide Luiz Edson Fachin, *Teoria Crítica do Direito Civil*, cap. 1.

35. Luiz Edson Fachin, "Limites e Possibilidades da nova Teoria Geral do Direito Civil", *Estudos Jurídicos*, vol. 2, n. 1, pp. 99-100: "O projeto dos juristas do século passado está teoricamente desfigurado, mas a doutrina e a prática do direito, ao responderem às novas exigências sociais, ainda se valem da inspiração no valor supremo da segurança jurídica e do purismo conceitual. Se a teoria do modelo clássico se acomoda como passagem da história jurídica, mesmo assim, segue firme e presente certa arquitetura de sistema que tem mantido afastada uma suposta realidade jurídica da realidade social, hábil para 'se refugiar num mundo abstrato, alheio à vida, aos seus interesses e necessidades'. (...) Não se trata de uma crise de formulação, eis que o desafio de uma nova teoria geral do direito civil está além de apenas reconhecer o envelhecimento da dogmática. Deve-se tratar, isso sim, das possibilidades de repersonalização de institutos essenciais, como a propriedade e o contrato, bem assim do núcleo do direito das obrigações para recolher o que de relevante e transformador há nessa ruína".

36. Jussara Meirelles, "O Ser e o Ter na Codificação Civil Brasileira...", cit., p. 89: "Na ordem jurídica, a pessoa é um elemento científico, um conceito oriundo da construção abstrata do Direito. Em outras palavras, é a técnica jurídica que define a pessoa, traçando seus limites de atuação. Esse delineamento abstrato decorre, substancialmente, da noção de relação jurídica, as pessoas são consideradas sujeitos, não porque reconhecidas a sua natureza humana e a sua dignidade, mas na medida em que a lei lhes atribui faculdades ou obrigações de agir, delimitando o exercício de poderes ou exigindo o cumprimento de deveres".

37. Para citar dentre as matrizes de nosso pensamento, vide o organizador dessa obra: Plínio Melgaré, "Horizontes da Democracia e do Direito: Um Compromisso Humano", in Plínio Melgaré e Cláudio Belmonte, *O Direito na Sociedade Contemporânea*, em especial na p. 526.

38. Em especial Ricardo Aronne, *Direito Civil-Constitucional e Teoria do Caos...*, cit., cap. 2.

Uma ordem por trás do aparente caos.³⁹ Uma nova esperança no Direito.

Superadas as teorias de afetação tradicional que se entranharam na leitura dos direitos reais,⁴⁰ salientada a autonomia das titularidades de pertença frente ao núcleo dominial⁴¹ e liberta a posse das amarras proprietárias,⁴² pode-se definir o direito das coisas na atualidade, simplesmente, como o ramo do Direito Civil destinado à regulação sóciopatrimonial da posse, titularidade e domínio, com larga projeção e influência dos demais campos do Direito (agrário, urbanístico, ambiental, administrativo, biodireito, contratos, dentre outros); pois largamente influenciado e influente no sistema jurídico como totalidade (aberta), a partir do reconhecimento de sua unidade axiológica,⁴³ com epicentro constitucional.⁴⁴

Infere-se influente e influenciado, pois é atingido pela órbita axiológica de diversas normas (atratores), resultantes de diversos diplomas legais, materialmente alinhados à axiologia contitucional. Redesenhado em concreto, na sua fractal⁴⁵ existência social, um direito subjetivo em pleito, sofre o influxo de diversas órbitas normativas, reciprocamente atratoras e rejeitoras, em curso de preponderância variável, pela alimentação axiológica. E é nesta constante mobilidade que reside o elemento de coerência material do Direito.

Teleologicamente orientado à realização do Estado Social e Democrático projetado na Carta de 1988, interesses extraproprietários, sejam

39. Idem, ibidem, cap. 1.
40. A referência toca diretamente a teoria realista, personalista e eclética, de fundamento oitocentista e ainda reinante na doutrina manualística que permeia o Direito Privado, de produção revigorada desde a edição do novo Código Civil.
41. Sobre a formulação e fundamentos da teoria da autonomia: Ricardo Aronne, *Propriedade e Domínio*, pp. 206-211.
42. Ricardo Aronne, "Titularidades e Apropriação no novo Código Civil: breve Estudo sobre a Posse e sua Natureza", in Ingo Wolfgang Sarlet, *O novo Código Civil e a Constituição*, p. 239.
43. Claus-Wilhelm Canaris, *Pensamento Sistemático e Conceito de Sistema na Ciência do Direito*, pp. 240-241.
44. Ricardo Aronne, *Por uma nova Hermenêutica...*, cit., pp. 45-61.
45. Idem, *Direito Civil-Constitucional...*, cit., cap. 1. Para nossa temática, interessa a topologia, no que diz aos Fractais (como obra fundamental vide: Benoït Mandelbrot, *The fractal Geometry of Nature, passim*), que ganham um sentido especial no Direito, ao refletirem sua hierarquização axiológica, explicitamente tópica e não necessariamente linear, como reflexo da não linearidade da vida. O tema enseja estudo próprio, em face da profundidade e relevância, pois supera a percepção piramidal trazida por Kelsen, à qual já não se prestava bem a solucionar operações com o sistema concebido de modo irradiante e aberto.

de natureza pública ou social, resultaram lançados na mirada do direito das coisas, em concurso com o respectivo interesse privado dos titulares.[46]

A publicização do Direito Privado, fenômeno que, no tocante ao Brasil, se iniciou nos anos 30 do século XX, tendo no curso de seus altos e baixos denunciado a ruína da racionalidade codificada, encontrou seu ápice a partir dos anos 90, na esteira da aplicação judicial da visão contemporânea dos direitos fundamentais e das teorias de eficácia que a alimentam hodiernamente.[47]

Como resultado, operou-se uma reconstrução, ainda em curso, do Direito Civil, com amplo impacto no direito das coisas, na busca de sua repersonalização, orientada pelo princípio da dignidade da pessoa humana.[48] Migrando o patrimônio para a periferia, deixando ao homem, em sua antropomórfica dimensão intersubjetiva, o centro dos interesses protetivos do sistema jurídico, a propriedade e suas manifestações passam a guardar um papel instrumental.

46. Jürgen Habermas traça, com acerto, fronteira ao discurso em tela. O Direito, enquanto objeto epistemológico do presente discurso, identifica-se a um Direito democraticamente construído, com aspirações de justiça e eqüidade material, não obstante a inserção da economia de mercado. Diz (*A Ética da Discussão e a Questão da Verdade*, pp. 38-40): "Grosso modo, penso que as sociedades complexas contemporâneas se integram até certo ponto através de três veículos ou mecanismos. O 'dinheiro' enquanto veículo está, por assim dizer, institucionalizado no mercado; o 'poder' enquanto veículo está institucionalizado nas organizações; e a 'solidariedade' é gerada pelas normas, pelos valores e pela comunicação". Leciona o filósofo que o mercado tem seus mecanismos no contrato e na propriedade. Por si só, ao contrário da lição de Hayek, que remonta Adam Smith, o mercado não tem uma condição distributiva ideal. Assim, havendo uma Constituição democrática, o Direito intervém no mercado, através da regulação de seus mecanismos em abstrato (pela lei) e em concreto (pela administração e jurisdição).

47. Eugênio Facchini Neto, "Reflexões Histórico-Evolutivas sobre a Constitucionalização do Direito Privado", in Ingo Wolfgang Sarlet (Org.), *Constituição, Direitos Fundamentais e Direito Privado*, p. 41: "Com a aceitação da idéia de que o direito civil não pode ser analisado apenas a partir dele próprio, devendo sofrer o influxo do direito constitucional, começou-se a questionar sobre o tipo de eficácia que os direitos fundamentais (justamente a parte mais nobre do direito constitucional) poderiam ter no âmbito das relações estritamente intersubjetivas".

48. Eduardo Kraemer, "Algumas Anotações sobre os Direitos Reais no novo Código Civil", in Ingo Wolfgang Sarlet (Org.), *Constituição, Direitos Fundamentais e Direito Privado*, p. 199: "O exame do Código exige uma alteração metodológica decisiva. A modificação é essencial para que haja possibilidade de extração das reais possibilidades potencialidades da nova legislação. Os rompimentos metodológicos, iniciados ainda na vigente codificação, rompem com antigos paradigmas. Valores devem ser redimensionados. A necessidade de buscar na Constituição o real sentido da nova codificação. Essencial o cotejo da nova legislação com os princípios insculpidos na Constituição Federal".

Tal alteração, não se funda em mera boa vontade de setores do Poder Judiciário, com "certas tendências ideológicas". É simplismo leigo reiterar tal pensamento, quando se observa que a pauta fundante da migração operante na trajetória da jurisprudência brasileira, radiografando a despatrimonialização do Direito Privado, tem assento em normas jurídicas positivadas em diversos recantos do ordenamento. Normas que conduzem o discurso dos intérpretes do direito, assim como são conduzidas intersubjetivamente pelo discurso neste percurso. Fundando uma comunidade recursalmente legitimada pelo discurso. Democratizante. Atratores.

Torna-se, assim, complexo repetir empoeirados conceitos tributários de valores oitocentistas, não raro incompatíveis ao ordenamento jurídico vigente, como se torna paradoxal voltar a trilhar a teoria de suporte dos direitos reais, que angula a leitura e aplicação do direito das coisas tradicional. As normas vigentes, à luz dos valores que as dinamizam, são repulsores desta postura. Cabe à pós-modernidade, na sua síntese, decantar a dogmática para que se colha o que de proveitoso resta de sua ruína.[49]

Não obstante, ao estudo da disciplina, se faz necessário o domínio do manancial teórico clássico, senão por apuro acadêmico, visto não se ignorar o asfalto que pavimenta o percurso histórico do Direito, pelo fato de que ainda hoje na doutrina, largos setores reproduzem a visão tradicional; mesmo que sem maior reverberação na jurisprudência. Paradoxo. Fenômeno natural à dialógica,[50] orientada como instrumento deontológico de operação. Útil ao reconhecimento da complexidade, inerente ao paradigma atual, repulsor do simplismo dialético das equações codificadas nas regras, por esquemas tipo/sanção.[51]

Como dado de realidade, poder-se-ia, com alguma serenidade, afirmar que em semelhante proporção com que se verifica a primazia tradicional na teoria jurídica, este dado se inverte no sentido da primazia

---

49. Vide Ricardo Aronne, *Propriedade e Domínio*, pp. 67-116.
50. Blaise Pascal, *Pensamentos*, p. 200: "O homem não é senão um caniço, o mais fraco da natureza, mas é um caniço pensante". Pascal, nesta obra, operando com pensamento dialógico, em detrimento da dialética, acaba por revelar que os opostos simultaneamente antagonistas e complementares são parte inalienável da condição humana. No que em larga medida acaba posteriormente acompanhado por Nietzche e Hanna Arendt, ele percebe na "condição humana" a coexistência de grandeza e miséria; entendendo que a natureza corrupta é inseparável da grandeza humana. Seriam condições opostas e complementares. A grandeza do homem seria sua faculdade de pensar e sua fragilidade seria a sua miséria. Tal racionalidade é fundamental na operatividade dos princípios.
51. Qual a sanção legal da boa-fé, havemos de perguntar.

contemporânea na aplicação do direito na vida prática,[52] mesmo que muito ainda haja para ser trilhado. O que não se pode afirmar é que a esta prática não subjaz uma teoria, pelo fato de ser menos compreendida nos bancos acadêmicos.[53]

3. Semiologia das titularidades – Os vínculos reais

Sob a tradução semântica de vínculos reais, a teoria da relação jurídica foi contrabandeada[54] para o núcleo do direito das coisas, quando de sua formulação moderna (sécs. XVIII e XIX), para a construção da arquitetura das relações de propriedade, encastelada na concepção de direito absoluto.[55-56]

Deve-se partir, para, com Foucault,[57] proceder-se uma arqueologia do Direito das Coisas, da raiz que produziu a construção do discurso proprietário, positivado na codificação francesa e derivado para a alemã, orientando a dogmática que influencia a sua concepção no Direito Civil brasileiro. Faremos isso, em largos saltos circunscritos ao século XIX, devido às limitações de espaço que delimitam este texto. Não obstante,

---

52. Vide Eugênio Facchini Neto, "Reflexões Histórico-Evolutivas sobre a Constitucionalização do Direito Privado", cit., pp. 43 e 44 e em especial nas pp. 51 e 52, de onde se colhe: "Aceitando-se essa caracterização dos direitos humanos, feita por Alexy, percebe-se claramente a grande contribuição que se espera do Poder Judiciário para tornar efetivos tais direitos, pois cabe ao magistrado assegurar a *fundamentalidade* dos direitos humanos, interpretando o ordenamento jurídico de forma que respeite e fomente tais direitos, garantindo a *preferencialidade* de tal interpretação sobre quaisquer outras possibilidades que se abram".
53. Michele Giorgianni, "O Direito Privado e suas Atuais Fronteiras", *RT* 747/35-36. Assim já afirmou ocorrer no curso da década de 60 do século XX, o Autor italiano.
54. O termo deve ser explicado. A teoria da relação jurídica fornece um filtro para desenhar fronteiras de interesse ao direito positivo, então transformado em discurso e reduzido ao critério kelseniano de validade formal. Não obstante, a razão de sua construção, no discurso jurídico-político liberal, tem como alicerce o fetiche da neutralidade da Direito.
55. Caio Mário da Silva Pereira, *Instituições...*, cit., p. 89.
56. Em perspectiva crítica às teorias personalista e realista, vide Ricardo Aronne, *Propriedade e Domínio*, pp. 25-35. Como as obras jurídicas hão de perceberem-se abertas pelo seu Autor, após a maior maturidade da teoria da autonomia e de seu responsável, pode-se tomar com cautela a expressão "reconciliação" (p. 35), empregada no texto. Não se busca preservar a visão tradicional, com a teoria da autonomia. Busca-se, superar as contradições formais que derivam, no curso da superação da contradição material que contêm, não obstante ser sua motivação (afirmar condição absoluta à propriedade, relativizada pela ordem contemporânea). Portanto a teoria contemporânea importa na superação dialética da visão clássica e não em sua simples negação.
57. *As Palavras e as Coisas*, cit.

a matéria é largamente explorada em estudos prévios, que suportam este rascunho de pensamento.[58]

A base justificadora da concepção tradicional aponta fontes eminentemente romanas, ainda presentes na fundamentação da dogmática manualista. Nasce, assim, a Teoria Realista. A propriedade, a partir da fórmula dominial havida nas *Institutas*,[59] postulado do Direito bizantino, fica expressa como um complexo de relações entre titular e bem, compreendidas como os poderes de usar, fruir e dispor. O único sujeito do vínculo seria o respectivo beneficiário, de modo a não serem percebidos quaisquer outros interesses eventuais de estranhos a tal relação.

As faculdades proprietárias exteriorizavam-se como verdadeiro *potestas*, possibilitando ao titular dar o destino que melhor lhe aprouvesse ao bem, independente da conjuntura em que se encontrava a respectiva situação dominial.

A burguesia procedeu, na confecção do Estado Liberal[60] e do respectivo Direito Civil para o qual este era servil, um contraponto extremo à insegurança patrimonial promovida pelo *Leviatã*, claramente identificado ao Estado Absolutista, entronizando a garantia e o exercício absoluto da propriedade privada como *ratio* que influenciou até o contrato social que lhe serviu de suporte.[61]

A conclusão é fácil de se adivinhar: o liberalismo é a expressão, isto é, o álibi, a máscara dos interesses de uma classe.

"É muito íntima a concordância entre as aplicações da doutrina liberal e os interesses vitais da burguesia. (...) A visão idealista insistia no aspecto subversivo, revolucionário, na importância explosiva dos princípios, mas, na prática, esses princípios sempre foram aplicados dentro de limites restritos. (...) Do mesmo modo, no campo, entre o pro-

---

58. Em especial os já citados *Propriedade e Domínio* e *Por uma nova Hermenêutica dos Direitos Reais Limitados – Das Raízes aos Fundamentos Contemporâneos*.
59. Mais especificamente *Institutas* 4.3.3: *"Dominium est jus utendi, fruendi et abutendi"*.
60. René Rémond, *O Século XIX*, p. 31: "A burguesia fez a Revolução e a Revolução entregou-lhe o poder; ela pretende conservá-lo, contra a volta de uma aristocracia e contra a ascensão das camadas populares. A burguesia reserva para si o poder político pelo censo eleitoral. Ela controla o acesso a todos os cargos públicos e administrativos. Desse modo, a aplicação do liberalismo tende a manter a desigualdade social".
61. Orlando de Carvalho, *A Teoria Geral da Relação Jurídica: seu Sentido e Limites*, nota 1, pp. 13-14: "Por outra via, constitui um progresso em ordem a um jusnaturalismo romanticamente individualista que partia, para falarmos como Rousseau, do *promeneur solitaire*, do homem sozinho, esquecendo aparentemente a alteridade do Direito, a sua profunda e indefectível socialidade".

prietário que tem bens suficientes para subsistir e o que nada tem, e não pode viver senão do trabalho de seus braços, a lei é desigual. A liberdade de cercar campos não vale senão para os que têm algo a proteger; para os demais, ela significa a privação da possibilidade de criar alguns animais aproveitando-se dos pastos abertos. Além do mais, a desigualdade nem sempre é camuflada e, na lei e nos códigos, encontramos discriminações caracterizadas, como o artigo do Código Penal que prevê que, em caso de litígio entre empregador e empregado, o primeiro seria acreditado pelo que afirmasse, enquanto o segundo deveria apresentar provas do que dissesse.

"O liberalismo é, portanto, o disfarce do domínio de uma classe, do açambarcamento do poder pela burguesia capitalista: é a doutrina de uma sociedade burguesa, que impõe seus interesses, seus valores, suas crenças. Essa assimilação do liberalismo com a burguesia não é contestável e a abordagem sociológica tem o grande mérito de lembrar, ao lado de uma visão idealizada, a existência de aspectos importantes da realidade, que mostra o avesso do liberalismo e revela que ele é também uma doutrina de conservação política e social. (...) Ele reserva esse poder para uma elite, porque a soberania nacional, de que os liberais fazem alarde, não é soberania popular, e o liberalismo não é a democracia; tornamos a encontrar, numa perspectiva que agora a esclarece de modo decisivo, essa distinção capital, esse confronto entre liberalismo e democracia, que dominou toda uma metade do século XIX."[62]

A propriedade liberal burguesa, identificada a uma quixotesca noção romana (de uma juridicidade secular invisível no seu curso de existência) de domínio, tal qual os direitos reais sobre coisas alheias, implicava em ter o "bem da vida" (patrimônio) como objeto direto da relação, em contraponto aos vínculos obrigacionais, de natureza relativa.

O exercício do direito real dar-se-ia diretamente *in re*, jamais *in personam*, qualidade dos direitos relativos. Não haveria necessidade de alguma prestação ou conduta de sujeito diverso, para o exercício das pretensões jurídico-reais pelos titulares.[63] Os bens,[64] inanimados por excelência, não são passíveis de resistência, de modo que o limite de tal direito era verificável quase que somente diante de outros de mesma

---

62. René Rémond, *O Século XIX*, cit., pp. 31-32.
63. Caio Mário da Silva Pereira, *Instituições...*, cit., pp. 2-4.
64. Para que se introduza a problemática sobre o termo bem, Venosa procede, com rara sensibilidade dentre os manuais, efetiva síntese sobre a percepção polissêmica atribuída, ao mesmo, no primeiro parágrafo de seu volume de direito das coisas (Silvio de Salvo Venosa, *Direito Civil – Direitos Reais*, vol. 4, p. 17).

natureza (direitos de vizinhança). Aqui se inicia o largo caráter absoluto, dado aos direitos reais, na modernidade.[65]

Do explicitado colhe-se a afirmação tradicional de que os bens são objeto direto das relações jurídico-reais, enquanto guardam o papel de objeto indireto das relações pessoais ou obrigacionais, cujo objeto direto é uma conduta consistente em alguma das modalidades previstas no respectivo livro da codificação.[66]

"A expressão 'objeto de direito' é empregada em vários sentidos. Mas está sendo utilizada para designar aquilo que recai sob a autoridade do homem, e se diz também objeto *imediato* do direito: significa aquilo para o que o direito se dirige, isto é, a causa do direito que se torna possível, o escopo final do direito, que se designa também objeto *mediato* do direito. Assim, no direito obrigacional, por exemplo, se designa objeto tanto a obrigação do devedor, isto é, a prestação, quanto a coisa a ser fruída em virtude da prestação. Porém, para maior exatidão da linguagem e precisão das idéias, é conveniente chamar de *objeto* do direito aquilo que está sob a autoridade do homem, e, por outro lado, de *conteúdo* dos direitos o que é causa dos direitos que se torna possível obter" (tradução livre).[67]

65. Ainda na pós-modernidade, prosseguem os manuais a repetir as antigas fórmulas oitocentistas, em míope leitura do fenômeno jurídico-privado, embalada por deficiente metodologia racionalista, que claudica entre a Escola da Exegese e a Pandectista. Exemplo textual colhe-se em Silvio Rodrigues (*Direito Civil*, cit., pp. 77-78). Identifica a propriedade ao domínio, classificando o instituto segundo os elementos da escola realista, que o Autor obtém da literalidade do dispositivo codificado em 1916 e 2002 (respectivamente arts. 524 e 1.228).

66. Francisco de Paula Lacerda de Almeida, *Direito das Cousas*, vol. 1, pp. 37-38: "No Direito das Cousas constituem objecto do direito a propriedade e os direitos della separáveis; no Direito das Obrigações as prestações, o acto do devedor obrigado. Coherentemente são reaes os direitos classificados na primeira cathegoria; exercem-se directamente sobre o seu objecto, a cousa; na segunda pessoaes só indirectamente podem ser exercidas sobre seu objecto, a prestação, pois esta é acto ou omissão do devedor e delle depende".

67. Nicola Coviello, *Manuale di Diritto Civile Italiano*, p. 250: "L'espressione 'oggetto di diritti' viene usata in vario senso. Talora con essa viene a designarsi ciò che cade sotto la potestà dell'uomo, e si dice anche oggetto *immediato* del diritto; talora significa ciò a cui il diritto tende, ciò che a causa del diritto ci si rende possibile, lo scopo finale del diritto, e si dice anche oggetto *mediato* del diritto. Così nel diritto d'obbligazione per esempio si chiama oggetto tanto il fato del debitore, cioè la prestazione, quanto la cosa di cui si deve godere in forza della prestazione. Perciò, per maggiore esattezza di linguaggio e precisione d'idee, si è convenuto di chiamare *oggetto* dei diritti ciò che cade sotto la potestà dell'uomo, e invece *contenuto* dei diritti ciò che a causa del diritto ci si rende possibile ottenere".

A propriedade resulta definida pelos poderes que imanta, conforme a retórica realista. Importa a propriedade, consoante o aforisma do *caput* do art. 1.228 do Código Civil brasileiro (CC), nos poderes de usar, fruir e dispor do bem, dentro de abstratos limites negativos que a lei impõe.

Definida a propriedade e conduzida à condição de núcleo da disciplina do direito das coisas, decorreram conseqüências jurídicas desta opção política. Exemplo se alcança nos direitos reais sobre coisas alheias. Caracterizados como elementos decorrentes da propriedade (identificada ao domínio, pelo nada neutro discurso da dogmática oitocentista), se identificaram às titularidades. Daí o art. 1.225 do Código denominar titularidades como direitos reais. Até o final do século XX, alguns pressupostos aqui erigidos não seriam mais discutidos com efetividade.[68]

O positivismo afastaria a epistemologia jurídica da controvérsia da legitimidade, para um discurso sobre validade e eficácia. Não se discutirá mais, por um longo curso histórico, entrecortado por Leon Dugüit, o caráter absoluto da propriedade[69] e, sim, como este ocorre e como melhor se caracteriza, de um ponto de vista cientificamente puro.[70]

Kant influenciou toda a ciência que se produziu na modernidade.[71] No Direito não se verificou diferente. Ele imprime sua marca de Savigny a Kelsen. Para a metafísica, a dimensão da liberdade e do agir humano são fundamentais para a construção do fenômeno jurídico.[72]

---

68. Para aprofundamento, vide Ricardo Aronne (*Propriedade e Domínio*, pp. 37-86).

69. E também de suas emanações, denominadas e configuradas como direitos reais; portanto absolutas. Com efeito, as codificações, mesmo em sobrevida, apontam titularidades como direitos reais na coisa alheia. Confundem os poderes de seu titular com o instrumento da titularidade (idem, ibidem, pp. 87-116).

70. Luiz Edson Fachin, "Direito Civil Contemporâneo", *Revista Consulex*, n. 18, Brasília, Consulex, 1998, p. 32: "Talvez sua incompletude funde o permanente enquanto instância transitória duradoura da motivação necessária, na tentativa de refundar um sistema que colocou em seu núcleo o patrimônio e apenas nas bordas o ser humano e sua concretude existencial. Uma virada que se faz necessária para recolocar no centro o ser, como luz solar que tem direito ao seu lugar essencial e na periferia o ter, como a pertença que aterra mais a morte do que a vida e suas possibilidades".

71. Disse Martin Seymour-Smith, *Os cem Livros que mais influenciaram a Humanidade*, pp. 414-415, elegendo a *Crítica da Razão Pura* (1781 – revisto em 1787), como a obra mais significativa dentre a sólida produção multifacetada de Immanuel Kant: "Já houve quem dissesse que Kant seria o grande filósofo dos tempos modernos, à altura de Platão e Aristóteles, embora essa opinião seja minoritária hoje em dia. (...) O que é certo é o seguinte: qualquer pessoa educada e culta ou *é* ou *não é* kantiana". Martin Buber seria; Bertrand Russel não.

72. Para aprofundamento: Paulo Luiz Netto Lobo, "Contrato e Mudança Social", *RT*722/40-45, 1995, p. 45.

Resultado desta ordem de idéias, surge no Direito Privado uma resistência à proposta de relações, em que os partícipes dos seus dois pólos não fossem sujeitos de direito.[73] Rudimentarmente pode-se apontar assim o nascedouro da teoria personalista, que refuta a visão anterior.

Para os cultores desta escola, os direitos reais são absolutos na medida em que geram uma obrigação passiva universal, resultante de sua oponibilidade *erga omnes*, do que deriva terem um sujeito passivo indeterminado.[74]

Não obstante a correção das oposições havidas, seria de *lege ferenda* não admitir vínculos jurídicos de natureza real, na esteira da proposição do próprio *caput* do art. 1.228 do CC.[75] As faculdades de uso, fruição e disposição, expressas como poderes jurídicos do titular, no dispositivo em apreço, restam positivadas no ordenamento e integram vínculos dominiais de natureza real.

Buscando solver a aporética resultante da controvérsia de ambas as escolas, derivou a teoria eclética ou mista.[76] Para esta, os poderes dominiais de usar, fruir e dispor integram o aspecto interno da propriedade, também denominado aspecto econômico. O dever passivo universal de abstenção, pelos não titulares, seria característica do aspecto externo ou jurídico da propriedade.

Não isenta de críticas, a teoria eclética dá maior fluidez aos conceitos,[77] porém mantém relações jurídicas de naturezas diversas sob

---

73. Observe-se a resistência de Caio Mário (*Instituições...*, cit., p. 4): "Não obstante o desfavor que envolve a doutrina personalista, ela continua, do ponto de vista filosófico (especialmente metafísica), a merecer aplausos. Sem dúvida que é muito mais simples e prático dizer que o direito real arma-se entre o sujeito e a coisa, através de assenhoramento ou dominação. Mas, do ponto de vista moral, não encontra explicação satisfatória esta relação entre pessoa e coisa. Todo o direito se constitui entre humanos, pouco importando a indeterminação subjetiva, que, aliás, em numerosas ocorrências aparece sem repulsas ou protesto. (...) A teoria realista seria então mais pragmática. Mas, encarada a distinção em termos de pura ciência, a teoria personalista é mais exata".
74. Caio Mário da Silva Pereira, *Instituições...*, cit., p. 3.
75. Mariano Peset, *Dos Ensayos sobre la Historia de la Propiedad de la Tierra*, p.130: "La propiedad es configurada como una *relación del hombre con las cosas*, conforme la tradición romana. Hoy, desde diversas perspectivas se hace notar que el derecho de propiedad debe configurar-se como relación entre personas, como delimitación de derechos que se confieren a los propietarios en relación con los demás en un determinado estadio social de desarrollo, pero en el *Code* se sitúa en primer término la conexión con la cosa".
76. Arnoldo Wald, *Curso de Direito Civil Brasileiro – Direito das Coisas*, p. 105.
77. No mesmo sentido, Melhim Namem Chalhub (*Curso de Direito Civil...*, p. 4), não obstante a diversidade metodológica.

um único instituto, com vistas a solidificar a idéia de direito absoluto do titular de direitos reais.[78] Mesmo do ponto de vista formal, diversas incoerências que permanecem arraigadas à tradição jurídica clássica se fazem perceber no curso de sua análise.[79]

Porém, é do ponto de vista material que as contradições ganham maior relevo, principalmente com o advento da Constituição Federal de 1988, trazendo dinamicidade às titularidades a partir de sua funcionalização.[80] O sistema jurídico, enquanto unidade axiológica que perfaz um ordenamento, resultaria entrópico se afirmada a absolutividade do direito

78. Para que bem se apreenda a noção tradicional do sentido de direito absoluto, com que a civilística clássica opera, transcreve-se trecho da influente obra dos irmãos Mazeud (Henri Mazeud, Léon Mazeud, Jean Mazeud, *Lecciones de Derecho Civil*, t. II, vol. 4, p. 56), por sua representatividade para com tal linha de pensamento: "El absolutismo del derecho de propiedad se traduce en cuanto a su titular, por su exclusivismo y por su individualismo; en cuanto a los poderes que confiere, por su totalitarismo y por su soberanía. Por ser absoluto, el derecho de propiedad es un *derecho total: el propietario tiene todos los poderes sobre la cosa*. Este conjunto de poderes puede descomponerse en tres atributos: *jus utendi* o derecho de servirse de la cosa, *jus fruendi* o derecho de percibir sus productos, *jus abutendi* o derecho de disponer de la cosa: conservarla, donarla, venderla, destruirla, abandonarla. Esa universalidad del derecho de propiedad ha sido afectada por la evolución producida a partir de 1804".

79. Florestan Fernandes, *Mudanças Sociais no Brasil*, pp. 49-50: "Nas condições peculiares da sociedade de classes dependente e subdesenvolvida, a mudança e o controle da mudança são, com maior razão, fenômenos especificamente políticos. Da mudança e do controle da mudança não depende, apenas, a continuidade do sistema de produção capitalista e da dominação burguesa, mas, em especial, a probabilidade de impedir-se a regressão da dependência propriamente dita à heteronomia colonial ou neocolonial. Na verdade, sob o capitalismo dependente a dominação burguesa não deve, apenas, consolidar a continuidade da ordem contra as 'pressões internas', que se tornam perigosas e até mortais para a burguesia, quando são pressões do proletariado em aliança com os setores rebeldes das classes médias e das classes destituídas. Ela deve, também, consolidar a continuidade da ordem contra as 'pressões externas', das burguesias das nações capitalistas hegemônicas, de seus governos e de suas associações internacionais. Para garantir-se neste nível, a burguesia dos países capitalistas dependentes e subdesenvolvidos tende para coalizões oligárquicas e composições autocráticas, o meio mais acessível, ao seu alcance, para forjar e controlar o espaço político necessário a seus ajustamentos com o 'sócio maior', a burguesia das Nações capitalistas hegemônicas e seus padrões de dominação imperialista. Tudo isso faz com que a dominação burguesa se converta, muito mais clara e duramente que nas Nações capitalistas hegemônicas, em ditadura de classe. E, de outro lado, tudo isso faz com que o fenômeno central da mudança seja a permanente revitalização da dominação burguesa através do fortalecimento do Estado e de seus mecanismos de atuação direta sobre os dinamismos econômicos, sócio-culturais e políticos da sociedade de classes".

80. Não menos importante que os incisos XXI e XXII do art. 5º da CF/1988, especificamente em sede de direitos reais, deve ser considerado o § 1º do dispositivo que

de propriedade e dos demais direitos reais,[81] como designados tradicionalmente pelos cultores do Direito Privado.[82]

Percebido que a função social resulta em medida de exercício da propriedade privada, não se pode mais afirmar que esta é absoluta. Limites sempre houve, como o próprio *Code Napoléon* admitia; ainda que apenas de natureza externa, como os decorrentes dos direitos de vizinhança e regulamentos administrativos. Agora se trata de configurar positivamente limites e elementos propulsores internos ao direito de propriedade, traçando seu caráter relativo.

O Direito ainda opera com o regime de vedação de espécies de condutas proprietárias, ou limites externos ao direito subjetivo, porém, hodiernamente, até mesmo a inação pode levar à aplicação de sanções como IPTU ou ITR progressivos, parcelamento forçado do solo e perda da titularidade por interesse social.

Os três principais fenômenos do Direito Civil contemporâneo (a constitucionalização, publicização e repersonalização do Direito Privado), que denunciam a presença e atuação desses atratores normativos, concretizam-se no direito das coisas de modo bem visível. Os valores que orientam a disciplina da pertença, não residem mais na codificação, tendo migrado o núcleo axiológico-normativo do ordenamento para a

desenha a normatividade contemporânea dos direitos fundamentais e de sua eficácia interprivada.

81. Fernando Luiz Ximenes Rocha, "Direitos Fundamentais na Constituição de 88", *RT* 758/25: "De fato, os valores constitucionais que compõem o arcabouço axiológico destinado a embasar a interpretação de todo o ordenamento jurídico, inclusive servindo de orientação para as demais normas legislativas, hão de repousar no princípio do respeito à dignidade humana, porquanto o homem é, em última análise, o verdadeiro titular e destinatário de todas as manifestações de poder".

82. Por todos, leia-se Arnoldo Wald (*Curso de Direito Civil Brasileiro...*, cit., p. 31), onde fica nítida a diversidade das cidadanias epistemológicas que traduzem os respectivos discursos científicos: "Na realidade não nos cabe apreciar aqui a utilidade da distinção entre direitos reais e pessoais. Trata-se de uma diferenciação com fundamento histórico que as legislações modernas adotaram e que se mostrou fecunda nos seus resultados práticos. Não a devemos discutir de *lege ferenda*, como não discutimos a divisão do direito em público e privado. São dados e quadros que a legislação positiva nos oferece e que constituem as categorias fundamentais do nosso pensamento jurídico. A função do jurista, no campo do direito civil, é meramente dogmática e não crítica e filosófica. Dentro do nosso sistema jurídico, o Código Civil define e enumera os direitos reais, cabendo ao estudioso o trabalho de caracterizá-los, interpretando as normas legais existentes e resolvendo, de acordo com os princípios básicos e gerais do nosso direito, os casos limítrofes e as dúvidas eventualmente suscitadas".

Constituição, afetando diretamente o direito das coisas e regulando especificamente a ordem econômica e social.[83]

Interesses extraproprietários, de natureza pública ou social, passam a concorrer com o respectivo interesse privado, sem que necessariamente prepondere este último, como natural na arquitetura absoluta das titularidades. A propriedade desloca-se para uma condição de meio para a realização do homem e não mais condição de fim para que este ascenda à dimensão jurídica.[84]

Não se podendo mais afirmar absoluta a propriedade privada – como solidificou a própria jurisprudência do STF, ainda na primeira metade da última década do século findo –, decorre ser relativa. Duas conseqüências diretas disso passam a inquietar, mesmo que silenciosamente, a mente dos juristas contemporâneos, não obstante tais temas não adentrarem os manuais acadêmicos de Direito Privado, destinado ao ingênuo graduando.

Primeira delas é o fato de que sendo relativa a propriedade privada, os denominados direitos reais limitados ou direitos reais sobre coisa alheia, enquanto emanações ou decorrências desta, não poderiam ser tratados como absolutos. Na verdade, tal afirmação teórica de muito já se mostrava infundada na prática ou mesmo sem arrimo no sistema jurídico.

Exemplo do que se trata, pode ser colhido na Lei de Falências vigente. Os credores que detêm garantia real, em tese absoluta, podem ser preteridos pelos créditos fiscais e trabalhistas, importando em clara relativização do interesse privado diante do interesse público e social, respectivamente. Para além, perceba-se as limitações contemporâneas em esfera empresarial, propriedade móvel (celulares, armas, veículos), intelectual (prescrição dos direitos autorais, medicamentos genéricos, similares) ou imobiliária (limitações construtivas, sonoras, visuais, ambientais).

---

83. Joaquim de Sousa Ribeiro, "Constitucionalização do Direito Civil", *Boletim da Faculdade de Direito*, Separata do vol. 74, pp. 729-730: "Esse reconhecimento mais não é, nesta perspectiva, do que uma forma de regulação, a nível constitucional, das esferas da vida onde esse sujeito se movimenta, reflectindo uma dada valoração de interesses que aí conflituam. Valoração que, tendo em conta a unidade do sistema jurídico e a posição cimeira que, dentro dele, as normas constitucionais ocupam, não pode deixar de influenciar a apreciação, a nível legislativo e judicial, da matéria civilística".
84. Em especial, vide Luiz Edson Fachin e Carlos Eduardo Pianovski Ruzyk, "Direitos Fundamentais, Dignidade da Pessoa Humana e o novo Código Civil", in Ingo Wolfgang Sarlet (Org.), *Constituição, Direitos Fundamentais e Direito Privado*, pp. 87-103.

A segunda é o fato de que a teoria de base do direito das coisas, erigida para justificar e validar uma determinada ordem de valores – cuja propriedade privada servia de paliçada –, resulta incoerente e desconforme ao novo sistema, orientado pelas órbitas normativas de influência axiológica de seus atratores.[85] Destaca-se dentre os inúmeros identificáveis, os princípios da dignidade humana e da função social da propriedade privada.

Potencialmente inconstitucional, o direito das coisas codificado exige uma severa releitura axiológica de sua dogmática e filtragem constitucional de sua epistemologia, tendente a gestar ou viabilizar uma percepção compatível[86] ao renovado ordenamento do Estado Social e Democrático de Direito.[87] O recurso pandectista às cláusulas gerais, é francamente insuficiente.

85. Eduardo García de Enterría, *La Constitución como Norma y el Tribunal Constitucional*, pp. 19-20: "La promulgación de la Constitución de 1978 nos ha sumergido súbitamente en una temática jurídica completamente nueva y, a la vez, trascendental, puesto que incide de manera decisiva, actual o virtualmente, sobre todas y cada una de las ramas del ordenamiento, aun de aquéllas más aparentemente alejadas de los temas políticos de base. (...) No es posible en plano técnico, simplemente, manejar el ordenamiento, aun para resolver un problema menor, sin considerar a dicho ordenamiento como una unidad y, por tanto, sin la referencia constante a la Constitución, cabeza y clave del mismo. (...) Luego veremos que la Constitución es el contexto necesario de todas las leyes y de todas las normas y que, por consiguiente, sin considerarla expresamente no pude siquiera interpretarse el precepto más simple, según el artículo 3º del Código Civil ('las normas se interpretarán según el sentido propio de sus palabras, en relación con el contexto'), (...)".

86. Alexandre Pasqualini, *Hermenêutica e Sistema Jurídico: uma Introdução à Interpretação Sistemática do Direito*, p. 23: "A exegese, portanto, não se dá a conhecer como simples e secundário método ancilar à ciência jurídica. Como fenômeno algo transcedental da cognição, o acontecer hermenêutico não é exterior, passivo, muito menos neutro em face do seu objeto. A experiência interpretativa se sabe interior e imanente à ordem jurídica. Na sua relação com o intérprete, o sistema não atua como um sol que apenas fornece sem nada receber em troca. Que fique claro que o sistema ilumina, mas também é iluminado. A ordem jurídica, enquanto ordem jurídica, só se põe presente e atual no mundo da vida através da luz temporalizada da hermenêutica. São os intérpretes que fazem o sistema sistematizar e, por conseguinte, o significado significar".

87. Jorge Miranda, "Direitos Fundamentais e Interpretação Constitucional", *Revista do Tribunal Regional Federal da 4ª Região*, n. 30, p. 24: "O Estado não é só o poder político (ou o governo, na acepção clássica e que perdura na linguagem anglo-americana). É também, e antes de mais, a comunidade, os cidadãos e os grupos a que estes pertencem. Logo, a Constituição, enquanto estatuto do Estado, tem de abranger uma e outra realidade, em constante dialéctica; nem se concebe estatuto do poder sem estatuto da comunidade a que se reporta. A Constituição vem a ser, na linha de Maurice Hauriou, tanto Constituição política quanto Constituição social, não se cinge à organização interna do poder".

Mesmo que correto, para uma arqueologia conformadora de uma semiótica nos moldes propostos, não basta afirmar que a propriedade ganhou contornos relativos a partir da Constituição Federal de 1988, e abolir todo o instrumental e doutrina que o Direito Civil formulou nestes séculos ou fechar os olhos ao futuro buscando respostas no passado para questões do presente, mantendo-se infenso ao coperniciano salto dado pelo Direito Privado, ao fim do século XX.[88]

Dois dados relevantes a destacar. O direito das coisas positivou a existência de direitos reais (para não falar no uso da expressão, como no *caput* do art. 1.225 do CC, uma regra atratora), como se colhe do art. 524 do Código Bevilaqua e se mantém no art. 1.228 do atual Código Civil. As relações de uso, fruição e disposição, às quais os dispositivos fazem referência direta, têm natureza real, na medida em que o bem é efetivamente objeto direto dela. Quem usa um bem não se valerá da conduta de terceiro para realizar sua pretensão material em relação à coisa. Existem, portanto, direitos reais. Vínculos jurídicos entre sujeitos e bens.

Como segundo dado, existe o fato de que os direitos reais integram a tradição jurídica do Direito Civil brasileiro e, a princípio, se pretende preservar a existência. Trata-se do imperativo prático. Em outra medida, cultural, também um atrator. Do discurso científico em tela. Não se quer, como seria próprio dos sistemas monistas,[89] abrir mão de qualidades distintas de garantias, por exemplo, preservando o caráter da hipoteca, penhor ou alienação fiduciária, em contraponto à fiança ou aval, de natureza distinta. Em apoio deste olhar, comparece também a Teoria Geral do Direito, mais especificamente no que diz com a interpretação conforme a Constituição. Um atrator metodológico.

Possibilitando dar ao direito das coisas uma interpretação conforme a ampla alteração promovida pela Carta atual, deve ser preterida a de-

---

88. Nesse sentido, merecem registro as palavras de Mário Luiz Delgado, no prefácio que dedica à obra de Luiz Guilherme Loureiro (*Direitos Reais: à luz do Código Civil e do Direito Registral*, p. 7), discorrendo sobre a doutrina e os direitos reais: "Como ramo do Direito Civil, é tido pelos estudiosos de domínio ingrato, em face das agruras próprias de uma seara ao mesmo tempo acentuadamente técnica, e intimamente ligada e dependente de aspectos históricos, políticos e sobretudo sociológicos. As referências doutrinárias sobre a matéria sempre constituíram reserva intelectual de uns poucos (...). Esboçar, em poucas linhas, o perfil e a aplicação prática dos institutos sistematizados no Direito das Coisas parecia tarefa demasiado presunçosa para a maioria dos autores da atualidade. Barreira quase intransponível, erguida pelos séculos de cultura jurídica, desde os primórdios da civilização".

89. Os sistemas dualistas, como o brasileiro, trazem a distinção entre relações patrimoniais pessoais e reais. Sistemas monistas, como é o caso dos saxões, não procedem à distinção de espécies.

claração de inconstitucionalidade, havendo condições de preservar o diploma civil mediante uma hermenêutica pró-ativa dos valores constitucionais, consoante os respectivos atratores normativos. Aqui, em especial, um quadro de princípios que se densificam no caminho normativo das regras e da jurisprudência para concretizar a opção axiológica do sistema, integrar suas lacunas e operar com sua mobilidade e limites. Manter sua coerência em meio aos atratores influentes.

Neste nicho epistemológico foi confeccionada a teoria da autonomia. Autonomia lhe caracteriza, pois é por meio da libertação das titularidades, resgatadas de dentro da noção de domínio, que é atingida a relativização da propriedade privada em suas diversas formas, viabilizando ainda a operação com os direitos reais.[90]

Não basta dizer que a propriedade resulta relativa como decorrência do princípio da função social. Está correto, porém é, no mínimo, ingênuo

---

90. Severa, e acertada, crítica ao novo Código Civil remonta ao fato de que adota a arquitetura eclética, já contida no art. 524 do Código Bevilaqua. Observam-se assim inúmeras possibilidades na reconstrução hermenêutica do direito das coisas codificado (em especial vide notas aos arts. 1.225 e 1.228 do Código – Ricardo Aronne, *Anotações ao Direito das Coisas e Legislação...*, cit. ou *Novo Código Civil Anotado*), como necessidade de viabilizar uma interpretação integradora desta ao núcleo constitucional vigente. No mesmo sentido, comentando o Código quando ainda projeto, em sede de parecer para bancada legislativa, Adilson J. P. Barbosa e José Evaldo Gonçalo (*O Direito de Propriedade e o novo Código Civil*, disponível em: www.cidadanet.org.br/dados/arts_ novo_codigo_civil_e_propriedade.htm; acesso em 19.2.2001): "Ao contrário, no que diz respeito ao Livro III, referente aos Direitos das Coisas, em nome da 'salvação' de um trabalho de 25 (vinte e cinco anos) – tempo que o projeto tramita no Congresso – o Brasil pode ter um Código Civil, com um programa normativo que nos remete aos direitos de primeira geração elaborados no final do século XVIII, no qual o direito de propriedade era concebido como um direito subjetivo de caráter absoluto. (...) O PL 634/75, aparentemente, fundiu os conceitos de propriedade e domínio, eliminando a polêmica sobre a existência ou não de identidade entre os dois termos. Entretanto, conforme visto alhures, o absolutismo com que é tratado o direito de propriedade pela doutrina e operadores jurídicos no Brasil, deve-se ao tratamento unitário dado a termos que traduzem conceitos autônomos, o que tem merecido forte crítica de autores preocupados com a pouca efetividade que as alterações do ordenamento econômico e social, promovidas pelo Texto Constitucional de 1988, têm provocado no tratamento da propriedade. (...) As codificações emanadas do Estado e tomadas como única fonte do Direito abriram caminho para o positivismo jurídico, doutrina que considera o direito como um fato e não como um valor. O PL 634/75, no título que trata dos Direitos das Coisas, não se afasta dessa concepção. Ao contrário, fazendo-se surdo ao novo tratamento dado à propriedade pela Constituição Federal, reflexo dos avanços da sociedade e das lutas sociais, expõe um texto decrépito e atrasado, no qual, por força das normas positivadas no texto constitucional e na legislação ordinária agrega alguns avanços, sem contudo avançar no que diz respeito ao tratamento dado às várias formas de propriedade que aparecem na realidade brasileira".

afirmar isto sem maior amparo teórico. É relativa em qual medida? Constitui uma obrigação? Qual o conteúdo da função social? É estanque ou variável? Merece destaque o fato de que a jurisprudência alemã, debruçada sobre o BGB, levou cinqüenta anos para obter da doutrina uma formulação passível de dar aplicação ao princípio da boa-fé objetiva.[91] A sociedade brasileira pretende repetir a experiência teutônica? Nossas favelas e demais cinturões de miséria podem esperar mais? Trata-se de um mero decisionismo imediatista? Niilista?

O conteúdo do princípio da função social da propriedade restará aprofundado em momento posterior, ora bastando que se tenha presente, em linhas gerais, que deste deriva uma medida de exercício ao direito de propriedade, relativizando-o. Isto basta à compreensão da arquitetura contemporânea da espécie, que é fundamental para qualquer discussão mais avançada.[92]

Repisa-se, um dos papéis da teoria da autonomia é fornecer um manancial teórico ao operador contemporâneo (seja ao representar, compor ou decidir), para que se possa continuar operando com direitos reais, consistentes em vínculos entre o sujeito e o bem, não obstante forneça uma compreensão da propriedade e das demais titularidades, de natureza relativa. É, portanto, meramente instrumental. O conteúdo axiológico não é dado por ela. É dado na conexão do sistema com os demais.

Volte-se, pois, a arquitetura proposta, transdogmática por refutar opções conceituais em detrimento da unidade complexa dos valores constitutivos de um dado sistema para uma dada sociedade em um dado e complexo contexto histórico. É um instrumento da jurisprudência e não o seu conteúdo, verificável pela pragmática decisória aplicada ao modelo.

Porém, retomando a questão central do texto, carece até então o século XX de uma teoria coerente à liquidez estrutural do instituto pro-

---

91. Merece leitura Ivan Chemeris, mestre e magistrado gaúcho, em obra dedicada ao tema, com especial destaque ao momento em que trata o que denomina "judicialização do político" (*A Função Social da Propriedade – o Papel do Judiciário diante das Invasões de Terras*, pp. 102-104).

92. Por discussão mais avançada se reconhece àquele que vergasta temática para além da simples forma de institutos ou conceitos abstratos de direito civil tradicional, para alcançar uma dimensão concreta na vida jurídica do universo da sociedade brasileira do século XXI. Tais temas devem reter sua proporcional relevância, sob pena de descolar da realidade jurídica da atividade forense e extraforense. ciência deve guardar razão prática. No caso do jurista, isto se relaciona com a função social que imanta sua militância, consoante a equação axiológica da democracia social, cujos valores restaram constitucionalizados e em larga medida regrados na Lei Maior ou a partir dela.

prietário e do direito das coisas vivido na pragmática do sistema jurídico.

Isso ocorre quando a noção de domínio é libertada dos grilhões conceituais do instituto da propriedade. O domínio se constitui de um conjunto de poderes no bem, que consistem em faculdades jurídicas do titular às quais respectivamente são os direitos reais.

Cada vínculo potencial entre o sujeito e o bem pode traduzir-se em uma faculdade real, um direito real. A propriedade envolve estes poderes, instrumentalizando-os, porém não se confunde com eles. A propriedade instrumentaliza o domínio sem confundir-se com este. Assim como um contrato de compra e venda de um imóvel não se confunde com os poderes e deveres que instrumentaliza (pagar, de um pólo, escriturar, de outro), o domínio ou sua eventual parcela não se confunde com a titularidade que o instrumentaliza.[93]

Por razões didáticas, tratar-se-á a teoria em apreço no capítulo que segue, apartada de suas ancestrais clássicas de matriz moderna. Isso facilita a construção epistemológica das digressões subseqüentes, ao possibilitar dialética de pressupostos e a dialógica de temáticas entre as correntes teóricas, entabulando controvérsias pelas bases metodológicas de leitura dos fenômenos jurídicos.

4. A teoria da autonomia e a publicização dialógica do privado

No jargão político da pós-modernidade, vivida nas sociedades de informação, todo homem tem seus compromissos dos quais deriva sua agenda. Em termos filosóficos mais próximos de nossas matrizes, a complexidade axiológica de um indivíduo em sua subjetividade, a carta de valores que formou sua condição existencial, importa em uma série de opções de coerência que variam na mesma dimensão em que o rol de valores oscile.

O Direito contemporâneo, por razão prática,[94] incorporou (ou reincorporou) os valores ao discurso jurídico, na segunda metade do séc.

---

93. Ricardo Aronne, *Propriedade e Domínio*, cit., pp. 67 e ss.
94. O Reich consolidou o Nazismo na Alemanha à luz da Constituição de Weimar. Tal questão remonta a aporética dos valores na interpretação do Direito, merecendo aprofundamento próprio em sede adequada; nada obstante, será retomada, mesmo que na exigida superficial abordagem metodológica de um texto que não é de teoria geral, a ser suprida por fontes específicas do tema. No que tange ao direito das coisas, vide Ricardo Aronne, *Por uma nova Hermenêutica dos Direitos Reais...*, cit., cap. 2. Para Teoria Geral do Direito Privado, vide Luiz Edson Fachin, *Teoria Crítica do Direito Civil, passim* (existe 3ª ed. atualizada).

XX.⁹⁵ Impossível de serem deixados à subjetividade pura do intérprete tanto quanto resistentes à doma objetivista da dogmática tradicional, o pós-guerra assistiu a ciência jurídica galgar o platô da racionalidade intersubjetiva.

Tema dos menos pacíficos em sede de metodologia jurídica (jurisprudência, no sentido que os europeus atribuem ao termo), os valores se encontram presentes em grande parte da doutrina mais comprometida com a historicidade do fenômeno jurídico, variando seu tratamento de acordo com os compromissos científicos (ou sua ausência) dos respectivos autores.

Quando se entende que o estudo do direito de propriedade nos dias de hoje, por questões de ordem prática ou teórica, alcançou o tema função social da propriedade, não se deve deixar de incluir os valores na respectiva epistemologia jurídica, sob o risco de parecer simplório ou dogmaticamente mal-intencionado.

Uma releitura integral do Direito Privado, a partir de seu eixo fundamental, a pertença identificada às diversas titularidades, atingiu todos seus pilares de sustentação⁹⁶ e, hoje vivendo o prólogo, está longe de assistir seu epílogo.⁹⁷ Há de ser dialógica, remetendo ao debate infinito.

Resulta francamente impossível afirmar, contemporaneamente, fundado em argumentos sérios, de maior ou menor sofisticação técnica, tratar-se à propriedade privada como direito absoluto. O Direito brasileiro, a exemplo da maioria das democracias vividas no século XXI,

---

95. Maria Celina Bodin de Moraes, "A Caminho de um Direito Civil Constitucional", p. 24: "Acolher a construção da unidade (hierarquicamente sistematizada) do ordenamento jurídico significa sustentar que seus princípios superiores, isto é, os valores propugnados pela Constituição, estão presentes em todos os recantos do tecido normativo, resultando, em conseqüência, inaceitável a rígida contraposição público-privado. Os princípios e valores constitucionais devem se estender a todas as normas do ordenamento, sob pena de se admitir a concepção de um 'mondo in frammenti', logicamente incompatível com a idéia de sistema unitário".

96. Jean Carbonnier, *Flexible Droit: pour une Sociologie du Droit sans Rigueur*, p. 201. Cabe esclarecer, nesta fonte, existir edição revista da obra citada. A revisão apenas trouxe novas idéias ao fundamental texto produzido por Carbonnier, sem rejeitar as anteriores.

97. Michel Serres, *O Contrato Natural*, p. 49. "É preciso fazer uma revisão dilacerante do direito natural moderno, que supõe uma proposição não-formulada, em virtude da qual o homem, individualmente ou em grupo, pode sozinho tornar-se sujeito do direito. Aqui reaparece o parasitismo. A Declaração dos Direitos do Homem teve o mérito de dizer: 'todo homem' e a fraqueza de pensar: 'apenas os homens' ou os homens sozinhos. Ainda não estabelecemos nenhum equilíbrio em que o mundo seja levado em conta, no balanço final".

vinculou toda propriedade privada à missão constitucional do Estado Social e Democrático de Direito, na mesma e coerente intensidade com que a reconhece e garante mediante tutela jurisdicional.

Informado pela carga axiológica do princípio da dignidade da pessoa humana,[98] o princípio da função social da propriedade,[99] indiscutivelmente dotado de eficácia horizontal interprivada,[100] conduziu uma releitura do direito das coisas, iniciada pelos tribunais e tardiamente percebida pela doutrina civilista, visivelmente conservadora.[101]

Da paradoxal jurisprudência do STF, pode-se pinçar diversos exemplos[102] no sentido da eficácia dos direitos fundamentais e sua in-

98. Art. 1º, III, CF/1988.
99. Arts. 5º, XXIII e 170 da CF/1988.
100. Art. 5º, § 1º da CF/1988.
101. Para observar-se a diversidade possível de ser colhida em tema de propriedade, merece transcrição respeitável posição em contrário. Romeu Marques Ribeiro Filho (*Das Invasões Coletivas: Aspectos Jurisprudenciais*, p. 69): "Ora, não se nega se dever do proprietário (*sic*.), dar à sua propriedade função social. Contudo, questionável é assertiva no sentido de que a sociedade teria – ou tem – o direito de exigir do proprietário o cumprimento de seu dever. Ainda no plano argumentativo, se propriedade inócua é aquela destituída de funcionalidade social, admissível se mostra o posicionamento enquanto tratado em tese, tão-somente. Todavia é curial que não compete ao Poder Judiciário, e muito menos a grupos invasores organizados, eleger ou mesmo apontar, qual propriedade está ou não cumprindo sua destinação social. Pois, como visto, tal competência, consoante mandamento constitucional expresso, é exclusivo do Poder Público municipal e da União, conforme o caso". Ou ainda: "Ora, os nossos Tribunais (*sic*), ordinariamente, além de prestar jurisdição ao caso concreto, terminam por preencher aquelas lacunas sociais, de competência única e exclusiva da Administração, não cumpridas por inconcebível omissão do Estado. É certo que aos olhos da opinião pública, é o Poder Judiciário quem reintegra, mantém ou proíbe. Aqui não se perquire se a Administração cumpre ou não seus deveres constitucionais. Daí ser correta a assertiva de que a paz social jamais poderá ser feita com o sacrifício da ordem jurídica, vez que a exclusão social pode ser fato econômico ou político, mas nunca jurídico, isso na exata medida em que todos se mostram iguais perante a lei" (idem, ibidem, p. 112).
102. Para que se traga um exemplo de 1995: STF, T. Pleno, MS 22.164-SP, rel. Min. Celso de Mello, v.u., publicado no *DJU* 17.11.1995, p. 39.206: "Reforma agrária e devido processo legal. O postulado constitucional do *due process of law*, em sua destinação jurídica, também está vocacionado à proteção da propriedade. Ninguém será privado de seus bens sem o devido processo legal (CF, art. 5º, LIV). A União Federal – mesmo tratando-se de execução e implementação do programa de Reforma Agrária – não está dispensada da obrigação de respeitar, no desempenho de sua atividade de expropriação, por interesse social, os princípios constitucionais que, em tema de propriedade, protegem as pessoas contra a eventual expansão arbitrária do poder estatal. A cláusula de garantia dominial que emerge do sistema consagrado pela Constituição da República tem por objetivo impedir o injusto sacrifício do direito de propriedade. Função social da propriedade e vistoria efetuada pelo INCRA. A vistoria efetivada com fundamento no

cidência interprivada, não obstante a maior riqueza das instâncias inferiores.

art. 2º, par. 2., da Lei n. 8.629/93 tem por finalidade específica viabilizar o levantamento técnico de dados e informações sobre o imóvel rural, permitindo à União Federal – que atua por intermédio do INCRA – constatar se a propriedade realiza, ou não, a função social que lhe é inerente. O ordenamento positivo determina que essa vistoria seja precedida de notificação regular ao proprietário, em face da possibilidade de o imóvel rural que lhe pertence – quando este não estiver cumprindo a sua função social – vir a constituir objeto de declaração expropriatória, para fins de reforma agrária. Notificação prévia e pessoal da vistoria. A notificação a que se refere o art. 2º, par. 2º, da Lei n. 8.629/93, para que se repute válida e possa conseqüentemente legitimar eventual declaração expropriatória para fins de reforma agrária, há de ser efetivada em momento anterior ao da realização da vistoria. Essa notificação prévia somente considerar-se-á regular, quando comprovadamente realizada na pessoa do proprietário do imóvel rural, ou quando efetivada mediante carta com aviso de recepção firmado por seu destinatário ou por aquele que disponha de poderes para receber a comunicação postal em nome do proprietário rural, ou, ainda, quando procedida na pessoa de representante legal ou de procurador regularmente constituído pelo *dominus*. O descumprimento dessa formalidade essencial, ditada pela necessidade de garantir ao proprietário a observância da cláusula constitucional do devido processo legal, importa em vício radical que configura defeito insuperável, apto a projetar-se sobre todas as fases subseqüentes do procedimento de expropriação, contaminando-as, por efeito de repercussão causal, de maneira irremissível, gerando, em conseqüência, por ausência de base jurídica idônea, a própria invalidação do decreto presidencial consubstanciador de declaração expropriatória. Pantanal Mato-Grossense (CF, art. 225, par. 4º). Possibilidade jurídica de expropriação de imóveis rurais nele situados, para fins de reforma agrária, a norma inscrita no art. 225, parágrafo 4º, da Constituição não atua, em tese, como impedimento jurídico à efetivação, pela União Federal, de atividade expropriatória destinada a promover e a executar projetos de Reforma Agrária nas áreas referidas nesse preceito constitucional, notadamente nos imóveis rurais situados no Pantanal Mato-Grossense. A própria Constituição da República, ao impor ao Poder Público e dever de fazer respeitar a integridade do patrimônio ambiental, não o inibe, quando necessária a intervenção estatal na esfera dominial privada, de promover a desapropriação de imóveis rurais para fins de Reforma Agrária, especialmente porque um dos instrumentos de realização da função social da propriedade consiste, precisamente, na submissão do domínio à necessidade de o seu titular utilizar adequadamente os recursos naturais disponíveis e de fazer preservar o equilíbrio do meio ambiente (CF, art. 186, II), sob pena de, em descumprindo esses encargos, expor-se à desapropriação-sanção a que se refere o art. 184 da Lei Fundamental. A questão do direito ao meio ambiente ecologicamente equilibrado – direito de terceira geração – princípio da solidariedade. O direito à integridade do meio ambiente – típico direito de terceira geração – constitui prerrogativa jurídica de titularidade coletiva, refletindo, dentro do processo de afirmação dos direitos humanos, a expressão significativa de um poder atribuído, não ao indivíduo identificado em sua singularidade, mas, num sentido verdadeiramente mais abrangente, a própria coletividade social. Enquanto os direitos de primeira geração (direitos civis e políticos) – que compreendem as liberdades clássicas, negativas ou formais – realçam o princípio da liberdade e os direitos de segunda geração (direitos econômicos, sociais e culturais) – que se identificam com as liberdades positivas, reais ou concretas – acentuam o princípio da igualdade, os direitos de terceira geração, que

APROXIMAÇÕES CRÍTICAS DE DIREITO CIVIL-CONSTITUCIONAL 193

Diante da missão de munir os operadores do direito, com o ferramental teórico que lhes capacite a trabalhar o conhecimento humano que deságua através de lides a serem solvidas pela prestação jurisdicional, o instrumental tradicional, gerado no Direito Civil clássico, se revelou incoerente às soluções que a vida forense e extraforense do Direito Privado ditava.

Gustavo Tepedino,[103] em paradigmático texto,[104] originalmente publicado na Itália[105] em 1991, à cura de Pietro Perlingieri, revelou elementos de leitura tradutora de novas facetas indisfarçavelmente presentes na propriedade privada contemporânea, que refutam os costumeiros conceitos do oitocentismo, que servem de *foyer* aos valores predominantes no modelo econômico anterior, que ditava a feitura e leitura do sistema jurídico.[106-107] Leciona:

"A construção, fundamental para a compreensão das inúmeras modalidades contemporâneas de propriedade, serve de moldura para uma

materializam poderes de titularidade coletiva atribuídos genericamente a todas as formações sociais, consagram o princípio da solidariedade e constituem um momento importante no processo de desenvolvimento, expansão e reconhecimento dos direitos humanos, caracterizados, enquanto valores fundamentais indisponíveis, pela nota de uma essencial inexauribilidade" (*sic*).

103. Existem nomes emblemáticos no Direito Privado atual, em especial nas escolas contemporâneas. Sem dúvida, ao Direito Civil-Constitucional brasileiro, duas figuras merecem um destaque especial. Trata-se de Luiz Edson Fachin e Gustavo Tepedino. Revisitando o arcabouço dogmático do Direito Civil em esclerose, através de suas lentes críticas, corroeram até esborar os fundamentos tradicionais e seu discurso falsamente neutro. Ladeados por diversos juristas célebres da cena doutrinária civilística, como Maria Helena Bodin de Moraes e Paulo Luiz Netto Lobo, dentre outros tantos não menos insignes, constituíram o que se pode apontar como a primeira geração do Direito Civil contemporâneo.

104. Gustavo Tepedino, "Contornos Constitucionais da Propriedade Privada", in *Estudos em Homenagem ao Professor Caio Tácito*, pp. 309-333.

105. Idem, "Contorni della Proprietà nella Costituzione Brasiliana de 1988", *Rassegna di Diritto Civile*, 1/91, pp. 96-119.

106. Ainda para que se fique nas obras essenciais de direito das coisas, Luiz Edson Fachin trouxe duas contribuições de essencial leitura, que devem ser citadas. Publicada no ano natalino da Constituição vigente, a obra *A Função Social da Posse e a Propriedade Contemporânea* produziu um impacto na doutrina possessória, revitalizando-a no sentido da vocação constitucional. Com o mesmo apelo repersonalizante, característico de obras de resistência, o jovem texto de *Estatuto Jurídico do Patrimônio Mínimo* (cit.), levou a cabo um estudo que sistematiza o papel do patrimônio na esfera jurídica individual, alinhando-o ao princípio da dignidade da pessoa humana.

107. Em sede de Teoria Geral do Direito, este papel de reprodução do modelo positivista servil aos quadros econômicos de um neoliberalismo globalizado coube à *autopoiese*.

posterior elaboração doutrinária, que entrevê na propriedade não mais uma situação de poder, por si só e abstratamente considerada, o direito subjetivo por excelência, mas "una situazione giuridica soggettiva tipica e complessa", necessariamente em conflito e coligada com outras, que encontra sua legitimidade na concreta relação jurídica na qual se insere.

"Cuida-se de tese que altera, radicalmente, o entendimento tradicional que identifica na propriedade uma relação entre sujeito e objeto, característica típica da noção de direito real absoluto (ou pleno), expressão da "massima signoria sulla cosa" – formulação incompatível com a idéia de relação intersubjetiva."[108]

Até serem percebidos os reais contornos da propriedade privada, repetia-se, sem maior reflexão, os chavões oitocentistas imbricados nos conceitos e fórmulas tradicionais.[109] "A concepção privatista da propriedade, (...), tem levado, freqüentemente, autores e tribunais à desconsideração da natureza constitucional da propriedade, que é sempre um direito-meio e não um direito-fim. A propriedade não é garantida em si mesma, mas como instrumento de proteção de valores fundamentais".[110]

Como percebido e criticado, restou mantida a arquitetura clássica na codificação recente, não obstante sua tentativa de absorver os avanços que o fim de século trouxe para os direitos reais. Na última edição revista do tradicional volume acadêmico dedicado à matéria por Orlando Gomes pode-se colher lúcida crítica ao arranjo orquestrado no diploma.

O Código Civil de 2002 mantém, sob a força histórica e dogmática dessa expressão, o título do livro como *direito das coisas*. A manutenção da expressão, que abre o regime jurídico dos poderes sobre os bens, sob a rubrica Direito das Coisas, por si só é apta a revelar o rumo epistemológico das opções do legislador de 2002. De uma parte emerge a manutenção da topografia legal de 1916; de outro lado impende salientar a tentativa de espargir sobre a codificação civil agora vigente nuanças sociais que marcam a contemporaneidade no Brasil. Tem o novo Código dois senhores temporais; foi fiel ao primeiro desde o início quando se proclamou rente à sistemática de 1916, e é ávido por servir ao segundo

---

108. Gustavo Tepedino, "Contornos constitucionais...", cit., pp. 279-280.
109. Na visão do mesmo Autor, vide idem, ibidem, p. 268.
110. Fábio Konder Comparato, "Direitos e Deveres Fundamentais em Matéria de Propriedade", *Revista do Centro de Estudos Jurídicos da Justiça Federal*, vol. 1, n. 3, p. 98.

quando intentou colmatar lacunas, superar inconstitucionalidades e inserir novas matérias. Entre esses dois lados da margem pode ter soçobrado coerência da idéia e da formulação, sem embargo das vicissitudes próprias da complexidade coeva das relações sociais.[111]

Identificada a percepção de *dominium* à concepção de *proprietas*,[112] congregada a *ars notariae* do fim do medievo, decorrente do Direito bizantino glosado à exaustão desde o feudalismo, a propriedade torna-se um direito absoluto diante da moldura que lhe é concedida pela codificação.

Falar de obrigações resultantes de um contrato guarda óbvia distinção entre o que seja o instrumento contratual propriamente dito. Falar de titularidades imobiliárias também importa em discorrer sobre algo distinto dos poderes que são respectivamente instrumentalizados. Propriedade não se confunde com domínio.

Um sujeito em face de um patrimônio não universalizável pode aferir de seu domínio diante de uma pluralidade de bens diversos entre si; a extensão dominial entre eles é variável. Por exemplo, o conteúdo de fruição de um imóvel é distinto do de uma aeronave.

Se no universo de análise traçado houver somente um sujeito e uma gama de bens, não há sentido em discorrer sobre propriedade privada. As titularidades regulam a pertença de modo intersubjetivo, através de um regime jurídico de exclusão (obrigação negativa), gerador da oponibilidade *erga omnes*.

A compreensão do exposto assenta as bases da teoria da autonomia, que se desenvolvia no fim dos anos 90 do século findo. As relações entre sujeito e patrimônio integram o domínio. São instrumentalizados pela propriedade, mas não se fundem como conceitos unívocos.[113]

A questão técnica não deriva apenas no plano da forma, da estética ou da mera esgrima conceitual. Se o vínculo dominial tem o bem por objeto direto, a titularidade, de outra parte, não. Esta visa, por intermédio do sistema registral, a derivar aos não titulares obrigações de não ingerência no respectivo bem. Nesta relação, a coisa é objeto indireto, sendo o dever negativo elemento fulcral do direito subjetivo.[114] Diver-

---

111. Orlando Gomes, *Direitos Reais*, p. 9.
112. Ricardo Aronne, *Propriedade e Domínio*, cit., *passim*.
113. Especificamente sobre o tema, vide Orlando Gomes, *Direitos Reais*, pp. 26-27.
114. Para que se perceba a articulação prática do explicitado, basta observar as petitórias que tutelam o domínio por meio da oposição de titularidades. As pretensões

samente do domínio e seus desdobramentos, a propriedade e demais titularidades são regimes intersubjetivos. Decorre serem relativos e não absolutos.

Não é de mera forma, a teorização sobre a autonomia entre domínio e titularidades, em especial a propriedade. Verte ela a possibilidade de uma leitura da codificação alinhada ao projeto constitucional que dá as bases axiológicas e normativas do ordenamento jurídico.

Pode-se reconhecer a existência e operações de direitos reais, com as categorias de vínculos dominiais, sem entravar a constitucionalização do Direito Privado ou reduzi-la a mero discurso, dando prestabilidade ao diploma civil em face da Carta vigente.

O rol do art. 1.225 do CC, principiologicamente poroso à abertura da mediação hermenêutica,[115] traz uma lista de titularidades que instrumentalizam arranjos dominiais. Quando designados, impropriamente, por direitos reais,[116] acabam por identificar domínio à propriedade ou expressão menor em extensão de faculdades.

Mesmo no âmbito formal, a mais recente doutrina brasileira vem reconhecendo a impropriedade técnica da percepção das escolas clássicas, na esteira do que de muito fazia a prática dos tribunais, seja na usucapião,[117] na *saisine*[118] ou mesmo na leitura das relações de condomínio,[119] para o prestígio da teoria da autonomia.

A propriedade, enquanto regime intersubjetivo de titularidades, importa em obrigação aos não titulares, de absterem-se de qualquer ingerência sobre o bem. A oponibilidade *erga omnes* disso já era reconhecida pela doutrina oitocentista. As limitações externas, no interesse público, também.

vertidas são erigidas contra sujeitos e veiculam centralmente obrigações negativas (reivindicatória), podendo de modo satélite trazer obrigações positivas em apoio (cominatória).

115. Do *numerus clausus* como característica dogmática, à taxatividade principiológica, as titularidades assistiram solidificar-se um grupo de formas proprietárias bem distintas dos arranjos tradicionais (Ricardo Aronne, *Por uma nova Hermenêutica...*, cit., pp. 133-135).

116. Assim faz o próprio *caput* do dispositivo.

117. A implementação da usucapião atribui domínio, pendendo da sentença a constituição da propriedade para oposição frente a terceiros.

118. A abertura da sucessão atribui domínio aos sucessores, sendo que a titularidade somente lhes advém com a transcrição do formal de partilha.

119. No condomínio ocorre uma pluralidade de sujeitos em uma mesma relação dominial, porém a titularidade resta fracionada, havendo, por exemplo, partição na propriedade.

Com o princípio da função social, resta inovado o instituto da propriedade privada, no sentido de que agora o titular também é informado por deveres positivos e negativos, que derivam de sua titularidade, em face do respectivo ônus social decorrente da pertença concreta de determinado bem. Obrigacionaliza-se a propriedade e as demais titularidades que contemporaneamente a ladeiam ou venham a ladear.

Relativa, também em sua compreensão técnica, diante de uma teoria apta a dar suporte operativo, a propriedade privada acaba por reconstruir a hermenêutica dos direitos reais, com "ditosos" reflexos no Direito Civil. Este deve se reconstruir transdisciplinarmente com o direito urbanístico, ambiental, biodireito, econômico, para além das fronteiras do próprio Direito.

O domínio é o complexo de direitos reais de um bem. É o conjunto de faculdades jurídicas que o sujeito potencialmente tem reconhecido sobre o objeto de direito patrimonial. Implica em traduzir pretensões jurídicas derivadas, das quais a coisa não pode resistir, fundamentalmente por sua condição inanimada, importando em uma gama de direitos reais.

São tuteláveis mediante pretensão à abstenção derivada da titularidade que os instrumentaliza. Esta pode variar dentro das figuras que o sistema jurídico reconhece, implícita ou explicitamente. A propriedade, espécie do gênero titularidade, é uma das formas que se pode encontrar dentro do respectivo universo.

5. Significantes e significados normativos: principiologia e função social da propriedade

A modificação contemporânea pela qual o direito das coisas passou e ainda passa, juntamente com a integralidade do Direito Privado, não é sintetizada em uma simples fórmula conceitual, guardando complexidades e sutilezas. Não obstante, a temática da normatividade – campo onde se assistiu amplas mutações em sede de Teoria do Direito no século XX –, não pode ser tangenciado.

Os princípios, de postulados jusnaturalistas no oitocentismo, praticamente ignorados pelo jusracionalimo, hoje traduzem ampla vinculatividade normativa, com bem maior alcance do que o grupo de regras, limitado por sua concreticidade e que teve seu resplendor com o vigor do liberalismo clássico,[120] nas três fases das codificações.

120. Alexandre Pasqualini, "O Público e o Privado", in Ingo W. Sarlet (Org.), *O Direito Público em Tempos de Crise*, pp. 36-37: "O agir humano há de representar, nos limites do factível, a transição da subjetividade individual para o platô mais elevado da intersubjetivida-

Através destes entes normativos, *lato senso* dinamizadores da dialética normativa,[121] o projeto de Estado Social, constitucionalmente positivado e perseguido, pôde ter vazão, com largo ganho de eficácia e transcendência tradicionalmente dado aos direitos fundamentais.[122]

Os princípios fornecem ferramental necessário para o sistema jurídico guardar conformação tópica, consoante sua orientação teleológica, dada pela axiologia da cadeia normativa.[123]

Diverso do procedido pela dogmática que trabalha titularidades com arrimo exclusivamente nos direitos fundamentais de primeira geração, do que decorre a sacralização da propriedade em conformidade com o ideário liberal – oligarquia agrária no que diz com o Brasil,[124] à qual so-

de plenária e universalizável. Eis o motivo por que o individualismo – na sua implícita e recalcada aversão ao outro – se constitui no pecado original da liberdade. Sem dúvida, o maior inimigo da autonomia é o individualista: ele sempre acaba desejando a liberdade – sobretudo econômica – apenas para si. Pior: o individualista na esfera privada é, no mais das vezes, o demagogo na esfera pública. Neste instante, de novo, o público se torna privado (...)".

121. Jürgen Habermas, *Mudança Estrutural da Esfera Pública*, pp. 263-264: "Essa dialética pode ser mostrada de modo especialmente nítido nos direitos liberais básicos que, mesmo que tenham mantido a escrita originária inclusive nas constituições vigentes, tiveram de deslocar o seu sentido normativo para permanecerem fiéis à sua própria intenção. A própria realidade constitucional modificada na social-democracia leva a considerar 'até que ponto esses direitos liberais básicos, inicialmente formulados e pensados como direitos de exclusão em relação ao poder do Estado, precisam ser agora repensados como direitos de participação, já que se trata de um Estado de Direito democrático e social, social-democrático. (...) A Lei Fundamental visa expandir a parte material do pensamento jurídico público da democracia, portanto, sobretudo ampliando o postulado da igualdade com as considerações quanto à participação e à concepção de autodeterminação na ordem econômica e social, emprestando através disso um conteúdo real ao conceito de Estado na social-democracia'".

122. Sarlet, *A Eficácia dos Direitos Fundamentais*, p. 62: "Os direitos fundamentais, como resultado da personalização e positivação constitucional de determinados valores básicos (daí seu conteúdo axiológico), integram, ao lado dos princípios estruturais e organizacionais (a assim denominada parte orgânica ou organizatória da Constituição), a substância propriamente dita, o núcleo substancial, formado pelas decisões fundamentais, da ordem normativa, revelando que mesmo num Estado constitucional democrático se tornam necessárias (necessidade que se fez sentir da forma mais contundente no período que sucedeu à Segunda Grande Guerra) certas vinculações de cunho material para fazer frente aos espectros da ditadura e do totalitarismo".

123. Ricardo Aronne, *Por uma nova Hermenêutica...*, cit., cap. 1.

124. Claudia Wasserman, "A Manutenção das Oligarquias no Poder: as Transformações Econômico-Políticas e a Permanência dos Privilégios Sociais", *Estudos Ibero-Americanos*, t. II, n. 24, p. 64: "Apesar das grandes revoltas camponesas, operárias e de grupos urbanos, o período apresentado neste ensaio, entre 1880 e 1920, apresenta-se como um momento de extrema estabilidade oligárquica, porque as oligarquias haviam sido capazes de coibir o desenvolvimento das contradições geradas por esse tipo de im-

breviveu e se adaptou ao liberalismo (ou adaptou o liberalismo) tanto quanto na Europa, o ideal liberal resistiu à Restauração –, uma hermenêutica renovada dos direitos reais pressupõe a compreensão dos direitos fundamentais em toda gama de gerações, apreensível pela análise principiológica normativa do sistema, orientada pelos valores nele recebidos. A evolução do direito das coisas encontra-se neste nicho epistemológico; não na formulação de um novo Código, ainda que acompanhada de um discurso de cláusulas gerais.[125]

Em face deste novo paradigma, é gestado o Estado Social e Democrático de Direito; mediante princípio estruturante da ordem jurídica. Um atrator que reúne o conjunto de valores positivados, resultando na norma mais abstrata do sistema. Por isso mesmo seu maior atrator normativo. O princípio o Estado Social de Direito. Mais que um modo de organização do Poder Público, foi dado à Carta um novo papel e concepção axiológica, neste paradigma emergente. Nasce enraizada na sociedade e dela emanada. A ser perseguida pela sociedade, assegurando-a, realizando-a, e sendo por ela assegurada e realizada.

Esta ordem normativa nasce no princípio do Estado Social e Democrático de Direito, ganhando densidade de acordo com os ramos de concretização que o sistema guarde. Perde conteúdo axiológico para ganhar concreticidade normativa. Perde indeterminação. E alcance.

Portanto, afirmar que um princípio é uma cláusula geral, epistemologicamente há de guardar um compromisso vinculante, pois os sentidos da norma não são unívocos e toda palavra tem um "senhor" por trás de sua pronúncia. O sentido disso fica mais claro na esfera metodológica.

plantação de capitalismo. Os princípios do liberalismo, em geral aceitos pelas elites latino-americanas, estavam unicamente restritos ao livre comércio, enquanto os alicerces do poder político estavam fundados sob forma de mediação extremamente autoritária. Mesmo na passagem do sistema censitário de sufrágio para um sistema universal, admitia-se apenas a população masculina, adulta e alfabetizada, o que não passava de vinte por cento de toda a população dos países. Na prática essa transformação eleitoral, reinvindicada por grupos que começavam lentamente a criticar o sistema oligárquico, independente de seu conteúdo inovador, somente aumentou o poder político das áreas rurais. Os latifundiários passaram a manipular listas eleitorais segundo suas conveniências, reduzindo assim, por muito tempo, o peso dos grupos urbanos. (...) Estas elites, embora tenham sido responsáveis pela implantação do modo de produção capitalista, o fizeram a sua maneira, retardando o aparecimento de relações sociais que pudessem extinguir com o seu poder".
125. Experiência colhida originalmente do BGB e posteriormente do ZGB. Vide Paulo Nalin, "Cláusula Geral e Segurança Jurídica no Código Civil", *Revista Brasileira de Direito*, vol. 1, pp. 90-96. Em nossas matrizes: Cristiano Tutikian, "Sistema e Codificação...", cit., pp. 19-79.

Na medida em que ao Direito Civil cabem papéis hoje designados pela Constituição,[126] o princípio da função social da propriedade, antes de qualquer coisa, deve realizar o princípio do Estado Social e Democrático de Direito. Antes mesmo de figurar na codificação, já ostentava a bem mais nobre condição de direito fundamental de segunda geração, encartado no rol do art. 5º da Constituição Federal de 1988. Atrator, por excelência, de todo o discurso normativo. Como deveriam ser, àquilo que se classifica como direitos humanos.

Ao intérprete e aplicador do Direito, decorre um compromisso na atividade hermenêutica, com o conjunto de valores que integram a opção axiológica da Constituição. A interpretação, tal qual a norma, pelo caráter axiológico, tem seus filtros de legitimidade. Atratores intersubjetivos do discurso.

A função social da propriedade privada importa em ser mais do que uma cláusula geral da codificação, no sentido que muitos lhe atribuem. Guarda conexão direta com o núcleo do sistema, alimentando o direito das coisas com os valores constitucionais.

Mais do que um necessário dever de adaptar leitura desconforme à axiologia solidarística da Carta, traduz critérios de racionalidade normativa que informam a leitura tópica do fenômeno jurídico.[127]

É vasta a quantidade de princípios, em suas diversas qualidades de densificação (estruturante, fundamental, geral, especial ou especialíssimo[128]), restando todos interconectados na malha jurídica.

Ao direito das coisas, muitos guardam potencial diferenciado de conformação no caso concreto, como proporcionalidade, função social da posse, meio-ambiente ecologicamente equilibrado, prenotação, dentre outros. Ao operador jurídico, cumpre o manuseio deôntico de toda essa

---

126. Julio César Rivera, "El Derecho Privado Constitucional", *RT* 725/13: "Por otra parte, pueden señalarse otros hechos que crean la necesidad de estudiar la relación entre el Derecho Constitucional y las ramas del Derecho Privado, particularmente el Derecho Civil. Uno de ellos es que ingresan a las constituciones materias que – al menos en algunos países – hasta ese momento se consideraban propias del Derecho Privado".

127. Canaris, *Pensamento Sistemático...*, cit., pp. 66-67: "Sendo o ordenamento, de acordo com a sua derivação a partir da regra da justiça, de natureza valorativa, assim também o sistema a ele correspondente só pode ser uma ordenação *axiológica* ou *teleológica* – na qual, aqui, teleológico não é utilizado no sentido estrito de pura conexão de meios aos fins, mas sim no sentido mais lato de cada realização de escopos e de valores, portanto no sentido no qual a 'jurisprudência das valorações', é equiparada à jurisprudência teleológica".

128. Vide Ricardo Aronne, *Por uma nova Hermenêutica...*, cit., pp. 110-162.

gama de normas, conjuntamente com a série de regras que toca à disciplina de especialidade.

Anotando o direito das coisas codificado, pode-se fazer um inventário primário de princípios diretamente relevantes. Cumpre transcrever o mencionado quadro.[129]

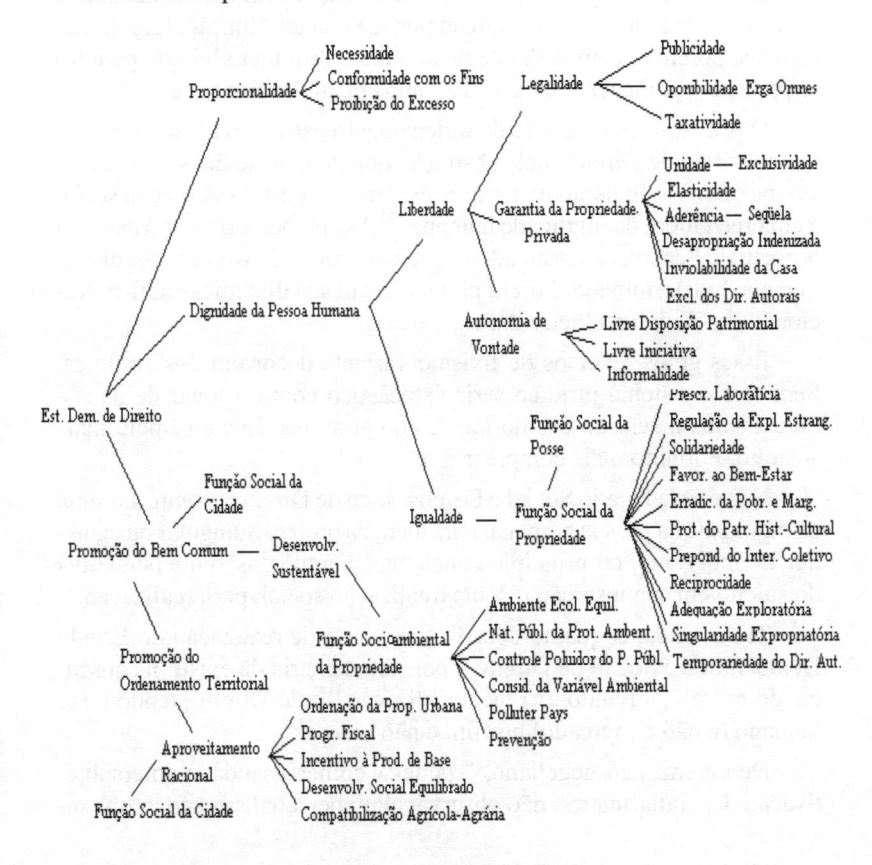

```
                                    Necessidade                          Publicidade
                  Proporcionalidade  Conformidade com os Fins  Legalidade  Oponibilidade  Erga Omnes
                                    Proibição do Excesso                  Taxatividade

                                                                         Unidade — Exclusividade
                                                                         Elasticidade
                                        Liberdade    Garantia da Propriedade  Aderência — Seqüela
                                                     Privada                  Desapropriação Indenizada
                                                                              Inviolabilidade da Casa
                                                                              Excl. dos Dir. Autorais
                 Dignidade da Pessoa Humana    Autonomia de    Livre Disposição Patrimonial
                                                Vontade        Livre Iniciativa
                                                               Informalidade
                                                                              Prescr. Laboratícia
    Est. Dem. de Direito                       Função Social da   Regulação da Expl. Estrang.
                                               Posse             Solidariedade
           Função Social da                                      Favor. ao Bem-Estar
           Cidade                  Igualdade — Função Social da  Erradic. da Pobr. e Marg.
    Promoção do Bem Comum — Desenvolv.          Propriedade      Prot. do Patr. Hist.-Cultural
                            Sustentável                          Prepond. do Inter. Coletivo
                                                                 Reciprocidade
                                            Ambiente Ecol. Equil.  Adequação Exploratória
                                            Nat. Públ. da Prot. Ambent.  Singularidade Expropriatória
          Promoção do         Função Socioambiental  Controle Poluidor do P. Públ.  Temporariedade do Dir. Aut.
          Ordenamento Territorial  da Propriedade    Consid. da Variável Ambiental
                                  Ordenação da Prop. Urbana    Polluter Pays
           Aproveitamento         Progr. Fiscal                Prevenção
           Racional               Incentivo à Prod. de Base
    Função Social da Cidade       Desenvolv. Social Equilibrado
                                  Compatibilização Agrícola-Agrária
```

Na impossibilidade de cobrir a estrutura de todos, cumpre elucidar os contornos axiológicos do princípio da função social da propriedade, não obstante sua indeterminação natural ao discurso.

Guarde-se que os princípios têm natureza normativa de espécie diferente das regras, cujo conteúdo guarda maior concreticidade. Por serem abstratos, encontram-se dispersos em diversos graus de densidade, uns

---

129. Idem, *Código Civil Anotado*, cit., p. 778.

dando sentido aos outros, de modo a formar um sistema intersubjetivamente dotado de racionalidade.

Esse sistema tem sua gênese normativa em um princípio que agasalha o conteúdo dos valores democraticamente escolhidos como legitimadores da ordem jurídica.[130] Os valores são o limite do sistema que se faz positivamente aberto e móvel por sua indeterminação. Reconhece lacunas, porém sucumbe diante de anomias. Tem metodologia para interpretação e aplicação. Uma ordem atrás de um aparente caos.

O princípio estruturante do ordenamento pátrio é o Estado Social e Democrático de Direito; pela abstração que guarda, se densifica em diversos outros – fundamentais – que revelam seu sentido. A função social é concretizadora da dignidade humana.[131] Assim, percorrer-se-á essa via normativa. Sensível ao resultado de cada *interface*. Sensível às condições iniciais. Indeterminado. Porém previsível em sua dinâmica caótica. Racional em sua intersubjetividade.

Esses graus diversos de fixismo variante decorrem dos atratores. Sem eles o sistema jurídico seria estocástico como o jogar de dados. Percebamos o sentido das normas como atratores. Inicie-se pelo mais abstrato. Portanto mais compreensivo.

Não existe Estado Social e Democrático de Direito ausente garantia da dignidade da pessoa humana. Para além da proteção singular ou egoística do indivíduo, tal princípio conclama à compreensão intersubjetiva do sujeito em sua inserção e contextualização social, para realização.

Traça ainda, enquanto densificador, meta de realização do Estado Democrático e Social de Direito – pois um deixaria de existir na ausência do outro –, advindo a "repersonalização"[132] do Direito, tendo o ser humano (e não o mercado) por fim e não meio.[133]

De Larenz, neo-hegeliano,[134] pode-se colher a saudável intersubjetivação das titularidades, não observável no personalismo ético que in-

---

130. Vide preâmbulo da CF/1988, cujo conteúdo é vinculante a todos.
131. A. J. Avelãs Nunes, *Os Sistemas Econômicos*, p. 123: "A primeira propriedade é a existência".
132. Orlando de Carvalho, *A Teoria...*, cit., pp. 10-11.
133. Karl Larenz, *Derecho Civil: Parte General*, pp. 45-46: "De ello se sigue que todo ser humano tiene frente a cualquier otro el derecho a ser respetado por él como persona, a no ser perjudicado en su existencia (la vida, el cuerpo, la salud) y en un ámbito propio del mismo y que cada individuo está obligado frente a cualquier otro de modo análogo".
134. Carlos Eduardo López Rodrigues, *Introdução ao Pensamento e à Obra Jurídica de Karl Larenz*, p. 27.

fluenciou o Código Civil alemão (BGB).[135] Pelo personalismo ético, o Direito passa à esfera da auto-regulamentação[136] em que fica sujeito às desigualdades materiais dos indivíduos e serve ao aumento de tais desigualdades.

Qualquer noção de dignidade, tendo em vista um patamar material e não meramente formal, deve ser apreendida concreta (tópica) e intersubjetivamente, como traduz Ingo Sarlet,[137] na mais significativa obra dedicada ao tema, na literatura jurídica nacional.

Estando a dignidade da pessoa humana na condição de densificadora do Estado Democrático e Social de Direito, não é o sujeito que impõe limites a si mesmo, como emerge da noção artificializada da metafísica tradicional, transmitidas por von SAVIGNY à Ciência do Direito do séc. XIX – também influente no pensamento de Windscheid[138] –, e sim cumpre ao Estado Social e Democrático de Direito impor e assegurar os limites da atuação dos sujeitos.[139]

Inobstante as considerações até agora tecidas já tenham lançado um pouco de luz sobre o significado e o conteúdo do princípio da dignidade da pessoa humana, não há como negar que uma definição clara do que seja efetivamente esta dignidade não parece ser possível, uma vez que se cuida de conceito de contornos vagos e imprecisos. Mesmo assim, não restam dúvidas de que a dignidade é algo real, já que não se verifica maior dificuldade em identificar as situações em que é espezinhada e agredida. (...) Neste contexto, costuma apontar-se corretamente para a circunstância de que o princípio da dignidade da pessoa humana constitui uma categoria axiológica aberta, sendo inadequado conceituá-lo de maneira fixista, ainda mais quando se verifica que uma definição dessa natureza não harmoniza com o pluralismo e a diversidade de valores que se manifestam nas sociedades democráticas contemporâneas.[140]

A positivação expressa desse princípio conduz, pelo viés normativo, à "repersonalização" do direito das coisas. Quando uma norma não dá

135. Francisco Amaral, *Direito Civil: Introdução*, p. 133.
136. Paulo Luiz Netto Lôbo, "Contrato...", p. 41.
137. Ingo Wolfgang Sarlet, *Dignidade da Pessoa Humana e Direitos Fundamentais*, pp. 39-60.
138. Karl Larenz, *Derecho Civil*..., cit., p. 45, n. 44.
139. Com outra leitura, diz Larenz (ibidem, p. 44): "Con ello se considera que el hombre, de acuerdo con su peculiar naturaleza y su destino, está constituido para configurar libre y responsablemente su existencia y su entorno en el marco de las posibilidades dadas en cada caso, para proponerse objetivos e imponerse a sí mismo límites en su actuación".
140. Ingo Wolfgang Sarlet, *A Eficácia*..., cit., p. 103.

vazão aos vetores axiológicos traçados, poderá ser retirada do ordenamento, por substancial inconstitucionalidade, no caso de inviabilidade de funcionalização; que é obstaculizada pela teoria clássica, no trato das titularidades como direitos absolutos, seccionando-os do direito das obrigações, pela via conceitual.[141]

"Comment, dès lors, ne pas commencer par faire connaître son sentiment sur la question de la différence spécifique du droit réel et l'obligation? Seulement, qu'on nous comprenne bien dès l'abord. Si, dès maintenant, nous laissons entendre que nos sommes favorables à la thèse de l'irréductibilité du droit réel à l'obligation et inversement de l'obligation au droit réel, cela ne signifie pas qu'il faille accepter de façon absolue les notions de droit réel et d'obligation telles que les a consacrées la doctrine classique, en admettant, d'ailleurs, qu'il y ait uniformité d'opinion chez les représentants de la doctrine classique, ce qui n'est pas établi."[142]

Concretizando o princípio da dignidade humana, no regime normativo atual, estão os princípios gerais da liberdade e igualdade. O primeiro migrou da condição de princípio estruturante para princípio geral de direito. A igualdade era de ordem formal, pois mera garantidora da liberdade, por meio da visão oitocentista de legalidade.

Desde a Carta de 1988, estas normas buscam a concretização da dignidade da pessoa humana, ganhando sentido naquele princípio e conseqüente valoração diferida no caso concreto, alinhando-se por relativização mútua, em concordância prática.[143]

Igualdade e liberdade têm apreensão material no sistema, implicando tratamento desigual para desiguais, ou restrição de liberdade para sua

141. Arnoldo Wald, *Direito das Coisas*, cit., p. 31.
142. Julien Bonnecase, *Traité Théorique et Pratique de Droit Civil*, t. 5, p. 3: "Como, então, não começar por esclarecer a nossa idéia sobre a questão da diferença específica entre o direito real e a obrigação? Quero apenas deixar isto claro de início. Se, a princípio, nós afirmamos que somos favoráveis à tese do direito real irredutível à obrigação e inversamente da obrigação ao direito real, não significa que aceitemos de forma absoluta as noções de direito real e de obrigação consagradas pela doutrina clássica. Seria preciso admitir, por outro lado, a uniformidade de opinião entre os representantes da doutrina clássica, o que não está confirmado" (tradução livre).
143. Konrad Hesse, *Escritos de Derecho Constitucional*, p. 48: "En íntima relación con el anterior se encuentra el principio de la concordancia practica: los bienes jurídicos constitucionalmente protegidos deben ser coordinados de tal modo en la solución del problema que todos ellos conserven su entidad. Allí donde se produzcan colisiones no se debe, a través de una precipitada 'ponderación de bienes' o incluso abstracta 'ponderación de valores', realizar el uno a costa del otro".

própria realização, no sentido da garantia da pessoa humana, na acepção intersubjetivada.

O princípio da igualdade, em sua densificação rumo ao direito das coisas, resta concretizado pelo princípio da função social da propriedade – princípio especial –, impositivo ao intérprete de otimizar as titularidades na consideração dos interesses extratitulares, fruto das necessidades do meio em que se insere intersubjetivamente.[144] "A função social da propriedade corresponde a limitações fixadas no interesse público e tem por finalidade instituir um conceito dinâmico de propriedade em substituição ao conceito estático, representando uma projeção da reação antiindividualista".[145]

São obrigações (positivas ou negativas) que derivam do meio em que se insere a propriedade em pauta – móvel ou imóvel, material ou imaterial – que fornecerá por meio da análise do sistema social e do ambiente[146] tal conteúdo. Informando o atrator. A função social de uma propriedade somente pode ser apreciada em concreto, principalmente em um país de proporções continentais como o Brasil, de perfis muito distintos em cada região ou comunidade, o que dificulta a existência de fórmulas hábeis à sua pré-compreensão.

Interesses privados, sociais e públicos hão de se alinhar, relativizando-se em caso de conflito, sem se eliminarem, de modo que, em sua constituição mútua, seja verificável o conteúdo de funcionalização em apreço, plenamente exigível na condição de direito social, erguido nos ombros do art. 5º da Constituição Federal de 1988 à condição de direito fundamental.

Sem prejuízo do exposto, a função social se explicita – mediante maior concretização – em diversos princípios especialíssimos que nela ganham sentido e que dão sentido às regras do ordenamento, conduzindo até elas valores recebidos no topo da cadeia de concretização.

"La propiedad, a tenor del Código civil, no es ciertamente, como hemos vistos (*supra* § 2 II d), un derecho ilimitado. Ello no obstante,

---

144. Vladimir da Rocha França, "Perfil Constitucional da Função Social da Propriedade", *Revista de Informação Legislativa*, n. 141, p. 14: "A função social é intrínseca à propriedade privada. As concepções individualistas sucumbiram ante a força das pressões sociais em prol de sua democratização. Pode-se dizer que não basta apenas o título aquisitivo para conferir-lhe legitimidade: é preciso que o seu titular, ao utilizar o feixe dos poderes – absolutos, amplos ou restringidos – integrantes do direito de propriedade, esteja sensibilizado com o dever social imposto pela Constituição Federal".
145. Luiz Edson Fachin, *A Função Social da Posse...*, cit., p. 19.
146. Pietro Barcelona, *O Egoísmo Maduro e a Insensatez do Capital*, p. 21.

concede al propietario facultades muy amplias. Los creadores del Código estaban aún lejos de pensar que el propietario de terrenos debiese ejercitar su derecho, no a su albedrío, sino sólo de modo compatible con las necesidades elementales de la comunidad, tal como se derivan de la convivencia en un espacio limitado."[147]

Diversamente das regras, que convivem no plano da validade, em face de sua concreticidade, reduzindo a discricionariedade do intérprete, os princípios convivem no plano valorativo. São dialógicos. Suas razões são complementares, mesmo no antagonismo.

As regras têm um convívio antinômico, dialético, afastando-se no caso de antinomia para valer ou não, topicamente. Os princípios não. De convivência conflitual, hierarquizam-se axiologicamente para preservar a unidade material do sistema. Dialogam. Relativizam-se mutuamente na incidência tópica, no encadeamento teleológico dos valores em destaque.

Ganhando sentido em concreto, o princípio da função social da propriedade tem plasticidade fractal suficiente para adequação tópica pelo intérprete, no contexto da totalidade do sistema jurídico. Com isso, resulta irreconhecível o direito das coisas em sua atual fisionomia, frente seus lineares e abstratos modelos ancestrais.[148]

6. Sem pândegas ou pandectas: considerações finais

Desnecessário trilhar as razões pelas quais não se buscará trazer um conceito de propriedade para a pós-modernidade. O que o Direito pode oferecer é uma arquitetura fundada no direito das coisas, de feição transdogmática e transparadigmática, apta a reconhecer a complexidade e indeterminabilidade do sistema jurídico.

Não obstante, no revelar de seus atratores normativos, explicita uma possível ordem por trás do caos. Uma ordem sem qualquer resquício de positivismo, porém reconhecedora da vinculatividade normativa, seus limites e suas possibilidades.

Não se busca, com isso, ofertar uma nova paisagem ao observador. Outrossim, revelar um novo modo de ver. Do olhar ao ângulo. Espera-se que ciente das possibilidades que abre, não se desligue da matriz que encerra. Aponta, pois, uma superação; algo para além da simples negação.

---

147. Karl Larenz, *Derecho Civil...*, pp. 78-79.
148. No mesmo contexto, ainda que em outro sentido, vide Antonio Junqueira de Azevedo, "O Direito Civil tende a Desaparecer?", *RT* 472/15-21.

Sem refutar objetivismo ou subjetivismo por suas limitações, galgar ao platô da intersubjetividade, preservando o pluralismo includente da democracia humanista aberta e consolidadora de um Estado Social que respeita um mercado, sem guardar condição servil.

Um discurso de esperança, cuja mesma face reconhece a condição de um lamento. Um renascer que não deixa de ter, também, sua condição de adeus.

Bibliografia

AMARAL, Francisco. *Direito Civil: Introdução*. 2ª ed., Rio de Janeiro, Renovar, 1998.

ARONNE, Ricardo. *Propriedade e Domínio*. Rio de Janeiro, Renovar, 1999.

_____. *Por uma nova Hermenêutica dos Direitos Reais Limitados – Das Raízes aos Fundamentos Contemporâneos*. Rio de Janeiro, Renovar, 2001.

_____. "Titularidades e Apropriação no novo Código Civil: breve Estudo sobre a Posse e sua Natureza", in SARLET, Ingo Wolfgang. *O novo Código Civil e a Constituição*. Porto Alegre, Liv. do Advogado, 2003.

_____. *Novo Código Civil Anotado*. Porto Alegre, Síntese, 2004.

_____. *Anotações ao Direito das Coisas e Legislação Especial Selecionada*. São Paulo, IOB, 2005.

_____. *Direito Civil-Constitucional e Teoria do Caos – Estudos Preliminares*. Porto Alegre, Liv. do Advogado, 2006.

AZEVEDO, Antonio Junqueira de. "O Direito Civil tende a Desaparecer?", *RT* 472/15-21. São Paulo, Ed. RT, 1975.

BARBOSA, Adilson J. P.; GONÇALO, José Evaldo. *O Direito de Propriedade e o novo Código Civil*. Brasília, Câmara dos Deputados. Disponível em: www.cidadanet.org.br/dados/arts_novo_codigo_civil_e_propriedade.htm. Acesso em 19.2.2001.

BARCELONA, Pietro. *O Egoísmo Maduro e a Insensatez do Capital*. São Paulo, Ícone, 1995.

BEVILAQUA, Clovis. *Direito das Coisas*, vol. 1. 5ª ed., Rio de Janeiro, Forense, s/d.

BODIN DE MORAES, Maria Celina. "A Caminho de um Direito Civil Constitucional", *Revista de Direito Civil*, vol. 65. São Paulo, jul.-set./1993.

BONNECASE, Julien. *Traité Théorique et Pratique de Droit Civil*, t. 5. Paris, Recueil Sirey, 1930.

CANARIS, Claus-Wilhelm. *Pensamento Sistemático e Conceito de Sistema na Ciência do Direito*. 2ª ed., Lisboa, Calouste Gulbenkian, 1996.

CARBONNIER, Jean. *Flexible Droit: pour une Sociologie du Droit sans Rigueur*. Paris, LGDJ, 1992.

CARVALHO, Orlando de. *A Teoria Geral da Relação Jurídica: seu Sentido e Limites*. 2ª ed., Coimbra, Centelha, 1981.

CHALHUB, Melhim Namem. *Curso de Direito Civil – Direitos Reais*. Rio de Janeiro, Forense, 2003.

CHEMERIS, Ivan. *A Função Social da Propriedade – o Papel do Judiciário diante das Invasões de Terras*. São Leopoldo, Unisinos, 2002.

COMPARATO, Fábio Konder. "Direitos e Deveres Fundamentais em Matéria de Propriedade", *Revista do Centro de Estudos Jurídicos da Justiça Federal*, vol. 1, n. 3. Brasília, CEJ, 1997, pp. 92-99.

COURTIANO JR., Eroults. *O Discurso Jurídico da Propriedade e suas Rupturas*. Rio de Janeiro, Renovar, 2002.

COVIELLO, Nicola. *Manuale di Diritto Civile Italiano*. Milano, Società Editice Libraria, 1924.

DELGADO, Mário Luiz. In LOUREIRO Luiz Guilherme. *Direitos Reais: à luz do Código Civil e do Direito Registral*. São Paulo, Método, 2004.

FACHIN. Luiz Edson. *A Função Social da Posse e a Propriedade Contemporânea*. Porto Alegre, Fabris, 1988.

_____. "Direito Civil Contemporâneo", *Revista Consulex*, n. 18, Brasília, Consulex, 1998.

_____. *Teoria Crítica do Direito Civil*. Rio de Janeiro, Renovar, 2000.

_____. *Estatuto Jurídico do Patrimônio Mínimo*. Rio de Janeiro, Renovar, 2001.

FACHIN, Luiz Edson; RUZYK, Carlos Eduardo Pianovski. "Direitos Fundamentais, Dignidade da Pessoa Humana e o novo Código Civil", in SARLET, Ingo Wolfgang (Org.). *Constituição, Direitos Fundamentais e Direito Privado*. Porto Alegre, Liv. do Advogado, 2003.

FACCHINI NETO, Eugênio. *Teoria Crítica do Direito Civil*. Rio e Janeiro, Renovar, 2000.

_____. "Reflexões Histórico-Evolutivas sobre a Constitucionalização do Direito Privado", in SARLET, Ingo Wolfgang (Org.). *Constituição, Direitos Fundamentais e Direito Privado*. Porto Alegre, Liv. do Advogado, 2003.

_____. "Limites e Possibilidades da nova Teoria Geral do Direito Civil", *Estudos Jurídicos*, vol. 2. Curitiba, Ed. Universitária Champagnat.

FERNANDES, Florestan. *Mudanças Sociais no Brasil*. 3ª ed., São Paulo, DIFEL, 1979.

FERNANDES, Florestan; FREITAG, Bárbara; ROUANET, Sérgio Paulo. *Habermas*. São Paulo, Ática, 1993.

FOUCAULT, Michel. *As Palavras e as Coisas*. São Paulo, Martins Fontes, 2002.

FRANÇA, Vladimir da Rocha, "Perfil Constitucional da Função Social da Propriedade", *Revista de Informação Legislativa*, n. 141. Brasília, Senado Federal, 1999.

FREITAG, Bárbara; FERNANDES, Florestan; ROUANET, Sérgio Paulo. *Habermas*. São Paulo, Ática, 1993.

GARCÍA DE ENTERRÍA, Eduardo. *La Constitución como Norma y el Tribunal Constitucional*. 3ª ed., Madrid, Civitas, 1985.

GIORGIANNI, Michele. "O Direito Privado e suas Atuais Fronteiras", *RT* 747/35-36. São Paulo, Ed. RT, 1998.

GLEICK, James. *Caos – A Criação de uma Nova Ciência*. Rio de Janeiro, Campus, 1990.

GOMES, Orlando. *Direitos Reais*.

GONÇALO, José Evaldo; BARBOSA, Adilson J. P. *O Direito de Propriedade e o novo Código Civil*. Brasília, Câmara dos Deputados. Disponível em: *www. cidadanet.org.br/dados/arts_novo_codigo_civil_e_propriedade.htm*. Acesso em 19.2.2001.

GONNARD, René. *La Propriété dans la Doctrine et dans l'Histoire*. Paris, LGDJ, 1943.

HABERMAS, Jürgen. *Mudança Estrutural da Esfera Pública*. Rio de Janeiro, Tempo Brasileiro, 1984.

_____. *A Crise de Legitimação do Capitalismo Tardio*. 2ª ed., Rio de Janeiro, Tempo Brasileiro, 1994.

_____. *A Ética da Discussão e a Questão da Verdade*. São Paulo, Martins Fontes, 2004.

HESSE, Konrad. *Escritos de Derecho Constitucional*. Madrid, Centro de Estudios Constitucionales, 1983.

KRAEMER, Eduardo. "Algumas Anotações sobre os Direitos Reais no novo Código Civil", in SARLET, Ingo Wolfgang (Org.). *Constituição, Direitos Fundamentais e Direito Privado*. Porto Alegre, Liv. do Advogado, 2003.

KUHN, Thomas S. *A Estrutura das Revoluções Científicas*. 5ª ed., São Paulo, Perspectiva, 1998.

LACERDA DE ALMEIDA, Francisco de Paula. *Direito das Cousas*, vol. 1. Rio de Janeiro, J. R. dos Santos, 1908.

LARENZ, Karl. *Derecho Civil: Parte General*. Madrid, Revista de Derecho Privado, 1978.

MANDELBROT, Benoît. *The fractal Geometry of Nature*. São Francisco, W. H. Freeman, 1982.

MAZEUD, Henri; MAZEUD, Léon; MAZEUD, Jean. *Lecciones de Derecho Civil*, t. II, vol. 4. Buenos Aires, Europa-América, 1978.

MEIRELLES, Jussara. "O Ser e o Ter na Codificação Civil Brasileira: do Sujeito Virtual à Clausura Patrimonial", in FACHIN, Luiz Edson. *Repensando os Fundamentos do Direito Civil Brasileiro Contemporâneo*. Rio de Janeiro, Renovar, 1998.

MELGARÉ, Plínio. "Horizontes da Democracia e do Direito: Um Compromisso Humano", in MELGARÉ, Plínio; BELMONTE, Cláudio. *O Direito na Sociedade Contemporânea*. São Paulo, Forense, 2005.

MIRANDA, Jorge. "Direitos Fundamentais e Interpretação Constitucional", *Revista do TRF da 4ª Região*, n. 30. Porto Alegre, O Tribunal, 1998.

MONTEIRO, Washington de Barros. *Curso de Direito Civil – Direito das Coisas*. 37ª ed., atual., São Paulo, Saraiva, 2003.

NALIN, Paulo. "Cláusula Geral e Segurança Jurídica no Código Civil", *Revista Brasileira de Direito*, vol. 1. Passo Fundo, IPEJUR, 2005, pp. 85-102.

LÔBO, Paulo Luiz Netto. "Contrato e Mudança Social", *RT* 722/40-45. São Paulo, Ed. RT, 1995.

NUNES, A. J. Avelãs. *Os Sistemas Económicos*. Coimbra, Coimbra Ed., 1997.

PASCAL, Blaise. *Pensamentos*. São Paulo, Martins Fontes, 2001.

PASQUALINI, Alexandre. *Hermenêutica e Sistema Jurídico: uma Introdução à Interpretação Sistemática do Direito*. Porto Alegre, Livraria do Advogado, 1999.

_____. "O Público e o Privado", in SARLET, Ingo (Org.). *O Direito Público em Tempos de Crise*. Porto Alegre, Livraria do Advogado, 1999.

PEREIRA, Lafayette Rodrigues. *Direito das Coisas*, vol. 1. 5ª ed., Rio de Janeiro, Freitas Bastos, 1943.

PESET, Mariano. *Dos Ensayos sobre la Historia de la Propiedad de la Tierra*. Madrid, Revista de Derecho Privado, 1982.

PROVERA, Giuseppe. "La Distinzione fra Diritti Reali e Diritti di Obbligazione alla luce delle Istituzioni di Gaio", *Il Modello di Gaio nella Formazione del Giurista*. Milão, Giuffrè, 1981.

REALE. Miguel, "Visão Geral do novo Código Civil", in TAPAI, Giselle de Melo Braga. *Novo Código Civil Brasileiro – Estudo Comparativo do Código Civil de 1916, Constituição Federal, Legislação Codificada e Extravagante*. São Paulo, Ed. RT, 2002.

RÉMOND, René. *O Século XIX*. São Paulo, Cultrix, 1997.

RIBEIRO, Joaquim de Sousa. "Constitucionalização do Direito Civil", *Boletim da Faculdade de Direito*, Separata do vol. 74. Coimbra, Universidade de Coimbra, 1998.

RIBEIRO FILHO, Romeu Marques. *Das Invasões Coletivas: Aspectos Jurisprudenciais*. Porto Alegre, Livraria do Advogado, 1998.

RIVERA, Julio César. "El Derecho Privado Constitucional", *RT* 725/13, São Paulo, Ed. RT, 1996.

RIZZARDO, Arnaldo. *Direito das Coisas*. São Paulo, Forense, 2003.

ROCHA, Fernando Luiz Ximenes. "Direitos Fundamentais na Constituição de 88", *RT* 758/23-33. São Paulo, Ed. RT, 1998.

RODRIGUES, Carlos Eduardo López. *Introdução ao Pensamento e à Obra Jurídica de Karl Larenz*. Porto Alegre, Livraria do Advogado, 1994.

RODRIGUES, Sílvio. *Direito Civil – Direito das Coisas*. 27ª ed., São Paulo, Saraiva, 2002.

ROUANET, Sérgio Paulo; FREITAG, Bárbara; FERNANDES, Florestan. *Habermas*. São Paulo, Ática, 1993.

RUZYK, Carlos Eduardo Pianovski; FACHIN, Luiz Edson. "Direitos Fundamentais, Dignidade da Pessoa Humana e o novo Código Civil", in SARLET, Ingo Wolfgang (Org.). *Constituição, Direitos Fundamentais e Direito Privado*. Porto Alegre, Liv. do Advogado, 2003.

SANTOS, Boaventura de Souza. *Um Discurso sobre as Ciências*. São Paulo, Cortez.

SARLET, Ingo Wolfgang. *Dignidade da Pessoa Humana e Direitos Fundamentais*. 3ª ed., Porto Alegre, Liv. do Advogado, 2004.

_____. *A Eficácia dos Direitos Fundamentais*. 5ª ed., Porto Alegre, Livraria do Advogado, 2005.

SARTRE, Jean-Paul. *A Idade da Razão*. São Paulo, DIFEL, 1976.

SERRES, Michel. *O Contrato Natural*. Rio de Janeiro, Nova Fronteira, 1991.

SEYMOUR-SMITH, Martin. *Os cem Livros que mais influenciaram a Humanidade*. 3ª ed., Rio de Janeiro, DIFEL, 2002.

SILVA PEREIRA, Caio Mário da. *Instituições de Direito Civil – Direitos Reais*, vol. 4. Atualizado por Carlos Edison do Rego Monteiro Filho. 18ª ed., Rio de Janeiro, Forense, 2004.

TEPEDINO, Gustavo. "Contornos Constitucionais da Propriedade Privada", in *Estudos em Homenagem ao Professor Caio Tácito*. Rio de Janeiro, Renovar, 1997 (originalmente publicado na Itália: "Contorni della Proprietà nella Costituzione Brasiliana de 1988", *Rassegna di Diritto Civile*, Ed. Scientfiche Italiane, 1/91, 1991; republicado no ano 2000 como capítulo em *Temas de Direito Civil*. Rio de Janeiro, Renovar).

TUTIKIAN, Cristiano. "Sistema e Codificação: as Cláusulas Gerais e o Código Civil", in Ricardo Aronne (Org.). *Estudos de Direito Civil-Constitucional*, vol. 1. Porto Alegre, Liv. do Advogado, 2002.

VENOSA, Silvio de Salvo. *Direito Civil – Direitos Reais*, vol. 4. São Paulo, Atlas, 2001.

WALD, Arnoldo. *Curso de Direito Civil Brasileiro – Direito das Coisas*. 11ª ed., São Paulo, Saraiva, 2002.

WASSERMAN, Claudia. "A Manutenção das Oligarquias no Poder: as Transformações Econômico-Políticas e a Permanência dos Privilégios Sociais", *Estudos Ibero-Americanos*, t. 2, n. 24. Porto Alegre, EDIPUCRS, 1998.

Terceira Parte

PESSOA HUMANA E CONSTITUIÇÃO

10
CONSTITUIÇÃO E VONTADE POPULAR: ELEMENTOS PARA A COMPREENSÃO DO PRINCÍPIO DEMOCRÁTICO

AGASSIZ ALMEIDA FILHO

*Para José Carlos Ferreira,
um dos decanos do livro jurídico brasileiro.*

1. Princípio democrático e Estado Constitucional. 2. Atualidade e passado constitucionais. Subsídios e fundamentos para a compreensão da racionalidade da Constituição: 2.1 Os pressupostos da racionalidade constitucional. 3. Princípio democrático e racionalidade constitucional. 4. Racionalidade constitucional e poder constituinte. 5. Representação política e racionalidade constitucional. 6. Concretização normativa, abertura da Constituição e princípio democrático.

1. Princípio democrático e Estado Constitucional

Sempre que analisamos o papel do Estado contemporâneo, surge a necessidade de voltar ao tema da mensagem normativa da Constituição. Afinal, nossa época coincide com o apogeu jurídico-político do Estado Constitucional, no qual todas as manifestações do fenômeno estatal nascem a partir da Constituição ou dela dependem de alguma maneira. No final das contas, a configuração do Estado é resultado da conexão que existe entre o discurso constitucional e a influência normativa (e também sociopolítica) da vontade popular. Por isso, é importante situar a lógica democrática – e a razão prática que ganha forma por meio do poder constituinte – como um dos principais motores do fenômeno constitucional.

O surgimento do Estado Constitucional viu-se rodeado por uma ampla gama de significados decorrentes das idéias e valores por trás do constitucionalismo moderno-iluminista. Afinal, o Estado Constitucional e as normas que o estruturam também assumem uma nítida conotação histórico-cultural. Seu conteúdo vincula-se a todos os elementos normativos, sociais e políticos que marcaram a edificação da democracia contemporânea. No caso, trata-se praticamente dos mesmos fatores – acontecimentos histórico-sociais, progressos teóricos, incremento do instrumental normativo etc. – que contribuíram para que os postulados democráticos fossem incorporados à Constituição.

Não se pode negar a relativa identificação entre a democracia moderna e o Estado Constitucional. Mas essa constatação histórica não se manifesta apenas no plano sociopolítico. O Estado Constitucional contemporâneo também foi antecedido pela longa tradição do Direito Natural, pelo racionalismo que inspirou as declarações de direitos, pelo pensamento iluminista vinculado aos ciclos revolucionários (constitucionalismo clássico) dos séculos XVII e XVIII, sem falar na ligação que, em certa altura, no auge do liberalismo político, ele manteve com a diferenciação entre Estado e sociedade. O atual Estado Constitucional foi influenciado, ainda, pelo utilitarismo, pelo pensamento de Marx e dos conservadores católicos, pelo discurso emancipador dos direitos sociais, culminando, após a segunda metade do século XX, com a presente fase de valorização dos direitos fundamentais e busca da força normativa da Constituição (e da sua faceta política). De um modo geral, vale a pena repetir, o ciclo evolutivo do Estado Constitucional coincide com o desenvolvimento da democracia moderna.

Mais do que meras fases evolutivas, as várias etapas dessa "marcha constitucional" representam um acúmulo de conquistas normativas cujo conjunto dá corpo a esse modelo de Estado que surge a partir da Constituição. No horizonte do Estado Constitucional, há um núcleo de direitos fundamentais que representa os principais referentes axiológicos de cada tempo. Esse "específico patrimônio axiológico-normativo (...), uma vez revelado, fica verdadeiramente adquirido para sempre",[1] salvo quando a força do processo histórico os torne claramente incompatíveis com a vontade (popular) dos membros da comunidade política. Sendo assim, é possível dizer que o Estado Constitucional é dotado de conteúdo material.[2]

---

1. António Castanheira Neves, *Digesta: escritos acerca do Direito, do pensamento jurídico, da sua metodologia e outros*, p. 274.
2. Nesse sentido, Plínio Melgaré (*Um olhar sobre os direitos fundamentais e o Estado de Direito: breves reflexões ao abrigo de uma perspectiva material*. Texto inédito gentilmente disponibilizado pelo autor, pp. 3-4) nos lembra que o Estado de Direito deve necessariamente subordinar-se a uma concepção específica de Direito. Trata-se de

Trata-se de um modelo de Estado comprometido, em última medida, com a realização da pessoa humana e dos direitos que lhe são inerentes. Isso nos permite afirmar que a proteção dos direitos fundamentais, verdadeira conquista jurídico-política do constitucionalismo em todas as suas manifestações históricas, é um dos pilares do Estado Constitucional.

A democracia constitucional é o modelo de dominação política em que a soberania popular figura como base material e fonte de legitimidade da Constituição. Historicamente, em termos de participação política e difusão do pluralismo, a democracia constitucional ganha forte impulso durante a passagem do mundo liberal para o intervencionismo emancipador do Estado Social. Nesse período, que coincide com as primeiras décadas do século XX, a universalização do sufrágio aproxima Estado e sociedade, uma vez que setores cada vez mais amplos do corpo social passam a integrar as esferas estatais responsáveis pela tomada das decisões políticas. Isso produz uma horizontalização da Política que está na base da democracia contemporânea e vai ser responsável, após a Segunda Guerra Mundial, pela ampliação do comprometimento axiológico-normativo do Estado Constitucional.

Em linhas gerais, pode-se dizer que essa fase intervencionista do Estado Constitucional – que dá origem ao Estado Social e à distribuição do bem-estar que ele implica – se deve, entre outros fatores, às tendências sociais que nesse momento reclamavam níveis mais acentuados de participação política e proteção da pessoa humana, compreendida, a partir de então, em sua dimensão social ou coletiva. Trata-se de uma reversão do modelo de Estado liberal, motivada pela finalidade de ampliar o papel da sociedade e dos indivíduos no processo de tomada das decisões políticas. Apesar disso, conforme já foi dito, a força do ideário democrático não encerra seu ciclo evolutivo com o Estado Social, momento em que os movimentos sociais exigiram a implementação efetiva da soberania popular e a ampliação do papel do Estado. A idéia de democracia e o princípio democrático também estão na base do Estado Constitucional deste início de século. Afinal, no mundo pós-industrial a legitimidade do domínio político reside no postulado segundo o qual "todo o poder emana do povo, que o exerce por meio de representantes eleitos ou diretamente" (art. 1º, parágrafo único, da Constituição Federal de 1988).

uma conotação material da juridicidade, que nasce a partir do momento em que o Direito passa a ser "instruído e ajustado a princípios transcendentes à ordem jurídica positivada – portanto, indisponíveis às estruturas do poder –, determinantes e constituintes da intencionalidade axiológica do próprio Direito". Aí ganham espaço as conquistas jurídicas alcançadas por cada comunidade política em particular.

Quando as revoluções liberais despontaram no cenário sociopolítico, de certo modo a concretização do ideário democrático – então simbolizado pelo princípio republicano e pela soberania nacional francesa – era algo distante das possibilidades revolucionárias. Depois, já no século XX, o ideário democrático transforma-se em objetivo imediato dos reclamos populares, preparando sua positivação constitucional e inaugurando todos os problemas – a busca de uma democracia material, a crise orçamentária do Estado Social, a substituição da democracia representativa de corte liberal pelo modelo mais amplo de democracia participativa etc. – que em breve girariam em torno do seu aprimoramento enquanto regime político concreto. Historicamente, a democracia sempre foi símbolo político e quimera de certos setores populares.[3] No mundo contemporâneo, ainda persiste como tal, porque sua estrutura precisa ser constantemente reformulada para enfrentar o grande número de desafios das sociedades pós-industriais.

Em geral, a compreensão do princípio democrático termina sendo afetada pela crise do Estado Constitucional praticamente durante todo o século XX. Afinal, vale a pena repetir, o Estado Constitucional aglutina em torno de si a quase totalidade dos elementos sociopolíticos e normativos que ajudaram a construir o discurso democrático moderno. Por causa disso, a mensagem normativa da Constituição (ou sua correspondência com a realidade constitucional) também acaba sendo influenciada pelo caráter ideal (os objetivos de qualquer modelo teórico ou normativo) dos postulados democráticos.

Já foi dito que a história do Estado Constitucional termina se confundindo com a própria evolução do discurso democrático. Se observarmos o período que se estende do constitucionalismo liberal até os dias de hoje, vamos encontrar um pano de fundo comum que caracteriza ambos os fenômenos. Isso acontece porque a estruturação da democracia moderna, isto é, a adoção dos marcos democráticos como bandeira de luta política durante o constitucionalismo revolucionário dos séculos XVII e XVIII, coincide com a fundação do Estado Constitucional. Além disso, o advento da vontade popular como referência primeira do ordenamento jurídico construiu a legitimidade buscada pelo discurso constitucional, criando as condições necessárias para que a Constituição, em um segundo momento, pudesse funcionar como sistema jurídico dotado de supremacia normativa.[4]

---

3. Sobre o tema, cf. Ramón Cotarelo. *En torno a la teoría de la democracia*, pp. 28-29.

4. A supremacia constitucional se implantou no plano jurídico-político quando o conteúdo da Constituição passou a ser protegido por um sistema eficaz de controle de

Dito isso, torna-se necessário determinar quais são os elementos materiais que estão na base do discurso constitucional positivo. É importante identificar os critérios através dos quais a Constituição elabora (a essência da) sua mensagem jurídico-política. Trata-se de descobrir como a Lei Fundamental deve estruturar a sua fisionomia normativa para ser considerada como um estatuto jurídico-político condizente com os valores constitucionais de cada tempo específico. E nessa tarefa, voltada para a construção de um modelo democrático constitucionalmente racional, estão envolvidos o Estado Constitucional e a idéia (contemporânea) de democracia. Neles podemos encontrar os componentes responsáveis pela articulação de um discurso constitucional dotado de racionalidade, compatível, portanto, com uma específica compreensão da vontade popular.

2. Atualidade e passado constitucionais. Subsídios e fundamentos para a compreensão da racionalidade da Constituição

O trilhar da "racionalidade – escreve Manuel Segura Ortega – é o resultado de uma longa evolução que culmina com a construção do Estado Constitucional moderno".[5] Durante toda essa evolução, uma das principais dificuldades dos esforços teóricos dedicados ao estudo da racionalidade tem sido a grande pluralidade conceitual[6] ou a existência de vários tipos distintos de racionalidade, a exemplo da racionalidade teórica, da racionalidade lógico-formal etc. Vamos centrar nossa atenção no estudo da racionalidade (prática)[7] do sistema jurídico-constitucional,

---

constitucionalidade. Segundo afirma José Acosta Sánchez (*Formación de la Constitución y jurisdicción constitucional: fundamentos de la democracia constitucional*, pp. 145 e ss.), o período europeu anterior ao aparecimento do controle de constitucionalidade pode ser caracterizado como um "constitucionalismo sem Constituição", ou seja, como um constitucionalismo conduzido por uma Constituição que não possui força normativa. Se pensarmos numa força normativa efetiva, tal conclusão também pode ser atribuída ao caso brasileiro, apesar de o controle de constitucionalidade ter surgido entre nós com bastante mais antecedência (1891).

5. Manuel Segura Ortega, "La racionalidad del Derecho: sistema y decisión", *Boletim da Faculdade de Direito*, Coimbra, n. LXXI, 1995, p. 152.

6. Sobre a mencionada pluralidade, cf. Aulis Aarnio. *Lo racional como razonable: un tratado sobre la justificación jurídica*, pp. 240-250. No mesmo sentido, Manuel Segura Ortega, "La racionalidad del Derecho", cit., p. 148.

7. A racionalidade prática é decorrência de uma situação comunicativa entre os sujeitos que integram a comunidade política de acordo com o sistema sujeito/sujeito. Ela se forma por meio do diálogo que os membros da comunidade política constroem em torno dos problemas da existência coletiva. Trata-se de um "discurso que não visa, desse

ou seja, na análise do modelo de racionalidade (a racionalidade da Constituição) responsável pelo estabelecimento das "regras que desenham o modelo de convivência de um determinado grupo social".[8]

Tradicionalmente, "uma posição diz-se (...) racional quando é sustentável pela referência a certos pressupostos, através de uma mediação estruturada pelo pensamento".[9] Quer dizer, a racionalidade de algo ganha forma na medida em que esse algo se justifica por meio de uma adequada (racional) correlação com os pressupostos que o sustentam. De momento, é preciso identificar os pressupostos do discurso constitucional e harmonizá-los com os critérios jurídico-materiais criados pela vontade popular, ou seja, com aquelas pautas normativas constitucionalmente relevantes que sintetizam a vontade do povo. Através de tal adequação – Constituição/vontade popular –, os pressupostos da racionalidade constitucional dão início ao processo de racionalização do Estado Constitucional. Quer dizer, através dessa adequação a Constituição pode ser compreendida como "expressão das situações sociais e da ordem normativa que determina o curso da vida social",[10] o que reforça sua conexão com o sentido prático-normativo da vontade popular.

Antes de mais nada, é importante saber se esses pressupostos da racionalidade constitucional são sempre os mesmos ou se variam de acordo com o processo histórico. Dito de outra forma, a) há pressupostos imutáveis, formulados, por exemplo, de acordo com a tradição jusnaturalista clássica, b) há pressupostos pré-determinados, cujo conteúdo se altera com o passar do tempo ou c) o rol dos pressupostos do discurso constitucional é definido de acordo com cada momento histórico, surgindo ou extinguindo-se na medida em que a sociedade, no plano jurídico-político, modifica seus padrões axiológicos e culturais? Na verdade, tais indagações se relacionam com a questão de encontrar um limite operativo entre a estática – ligada à segurança jurídica – e a dinâmica do discurso constitucional – base do processo de legitimação e da própria efetividade normativa da Constituição: o justo constitucional.

modo, nem a inferência ou a demonstração necessárias, nem o conhecimento verdadeiro e a explicação universais, nem a adequação e a aptidão funcionais e técnicas, mas a plausibilidade razoável-situacional e prático-contextual" (António Castanheira Neves. *Metodologia jurídica: problemas fundamentais*, pp. 36-37). A racionalidade prática se aplica à Constituição em virtude do caráter dialógico por trás da própria idéia de vontade popular.

8. Manuel Segura Ortega, "La racionalidad del Derecho", cit., p. 147.
9. Antônio Castanheira Neves, *Metodologia jurídica*, cit., pp. 34-35.
10. Nelson Saldanha. "A sociedade e a Constituição", *Revista Brasileira de Estudos Políticos* 5, 1959, p. 244.

Tendo em vista tais questões, e tomando a razão prática como referência, pode-se dizer que a racionalidade constitucional não tem relação exclusiva com uma específica Constituição positiva. Normalmente, o conteúdo da racionalidade constitucional também é determinado pela cultura jurídico-política – e por suas origens extranormativas – dos povos. É uma categoria que exprime as características culturais e normativas da estrutura jurídico-política de cada sociedade, dando origem a uma inquebrantável configuração bifronte. A racionalidade da Constituição, assim, está fortemente ligada à história e à realidade constitucional de cada comunidade política, sem deixar de lado, naturalmente, a configuração que ela recebe a partir do diploma constitucional em vigor.

Sendo assim, pode-se dizer que há duas manifestações distintas de racionalidade constitucional. A primeira delas se relaciona diretamente com a tradição jurídico-política. Resulta da herança dos movimentos constitucionais do Ocidente e do próprio caminho histórico-constitucional de cada comunidade política. Em um mundo global cada vez menor, o patrimônio constitucional é decorrência de uma mescla entre as características nacionais e a carga ideológica do constitucionalismo moderno. A segunda manifestação da racionalidade tem relação com a mensagem normativa de cada Constituição concreta, constantemente influenciada pelo modelo racional que surge a partir do constitucionalismo clássico e da cultura jurídico-política em questão. Sempre que estejam presentes seus pressupostos, analisados a seguir, e sempre que estes passem pelo filtro da vontade popular, a normatividade constitucional tem bases racionais e apresenta caráter democrático-linear. Quer dizer, evolui num ritmo que respeita a vontade jurídico-política dos povos e as conquistas normativas acumuladas no transcurso do processo histórico.

2.1 Os pressupostos da racionalidade constitucional

O constitucionalismo moderno-iluminista influenciou diretamente a criação dos atuais pressupostos da racionalidade constitucional. Inspirados pelos movimentos revolucionários dos séculos XVII e XVIII, os fundamentos do constitucionalismo se identificavam com a limitação do poder político – antes sujeito ao voluntarismo do monarca absoluto – e com a implementação de um sistema normativo de direitos e garantias fundamentais.[11]

11. Cf. Paulo Ferreira da Cunha. *Para uma história constitucional do Direito português*, p. 191.

Atualmente, na ótica do Estado de Direito Material – onde o Direito não se restringe à mera legalidade –, a racionalidade do discurso constitucional vai ser construída, projetando-se depois no texto da Constituição, a partir do momento em que os fundamentos do constitucionalismo moderno se conjugam com as exigências de cada momento histórico. A idéia é compatibilizar a limitação do poder político e a consagração de um núcleo básico de direitos e garantias com os valores jurídico-políticos de cada comunidade nacional – ou mesmo supra-nacional, se pensarmos, por exemplo, nos passos constitucionais dados pela integração européia. A "mediação estruturada pelo pensamento" a que antes fazia referência Castanheira Neves deve ser compreendida, no caso da racionalidade constitucional, como uma mediação estruturada pelos valores e expectativas constitucionais (vontade popular) que se projetam em cada fase da história.

No constitucionalismo clássico, havia uma estreita vinculação entre a cristalização de tais fundamentos, verdadeiros pressupostos da racionalidade constitucional, e a superação do absolutismo como forma de justificação do domínio político. "A exigência de racionalidade – escreve Manuel Segura Ortega – supõe a consagração do espírito moderno e ao mesmo tempo atua como critério de legitimação, tanto do Direito como do Estado".[12] Portanto, no caso da racionalidade da Constituição o ponto central do problema situa-se na tentativa de compatibilizar o surgimento do Estado Constitucional com a legitimação do discurso jurídico-político. Nesse caso, a solução está na escolha de pressupostos que efetivamente consigam limitar o exercício do poder político, sem deixar de situar o indivíduo como núcleo material do sistema constitucional em formação. O conteúdo de tais pressupostos, como se sabe, foi sendo alterado de acordo com a marcha dos acontecimentos históricos.

Em vez de abarcar apenas os direitos individuais típicos do liberalismo clássico (liberdade, igualdade, propriedade privada e segurança jurídica), o discurso constitucional contemporâneo baseia-se na ampla carga teórica, normativa e cultural das várias gerações de direitos fundamentais. Também o Estado Liberal, absenteísta por natureza, vai ser substituído por um Estado Social que tem na intervenção estatal com distribuição do bem-estar um de seus principais critérios legitimantes. Além disso, a abrangência do conceito de poder político vai sofrer forte ampliação no decorrer do século XX, o que produz sensíveis mudanças no contexto da limitação constitucional do poder.

12. Manuel Segura Ortega, "La racionalidad del Derecho", cit., p. 152.

Ao contrário do que ocorria no Estado de Polícia setecentista – o Estado do déspota esclarecido –, essa intervenção estatal vai ser limitada por marcos jurídicos ligados à participação político-democrática e à supremacia normativa da Constituição. O monarca absoluto, o déspota esclarecido ou a junta militar não vão decidir o que é melhor para o povo. Vai fazê-lo o próprio povo, numa indispensável busca de autodeterminação que termina na consolidação histórica e normativa do princípio democrático.

Nas sociedades pós-industriais, o poder político é exercido por instituições como a imprensa livre, as organizações de classe ou mesmo as corporações de empresas. "Sob a influência de tais pressupostos – escreve García-Pelayo –, compreende-se, ainda que não se justifique, que a teoria tradicional da Política – limitada, na prática, ao estudo do Estado ou pelo menos considerando este como conceito central –, tenha sido substituída pela teoria do *political system*. De acordo com esta última, o Estado ou mesmo os seus componentes, subsistemas e aparatos não são mais que atores junto àqueles oriundos da estrutura e do processo político nos quais fica dissolvida a unidade do Estado".[13]

Com base nisso tudo, é possível dizer que existe uma racionalidade constitucional geral (universalista) e uma específica (histórico-nacional). No caso brasileiro, por exemplo, pode-se aliar à influência vinda da Europa, durante os antecedentes do processo de autonomização política, um conjunto de interesses nativistas que contribuíram para a formação do nosso constitucionalismo. As raízes da racionalidade constitucional brasileira se desenvolveram durante o constitucionalismo imperial. Tal herança não reproduzia exatamente os pressupostos do constitucionalismo clássico, mas tomava essas referências como base na medida em que (a) exigia do poder real o juramento de uma Constituição e (b) buscava o rompimento político com Portugal.[14]

O problema da proteção dos direitos fundamentais, que constitui o segundo pressuposto da racionalidade constitucional, era seguramente mais agravado no caso brasileiro, uma vez que não havia uma classe social, a exemplo da burguesia liberal européia, interessada em superar por completo o modelo de domínio do absolutismo. Entre nós, os segmentos sociais que detinham o poder econômico também dominavam o

---

13. Manuel García-Pelayo, *Las transformaciones del Estado contemporáneo*, 2ª ed., p. 113.
14. Sobre as peculiaridades políticas do constitucionalismo brasileiro, cf. Agassiz Almeida Filho. "Glória política de um império tropical: a formação do constitucionalismo brasileiro", *Revista de Informação Legislativa* 149, 2001, pp. 92-94.

sistema político imperial. Além disso, nossa tradição autoritária e sua projeção no discurso constitucional foi um dos fatores que dificultaram a manutenção do legado racional deixado pelo constitucionalismo clássico. É um fato presente na tradição jurídico-política do país, por exemplo, a constante tensão entre as instâncias de controle democrático e a concentração de poder nas esferas do Executivo.[15]

As colocações sobre o passado constitucional brasileiro são meramente exemplificativas. Optamos por fazê-las só para demonstrar que o pensamento e a prática constitucionais mantêm íntima vinculação com as particularidades de cada comunidade política. De um modo ou de outro, a fundação de qualquer análise da racionalidade constitucional que impera entre nós não pode passar por alto a mensagem normativa da Constituição Federal de 1988. É o somatório da nossa herança jurídico-política com a normatividade da Constituição vigente, fatores situados ao lado da vontade popular, que vai dar forma à racionalidade constitucional no Brasil contemporâneo. A natureza jurídica e o funcionamento das instituições que fazem parte do Estado brasileiro devem estar vinculados ao conteúdo da racionalidade constitucional (e vontade popular) que existe no país. Mas como o conteúdo da racionalidade constitucional vem à luz?

3. Princípio democrático e racionalidade constitucional

Um dos fatores mais importantes para a transposição de alguns dos elementos do constitucionalismo iluminista (pressupostos da racionalidade constitucional) para o Estado Constitucional contemporâneo reside na positivação do princípio democrático, que aparece como elemento fundamental para a manutenção da harmonia entre a racionalidade constitucional e os horizontes jurídico-políticos do processo histórico. Normativamente, o princípio democrático impôs a vontade popular onde antes, sob a égide do Estado Liberal, figuravam interesses setoriais e decisões políticas de forte conteúdo classista.

A universalização do sufrágio eleitoral produziu a chamada horizontalização (ou democratização) da Política. Camadas sociais antes afastadas do processo político liberal, passaram a fazer parte da estrutura partidária, das discussões parlamentares, enfim, dos mecanismos institucionais de tomadas das decisões políticas. Com isso, a presença da

---

15. Michele Carducci, "Brasile: le ambiguità del controllo parlamentare", in *Il Costituzionalismo "Parallelo" delle Nuove Democrazie – Africa e America Latina*, p. 167.

vontade popular no discurso constitucional fez com que o rol de direitos fundamentais fosse ampliado, dando origem, entre outros aspectos, a um sistema de direitos e garantias jurídico-políticas baseados na preservação do bem-estar social. Ademais, a limitação do poder ganhou mais força depois que o sufrágio universal passou a diversificar os grupos e círculos sociais representados nas instituições do Estado, pois esses grupos, representativos de setores políticos muitas vezes enfrentados entre si, tornaram-se instâncias de fiscalização uns dos outros.[16] No final das contas, essa tendência terminou criando um grau mais elevado de discussão – mas também de construção de acordos políticos a portas fechadas – no processo de tomada das decisões políticas.

O princípio democrático não conseguiu implementar todas as mudanças potencialmente previstas em sua carga normativa. Afinal, a observância fiel da vontade popular figura sempre como um ideal a ser buscado pelas instituições e normas jurídico-políticas. O surgimento do princípio democrático representou, ainda assim, a constitucionalização de um marco teórico e normativo através do qual o Direito Constitucional produziu profundas alterações em suas categorias e pressupostos conceituais. Não se trata apenas de dizer que todo poder emana da soberania popular, mas de fazer com que as decisões políticas sejam tomadas pelo povo, direta ou indiretamente.[17] Receptiva aos acontecimentos da vida prática, é a partir desse cenário que a racionalidade constitucio-

16. A universalização do sufrágio gerou fortes enfrentamentos políticos. Um bom exemplo de tais antagonismos reflete-se nas eleições alemãs de 1920. A Constituição de Weimar (1919), como escreve Francisco González Navarro (*El Estado Social y Democrático de Derecho*, pp. 33-34), apresentava "não poucos preceitos inovadores no social, alguns deles de clara inspiração marxista". Entretanto, o resultado das eleições gerais de 1920 colocou travas à atuação da social-democracia, dando início a uma legislação de caráter liberal (idem, ibidem). No campo constitucional, uma das conseqüências da "restauração" liberal estava na criação do conceito de norma constitucional programática, pensado, entre outros aspectos, para evitar a incidência normativa das inovações socializantes previstas pela Constituição de Weimar.

A solução, que acabou traindo "os interesses cardeais das classes trabalhadoras (José Ramón Díez Espinosa, *Sociedad y cultura en la República de Weimar: el fracaso de una ilusión*, p. 10), não podia ter sido mais contraditória: "a história do partido social-democrata, nesse período, foi de coalizões e compromissos, primeiro com forças democráticas progressistas da burguesia, depois com grupos reacionários e antidemocráticos, com a velha burocracia e magistrados de direita e com os militares" (José Afonso da Silva, "Formação e transformação da social-democracia", in *Direito Constitucional – Estudos em Homenagem a Paulo Bonavides*, p. 478).

17. Nesse sentido, cf. Michele Scudiero, "La rappresentanza politica", *Quaderni di Iustitia* 33, 1977, p. 75; Ernst Wolfgang Böckenförde, *Estudios sobre el Estado de Derecho y la democracia*, p. 50.

nal se projeta como núcleo material do ordenamento jurídico-político. Com base nisso, e fiel à tradição do constitucionalismo clássico, permite que a Constituição absorva as necessidades e valores de cada comunidade política.

A necessidade de proteção do pluralismo político passou a interferir no sistema constitucional com o advento do princípio democrático, atuando no processo constituinte com a finalidade de criar uma Constituição aberta – caracterizada pela existência de normas dotadas de grande amplitude semântica (possibilidade de interpretar o texto normativo de distintas maneiras), das quais os princípios constituem o exemplo mais emblemático –, capaz de reproduzir a ampla gama de tendências axiológico-culturais em choque nas sociedades complexas. Ao mesmo passo em que dá origem a um dirigismo normativo que vincula a ordem jurídica em todas as suas manifestações, a normatividade da Constituição precisa buscar uma dose razoável de consonância – um equilíbrio constitucionalmente calibrado – com a vontade popular. E esta última é composta, convém repetir, por um amplo leque de posturas culturais, valores e interesses distintos.

Em termos constitucionais, o Estado de Direito é sempre Estado Democrático de Direito. Afinal, após os ciclos revolucionários dos séculos XVII e XVIII, a Constituição só é digna da sua denominação e da sua herança histórico-cultural se encontrar respaldo na soberania popular. Por isso, através das várias modalidades de concretização constitucional e dos critérios de legitimação da Constituição, o princípio democrático é um dos principais responsáveis pela exteriorização da racionalidade constitucional. A incidência da vontade popular vai trazer à tona o conteúdo histórico e o núcleo normativo dos seus pressupostos. Em razão disso, a presença do princípio democrático, formado por todos os elementos e matizes da vontade popular, tem um significado estratégico para a construção da racionalidade constitucional nas sociedades plurais do nosso tempo.

4. Racionalidade constitucional e poder constituinte

Nos moldes da tradição jurídico-política clássica, a Constituição torna-se racional na medida em que consegue limitar o poder político e garantir um núcleo essencial de direitos fundamentais, submetendo o conteúdo desses dois elementos ao crivo de uma vontade popular (razão prática) condicionada ideologicamente pelos valores ligados à realização da pessoa humana; a Constituição é racional porque resulta de uma decisão racional do povo, decisão de autolimitação e de autopreservação;

é racional porque o discurso constitucional só pode ser construído de acordo com os critérios jurídico-políticos criados pela comunidade política em cada tempo específico. Tais pressupostos devem ser interpretados segundo as conjunturas históricas, sobretudo quando levamos em conta o respeito ao sentimento constitucional da comunidade política. Essa questão envolve um dos maiores desafios do fenômeno jurídico no mundo atual: delimitar o conteúdo exato da vontade popular e proteger as opções normativas das minorias políticas.

Ao que parece, essas opções normativas são preservadas durante o processo (metodológico) de aplicação do Direito Constitucional. A princípio, as normas constitucionais não estabelecem qualquer diferença entre os valores jurídico-políticos dos vários grupos que integram a comunidade nacional. No plano das decisões políticas, impera a vontade constitucional da maioria. Por outro lado, no contexto jurisdicional deve prevalecer a lógica da decisão constitucionalmente mais apropriada, a ser determinada, através da concretização judicial das normas constitucionais, pelas particularidades de cada problema jurídico concreto. Essa decisão pode refletir as opções normativas da maioria ou dos grupos minoritários. Tal ponto de vista pressupõe que a Constituição seja composta por normas jurídicas abertas. Também se baseia na idéia de que essas normas devem ser concretizadas através de iniciativas legislativas, judiciais e administrativas (pluralidade concretizante). No final das contas, em termos de concretização normativa da Constituição as leis elaboradas pela maioria política vão coexistir com medidas judiciais fundadas no equilíbrio entre maioria e minorias.

Uma solução que podemos chamar de tradicional propõe a descoberta da racionalidade constitucional através da teoria do poder constituinte. O conteúdo da racionalidade constitucional seria definido pelo poder constituinte originário, sofrendo eventuais alterações, quando necessário, através do processo de reforma constitucional. Tal solução pode ser recebida como uma solução constitucionalmente aceitável? Apesar de ela geralmente ser adotada como verdadeiro axioma, fazendo parte da dinâmica constitucional em seu funcionamento político prático, apresenta algumas destacadas dificuldades teóricas, que, no final das contas, poderiam colocar em xeque a própria legitimidade do domínio estabelecido pela Constituição. Dito de outra maneira, a atuação formal do poder constituinte originário não é a única instância de exteriorização da racionalidade constitucional.

Uma das soluções para definir os contornos da racionalidade constitucional tem relação com saber se o poder constituinte deve impor a outras gerações os valores constitucionais vigentes na oportunidade de feitura da Constituição, controvérsia já instalada durante os debates constitucionais da Revolução Francesa (1789). Ainda que o recurso ao procedimento de reforma constitucional possa ser utilizado para minimizar a "inadequação" histórico-normativa do texto constitucional, as dúvidas persistem, por exemplo, quando estão em jogo as chamadas cláusulas pétreas, criadas com a finalidade de assegurar a permanência de um núcleo normativo (aparentemente) estático, onde os valores constitucionais mais importantes não podem ser objeto de alteração formal, apesar de sofrerem mudanças em seu sentido por meio da interpretação normativa (mutação constitucional).

Mas não se trata apenas disso. A modificação da "fórmula política"[18] da Constituição, ou seja, a modificação da sua identidade político-ideológica, não pode ocorrer sem que haja uma ruptura completa do regime constitucional. Neste caso, a melhor solução constitucional repousaria na atuação do poder constituinte originário, ainda que se tratasse de uma Constituição onde formalmente não houvesse qualquer tipo de limites ao poder de reforma constitucional, onde, em tese, a fórmula política pudesse ser alterada por meio da reforma constitucional. Nessa linha, tomando como base o problema dos limites teóricos do poder de reforma constitucional, Paulo Bonavides afirma que admitir a revisão total "seria reconhecer ao poder revisor capacidade soberana para ab-rogar a Constituição que o criou, ou seja, para destruir o fundamento de sua competência ou autoridade mesma".[19]

Defender a possibilidade de o poder de reforma constitucional alterar a fórmula política da Constituição é o mesmo que transformar a Constituição em um emaranhado de supostos formais incompatíveis com as novas tendências do Direito Constitucional e do constitucionalismo. Afinal, a Constituição está diretamente ligada aos setores políticos do organismo social, sujeitando-se, em virtude disso, a tensões quotidianas que não podem romper a sua mensagem normativa. A eventual alteração da fórmula política da Constituição depende da atuação de uma assembléia constituinte especialmente composta para fundar uma nova ordem jurídico-política, visto que tal alteração traz consigo a completa ruptura da ordem constitucional. Convém recordar ainda que a incidência desestruturante e reestruturante do poder constituinte originário pratica-

---

18. Adotamos o conceito de "fórmula política" elaborado por Pablo Lucas Verdú (*Curso de Derecho Político*, v. II, p. 428): a fórmula política da Constituição é "a expressão ideológica juridicamente organizada em uma estrutura social".

19. Paulo Bonavides, *Curso de Direito Constitucional*, 24ª ed., São Paulo: Malheiros, p. 202.

mente pressupõe a ocorrência de uma mudança civilizacional no campo sociopolítico.

Ao contrário do que afirmava a doutrina do poder constituinte da França revolucionária (Sieyès), o pensamento constitucional dos dias de hoje concorda com o fato de que há sempre um conjunto de limites que se impõe durante a atuação do poder constituinte originário.[20] Tais limites também se fazem presentes no plano do processo político e da sua lógica constitucionalmente vinculada, pois pressupõem que a soberania do povo tem determinadas limitações de natureza material: o conteúdo historicamente determinado da vontade popular. Ademais, o fenômeno constitucional deve ser compreendido de modo que a análise da Constituição enquanto norma jurídica seja acompanhada pela valorização dos elementos políticos que a ela são inerentes. Afinal, a Constituição corporifica a decisão política fundamental de uma dada comunidade. E, em termos constitucionais, é sempre necessário buscar um equilíbrio suficiente entre o jurídico e o político.

A racionalidade constitucional deve refletir a identidade nacional, primando pela proteção dos direitos fundamentais e pela realização da pessoa humana. Prevalece, portanto, mesmo na hipótese de o poder constituinte, no seu funcionamento prático e institucional – no quotidiano de uma assembléia constituinte, por exemplo –, assumir uma direção contrária à que estabelece a vontade popular. É carente de validade jurídico-política a incidência do poder constituinte, sob uma ótica material, quando ela vai de encontro à vontade popular e à decisão política de organizar o espaço público segundo a racionalidade constitucional, pois isto implicaria afrontar a lógica democrática por trás da soberania popular. Aliás, não se pode esquecer que o poder constituinte também é exercido por mecanismos representativos. E a representação tem seus limites, o que se pode constatar pelo fato de o povo sempre poder instaurar a ruptura constitucional, esteja a Constituição em vigor há muito tempo ou ainda durante sua fase inicial de vigência.

5. *Representação política e racionalidade constitucional*

Nas modernas sociedades complexas, o regime democrático se baseia no princípio da representação política. Acertadamente, Böckenför-

20. Nesse sentido, J. J. Gomes Canotilho, *Direito Constitucional e Teoria da Constituição*, 2ª ed., p. 75; Jorge Miranda, *Manual de Direito Constitucional*, 3ª ed., v. II, pp. 105-106.

de[21] defende a idéia de que a democracia do Estado Moderno é sinônimo de democracia representativa, apesar da presença eventual de temperamentos institucionais ligados à tradição da democracia direta – plebiscito, *referendum* etc. – (democracia participativa). Por isso, torna-se importante estabelecer o vínculo entre a racionalidade constitucional e a representação política. Podemos encontrá-lo, em um primeiro momento, através da perspectiva do próprio Böckenförde, segundo a qual a "representação democrática significa a atualização e a manifestação da própria identidade do povo, situada nos cidadãos, significando, também, a atualização e manifestação de uma certa idéia, viva na consciência dos cidadãos, sobre a forma como se deve tratar as questões gerais e como se deve levar a cabo a mediação entre as necessidades e os interesses particulares e estas últimas".[22]

Apesar da sua relevância junto ao funcionamento do regime democrático, são dois, pelo menos, os principais problemas enfrentados pela representação política. O primeiro deles é de fundo eminentemente teórico e guarda relação com a própria essência da democracia representativa. Como os representantes eleitos pelo povo provêem de uma sociedade complexa, na qual coexistem incontáveis vetores culturais e axiológicos, a unanimidade nas decisões políticas torna-se praticamente impossível. Em virtude disso, para evitar o relativismo jurídico-político e a instabilidade a ele inerente, a democracia representativa normalmente se vale do princípio da maioria, através do qual as decisões do grupo majoritário devem prevalecer sobre as opções jurídico-políticas dos demais membros do corpo social. Em uma democracia, em geral o critério para decidir é a vontade da maioria política – no âmbito jurisdicional o princípio majoritário não se impõe sempre.

A questão agora é saber como fica a posição representativa dos grupos políticos minoritários. Em um primeiro momento, as decisões encontrariam legitimidade no fato de as minorias participarem da discussão parlamentar. No entanto, além da complexidade do processo político (manifestação da opinião pública, atuação de grupos de pressão etc.), a pluralidade parlamentar implica necessariamente um balanceamento dos vários interesses políticos em jogo. Em decorrência deste último fator, e tendo em conta as tensões – num sentido oposto à integração buscada pela Constituição do Estado Constitucional – que se originam na dialética política, as minorias encontrariam diversas outras formas, que não

---

21. Ernst Wolfgang Böckenförde, *Estudios sobre el Estado de Derecho y la democracia*, cit., pp. 133 e ss.
22. Idem, ibidem, p. 151.

a vitória parlamentar propriamente dita, de interferir no conteúdo das decisões políticas. O importante é harmonizar o princípio da maioria com a proteção das esferas jurídicas dos grupos políticos minoritários. Afinal – escreve Gustavo Gozzi – a "autodeterminação do povo"[23] deve ser compreendida como uma "co-determinação que, apenas quando fundada sobre a participação da maioria e das minorias, pode encontrar sua legitimação".[24] A democracia constitucional depende do equilíbrio entre os direitos da maioria e das minorias para funcionar como regime político.

É claro que esse processo nem sempre consegue compatibilizar os interesses e valores de todos os grupos da comunidade política. Muitas vezes as minorias são incapazes de influenciar de modo relevante o processo de formação das decisões políticas. E mais, há decisões que afetam de modo tão acentuado a vida dos indivíduos que não podem ser impostas aos segmentos minoritários, como no caso de questões ligadas aos direitos fundamentais. Em virtude dessa dificuldade, o pensamento constitucional vem criando fórmulas ligadas à interpretação e aplicação (realização) constitucionais, cujo conteúdo praticamente fundou uma nova Teoria da Constituição. É o caso da idéia de Constituição aberta e da eficácia imediata dos direitos fundamentais. Trata-se de soluções normativas que refletem a diversidade dos elementos jurídico-políticos existentes na vida prática.

O funcionamento da democracia representativa torna-se problemático no momento em que a representação reveste-se de uma roupagem meramente formal. Na vigência do Estado Constitucional, o funcionamento da democracia representativa precisa repousar sobre alicerces materiais. E a representação tem sentido material, por exemplo, quando o sufrágio universal é secundado pelas condições mínimas de existência, que oferecem ao indivíduo, num certo sentido, as condições básicas para iniciar o exercício da cidadania. Quer dizer, a democracia se realiza enquanto regime constitucional, entre outros aspectos, quando o povo dispõe de condições materiais (educação, saúde, moradia, formação cívica etc.) para exercer sua cidadania.

Isso acontece porque a democracia representativa da atualidade depende da participação política – durante e depois do processo eleitoral

---

23. Sobre a autodeterminação como a base do princípio democrático, cf. Hans Peter Schneider, *Democracia y constitución*, p. 140.
24. Gustavo Gozzi, "Cittadinanza e democrazia: elementi per una teoria costituzionale de la democrazia contemporanea", in *Democrazia, Diritti, Costituzione: I Fondamenti Costituzionali delle democrazie contemporanee*, p. 201.

– para funcionar adequadamente. Neste caso, valendo-se dos direitos que lhe são assegurados pelo Estado Constitucional, o indivíduo tem liberdade para decidir de acordo com valores e critérios políticos que lhe são próprios. Em suma, a liberdade assume conotação democrática tãosomente quando se converte em igualdade[25], podendo ser alcançada basicamente quando partimos de uma igualdade material (garantia das condições existenciais mínimas) que é anterior ao exercício geral da liberdade.

Em linhas gerais, as deficiências no exercício prático da representação política, aliadas às necessidades constitucionais das minorias, têm como conseqüência o fato de o princípio democrático incidir sobre a concretização constitucional de forma tríplice. Quer dizer, o processo legislativo e a atuação da Administração Pública devem ser acompanhados (ou complementados) pela aplicação judicial da Constituição. Assim, ao mesmo tempo em que a Constituição vê sua normatividade densificada pelas decisões legislativas e executivas, vale-se da decisão judicial para oferecer um critério jurídico capaz de conformar adequadamente a conduta das minorias políticas e os chamados casos difíceis (aqueles para os quais o ordenamento jurídico não apresenta uma solução normativa direta).

6. Concretização normativa, abertura da Constituição e princípio democrático

O pressuposto básico da concretização constitucional é a abertura da Constituição. De modo geral, a Constituição apresenta "temas vagos, referências a padrões ou condutas cuja concretização depende essencialmente das idéias do momento, os chamados 'conceitos', que reclamam dos juízes e legisladores uma complementação ou concretização posteriores".[26] A força dos direitos fundamentais, principalmente depois da Segunda Guerra Mundial, também ajudou, *grosso modo*, "o princípio a deslocar a regra",[27] fazendo com que a Constituição caminhasse na direção da abertura semântica de suas normas.

---

25. Ruggero Meneghelli, *Stato e democrazia: visti dall'alto*, p. 72.
26. Cristina Queiroz, *Interpretação constitucional e poder judicial: sobre a epistemologia da construção constitucional*, p. 72.
27. Paulo Bonavides, *Teoria constitucional da democracia participativa: por um Direito Constitucional de luta e resistência, por uma nova hermenêutica, por uma repolitização da legitimidade*, p. 221.

Essa abertura das normas constitucionais dá origem a dois problemas básicos. Primeiramente, a falta de densidade do dispositivo constitucional dificulta sua aplicação porque ele deixa uma ampla margem para a atuação judicial, caracterizada, nesse contexto, por uma dose aparentemente elevada de subjetivismo. Na verdade, isso ocorre somente quando tentamos conciliar a abertura normativa da Constituição com os mecanismos tradicionais de aplicação do Direito Privado (sistemático, lógico, gramatical etc.). Naquilo que diz respeito à concretização judicial, a abertura normativa da Constituição pressupõe um papel mais ativo por parte do juiz constitucional – aquele que vai decidir a questão constitucional suscitada pelo caso concreto – e dos demais sujeitos processuais. Daí a necessidade de substituir o método jurídico herdado do positivismo e vinculado ao Direito Privado por um modelo metódico sensível ao novo papel da jurisdição constitucional.

A segunda dificuldade da abertura constitucional está no vazio material que ela parece produzir. Podemos dizer que a Constituição aberta é um projeto jurídico-político a ser totalmente implementado pelas instâncias de concretização normativa? Segundo Gomes Canotilho, "a Teoria da Constituição 'aberta' ou avança para uma teoria material temporalmente adequada – quer quanto à extensão da sua legitimidade, quer quanto à consciência de seus limites – ou corre o risco de, no fundo, estar a defender a perda da legitimidade normativo-constitucional em proveito de uma função de direção fático-política".[28] Sendo assim, a abertura constitucional não significa abertura completa da Constituição, mas uma abertura limitada pela própria racionalidade constitucional. Isso determina que a concretização normativa da Constituição deve basear-se em um claro substrato material, uma espécie de conteúdo axiológico e normativo diretamente conectado com a Constituição – e com a vontade popular que a legitima.

Nesses termos, podemos concluir que a abertura da Constituição precisa ser limitada pela racionalidade constitucional. Mas qual a sua relevância para a análise do exercício do poder constituinte? Tanto a dinâmica jurídico-política do poder constituinte como a elaboração de uma teoria aberta da Constituição devem ser limitados pela racionalidade constitucional. Além disso, as normas constitucionais precisam estar abertas aos influxos da história, tanto por causa das alterações jurídico-políticas reclamadas pela evolução das expectativas jurídicas da comu-

---

28. J. J. Gomes Canotilho, *Constituição dirigente e vinculação do legislador: contributo para a compreensão das normas constitucionais programáticas*, p. 148.

nidade, como em virtude da ampla gama de vetores culturais e axiológicos que coexistem em um mesmo espaço social. Afinal, a soberania popular se realiza quando todo o povo, apesar de suas esperadas divergências convivenciais, vê na Constituição uma referência normativa materialmente justa.

A abertura normativa exige a concretização constitucional. Quando a Constituição determina que cabe ao Ministério Público defender o regime democrático, *v.g.*, deve-se observar duas disposições normativas. A primeira delas está no art. 129 da Constituição de 1988, que prevê algumas das funções institucionais a serem desempenhadas pelos membros do Ministério Público. A norma constitucional estabelece um conjunto de atribuições através das quais o Ministério Público pode funcionar, com sua nova fisionomia institucional, a partir da imediata promulgação da Constituição, ainda que o legislador nada tenha feito a respeito da regulamentação de suas atividades. O segundo aspecto está relacionado com a abertura normativa do art. 127. A relação entre esta abertura e o inc. IX do art. 129 confirma a idéia de que as funções institucionais previstas nas disposições do art. 129 são meramente exemplificativas. Isso quer dizer que o legislador também vai agir com o fim de concretizar a carga normativa de ambos os dispositivos constitucionais. Nessa linha, a Lei Orgânica Nacional do Ministério Público vem aumentar o rol de atribuições originariamente previstas pela Constituição para os membros do *parquet*.

Na ausência da democracia, como escreve Paulo Bonavides, "a convivência, a informação, o consenso, o pluralismo não alcançariam, em relação ao bem comum, o sentido perfectivo nem o grau de importância que ora assumem. A democracia, seguindo essa linha de compreensão, sintetiza, na escala ética do poder, valores substanciais, valores supremos, valores que emancipam o homem e a sua consciência".[29] A posição de Paulo Bonavides ilustra com bastante clareza a relevância do princípio democrático para a concretização constitucional. Em primeiro lugar, podemos ver que o princípio democrático representa a própria constitucionalização da vontade popular; sua carga normativa tem como base mais relevante a positivação dos critérios normativos existentes na comunidade política. Depois, é possível analisar o princípio democrático a partir dos mecanismos por ele criados para impor a vontade popular como referência máxima da legitimidade da ordem jurídica.

---

29. Paulo Bonavides, *Do país constitucional ao país neocolonial: a derrubada da Constituição e a recolonização pelo golpe de Estado constitucional*, p. 66.

A concretização legislativa da Constituição está vinculada aos mecanismos do Estado Constitucional para fazer valer a vontade popular. O principal deles reside no exercício da própria função legislativa. Em termos de Teoria da Constituição, isso quer dizer que a atuação do legislador está relacionada com as possibilidades semântico-interpretativas da Constituição, uma vez que as normas infraconstitucionais são editadas na medida em que seu conteúdo está de acordo com os padrões materiais da constitucionalidade (e dos valores jurídicos em vigor no meio social). Dito de outro modo, a legislação infraconstitucional deve desenvolver-se de acordo com os espaços normativos deixados pela Constituição e pela vontade popular.

A abertura constitucional exige do legislador a prática da concretização normativa. De algum modo, tal exigência, em virtude do princípio da maioria, terminaria por atingir as expectativas jurídicas das minorias políticas. E as opções jurídico-políticas destas últimas, sempre que estejam em conformidade com a mensagem normativa da Constituição, não podem ser afetadas pelo processo político. Um exemplo bastante ilustrativo pode girar em torno da legalização do aborto. De acordo com a tendência concretista aqui mencionada, a criminalização do aborto não deve ser entendida de forma pré-determinada. Precisa ser interpretada segundo os elementos de cada caso concreto. Se as circunstâncias do caso não estiverem em desacordo com a Constituição e com os valores juridicamente relevantes encontrados no âmbito social, não haveria problema, em sede de controle incidental de constitucionalidade, em se afastar a norma penal incriminatória em nome da mobilização de um dispositivo constitucional aplicável à hipótese concreta. Não se trata só de aplicar a norma infraconstitucional, mas de aplicá-la de acordo com a mensagem normativa da Constituição.

Convém ressaltar que o Estado Constitucional tem como base o pluralismo e a tolerância no convívio social. Para evitar que as discussões parlamentares substituam os padrões comportamentais decorrentes da racionalidade da Constituição, a abertura normativa do diploma constitucional permite uma concretização concorrente, a ser desenvolvida, no caso, pelo Executivo e pelo Judiciário. De momento, convém afirmar que as distorções legislativas eventualmente criadas para as expectativas das minorias políticas devem ser sanadas pela concretização judicial da Constituição. Isso ocorre porque, seguindo as particularidades de cada caso concreto, também o juiz vai ser responsável pela concretização constitucional. Esse é um dos modos de realização do princípio democrático: a criação de critérios objetivos através dos quais vai guiar-se o processo político, sem deixar de lado, obviamente, a dimensão individual, que sempre é necessário ter em conta no momento de aplicar as normas constitucionais.

O Estado Constitucional reclama uma atuação judicial baseada em fundamentos democráticos. Nesse sentido, a vinculação democrática da atividade judicial aparece como postulado do Estado de Direito,[30] visto que as minorias políticas contam com a mediação judicial quando precisam fugir das regras da maioria com o fim de ver aplicados os seus próprios padrões de conduta. Com isso, tem lugar uma espécie de sistema jurídico-democrático complementar entre a legislação e a atividade judicial. Sempre que os resultados normativos do processo legislativo forem insuficientes, os indivíduos devem voltar-se para a concretização judicial da Constituição. A partir dessa conclusão, solucionamos o problema da desconformidade entre as referências jurídicas das minorias e as normas jurídico-positivas criadas pela maioria política.

Em todas as comunidades políticas, há grupos sociais que não seguem as normas de conduta estabelecidas pelo Direito válido. Nesse caso, normalmente o juiz não tem como decidir de modo a satisfazer os interesses e necessidades dos seus membros, principalmente quando a proteção desse direito minoritário tornar insuportável a vida da maioria ou das outras minorias. Trata-se de pretensões não amparadas pelo ordenamento jurídico em quaisquer de suas manifestações e possibilidades. Por outro lado, os direitos das minorias vão ser protegidos pela concretização judicial da Constituição quando a norma constitucional oferecer uma solução compatível com as particularidades de cada caso particular. Ainda que decidindo contra a lei, precisa o juiz decidir de acordo com o disposto na Constituição e com os valores jurídicos que estão na base da vontade popular. Assim se manifesta o princípio da supremacia das normas constitucionais e a própria unidade (de sentido jurídico-axiológico ou "intenção prática do Direito" [Castanheira Neves]) do ordenamento jurídico, garantindo um perfeito equilíbrio entre a concretização normativa da Constituição e o princípio democrático.

Bibliografia

AARNIO, Aulis. *Lo racional como razonable: un tratado sobre la justificación jurídica*. Madrid, Centro de Estudios Constitucionales, 1991.

---

30. Cf. António Castanheira Neves. "Da 'jurisdição' no actual Estado-de-Direito", in *Ab Vno ad Omnes: 75 Anos da Coimbra Editora*, pp. 182-183.

ALMEIDA FILHO, Agassiz. "Glória política de um império tropical: a formação do constitucionalismo brasileiro". *Revista de Informação Legislativa* 149, 91-109. Brasília, Senado Federal, 2001.

_____. "Constituição e Estado Constitucional: ruptura ou continuidade dos paradigmas liberais?". In *Constitucionalismo e Estado*. Rio de Janeiro, Forense, 2006.

BÖCKENFÖRDE, Ernst Wolfgang. *Estudios sobre el Estado de Derecho y la democracia*. Madrid, Editorial Trotta, 2000.

BONAVIDES, Paulo. *Do país constitucional ao país neocolonial: a derrubada da Constituição e a recolonização pelo golpe de Estado constitucional*. 4ª ed. São Paulo, Malheiros Editores, 2009.

_____. *Curso de Direito Constitucional*. 24ª ed. São Paulo, Malheiros Editores, 2009.

_____. *Teoria constitucional da democracia participativa: por um Direito Constitucional de luta e resistência, por uma nova hermenêutica, por uma repolitização da legitimidade*. 3ª ed. São Paulo, Malheiros Editores, 2008.

CANOTILHO, J. J. Gomes. *Constituição dirigente e vinculação do legislador: contributo para a compreensão das normas constitucionais programáticas*. 1ª edição reimpressa, Coimbra, Coimbra Editora, 1994.

_____. *Direito Constitucional e teoria da Constituição*. 2ª edição, Coimbra, Livraria Almedina, 1998.

CARDUCCI, Michele. "Brasile: le ambiguità del controllo parlamentare". In *Il Costituzionalismo "Parallelo" delle Nuove Democrazie: Africa e America Latina*. Milano, Giuffrè, 1999.

COTARELO, Ramón. *En torno a la teoría de la democracia*. Madrid, Centro de Estudios Constitucionales, 1990.

CUNHA, Paulo Ferreira da. *Para uma história constitucional do Direito português*. Coimbra, Livraria Almedina, 1995.

ESPINOSA, José Ramón Díez. *Sociedad y cultura en la República de Weimar: el fracaso de una ilusión*. Valladolid, Universidad de Valladolid, 1996.

GARCÍA-PELAYO, Manuel. *Las transformaciones del Estado contemporáneo*. 2ª ed., Madrid, Alianza, 1996.

GONZÁLEZ NAVARRO, Francisco. *El Estado Social y Democrático de Derecho*. Pamplona, EUNAS, 1992,

GOZZI, Gustavo. "Cittadinanza e democrazia: elementi per una teoria costituzionale de la democrazia contemporanea". In *Democrazia, Diritti, Costituzione: I Fondamenti Costituzionali delle democrazie contemporanee*. Bologna, Il Mulino, 1997.

HELD, David. *Modelos de democracia*. 2ª edição reimpressa, Madrid, Alianza, 1996.

MENEGHELLI, Ruggero. *Stato e democrazia: visti dall'alto*. CEDAM, Pádua, 1999.

MÜLLER, Friedrich. "As medidas provisórias no Brasil diante do pano de fundo das experiências alemãs". In *Direito Constitucional – Estudos em homenagem a Paulo Bonavides*. São Paulo, Malheiros Editores, 2001.

MIRANDA, Jorge. *Manual de Direito Constitucional*. Vol. II, 3ª edição reimpressa, Coimbra, Coimbra Editora, 1996.

MELGARÉ, Plínio Saraiva. *Um olhar sobre os direitos fundamentais e o Estado de Direito: breves reflexões ao abrigo de uma perspectiva material*. 2001(no prelo).

NEVES, António Castanheira. *Metodologia jurídica: problemas fundamentais*. Vol. I, Coimbra, Coimbra Editora, 1993.

_____. *Digesta: escritos acerca do Direito, do pensamento jurídico, da sua metodologia e outros*. Vol. 2. Coimbra, Coimbra Editora, 1995.

_____. "Da 'jurisdição' no actual Estado-de-Direito". In *Ab Vno ad Omnes: 75 Anos da Coimbra Editora*. Coimbra, Coimbra Editora, 1998.

ORTEGA, Manuel Segura. "La racionalidad del Derecho: sistema y decisión". *Boletim da Faculdade de Direito* LXXI, 145-164. Coimbra, Coimbra Editora, 1995.

QUEIROZ, Cristina. *Interpretação constitucional e poder judicial: sobre a epistemologia da construção constitucional*. Coimbra, Coimbra Editora, 2000.

SALDANHA, Nelson. "A sociedade e a Constituição". *Revista Brasileira de Estudos Políticos* 5, pp. 220-265. Belo Horizonte, Universidade Federal de Minas Gerais, 1959.

SÁNCHEZ, José Acosta. *Formación de la constitución y jurisdicción constitucional: fundamentos de la democracia constitucional*. Madrid, Tecnos, 1998.

SARTORI, Giovanni. *Elementos de teoría política*. Madrid, Alianza, 1999.

SCHMITT, Carl. *Teoría de la constitución*. 1ª edição reimpressa, Madrid, Alianza Editorial, 1992.

_____. *Sobre el parlamentarismo*. 2ª edição, Madrid, Editorial Tecnos, 1996.

SCHNEIDER, Hans Peter. *Democracia y constitución*. Madrid, Centro de Estudios Constitucionales, 1991.

SCUDIERO, Michele. "La rappresentanza politica". *Quaderni di Iustitia* 33, pp. 77-82. Roma, Giuffrè, 1977.

SILVA, José Afonso da. "Formação e transformação da social-democracia". In *Direito Constitucional – Estudos em Homenagem a Paulo Bonavides*. São Paulo, Malheiros Editores, 2001.

VIGLIAR, José Marcelo Menezes. "O Ministério Público combaterá os atos de improbidade administrativa realizados por ex-agentes públicos das empresas privatizadas/desestatizadas?" In *Ministério Público II: Democracia*. São Paulo, Editora Atlas, 1999.

VERDÚ, Pablo Lucas. *Curso de Derecho Político*. Vol. II, Madrid, Editorial Tecnos, 1981.

11
HERMENÊUTICA E CONSTITUIÇÃO: A DIGNIDADE DA PESSOA HUMANA COMO LEGADO À PÓS-MODERNIDADE

EDUARDO C. B. BITTAR

1. Pressupostos da investigação: hermenêutica e interpretação. 2. Análise da expressão "dignidade da pessoa humana": 2.1 Sentido histórico-filosófico; 2.2 Sentido topográfico da expressão no direito positivo brasileiro; 2.3 Significação e vagueza da expressão: contraposição de duas visões; 2.4 Sentido principiológico da expressão: a ética dos direitos humanos; 3. A "dignidade da pessoa humana" numa sociedade aberta e pluralista. 4. Balanço teórico: a dignidade da pessoa humana como legado moderno na pós-modernidade.

1. Pressupostos da investigação: hermenêutica e interpretação

Deve-se partir do pressuposto de que não há Direito sem linguagem, de que o texto jurídico constitucional é, desde sua promulgação, parte das tramas da linguagem jurídica e, como tal, carente de interpretação para sua aplicação. O texto jurídico é sempre o lugar da interpretação jurídica; é sempre a partir do texto (e não da intenção do legislador) que parte o intérprete jurídico para a busca do sentido jurídico.[1] O que há,

1. A opção hermenêutica ora encetada congrega elementos de uma hermenêutica textual (Ricoeur) com uma semiótica pragmática (Ferraz Jr. e F. Rastier). A resultante é uma pragmática textual, que haverá de se construir paulatinamente nesta dissertação. Há que se ressaltar com Umberto Eco que: "Afirma-se, então (pensemos com inflexões diferentes, na linha que une o último Barthes, o último Derrida, Kristeva), que a significação passa só através dos textos, que os textos são o lugar onde o sentido se produz e produz (prática significante) e que, neste tecido textual, se podem deixar aflorar de novo os signos do dicionário, enquanto equivalências codificadas, desde que haja o enrijecimento e a morte do sentido" (Eco, *Semiótica e Filosofia da Linguagem*, 1991, p. 31). E, ainda mais, com a mesma opinião, porém com uma posição lingüística acerca dos fenô-

então, é que o *locus* da interpretação é o texto, e isto na medida em que o texto é um imperativo na circulação dos fenômenos jurídicos.[2] Texto é mais que texto escrito e menos que referente discursivo; há texto em que há uma certa complexidade sígnica, certa conjunção de signos que se propõem a significar para além daquilo que individualmente significam.[3]

É assim que qualquer expressão constitucional ("dignidade da pessoa humana") é já um texto de uma comunidade de intérpretes, devendo-se destacar que a interpretação não desvela um sentido oculto dos termos jurídicos (como se existisse um "segredo" do legislador escondido na pequena "Caixa de Pandora" do texto jurídico), mas cria, a partir de determinadas condições, o sentido pragmático possível a dar corpo a uma determinada prática social, dentro de objetivos socialmente relevantes. O texto é, portanto, ponto de partida para que o *sujeito-da-interpretação* dele se valha para acessar determinada categoria de sentido. Mas, para que este mesmo sujeito acesse-a, foram operacionalizadas inúmeras rotações de sentido, a partir de seletividades próprias – o que tudo remete ao universo da pragmática dos signos, conforme será aprofundado a seguir –, até que se reifique a possibilidade de construir uma outra textualidade que explique a textualidade anterior. O círculo hermenêutico está detectado, e isto, na medida em que se faz da atividade interpretativa uma *atividade rotativa*, de textos a textos.

Isto especialmente porque a interpretação jurídica não é exercida despretensiosamente, mas sim a partir de uma concretude sígnica, e com vistas a fins determinados, diferentemente do historiador que interpreta para conhecer, como destacava Gadamer, seja qual for a finalidade aplicativa delineada (para uma exação tributária, para a resolução de uma demanda judicial, para a solução de um litígio administrativo, para a formulação de um estatuto, para a elaboração de uma reivindicação so-

---

menos da interpretação e do texto, acompanhe-se Ross: "Toda interpretación del derecho legislado comienza con un texto, esto es, una fórmula lingüística escrita" (*Sobre el Derecho y la Justicia*, p. 108). A respeito da relação hermenêutica/semiótica, consulte-se Ricoeur, "Entre Herméneutique et Semiotique", in *Nouveaux Actes Sémiotiques*, 1990, pp. 3-19.

2. Sobre o texto jurídico como objeto empírico de partida da análise semio-jurídica, consulte-se Landowski, "Statut et Pratiques du Texte Juridique", in *Lire le Droit: Langue, Texte, Cognition*, pp. 441-443.

3. Tendo em vista esta noção de complexidade que está a rechear a idéia de texto, pode-se dizer do texto que se trata de um composto, a um só tempo: semântico (sentido sígnico), sintático (interação sígnica), pragmático (uso sígnico), estético (apresentação sígnica).

cial, contrato ou ato negocial, para a resolução de uma questão pontual surgida no curso de um procedimento...).

Neste sentido, *interpretar* não somente é ato atributivo de vida dentro da dinâmica de construção do Direito, como também pressupõe uma certa atitude metodológica perante aquilo que se chama de Direito e perante aquilo que se identifica como sendo uma Constituição. A questão do olhar é, portanto, determinante da forma como se interpreta uma norma jurídica dentro do sistema, especialmente quando esta norma tem posição de hierarquia e supremacia, se destacada das demais pela sua só presença dentro do texto constitucional.

Retomando um antigo adágio hermenêutico, pode-se dizer que não há expressões vãs dentro de uma Constituição (ou, o seria a expressão "dignidade da pessoa humana"?). Se isto é verdade, então a tarefa de discussão do sentido da expressão dignidade da pessoa humana deve revelar uma preocupação sobre os termos em que se manifesta a Constituição. Assim, a pesquisa hermenêutica demanda certa atitude hermenêutica, cuja missão não deixa de ser: 1) revelar a lógica – ou fio condutor – do texto constitucional, na medida em que todo texto constitucional faz opções ideológicas e é marcado por valores que são eleitos como valores-fim; 2) detectar quais são os princípios que organizam a estrutura do pensar dogmático-constitucional; 3) operacionalizar a hermenêutica para que sirva de instrumento para que a Constituição Federal possa alcançar seus fins sociais.

E, quando se parte para estudar as táticas tradicionais da hermenêutica jurídica, esbarra-se desde logo naquilo que deve ser combatido nas vigas envelhecidas da hermenêutica jurídica tradicional, para que se possa afirmar aquilo que se pretende defender como premissa da avaliação da citada expressão, a partir de uma concepção centrada em uma nova hermenêutica:[4] no lugar do privilégio da interpretação judicial, do intérprete autêntico e exclusivo (kelseniano), porque detentor do *poder-de-decisão*, traço fundamental de uma sociedade fechada, a interpretação da sociedade aberta;[5] no lugar da interpretação como manifestação de

---

4. Cf. Maria Luísa Balaguer Callejón, *Interpretación de la Constitución y Ordenamiento Jurídico*, 1997.
5. "A teoria da interpretação constitucional esteve muito vinculada a um modelo de interpretação de uma 'sociedade fechada'. Ela reduz, ainda, seu âmbito de investigação, na medida em que se concentra, primariamente, na interpretação constitucional dos juízes e nos procedimentos formalizados" (Häberle, *Hermenêutica Constitucional. A Sociedade Aberta dos Intérpretes da Constituição: Contribuição para a Interpretação Pluralista e "Procedimental" da Constituição*, p. 12).

poder do Estado acima da sociedade, sob a influência da teoria democrática, há que se falar na construção de uma sociedade aberta dos intérpretes da Constituição (*Die offene Gesellschaft der Verfassungsinterpreten*);[6] no lugar da supremacia do sentido do legislador, a prevalência das leituras que se encontram nas versões dos intérpretes e usuários do sistema normativo; no lugar do jusprivatismo, centrado sobre a noção de propriedade e exclusivismo de uso, a apresentação do pluralismo político e a garantia da diversidade; no lugar da interpretação autêntica (kelseniana), a apresentação da interpretação dos agentes sociais como diálogo permanente da própria sociedade sobre si mesma; no lugar da função inativa da cidadania popular pelo voto, a ampliação da competência da cidadania para projetar-se sobre o solo hermenêutico, vinculando sua opinião ao processo de crescimento da concepção de Constituição que se tem e que se quer;[7] no lugar da função cognitiva da jurisdição, que estagna a prática judicial, a função criativa da jurisdição para a recriação permanente do sistema jurídico; no lugar da interpretação civilista, centrada no Código, a apresentação de uma visão do Direito desenvolvida a partir da interpretação constitucionalista centrada na Carta Fundamental; no lugar da visão da interpretação como alcance da verdade (*in claris cessat interpretatio*), a discussão sobre a interpretação a partir de jogos lingüísticos e contextos sociais; no lugar do método técnico-dedutivista de acesso ao sentido das normas, o desenvolvimento de uma metodologia tópico-problemática de discussão e produção de justiça concreta.

A hermenêutica tradicional desconsidera a importância do intérprete na formação construtiva do texto jurídico. Normalmente, o texto jurídico é visto como uma estrutura sólida, essencialista, dotada de um sentido imanente, ao qual deve acessar o intérprete por meio da desco-

---

6. "Nesse sentido, permite-se colocar a questão sobre os participantes do processo da interpretação: de uma sociedade fechada dos interpretes da Constituição para uma interpretação constitucional pela e para uma sociedade aberta (*von der geschlossenen Gesellschaft der Verfassungsintepreten zur Verfassungsinterpretation durch und für die offene Gesellschaft*)" (Häberle, *Hermenêutica Constitucional...*, cit., pp. 12-13).

7. "'Povo', não é apenas um referencial quantitativo que se manifesta no dia da eleição e que, enquanto tal, confere legitimidade democrática ao processo de decisão. Povo é também um elemento pluralista para a interpretação que se faz presente de forma legitimadora no processo constitucional: como partido político, como opinião científica, como grupo de interesse, como cidadão. A sua competência objetiva para a interpretação constitucional é um direito da cidadania no sentido do art. 33 da Lei Fundamental (NT 8). Dessa forma, os Direitos Fundamentais são parte da base de legitimação democrática para a interpretação aberta tanto no que se refere ao resultado, quanto no que diz respeito ao círculo de participantes (*Beteiligtenkreis*). Na democracia liberal, o cidadão é intérprete da Constituição!" (idem, ibidem, p. 37).

berta. *O sentido de um texto é, então, um achado metafísico ou lógico. Seja porque o texto é claro e não requer interpretação, seja porque o texto confuso/obscuro pode ser 'consertado'pelo intérprete, sua função ativa no processo de construção do sentido sempre foi concebida como um* minus *com relação à ontologia do próprio discurso e de seu sentido.*

Prova disto no campo jurídico é a presença de ilimitadas chaves de interpretação que constrangem o raciocínio jurídico a cânones, mais ou menos variáveis de acordo com a matéria. Em uma enumeração dos adágios relacionados com a interpretação pode-se estimar, com parâmetros numéricos e exemplificativos, esta pluralidade, como segue: ubi eadem ratio, idem ius; cessante ratione legis, cessat lex; ubi lex non distinguit, nec nos distinguere debemus; specialia generalibus derogant; generalia specialibus non derogant; qui dicit de uno de altero negat; actus interpretandus est potius ut valeat quam ut pereat; malitiis non est indulgendum; in dubio pro reo; actore non probante, reus absolvitur; poenalia sunt restringenda; odiosa sunt restringenda; exceptio est strictissimae interpretationis; dubia in meliorem partem interpretari debent; intelligitur confiteri crimen pasciscitur.[8]

O expurgo da noção de que existe *o* texto do legislador deve servir como convite à abertura hermenêutica e, portanto, na potencialização do uso que cada utente faz do texto. O texto não *é do legislador*, mas de uma comunidade de *intérpretes*. Aqui, faz-se, explicitamente, apelo a uma noção de sentido pragmático, contextualizado, histórico e intersubjetivo do texto. Quer-se mesmo dizer que o texto vive em dialética com seu meio. A pragmática textual simplesmente se depara com o texto tendo-o por unidade de sentido, de onde – já que este é o *locus* da interpretação – o *sujeito-da-interpretação* retirará elementos de muitas origens (circunstanciais, históricos, objetivos, subjetivos, idioletais etc.)[9] para a *com-posição* do sentido.

O texto, portanto, pode-se concluir desde já, não pode ser entendido como um objeto inerte, estanque, acabado e primigenamente intencionado de maneira a ingenuamente excluir qualquer possibilidade de mo-

---

8. O elenco dos adágios é fornecido por Gérard Cornu, *Linguistique Juridique*, 1990, p. 372.

9. Cf. Rastier, *Sens et Textualité*, pp. 19-20. Também: "El texto, pues, está doblemente orientado: hacia el sistema significativo en que se produce (la lengua y el lenguaje de una época y una sociedad precisas) y hacia el proceso social en que participa en tanto que discurso" (Kristeva, *Semiótica 1*, p. 11).

dificação interpretativa. Todo texto, nesta medida, permite sentidos.[10] O sentido não lhe é imanente; no entanto, excluir da corporeidade de um texto a subjacência necessária da interpretação é privar-lhe de alma e de movimento.

Um texto é, a par de tudo o que já se disse, um *retículo cultural*, uma vez que está imerso num conjunto de práticas de sentido que o constroem, e que lhe conferem vitalidade intersubjetiva, numa perspectiva não só pragmática, como também filosófica.[11] Dizer do texto que se trata de um *retículo cultural* é dizer que detém, e sobretudo que retém, em sua estrutura, um adensamento de elementos em fermentação, que se conglomeram em revoluções e mutações constantes. Um *texto*, portanto, é menos um corpo de sentido único, inarticulável, e muito mais um *projeto-de-sentido* que, uma vez atingido pela prática interpretativa, sofre variações e recebe influxos advindos propriamente de todos os importes axiológicos que carrega o exegeta. Porém, isto não se faz ao sabor de seu arbítrio.[12]

10. "Dans ces conditions, plutôt que de prétendre découvrir et proclamer 'le' sens des textes pris un à un, on s'intéressera avant tout, en sémiotique (et plus spécialement en socio-sémiotique) à rendre compte de la manière dont les sujets – les acteurs sociaux – *produisent* et *négocient* entre eux le sens des discours (et par suite, des 'faits' que ces discours prennent eux-mêmes en charge) dans le cadre de confrontations qui, selon les cas, pourront être, par exemple, de nature plutôt politique, plutôt scientifique, plutôt juridique, étant entendu que ces limitations ne sont jamais radicalement tranchées. Ainsi, dans le cas qui nous intéresse ici, le droit, avec toutes les variétés des types de discours et de pratiques que ce terme recouvre – qu'il s'agisse, entre autres, de l'écriture de la loi, de la pratique judiciaire ou du discours de la doctrine –, quelles sont donc les stratégies discursives à l'oeuvre et quels sont les effets de sens qu'elles tendent à produire? Quelles sont par ailleurs *les lectures possibles* des objets signifiants (et en premier lieu des textes) ainsi engendrés, et quelles seront, dans un contexte donné, *les procédures d'arbitrage* entre elles?" (Landowski, "La Découverte du Sens en Droit: un Point de vue Sémiotique", in *La Découverte du Sens en Droit, Archives de Philosophie du Droit et de Philosophie Sociale*, n. 48, p. 48).

11. O próprio conceito peirceano de *interpretante* não só comporta, como também sugere a idéia de que o *signo* se constrói na esfera do receptor não como algo dado ou imanente tão-somente, mas como algo que importa em uma permuta valorativa entre sujeitos. Neste sentido, o intérprete não é receptor de mensagens comunicativas, mas sujeito agente na construção de sentido a ser atribuído ao universo sígnico.

12. A participação do intérprete ao tomar conhecimento do texto é intensa e construtiva. Este aspecto será mais bem explorado, no entanto, pode-se dizer que "(...) ler é, em qualquer hipótese, encadear um discurso novo no discurso do texto. Este encadeamento de um discurso denuncia, na própria constituição do texto, uma capacidade original de ser retomado, que é o seu caráter aberto. A interpretação é a conclusão concreta deste encadeamento e deste retomar" (Ricoeur, *Do Texto à Ação: Ensaios de Hermenêutica II*, p. 155). Ou ainda: "No fim da investigação, a leitura aparece como este acto

Um texto funciona quando é atualizada a sua faculdade de produzir sentido pelo intérprete. Dentro desta perspectiva, entender textos é conferir-lhes a oportunidade de 'dizerem' algo. O texto é mudo por si só, e, em sua estática, tem apenas potencialidade para significar; ao sujeito-da-interpretação de lhes manipular e de lhes oferecer a abertura que se encontra em meio às suas propriedades. O texto se movimenta ao ser vivido pelo intérprete, pelo sujeito que o conhece, que com ele interage. Interpretar, desde já se pode dizer, é fazer do texto, qualquer que ele seja, uma vivência pragmática de sentido. O apelo aqui feito é pela movimentação dos textos pelo usuário; se este estudo se resumisse ao campo dos textos (suas estruturas, formas, inflexões, elementos, seu conceito, sua corporeidade...), far-se-ia incompleto, e isto, pois, estar-se-ia a proceder a uma pesquisa que desarticula a própria funcionalidade textual. Os textos funcionam na medida em que são usados.

A significação resultante do exercício exegético, numa perspectiva pragmática, não pode ser realmente algo de unívoco, dada a ampla esfera de participação de elementos ideológicos, axiológicos, histórico-culturais que interagem para a formação de um entendimento final acerca de uma textualidade concreta *sub judice*. Por muito tempo, os conceitos hermenêuticos foram suficientemente complacentes com práticas jurídicas ideológicas mascaradas pela objetividade do sentido.

Ainda assim, quando aqui se anuncia que o *sujeito-da-interpretação*, que parte de um texto jurídico, é capaz de forjar-lhe o sentido, não se quer dizer que a prática da significação está submissa à arbitrariedade. Muito antes de se poder dizer que o ato compreensivo constitui-se em um mero ato arbitrário do intérprete, pode-se dizer que limites há para a significância, dentro dos quais atua o *sujeito-da-interpretação*. Em verdade, este sujeito age livremente, mas dentro de um campo de forças. Dizer o contrário é aceitar que o discurso é uma realidade sem fronteiras.

Se não se pode atribuir a um texto uma realidade de sentido unívoca, por ser a grande maioria dos signos (lingüísticos ou não) equívoca,[13]

---

concreto no qual se completa o destino do texto. É no próprio âmago da leitura que, indefinidamente, se opõem e conciliam a explicação e a interpretação" (idem, ibidem, p. 162).

13. Kelsen mesmo reconhece a falácia que é a aceitação silenciosa do dogma de que a interpretação se verte em direção do único sentido verdadeiro e acertado, *ipsis litteris*: "A interpretação jurídico-científica tem de evitar, com o máximo cuidado, a ficção de que uma norma jurídica apenas permite, sempre e em todos os casos, uma só interpretação: a interpretação 'correcta'. Isto é uma ficção de que se serve a jurisprudência

muito menos se pode dizer que a interpretação é um exercício ilimitado, como se infere da discussão encetada e como se verá mais adiante. Ambas as posturas configuram extremismos. O dimensionamento da questão hermenêutica na univocidade é o mesmo que fazer repousar na superfície a explicação do texto; o dimensionamento da questão hermenêutica nos quadrantes da ilimitação é opção desqualificadora da operacionalidade dos textos. Condições há, variáveis, porém sempre possíveis de serem supostas ou questionadas, em que se produz um texto, sobretudo um texto jurídico, imerso que está em conjunturas institucionais, sustentadas por práticas de sentido, se valendo de universos de discurso... Estas condições de produção delimitam a abrangência teórica, projetável e ideal, de que poderia se revestir determinado texto (as seletividades dos sujeitos se autodelimitam).[14]

Abstrair a circunstancialidade da produção de um texto é, sem dúvida, a causa de sérios equívocos em sede de interpretação. Daí a necessidade de, ao visitar o sentido da expressão "dignidade da pessoa humana" ter-se que recorrer a uma avaliação de seus diversos aspectos, desde os histórico-filosóficos, até os relacionados à sua topografia no texto constitucional. É desta tarefa que se reveste a perspectiva de trabalho ora encetada.

2. Análise da expressão "dignidade da pessoa humana"

2.1 Sentido histórico-filosófico

Numa análise histórico-filosófica,[15] a idéia de "dignidade da pessoa humana" é a convergência de diversas doutrinas e concepções de mundo

tradicional para consolidar o ideal da segurança jurídica. Em vista da plurissignificação da maioria das normas jurídicas, este ideal somente é realizável aproximativamente" (*Teoria Pura do Direito*, 1976, pp. 472-473). Também a respeito do discurso jurídico, deve-se grafar esta referência textual: "Dissémination, désintégration du sens. La loi est innommable. Nommer la loi d'un seul nom serait lui donner un sens – un seul. Pour redonner à la loi tout son sens, il faut la traiter de tous les noms à la fois. Par cette opération seule, elle retrouve son unité et sa signification" (Timsit, *Les Noms de la Loi*, 1991, p. 179).

14. Com Ferraz Júnior: "Podemos chamar esta seletividade de interpretação. Interpretar, portanto, é selecionar possibilidades comunicativas da complexidade discursiva. Dizemos, também, em conseqüência, que toda interpretação é duplamente contingente. Ora, esta contingência tem de ser controlada ou a fala não se realiza. Para o seu controle precisamos de códigos, isto é, seletividades fortalecidas a que ambos os comunicadores têm acesso, que podem ser fruto de convenções implícitas ou explícitas" (*Introdução ao Estudo do Direito: Técnica, Decisão, Dominação*, pp. 235-236).

15. Cf. Comparato, *A Afirmação Histórica dos Direitos Humanos*, p. 44.

que vêm sendo construídas desde longa data na cultura ocidental. A noção não está ausente do pensamento grego, pois se manifesta na concepção cosmológica de responsabilidade ética dos estóicos, e ganha profundo alento com o desenvolvimento do pensamento cristão, especialmente considerada a cultura da igualdade de todos perante a criação.

Mas, são os modernos que darão uma configuração mais precisa para o tema. A questão da dignidade da pessoa humana é declarada presente nos debates modernos com a *Oratio de Hominis Dignitate*, do século XV (1486), de autoria de Giovanni Pico Della Mirandolla,[16] quando se percebe a necessidade de unir a visão do antropocentrismo ascendente com a visão da autonomia do ser humano a partir de sua natureza: "Li nos escritos dos Árabes, venerandos padres, que, interrogado Abdala Sarraceno sobre qual fosse a seus olhos o espetáculo mais maravilhoso neste cenário do mundo, tinha respondido que nada via de mais admirável do que o homem. Com esta sentença concorda aquela famosa de Hermes: 'Grande milagre, ó Asclépio, é o homem'" (*"Legi, Patres colendissimi, in Arabum monumentis, interrogatum Abdalam Sarracenum, quid in hac quasi mundana ascaena admirandum maxime spectaretur, nihil spectari homine admirabilius repondisse. Cui sententiae illud Mercurii aadstipulatur: magnum, o Asclepi, miraculum est homo"*).

Entre os modernos, será Kant quem haverá de aprofundar esta discussão, discutindo-a a partir da idéia de igualdade, colocando-a no centro da discussão a respeito da natureza humana racional. Em seu pensamento, portanto, a dignidade (*Würde*) decorre da natureza humana racional, na medida em que significa dominação e capacidade de auto-imputação de regras de comportamento.[17] De fato, a dignidade tem a ver com esta capacidade de ser autônomo, na medida em que age a razão legisladora e moral. Se há o mundo dos fins absolutos (esfera do incondicional, do não relativizável, do inapreciável), em contraposição ao mundo dos fins relativos (esfera do preço, da troca, do útil, do variável), a definição humana decorre de sua condição invariável e inavaliável, na medida em que ninguém vale mais que ninguém, ninguém pode ser avaliado mais que ninguém, ao contrário das coisas *in comercio*. O uso da lei moral é um uso da razão legisladora a favor da *humanidade-como-fim*, ou seja, contrária a que o homem seja tornado instrumento ou meio para a realização de fins pessoais ou egoísticos (imperativo categórico). Na expressão de seu imperativo: "Agora eu afirmo: o homem, e em geral todo ser

---

16. *Disurso sobre a Dignidade do Homem*, p. 49.
17. Cf. Canto-Sperber (Orgs.), *Dicionário de Ética e Filosofia Moral*, verbete "dignidade".

racional, *existe* como *fim em si mesmo, não só como meio* para qualquer uso desta ou daquela vontade".[18]

Kant é o portal do Iluminismo, o ponto de apoio e de partida para a maior parte dos pensadores modernos (Hegel, Schelling...), e, portanto, referencial teórico da modernidade. Neste sentido, a noção de dignidade constante de seu pensamento adentra definitivamente ao universo das discussões filosóficas modernas, e, por esta via, acaba se encontrando dentro da perspectiva dos valores basilares de afirmação da própria modernidade jurídica. O Direito será afetado por esta concepção de dignidade assim como será afetado pela idéia de um projeto cosmopolita de paz perpétua.

O tema da "dignidade da pessoa humana", portanto, vem mais bem explicitado a partir da modernidade, e é como tal que se entrega à história contemporânea, para ser tornado um princípio fulcral da cultura dos direitos. No entanto, o fosso da indignidade, ou seja, o conhecimento da máxima capacidade humana de destruição da dignidade (utilizando-se de todos os artifícios da razão, como tortura, tecnologia, ciência, urbanismo, higienismo social etc.), com auxílio da própria razão, só surgiria com a experiência da Segunda Guerra Mundial, marco histórico-existencial de um giro de concepções que haveria de re-orientar as políticas internacionais (a partir da noção de DIDH fundada no pós-guerra, com o Tribunal de Nuremberg, a formação da ONU e a criação da Declaração Universal dos Direitos Humanos), bem como as próprias concepções filosóficas de mundo. É isto que faz com que a noção de dignidade pareça responder, num momento pós-moderno de reflexões, ao anúncio de uma identidade, ou de um termo comum, entre as diversas ideologias e linhas de pensamento contemporâneas.

Não se trata, portanto, de um tema criado na pós-modernidade (a partir da desilusão com a razão, no pós-guerra), trata-se de uma discussão filosófica bem torneada com a modernidade, no entanto, tornada objeto de aflição internacional, de comoção mundial e de direito positivo internacional somente no século XX, no pós-guerra, com a Declaração Universal dos Direitos Humanos, de 1948, onde se lê: 1º. Considerando da Declaração de 1948: "Considerando que o reconhecimento da *dignidade inerente* a todos os membros da família humana e de seus direitos iguais e inalienáveis é o fundamento da liberdade, da justiça e da paz no mundo"; e: art. 1º "Todas as pessoas nascem livres e iguais em *dignidade* e direitos". Para que a expressão adentrasse à legislação positiva, foram

---

18. Kant, *Fundamentos da Metafísica dos Costumes*, p. 78.

necessários diversos estorvos e diversos sacrifícios a definirem as condições para sua inscrição em meio à cultura afirmativa dos direitos humanos.[19] Desde então, torna-se critério de parametrização do sentido do próprio Direito.

2.2. Sentido topográfico da expressão no direito positivo brasileiro

Sua entrada na cultura do direito nacional se dá a partir do texto da Constituição Federal de 1988, num período de redemocratização e, portanto, de crescente afinização da cultura do direito nacional à cultura do direito internacional dos direitos humanos (DIDH), que vem se desenvolvendo desde a sua fundação com a Declaração de 1948 como reação às atrocidades do período nazista e aos demais efeitos da Segunda Guerra Mundial, que provocou a morte de milhões de seres humanos.

Desde então, a idéia de "dignidade da pessoa humana" passa a ser critério para a determinação e avaliação da legitimidade da política, da justiça do Direito, das decisões de relevância para a humanidade. Em seu nome tornou-se possível quebrar séculos de vigência do conceito westfaliano de soberania, para que fosse possível a relativização da idéia de soberania em nome da proteção de indivíduos perseguidos pela opressão do poder. É claro que, imediatamente, se tratava do efeito de uma humanidade fatigada dos desvarios provocados pela grande confrontação mundial, que, em reação, insculpiu este valor no centro da arquitetura dos sistemas jurídicos contemporâneos. Torna-se, desde então, consenso para o senso comum, para a ciência, para a religião, para a filosofia, adentrando ao texto das Declarações internacionais (como o "Pacto Internacional dos Direitos Econômicos, Sociais e Culturais", em seu art. 2º, considerando: "Reconhecendo que esses direitos decorrem da dignidade inerente à pessoa humana" e o "Pacto de São José da Costa Rica", de 1969, em seu art. 11, § 1º: "Toda pessoa tem direito ao respeito da sua honra e ao reconhecimento de sua dignidade"), das Constituições hodiernas e das legislações nacionais.[20]

---

19. Cf. Comparato, *A Afirmação Histórica...*, cit., p. 44.
20. Podem-se enunciar as demais normas de caráter internacional que abrigam o princípio: "A) A nivel continental: Convención (Europea) de salvaguardia de los derechos del hombre y de las libertades individuales (Roma, 4 de noviembre de 1951); Carta Social Europea (Turín, 18 de octubre de 1961); Convención Americana de Derechos Humano (22 de noviembre de 1969); Carta Africana de los Derechos del Hombre y de los Pueblos (1982); Declaración Americana de los Derechos y de Deberes del Hombre (Bogotá, 1948); Declaración Islámica Universal de los Derechos del Hombre (París, 1982); B) Convenciones internacionales: Convención para la prevención y la sanción

Na Constituição Federal de 1988, aparecerá explicitamente no art. 1º, inciso III ("A República Federativa do Brasil, formada pela união indissolúvel dos Estados e Municípios e do Distrito Federal, constitui-se em Estado Democrático de Direito e tem como fundamentos: III – a dignidade da pessoa humana"), e nos artigos 230 ("A família, a sociedade e o Estado têm o dever de amparar as pessoas idosas, assegurando sua participação na comunidade, defendendo sua dignidade e bem-estar e garantindo-lhes o direito à vida"), 226 ("A família, base da sociedade, tem especial proteção do Estado. § 7º – Fundado nos princípios da dignidade da pessoa humana e da paternidade responsável, o planejamento familiar é livre decisão do casal, competindo ao Estado propiciar recursos educacionais e científicos para o exercício desse direito, vedada qualquer forma coercitiva por parte de instituições oficiais ou privadas") e 227 ("É dever da família, da sociedade e do Estado assegurar à criança e ao adolescente, com absoluta prioridade, o direito à vida, à saúde, à alimentação, à educação, ao lazer, à profissionalização, à cultura, à dignidade, ao respeito, à liberdade e à convivência familiar e comunitária, além de colocá-los a salvo de toda forma de negligência, discriminação, exploração, violência, crueldade e opressão"), e na legislação infraconstitucional se plasmará de modo explícito também no Estatuto da Criança e do Adolescente, em seu art. 15 ("A criança e o adolescente têm direito à liberdade, ao respeito e à dignidade como pessoas humanas em processo de desenvolvimento e como sujeitos de direitos civis, humanos e sociais garantidos na Constituição e nas leis").

Deve-se entender, portanto, que a Constituição Federal de 1988 tem um grande potencial transformador da sociedade brasileira. A Constituição erigiu valores-guia eleitos para a arquitetura do sistema jurídico, entre os quais se encontra o princípio da dignidade da pessoa humana, inscrito no art. 1º, inciso III. É neste sentido que se deve projetar como um texto de formação fundamental da cultura dos direitos humanos dentro de uma sociedade pluralista. Sua defesa é, a um só tempo, a defesa das próprias condições de construção de uma sociedade que é capaz de

del genocidio (1948); Convención sobre los derechos políticos de la mujer (1953); Convención complementaria sobre abolición de la esclavitud, tráfico de esclavos y practicas similares a la esclavitud (1956); Convención relativa e la eliminación de toda forma de discriminación racial (1965); Convención de la UNESCO relativa a la lucha contra las discriminaciones en la esfera de la enseñaza (1960); Convención n. 87 de la OIT relativa a la libertad de asociación y a la protección del derecho de organización sindical (1951); Convención n. 105 de la OIT relativa de la abolición del trabajo forzoso (1957); Convención n. 111 de la OIT relativa a la no discriminación en materia de empleo y ocupación (1958)" (Pascual, *Ética de los Derechos Humanos*, p. 57).

pactuar valores comuns e construí-los dentro de um sistema razoável de medidas e parâmetros para a arquitetura do convívio social.

A tradição constitucional costuma neutralizar o potencial transformador destas regras ao descrever-lhe como "normas de eficácia programática", ou simplesmente traduzidas no uso corrente da linguagem jurídica como "normas programáticas". O perigo deste tipo de concepção é o de anestesiar a perspectiva de sentido introduzida pela Constituição, tornando grande parte de suas normas inócuas, porque não imediatamente utilizáveis, para toda uma comunidade de intérpretes e fruidores das conquistas constitucionais introduzidas pela inovação de 1988.

Ainda que se considere que a norma que identifica no princípio da "dignidade da pessoa humana" uma regra fundamental do funcionamento da República Federativa do Brasil seja diferente de outras normas e regras constitucionais, o simples deferimento do sentido do princípio para um futuro longínquo aniquila por completo a possibilidade de se exigir dos intérpretes autênticos do sistema jurídico nacional a sua aplicação. Daí a necessidade de se fazer uma distinção: politicamente, tem função de programa, e, por isso, seu sentido é inexaurível – enquanto for vigente a Constituição, estar-se-á a buscar conferir dignidade às pessoas pela atuação do Estado; juridicamente, o art. 1º, inciso III da Constituição Federal de 1988 não carece de mais nada para ser tornado norma de pleno valor para o texto constitucional. Como esta norma não limita um direito, e muito confere ao sistema uma enunciação vinculativa da fruição de nenhum direito, tem função estritamente diretivo-principiológica para o texto constitucional, de modo que não pode ser interpretada como uma norma que apresenta um direito ou um dever.

Portanto, enquanto norma que enuncia apenas um princípio, como valor-guia para o sistema, é norma de plena eficácia, porque inscrita no texto constitucional e não carecedora de nenhuma outra que lhe confira sentido mais preciso. Nenhum princípio poderá ser restringido ou muito menos definido por legislação infraconstitucional, porque não é tarefa do legislador limitar princípios ou muito menos definir o sentido de normas.

Assim, a norma contida no art. 1º, inciso III, é norma constitucional e tem sentido pleno, vinculativo, portanto, da interpretação constitucional. Intérpretes constitucionais devem ter nesta norma uma regra-matriz de leitura da lógica comum a toda a Constituição Federal de 1988, e, por isso, estão vinculados a esta regra como valor-fonte, na expressão de Miguel Reale, para a dicção de todos os direitos.

Esta norma pode, portanto, não ser vinculativa da produção político-material de seus efeitos concretos imediatos (porque as metas políticas são sempre inexauríveis, em busca programática de desenvolvimento de uma sociedade), mas é norma inafastável da lógica constitucional, arcabouço axiológico para a garantia da homogeneidade do texto constitucional, cujos capítulos se desdobram a partir da lógica fundacional do art. 1º como um todo, em especial do inciso III. Sua importância se deve, portanto, à inversão produzida pela Constituição de 1988, ao enunciar os direitos fundamentais antes das atribuições do Estado, e ao apresentar seus princípios fundamentais antes de tudo; o princípio da "dignidade da pessoa humana" vem topograficamente localizado na abertura do texto constitucional e isto não deve ser, em hipótese alguma, ignorado do ponto de vista de uma hermenêutica constitucional (como se as normas da "Ordem Econômica" ou da "Ordem Tributária" valessem independentemente da validade dos princípios que inauguram o texto constitucional).

É, portanto, norma semanticamente vinculativa da decisão judicial, das ações administrativas de Estado, a ser lida e interpretada ao lado das demais previsões constitucionais, e infraconstitucionais, que lhe dão a feição mais específica para a discussão de cada matéria. Lê-se este princípio ao lado da norma de direito positivo que se quer aplicar ao caso concreto, e é do balanço e do equilíbrio do princípio com a norma positiva que surge a conjugação suficiente para a avaliação do caso concreto. A não-instrumentalização humana (ética de meios) é o que guia a ordem constitucional, e, enquanto a ordem constitucional der abrigo ao arbítrio, ao abuso, à dominação, à barbárie, decisões deverão enfrentar o embate do preceito da "dignidade da pessoa humana" com os demais preceitos que lhe fazem obstáculo para o cumprimento desta meta.

2.3. Significação e vagueza da expressão: contraposição de duas visões

A expressão é claramente uma destas elocuções abertas, aporéticas, que remetem a uma experiência de fundo problemático, e, com isto, a uma dimensão porosa da linguagem jurídica, que, a princípio, deve conferir "certeza", "segurança" e "objetividade". Então, deparar-se com a abertura de uma expressão que exara um princípio como este parece representar uma "ameaça" à coesão e à precisão do Direito! Daí espantar-se a expressão pela sua inutilidade como se espanta o indefinível para dentro do fosso das experiências "não-registradas" pelo conhecimento científico.

Ora, nem tudo aquilo que se refere a experiências fundamentais dos seres humanos, apesar de reconhecidamente serem consideradas fundamentais, remete necessariamente a definições precisas. Por exemplo, o termo "justiça" continua sendo um termo vago, mas nem por isso dispensável do vocabulário da reflexão jusfilosófica (ainda que sejam múltiplas as correntes a lhe definirem o sentido), e muito menos descartável da conjunção das relações sociais (ainda que as reivindicações por justiça sejam as mais variáveis possíveis).

Ainda que para os céticos a vagueza da expressão "dignidade da pessoa humana" represente um desafio insuportável para a razão, somente superável pela sua ignorância, redundando daí a inoperacionalidade da noção (pela dificuldade de conceituação), por se tratar de um conceito aberto, plurívoco, deve-se superar esta sensação de "beco", de "encruzilhada" sem direção, por uma outra. De fato, deve-se, contrariamente, entender que a "dignidade da pessoa humana" é, antes de tudo, uma expressão que serve como: 1) fundamento do Direito e do próprio Estado; 2) norte das ações governamentais; 3) *télos* das políticas sociais; 4) princípio hermenêutico, especialmente em função de sua topografia textual, para todos os direitos humanos e demais direitos do texto constitucional (justiça social; política legislativa; moralidade administrativa; política econômica e tributária; políticas penitenciárias etc.); 5) diretriz para a legislação infraconstitucional; 6) base para a aplicação judicial dos direitos; 7) ponto de partida para a leitura do ordenamento jurídico; 8) foco de dispersão com o qual se deve construir a proteção da pessoa humana; 9) núcleo de sentido das práticas jurídicas; 10) fundamento para a criação de instrumentos de proteção da pessoa humana.

Trata-se de uma espécie de resumo das ambições constitucionais, suma ideológica, ou matriz principiológica que cumpre a "pretensão de correção do direito", na dicção de Alexy. Esta complexa expressão, semanticamente carregada de diversas implicações, contém em si o resumo, a suma ideológica, a matriz principiológica de todos os capítulos, seja do texto constitucional, seja de toda e qualquer proposta contida no ordenamento jurídico.[21] É ela a meta social de qualquer ordenamento

21. Para que se possa aquilatar a abrangência do sentido da expressão, deve-se afirmar que a dignidade da pessoa humana pode alcançar diversas perspectivas: um homicídio é um atentado à dignidade humana; a miséria é um atentado à dignidade humana; a marginalidade é um atentado à dignidade humana; a dependência físico-psíquica é um atentado à dignidade humana; a violência doméstica é um atentado à dignidade humana; a violência urbana é um atentado à dignidade humana; a discriminação é um atentado à dignidade humana; a corrupção estatal é um atentado à dignidade humana; o desvio de finalidade nas atividades públicas é um atentado à dignidade humana; as hipóteses geradoras de danos morais são um atentado à dignidade humana; a violação de imagem é um atentado à dignidade humana etc.

que vise a alcançar e fornecer, por meio de estruturas jurídico-político-sociais, a plena satisfação de necessidades físicas, morais, psíquicas e espirituais da pessoa humana. No entanto, a "dignidade humana" atendida significa não propriamente a satisfação de querências individuais (ou idiossincrasias), mas de um *minimum* exigível socialmente, capaz, por seus recursos, meios e técnicas, de alcançar justiça social.

Nesta linha, o que se externa é uma preocupação com a transformação de discursos em ações, de letra de lei em políticas públicas, de normas programáticas em programas de transformação da sociedade, desde as suas mais intrínsecas limitações, no sentido da afirmação prática e da realização da abrangência da expressão "dignidade da pessoa humana", normalmente tida como mero expediente retórico do legislador constitucional.[22] Ainda assim, vale dizer que, apesar da vagueza da expressão, ela deve servir como norte das ações governamentais e das ações sociais, no sentido da plenificação da pessoa humana no convívio social. A expressão dignidade da pessoa humana,[23] portanto, deixa de representar mero conceito aberto da Constituição e ganha um sentido como *télos* das políticas sociais, limite mesmo que permita diferir o justo do injusto, o aceitável do inaceitável, o legítimo do ilegítimo. Registra-se, com isto, que sua importância se deve ao fato de se encontrar topograficamente localizada no princípio da Constituição, o que denuncia sobre prevalência hermenêutica para a discussão exegética de seus demais dispositivos.

A "dignidade da pessoa humana" é expressão de amplo alcance, que reúne em seu bojo todo o espectro dos direitos humanos (que são tratados no âmbito privado como direitos da personalidade), que se esparge

22. "O teor do discurso constitucional, ao deixar ambíguo, vago, ou mesmo apagado e esquecido o conteúdo significativo da 'dignidade da pessoa humana', pretende conferir exatamente, pela sua própria índole, de uma cruel e proposital espécie de desconsideração ao citado valor, permitindo assim, com isto, não cumprir o seu compromisso com tal valor que é deixado a vagar pelas malhas da rede constitucional como se fosse a expressão, 'dignidade da pessoa humana', mera figura de retórica" (Löwental, "Exame da Expressão 'A Dignidade da Pessoa Humana' sob o Ângulo de uma Semiótica Jurídica", in *Revista da Universidade Ibirapuera*, vol. 1, n. 3, p. 28).
23. Dignidade da pessoa humana é expressão de amplo alcance, que reúne em seu bojo todo o espectro dos direitos humanos (que são tratados no âmbito privado como direitos da personalidade), que se esparge por diversas dimensões alcançando: relações de consumo; prestação de serviços essenciais pelo Estado; cumprimento de políticas públicas; atendimento de necessidades sociais; construção da justiça social; política legislativa; moralidade administrativa; políticas econômicas e de distribuição de recursos; políticas previdenciárias; políticas educacionais; políticas urbanas e rurais; políticas penitenciárias.

por diversas dimensões dogmático-jurídicas, alcançando: 1) relações de consumo; 2) prestação de serviços essenciais pelo Estado; 3) cumprimento de políticas públicas; 4) atendimento de necessidades sociais; 5) construção da justiça social; 6) alicerce das tomadas de decisão em política legislativa; 7) base da idéia de moralidade administrativa e exigibilidade de conduta dos governantes; 8) cerne das políticas econômicas e de distribuição de recursos (justiça distributiva); 9) base para o desenvolvimento de ações tendentes ao desenvolvimento de políticas educacionais, urbanas e rurais, penitenciárias etc. Como dizer que se trata de uma expressão *non sense*? Como aferir em sua amplitude um vazio? Como deslocá-la para escanteio, se sua posição é central?

De sua abertura é que se nutre, portanto, a possibilidade de, pela experiência lingüística e dos jogos de ação historicamente determinados, surgir a definição *in casu* do digno e do indigno. Não se sabe dizer precisamente o que é a "decência", e nem por isso não sabemos identificar ou indicar as situações de decência ou vileza.[24] O mesmo ocorre com as situações em que se tenha que identificar o digno e o indigno:[25] um homicídio é um atentado à dignidade humana; a miséria é um atentado à dignidade humana; a marginalidade é um atentado à dignidade humana; a dependência físico-psíquica é um atentado à dignidade humana; a violência doméstica é um atentado à dignidade humana; a violência urbana é um atentado à dignidade humana; a discriminação é um atentado à dignidade humana; a corrupção estatal é um atentado à dignidade humana; o desvio de finalidade nas atividades públicas é um atentado à dignidade humana; as hipóteses geradoras de danos morais são um atentado à dignidade humana; a violação de imagem é um atentado à dignidade humana.[26]

A pessoa humana é mesmo o *locus* desta indeterminação, especialmente considerando que a história da humanidade ainda não se encerrou,

---

24. "São as vidas exemplares que nos ensinam a distinguir a decência da vileza" (Prefácio de Jurandir Freire da Costa, à obra *Agnes Heller: Entrevistada por Francisco Ortega*, p. 14).

25. "El valor central o ideal de la dignidad humana no se puede probar, estrictamente hablando. Es algo axiomático de prueba; justifican, pero no son objeto de justificación. Porque el regreso al infinito es imposible" (Pascual, *Ética de los Derechos Humanos*, p. 29).

26. "A dignidade é o fim. A juridicidade da norma positiva consiste em se poder reconhecer que, *tendencialmente*, ela se põe para esse fim. E se não se põe, não é legítima. A razão jurídica se resolve em uma determinada condição humana em que cada indivíduo é, para a humanidade, o que uma hora é para o tempo: parte universal e concreta do todo indissolúvel" (Felippe, *Razão Jurídica e Dignidade Humana*, p. 100).

e que a "humanidade" ainda engatinha sobre a construção das experiências que marcam seus princípios e valores centrais.

2.4 Sentido principiológico da expressão: a ética dos direitos humanos

Uma ética dos direitos humanos decorre diretamente do princípio da dignidade da pessoa humana. De fato, este princípio equivale a um lugar-comum para o abrigo de todas as gerações de direitos humanos, dos de primeira aos de terceira geração. A justiça não pode ser pensada isoladamente, sem o princípio da dignidade humana, assim como o poder não pode ser exercido apesar da dignidade humana.[27] Em verdade, todos os demais princípios e valores que orientam a criação dos direitos nacional e internacional, se curvam ante esta identidade comum ou a este *minimum* dos povos. A própria Declaração de 1948 lhe confere tal posição de superioridade ante os demais princípios e valores.[28] Como referência motivante da cultura dos direitos humanos, além de fundamental, este princípio tem valia universal.[29] Só que, apesar de sua universalidade, sua construção não é fruto de uma dedução da razão, mas sim um construto histórico, e, como tal, que deverá ser submetido à ampliação do uso de seu sentido a contextos históricos os mais variados, nos jogos de realidade e de linguagem.[30]

Desprovida de universalismos, a palavra dignidade (*dignitas* – latim)[31] parece corresponder a um importante foco, e, portanto, a um importante centro convergente de idéias e preocupações sociais, em meio às dispersões pós-modernas, em que o destaque dado reitera a importân-

---

27. "La dignidad humana seria el valor fundante básico. Y la libertad (la igualdad, la solidaridad), la justicia y la paz serian valores cofundantes, coadyuvantes" (Pascual, *Ética de los Derechos Humanos*, p. 53).
28. Cf. idem, ibidem, p. 26.
29. "La conclusión es clara: la dignidad humana es un ideal universal" (idem, ibidem, p. 31). E, também: "La dignidad humana es claramente la referencia motivante de los derechos humanos" (idem, ibidem, p. 37).
30. "Conclusión para pasar al concepto de los derechos humanos: los derechos humanos tienen una historia, son un producto de la historia, son una construcción histórica. No tienen nada de eterno ni perenne" (idem, ibidem, p. 50).
31. Todas as frases a seguir ilustram a idéia central do que seja o digno, ou seja, o meritório, o merecedor de algo, em contraposição à idéia do indigno: "ninguém é digno desta pena" (merecimento); "isto é digno de louvor" (merecimento); "esta ação é digna de palmas" (merecimento); "você não é digno deste favor" (não merecimento); "esta pessoa não é digna de piedade" (não merecimento). E mais: "você merece o que é digno"; "isto é digno de um príncipe"; "este dia é digno de uma viagem".

cia da conquista histórica dos direitos fundamentais.³² Pensar na perspectiva que se amplia para o século XXI é pensar no fato de que a dignidade passa a recuperar seu valor, seu sentido, recompondo-se para fazer parte do discurso jurídico do milênio que irrompe já marcado por inúmeras violações aos direitos fundamentais da pessoa humana.

De fato, a apurada observação do momento permite dizer que a pessoa humana é posta novamente em foco, e sua valorização recupera foros de decência social mínima, avultando a temática da dignidade da pessoa humana, como *télos* do próprio ordenamento jurídico, ou mesmo como critério de qualquer idéia ou forma de justiça.³³ Não que isto seja uma realidade prática efetiva, mas que se esteja a perceber este câmbio de preocupações dos próprios juristas e estudiosos de questões jurídicas.³⁴

Foram necessárias diversas violações, diversas experiências de indignidade, diversas práticas de exploração da condição humana, para que a própria noção de dignidade surgisse um pouco mais clara aos olhos do pensamento contemporâneo. "O sofrimento como matriz da compreensão do mundo e dos homens, segundo a lição luminosa da sabedoria grega, veio aprofundar a afirmação histórica dos direitos humanos", como afirma Comparato.³⁵ Parece a personalidade recuperar o espaço perdido nos desvãos da erosão da ética das últimas décadas do século XX, e do longo processo que deu origem ao niilismo, ao tecnicismo, ao ceticismo e à relativização absoluta de todos os valores. Enfim, em poucas palavras, parece a idéia de personalidade recuperar seu sentido pleno, preenchendo o oco das experiências céticas e materialistas do tecnologismo do século XX, e invadindo as diversas linhas de pensamento ocupadas com os desvarios da história contemporânea.

32. A respeito, Comparato, *A Afirmação Histórica...*, 1999.
33. "A dignidade é o fim. A juridicidade da norma positiva consiste em se poder reconhecer que, *tendencialmente*, ela se põe para esse fim. E se não se põe, não é legítima. A razão jurídica se resolve em uma determinada condição humana em que cada indivíduo é, para a humanidade, o que uma hora é para o tempo: parte universal e concreta do todo indissolúvel" (Felippe, *Razão Jurídica e Dignidade Humana*, p. 100).
34. A questão da dignidade é tão visceral para a compreensão da própria noção de pessoa humana, que surgem definições que expressam com toda força este recíproco comprometimento. "Assim, a pessoa não digna não é pessoa e nem é humana. Ou, ainda, pessoa não digna não é humana. Ou em uma outra visão: ser pessoa é ser digno, sendo digno é pessoa humana. Podendo-se até inferir que a dignidade é o primeiro requisito para uma pessoa ser considerada pessoa humana" (Löwental, "Exame da expressão 'A dignidade da pessoa humana'...", cit., p. 26).
35. Comparato, *A Afirmação Histórica...*, p. 44.

Os discursos que se afinam e depuram na aurora do século XXI se aprimoram em proteger, conhecer, desvendar, em uma palavra, dignificar a personalidade humana, não em atitude de idolatria, mas em atitude de autoconhecimento, ao estilo socrático (*gnoûth autos*, gr., "conhece-te a ti mesmo"), verdadeiro caminho para a compreensão do eu, atalho para o entendimento do outro, de suas querências e direitos, bem como da sociedade, de sua mecânica e finalidade. Esta situação sintomática de comunhão e afinidade dos discursos (da ciência, da religião, do senso comum, da técnica, da arte, da filosofia, do esoterismo, das dogmáticas jurídicas...) corresponde a um estado de espírito da humanidade, fatigada, que se encontra dos modelos que originaram o esgotamento dos valores do final do século XX, sedenta de mudanças. É possível entrever mudanças, quando o desenvolvimento das nações e dos povos se dá na mesma medida da evolução e expansão da consciência ética: "Há uma base firme de esperança sobre a qual assentar os esforços em vista da proteção da dignidade humana: é o fortalecimento geral da consciência ética".[36]

3. A "dignidade da pessoa humana" numa sociedade aberta e pluralista

Se a *minima moralia* dos direitos humanos decorre da idéia de dignidade, esta deve ser lastro para a construção de uma sociedade aberta e pluralista, principiando-se pela necessidade de superação das dicotomias clássicas (competência constitucional e legitimidade processual, Estado e sociedade civil, direito público e interesse privado etc.) que dividem e atravessam o cenário jurídico, em direção à construção de uma concepção segundo a qual a hermenêutica se encontra a serviço dos interesses preponderantes do próprio povo. Uma sociedade aberta e pluralista pressupõe, acima de tudo, que seus valores não estejam estagnados, e muito menos controlados de modo centralizado somente pela compreensão e pela visão de mundo de autoridades de Estado.

O valor da "dignidade da pessoa humana", dentro da cultura de uma sociedade aberta e pluralista, pressupõe não somente a preponderância desta visão sobre os demais valores (aquele que poderia ser dito a regra comum de todos os direitos humanos), mas sobretudo que seus valores, consagrados inclusive através de normas jurídicas, sendo uma delas e a de maior importância a Constituição (e sua função especular da socie-

---

36. Idem, ibidem, p. 411.

dade pluralista),[37] estejam em permanente processo de troca intersubjetiva, que pertençam ao nível do diálogo comum intercomunicativo (de um *agir-em-comum* em torno de princípios), que compareçam ao espaço público para sua crítica e discussão, para que estejam de acordo com uma ética do agir comunicativo (Habermas).

Isto é o que exige que uma sociedade pluralista tenha seus valores, especialmente quando dignificados pela positivação jurídica na condição de princípios (como é o caso do princípio da "dignidade da pessoa humana") ou normas de caráter constitucional (como é o caso da desapropriação por interesse social para fins de reforma agrária, do art. 184, CF/1988), especialmente considerada a situação de sua consagração como direitos fundamentais (como é o caso do direito à tutela jurisdicional dos direitos, art. 5º, inc. XXXV, CF/1988), expostos não somente ao debate público, de acordo com uma ética do agir comunicativo (Habermas), mas sobretudo abertos para a ampla interpretação por parte dos agentes sociais. Não é somente a interpretação autêntica, no sentido kelseniano, aquela que definirá o sentido das normas do ordenamento, mas um aglomerado de jogos contínuos de linguagem (Wittgenstein), que fará com que a permanente mudança destas interpretações torne a Constituição não apenas um documento formal, de Estado (legislador) para Estado (juiz), mas um documento real, de Estado (legislador) para Sociedade (agentes sociais) e de Sociedade (agentes sociais) para Estado (juiz).

Nestas condições, pode-se considerar possível a superação do Estado de Direito em direção a um Estado Constitucional (Häberle).[38] Apesar das expressões normalmente receberem um tratamento equivalente, não raro sendo utilizadas como sinônimos,[39] é possível distingui-las identificando no Estado de Direito um tipo específico de Estado, cunha-

---

37. "Constituição é, nesse sentido, um espelho da publicidade e da realidade (*Spiegel der Öffentlichkeit und Wirklichkeit*). Ela não é, porém, apenas o espelho. Ela é, se se permite uma metáfora, a própria fonte de luz (*Sie ist auch die Lichtquelle*). Ela tem, portanto, uma função diretiva eminente" (Häberle, *Hermenêutica Constitucional*..., p. 34).
38. Cito Häberle a partir dos comentários e críticas de Pérez Luño: "Frente al formalismo caracterizador del Estado de derecho, Häberle sostiene que en un Estado constitucional la Constitución no aparece entendida solo como un conjunto de formas normativas, sino también como la expresión de cierto estado de desarrollo cultural, como la representación cultural de un determinado pueblo y como el espejo de su propio legado cultural y el fundamento de sus aspiraciones y proyectos de futuro" (Pérez Luño, *La Universalidad de los Derechos Humanos y el Estado Constitucional*, p. 83).
39. Como ocorre, por exemplo, na Espanha, segundo Pérez Luño: "En la doctrina española mayoritariamente, los términos 'Estado de Derecho' y 'Estado constitucional'

do na lógica do legalismo burguês, sustentado pelo nascente naturalismo iluminista (Hobbes, Locke, Rousseau, Kant), inspirado no ideário liberal centrado nas idéias de propriedade e liberdade, desenvolvido sob a cultura novecentista do positivismo jurídico e da ciência dogmática (*Rechtswissenchaft*), haveria de encontrar suas primeiras modificações quando da ascensão dos debates de caráter social e reivindicativo que acabaram por produzir a idéia de um Estado Social ou de Bem-Estar Social. Seu obsoletismo contemporâneo não apenas é notório, como é sistematicamente necessário que sua superação histórica se processe na identificação de novos paradigmas de regência do sistema jurídico; na transição paradigmática, deve-se considerar a importância de uma passagem do legalismo (Estado de Direito) ao constitucionalismo (Estado Constitucional).[40] Uma cultura que implica este processo de superação das condições de limitação auto-impostas a partir da própria dialética das idéias na história, é o que marca o crescente mecanismo de revisão da cultura político-jurídica prevalecente para que se fixem as bases de desenvolvimento de um Estado Constitucional (Pérez Luño).[41]

Dentro desta linha de raciocínio, caminhar em direção ao Estado Constitucional significa ampliar a função política do judiciário, ou seja, abraçar as críticas ao Estado de Direito, quais sejam, o rigorismo dedutivista da legalidade e a limitação do positivismo jurídico, para constituí-lo não como o único intérprete do ordenamento jurídico e nem mesmo como o intérprete que parte do Código de Direito Privado para compre-

han sido utilizados de forma indistinta (Luque, 1977; Agapito, 1989; Nieto, 1996; Ferriz, 1993)" (Pérez Luño, ibidem, p. 58).

40. "En definitiva, para Häberle, el Estado constitucional es el tipo-ideal de Estado propio de sociedad abierta: *Verfassungsstaat ist idealtypisch der Staat der offenen Gesellschaft* (1980, 289). Frente al formalismo caracterizador del Estado de derecho, Häberle sostiene que en Estado constitucional la Constitución no aparece entendida sólo como un conjunto de formas normativas, sino también como la expresión de cierto estado de desarrollo cultural, como la representación cultural de un determinado pueblo y como el espejo de su propio legado cultural y el fundamento de sus aspiraciones y proyectos de futuro. La dimensión cultural de las Constituciones, entendidas como algo vivo, es una realidad conformada en gran parte por los intérpretes constitucionales de la sociedad abierta. Las Constituciones son aspectos básicos de la expresión y transmisión de la cultura y, por tanto, son vehículos idóneos para la reproducción y recepción de experiencias culturales y soluciones jurídico-políticas. De ahí, la importancia que Häberle atribuye a los preámbulos y a los símbolos constitucionales en cuanto señas de identidad y elementos definitorios de la sociedad abierta sobre la que se construye todo Estado constitucional (1982; 1987; 1994; cf. Verdú, 1993; Luño, 1995)" (Pérez Luño, *La Universalidad...*, cit., p. 96).

41. Cf. Pérez Luño, ibidem, p. 97.

ender o sistema jurídico.⁴² Trata-se de entender que a função política do Poder Judiciário é a que desloca sua função de aplicador do sistema codificado (juiz como *bouche de la loi*), em direção à politização do sentido das metas sociais, das ambições axiológicas, das finalidades políticas eleitas, contidas na dinâmica de uma Constituição de caráter pluralista e democrático.

4. Balanço teórico: a dignidade da pessoa humana como legado moderno na pós-modernidade

Como balanço teórico do que se está a discutir nesta proposta de raciocínio acerca de uma hermenêutica constitucional centrada no princípio da dignidade da pessoa humana, pode-se afirmar que a expressão traduz, em sua inteireza, toda a carga de demanda por justiça, em torno das aflições humanas (miséria, injustiça, sofrimento, exploração, desvio, deturpação, corrupção, degradação...), e que, somente por isso, pode ser dita uma expressão fundamental para a cultura dos direitos, esta que se dedica exatamente a identificar e a proteger valores que sejam construídos historicamente a partir das próprias mazelas do trato comum das coisas e da vida social.

As vivências mais marcantes do século XX trouxeram a necessidade de se insculpir como norma fundadora do Direito Internacional dos Direitos Humanos, na Declaração de 1948, art. 1º, aquela que identifica na "dignidade da pessoa humana" o centro dispersor de todos os demais valores a serem protegidos em órbita internacional. Se a positivação se dá no século XX, não necessariamente esta idéia vem se desdobrando desde longa data ao longo do processo de afirmação dos valores da cultura ocidental, de tradição judaico-cristã, especialmente a partir de quando a identidade desta concepção encontra na modernidade do pensamento de Kant grande expressão.

No presente contexto sócio-cultural, de profundas reviravoltas paradigmáticas, marcado pela sempre crescente sensação de insegurança (*Unsicherheit; incertezza; précarité*), a expressão "dignidade da pessoa humana", sem pretensões de universalismo e absolutismo semântico-ontológico, pode servir como uma grande referência no sentido da proteção de valores fundamentais conquistados ao longo da trajetória da própria humanidade. Abrir mão desta conquista é tão insano quanto abdicar da própria civilização em nome da barbárie.

---

42. Vide, a respeito, Callejón, *Interpretación de la Constitución y Ordenamiento Jurídico*, 1997.

Se há algum sentido nas reivindicações pós-modernas, é o de que se tornou necessário *re-pensar* a modernidade. Mas, *re-pensar* a modernidade não significa abdicar de suas conquistas e de todos os seus valores; não é porque os direitos humanos tenham começado a se formar ao longo da afirmação da modernidade, como expressão do liberalismo burguês, que eles devam hoje ser rechaçados a pretexto de se rechaçarem valores liberais. É imprescindível conjugar estas conquistas com a necessidade de afirmação de uma cultura da efetivação destes direitos fundamentais (em suas diversas projeções), como único mecanismo de, a partir de um único e mesmo solo fundamental, dar-se guarida à proteção da dignidade da pessoa humana. A tomada de posição ante a modernidade não significa, portanto, abdicar das conquistas modernas, mas *revalorá-las* à luz das experiências pós-modernas, com vistas a romper com a modernidade injusta (exploradora, alienadora, acumulativa, individualista...), e realizar com efetividade os aspectos positivos da modernidade justa (dos direitos, do cosmopolitismo, da solidariedade, da proteção social...).

É neste sentido que minha preocupação está sobretudo voltada muito menos para o exercício de uma concepção pós-moderna folclórica, a daqueles que desejam uma ruptura radical com todos os arquétipos modernos, mas sim para uma concepção de ruptura e reavaliação consciente da modernidade, especialmente com vistas a valorizar perspectivas válidas da modernidade e criticar as perspectivas inválidas da experiência da modernidade (tecnologismo, alienação, progressismo, aceleração capitalista...). Trata-se de pensar que uma parte do ideário do Iluminismo ficou para trás, tragado que foi pelas artimanhas da racionalidade instrumental, como indicam Horkheimer e Adorno, e é nesta parte que se há de encontrar a idéia de "dignidade da pessoa humana" (*Würde*), estreitada por Kant em seu pensamento (*Fundamentação da Metafísica dos Costumes*), como o não alcançado e o não cumprido da lógica da modernidade.

Trata-se, talvez, do melhor legado da modernidade, que deve ser temperado para a realidade contextual em que se vive, na medida em que se assume esta discussão não como debate de fundo ontológico, mas como o único dos consensos possíveis na pós-modernidade, e isto sem que se recorra a fundamentações metafísicas e transcendentais, pré-modernas, ou racionais e contratualistas, modernas. Assim, se há que se postular por um sentido de mundo, por um sentido de Direito, por uma perspectiva, em meio a tantas contradições, incertezas, inseguranças, distorções e transformações pós-modernas, este sentido é dado pela noção de dignidade da pessoa humana: "O homem-pessoa e a sua dignidade é o pressuposto decisivo, o valor fundamental e o fim último que preenche a inteligibilidade do mundo humano do nosso tempo".[43]

Mais que isto, a expressão dignidade da pessoa humana não pode se traduzir num absoluto (fim) que admita em seu nome todo tipo de exploração, expoliação, dominação (meio), para que seja buscada e respeitada. Os absolutos foram táticas da modernidade que se exauriram ao longo das últimas experiências do século XX, que somente trouxeram consigo fome, miséria, prisão, ódio e imperialismo. Tratar-se-ia, neste caso, de uma inaceitável ética de fins. Uma concepção de dignidade cultural da pessoa humana (versão pós-moderna da idéia de dignidade) está em fermentação em pleno bojo dos conflitos mais cruentos (atentados de 11 de setembro, invasão do Iraque, atentados de Londres) para a afirmação da lógica da dignidade universal da pessoa humana (versão moderna da idéia de dignidade).

A concepção que se propõe para a importância da expressão dignidade da pessoa humana, sobretudo na pós-modernidade, passa por uma compreensão não-unilateral das culturas, e muito menos centrista-ocidental das culturas, mas pela visão de que a afirmação da dignidade da pessoa humana, em territórios com amplas distinções culturais regionais, como é o caso do Brasil,[44] ou mesmo, projetando-se para fora do território do Estado, para se alcançar o plano das relações entre os povos, passa por um profundo respeito da diferença, bem como pela afirmação

---

43. Castanheira Neves, *O Direito Hoje e com que Sentido?*..., cit., p. 69.

44. Este choque tem sido tematizado inclusive como sendo um choque cultural entre membros de um mesmo Estado, onde as concepções de cultura e dignidade também são diferentes, registra Boanvetura: "A relação entre globalização e multiculturalismo é, desta forma, ambígua. Em certo nível, a globalização põe em contato diferentes culturas. Por intermédio da criação e organização de Estados que, durante o colonialismo, reuniram diversos povos sob uma soberania e fronteiras comuns, bem como por intermédio das migrações mais contemporâneas, ela conduziu ao desenvolvimento de Estados e sociedades multiculturais. Mesmo dentro de um Estado, a globalização reforça os contatos entre os seus direitos dos povos – à medida que a fronteira do mercado se desloca em busca de matérias-primas –, assim trazendo muitos povos nativos para esfera geral do Estado. A atual preocupação com a identidade, estimulada em grande parte pela globalização, reconheceu e deu proeminência e identidade dentro de Estados que tendiam a ver a si mesmos como étnicas e culturalmente homogêneos, dando assim um novo impulso ao multiculturalismo. Isto altera o contexto no qual opera o multiculturalismo, trazendo-o assim para dentro dos limites dos estados, em vez de ser um choque/relação entre áreas geográficas amplas e díspares. Alguns dos debates mais intensos e interessantes sobre o multiculturalismo ocorrem agora dentro das fronteiras de um Estado, relacionados com a existência das duas comunidades" (Santos, *Reconhecer para Libertar: os Caminhos do Cosmopolitismo Multicultural*, p. 518).

da multiculturalidade e da relatividade das concepções de dignidade, como forma mesmo de se realizarem valores com preocupações isomórficas.[45]

Só há dignidade, portanto, quando a própria condição humana é entendida, compreendida e respeitada, em suas diversas dimensões, o que impõe, necessariamente, a expansão da consciência ética como prática diuturna de respeito à pessoa humana. Trata-se de um ideal, e como todo ideal, um objetivo antevisto a ser atingido, mas nem por isso um ideal utópico, porque se encontra na estrita dependência dos próprios seres humanos, podendo-se consagrar como sendo um valor a ser perseguido e almejado, simplesmente porque (parodiando Nietzsche), se trata de algo "humano, demasiado humano".[46]

Bibliografia

ARAGÃO, Selma Regina. *Direitos Humanos na Ordem Mundial*. Rio de Janeiro, Forense, 2000.

BERCOVICI, Gilberto. *Desigualdades Regionais, Estado e Constituição*. São Paulo, Max Limonad, 2003.

BITTAR, Carlos Alberto. *Os Direitos da Personalidade*. 5ª ed., rev. atual. aum. por Eduardo C. B. Bittar. Rio de Janeiro, Forense Universitária, 2001.

BITTAR, Eduardo C. B. *Linguagem Jurídica*. São Paulo, Saraiva, 2002.

_____. *O Direito na Pós-Modernidade*. Rio de Janeiro, Forense Universitária, 2005.

CALLEJÓN, Maria Luísa Balaguer. *Interpretación de la Constitución y Ordenamiento Jurídico*. Madrid, Tecnos, 1997.

CANTO-SPERBER, Monique (Org.). *Dicionário de Ética e Filosofia Moral*. Trad. de Ana Maria Ribeiro, Magda França Lopes, Maria Vitória Kessler de Sá Brito, Paulo Neves. Rio Grande do Sul, Editora Unisinos, 2003.

CASTANHEIRA NEVES, A. *O Direito Hoje e com que Sentido? O Problema Actual da Autonomia do Direito*. Lisboa, Instituto Piaget, 2002.

_____. "A Crise Actual da Filosofia do Direito no Contexto da Crise Global da Filosofia: Tópicos para a Possibilidade de uma Reflexiva Reabilitação", *Boletim da Faculdade de Direito de Coimbra*. Coimbra, Coimbra Editora, 2003.

COMPARATO, Fábio Konder. *A Construção Histórica dos Direitos Humanos*. São Paulo, Saraiva, 1999.

_____. *A Afirmação Histórica dos Direitos Humanos*. São Paulo, Saraiva, 1999.

CORNU, Gerard. *Linguistique Juridique*. Paris, 1990.

---

45. Esta lição tem inspiração na proposta de Boaventura de Souza Santos, *Reconhecer para Libertar...*, pp. 438 até 443.
46. Alusão ao título de sua famosa obra intitulada *Humano, demasiado Humano*.

ECO, Umberto. *Semiótica e Filosofia da Linguagem*. Trad. Mariarosaria Fabris; José Luiz Fiorin. São Paulo, Ática, 1991.

_____. *Tratado Geral de Semiótica*. 2ª ed., São Paulo, Perspectiva, 1991.

_____. *Interpretação e Superinterpretação*. Trad. Martins Fontes. São Paulo, Martins Fontes, 1993.

_____. *Opera Aperta: Forma e Indeterminazione nelle Poetiche Contemporanee*. Milano, Bompiani, 1993.

_____. *Os Limites da Interpretação*. São Paulo, Perspectiva, 1995.

FELIPPE, Marcio Sotelo. *Razão Jurídica e Dignidade Humana*. São Paulo, Max Limonad, 1996.

FERRAZ JUNIOR, Tercio Sampaio. *Introdução ao Estudo do Direito: Técnica, Decisão, Dominação*. São Paulo, Atlas, 1988.

FERREIRA, Wolgran Junqueira. *Direitos e Garantias Individuais*. São Paulo, Edipro, 1997.

FIGUEIREDO, Guilherme José Purvin de. *Direitos da Pessoa Portadora de Deficiência, Advocacia Pública e Sociedade*, n. 1. Ano 1, São Paulo, Max Limonad, 1997.

HÄBERLE, Peter. *Hermenêutica Constitucional. A Sociedade Aberta dos Intérpretes da Constituição: Contribuição para a Interpretação Pluralista e "Procedimental" da Constituição*. Porto Alegre, Sergio Antonio Fabris, 2002.

HELLER, Agnes. *Agnes Heller: Entrevistada por Francisco Ortega*. Rio de Janeiro, Editora da Universidade do Estado do Rio de Janeiro, 2002.

KANT, Immanuel. *Fundamentos da Metafísica dos Costumes*. Trad. de Lourival de Queiroz Henkel. São Paulo, Ediouro, 2000.

KELSEN, Hans. *Teoria Pura do Direito*. Coimbra, Armênio Amado, 1976.

KRISTEVA, Julia. *Semiotica 1*. Trad. José Martin Arancibia. 2ª ed., Madrid, Fundamentos, 1981.

_____. *Semiotica 2*. Trad. José Martin Arancibia. 2ª ed., Madrid, Fundamentos, 1981.

LANDOWSKI, Eric. "Pour une Approche Sémiotique et Narrative du Droit", in *Droit Prospectif, Revue de Recherche Juridique*. Colloque Intenational de Sémiotique Juridique, Aix-en-Provence (11-13 de março), Presses Universitaires de Aix-en-Provence, 1986-2.

_____. "Vérité et Véridiction en Droit", in *Le Discours Juridique: Langage, Signification et Valeurs, Droit et Société: Revue Internationale de Théorie du Droit et de Sociologie Juridique*, n. 8, 1988.

_____. "La Découverte du Sens en Droit: un Point de Vue Sémiotique", in *La Découverte du Sens en Droit, Archives de Philosophie du Droit et de Philosophie Sociale*, n. 48. Editada por François Paychère, Association Française de Philosophie du Droit. Reencontro anual, 5.4.1991, Stuttgart, Franz Steiner, 1992.

_____. "Statut et Pratiques du Texte Juridique", in *Lire le Droit: Langue, Texte, Cognition*. Sob a direção de Danièle Bourcier e Pierre Mackay. Paris, Librairie Générale de Droit et de Jurisprudence, CNRS, 1992.

LÖWENTAL, Ana Maria Valiengo. "Exame da Expressão 'A Dignidade da Pessoa Humana' sob o Ângulo de uma Semiótica Jurídica", in *Revista da Universidade Ibirapuera*, vol. 1, n. 3. Dezembro, 2000.

MIRANDOLLA, Giovanni Pico Della. *Discurso sobre a Dignidade do Homem*. Tradução de Maria de Lurdes Sirgado Ganho. Lisboa, Edições 70, 2001.

MORAES, Alexandre de. *Direitos Humanos Fundamentais*. 3ª ed., São Paulo, Atlas, 2000.

PASCUAL, Josep Rafael Moncho i. *Ética de los Derechos Humanos*. Madrid, Tecnos, 2000.

PÉREZ LUÑO, Antonio-Enrique. *La Universalidad de los Derechos Humanos y el Estado Constitucional*. Madrid, Tecnos, 2002.

PROGRAMA NACIONAL DE DIREITOS HUMANOS. Brasília, Presidência da República, Secretaria de Comunicação Social, Ministério da Justiça, 1996.

RASTIER, François. "Sur les Structures de la Signification: Note sur la Théorie Sémiotique de A. J. Greimas", in *Le Bulletin du Groupe de Recherches Sémio-Linguistiques: le Carré Sémiotique*, n. 17. Dirigida por Eric Landowski, Ehess/CNRS, Paris, mar./1981.

_____. *Sens et Textualité*. Paris, Hachette, 1989.

RICOEUR, Paul. "La Grammaire Narrative de Greimas", in *Documents de Recherche du Groupe de Recherches Semio-Linguistiques de l'Institut de Langue Française*. Dirigida por A. J. Greimas, n. 15. Paris, EHESS/CNRS, 1980.

_____. "Entre Herméneutique et Sémiotique", in *Nouveaux Actes Sémiotiques*. Dirigida por A. J. Greimas, n. 7. Limoges, Presses Universitaires de l'Université de Limoges, 1990, pp. 3-19.

_____. *Do Texto à Ação: Ensaios de Hermenêutica II*.

ROSS, Alf. *Sobre el Derecho y la Justicia*. 3ª ed., 1974.

SANTOS, Boaventura de Souza. *Reconhecer para Libertar: os Caminhos do Cosmopolitismo Multicultural*. São Paulo, Difel, 2003.

SILVA, Regina Beatriz Tavares da. "A Dignidade da Pessoa Humana: Princípio Fundamental de Direito Constitucional e de Direito de Família", in *Estudos de Direito de Autor, Direito da Personalidade, Direito do Consumidor e Danos Morais, Estudos em Homenagem a Carlos Alberto Bittar* (Eduardo C. B. Bittar; Silmara Juny Chinelato, Orgs.). Rio de Janeiro, Forense Universitária, 2003, pp. 107-120.

TIMSIT, G. *Les Noms de la Loi*. Paris, PUF, 1991.

UNIVERSIDADE DE SÃO PAULO. NÚCLEO DE ESTUDOS DA VIOLÊNCIA. *Os Direitos Humanos no Brasil*. São Paulo, Universidade de São Paulo, Núcleo de Estudos da Violência (NEV) e Comissão Teotônio Vilela (CTV), 1995.

12
CONSTITUIÇÃO E BIOÉTICA
(BREVES E CURTAS NOTAS)[1]

IVO DANTAS

1. Bioética, valores e Constituição. A Bioconstituição ou o Biodireito Constitucional: 1.1 A dignidade da pessoa humana. 2. Uma nova geração de direitos? Bioética: um primeiro contato: 2.1 O caráter multidisciplinar da Bioética e do Biodireito. 3. Os grandes princípios da Bioética.

> *"As perspectivas da Bioética são, em última análise, o encontro do Homem de hoje com o Homem de amanhã e a comparação do pouco que ainda temos com o muito que nos completará, se acertadamente o soubermos reconhecer ou descobrir."*
>
> João Ribeiro da Silva,
> (*Perspectivas da Bioética – Bioética Contemporânea III*, p. 9)

1. Bioética, valores e Constituição.
A "Bioconstituição" ou o "Biodireito" Constitucional

Desnecessário destacar a importância de que as Constituições incorporem novas matérias, representativas de sua época[2] e da sociedade para a qual se destinam. Dizendo diferente: ao mesmo tempo em que a Constituição tende a alcançar uma *estabilidade*, único caminho para a defesa dos principais valores sociais que incorpora, ela terá de acompanhar as mudanças ocorridas na sociedade em sua dinâmica, pelo que, em conseqüência, se torna impossível estabelecer-se um *conceito material* que seja válido para todo e qualquer modelo de sociedade.[3]

---

1. Este texto é parte de trabalhado mais amplo que está sendo elaborado sobre Biodireito Constitucional a ser publicado brevemente.
2. Veja-se Ivo Dantas, *Constituição e Processo*, vol. I: Introdução ao Direito Processual Constitucional, cap. 2.
3. Veja-se Ivo Dantas, *Instituições de Direito Constitucional Brasileiro*, cap. 5.

Em sentido contrário, ressalte-se que, sob o ângulo do *conceito formal*, a *Supralegalidade* e a *Imutabilidade Relativa de suas normas*, encontram-se (em maior ou menor intensidade, principalmente, a *imutabilidade relativa*), obrigatoriamente em todos os sistemas constitucionais escritos, daí fazendo surgir os institutos do *Controle de Constitucionalidade* (decorrência da *Supralegalidade*) e do *Poder de Reforma* (decorrência da *Imutabilidade Relativa*), seja pela via da *Revisão*, seja pela via da *Emenda* e/ou *Revisão Constitucionais*.

Neste quadro, verificar-se-ão dois dados importantes:

a) já não se admite, do ponto de vista material, a existência de modelos constitucionais concisos ou sintéticos, em razão da *constitucionalização* de *novas matérias* (econômicas, p. ex.) e *novos direitos*, do que são exemplos os *Biodireitos* inscritos na Lei Maior, de forma direta e/ou indireta, e que, em última análise, significam a *Juridicização da Bioética*. Ainda em conseqüência desta ampliação do âmbito dos *Direitos Fundamentais e suas Gerações*,[4] note-se que nos modelos constitucionais mais recentes, como é o caso da Constituição Brasileira de 1988, a presença de tais matérias logo no pórtico do documento, implica, sob o ângulo da Hermenêutica, uma mudança de comportamento, sobretudo porque, todos eles representam um desdobramento dos Princípios da *Cidadania* e da *Dignidade Humana* enumerados nos denominados *Princípios Fundamentais* (art. 1º, II e III);

b) uma correta interpretação do texto constitucional posto, só se dará, vendo-se *o texto como um todo, um sistema*, pelo que se faz necessária uma *interpretação sistêmica*[5] (e não apenas sistemática) de suas normas.

Esta constatação permite-nos que se fale, nos dias de hoje, em *Biodireito Constitucional*[6] ou, autoriza a existência de uma *Bioconstitui-*

---

4. Enganam-se os que defendem como Direitos amparados pelo art. 60, § 4º, inciso IV apenas os enumerados no art. 5º, visto que, corretamente, ali se encontram todas as *ondas de Direitos*.

5. Veja-se Ivo Dantas, *Princípios Constitucionais e Interpretação Constitucional*. Rio de Janeiro, Editora Lumen Juris, 1995. Interessante é a observação feita por Diamantino Fernandes Trindade e Lais dos Santos Pinto Trindade quando escrevem que "(...) sistêmico, palavra tomada emprestada dos biólogos. Sistêmico significa interligado, interdependente" (*A História da História da Ciência. Uma Possibilidade para aprender Ciências*, p. 70).

6. Nada de novo na expressão, visto que de há muito já se fala de uma *Constituição Social* (não no sentido de *estrutura social*, mas sim, de *constitucionalização dos direitos sociais*), de uma *Constituição Econômica* (*constitucionalização da Ordem Econômica*), de uma *Constituição Tributária* e até de uma *Constituição Orçamentária* (*constitucionalização das normas referentes ao Orçamento Público*), não no sentido de *ilhas isoladas*,

ção[7] valendo lembrar o que escreve Héctor Gros Espiell em texto intitulado "Constitución y Bioética"[8] e no qual trata dos aspectos acima mencionados: "La importancia actual y la significación creciente de la incidencia de los problemas bioéticos, y en especial de lo relativo a la genética, en las cuestiones referentes a los derechos humanos, así como la conceptualización del genoma humano como uno de los casos de ese amplio y aún no cerrado abanico de situaciones a las que el Derecho Internacional ha venido dando, en un proceso expansivo, la calificación de patrimonio común de la humanidad, plantea hoy una necesaria reflexión sobre la actitud que el Derecho Constitucional ha de tomar al respecto".

E prossegue: "Los problemas de la genética se relacionan, necesaria y entrañablemente, con el principio de la dignidad humana, con los derechos a la vida, a la integridad física y moral de la persona, a la libertad, a la igualdad y a la no discriminación, al honor, a la intimidad, a la salud, a la vida sexual y a la reproducción, a la no sujeción forzada a experiencias médicas o científicas y a la constitución de la familia. Es decir, con una parte da materia constitucional, del contenido actual de la gran mayoría de las constituciones – los derechos de la persona humana, sus deberes y su protección y garantía por el Estado a través del Gobierno – y con lo que, en su diversidad, se ha incluido de manera gradual y evolutiva, dándole así una eminente jerarquía normativa, en las modernas Constituciones".[9]

Carlos Maria Romeo Casabona, em estudo intitulado "La Relación entre la Bioética y el Derecho",[10] faz considerações bastante interessantes, afirmando: "No ha sido infrecuente para el Derecho, pero con una mayor aceleración a lo largo de este siglo, encontrarse con la necesidad de tener que enfrentarse a situaciones sociales nuevas, derivadas de los cambios en los sistemas de control y producción de bienes y servicios y de las relaciones económicas, de los descubrimientos o avances tecnológicos y científicos, o de las modificaciones en las relaciones interin-

---

mas, sim, no sentido de *subsistemas constitucionais* que, entretanto, mantêm entre si, não só íntimas relações, mas inter-relações, sobretudo, considerando-se a *Constituição Total*, como *Sistema*.

7. O pioneirismo da constitucionalização da Bioética pertence à Confederação Suíça, desde 1992. Vale uma consulta ao artigo de Enrique Varsi, "Bioética na Constituição Mundial", *Jus Navigandi*, 604, disponível em *www1.jus.com.br/doutrina/texto.asp?id=6400*; acesso em 6.3.2005.

8. In Carlos María Romeo Casabona, (Coord.), *Derecho Biomédico y Bioética*, pp. 137-138.

9. "Constitución y Bioética", cit., pp. 138-139.

10. In *Derecho Biomédico y Bioética*, cit., pp. 151-153.

dividuales, en cuyo conjunto las Ciencias Biomédicas constituyen uno de los ejemplos más representativos. Las respuestas del Derecho han consistido muchas veces en asumir las relaciones sociales emergentes, positivando, regulando o reconociendo (judicialmente) dichas relaciones; o bien aplicando a la nueva situación principios generales básicos ya integrados jurídicamente, como son los de respeto a la autonomía individual y a la dignidad de la persona, categorías informadoras y resolutorias decisivas para la configuración del ser humano en la actualidad, sin prejuicio de los problemas que plantea determinar el alcance de la primera y el significado más preciso de la segunda; o, por fin, adelantándose a las concepciones sociales, al introducir, mediante sus propios recursos de creación normativa, nuevos principios axiológicos, aunque este fenómeno ha sido más excepcional".

Mais adiante, depois de tecer comentários sobre o que chama de *vazios jurídicos*, enfrenta diretamente as relações entre a *Bioética e o Direito*, e escreve: "Y así como la Bioética ha ejercido ya su influencia en el Derecho (p. ej.), en la admisibilidad de la donación de órganos de donante vivo, por aplicación del principio de beneficencia), tampoco debe olvidarse la que el Derecho ha podido ejercer sobre la Bioética, como sucede, por ejemplo, con el denominado por ésta última 'consentimiento informado' – expresión del principio de autonomía, pero de forma impropia para el ámbito jurídico, por redundante –, secularmente elaborado en el terreno jurídico entorno a los principios público de la libertad y iusprivatista de la formación y la declaración de la voluntad".

Maria Helena Diniz (*O Estado Atual do Biodireito*, 2002), em perfeito exercício de interpretação sistêmica, logo no capítulo I (*Bioética e Biodireito*), relaciona estas ascensão e descobertas das ciências biológicas com a liberdade científica. Neste sentido, escreve que "com a rapidez das revoluções operadas pelas ciências biológicas e com o surgir das difíceis questões ético-jurídicas por elas suscitadas, o direito não poderia deixar de reagir, diante dos riscos a que a espécie humana está sujeita, impondo limites à liberdade de pesquisa, consagrada pelo art. 5º, IX, da Constituição Federal de 1988.

"Todavia – continua –, seria possível questionar juridicamente os valores relativos à liberdade científica? Poderia o Poder Público intervir nas práticas biomédicas, impondo-lhes limites? Como traçar contornos à liberdade de ação de um cientista? Quais os limites que, em pleno século XXI, poderiam ser impostos à ciência?

"Será preciso buscar um ponto de equilíbrio entre duas posições antitéticas: proibição total de qualquer atividade biomédica, que traria uma radical freada no processo científico, ou permissibilidade plena, que geraria insanáveis prejuízos ao ser humano e à humanidade.

"A Constituição Federal de 1988, em seu art. 5º, IX – prossegue Maria Helena – proclama a liberdade da atividade científica como um dos direitos fundamentais, mas isso não significa que ela seja absoluta e não contenha qualquer limitação, pois há outros valores e bens jurídicos reconhecidos constitucionalmente, como a vida, a integridade física e psíquica, a privacidade etc., que poderiam ser gravemente afetados pelo mau uso da liberdade de pesquisa científica. *Havendo conflito entre a livre expressão da atividade científica e outro direito fundamental da pessoa humana, a solução ou ponto de equilíbrio deverá ser o respeito à dignidade humana, fundamento do Estado Democrático de Direito, previsto no art. 1º, III, da Constituição. Nenhuma liberdade de investigação científica poderá ser aceita se colocar em perigo a pessoa humana e sua dignidade. A liberdade científica sofrerá as restrições que forem imprescindíveis para a preservação do ser humano na sua dignidade.*"[11]

Finalmente, afirma: "A realidade demonstra que os avanços científicos do mundo contemporâneo têm enorme repercussão social, trazendo problemas de difícil solução, por envolverem muita polêmica, o que desafia a argúcia dos juristas e requer a elaboração de normas que tragam respostas e abram caminhos satisfatórios, atendendo às novas necessidades ora surgidas e defendendo a pessoa da terrível ameaça da reificação.

"Com isso, como o direito não pode furtar-se aos desafios levantados pela biomedicina, surge uma nova disciplina, o *Biodireito*, estudo jurídico que, tomando por fontes imediatas a bioética e a biogenética, teria a vida por objeto principal, salientando que a verdade científica não poderá sobrepor-se à ética e ao direito, assim como o progresso científico não poderá acobertar crimes contra a dignidade humana, nem traçar, sem limites jurídicos, os destinos da humanidade. Por isso, como diz Regina Lúcia Fiuza Sauwen, 'a esfera do Biodireito compreende o caminhar sobre o tênue limite entre o respeito às liberdades individuais e a coibição de abusos contra o indivíduo ou contra a espécie humana'" – conclui Maria Helena Diniz.[12]

Em artigo intitulado "Bioética e Direitos Humanos: novos Desafios para os Direitos Humanos de Solidariedade",[13] escreve Paulo Vinicius

---

11. *O Estado Atual do Biodireito*, pp. 7-8, itálico nosso.
12. Idem, ibidem, p. 8.
13. In Ricardo Timm de Souza (Org.), *Ciência e Ética: os grandes Desafios*, p. 123.

Sporleder de Souza que "tem sido freqüente para o direito e a ética a necessidade de enfrentar situações novas derivadas dos constantes descobrimentos científicos e tecnológicos das mais variadas áreas de conhecimento. Assunto de enorme importância a ser analisado durante este milênio diz respeito ao estrondoso desenvolvimento da biotecnologia e seus impactos nos direitos humanos, já que se têm informações sobre os (bio)riscos e possíveis abusos que podem decorrer da investigação científica das ciências que tratam da vida e da saúde".

1.1 A dignidade da pessoa humana

Um ponto tem que ser destacado na lição de Maria Helena e por nós referido em diversas oportunidades, qual seja o de que toda interpretação que seja dada a qualquer norma do sistema jurídico brasileiro, e como tal à *liberdade de pesquisa,* haverá de ser informada pelo *Princípio Fundamental da Dignidade Humana,*[14] que, no texto constitucional vigente de 1988, aparece como *Fundamento do Estado Democrático de Direito*[15] e, portanto (tal como será desenvolvido adiante), como vetor da *interpretação constitucional.*

14. Francisco J. Alarcos (*Bioética e Pastoral da Saúde,* pp. 61-68) faz interessantes considerações sobre *A Dignidade Humana: marco constitutivo para a ética,* oportunidade em que traz à colação as posições da constituição *Gaudium et spes* e do Concílio Vaticano II.
15. Em termos exemplificativos indicamos a bibliografia a seguir: Jacqueline Hamester Dick, "A Dignidade Humana como Fundamento da Interpretação Contratual", in Clovis Gorczeski; Jorge Renato dos Reis, (Orgs.), *Constitucionalismo Contemporâneo: Direitos Fundamentais em Debate,* 2005; Jesús González Amuchastegui, *Autonomia, Dignidad y Ciudadanía. Una Teoría de los Derechos Humanos,* 2004; Rizzatto Nunes, *O Princípio Constitucional da Dignidade Humana. Doutrina e Jurisprudência,* 2002; Cleber Francisco Alves, *O Princípio Constitucional da Dignidade da Pessoa Humana: o Enfoque da Doutrina Social da Igreja,* 2001; Flademir Jerônimo Belinati Martins, *Dignidade da Pessoa Humana. Princípio Constitucional Fundamental,* 2003; Fernando Ferreira dos Santos, *Princípio Constitucional da Dignidade da Pessoa Humana,* 1999; Ingo Wolfgang Sarlet, *Dignidade da Pessoa Humana e Direitos Fundamentais na Constituição Federal de 1988,* 2001; Ana Paula de Barcellos, *A Eficácia Jurídica dos Princípios Constitucionais. O Princípio da Dignidade Humana,* 2002; Rizzatto Nunes, *O Princípio Constitucional...,* cit.; Clemente Crevillén Sánchez, *Derechos de la Personalidad. Honor, Intimidad Personal y Familiar y Propia Imagen en la Jurisprudencia,* 1994; Lívia Haygert Pithan, *A Dignidade Humana como Fundamento Jurídico das 'Ordens de Não-Ressuscitação' Hospitalares,* 2004; Maria Cristina de Almeida, *DNA e Estado de Filiação à Luz da Dignidade Humana,* 2003; Alejandro D. Bolzan, *Reprodução Assistida e Dignidade Humana,* 1998; Debora Diniz e Samantha Buglione (Eds.) *Quem pode ter Acesso às Tecnologias Reprodutivas? Diferentes Perspectivas do Direito Brasileiro,* 2002.

A presença deste princípio, em uma perspectiva do *Biodireito*, se faz muito mais presente, visto que, em última análise, estamos tratando, sobretudo, com a *vida e a morte do Homem*, enquanto *pessoa*.[16] Este aspecto não passou à margem da lição de Walter Esteves Piñeiro ("A Importância da Juridicização da Bioética"[17]), ao afirmar que "devemos consignar que a *juridicização* não é, propriamente, da bioética, em razão de sua própria essência, mas, antes, é dos fatos respeitantes à vida e à morte dos seres humanos, incluindo-se as novas tecnologias e o meio ambiente também, pois vem a interferir na qualidade de vida dos homens".

Mais adiante, depois de referir-se às transformações sofridas pela Lei 9.434/1997 (Transplantes de órgãos), escreve que "não será tão fácil assim regulamentar as questões que mais importam ao Biodireito, não só quanto aos transplantes, mas também, quanto ao estatuto do embrião humano, à eutanásia, à manipulação genética, à clonagem humana etc."[18]

Aliás, neste sentido, e até retomando a questão da *Supralegalidade Constitucional*, já por nós referida, escreve Gros Espiell[19] que "los problemas de la genética se relacionan, necesaria y entrañablemente, con el principio de la dignidad humana, con los derechos a la vida, a la integridad física y moral de la persona, a la libertad, a la igualdad y a la no discriminación, al honor, a la intimidad, a la salud, a la vida sexual y a la reproducción, a la no sujeción forzada a experiencias médicas o científicas y a la constitución de la familia. Es decir, con una parte de la materia constitucional, del contenido actual de la gran mayoría de las constituciones – los derechos de la persona humana, sus deberes y su protección

---

16. Edvaldo A. D'Assumpção (Org.), em interessante livro intitulado *Biotanatologia e Bioética* (p. 7), vincula o estudo da morte à vida. Vale trazer à leitura o conceito que o Autor traz de *Tanatologia*: "é uma palavra formada por duas outras, do idioma grego: *thánatos*, que representa o deus da morte na mitologia grega; e *logia*, que significa estudo. Portanto, tomado ao pé da letra, tanatologia seria 'estudo da morte', 'ciência da morte'" (p. 13). Prosseguindo, depois de reconhecer que "a tanatologia ainda encontra muita resistência no Brasil" p. 18), escreve (p. 20, grifos nossos): "Por isso mesmo, e por acreditarmos que a morte realmente nos ensina a viver, optamos por buscar um nome novo para esta ciência, que desse a ela a sua exata dimensão: não uma ciência da morte, mas sim, uma ciência da vida vista pela ótica da morte. Passamos então a chamá-la de '*biotanatologia*', unindo à palavra *thánatos* ('morte' em grego) a palavra *bios* ('vida', em grego)".

17. In André Marcelo M. Soares e Walter Esteves Piñeiro, *Bioética e Biodireito – Uma Introdução*, p. 65.

18. Idem, ibidem, p. 67. Sugerimos uma visita ao site www.bionetonline.org, no qual existem várias questões e as respostas dadas por 8 (oito) sistemas jurídicos europeus.

19. "Constitución y Bioética", cit., pp. 138-139.

y garantía por el Estado a través del Gobierno – y con lo que, en su diversidad, se ha incluido de manera gradual y evolutiva, dándole así una eminente jerarquía normativa en las Constituciones modernas".

No Brasil, a matéria foi objeto de profundo estudo de autoria de Maria Garcia (*Limites da Ciência. A Dignidade da Pessoa Humana. A Ética da Responsabilidade*, 2004), a qual, depois de analisar as relações entre "Ciência, Poder e Direito", dedica dois amplos capítulos aos "Limites da Ciência", o primeiro tratando da "Dignidade da Pessoa Humana" e o segundo voltado à "Ética da Responsabilidade".

Na verdade, o que hoje se constata é que diversos *modelos constitucionais estrangeiros* consagram princípios e normas de *Bioética* e *Biodireito*, em cujo conteúdo destaca-se o mencionado princípio da *Dignidade da Pessoa Humana*, em decorrência do que Oliveira Baracho, citado por Daury Cesar Fabriz,[20] "em instigante artigo intitulado 'Bioconstituição: Bioética e Direito; Identidade Genética do ser Humano' esclarece que o discurso jurídico constitucional, que tem como base a identidade genética, propiciou o surgimento da palavra "bioconstituição", entendida como conjunto de normas (princípios e regras) formal ou materialmente constitucionais, que tem como objeto as ações ou omissões do Estado ou de entidades privadas, com base na tutela da vida, na identidade e integridade das pessoas, na saúde do ser humano atual ou futuro, tendo em vista também as suas relações com a biomedicina".

Neste instante, já podemos afirmar que a *Dignidade Humana é o grande princípio do constitucionalismo contemporâneo*, no qual foi introduzido pela *Constituição Alemã de 1949*, nos seguintes termos:[21]

"Art. 1º (*Proteção da dignidade da pessoa humana*)

"(1) A dignidade humana é inviolável. Respeitá-la e protegê-la é obrigação de todos os Poderes estatais."

Na *Constituição Portuguesa de 1976*, com a redação dada pela revisão de 2004, lê-se:

"Princípios Fundamentais

"Artigo 1º (República Portuguesa)

"Portugal é uma República Soberana, baseada na dignidade da pessoa humana e na vontade popular e empenhada na construção de uma sociedade livre, justa e solidária."[22]

---

20. *Bioética e Direitos Fundamentais*, p. 320.
21. Servimo-nos do texto *A Lei Fundamental da República Federal da Alemanha (com um Ensaio e Anotações de Nuno Rogeiro)*, 1996.
22. Marcelo Rebelo de Sousa e José Melo Alexandrino, *Constituição da República Portuguesa Anotada*, 2000.

Ainda na Europa, a *Constituição Espanhola de 1978*, depois de falar em seu art. 1º, 1. em "valores superiores" (expressão que a Constituição brasileira de 1988 em seu Preâmbulo usou como "valores supremos"), prescreve:

"Artículo 10 – La dignidad de la persona, los derechos inviolables que le son inherentes, el libre desarrollo de la personalidad, el respeto a la ley y a los derechos de los demás son fundamento del orden político y de la paz social."[23]

Cabe aqui uma observação, ao mesmo tempo histórica e sistêmica: a expressão *Dignidade da Pessoa Humana* já apareceu em diversos textos constitucionais brasileiros, embora com significado diferente daquele que tem na Constituição vigente.

Assim, na *Constituição de 1934*, em seu art. 115, lia-se:

"A ordem econômica deve ser organizada conforme os princípios da justiça e as necessidades da vida nacional, de modo que possibilite a todos *existência digna*. Dentro desses limites, é garantida a liberdade econômica (itálico nosso).

"Parágrafo único. Os poderes públicos verificarão, periodicamente, o padrão de vida nas várias regiões do país".

A *Constituição de 1946*, em seu art. 145, determinava:

"A ordem econômica deve ser organizada conforme os princípios da justiça social, conciliando a liberdade de iniciativa com a valorização do trabalho humano.

"Parágrafo único. A todos é assegurado trabalho que possibilite *existência digna*" (itálico nosso).

No *Texto de 1967*, a expressão "dignidade humana, encontra-se em seu art. 157, II:

"A ordem econômica tem por fim realizar a justiça social, com base nos seguintes princípios:

"II – valorização do trabalho como condição da *dignidade humana*" (itálico nosso).

Pela *EC 1/1969*, mesmo modificando a numeração do *caput*, que passa a ser o art. 160, manteve-se o inciso II, nos mesmos termos, como se vê:

"II – valorização do trabalho como condição da *dignidade humana*" (itálico nosso).

23. Edición preparada por Luis Martín Rebollo, 2003.

Até mesmo o *Ato Institucional n. 5* (13.12.1968) fazia referência à expressão ao considerar que

"(...) a Revolução Brasileira de 31 de março de 1964 teve, conforme decorre dos Atos com os quais se institucionalizou, fundamentos e propósitos que visavam a dar ao País um regime que, atendendo às exigências de um sistema jurídico e político, assegurasse autêntica ordem democrática, baseada na liberdade, no *respeito à dignidade humana* (...)" (itálico nosso).

A *Constituição Brasileira de 1988*, inovando a *técnica legislativo-constitucional*, consagra a existência de *Princípios Fundamentais*, determinando em seu art. 1º, inciso III:

"Art. 1º. A República Federativa do Brasil, formada pela união indissolúvel dos Estados e Municípios e do Distrito Federal, constitui-se em Estado Democrático de Direito e tem como fundamentos:

"I – a soberania;

"II – a cidadania;

"III – a *dignidade da pessoa humana*;

"IV – os valores sociais do trabalho e da livre iniciativa;

"V – o pluralismo político."

Ademais, no *caput* do art. 5º, por sua vez, ordena que

"Todos são iguais perante a lei, sem distinção de qualquer natureza, garantindo-se aos brasileiros e aos estrangeiros residentes no País a *inviolabilidade do direito à vida, à liberdade, à segurança e à propriedade*, nos termos seguintes: (...)" (itálicos nossos).

Cumpre observar que, no atual texto constitucional, a expressão não aparece apenas no já mencionado art. 1º, III (*a dignidade da pessoa humana*), mas em diversas outras passagens, como se verá, embora em todas estas outras, mesmo tendo sua conotação especial, há de ter uma interpretação conforme o conteúdo que tem no mencionado art. 1º, III, em razão de ser este um dos *Fundamentos do Estado Democrático de Direito*:

"Art. 170. A ordem econômica, fundada na valorização do trabalho humano e na livre iniciativa, tem por fim assegurar a todos *existência digna*, conforme os ditames da justiça social, observados os seguintes princípios: (...)."

"Art. 226. A família, base da sociedade, tem especial proteção do Estado.

"§ 7º. Fundado nos princípios da *dignidade da pessoa humana* e da paternidade responsável, o planejamento familiar é livre decisão do casal, competindo ao Estado propiciar recursos educacionais e científicos para o exercício desse direito, vedada qualquer forma coercitiva por parte de instituições oficiais ou privadas."

"Art. 227. É dever da família, da sociedade e do Estado assegurar à criança e ao adolescente, com absoluta prioridade, o direito à vida, à saúde, à alimentação, à educação, ao lazer, à profissionalização, à cultura, à *dignidade*, ao respeito, à liberdade e à convivência familiar e comunitária, além de colocá-los a salvo de toda forma de negligência, discriminação, exploração, violência, crueldade e opressão."

Na verdade, a expressão "termos seguintes" de que fala o comando do art. 5º, inicialmente, não se limita ao conteúdo do art. 5º, mas precisa ser identificado ao longo da Constituição; em um segundo instante, tendo-se em vista que a Lei Maior não define os vocábulos básicos necessários à sua compreensão no âmbito da legislação infraconstitucional, será na *Jurisprudência e na Doutrina* que eles deverão encontrar seus conteúdos, sendo elas as responsáveis pelo delineamento de suas definições, visto estarmos diante de denominados *conceitos indeterminados*.

Em nosso entender, da união e compreensão de duas expressões, a saber, *dignidade da pessoa humana* (art. 1º, III) e *inviolabilidade do direito à vida* (art. 5º, *caput*), como princípios informativos da *Bioconstituição*, dependerá toda a *fundamentação constitucional do Biodireito* entre nós, que não poderá afastar-se do que temos chamado de *valores constitucionais*.[24]

Não é sem razão, portanto, que Aline Mignon de Almeida[25] afirma que "o *caput* do art. 5º, dentre outros direitos, assegura a 'inviolabilidade do direito à vida', sendo muito mais amplo este dispositivo, abrangendo a proteção à integridade física e moral, o direito ao corpo, às partes do corpo e ao cadáver.

"O art. 1º, III da CRFB estabelece como um dos fundamentos da República Federativa do Brasil, 'a dignidade da pessoa humana', mas, como já afirmado anteriormente, é preciso primeiro saber quem é pessoa, o sujeito a quem a norma se refere e se a dignidade tem um sentido bem amplo de respeito, proteção e tutela das pessoas, dando condições para que elas desenvolvam ao máximo suas capacidades e aptidões, ou se tem sentido restrito."

---

24. Temos defendido em diversos estudos que a *eficácia* de uma Constituição dependerá, sobretudo, de sua *fidelidade aos valores sociais e políticos consagrados pela sociedade*.

25. *Bioética e Biodireito*, pp. 18-19.

E em seguida, citando Sérgio Ferraz (*Manipulações Biológicas e Princípios Constitucionais: uma Introdução*, 1991), doutrina: "O princípio constitucional do respeito à dignidade da pessoa humana implica um compromisso do Estado e das pessoas para com a vida e a liberdade de cada um, integrado no contexto social: ele significa, pois, que a cada um é reconhecido o direito de viver livremente, em harmonia com todo o social, com a certeza de que suas virtualidades poderão expandir-se e concretizar-se, num concerto coletivo a todos benéfico".

Finalizando estas breves considerações sobre a *Dignidade da Pessoa Humana*, damos a palavra a Flademir Jerônimo Belatini Martins[26] quando leciona, de forma corretíssima e dentro da visão sistêmica que sempre defendemos, que "além disso, a Constituição de 1988 ao instituir um amplo sistema de direitos e garantias fundamentais, tanto individuais quanto coletivos, o qual constitui o núcleo básico do ordenamento constitucional brasileiro, buscou não só preservar, mas acima de tudo, promover a dignidade da pessoa humana, de tal sorte que – já se disse alhures – sempre se poderá extrair o princípio a partir deste amplo rol protetivo. Aliás, a Carta se preocupou não apenas com a instituição mas também com a efetivação destes direitos, atribuindo um papel ativo ao cidadão e ao Judiciário. Buscou também superar a concepção de direitos subjetivos, para dar lugar a liberdades positivas, realçando o aspecto promocional da atuação estatal".[27]

2. Uma nova geração de Direitos? A Bioética: um primeiro contato

A análise atual dos denominados *Direitos Humanos* e a alegada *concepção neoliberal do Estado* nos colocam frente a frente com uma

---

26. *Dignidade da Pessoa Humana...*, cit., p. 52.
27. Quando o Autor fala em *cidadão*, cumpre lembrar que não é no sentido político-eleitoral, mas, sim, no sentido que lhe dá o art. 1º, II, da Constituição, ou seja, que nela o conceito de *cidadania* não mais se resume ao conceito de *eleitor*, mas, sim, ao gozo dos direitos sociais, econômicos e até políticos, tal como defendido pela sociologia americana, especialmente, por T. H. Marshall no livro *Cidadania, Classe Social e "Status"*, 1967.

Sobre o tema, vejam-se: José Alfredo de Oliveira Baracho, *Teoria Geral da Cidadania – A Plenitude da Cidadania e as Garantias Constitucionais e Processuais*, 1995; Teresa Maria Frota Haguette, *O Cidadão e o Estado*. Fortaleza, 1994; J. M. Barbalet, *A Cidadania*, 1989; Fávila Ribeiro, "A Cidadania e o Alcance Universal da Liberdade Política", *Revista Nomos*, vol. 4, n. 1/2, pp.7-21; Nilda Teves Ferreira, *Cidadania – Uma Questão para a Educação*, 1993; Vera Regina Pereira de Andrade, *Cidadania: do Direito aos Direitos Humanos*, 1993; Edson Aguiar de Vasconcelos, *Instrumentos de Defesa da Cidadania na Nova Ordem Constitucional – Controle da Administração Pública*,

aparente contradição, a saber: por um lado, ao mesmo tempo em que se procura desconhecer a *imediata aplicação* e *eficácia* da proteção constitucional aos *direitos econômicos e sociais*, por outro, surgem com ênfase e força total, uma nova *catalogação de direitos*, a qual, entretanto, provoca posições doutrinárias diferentes, sobretudo em relação ao fato de sabermos se tais direitos devem ser vistos como uma *nova catalogação* ou como *nova geração*.[28]

Assim, José Adércio Leite Sampaio, em livro intitulado *Direitos Fundamentais*,[29] tratando dos "direitos de quarta geração" afirma que (tais direitos) "estão em fase de definição e ainda não despertaram consenso entre os estudiosos. Seriam, para uns, desdobramento da terceira geração, com o destaque necessário para a vida permanente e saudável na e da Terra, compondo os direitos integracionais a uma vida saudável ou a um ambiente equilibrado, como se afirmou na Carta da Terra ou Declaração do Rio de 1992, repetindo-se no Manifesto de Tenerife e, incluindo-se ao lado da proteção da cultura, na cláusula 9 do Documento Final do Encontro de Ministros da Cultura do Movimento Final do Encontro de Ministros da Cultura do Movimento dos Países Não-Alinhados, realizado em Medellín, Colômbia, entre os dias 3 e 5 de setembro de 1997. Reconhecem-se os direitos à vida das gerações futuras; a uma vida saudável e em harmonia com a natureza e ao desenvolvimento sustentável. Também incluiriam limites ou restrições aos avanços da ciência e especialmente da biotecnologia nos domínios de interferência com a liberdade, a igualdade e dignidade humanas. Assim temos os direitos bioéticos ou Biodireitos, referidos à manifestação genética, à biotecnologia e à bioengenharia. Lembremos da Convenção Européia para Proteção dos Direitos do Homem e Dignidade do Ser Humano de 1997 e da Declaração Universal sobre o Genoma Humano e Direitos do Homem de 1997, que proíbem discriminações com base em herança genética e a clonagem humana.

"Há pensadores, no entanto, que encartam na quarta geração os direitos de efetiva participação cidadã que alargaria as fronteiras demo-

---

1993; F. Tarcísio Leite, *Cidadania, Ética e Estado: Premissa Cristã. a Ética Profissional na Advocacia*, 2002.

28. Para todos os aspectos referentes aos *Direitos Humanos*, indicamos a obra dirigida por Peces-Barba Martínez, Eusebio Fernández Garcia, Rafael de Assís Roig intitulada *História de los Derechos Fundamentales*: t. I: "Transito a la Modernidad. Siglos XVI e XVII"; t. II, vol. I: "Siglo XVIII: El contexto social y cultural de los derechos. Los rasgos generales de la evolución"; t. II, vol. II: "Siglo XVIII: La filosofia de los derechos humanos"; t. II, vol. III: "Siglo XVIII: El Derecho positivo de los derechos humanos. Derechos humanos y comunidad internacional: los orígenes del sistema".

29. Ob. cit., p. 298.

cráticas. Bonavides é um deles. O direito à democracia, guindado da primeira para a quarta geração é concebido de forma ampliada como um direito universal de todo o gênero humano e não apenas do cidadão, vazando-se em processos de efetiva participação do povo, '*desbloqueado* no exercício direto e vital de suas prerrogativas de soberania'."

Noutra passagem, Leite Sampaio,[30] agora tratando dos "direitos de quinta geração", escreve que "como o sistema de direitos anda a incorporar os anseios e necessidades humanas que se apresentam com o tempo, há quem fale já de uma quinta geração dos direitos humanos com múltiplas interpretações. Tehrarian diz sobre 'direitos ainda a serem desenvolvidos e articulados', mas que tratam do cuidado, compaixão e amor por todas as formas de vida, reconhecendo-se que a segurança humana não pode ser plenamente realizada se não começarmos a ver o indivíduo como parte do cosmos e carente de sentimentos de amor e cuidado, todas definidas como prévias condições de 'segurança ontológica' para usar a expressão de Laing.

"Para Marzouki – continua –, tais direitos seriam direitos oriundos de respostas à dominação biofísica que impõe uma visão única do predicado 'animal' do homem, conduzindo os 'clássicos' direitos econômicos, culturais e sociais a todas as formas físicas e plásticas, de modo a impedir a tirania do estereótipo de beleza e medidas que acaba por conduzir a formas de preconceitos com raças ou padrões reputados inferiores ou fisicamente imperfeitos. Essa visão de complementariedade é encontrada também em Lebech, todavia em relação ao direito à vida sob os desafios das novas tecnologias, derivando então um direito à identidade individual, ao patrimônio genético e à proteção contra o abuso de técnicas de clonagem."

José Emílio Medauar Ommati (*Biodireito: um Direito de Quarta Geração?*[31]), ao afirmar que "pretende desenvolver a temática do Biodireito, entendido como um leque de direitos de personalidade que se relacionam intimamente com os novos avanços da tecnologia", escreve: "Fariam parte desse biodireito, direitos díspares, tais como o direito ao aborto, à eutanásia, à reprodução assistida e, questões mais controversas, tais como a clonagem humana.

"Contudo – continua Ommati –, esse artigo será menos pretensioso. Não pretenderá desenvolver todas essas temáticas, mas apenas questionar e tentar responder se o biodireito faria parte de uma nova geração de direitos ou seriam "direitos de terceira geração".

30. Idem, ibidem, p. 302.
31. In Artur Magno e Silva Guerra e outros, *Biodireito e Bioética*, p. 131.

"Mostrarei que, ao contrário do que pensam grandes autores da Filosofia do Direito e do Direito Constitucional, tais como Norberto Bobbio e Paulo Bonavides, os direitos ligados aos avanços tecnológicos não comporiam uma nova geração de direitos, mas sim seriam "direitos de terceira geração", da mesma forma que os direitos ao meio ambiente equilibrado, consumidor, patrimônio histórico, etc."

Pietro de Jesús Lora Alarcón, (*Patrimônio Genético Humano e sua Proteção na Constituição Federal de 1988*[32]) em item intitulado "Conclusões parciais necessárias para reconhecer o Trânsito de uma a outra Dimensão Protetora da Vida Humana", afirma que "no presente segmento coletaremos algumas conclusões iniciais, contudo de extrema importância, com a finalidade de identificar como o ordenamento constitucional é uma formação histórica, mas ainda vai além, constituindo o fator de positividade que marca a vida dos Estados e sua relação com a sociedade como um todo. De igual forma, *como o constitucionalismo teve, e tem, ainda, como eixo determinante, a proteção da vida do ser humano, isso significa que seus momentos de qualificação evolutiva são o reflexo de uma nova forma de entendimento da proteção da vida humana*. Assim, as diversas maneiras de abordar essa proteção ocasionam o salto a uma nova dimensão protetora, que é exatamente o ponto em que o constitucionalismo avança e em que, por fim, as Constituições se aperfeiçoam. Em suma: as dimensões, ou como prefere N. Bobbio, as gerações de direitos fundamentais, são apenas modalidades novas de amparo da vida humana, por isso são a essência do movimento constitucionalista de hoje e de sempre".

Adiante, escreve Lora Alarcón, de forma direta e feliz, a título de "conclusões prévias",[33] sempre tomando como ponto de referência o *Direito à Vida*, o seguinte:

"1) É uma preocupação constante do ser humano conhecer sua origem e sua essência. Desde o começo e até hoje, a pesquisa biológica e a filosófica, bem como aquelas realizadas em outras áreas do conhecimento para descobrir o espinhoso tema, foi acompanhada, de maneira natural, por conquistas do homem no plano jurídico para a proteção de sua vida. Isso significa que o conceito *vida*, no sentido assinalado por outras ciências distintas da Ciência Jurídica, concebe-se em termos jurídicos como à idéia de *direito à vida*, e ainda em termos de *dever de respeito à vida do outro*.[34]

---

32. Ob. cit., p. 83, itálicos nossos.
33. Idem, ibidem, pp. 85-86.
34. Para uma visão multidisciplinar do tema, dentre muitos outros, veja-se Ives Gandra da Silva Martins (Coord.), *Direito Fundamental à Vida*, 2005.

"2) O ser humano apresenta-se, hoje em dia, como um ser social, com forças vitais inatas em forma de dotes e atitudes. Enquanto indivíduo, o homem percorreu um longo caminho de evolução ascendente e desenvolvimento contínuo. Assim, é o criador e formulador de toda a diversidade de relações econômicas, políticas, morais, científicas, religiosas, estéticas e de toda ordem. Resumindo, a essência do homem passa a ser, simplesmente, *seu eu em contato com sua realidade*, ou seja, no marco de um conjunto de relações com seus semelhantes, e essa é também sua noção jurídica, pois só se entende direito de um homem em relação ao resto, conjunto de homens que respeitam, na convivência social, o exercício do direito do outro.

"3) A proteção da vida humana pelo Direito é dialética. Nesta afirmação inicial não há dúvidas nem inovação nenhuma. Mas, o que se deve frisar é que essa evolução se confunde com a evolução do próprio Direito e, particularmente, com a evolução do Direito Constitucional.

"Tal afirmação se comprova examinando que a preocupação constante da positivação constitucional, a partir da própria Carta Magna, passando pelas Declarações de Direitos, por Constituições consideradas marcos na história jurídica do mundo como a Constituição soviética e a Constituição de Weimar e, ainda, finalizando com documentos como a Declaração Universal dos Direitos do Homem, é a proteção do direito à vida. Pode-se dizer que o conjunto positivado de liberdades e garantias de alguma forma o desdobramento do direito à vida, seja direito a existir, direito a conviver, ou direito a viver protegido dos impactos e choques do convulsionado mundo contemporâneo.

"Juridicamente, as sucessivas dimensões protetoras do direito à vida passaram a ser um ponto de referência sistêmico para a própria teoria da Constituição e do Estado. Assim, qualquer interpretação constitucional *pré-compreende uma teoria dos direitos fundamentais*.

"Reafirme-se, o foco constitucional desde sempre tem sido o ser humano. Primeiro o homem ligado a si mesmo, necessitado de liberdade. Logo o homem ligado à sociedade e, por último, o homem cada vez mais limitado por uma sociedade de massas que cresce e se desenvolve marcada por desigualdades profundas."[35]

"Estas conclusões iniciais – prossegue Alarcón – conduzem a pensar que o Direito Constitucional não pode, nem de longe, ficar fora da evolução da Ciência, da tecnologia e do conjunto de experiências realizadas em favor da preservação da vida. Daqui, precisamente, emana o *dever*

---

35. Itálico nosso.

do pesquisador do Direito Constitucional de atualizar permanentemente o conteúdo protetor desde ramo do Direito, colocando a letra jurídico-constitucional em contato permanente com as novas realidades em todos os campos que possam afetar a vida humana, regulando, em atitude condizente com a dignidade, as atividades que possam afetar o ser humano, e ainda, quando a letra da Constituição não existe, atrevendo-se a constitucionalizar novos direitos, os que sejam necessários para assegurar a proteção da vida humana.

"4) Pode-se observar que *cada marco histórico, representado por uma dimensão jurídica da vida, traduz um movimento dialético no qual a etapa posterior é acompanhada de uma evolução da anterior, com acréscimos e modificações, ainda que se mantenha sua essência, evidenciando-se em cada etapa um modelo de Estado e mesmo de Direito.* Isso quer dizer que as gerações de direitos de Bobbio não são dissociadas uma da outra senão que apresentam solução de continuidade.

"5) Contudo, o surgimento de novos direitos fundamentais não significa a proteção efetiva dos já consagrados. Assim, as lutas jurídicas e dos movimentos sociais em geral pela efetividade do direito à vida se combinam integralmente, procurando uma proteção totalizadora dos interesses do ser humano."[36]

Arrematando, de forma incisiva, afirma: "Observamos nos subcapítulos anteriores a proteção do direito à vida mantendo como referência a própria evolução dos direitos fundamentais. No presente segmento sustentamos a tese da aparição, *mercê os avanços da Biotecnologia e da Engenharia Genética, de uma quarta dimensão dos direitos fundamentais.*[37] Ou seja, estamos perante uma nova maneira de abordar a vida humana, o que gera para o constitucionalismo a obrigação de renovar suas modalidades de tutela desse bem jurídico" – conclui Lora Alarcón.[38]

Considerando-se esta catalogação como uma nova geração, ou não, dos *Direitos Individuais*, o certo é que ela tem íntimas relações com ciências de outros setores do conhecimento, especialmente, a *Bioética*, pa-

---

36. Lora Alarcón, *Patrimônio Genético Humano...*, cit., p. 86.
37. Embora desnecessário assinalar, observemos que as *gerações* não são rigidamente separadas, mas existem entre elas relações e interdependências que não podem ser esquecidas.
38. Lora Alarcón, *Patrimônio Genético Humano...*, cit., p. 87, itálicos nossos. Sobre *Biotecnologia*, é bastante interessante o livro de Maria Antônia Malajovich (*Biotecnologia*, 2006), no qual a Autora trata dos mais variados temas relacionados a esta área do conhecimento, tornando-o um texto bastante completo.

lavra formada pelos vocábulos *ética* e *bios* (vida, em grego) que "pode designar, então, ou uma reflexão sobre os valores subordinada a *bios*, a vida, ou então uma metamoral que se interessa pelos desafios e as repercussões da biologia e da medicina", tal como ensina Jacqueline Russ no livro *Pensamento Ético Contemporâneo*.[39]

Maria Helena Diniz (*O Estado Atual do Biodireito*[40]), ao responder à indagação "*que seria bioética?*", oferece-nos informações bastante esclarecedoras, em texto um tanto longo, mas de oportuna transcrição. Vejamo-lo, pois.

"O termo foi empregado pela primeira vez pelo oncologista e biólogo norte-americano Van Rensselaer Potter, da Universidade de Wisconsin, em Madison, em sua obra *Bioethics: Bridge to the Future*, publicada em 1971, num sentido ecológico, considerando-a 'a ciência da sobrevivência'. Para esse Autor a Bioética seria então uma nova disciplina que recorreria às ciências biológicas para melhorar a qualidade de vida do ser humano, permitindo a participação do homem na evolução biológica e preservando a harmonia universal. Seria a ciência que garantiria a sobrevivência na Terra, que está em perigo, em virtude de um descontrolado crescimento da tecnologia industrial, do uso indiscriminado de agrotóxicos, de animais em pesquisa ou experiências biológicas e da sempre crescente poluição aquática, atmosférica e sonorosa. A Bioética, portanto, em sua origem, teria um compromisso com o equilíbrio e a preservação da relação dos seres humanos com o ecossistema e a própria vida do planeta.

"Esse sentido – continua Maria Helena – é totalmente diverso do empregado na atualidade, proposto por André Hellegers, que fundou, em 1971, na Universidade de Georgetown, o *Joseph and Rose Kennedy Institute for the Study of Human Reproduction and Bioethics* e passou a considerar a *Bioética como a ética das ciências da vida*. Com isso, a Bioética, como prefere Jean Pierre Marc-Vergnes, é uma ética biomédica. Essa idéia sedimentou-se com a divulgação da obra *The principles of bioethics*, escrita por Beauchamp e Childress, em 1979 (itálico nosso).

"A *Encyclopedia of bioethics* definiu, em 1978, a bioética como 'o estudo sistemático da conduta humana no campo das ciências da vida e da saúde, enquanto examinada à luz dos valores e princípios morais'. Na segunda edição, em 1995, deixando de fazer referência aos 'valores e

---

39. Ob. cit., pp. 138-139.
40. Ob. cit., pp. 9-10.

princípios morais', passou a considerá-la como o 'estudo sistemático das dimensões morais das ciências da vida e do cuidado da saúde, utilizando uma variedade de metodologias éticas num contexto multidisciplinar'. Com isso adaptou-se o pluralismo ético atual na área da bioética."

Logo em seguida continua a Autora, agora fazendo como que uma fixação do objeto material da disciplina, o que será muito esclarecedor para que se entenda o conteúdo do *Biodireito*, sem dúvidas, na perspectiva que mais interessa ao jurista.[41]

Assim, escreve Maria Helena: "*A bioética seria, em sentido amplo, uma resposta da ética às novas situações oriundas da ciência no âmbito da saúde, ocupando-se não só dos problemas éticos, provocados pelas tecnociências biomédicas e alusivos ao início e fim da vida humana, às pesquisas em seres humanos, às formas de eutanásia, à distanásia, às técnicas de engenharia genética, às terapias gênicas, aos métodos de reprodução humana assistida, à eugenia, à eleição do sexo do futuro descendente a ser concebido, à clonagem de seres humanos, à maternidade substitutiva, à escolha do tempo para nascer ou morrer, à mudança de sexo em caso de transexualidade, à esterilização compulsória de deficientes físicos ou mentais, à utilização da tecnologia do DNA recombinante, às práticas laboratoriais de manipulação de agentes patogênicos etc., como também dos decorrentes da degradação do meio ambiente, da destruição do equilíbrio ecológico e do uso das armas químicas. Constituiria, portanto, uma vigorosa resposta aos riscos inerentes à prática tecnocientífica e biotecnocientífica, como os riscos biológicos, associados à biologia molecular e à engenharia genética, às práticas laboratoriais de manipulação genética e aos organismos geneticamente modificados, que podem ter originado o aparecimento de novas doenças virais ou o ressurgimento de antigas moléstias mais virulentas, e os riscos ecológicos, resultantes da queimada, da poluição, do corte de árvores, do uso da energia nuclear, da introdução de organismos geneticamente modificados no meio ambiente ou da redução da biodiversidade. Como o know-how tecnocientífico e biocientífico levanta questões quanto à segurança biológica e à transmutação dos valores morais, apenas a bioética poderia avaliar seus benefícios, desvantagens e perigos para o futuro da humanidade*".[42]

---

41. Consulte-se Paulo Otero, *Direito da Vida – Relatório sobre o Programa, Conteúdos e Métodos de Ensino*, no qual, como o título indica, o Autor desenvolvimento a orientação a ser seguida no magistério do *Biodireito*, expressão que substituí por *Direito da Vida*.

42. *O Estado atual do Biodireito*, cit., pp. 10-11, itálicos nossos. Evidentemente, que o tratamento de todos estes temas não comportaria nos limites de um artigo. Contu-

Jorge Scala (*Bioética y Derecho*[43]) escreve que "dentro de la ética, cabe preguntarnos qué lugar ocupa la llamada bioética. Previo a responder el interrogante, hay que hacer una distinción: la razón práctica[44] tiene dos campos de acción; 1º) la ética, que se ocupa de los actos humanos en tanto nos perfeccionan y, por ende, nos acercan al fin último; y 2º) hay otras actividades humanas que nos tienen relación directa con el fin último – la felicidad –, que son productivas en función de alguna razón valedera, y las llamamos técnica. En teoría no debería haber contradicciones entre la técnica y la ética; por la sencilla razón que ambas derivan de una misma razón práctica. Ahora bien, tenemos experiencia – muchas veces dolorosa –, de que la técnica muchas veces se contrapone a la ética. Y es que cuando la razón invocada para una acción técnica contradice el fin último, es una acción que ingresa al campo ético como inmoral y, por ende, reprochable. La pretendida autonomía absoluta de la técnica frente a la ética es irracional, conforme lo antedicho. Digámoslo con franqueza, se trata más bien de una postura ideológica, para justificar que quienes detentan el poder, dominen con pocos limites a quienes carecen de él".

E prossegue Jorge Scala de forma contundente: "Hecha esta distinción podemos avanzar. La bioética es la ética de la vida humana, y de los conocimientos prácticos y técnicos relativos a ella – medicina, genética, embriología, ingeniería genética, etc. Como tal, la bioética no puede tener primeros principios diferentes a los de la ética; es más, es solo una ética aplicada a un conocimiento y acción específicos. Los principios de la bioética solo pueden ser secundarios, y son aquellos preceptos, que derivan de la aplicación de los primeros principios éticos, a las ciencias prácticas y técnicas relativas a la vida humana. En consecuencia, los verdaderos principios de la bioética, jamás podrían contradecir los primeros principios éticos, e cualquier pseudos principio bioético que lo hiciera, no sería nada más que un falso principio. Cosa distinta es la dificultad real, de aplicar un principio abstracto a un problema concreto; la dificultad no implica contradicción, sino solo la necesidad de un mayor esfuerzo, para lograr el resultado buscado".

do, não só Maria Helena, mas todos os manuais de Biodireito o fazem de forma detalhada, pelo que, para eles, remetemos os leitores.
   43. Disponível em: *www.notivida.org.ar/Artículos/Bioetica%20y%20Derecho.html*; acesso em: 4.4.2005.
   44. Neste ponto, o Autor em nota ao final do capítulo escreve que "obviamente tenemos una única inteligencia, la distinción entre razón teórica y práctica, es al solo efecto de compreender mejor los modos de aplicarse la inteligência a los distintos objectos: la razón teórica se aplica a los bienes de la naturaleza – donde no hay libertad, sino necesariedad –, y la práctica al hombre y sus actos libres".

Finalmente, estabelecendo uma relação entre a *Ética*, a *Bioética* e o *Direito*, escreve Scala: "La ética – y por ende la bioética –, no pueden escindirse del derecho como si fueran elementos inconexos. De algún modo, el derecho, como justo ordenamiento de la sociedad, debe basarse en las verdaderas normas morales; de lo contrario no lograría su alta finalidad. Esta relación correctamente interpretada es fundamental, ya que de lo contrario sucedería alguna de estas dos cosas perniciosas: *a*) Si la ética no se reflejara en las normas jurídicas, la sociedad toda quedaría librada a la buena o mala voluntad de sus ciudadanos; o *b*) si las normas jurídicas no se adecuaran a la ética, se extendería la injusticia a nivel de toda la sociedad.

"Ahora bien, el ordenamiento de la sociedad, no puede quedar sujeto a lo que resuelvan los más fuertes, conforme sus intereses particulares. Hay solo dos opciones: o bien una sociedad opta por la fuerza del derecho; o de lo contrario, cae en el 'derecho' de la fuerza. Y el fundamento último de la eticidad del derecho lo da el propio de la naturaleza; es decir que un sistema de normas jurídicas conformes con el orden natural, implica un ordenamiento de acuerdo con la ética."

Na lição de Francisco Tarcísio Leite,[45] "parece-nos normal, quando se trata de estudo ou análise sobre a Ética e a Moral, virem à nossa mente as seguintes perguntas: que são ética e moral?

"Há relação e diferença entre ambas? Pela Filosofia, como vimos, não há diferença, pois ambas, para ela, preocupam-se com a auto-realização plena do homem, com o respeito à sua dignidade, sua liberdade, consciência e princípio ou norma guiadora, sustentáculo da humanidade e de seu 'bem comum'. Estes são os objetivos máximos da ética, da moral, da justiça, do direito, do dever e da própria religião.

"Para se conceituar a ética ou a moral é fácil, pois qualquer compêndio de Filosofia apresenta-nos suas definições. Mas as ciências jurídico-sociais, sobretudo as denominadas ciências sociais aplicadas, fazem a diferença.

"Repetindo, a *ética* apresenta os princípios (*princípios éticos*) que servem de fundamento para a construção das regras ou normas da outra, a *moral*; esta, dita normas que regulam o comportamento humano (*conduta moral*).

---

45. *Cidadania, Ética e Estado*..., cit., pp. 54-55.

"A relação é bem estreita, pois ambas completam-se e voltam-se para o estudo do comportamento da pessoa humana, diante da *avaliação do que é bem ou mal, bom ou mau*."[46]

Estudando "A Bioética e o Biodireito", em livro intitulado *Direito das Liberdades Fundamentais*, Jean-Jacques Israel[47] faz algumas observações de alta valia, ao afirmar: "O termo '*bioética*' pode dar lugar a várias definições.

"Etimologicamente, a palavra vem de dois termos gregos: *bios*, a vida, e *ethos*, o costume, do qual uma das derivações foi, a partir do século XIII, o termo *ethikê*, 'relativo aos costumes'. Coloca-se, assim, a questão essencial da relação entre a vida (em sentido amplo) e a moral.

"De modo mais específico, o termo é de origem americana, pois a tendência de se preocupar com a relação entre vida e moral se manifesta primeiro nos países anglo-saxãos. A concepção anglo-saxã difere, aliás, sensivelmente, da européia, uma vez que, de forma mais ampla, ela se relaciona ao sentido etimológico. Neste sentido, fazem parte da Bioética problemas morais discutidos pela proteção da vida humana.

"Na França, a noção de bioética é entendida no sentido mais restrito, já que ela se aplica aos problemas morais levantados pela biologia e pela medicina.

"Questionar a inserção da bioética no direito é procurar saber como é possível, a partir da bioética estabelecida pelos especialistas das respectivas profissões, elaborar um *biodireito*, oriundo dos intérpretes da vontade geral."

Considerando esta amplidão do atual objeto material dos estudos bioéticos, André Marcelo M. Soares, em trabalho publicado no livro *Bioética e Biodireito – uma Introdução*,[48] após tecer considerações sobre suas *Origens*, resume as *Fases Históricas da Bioética*, com as seguintes palavras: "Podemos dividir a história da bioética em três fases. A pri-

---

46. Itálicos no original. Indicamos a leitura do livro de John Rawls, *História da Filosofia Moral*, 2005.

47. Ob. cit., p. 412. Várias são as expressões utilizadas pela doutrina com relação a *Direitos Fundamentais*, dentre elas, *Liberdades Fundamentais*. Para a análise de cada uma delas, veja-se Arion Sayão Romita, *Direitos Fundamentais nas Relações de Trabalho*, pp. 40-51.

48. Obra conjunta com Walter Esteves Piñeiro, cit., p. 19. Veja-se em Léo Pessini, *Bioética, um Grito por Dignidade de Viver* (pp. 20-35), o tratamento que o Autor dá à *Origem e Conceitos da Bioética*, inclusive analisando a evolução o conceito que lhe é dado pela *Encycloédia of Bioethics* em suas 3 edições (1ª: 1978; 2ª: 1995; e 3ª: 2003). Igualmente, o já citado Francisco J. Alarcos (*Bioética e Pastoral...*, cit., p. 139) analisa a "Bioética: Causas de sua Origem".

meira fase vai de 1960 a 1977, período em que surgem os primeiros grupos de médicos e cientistas preocupados com os novos avanços científicos e tecnológicos. Nesse mesmo período formam-se os principais centros de estudos de bioética: o Kennedy Institute e o Hastings Center, nos Estados Unidos, e o Institut Borja de Bioética, na Europa. A segunda fase vai de 1978 a 1997, período em que se publica o Relatório Belmont, que provoca um grande impacto na bioética clínica; a primeira fecundação *in vitro* é bem sucedida; importantes progressos são realizados pela engenharia genética e são criados o Grupo Internacional de Estudo em Bioética (GIEB), a Associação Européia de Centros de Ética Médica, a Associação Interdisciplinar José Acosta, o Comitê Consultivo Nacional de Ética da França e o Convênio Europeu de Biomedicina e Direitos Humanos. A terceira fase, que ainda não está terminada, teve seu início em 1998. Neste período, a clonagem de animais, a descoberta quase total do genoma humano e a crescente falência dos sistemas de saúde pública dos países pobres vêm se apresentando como alguns dos temas de destaque nos debates acerca dos conflitos de valores".

Javier Gafo, em capítulo intitulado "Historia de una Nueva Disciplina: la Bioética",[49] ao tratar dos *Antecedentes de la Bioética*, observa que "el término Bioética (del griego '*bios*', vida y '*ethos*', ética), es un nombre nuevo, utilizado por vez primera por el cancerólogo estadounidense Van Renselaer Potter, en su libro *Bioethics: a Bridge to the Future* (1971), en el que propone la siguiente definición de su neologismo: 'Puede definirse como el estudio sistemático de la conducta humana en el área de las ciencias humanas y de la atención sanitaria, en cuanto se examina esta conducta a la luz de valores y principios morales'. Sin embargo, debe tenerse en cuenta que estamos ante un término nuevo para afrontar una realidad ya antigua. Como ha afirmado C. E. Taylor, ninguna profesión ha sido consciente desde épocas tan antiguas, como la Medicina, de las dimensiones morales implicadas en su ejercicio.

"En efecto, la cultura occidental puede presentar el famoso Juramento de Hipócrates (siglos VI-I a C.), como el primer testimonio de esa conciencia de la Medicina sobre las implicaciones éticas de la profesión."

2.1 O caráter multidisciplinar da Bioética e do Biodireito

Uma das características do conhecimento científico é sua *cumulatividade*, ou seja, sua *não definitividade*.[50] Em outras palavras: é preciso

---

49. In Romeo Casabona, (Coord.), *Derecho Biomédico y Bioética*, pp. 87-88.
50. "Até a inutibilidade foi impermanente", afirma Edvaldo A. D'Assumpção, no já citado livro *Biotanatologia e Bioética* (p. 7).

que o cientista esteja sempre lembrado de que seu conhecimento e suas conclusões nunca são definitivos, mas funcionam sempre como novo ponto de partida para *novas interrogações e pesquisas*. Neste sentido, não foi só o *conceito de ciência* que sofreu forte modificação ao longo da História, principalmente, com o *Historicismo do séc. XIX*,[51] mas o próprio conteúdo do que se chamava *ciência*.

A propósito, leia-se o que escreve Hilton Japiassu, em seu livro *Ciência e Destino Humano*,[52] de forma primorosa: "O verdadeiro espírito científico se caracteriza menos pelas teorias verdadeiras partilhadas que pelas interrogações, pelas questões não resolvidas e pelos fenômenos enigmáticos que desafiam os pesquisadores. Regulamente assistimos ao retorno de certezas tidas por inquebrantáveis e ao renascimento de uma esperança de totalização do saber. Esta crença atinge também os cientistas. Mas atenção! A posse da grande certeza pode ser comparada a uma 'gravidez nervosa'. Lembremo-nos que dizia santo Agostinho: é porque há entre os demônios uma ciência sem caridade que são tão orgulhosos. Por isso, que não durmamos sem pensar nos enigmas que nossa ciência não consegue resolver. E que tenhamos a coragem de alimentar sempre nosso apetite teórico e fazer, todo o santo dia, a seguinte prece: '*Fome nossa de cada dia nos dai hoje*' (Bachelard). A consciência da ignorância já constitui um saber. Toda ignorância consciente é ignorância de alguma coisa (fruto de nossa razão ou de nossa imaginação). Quem é indiferente às suas ignorâncias é comparado a um amante sem paixão: uma bela mediocridade (Kierkegaard). Qual a grande vantagem do exercício da pesquisa científica? Não somente desenvolver em nós o método crítico e permitir que nos distanciemos dos dogmas (inclusive dos científicos), mas que não absolutizemos nenhuma crença, seja ela religiosa, filosófica ou científica. Esta atitude pode ser resumida na seguinte anedota. Um juiz precisava decidir uma questão dividindo dois contendores.

---

51. Sobre o tema consulte-se nosso livro *Direito Constitucional Comparado. Introdução. Teoria e Metodologia* (2006), no qual a questão está enfrentada, pelo menos, em dois momentos, ou seja, no capítulo 3: "Direito Comparado como Ciência" (pp. 55-121), bem como no anexo: "A História como Ciência" (pp. 327-463).

52. Ob. cit., pp. 301-302. Sem dúvidas, e mesmo com algumas discordâncias em relação a certas posições de Japiassu, reconhecemos que se trata de um dos maiores epistemólogos brasileiros, pelo que indicamos para leitura alguns trabalhos de sua autoria, a saber: *A Revolução Científica Moderna* (Rio de Janeiro, Imago, 1985); *Introdução ao Pensamento Epistemológico* (2ª ed. revista e ampliada, Rio de Janeiro, Francisco Alves, 1977); *Introdução às Ciências Humanas* (São Paulo, Letras & Letras, 1994); *Nascimento e Morte das Ciências Humanas* (Rio de Janeiro, Francisco Alves, 1978); *O Mito da Neutralidade Científica* (Rio de Janeiro, Imago, 1975); *Questões Epistemológicas* (Rio de Janeiro, Imago, 1981).

Depois de ouvir o primeiro, reflete longamente e lhe diz: 'Você tem razão'. Então, o segundo apresenta uma versão oposta. Após refletir por um longo espaço de tempo, declara: 'Pois é, você tem razão'. Alguns acadêmicos que assistiam ao julgamento ficam surpresos e indagam: 'Como o senhor pode dizer que ambos têm razão?' Após uma longa reflexão, o juiz lhes responde: 'Claro, vocês também têm razão'".[53]

Ato contínuo, afirma Japiassu: "O que estou querendo ressaltar é a importância da *Sabedoria* nas tomadas de decisão. Precisamos tomar consciência de que as exigências de progresso deveriam passar do domínio da necessidade ou do automatismo ao reino da vontade ou da liberdade. No dizer de Rousseau, '*a sabedoria não consiste em tomar indiferentemente todas as precauções, mas em escolher as que são úteis e em negligenciar as supérfluas*'. A este respeito, é bem elucidativa a postura de Kant: '*Ceder aos caprichos da curiosidade e permitir que nossa paixão pela ciência só tenha por limites nossas capacidades, revela um ardor intelectual fundado na 'erudição'. Mas cabe à 'sabedoria' o mérito de escolher, entre os inúmeros problemas que se nos apresentam, aqueles cuja solução é mais importante para o gênero humano*'".[54]

A evolução e a utilidade da *Ciência* e da *Técnica* têm aplicação direta nos estudos e pesquisas da Bioética, razão pela qual (e veremos adiante) tem plena validade o que escreve Leo Pessini na "Introdução" do livro *Ética, Ciência e Responsabilidade*:[55] "Em nenhum outro momen-

---

53. Bastante lamentável, considerando-se o que foi trazido por Japiassu, mas representativa do que pensa boa parte da Magistratura e dos *Juristas* (?) nacionais, foi a declaração do Ministro Humberto Gomes de Barros (STJ, AgReg em ERESP 279.889-AL), nos seguintes termos: "*Não me importa o que pensam os doutrinadores*. Enquanto for Ministro do Superior Tribunal de Justiça, assumo a autoridade da minha jurisdição. O pensamento daqueles que não são Ministros deste Tribunal importa como orientação. A eles, porém, não me submeto. Interessa conhecer a doutrina de Barbosa Moreira ou Athos Carneiro. *Decido, porém, conforme minha consciência*. Precisamos estabelecer nossa autonomia intelectual, para que este Tribunal seja respeitado. É preciso consolidar o entendimento de que os Srs. Ministros Francisco Peçanha Martins e Humberto Gomes de Barros *decidem assim, porque pensam assim*. E o STJ decide assim, porque a maioria de seus integrantes pensa como esses Ministros. Esse é o pensamento do Superior Tribunal de Justiça, e a doutrina que se amolde a ele. É fundamental expressarmos o que somos. *Ninguém nos dá lições*. Não somos aprendizes de ninguém. Quando viemos para este Tribunal, corajosamente assumimos a declaração de que temos notável saber jurídico — uma imposição da Constituição Federal. Pode não ser verdade. Em relação a mim, certamente, não é, mas, para efeitos constitucionais, minha investidura obriga-me a pensar que assim seja".
54. *Ciência e Destino Humano*, p. 302 (itálicos no original).
55. José Eduardo de Siqueira (Org.), *Ética, Ciência e Responsabilidade*, pp. 7-8, itálicos nossos.

to da história humana, a ciência e a técnica lançaram tantos desafios ao ser humano quanto hoje. Ao olhar retrospectivamente o século XX e este início de novo milênio, podemos dizer que foi marcado por quatro megaprojetos que revolucionaram e vão transformar a vida humana e cósmico-ecológica. O *primeiro* foi o Projeto Manhattan, que descobriu a energia nuclear, hoje utilizada em radioterapia em busca de saúde, mas que também resultou na bomba atômica que destruiu Hiroshima e Nagasaki (1945) na Segunda Guerra Mundial. Descobre-se o 'coração' da matéria, o átomo, e dele se extrai a energia que pode ser usada para se viver mais ou para se destruir vidas. O *segundo* foi o Projeto Apollo, que levou o homem até a Lua (1969). O ser humano começa a se instrumentar para navegar interplanetariamente. Descobre que o planeta Terra, sua casa, é um grãozinho azul na imensidão do universo. Fala-se de vida em outros planetas! O *terceiro* é o Projeto Genoma Humano (iniciado em 1990), que objetiva mapear e seqüenciar todos os genes humanos. Leva o ser humano ao mais profundo de si mesmo, em termos de conhecimento de sua herança biológica. Este último megaprojeto tem suas raízes na chamada 'descoberta do século', o DNA (Watson e Crick, 1953). Com ele se inicia a *Terceira Revolução Industrial*, ou seja, a revolução biológica. Tudo indica que o fio condutor da economia no século XXI será a biotecnologia (Jeremy Rifkin). O *megaprojeto mais recente* é a Internética, que possibilita a comunicação de forma rápida, simultânea e instantaneamente e nos faz sentir uma verdadeira 'aldeia global' (McLuhan) 'on line'. Ao vivo e em cores assistimos a eventos e acontecimentos das partes mais remotas do planeta em nossa casa, num simples toque de botão".

Neste quadro, e até como imperativo da variedade de perspectivas e de matérias que compõem seu objeto (o que já era reconhecido por Van Rensselaer Potter em sua referida obra *Bioethics: Bridge to the Future*), a *Bioética*, bem como o *Biodireito*, têm, ao mesmo tempo, um *caráter inter e multidisciplinar*, não sendo ela, como a princípio parece, limitada à área medida.[56] Assim, seus conceitos (como já o dissemos) recebem dados de outras ciências, tais como da *Epistemologia*, da *História da Ciência*, da *Axiologia*, da *Ética*, da *Religião*, da *Sociologia* e de tantas outras. Estes conceitos, depois de formados, voltam, em uma relação dialética, a ter presença naquelas mesmas áreas de conhecimento.

---

56. Bastante oportuna será a leitura das "Primeiras Palavras" escritas por Antônio Mesquita Galvão em seu livro *Bioética. A Ética a Serviço da Vida. Uma Abordagem Multidisciplinar* (pp. 7-11), em que o Autor narra que, ao comentar com a família e amigos que iria escrever um livro sobre o assunto, todos estranharam, tendo em vista que ele não era ligado às áreas da medicina e da biologia.

CONSTITUIÇÃO E BIOÉTICA

Neste sentido, Antônio Mesquita Galvão traça quadro, que bem ajuda a compreender esta interdisciplinaridade.[57]

Dizendo de maneira mais clara: no campo da Filosofia, a *Ética* e a *Axiologia* estão no primeiro plano desta cadeia; nas Ciências Sociais, a *Economia* interfere diretamente nas pesquisas (se desejarem) ambientais, as quais, na visão de Potter, integram o nosso campo de estudos; a *Política*, enquanto *exercício do poder político, ou arte de governar*, fixa os limites e conteúdos práticos das áreas da *saúde* e da *previdência*, enquanto que, no campo da Ciência Jurídica, só para mencionar um exemplo, há preocupações no *plano constitucional*, bem como no *plano infraconstitucional*, sobretudo, no *Direito Civil* (especialmente, no *Direito de Família* e *Sucessões*; na *responsabilidade civil do médico*[58] e dos *hospitais* e seus desdobramentos como, por exemplo, o *dano moral*)[59] e no *Direito Penal*[60] (eutanásia, aborto, a Ética diante do suicídio, a omissão de socorro etc.).

Este aspecto da multidisciplinaridade, a que nos referimos, é sublinhado por Daury Cesar Fabriz,[61] ao escrever que "o desenvolvimento das pesquisas genéticas, os estudos sobre o DNA e a vasta gama de possibilidades apresentadas pelas ciências da vida devem assentar-se sobre múltiplas reflexões, colocando em perspectiva o complexo de princípios e regras inerentes aos direitos fundamentais, cujo discurso assume a defesa da liberdade; da inviolabilidade da vida; do respeito ao próximo em sua integridade e dignidade...

"O *princípio da justiça*, ao lado do *princípio da beneficência* e da *autonomia*, figura como um dos pilares da bioética laica."

Esta *interdisciplinaridade*[62] não ficou esquecida por José Alfredo de Oliveira Baracho ao doutrinar que "os estudos sobre Bioética pres-

---

57. Idem, ibidem, p. 9.
58. Sobre o tema, veja-se José Eduardo Cerqueira Gomes, *Responsabilidade da Conduta do Médico*, 2004.
59. Como exemplo, mencione-se Carlos Alberto Bittar, *Os Direitos da Personalidade*, 2004.
60. Exemplificadamente vejam-se L. Jiménez de Asúa, *Liberdade de Amar e Direito a Morrer*, t. I: "Eugenesia"; t. II: "Eutanasia e Endocrinologia", 2003.
61. *Bioética e Direitos Fundamentais*, cit., p. 326, itálicos nossos.
62. A decantada *especialização exagerada*, que hoje tantos defendem, às vezes tenta desconhecer a necessidade de *estudos interdisciplinares*. Exatamente por isto, hoje se fala em *holismo*, sobre o qual Paulo Roney Ávila Fagúndez escreveu o livro *Direito e Holismo. Introdução a uma Visão Jurídica de Integridade* (2000). Para ele, "o holismo traz uma visão integral do homem e busca, sobretudo, o resgate da concepção ética. Quem

supõem conhecimentos interdisciplinares, que se aliam às reflexões e princípios morais e jurídicos. As novas tecnologias desenvolvidas no âmbito da biologia e da medicina têm levado a diversas discussões sobre o modelo atual de vida e as reflexões sobre o futuro da humanidade. O rápido descobrimento das biotecnologias, levou, também, as discussões em torno do progresso técnico e das possibilidades das ciências e os benefícios que possam trazer para a humanidade".[63]

O fenômeno da *Interdisciplinaridade* é, igualmente, bastante destacado por Aline Mignon de Almeida (*Bioética e Biodireito*[64]) quando, antes de definir o *Biodireito*, inicia por descrever a *Bioética* que, em seu entender, "é um ramo da ética que, juntamente com outras disciplinas, discute a conduta humana nas áreas relacionadas com a vida e à saúde perante os valores e princípios morais.

"É um ponto da ética porque avalia os prós e contras de uma determinada conduta, levando em conta os princípios e os valores morais existentes na sociedade. E quando menciono outras disciplinas, quero dizer que a Bioética depende da contribuição de matérias como a filosofia, a medicina, a sociologia, a biologia, o direito, entre outras, que darão subsídios, através de conceitos, definições, análise de comportamentos sociais etc., para que o caso concreto possa ser estudado pela Bioética.

"A Bioética busca entender o significado e o alcance das novas descobertas criando regras que possibilitem o melhor uso dessas novas tec-

---

define com precisão – continua Fagúndez – é Pierre Weil: 'De *Holos*, grego, que significa inteiro, não-fragmentado'. Adjetivo ou substantivo, significa uma visão não-fragmentada do real, em que sensação, sentimento, razão e intuição se equilibram, se reforçam e se controlam reciprocamente, permitindo ao homem uma plena consciência, a cada momento, de todos os fatores envolvidos em cada situação ou evento de sua existência, permitindo-lhe tomar a decisão certa, no momento certo, com sabedoria e amor espontâneos, o que implica a presença de valores éticos de respeito à vida sob todas as suas formas.

"É uma visão em que todo indivíduo, a sociedade e a natureza formam um conjunto indisssociável, interdependente e em constante movimento.

"É uma visão na qual, paradoxalmente, não só as partes de cada sistema se encontram no todo, mas em que os princípios e leis que regem o todo se encontram em todas as partes" (p. 52).

63. "Bioética e Direitos Humanos: Direitos Constitucionais Gerais e Específicos. Teoria Geral da Família. Direito Constitucional da Família. Jurisprudência Constitucional. Processualidade Constitucional", in Arthur Magno e Silva Guerra e outros, *Biodireito e Bioética*, p. 27. Consulte-se Leonardo M. Martin, *Os Direitos Humanos nos Códigos Brasileiros de Ética Médica. Ciência, Lucro e Compaixão em Conflito* (2002).

64. Ob. cit., pp. 3-4, itálico nosso.

nologias, entretanto, estas regras não possuem coerção. Surge então o Direito como uma ciência que busca normatizar e regular as condutas dos indivíduos na sociedade, um conjunto de normas impostas coercitivamente pelo Estado com o objetivo de regular a conduta entre os indivíduos e dos indivíduos com o Estado. *O Direito que regula a Medicina e a Biologia é chamado de Biodireito.*"

Um fato não pode ser esquecido no tratamento dos estudos bioéticos, ou seja, a presença (quase automática e inconsciente) de *juízos éticos e religiosos* impõem aos seus estudiosos uma preparação técnico-científica bastante apurada, pois, como observa Leo Pessini,[65] "o que ontem era atribuído ao acaso, à natureza, ao destino, ou à 'vontade de Deus', passa doravante a ter a marca da responsabilidade da interferência humana. Estamos adquirindo uma convicção crescente de que a ciência e sua aplicação prática, a tecnologia e a ética não podem se opor, muito menos se rejeitar mutuamente como ocorreu em outros momentos históricos, mas devem dialogar. Entreabre-se um cenário fantástico de possibilidades nunca imaginadas, em que realidade e ficção científica se dão as mãos. Não é exagerado afirmar que a humanidade nunca teve tanta responsabilidade para com o momento presente bem como com o seu próprio futuro!"

Em seguida, afirma Pessini que "existem basicamente *quatro pontos de vista quando refletimos sobre ética e ciência,* que podemos assim caracterizar:[66]

"*1. A ciência tem o direito de fazer tudo o que é possível!*

"O único limite à pesquisa e à intervenção científica é o limite imposto pela capacidade técnica. (...) O direito de conhecer é uma liberdade humana básica, e qualquer cerceamento a ele é uma violação dos direitos do pesquisador;

"*2. A ciência não tem o direito de intervir no processo da vida, pois este é sagrado!*

"Como dom sagrado, a vida é considerada intangível. Parece supor que deveríamos ser passivos em face da natureza e dos processos naturais e ignorar a longa tradição de intervir na natureza em benefício da humanidade. É óbvio que essa atitude não favorece nenhum tipo de progresso científico, que acaba sempre visto como usurpador dos 'direitos de Deus'. Valoriza a submissão e a obediência humana às leis cósmicas ou divinas: o que é bom para a natureza, obra de Deus, é bom para o ser humano;

65. In *Ética, Ciência e Responsabilidade,* cit., p. 8, itálico nosso.
66. *Bioética, um Grito...,* cit., pp. 9 e ss.

"*3. A ciência não tem o direito de mudar as qualidades humanas mais características!*

"Há um limite para a intervenção da ciência, e este limite é a natureza da pessoa humana como ela é atualmente entendida e valorizada. Uma diferença qualitativa da vida humana ocorreria se a aplicação ou a pesquisa fossem para mudar a vida humana como a conhecemos. Há também questões de ordem política ao se produzir ciência. O que aconteceria se essas forças para mudar a natureza humana caíssem nas mãos dos que não partilham os valores e as crenças da maioria? O que aconteceria se todos os conhecimentos que surgem a partir das pesquisas na área da biologia e genética caíssem nas mãos de um 'Hitller', por exemplo.

"*4. A ciência tem o direito de incentivar o crescimento de características humanas de valor e eliminar aquelas que são prejudiciais!*

"Determinar quais seriam as características humanas de valor, a ser preservadas, e as prejudiciais, a ser eliminadas, exige discussão ética que não despreze os valores culturais, sociais e religiosos entre outros.

"A motivação básica é atingir um certo controle sobre os processos que afetam a vida humana e seu desenvolvimento. O objetivo é continuar a melhorar a qualidade de vida, diminuir o sofrimento e erradicar as doenças que atormentam a humanidade. Subjacente a essa posição, existe a convicção de que temos uma capacidade crescente de autodeterminação e, portanto, uma responsabilidade pelo que somos e pelo que projetamos ser no futuro."

Feitas estas considerações, Leo Pessini reconhece[67] que "nenhum desses quatro pontos de vista é encontrado em sua forma pura. Não obstante isso, sugerem uma gama de perspectivas a partir das quais podemos nos relacionar com o mundo técnico-científico. Ajudam-nos a refletir criticamente a respeito de nossas expectativas em relação à ciência e a avaliar seus possíveis efeitos, benéficos ou maléficos, no curso do desenvolvimento da vida humana. Ao fazer isso, estamos no âmago da tarefa que nos é proposta por Edgar Morin em sua obra *Ciência com Consciência*. Trata-se aqui da consciência moral, sem a qual 'a ciência é apenas ruína da alma', que tem a ver com a questão do controle ético e político da atividade científica. Além disso, diz Morin, 'o pensamento científico ainda é incapaz de se pensar, de pensar sua própria ambivalência e sua própria aventura. Por isso a ciência deve reatar com a reflexão filosófica, com a consciência ética'.

---

67. Idem, ibidem, p. 10.

"O conhecimento científico se apresenta hoje como um conjunto de especializações, por vezes desconexas, em que acabamos sabendo sempre mais de cada vez menos, até chegarmos a saber quase tudo de quase nada. É um paradoxo!"

As afirmações feitas por Pessini, levam-nos às relações entre *Ética e Ciência*, bem como entre *Religião e Ciência*,[68] as quais, além de presentes no campo de nossos interesses atuais, irradiam-se, inclusive, no campo constitucional, em cujo âmbito, mais do que em qualquer outra espécie de direitos, os denominados *Biodireitos* (em razão da presença mais intensa das *experiências científicas*) têm a produção de suas normas profundamente influenciada por tais relacionamentos, o que poderá levar a *interpretações ideologicamente comprometidas*.[69]

68. Para a análise destas relações entre *Ética e Ciência* e *Religião e Ciência* vejamse: Claude Allègre, *Deus e a Ciência* (Bauru, EDUSC, 2001); Ian G. Barbour, *Quando a Ciência encontra a Religião* (2004); Hugh Lacey, *Valores e Atividade Científica* (São Paulo, Discurso Editorial, 1998); Dominique Lambert, *Ciências e Teologia* (São Paulo, Loyola, 2002); Jean-Marc Lévy-Leblond, *O Pensar e a Prática da Ciência* (Bauru, EDUSC, 2004); R. C. Lewontin, *Biologia como Ideologia* (Ribeirão Preto (SP), FUNPEC, 2001); Paulo Henrique Martins, *Contra a Desumanização da Medicina. Crítica Sociológica das Práticas Médicas Modernas* (Petrópolis, Vozes, 2003); Ernst Mayr, *Biologia, Ciência Única. Reflexões sobre a Autonomia de uma Disciplina Científica* (São Paulo, Companhia das Letras, 2005); Battista Mondin, *Definição Filosófica da Pessoa Humana* (2ª ed., Bauru (SP), EDUSC, 1998); Battista Mondin, *Os Valores Fundamentais* (Bauru (SP), EDUSC, 2005); Marco Geraldo Monroy Cabra, *Los Derechos Humanos* (Bogotá, Temis, 1980); Edgar Morin, *Ciência com Consciência* (8ª ed., revista e modificada pelo Autor, Rio de Janeiro, Bertrand Brasil, 2005); Marisa Palácios; André Martins; Olinto A. Pegoraro (Orgs.), *Ética, Ciência e Saúde. Desafios da Bioética* (Petrópolis, Vozes, 2001); Gregório Peces-Barba Martinez, *Ética, Poder y Derecho. Reflexiones ante el Fin de Siglo* (Madrid, Centro de Estudios Constitucionales, 1995); Ted Peters; Gaymon Bennett (Orgs.), *Construindo Pontes entre a Ciência e a Religião* (São Paulo, Loyola, 2003); Francesca Puipgelat Martí, "Bioética y Valores Constitucionales", in María Casado, *Bioética, Derecho y Sociedad* (Madrid, Trotta, 1998); Lino Rampazzo, *Antropologia, Religiões e Valores Cristãos* (3ª ed. rev. e atual., São Paulo, Loyola, 2004); Márcio Bolda da Silva, *Bioética e a Questão da Justificação Moral* (Porto Alegre, EDIPUCRS, 2004); José Eduardo Siqueira (Org.), *Ética, Ciência e Responsabilidade* (São Paulo, Loyola, 2005); Fernando Menezes Campello de Souza; Bruno Campello de Souza; Alexandre Stanford da Silva, *Elementos da Pesquisa Científica em Medicina. Estatística e Metodologia Científica para Profissionais de Saúde* (Recife, Ed. UFPE, 2002); Jung Mo Sung e Josué Cândido da Silva, *Conversando sobre Ética e Sociedade* (12ª ed., Petrópolis, Vozes, 2003); Sonia Vieira; William Saad Hossne, *Pesquisa Médica. À Ética e a Metodologia* (São Paulo, Pioneira, 1998).

69. Sempre defendemos, ao longo de nossos livros e conferências, que os estudos com pretensão científica não podem emitir *juízos de valor conscientemente comprometidos* como defendia Guerreiro Ramos em seu livro *A Redução Sociológica*. Tal não

Neste quadro, contasta-se, facilmente, que tais juízos existem mesmo naqueles modelos de sociedades em que se consagra a *laicização do Estado*, hipótese em que, conceitos baseados no conhecimento revelado (entenda-se fundamentado na *fé*) não deveriam nem poderiam, legitimamente, ser impostos àqueles que não comungassem com o mesmo ponto de vista.[70]

Em outras palavras: como decorrência do caráter laico da Organização Política Moderno-Contemporânea, uma coisa é a *conclusão religiosa*; outra é a *conclusão científica*.[71]

Analisando ao longo da História, as relações entre a *Religião* e *Ciência*, Ian G. Barbour (*Quando a Ciência encontra a Religião*[72]) escreve que "quando a religião deparou pela primeira vez com a ciência moderna, no século XVII, o encontro foi amigável. Os fundadores da revolução científica, em sua maioria, eram cristãos devotos, que diziam estudar,

---

significa que, em outro *status social*, o de cidadão ou de alguém que tem suas posições religiosas, tais opiniões sejam emitidas. Por isto, quando estamos diante de um trabalho científico, ao Autor cabe, apenas e tão-somente, descrever e dissecar a norma, explicando-a, *tanto quanto possível de forma neutra*, embora nunca seja possível uma *neutralidade total*, até em razão do fenômeno que os americanos denominam de *bias* e Marx falava em *Ideologia*.

Assim sendo, como portador de uma formação religiosa católica, e falando apenas como cidadão, entendemos que os valores morais e da fé devem inspirar a Bioética. Entretanto, como cientista do Direito, caber-me-á estudar a norma tal como posta, ou seja, nos limites existentes no sistema, por meio de um exercício interpretativo que, partindo dos *Princípios Constitucionais Fundamentais*, chegue ao conteúdo da norma, independentemente, de meus *valores pessoais*.

70. Veja-se o que afirma María Casado, no estudo "Los Derechos Humanos como Marco para el Biodireito y la Bioética": "los princípios básicos en que deben sustentarse la bioética y el bioderecho no son otros que los recogidos en la vigente Delcaración Universal de Derechos del Hombre, proclamados por la Asemblea de Naciones Unidas en Diciembre de 1948: 'Todos los seres humanos nacen libres e iguales en dignidad y derechos" (in Carlos María Romeo Casabona (Coord.), *Derecho Biomédico y Bioética*, pp. 113-114).

71. Recomendamos a leitura do livro de Federico Mayor e Augusto Forti (Coord.), *Ciência e Poder* (1998), no qual, em quatro partes são estudados "Conhecimento e Ciência como Fonte de Poder: o Nascimento da Ciência Moderna" (Parte I), "Revolução Industrial: Ciência, Tecnologia e Poder" (Parte II), "Genética, Ética e Poder" (Parte III) e "A Ciência a Serviço do Poder: A Responsabilidade dos Cientistas" (Parte IV).

72. Ob. cit., p. 9. Reconhecendo estes aspectos do binômio *Religião e Ciência*, Matilde Carone Slaibi Conti (*Biodireito – A Norma da Vida*, pp. 133-143) dedica interessante capítulo ao tema *Teologia e Biodireito*, no qual analisa temas como *Testemunhas de Jeová e a Recusa da Transfusão de Sangue, Capelão Hospital, Comitês de Bioética, Manipulação Genética sob o Aspecto Religioso*.

em seu trabalho científico, a obra do Criador. Já no século XVIII, muitos cientistas acreditavam num Deus que havia planejado o universo, mas não mais num Deus pessoal envolvido ativamente no mundo e na vida humana. No século XIX, alguns cientistas eram hostis à religião – embora o próprio Darwin alegasse que o processo de evolução (mas não os detalhes de cada espécie) havia sido planejado por Deus.

"No século XX, a interação da religião com a ciência adotou várias formas. As novas descobertas científicas puseram em xeque muitas idéias religiosas clássicas. Reagindo a isso, algumas pessoas defenderam doutrinas tradicionais, outras abandonaram a tradição e outras ainda reformularam antigos conceitos à luz da ciência. Neste início de novo milênio, há indícios de uma renovação do interesse por esses temas entre os cientistas, os teólogos, a mídia e o público."[73]

Ronald Dworkin em importante livro sobre temas referentes ao Biodireito (*Domínio da Vida – Aborto, Eutanásia e Liberdades Individuais*[74]), depois de afirmar que "este é um livro sobre a vida e a morte e sobre as relações entre ambas. A título de ilustração, é também um livro sobre as duas questões morais contemporâneas mais ferozmente discutidas: o aborto e a eutanásia", observa que "a vida humana, em qualquer forma, tem um valor sagrado, inerente, e que quaisquer de nossas escolhas sobre o nascimento ou a morte devem ser feitas, na medida do possível, de modo que seja respeitado, e não degradado, esse profundo valor".

Em seguida, afirma o mesmo Autor: "Contudo, uma das afirmações principais e mais controvertidas do presente livro é que as questões sobre a reprodução e a morte, que hoje temos de enfrentar, são questões essencialmente religiosas e que, acredito, irão evidenciar ainda mais esse caráter religioso com respeito às questões mais amplas que se irão colocar no futuro – questões ainda por formular, mas obviamente ameaçadoras".[75]

Enfrentando a questão de que as normas jurídicas não poderiam ser impostas àqueles outros que não comungassem da mesma concepção

---

73. O Autor desenvolve "seis questões" ao longo do livro, a saber: 1. Ciência e Religião em quatro perspectivas; 2. Astronomia e Criação; 3. As implicações da Física Quântica; 4. Evolução e Criação Contínua; 5. Genética, Neurociência e Nautreza Humana; 6. Deus e a Natureza. Vale observar que a análise de cada uma das questões, encontra-se dividida em vários itens.

74. "Prefácio à edição Vintage", p. VII. Vale lembrar que este texto não se encontra na edição espanhola com o mesmo título.

75. Idem, ibidem, p. VIII.

religiosa, Dom Luciano Mendes de Almeida, em contundente artigo intitulado "Estado Laico e Defesa da Vida", publicado no jornal *Folha de São Paulo*,[76] depois de analisar a decisão do Conselho Nacional da Saúde, do Ministério da Saúde, em reunião de 9 de março de 2005, na qual, por maioria (27 votos a 3), aprovou o entendimento de que a mulher grávida de *feto anencefálico* pode interromper a gestação e realizar aborto, bem como a determinação do Ministério da Saúde que dispensa a prova do estupro (Boletim de Ocorrência Policial) para poder realizar aborto em hospitais públicos, afirma: "alega-se, não raro, que nessas situações é preciso evitar argumentos religiosos que procurem impor a outros posições discutíveis, uma vez que o Estado é laico e admite a pluralidade. *A questão é de cidadania*. Quando se nega o direito funda-

76. Ob. cit., 12.3.2005, p. A2, itálico nosso. O *Jornal do Commercio* (Recife, 28.4.2005, p. 8) traz matéria sob o título "STF abre espaço para o aborto", destacando que aquele tribunal "abriu ontem caminho para permitir a interrupção de gravidez em caso de feto sem cérebro (anencéfalos). Ao julgar uma questão preliminar sobre o assunto, a maioria dos ministros – seis, de um total de onze – deixou claro que é favorável ao aborto em caso de anencefalia".

E prossegue:

"Ontem, o STF decidiu que é o foro adequado para julgar a ação que reivindica o direito de grávidas de fetos sem cérebro abortarem. Por sete votos a quatro, os ministros derrubaram a hipótese levantada pelo Procurador-Geral da República, Cláudio Fontelles, de que a competência para discutir o assunto seria do Congresso, já que a interrupção de gestações de anencéfalos não está prevista em lei.

"Durante a sessão, os ministros deram a entender que, quando a questão for julgada, esse tipo de aborto será permitido. O relator da ação, ministro Marco Aurélio de Mello, já havia votado a favor da possibilidade do assunto ser examinado pelo tribunal.

"Ontem, se manifestaram da mesma forma Carlos Ayres Brito, Joaquim Barbosa, Celso de Mello, Sepúlveda Pertence e Gilmar Mendes. O grupo acredita que, como em todos os casos de anencefalia o bebê morre ao nascer, não existe expectativa de vida. Portanto, não há que se falar em aborto.

"Dessa forma, os ministros derrubaram o argumento de que o Código Penal só prevê aborto em duas situações: quando a gravidez é resultado de estupro e quando há risco de vida para a mãe."

Sugerimos a leitura de Peter Singer, *Ética Prática*, pp. 93 e ss., onde o Autor discute a questão "O Que há de errado em matar?". Ali, o Autor diz que examinará "algumas concepções sobre o valor da vida e o erro de se tirar a vida; com isto, estaremos preparando o terreno às questões práticas como o abate de animais, o aborto, a eutanasia e a ética ambiental" (p. 92).

A propósito, consultem-se dois trabalhos fundamentais, a saber: Conselho Regional de Medicina do Estado da Bahia, *Anencefalia e Supremo Tribunal Federal*, 2004 e Debora Diniz, Diaulas Costa Ribeiro, *Aborto por Anomalia Fetal*, 2004. No já citado livro coordenado por Ives Gandra da Silva Martins, *Direito Fundamental à Vida*, existem vários estudos sobre o tema.

mental à vida, como defender e promover os outros direitos? Há limites a serem sempre respeitados, assim os avanços da tecnologia não podem prescindir dos valores morais, indispensáveis à sobrevivência humana e ao Estado de Direito. Se destruirmos o princípio que defende a dignidade humana desde a sua concepção acima de todo interesse e uso abusivo da força e do poder, como salvaguardar a convivência justa e pacífica entre as pessoas e povos?".

Fátima Oliveira, ainda na "Introdução" do livro *Bioética, uma face da Cidadania*,[77] escreve que "o século XX marcou o final de um milênio. Esse século foi palco de mudanças profundas nas áreas social, científica e política.

"A humanidade vivenciou novas situações, problemas, indefinições e soluções em diversos setores da vida. Ganhou visibilidade a idéia de que precisamos repensar nossa cidadania.[78] Urge que definamos com maior precisão qual futuro nos interessa, considerando as mudanças ocorridas na sociedade. Cidadania é o exercício em plenitude dos direitos e deveres de cada pessoa inserida em uma coletividade e que tem como pré-requisito a garantia dos direitos humanos. Por ser uma construção sociocultural e política, a cidadania reflete o modo como cada sociedade, em cada época, resolve seus conflitos e suas pendências e como, dentro de seus sistemas de valores e culturas, é capaz de elaborar normas que possibilitam o desenrolar da vida social, tendo como parâmetros a felicidade pessoal e o bem-estar coletivo."

Em seguida, após se referir a uma "onda ética" e mencionar a *Operação Mãos Limpas*, na Itália, e o *Movimento pela Ética na Política*, no Brasil,[79] afirma:

"Vivemos uma época em que a ética foi alçada à condição de 'varinha de condão', capaz de abrir caminho rumo à Terra Prometida. Mas

---

77. Este é o título de seu livro, pp. 8-9.

78. Temos defendido, desde a vigência da Constituição Federal de 1988, que nela o *conceito de cidadania* não mais se resume ao conceito de *eleitor*, mas sim, ao gozo dos direitos sociais, econômicos e até políticos, tal como defendido pela sociologia americana, especialmente, por T. H. Marshall no livro *Cidadania, Classe Social e "Status"*, cit.
Sobre o tema, vejam-se: José Alfredo de Oliveira Baracho, *Teoria Geral da Cidadania...*, cit.; Teresa Maria Frota Haguette, *O Cidadão e o Estado*, cit.; J. M. Barbalet, *A Cidadania*, cit.; Fávila Ribeiro, "A Cidadania...", cit., pp. 7-21; Nilda Teves Ferreira, *Cidadania – Uma Questão para a Educação*, cit.; Vera Regina Pereira de Andrade, *Cidadania: do Direito...* cit.; Edson Aguiar de Vasconcelos, *Instrumentos de Defesa da Cidadania...*, cit.

79. Em dezembro de 2004, a *Emenda Constitucional n. 45/2004 (Reforma do Judiciário)*, provocou algumas alterações no Poder Judiciário brasileiro. A matéria vinha

a ética é uma construção sociocultural; logo, possui insuficiências, imperfeições e limites e, como tal, não alcança e não resolve tudo, embora seja imprescindível em qualquer relacionamento social e político no mundo civilizado".[80]

Vale, finalmente, mencionar a observação feita por Genival Veloso de França ("Deontologia Médica e Bioética"[81]), quando, embora sem usar, explicitamente, o vocábulo *cidadania*, esta é dedutível da lição que nos dá, nos seguintes termos: "A Deontologia Médica foi, até certo tempo atrás, um assunto que dizia respeito apenas à profissão médica, distante pois de qualquer outro interesse que não estivesse próximo daqueles ditados e protegidos pelos ditames morais e culturais dos que exercem essa atividade.

"Atualmente, isso não se verifica mais. A Deontologia Médica alcança aspectos significativos a partir do instante em que as grandes inovações no campo da saúde começam a modificar a vida humana e quando há dúvidas e reclamações na maneira como tudo isso ocorre. Como diz Martin: *'Além da questão técnica do que se pode fazer, surge a questão ética do que se deve fazer'*.

"Desse modo, a Deontologia Médica vai, pouco a pouco, se transformando num projeto da preocupação de todos, pois a vida e a saúde das pessoas não são apenas do interesse dos médicos e de suas corporações, mas também de todos os segmentos da sociedade. Algumas posições antes assumidas pelos médicos foram esquecidas e outras, questionadas, sendo certamente reformuladas com o passar do tempo, pois muitas são as pressões para isso. A velha fórmula de entender que o médico sabe sempre o que é bom para o paciente, sem nenhuma justificativa ou consentimento do paciente ou de seus familiares, vai sendo paulatinamente substituída por outra, em que as pessoas exigem o direito de saber as razões e os motivos do que nelas se faz e, até mesmo, o direito e a motivação para cobrar do profissional possíveis danos em que fiquem manifestos o descumprimento de seus deveres de conduta ética ou de ofício.

"Isso quer dizer, portanto, que, numa sociedade pluralista, não são apenas os médicos a contribuir para a reformulação das regras éticas de

---

há vários anos, sendo objeto de estudos, não só no Brasil, mas na doutrina estrangeira, podendo-se indicar que, atualmente, são inúmeros os livros e artigos que tratam do tema.
80. *Bioética, uma face da Cidadania*, cit., pp. 8-9.
81. In Cícero de Andrade Urban (Org.), *Bioética Clínica*, p. 65.

suas atividades. Eles próprios reconhecem hoje a importância e a necessidade de que a sociedade como um todo venha a dar às questões cujas diretrizes e valores estão em jogo na relação cada vez mais trágica e tumultuada entre o médico e o paciente, principalmente, com ênfase no que se chama de '*direitos dos doentes*'.

"Tal fato está claramente evidenciado dentro de uma concepção que agora é chamada de 'Bioética'".[82]

É, exatamente, nesta expressão utilizada por Veloso de França ("direitos dos doentes"), na qual enquadramos o *conceito implícito de cidadania*, na perspectiva de exercício de direitos individuais, sociais, econômicos, culturais, biológicos e até políticos.[83]

3. Os grandes princípios da Bioética[84]

Partindo-se da premissa de que os *princípios* ocupam importante papel na *Interpretação Constitucional* (funcionando como vetor e bússola para uma correta compreensão do texto),[85] bem como o entendimento de Jorge Scala segundo o qual "la bioética no puede tener primeros principios diferentes a los de la ética",[86] é oportuno destacar que o *caráter valorativo da Bioética* (questão aventada no item anterior) sugere uma *questão de ordem fundamental, de natureza epistemológica*, a saber: constituída de *juízos de valor*, pode-se reconhecer uma *natureza científica na Bioética*, ou ela tem uma *natureza filosófica, significando a ética aplicada aos estudos sobre a vida*? Poderíamos dizer que ela, simplesmente, representa uma *disciplina no âmbito acadêmico* e um conjunto de diretrizes que formam a *ética da política médico-social na prática diária*?

---

82. Um ramo que vem se desenvolvendo bastante, é o *Direito Médico*, com destaque para a *Responsabilidade Civil dos Médicos*.
83. No livro coordenado por Veloso de França, existe uma Parte (II) toda voltada para as "Relações da Bioética e da Bioética Clínica na Sociedade" (pp. 65-105).
84. Sobre o tema, dentre muitos outros, além dos citados no texto, ver Francisco J. Alarcos, *Bioética e Pastoral da Saúde*, p. 159; Léo Pessini, *Bioética...*, cit., pp. 170 e ss., a Declaração Universal sobre Bioética e Direitos Humanos.
85. Sobre o assunto, vejam-se de nossa autoria, *Princípios Constitucionais e Interpretação Constitucional*, cit., 1995 e *Constituição e Processo*, vol. I: "Introdução ao Direito Processual Constitucional", cit.
86. Ver texto intitulado *Bioética y Derecho*, citado anteriormente.

A questão, inicialmente, pode ter apenas interesse para a Academia, mas o tratamento sistemático[87] que se pretende dar à *Bioética*, não permite que passemos ao seu largo.

Em nosso entender, ao nos referirmos à *Bioética*, temos de destacar o seguinte: a Biologia (*bius* = vida; *logos* = estudo), enquanto estudo da *Vida*, pode ser encarada no sentido de ciência, ou seja, de estudo científico; contudo, quando se parte deste conhecimento para uma *aplicação eticamente correta, portanto, valorativa, não se há de falar em ciência, mas sim, de um conjunto de normas ou técnicas que devem ser respeitadas, especialmente, levando-se em conta o Valor (ou princípio) Dignidade da Pessoa Humana* o que, no caso brasileiro é, inclusive, imperativo constitucional (CF/1988, art. 1º, III).

Aceito este posicionamento que, evidentemente, tem caráter valorativo, porque *epistemológico*,[88] podemos reafirmar, agora de forma conclusiva, que vivemos em uma época a que poderíamos denominar de *era dos princípios*, os quais são identificados em todos os ramos do conhecimento como sendo o *radier*, a base, a direção sob a qual se assentam as regras que compõem o objeto estudado. Alguns autores (vale relembrar) chegam a identificar *princípios* com *valores*, enquanto outros diferenciam as duas categorias.

Guy Durant, em pequeno, mas denso livro intitulado *A Bioética – Natureza, Princípios, Objetivos*,[89] abordando o tema "Princípios, Regras e Valores" escreve que "a reflexão Bioética é feita sobre *fatos* e sobre os *princípios e regras*. Os fatos não constituem a moral. Há uma distinção importante entre o indicativo e o imperativo e uma distância incontornável entre os fatos e a sua qualificação. A Bioética não deseja princípios abstratamente determinados e que se imponham sobre a realidade. Ela não quer um sistema de princípios que funcione com interdições, isto é, que negue o direito de questionar, criticar, modificar, relativizar, equilibrar umas partes pelas outras. Ela quer unir os fatos. E, a partir deles, sempre a eles voltar. Por isso mesmo a reflexão Bioética precisa de princípios e de regras.

---

87. Para evitar que pensem que nos enganamos no uso do termo, reafirmamos que aí o correto é *sistemático*, e não *sistêmico*.
88. Já o dissemos (e a repetição é proposital) que a concepção de que a ciência é *eticamente e/ou axiologicamente neutra*, sempre esteve presente em nossas concepções epistemológicas. Neste sentido, dentre outros, vejam-se nossos livros *Direito Constitucional Comparado. Introdução. Teoria. Metodologia*, cit. e *Instituições de Direito Constitucional Brasileiro*, cit.
89. *A Bioética*, cit., p. 31.

"Esta mesma reflexão bioética – prossegue – repousa sobre dois princípios fundamentais, reconhecidos unanimemente. Esses princípios são complementares: um se dedica ao domínio da subjetividade essencial em ética, o outro evidencia a objetividade, que também é absolutamente necessária. Esses princípios são:

"– o respeito à vida;

"– o respeito à autodeterminação da pessoa."

Em seguida, prossegue Guy Durant afirmando que "esses dois grandes princípios não suprimem, entretanto, as regras e as normas mais concretas e específicas que a tradição ocidental colocou em realce ao longo das idades; o preceito de não matar, a noção de meios comuns, a noção de meios proporcionais, o princípio da totalidade, o ato de duplo efeito. Não são também suprimidas certas regras que vêm diretamente da tradição hipocrática, como a caridade, a boa vontade e o sigilo.

"Enfim, certos princípios gerais devem ser observados, eles são emprestados à bioética por grandes teorias éticas: o princípio utilitarista, o princípio da universalidade, os princípios da justiça e da igualdade.

"A tomada concomitante desses diversos princípios não é sempre fácil. É que, às vezes, eles entram em oposição criando conflitos difíceis, quase insolúveis. Mas tentemos ver em que cada um consiste, assinalando as eventuais divergências de interpretação existentes."[90]

Mais adiante,[91] depois de tratar os diversos princípios da Bioética, Guy Durant apresenta, a título de "Conclusão", a seguinte lição que, embora longa, merece ser trazida à colação, em razão dos conceitos que exprime.

"1. As palavras, princípios, regras, valores, normas, são freqüentemente empregadas de maneira indistinta. A tradição e o uso impõem, às vezes, uma ou outra forma. Eu não estou muito de acordo com essas maneiras empregadas aqui e ali. Buscando rigor, entretanto, poder-se-ia fazer algumas distinções.

"A palavra *princípio* indica uma orientação fundamental, inspiradora da ação. A palavra *regra* lembra alguma coisa de mais concreto, mais próximo da ação. O princípio é freqüentemente indeterminado, a regra tem um conteúdo preciso. Na tradição filosófica medieval é sempre feita uma distinção entre os primeiros princípios e os princípios secundários: a idéia é a mesma. A distinção implica que os princípios são pouco

---

90. Idem, ibidem, pp. 31-32.
91. Idem, ibidem, pp. 53-56.

numerosos e admitem diversas aplicações, enquanto que as regras são múltiplas e variáveis.

"A palavra *valor* é emprestada a uma outra tradição filosófica. Em um sentido estrito não se deveria empregá-la ao lado das palavras princípios e regras. Uma moral de valores se *opõe*, com efeito, a uma moral de princípios. Mas como o valor inclui dois sentidos (o significado e a orientação para a ação), percebe-se um relacionamento possível. E, no discurso cotidiano, a palavra é comumente aceita e a todo momento lembrada. Se quisermos um pouco mais de rigor, será necessário, entretanto, acentuar o sentido antropológico e suas relações com a ética.

"De tudo se deduz o seguinte esquema em três níveis:

Valores – que são a categoria do bem e indicam atributos do Ser.
↓
Princípios – que dão as grandes orientações, que fixam as atitudes.
↓
Regras – que determinam a ação, que organizam a decisão.

"Apesar do que foi dito – continua Durant –, fica muito difícil, na prática, distinguir regras de princípios ou valores. Na linguagem corrente, estas palavras ocupam cada uma o seu nível. E os autores não se entendem sobre esta questão, cada um com o seu ponto de vista pessoal. A título de exemplo, ainda que provisório, poder-se-ia ilustrar o esquema precedente da seguinte maneira:

	vida
Valores	caráter sagrado da vida
↓	autonomia da pessoa
Princípios	respeito pela vida
	proibição de matar
↓	autodeterminação
Regras	exigência de usar os meios proporcionais
	informação ao doente

"A palavra *norma* é mais geral: ela aplica-se melhor ao nível dos princípios do que ao plano das regras. Quase sempre a norma é percebida ou apresentada como uma espécie de tabu ou de imperativo categórico:

ela está lá, ela se impõe, sem que se saiba exatamente de onde veio e porque está lá. Sem entrar em polêmicas, pode-se dizer, parece-me, que habitualmente as normas (princípios e regras) estão a serviço de valores e os traduzem em termos operacionais. As duas realidades não se opõem: elas se completam e se remetem uma à outra; a norma conduz ao valor, o valor se traduz em norma" – conclui.[92]

Em capítulo intitulado "Juridificar la Bioética", Manuel Atienza[93] lembra que a identificação dos *Princípios da Bioética* se encontra na criação, por parte do Congresso Americano, de uma Comissão Nacional que ficara encarregada de identificar os *princípios éticos básicos* "que deberían guiar la investigación con seres humanos en las ciencias del comportamiento y en biomedicina. Esa comisión comenzó a funcionar en 1974 (unos cuatro años después de que se acuñara el término 'bioética' para designar los problemas éticos planteados por los avances en las ciencias biológicas y médicas), y cuatro años después, en 1978, los comisionados publicaron el llamado *Informe Belmont*, que contenía tres principios: el de *autonomía o de respeto por las personas*, por sus opiniones y elecciones; el de *beneficencia*, que se traduciría en la obligación de no hacer daño y de extremar los beneficios y minimizar los riesgos; y el de *justicia o imparcialidad* en la distribución de los riesgos y de los beneficios".

Em seguida, estudando *Los Principios de la Bioética: la Versión Estándar y algunas Propuestas Alternativas*, escreve que "el primer dato que llama la atención a quien se aproxima por primera vez a esta pro-

---

92. Itálico nosso. Apesar de não concordarmos com todas as afirmativas de Durant, o que se explica e justifica, sobretudo, por estarmos no campo das *reflexões epistemológicas* (filosóficas e, portanto, valorativas), trouxemo-las em razão do caráter didático que tem. Sobre o conceito de *Valor* e sua diferenciação frente ao *Juízo de Valor*, veja-se *A História como Ciência*, anexo do já mencionado livro *Direito Constitucional Comparado. Introdução. Teoria. Metodologia*. Sobre os diversos aspectos e problemas referentes ao *Valor*, citem-se: Steven Connor, *Teoria e Valor Cultural* (São Paulo, Perspectiva, 1994); Johannes Hessen, *Filosofia dos Valores* (Coimbra, Almedina, 2001); Hugh Lacey, *Valores e Atividade Científica* (São Paulo, Discurso Editorial, 1998); Battista Mondin, *Os Valores Fundamentais* (Bauru (SP), EDUSC, 2005); Francesca Puipgelat Martí, "Bioética y Valores Constitucionales", in María Casado, *Bioética, Derecho y Sociedad* (Madrid, Trotta, 1998); Lino Rampazzo, *Antropologia, Religiões e Valores Cristãos* (3ª ed., rev. e atual., São Paulo, Loyola, 2004); Jean-Paul Resweber, *A Filosofia dos Valores* (Coimbra, Almedina, 2002); Goffredo Telles Junior, *Ética – Do Mundo da Célula ao Mundo dos Valores* (2ª ed., rev., São Paulo, Juarez de Oliveira, 2004); Luis Villoro, *El Poder y el Valor. Fundamentos de una Ética Política* (México, Fondo de Cultura Econômica, 2001).

93. Publicado no livro coordenado por Rodolfo Vázquez, *Bioética y Derecho. Fundamentos y Problemas Actuales*, p. 64.

blemática es la existencia de un importante consenso en torno a los llamados 'principios de la bioética'. Estos principios constituyen el punto de partida obligado en cualquier discusión que uno emprenda con médicos, sanitarios, biólogos, bioeticistas, etcétera, a propósito de la eutanasia, los transplantes de órganos, el genoma humano, la optimización de recursos en medicina intensiva, la asistencia a enfermos de sida o la experimentación con algún nuevo fármaco. Pero qué son esos principios y cómo se ha llegado a su formulación?".[94]

Mais adiante, o Autor faz amplas referências ao livro de Tom L. Beauchamps e James F. Childress, já com edição nacional e intitulado *Princípios de Ética Biomédica* (2002), valendo recordar que o primeiro deles fez parte da acima referida Comissão. Na obra mencionada, os autores acrescentaram um outro princípio, a saber, o da *Não-maleficência*.[95]

O *Princípio da autonomia ou do respeito pelas pessoas*, lê-se no *Dicionário de Bioética*[96] coordenado por Salvino Leone, Salvatore Privitera e Jorge Teixeira da Cunha, "é o princípio que regula as instâncias éticas expressas pelo paciente que, em virtude da sua dignidade de sujeito, tem o direito de decidir autonomamente se deve aceitar ou recusar o que se pretende fazer nele, tanto de um ponto de vista diagnóstico como terapêutico".

Joaquim Clotet no livro *Bioética – uma Aproximação*,[97] depois de citar Potter e sua concepção e lembrar que "outros autores preferem a expressão ética biomédica, porém sem ampla aceitação", refere-se ao *princípio da autonomia*, afirmando que se trata de "denominação mais comum pela qual é conhecido o princípio do respeito às pessoas" (exigindo) que "aceitemos que elas se autogovernem, ou seja autônomas, quer na sua escolha, quer nos seus atos.

O princípio da autonomia requer que o médico respeite a vontade do paciente ou do seu representante, assim como seus valores morais e crenças. Reconhece o domínio do paciente sobre a própria vida e o respeito à sua intimidade. Limita, portanto, a intromissão dos outros indivíduos no mundo da pessoa que esteja em tratamento. Os fundamentos

---

94. Cf. Manuel Atienza, ibidem, destaques nossos.
95. Aconselha-se a leitura do capítulo intitulado "Os Princípios da Bioética", constante do livro de H. Tristram Engelhardt Jr., *Fundamentos da Bioética* (pp. 131-168), no qual o Autor faz algumas afirmações que poderão motivar debate bastante polêmico.
96. Ob. cit., p. 875, destaque nosso.
97. Ob. cit., p. 22, destaque nosso.

filosóficos desse princípio podem ser encontrados, entre outros autores, em Locke, Kant e J. S. Mill".[98]

Guy Durant,[99] doutrina que "em situação normal, em face a um adulto capaz de dirigir sua própria vida, o *princípio da autonomia* exige o seu consentimento a todo tratamento médico e a todo ensaio experimental. O direito toma um valor ético quando proclama: 'A pessoa humana é inviolável. Ninguém pode invadir outra pessoa sem seu conhecimento' (Código Civil de Québec, artigo 19).

"Para ser autêntico, este consentimento deve ter duas qualidades: ser livre e esclarecido. Do contrário, ele será um simulacro.

"Para dar um consentimento *esclarecido*, o paciente ou o objeto deve possuir (e então receber) as informações necessárias. Os juristas têm refletido muito sobre esta questão e têm formulado vários comentários que são, na verdade, de natureza ética. Assim, se entende, de maneira geral, que as informações devem esclarecer a natureza do tratamento, suas conseqüências previsíveis, riscos eventuais e a existência de outros tratamentos. Estas informações devem ser comunicadas em uma linguagem acessível e compreensível para o paciente ou para o sujeito e pode-se esperar a exigência de uma informação mais completa e detalhada de um sujeito de pesquisa do que a de um paciente.

"Mas, se o consentimento deve ser autêntico, ele não pode conter apenas esclarecimento, mas deve ser *livre*, quer dizer, sem coerção ou fraude. Neste sentido os juristas têm elaborado inúmeras reflexões judiciosas. Eles se colocam em guarda contra toda pressão indevida ou autoritária. Por exemplo, no caso do uso de medicamento novo, eles insistem que o médico seja o mais objetivo possível. Se for o caso de uma pesquisa não terapêutica, se exigirá que o consentimento do sujeito seja obtido por uma outra pessoa que não o pesquisador principal, ou ao menos seja ele feito em presença de um terceiro, disposto a ajudar o sujeito".

Jean Bernard, em texto intitulado "Princípios que orientam a Ética da Biologia e da Medicina",[100] faz interessantes comentários sobre '*o respeito pela pessoa*', afirmando que "os progressos na investigação científica propõem-nos, hoje, *duas definições do Homem. A primeira definição é genética.* Foi inspirada pelas descobertas de Jean Dausset,

---

98. Idem, ibidem, p. 24.
99. *A Bioética...*, cit, pp. 34-35, destaques nossos.
100. In *A Bioética*, pp. 85-99, itálicos nossos; há uma edição brasileira, publicada sob o mesmo título.

pelo conhecimento das centenas de milhões de combinações do sistema de grupos sangüíneos HLA. Remonta atualmente até ao genoma, pouco a pouco decifrado. Permite duas conclusões: desde que há homens e enquanto os houver (com exceção dos gêmeos verdadeiros), nunca se encontraram, nem se encontrarão dois seres semelhantes. Cada homem é único, insubstituível; essa unidade é função da diversidade, é feita da adição de caracteres muito numerosos e diversificados.[101] *A segunda definição é nervosa.* A morte do indivíduo é a morte do cérebro. E, como já assinalamos, é por meio do seu cérebro que o Homem se distingue dos animais".

"A pessoa é uma individualidade biológica, um ser de relações psicossociais, um sujeito para os juristas".[102]

No *Dicionário de Bioética*,[103] o *Princípio da Beneficência* "é o princípio que as instâncias éticas típicas da profissão do profissional de saúde, cujos fins são substancialmente hipocráticos e cuja intencionalidade constitui a estrutura da deontologia profissional.

"Assim se exprime o Código Deontológico dos Médicos Italianos: 'É tarefa do médico a defesa da vida, da saúde física e psíquica do Homem e o alívio do sofrimento, no respeito pela dignidade humana'.

E do Código Deontológico dos Enfermeiros consta: "O enfermeiro está ao serviço da vida do Homem: ajuda-o a amar a vida, a superar a doença e a suportar a idéia da morte".

Tom L. Beauchamps e James F. Childress[104] ao analisarem o *Princípio da beneficência*, afirmam que "na linguagem comum, a palavra 'beneficência' significa atos de compaixão, bondade e caridade. Algumas vezes, o altruísmo, o amor e a humanidade são também considerados formas de beneficência. Entendemos a ação beneficiente num sentido ainda mais amplo, de modo que se incluam todas as formas de ação que tenham o propósito de beneficiar outras pessoas. A *beneficência* refere-se a uma ação realizada em benefício de outros; e o *princípio da beneficência* refere-se à obrigação moral de agir em benefício de outros. Muitos atos de beneficência não são obrigatórios, mas um princípio de beneficência, em nossa acepção, afirma a obrigação de ajudar outras pessoas promovendo seus interesses legítimos e importantes".

101. Neste sentido, veja-se Alejandro D. Bolzan, *Reprodução Assistida*..., pp. 11-32.
102. Idem, ibidem, p. 85-86.
103. Ob. cit., p. 876.
104. Ob. cit., p. 282.

Em outro instante, escrevem os mesmos autores: "Não obstante, muitas regras de beneficência obrigatória constituem uma parte importante da moralidade. Em função dos vários tipos de benefício, o princípio de beneficência positiva fundamenta uma série de regras morais mais específicas, – incluindo algumas já mencionadas, mas não referidas como regras. Exemplos dessas regras de beneficência são:

"1. Proteger e defender os direitos dos outros;

"2. evitar que outros sofram danos;

"3. eliminar as condições que causarão danos a outros;

"4. ajudar pessoas inaptas;

"5. socorrer pessoas que estão em perigo."[105]

Podemos, neste instante, trazer à colação, contrapondo ao *Princípio da Beneficência*, o *Princípio da Não-maleficência* que, como se disse, foi acrescentado por Beauchamps e Childress, em 1978, ao *Informe Belmont*. Neste sentido, "o princípio de não-maleficência determina a obrigação de não infligir dano intencionalmente. Na ética médica, ele esteve intimamente associado com a máxima *Primum non nocere*: 'Acima de tudo (ou antes de tudo), não causar dano'".

Pelo que se observa, enquanto o *Princípio da Beneficência* tem um comando positivo, o *Princípio da Não-maleficência* traz em si, um sentido negativo, ou seja, um comando omissivo, um não-fazer.

Finalmente, o *Princípio da Justiça ou imparcialidade na distribuição dos riscos e dos benefícios*.

"É o princípio que exprime e sintetiza as instâncias éticas defendidas, no acto médico, por uma terceira componente sempre presente, juntamente com o paciente e com o médico: a *sociedade*, em que o médico e o paciente estão inseridos. A sociedade que, na sua conotação ético-jurídica, está constituída pela comunidade de sujeitos que merecem todos igual respeito e consideração, em ordem à reivindicação ao direito à vida e à saúde e em relação aos quais os recursos sanitários devem ser distribuídos *equitativamente*".[106]

Joaquim Clotet, analisando de forma conjunta os *princípios da beneficência e da justiça*, observa que "o *princípio da beneficência* requer, de modo geral, que sejam atendidos os interesses importantes e legítimos dos indivíduos e que, na medida do possível, sejam evitados danos. Na Bioética, de modo particular, esse princípio se ocupa da procura do bem-estar e interesses do paciente por intermédio da ciência médica e de seus

---

105. Idem, ibidem, p. 284.
106. *Dicionário de Bioética*, cit., p. 878.

representantes ou agentes. Fundamenta-se nele a imagem do médico que perdurou ao longo da história e que está fundada na tradição hipocrática: 'usarei o tratamento para o bem dos enfermos, segundo minha capacidade e juízo, mas nunca para fazer o mal e a injustiça'; 'no que diz respeito às doenças, criar o hábito de duas coisas: socorrer, ou, ao menos, não causar danos'. A mesma mensagem, com o mesmo arquétipo da práxis médica, está presente na obra do médico John Gregory, na época do iluminismo".[107]

Prosseguindo, escreve com relação ao *princípio da justiça*, que (este) "exige eqüidade na distribuição de bens e benefícios no que se refere ao exercício da medicina ou área da saúde. Uma pessoa é vítima de uma injustiça quando lhe é negado um bem ao qual tem direito e que, portanto, lhe é devido. Para a fundamentação filosófica do princípio da justiça podem ser utilizados diversos autores, merecendo ser destacados Aristóteles e John Rawls.[108]

Por fim, Clotet estabelece a seguinte síntese com relação aos princípios estudados: "Assim, como o princípio da autonomia é atribuído, de modo geral, ao paciente, e o da beneficência ao médico, o da justiça pode ser postulado, além das pessoas diretamente vinculadas à prática médica (médico, enfermeira e paciente), por terceiros, como poderiam ser as sociedades para a defesa da criança, em defesa da vida, ou grupos de apoio à prevenção da Aids, cujas atividades e reclamações exercem uma influência notável na opinião pública através dos meios de comunicação social.

"São esses os princípios que, inicialmente, sustentam o exercício da Bioética. A aplicação dos mesmos nos diferentes casos nem sempre é fácil, nem conclusiva; mas o seu uso constitui uma amostra do interesse e importância pelas formas corretas de agir" – conclui.[109]

Bibliografia

A LEI Fundamental da República Federal da Alemanha (com um Ensaio e Anotações de Nuno Rogeiro). Coimbra Editora, 1996.

107. *Bioética – Uma Aproximação*, pp. 24-25, destaques nossos.
108. Aconselhamos a consulta aos livros de John Rawls intitulado *Justiça como Eqüidade. Uma Reformulação* (São Paulo, Martins Fontes, 2003) e *História da Filosofia Moral*, cit. Ainda, dentre centenas de outros: Sebastiano Maffettone e Salvatore Veca (Orgs.), *A Idéia de Justiça de Platão a Rawls* (São Paulo, Martins Fontes, 2005); Paolo Prodi, *Uma História da Justiça* (São Paulo, Martins Fontes, 2005) e Michel Walzer, *Esferas da Justiça. Uma Defesa do Pluralismo e da Igualdade* (São Paulo, Martins Fontes, 2003).
109. *Bioética – Uma Aproximação*, cit., p. 25.

ALARCOS, Francisco J. *Bioética e Pastoral da Saúde*. São Paulo, Paulinas, 2006.

ALVES, Cleber Francisco. *O Princípio Constitucional da Dignidade da Pessoa Humana: o Enfoque da Doutrina Social da Igreja*. Rio de Janeiro, Renovar, 2001.

ALMEIDA, Aline Mignon de. *Bioética e Biodireito*. Rio de Janeiro, Lumen Juris, 2000.

ALMEIDA, Dom Luciano Mendes de. "Estado Laico e Defesa da Vida", *Folha de S. Paulo*, São Paulo, 12.3.2005.

ALMEIDA, Maria Cristina de. *DNA e Estado de Filiação à Luz da Dignidade Humana*. Porto Alegre, Livraria do Advogado Editora, 2003.

ANDRADE, Vera Regina Pereira de. *Cidadania: do Direito aos Direitos Humanos*. Editora Acadêmica, 1993.

AMUCHASTEGUI, Jesús González. *Autonomía, Dignidad y Ciudadanía. Una Teoría de los Derechos Humanos*. Valencia, Tirant lo blanch, 2004.

ATIENZA, Manuel. "Juridificar la Bioética", in VÁZQUEZ, Rodolfo (Coord.). *Bioética y Derecho. Fundamentos y Problemas Actuales*. México, Fondo de Cultura Económica, 1999.

BARACHO, José Alfredo de Oliveira. *"Teoria Geral da Cidadania – A Plenitude da Cidadania e as Garantias Constitucionais e Processuais*. São Paulo, Saraiva, 1995.

_____. Bioética e Direitos Humanos: Direitos Constitucionais Gerais e Específicos. Teoria Geral da Família. Direito Constitucional da Família. Jurisprudência Constitucional. Processualidade Constitucional", in GUERRA, Arthur Magno e Silva e outros. *Biodireito e Bioética*. Rio de Janeiro, América Jurídica, 2005.

BARBALET, J. M. *A Cidadania*. Coleção Temas Sociais, n. 11. Lisboa, Editorial Estampa, 1989.

BARBOUR, Ian G. *Quando a Ciência encontra a Religião*. São Paulo, Cultrix, 2004.

BARCELLOS, Ana Paula de. *A Eficácia Jurídica dos Princípios Constitucionais. O Princípio da Dignidade Humana*. Rio de Janeiro, Renovar, 2002.

BEAUCHAMPS, Tom L.; CHILDRESS, James F. *Princípios de Ética Biomédica*. São Paulo, Loyola, 2002.

BERNARD, Jean. "Princípios que orientam a Ética da Biologia e da Medicina", in *A Bioética*. Lisboa, Instituto Piaget, 1994; há uma edição brasileira, publicada sob o mesmo título: *A Bioética*. São Paulo, Ática, 1998.

BITTAR, Carlos Alberto. *Os Direitos da Personalidade*. 2ª ed. ver. e atual. de acordo com o novo Código Civil por Eduardo C. B. Bittar, Rio de Janeiro, Forense Universitária, 2004.

BOLZAN, Alejandro D. *Reprodução Assistida e Dignidade Humana*. São Paulo, Paulinas, 1998.

CASADO, María. "Los Derechos Humanos como Marco para el Biodireito y la Bioética", in ROMEO CASABONA, Carlos María (Coord.). *Derecho Biomédico y Bioética*. Granada, Editorial Comares, 1998.

CLOTET, Joaquim. *Bioética – Uma Aproximação*. Porto Alegre, EDIPUCRS, 2003.

CONSELHO REGIONAL de Medicina do Estado da Bahia, *Anencefalia e Supremo Tribunal Federal*. Brasília, Letras Livres, 2004.

CONSTITUIÇÃO ESPANHOLA de 1978. Edição preparada por Luis Martín Rebollo. Navarra, Editorial Arandazi, 2003.

CONTI, Matilde Carone Slaibi. *Biodireito – A Norma da Vida*. Rio de Janeiro, Forense, 2004.

CREVILLÉN SÁNCHEZ, Clemente. *Derechos de la Personalidad. Honor, Intimidad Personal y Familiar y Propia Imagen en la Jurisprudencia*. Madrid, Actualidad Editorial, 1994.

D'ASSUMPÇÃO, Edvaldo A. (Org.). *Biotanatologia e Bioética*. São Paulo, Paulinas, 2005.

DANTAS, Ivo. *Princípios Constitucionais e Interpretação Constitucional*. Rio de Janeiro, Editora Lumen Juris, 1995.

_____. *Instituições de Direito Constitucional Brasileiro*. 2ª ed., revista e ampliada, Curitiba, Juruá Editora, 2001.

_____. *Constituição e Processo*, vol. I: Introdução ao Direito Processual Constitucional. Curitiba, Juruá Editora, 2003.

_____. *Direito Constitucional Comparado. Introdução. Teoria e Metodologia*. 2ª ed. totalmente revista, aumentada e atualizada, Rio de Janeiro, Renovar, 2006.

DICK, Jacqueline Hamester. "A Dignidade Humana como Fundamento da Interpretação Contratual", in GORCZESKI, Clovis; DOS REIS, Jorge Renato (Orgs.), *Constitucionalismo Contemporâneo: Direitos Fundamentais em Debate*. Porto Alegre, Norton Editor, 2005.

DINIZ, Débora; BUGLIONE, Samantha (Eds.). *Quem pode ter Acesso às Tecnologias Reprodutivas? Diferentes Perspectivas do Direito Brasileiro*. Brasília, Letras Livres, 2002.

DINIZ, Débora; RIBEIRO, Diaulas Costa. *Aborto por Anomalia Fetal*. 1ª reimp., Brasília, Letras Livres, 2004.

DINIZ, Maria Helena. *O Estado atual do Biodireito*. 2ª ed. aum. e, ainda, atual. cf. o novo Código Civil (Lei 10.406/2002), São Paulo, Saraiva, 2002.

DURANT, Guy. *A Bioética – Natureza, Princípios, Objetivos*. São Paulo, Paulus, 1995.

DWORKIN, Ronald. *Domínio da Vida – Aborto, Eutanásia e Liberdades Individuais*. São Paulo, Martins Fontes, 2003 (edição espanhola: *El Dominio de la Vida. Una Discusión acerca del Aborto, la Eutanasia y la Libertad Individual*. Barcelona, Editorial Ariel, 1998).

ENGELHARDT JR., H. Tristram. *Fundamentos da Bioética*. 2ª ed., São Paulo, Loyola, 2004.

FABRIZ, Daury César. *Bioética e Direitos Fundamentais*. Belo Horizonte, 2003.

FAGÚNDEZ, Paulo Roney Ávila. *Direito e Holismo. Introdução a uma Visão Jurídica de Integridade*. São Paulo, LTr, 2000.

FERRAZ, SÉRGIO. *Manipulações Biológicas e Princípios Constitucionais: uma Introdução*. Porto Alegre, Sergio Antonio Fabris Editor, 1991.

FERREIRA, Nilda Tevês. *Cidadania – uma Questão para a Educação*. Rio de Janeiro, Editora Nova Fronteira, 1993.

GAFO, Javier. "Historia de una Nueva Disciplina: la Bioética", in ROMEO CASABONA, Carlos María (Coord.). *Derecho Biomédico y Bioética*. Granada, Editorial COMARES, 1998.

GALVÃO, Antônio Mesquita. *Bioética. A Ética a Serviço da Vida. Uma Abordagem Multidisciplinar*. Aparecida/São Paulo, Editora Santuário, 2004.

GARCIA, Maria. *Limites da Ciência. A Dignidade da Pessoa Humana. A Ética da Responsabilidade*. São Paulo, Ed. RT, 2004.

GROS ESPIELL, Héctor. "Constitución y Bioética", in ROMEO CASABONA, Carlos María (Coord.). *Derecho Biomédico y Bioética*. Granada, Editorial Comares, 1998.

GOMES, José Eduardo Cerqueira. *Responsabilidade da Conduta do Médico*. Belém, Paka-Tatu, 2004.

HAGUETTE, Teresa Maria Frota. *O Cidadão e o Estado*. Fortaleza, Edições UFC, 1994.

ISRAEL, Jean-Jacques. *Direito das Liberdades Fundamentais*. São Paulo, Manole, 2005.

JAPIASSU, Hilton. *Ciência e Destino Humano*. Rio de Janeiro, Imago, 2005.

JIMÉNEZ DE ASÚA, L. *Liberdade de Amar e Direito a Morrer*, t. I: "Eugenesia"; t. II: "Eutanásia e Endocrinologia". Belo Horizonte, Mandamentos Editora, 2003.

LEITE, F. Tarcísio. *Cidadania, Ética e Estado: Premissa Cristã. a Ética Profissional na Advocacia*. Fortaleza, UNIFOR, 2002.

LEITE SAMPAIO, José Adércio. *Direitos Fundamentais*. Belo Horizonte, Del Rey, 2004.

LEONE, Salvino; PRIVITERA, Salvatore; TEIXEIRA DA CUNHA, Jorge. *Dicionário de Bioética*. Aparecida (SP), Editora Santuário, 2001.

LORA ALARCÓN, Pietro de Jesús. *Patrimônio Genético Humano e sua Proteção na Constituição Federal de 1988*. São Paulo, Editora Mérito, 2004.

MALAJOVICH, Maria Antônia. *Biotecnologia*. Rio de Janeiro, Axel Books, 2006.

MARSHALL, T. H. *Cidadania, Classe Social e "Status"*. Rio de Janeiro, Zahar Editores, 1967.

MARTIN, Leonardo M. *Os Direitos Humanos nos Códigos Brasileiros de Ética Médica. Ciência, Lucro e Compaixão em Conflito*. São Paulo, Loyola, 2002.

MARTÍNEZ, Peces-Barba; FERNÁNDEZ GARCIA, Eusebio; ASSÍS ROIG; Rafael de. *História de los Derechos Fundamentales*. Madrid, Dykinson, 2003.

MARTINS, Flademir Jerônimo Belinati. *Dignidade da Pessoa Humana. Princípio Constitucional Fundamental*. Curitiba, Juruá Editora, 2003.

MARTINS, Ives Gandra da Silva (Coord.). *Direito Fundamental à Vida*. São Paulo, Quartier Latin, 2005.

MAYOR, Federico; FORTI, Augusto (Coords.). *Ciência e Poder*. Campinas, Papirus/Brasília, UNESCO, 1998.

NUNES, Rizzatto. *O Princípio Constitucional da Dignidade Humana. Doutrina e Jurisprudência*. São Paulo, Saraiva, 2002.

OLIVEIRA, Fátima. *Bioética, uma face da Cidadania*. 2ª ed. reformada, São Paulo, Moderna, 2004.

OMMATI, José Emílio Medauar. *Biodireito: um Direito de Quarta Geração?*, in GUERRA, Artur Magno e Silva e outros. *Biodireito e Bioética*. Rio de Janeiro, América Jurídica, 2005.

OTERO, Paulo. *Direito da Vida – Relatório sobre o Programa, Conteúdos e Métodos de Ensino*. Braga, Livraria Almedina, 2004.

PESSINI, Léo. *Bioética, um Grito por Dignidade de Viver*. São Paulo, Paulinas, 2006.

PIÑEIRO, Walter Esteves. "A Importância da Juridicização da Bioética", in SOARES, André Marcelo M.; PIÑEIRO, Walter Esteves. *Bioética e Biodireito – uma Introdução*. São Paulo, Edições Loyola, 2002.

PITHAN, Lívia Haygert. *A Dignidade Humana como Fundamento Jurídico das 'Ordens de Não-Ressuscitação' Hospitales*. Porto Alegre, EDIPUCRS, 2004.

RAWLS, John. *História da Filosofia Moral*. São Paulo, Martins Fontes, 2005.

RIBEIRO, Fávila. "A Cidadania e o Alcance Universal da Liberdade Política", *Revista Nomos*, vol. 4, n. 1/2. Fortaleza, 1982.

ROMEO CASABONA, Carlos María. "La Relación entre la Bioética y el Derecho", in ROMEO CASABONA, Carlos María (Coord.). *Derecho Biomédico y Bioética*. Granada, Editorial Comares, 1998.

ROMITA, Arion Sayão. *Direitos Fundamentais nas Relações de Trabalho*. São Paulo, LTr, 2005.

RUSS, Jacqueline. *Pensamento Ético Contemporâneo*. São Paulo, Paulus, 1999.

SANTOS, Fernando Ferreira dos. *Princípio Constitucional da Dignidade da Pessoa Humana*. Publicação do Instituto Brasileiro de Direito Constitucional, 1999.

SARLET, Ingo Wolgang. *Dignidade da Pessoa Humana e Direitos Fundamentais na Constituição Federal de 1988*. Porto Alegre, Livraria do Advogado, 2001.

SCALA, Jorge. *Bioética y Derecho*. Disponível em: www.notivida.org.ar/Artículos/Bioetica%20y%20Derecho.html. Acesso em: 4.4.2005.

SILVA, João Ribeiro da. *Perspectivas da Bioética – Bioética Contemporânea III*. Lisboa, Faculdade de Medicina/Edições Cosmos, 2003.

SINGER, Peter. *Ética Prática*. São Paulo, Martins Fontes, 2002.

SIQUEIRA, José Eduardo de (Org.). *Ética, Ciência e Responsabilidade*. São Paulo, Loyola, 2005.

SOARES, André Marcelo M.; PIÑEIRO, Walter Esteves. *Bioética e Biodireito – Uma Introdução*. São Paulo, Edições Loyola, 2002.

SOUSA, Marcelo Rebelo de; ALEXANDRINO, José Melo. *Constituição da República Portuguesa Anotada*. Lisboa, LEX, 2000.

SOUZA, Paulo Vinicius Sporleder de. "Bioética e Direitos Humanos: novos Desafios para os Direitos Humanos de Solidariedade", in SOUZA, Ricardo Timm de (Org.). *Ciência e Ética: os grandes Desafios*. Porto Alegre, EDIPUCRS, 2006.

TRINDADE, Diamantino Fernandes; TRINDADE. Lais dos Santos Pinto. *A História da História da Ciência. Uma possibilidade para aprender ciências*. São Paulo, Madras Editora, 2003.

VARSI, Enrique. "Bioética na Constituição Mundial", *Jus Navigandi*, n. 604. Teresina, Ano 9, 4.3.2005. Disponível em *www1.jus.com.br/doutrina/texto.asp?id=6400*. Acesso em 6.3.2005.

VASCONCELOS, Edson Aguiar de. *Instrumentos de Defesa da Cidadania na Nova Ordem Constitucional – Controle da Administração Pública*. Rio de Janeiro, Forense, 1993.

VELOSO DE FRANÇA, Genival. "Deontologia Médica e Bioética", in URBAN, Cícero de Andrade (Org.). *Bioética Clínica*. Rio de Janeiro, Revinter, 2003.

13
PROPOSTA DE TEORIA FUNDAMENTAL
DA CONSTITUIÇÃO
(COM UMA INFLEXÃO PROCESSUAL)

WILLIS SANTIAGO GUERRA FILHO

A proposta aqui avançada, de que se deve reconhecer a existência de uma nova matéria jurídica, a "Teoria Fundamental da Constituição", advém de uma série de constatações, dentre as quais merecem destaque as seguintes:

I – As situações jurídicas subjetivas que correspondem à matéria, da Teoria Fundamental da Constituição, no direito objetivo, a saber, os direitos fundamentais, apesar de sua natureza constitucional, transbordam os limites desse campo do Direito, irradiando seus efeitos e concretizando-se em todas as matérias jurídicas, sejam do direito público, sejam do direito privado, donde se poder afirmar que a Teoria Fundamental da Constituição trata de matéria que melhor se caracterizaria como pertencente àquele campo intermediário entre o direito público e o direito privado, que se vem denominando, recentemente, de *direito difuso*. O próprio Direito Constitucional, para realizar aquilo que tradicionalmente lhe é mais próprio, que é a organização jurídica do Estado, precisa pautar-se pelas determinações dos direitos fundamentais.

II – O objeto da Teoria Fundamental da Constituição se situa, igualmente, para além da dicotomia entre o Direito Material e o Direito Processual, visto que nele se situam não somente os direitos fundamentais em um sentido estrito, como também as *garantias fundamentais*, direitos fundamentais em sentido amplo, em geral de natureza processual, tendo por escopo a imprescindível tutela e efetivação dos primeiros. É assim que, da perspectiva jusfundamental, ações, princípios processuais e garantias objetivas da jurisdição podem revelar uma dimensão subjetiva, justificando-se melhor enquanto projeções de situações jurídicas subjetivas de direitos fundamentais.

III – Uma outra dicotomia, agora de natureza jusfilosófica, que vem a ser dialeticamente superada pela postulação da Teoria Fundamental da Constituição, é aquela entre Direito Natural, ou jusnaturalismo, e Direito Positivo, ou juspositivismo, uma vez que no Direito fundamental positivam-se e se tornam direito objetivo *pautas valorativas universalizáveis*, com as quais se busca fundamentar, do modo mais racional e justo possível, o Direito.

IV – Por fim, mas não menos importante – ao contrário –, merece reconhecimento da Teoria Fundamental da Constituição por haver uma *norma de direito fundamental*, identificada no âmbito de uma teoria dos direitos fundamentais, com características que a distinguem de normas jurídicas em geral, decorrentes basicamente de sua *natureza principiológica*. O tratamento metodologicamente adequado dos problemas atinentes à aplicação dessas normas de direito fundamental vem resultando em uma verdadeira revolução no campo da hermenêutica e da epistemologia jurídica – e, logo, no paradigma da ciência do direito.

Passemos ao desenvolvimento de cada um desses pontos.

1. Os direitos humanos – e os direitos fundamentais, no plano do direito posto, positivo – vêm adquirindo uma configuração cada vez mais consentânea com os ideais projetados pelas revoluções políticas da modernidade, tão bem representados pela tríade "liberdade, igualdade e fraternidade". Atualmente, já se pode perceber com clareza a interdependência destes valores fundamentais: sem a redução de desigualdades, não há liberdade possível para o conjunto dos seres humanos, e sem fraternidade – ou melhor, "solidariedade", para sermos mais, "realistas", visto que a fraternidade às vezes não existe sequer entre verdadeiros irmãos –, sem o reconhecimento de nossa mútua dependência, não só como indivíduos, mas como nações e espécies naturais – também dependemos do ambiente natural –, não atinamos para o sentido da busca de liberdade e igualdade. Daí que, como defendem Morin e Kern,[1] temos de nos assumir como partícipes de uma "comunidade de destino", que envolve todo o planeta que habitamos, se aspiramos não só à correção ética, mas à própria salvação, individual e coletiva, não podendo haver uma sem a outra.

Pode-se dizer que o Direito, nessa conjuntura, há de assentar-se em uma ordem constitucional que, em sendo aquela própria de um Estado Democrático, impõe deveres de *solidariedade* aos que compõem uma comunidade política, a fim de minorar os efeitos nefastos da desigual-

1. *Terra-Pátria*, p. 186, *passim*.

dade entre eles em relação à sua liberdade e ao respeito à dignidade humana. A dignidade humana é ofendida, por exemplo, quando um sujeito é tratado como objeto por outro sujeito. A dignidade humana implica em tratar desigualmente os desiguais (isonomia comutativa) assim como também implica na igualdade de todos perante a lei (isonomia distributiva).

Considerando a ordem constitucional do tipo antes mencionado como formada, substancialmente, por princípios, tem-se que o princípio fundamental do Estado de Direito decorre da dignidade humana, assim como dele decorre o princípio da legalidade. Tal princípio consubstancia uma garantia fundamental, promovendo a *certeza* nas relações jurídicas e, com isso, a *paz social*. Também o princípio fundamental do Estado Democrático decorre da dignidade humana, sendo de se considerar um princípio de legitimidade. O respeito à dignidade humana requer, por fim, o respeito do ser humano enquanto indivíduo, partícipe de diversas coletividades, inclusive aquela maior, enquanto espécie planetária, natural e social.

Para resolver o grande dilema que aflige os que operam com o Direito no âmbito do Estado Democrático contemporâneo, representado pela atualidade de conflitos entre princípios constitucionais, aos quais se deve igual obediência, por ser a mesma a posição que ocupam na hierarquia normativa, é que se preconiza o recurso a um "princípio dos princípios", que representa algo assim como "a principialidade dos princípios", enquanto sua relatividade mútua. Trata-se do princípio da proporcionalidade,[2] tal como concebido no campo jurídico na tradição germânica, como um princípio, também, de "relatividade" (*Verhältnis-*

---

2. O tema do princípio da proporcionalidade vem sendo objeto de elaborações sucessivas, que são também em parte coincidentes, em Willis Santiago Guerra Filho, *Ensaios de Teoria Constitucional*, pp. 47 e ss.; idem, *Teoria Processual da Constituição*, pp. 75 e ss., 185 e ss., *passim*; idem, *Processo Constitucional e Direitos FundamentaisI* (4ª ed., 2005), pp. 83 e ss., e em diversos artigos, publicados no Brasil e no exterior. De último, Willis Santiago Guerra Filho, "O Princípio da Proporcionalidade em Direito Constitucional e em Direito Privado no Brasil", in Arruda Alvim, Joaquim Portes de Cerqueira César e Roberto Rosas (Orgs.), *Aspectos Controvertidos do novo Código Civil. Escritos em Homenagem ao Min. José Carlos Moreira Alves*, pp. 583-596; idem, "Sobre o Princípio da Proporcionalidade", in George Salomão Leite (Org.), *Dos Princípios Constitucionais. Considerações em torno das Normas Principiológicas da Constituição*, pp. 237-253; idem, "Princípio da Proporcionalidade e Devido Processo Legal", in Virgílio Afonso da Silva (Org.), *Interpretação Constitucional*, pp. 25-269; idem, "A Garantia Fundamental da Proporcionalidade em sua Projeção no Novo Código Civil Brasileiro", in Fredie Didier Jr. e Rodrigo Mazzei (Orgs.), *Reflexos do novo Código Civil no Direito Processual*, pp. 73-89.

mäßig), o qual determina a busca de uma "solução de compromisso", respeitando-se mais, em determinada situação, um dos princípios em conflito, e procurando desrespeitar o mínimo ao(s) outro(s), sem jamais lhe(s) faltar minimamente com o respeito, isto é, ferindo-lhes o "núcleo essencial", em que se encontra entronizado o valor da dignidade humana, princípio fundamental e "axial" do contemporâneo Estado Democrático. O princípio da proporcionalidade, embora não esteja explicitado de forma individualizada em nosso ordenamento jurídico, assim como o da dignidade da pessoa humana (art. 1º, inc. III, CF), é uma exigência inafastável da própria fórmula política adotada por nosso constituinte, a do "Estado Democrático de Direito", pois sem a sua utilização não se concebe como bem realizar o mandamento básico dessa fórmula, de respeito simultâneo dos interesses individuais, coletivos e públicos, o que nos remete ao Princípio Constitucional da Proporcionalidade.

A exata compreensão do significado do princípio da proporcionalidade requer uma transformação do próprio modo de se conceber a tarefa da ciência jurídica, como diversa da mera interpretação e aplicação de normas jurídicas com a estrutura de regras.[3] As regras trazem a descrição de dada situação, formada por um fato ou uma espécie (a *fattispecie* a que se referem os italianos) deles, enquanto nos princípios há uma referência direta a valores. Daí se dizer que as regras se fundamentam nos princípios, os quais não fundamentariam diretamente nenhuma ação, dependendo para isso da intermediação de uma (ou mais) regra(s) concretizadora(s). Princípios, portanto, têm um grau incomensuravelmente mais alto de generalidade (referente à classe de indivíduos à que a norma se aplica) e abstração (referente à espécie de fato a que a norma se aplica) do que a mais geral e abstrata das regras. Por isso, também, poder-se dizer com maior facilidade, diante de um acontecimento, ao qual uma regra se reporta, se essa regra foi observada ou se foi infringida, e, nesse caso, como se poderia ter evitado sua violação. Já os princípios trazem ínsitas "determinações de otimização" (*Optimierungsgebote*, na expressão de Robert Alexy),[4] isto é, um mandamento de que sejam cumpridos na medida das possibilidades, fáticas e jurídicas, que se oferecem concretamente – o que já nos remete, de imediato, ao princípio da proporcionalidade, por ele ser a própria expressão deste mandamento e contemplar tal idéia de gradação no cumprimento de um princípio, aí se incluindo o próprio princípio da proporcionalidade, que

---

3. Nesse sentido, Manfred Stelzer, *Das Wesensgehaltsargument und der Grundsatz der Verhältnismäßigkeit*, p. 22.
4. *Theorie der Grundrechte*, pp. 75 e s.

também não se pode acatar em termos definitivos, de "tudo ou nada", como as regras.

E, finalmente, enquanto o conflito de regras resulta em uma antinomia, a ser resolvida pela perda de validade de uma das regras em conflito, ainda que em um determinado caso concreto, deixando-se de cumpri-la para cumprir a outra, que se entende ser a correta, as colisões entre princípios resultam apenas em que se privilegie o acatamento de um, sem que isso implique no desrespeito completo do outro. Já na hipótese de choque entre regra e princípio, é evidente que o princípio deva prevalecer, embora aí, na verdade, ele prevaleça, em determinada situação concreta, sobre o princípio em que a regra se baseia – a rigor, portanto, não há colisão direta entre regra(s) e princípio(s).

O traço distintivo entre regras e princípios, por último referido, aponta para uma característica desses, já mencionada, que é de se destacar: sua *relatividade*. Não há princípio do qual se possa pretender seja acatado de forma absoluta, em toda e qualquer hipótese, pois tal obediência unilateral e irrestrita a uma determinada pauta valorativa – digamos, individual – termina por infringir uma outra – por exemplo, coletiva. Daí se dizer que há uma necessidade lógica e, até, axiológica, de se postular um "princípio de relatividade" (*Verhältnismäßigkeitsprinzip*), que é o princípio da proporcionalidade, para que se possa respeitar normas, como os princípios, tendentes a colidir, quando se opera concretamente com o Direito.[5]

A marca distintiva do pensamento jurídico contemporâneo, que se faz notar em autores como Josef Esser e Ronald Dworkin, antes do já referido Robert Alexy, repousa precisamente na ênfase dada ao emprego de princípios jurídicos, positivados no ordenamento jurídico, quer explicitamente – em geral, na constituição –, quer por meio de normas nas quais se manifestam de forma implícita, quando do tratamento dos problemas jurídicos. Com isso, dá-se por superado um resquício de legalismo que permaneceu no positivismo normativista de Kelsen, Hart e outros, para quem as normas do direito positivo se reduziriam ao que hoje se chama "regras" (*rules*, *Regeln*) na teoria jurídica anglo-saxônica e germânica, isto é, normas que permitem realizar uma subsunção dos fatos por elas regulados (*operative facts*, *Sachverhalte*), imputando-lhes ou cometendo-lhes a sanção cabível. Princípios, por sua vez, se encontram

---

5. Cf. Alexy, ibidem, pp. 100, 143 e s., *passim*; Willis S. Guerra Filho, *Ensaios de Teoria Constitucional*, cit., pp. 47, 69 e s., *passim*; idem, *Teoria Processual da Constituição*, cit., pp. 75 e ss., 185 ss.; e idem, *Processo Constitucional e Direitos Fundamentais* (3ª ed., 2003), pp. 63 e ss.

em um nível superior de abstração, sendo igualmente hierarquicamente superiores, dentro da compreensão do ordenamento jurídico como uma "pirâmide normativa" (*Stufenbau*), e se eles não permitem uma subsunção direta de fatos, isso se dá indiretamente, colocando regras sob o seu "raio de abrangência". Ao contrário dessas, também, se verifica que os princípios podem se contradizer, sem que isso faça qualquer um deles perder a sua validade jurídica e ser derrogado. É exatamente numa situação em que há conflito entre princípios, ou entre eles e regras, que o princípio da proporcionalidade (em sentido estrito ou próprio) mostra sua grande significação, pois pode ser usado como critério para solucionar da melhor forma o conflito, de maneira otimizada, na medida em que se acata um e desatende o outro. Esse papel lhe cai muito bem pela circunstância peculiaríssima de se tratar de um princípio extremamente formal e, à diferença dos demais, não haver um outro que seja o seu oposto em vigor, em um ordenamento jurídico digno desse nome, ou seja, democraticamente legitimado.[6]

Para bem atinar no alcance do princípio da proporcionalidade faz-se necessário referir o seu conteúdo – e ele, à diferença dos princípios que se situam em seu mesmo nível, de mais alta abstração, não é tão-somente formal, revelando-se plenamente apenas quando se há de decidir sobre a constitucionalidade de alguma situação jurídica ou ato normativo, no âmbito próprio do processo constitucional. Esse seu aspecto concretizador, inclusive, já fez com que se referisse a ele como uma proposição jurídica, à qual, como ocorre com normas que são regras, se pode subsumir fatos jurídicos diretamente. Não se confunda, porém, a proposição jurídica com a norma de que ela é a representação, como já Kelsen, na segunda (e definitiva) edição de sua *Teoria Pura do Direito*, registrara, reservando para a proposição um lugar no campo das idéias, da ciência, e para a norma um lugar no campo da ação, da política, enquanto sentido de um ato de vontade conformadora de outra(s), por associada a uma sanção.

O princípio da proporcionalidade, entendido como um mandamento de otimização do respeito máximo a todo direito fundamental, em situação de conflito com outro(s), na medida do jurídico e faticamente possível, tem um conteúdo que, na doutrina e jurisprudência alemãs,[7] é re-

---

6. Sobre a função legitimadora do princípio da proporcionalidade cf., "A Legitimação dos Direitos Humanos e os Princípios da Ponderação e da Razoabilidade", in Ricardo Lobo Torres (Org.), *A Legitimação dos Direitos Humanos*, pp. 397 e ss., esp. pp. 432 e ss.

7. Cf. BVerfGE 23, 133 (*Entscheidungen des Bundesverfassungsgerichts*, vol. 23, p. 133). Em decisão anterior, o *Verhältnismäßigkeitsprinzip* já fora apresentado como

partido em três "princípios ou proposições parciais" (*Teilgrundsätze*): "princípio da proporcionalidade em sentido estrito" ou "máxima do sopesamento" (*Abwägungsgebot*), "princípio da adequação" e "princípio da exigibilidade" ou "máxima do meio mais suave" (*Gebot des mildesten Mittels*).

O "princípio da proporcionalidade em sentido estrito" determina que se estabeleça uma correspondência entre o fim a ser alcançado por uma disposição normativa e o meio empregado, que seja *juridicamente* a melhor possível. Isso significa, acima de tudo, que não se fira o "conteúdo essencial" (*Wesensgehalt*) de direito fundamental, com o desrespeito intolerável da dignidade humana, bem como que, mesmo em havendo desvantagens para, digamos, o interesse de pessoas, individual ou coletivamente consideradas, acarretadas pela disposição normativa em apreço, as vantagens que traz para interesses de outra ordem superam aquelas desvantagens.

Os demais "subprincípios", como se pode denominar as proposições normativas derivadas do princípio da proporcionalidade (em sentido amplo), são ditos da adequação e da exigibilidade ou indispensabilidade (*Erforderlichkeit*). O primeiro determina que, dentro do *faticamente* possível, se preste o meio escolhido para atingir o fim estabelecido, mostrando-se, assim, "adequado". Além disso, pelo segundo, esse meio deve se mostrar "exigível", o que significa não haver outro, igualmente eficaz, e menos danoso a direitos fundamentais.

Dessa circunstância, de ter seu conteúdo formado por subprincípios, passível de subsumirem fato e questões jurídicas, não se pode, contudo, vir a considerar o princípio da proporcionalidade mera regra, ao invés de verdadeiro princípio, como recentemente se afirmou entre nós,[8] pois não poderia ser uma regra o princípio que é a própria expressão da peculiaridade maior deste último tipo de norma em relação à primeira, o tipo mais comum de normas jurídicas, peculiaridade esta que Ronald Dworkin refere como a "dimensão de peso" (*dimension of weight*) dos

---

resultante "no fundo, da essência dos próprios direitos fundamentais", acrescentando, de forma assimilável à referida formulação clássica de Suárez, que se teria aí uma "expressão do anseio geral de liberdade dos cidadãos frente ao Estado, em face do poder público, que só pode vir a ser limitada se isso for exigido para proteção de interesses públicos. BVerfGE 19, 348-349.Uma reconstrução detalhada do caminho percorrido na doutrina pelo princípio ora estudado encontra-se na monografia de Lothar Hirschberg, *Der Grundsatz der Verhältnismäßigkeit*, 1981.

8. Cf. Virgílio Afonso da Silva, "O Proporcional e o Razoável", *RT* 798/26. Irretorquível, por outro lado, neste trabalho, é a distinção entre os princípios da proporcionalidade e razoabilidade, a qual constitui seu objeto central.

princípios,[9] e Alexy como a ponderação (*Abwägung*) – justamente o que se contrapõe à subsunção nas regras.[10] E também, pragmaticamente, caso a norma que consagra o princípio da proporcionalidade não fosse verdadeiramente um princípio, mas sim uma regra, não poderíamos considerá-la inerente ao regime e princípios adotados na Constituição brasileira de 1988, deduzindo-a do sistema constitucional vigente aqui, como em várias outras nações, da idéia de Estado democrático de Direito, posto que não haja regra jurídica que seja implícita, mas tão-somente os direitos (e garantias) fundamentais, consagrados em princípios igualmente fundamentais – ou, mesmo, "fundantes" –, a exemplo deste princípio de proporcionalidade, objeto da presente exposição.

Quanto a saber donde se deriva o princípio da proporcionalidade, se do princípio estruturante do Estado de Direito, ou daquele da dignidade da pessoa humana, que se vincula ao outro princípio estruturante de nossa ordem constitucional – e, logo, de toda a ordem jurídica –, que é o Princípio Democrático, adotamos o posicionamento que vincula o princípio da proporcionalidade à cláusula do devido processo legal (Constituição da República Federativa do Brasil, art. 5º, inc. LIV), com o que se evita este falso dilema, pois para se ter um Estado de Direito com respeito à dignidade humana, isto é, que seja também *democrático*, pressupõe-se uma compatibilização de legalidade (Estado de Direito) com legitimidade (Democracia), obtida, em última instância, pela aplicação, no âmbito de processos judiciais, administrativos e outros, precisamente, do princípio da proporcionalidade. É certo que a idéia subjacente à "proporcionalidade" (*Verhältnismäßigkeit*), noção dotada atualmente de um sentido técnico no direito público e na teoria do direito germânico, ou seja, a de uma limitação do poder estatal em benefício da

---

9. Cf. *Taking Rights Seriously*, pp. 26 e ss.
10. O fato de Alexy, na famosa "página 100" da edição original da *Theorie der Grundrechte*, com apoio o professor de Direito Constitucional na Universidade de Heidelberg, Haverkate, referir à possibilidade dos "subprincípios da proporcionalidade" permitirem, tal como regras jurídicas, a subsunção, não implica, *ipso facto*, como pretende Virgílio Afonso da Silva, loc. ult. cit., ser o princípio da proporcionalidade uma regra, pois o conteúdo de uma regra é a descrição (e previsão) de um fato, acompanhada da prescrição de sua conseqüência jurídica, e não *outra* regra. Também, pelo princípio lógico da "navalha de Ockham", pelo qual não se devem multiplicar desnecessariamente os termos, sem que haja entes diversos a serem nomeados por eles, também não pensamos que deixe de haver sinonímia entre o princípio da proporcionalidade em sentido estrito e a proibição de excesso "de ação", por implicar o princípio também em uma "proibição de (excesso) de omissão" (*Untermassverbot*). Em apoio de nossos posicionamentos veio, recentemente, Francisco Fernandes de Araújo, em *Princípio da Proporcionalidade: Significado e Aplicação Prática*, 2002.

garantia de integridade física e moral dos que lhe estão sub-rogados, confunde-se em sua origem, como é fácil perceber com o nascimento do moderno Estado de direito, respaldado em uma constituição, em um documento formalizador do propósito de se manter o equilíbrio entre os diversos poderes que formam o Estado e o respeito mútuo entre este e aqueles indivíduos a ele submetidos, a quem são reconhecidos certos direitos fundamentais inalienáveis.[11]

A questão que assim se coloca, de como melhor fundamentar a inscrição de um princípio de proporcionalidade no plano constitucional, se, deduzindo-o da opção por um Estado de Direito ou então, dos próprios direitos fundamentais, inerentes a este Estado, enquanto Estado *Democrático* de Direito, assume relevância mais doutrinária, já que na prática, como evidencia reiterada jurisprudência do Tribunal Constitucional, na Alemanha, não resta dúvida quanto à sua inserção na "base" do ordenamento jurídico, como se pode referir de maneira figurada à constituição. Além disso, nosso princípio aparece relacionado àquele que se pode considerar o problema maior a ser resolvido com a adoção de um regime constitucional pelo Estado, nomeadamente, o do relacionamento entre ele, a comunidade a ele submetida e os indivíduos que a compõem, a ser regulado de forma eqüitativamente vantajosa para todas as partes. Para que o Estado, em sua atividade, atenda aos interesses da maioria, respeitando os direitos individuais fundamentais, se faz necessário não só a existência de normas para pautar essa atividade e que, em certos casos, nem mesmo a vontade de uma maioria pode derrogar (Estado de Direito), como também há de se reconhecer e lançar mão de um princípio regulativo para se ponderar até que ponto se vai dar preferência ao todo ou às partes (princípio da proporcionalidade), o que também não pode ir além de certo limite, para não retirar o mínimo necessário a uma existência humana digna de ser chamada assim.[12]

11. Daí se referir ao princípio Paulo Bonavides como "antiqüíssimo". Cf. *Curso de Direito Constitucional*, p. 398.
12. Na Constituição alemã, tendo em vista esse fato, consagra o art. 19, 2ª parte, o princípio segundo o qual os direitos fundamentais jamais devem ser ofendidos em sua essência (*Wesensgehaltsgarantie*). Exatamente dessa norma é que autores como Lerche e Dürig deduzem, *a contrario sensu*, a consagração do princípio da proporcionalidade pelo direito constitucional, pois ela implica na aceitação de ofensa a direito fundamental "até um certo ponto", donde a necessidade de um princípio para estabelecer o limite que não se deve ultrapassar. Cf. BVerfGE 34, 238; Dürig, em "Der Grundsatz von der Menschenwürde. Entwurf eines praktikablen Wertsystems der Grundrechte aus Art. 1, Abs. I, in Verbindung mit Art. 19. Abs. II, des Grundgesetzes", in *Archiv für öffentliches Recht*, n. 81, 1956, pp. 117 ss.; Peter Lerche, *Übermaß- und Verfassungsrecht – Zur Bin-*

Essas considerações permitem concluir claramente pela existência de um *conteúdo intangível* dos direitos fundamentais, que não pode ceder sob forma alguma. Esse núcleo vem a ser o denominado *mínimo existencial*, ou seja, aquele conjunto de situações que caracterizam o ponto limite a partir do qual não se pode avançar sem ofender a dignidade do homem, sem reduzi-lo a meio.

A dignidade da pessoa humana, por conseguinte, presta-se ao mesmo tempo para limitar direitos fundamentais – na medida em que é buscando sua maior efetivação que, no caso concreto, um princípio que os veicule pode ter sua aplicação restringida em favor de outro – como para coibir restrições excessivas,[13] por meio da configuração do mínimo existencial.

2. À mudança de função das constituições e do próprio Estado, que afinal de contas é por elas instaurado, na época contemporânea, resultante da forma como historicamente se desenvolveram as sociedades em que aparecem, correspondem também, como não podia deixar de ser, modificações radicais no plano jurídico. As normas jurídicas que passam a ser necessárias não têm mais o mesmo caráter condicional de antes, com um sentido retrospectivo, quando se destinavam basicamente a estabelecer uma certa conduta, de acordo com um padrão, em geral fixado antes essas normas e não, a partir delas, propriamente. A isso era acrescentado o sancionamento, em princípio negativo – i.e., uma conseqüência desagradável – a ser infligido pelo Estado, na hipótese de haver um descumprimento da prescrição normativa. A regulação que no presente é requisitada ao Direito assume um caráter finalístico, e um sentido prospectivo, pois, para enfrentar a imprevisibilidade das situações a serem reguladas ao que não se presta o esquema simples de subsunção de fatos a uma previsão legal abstrata anterior, precisa-se de normas que determinem objetivos a serem alcançados futuramente, sob as circunstâncias que então se apresentem.

Em vista disto, tem-se salientado bastante ultimamente a distinção entre normas jurídicas que são formuladas como *regras* e aquelas que assumem a forma de um *princípio*. As primeiras têm a estrutura lógica que tradicionalmente se atribui às normas do Direito, com a descrição (ou "tipificação") de um fato, ao que se acrescenta a sua qualificação

dung des Gesetzgebers an die Grundsätze der Verhältnismäßigkeit und Erforderlichkeit, 1961.

13. Nesse sentido, Ingo Sarlet menciona a dupla função da dignidade da pessoa humana, em *Dignidade da Pessoa Humana e Direitos Fundamentais na Constituição Federal de 1988*, pp. 119-120.

prescritiva, amparada em uma sanção (ou na ausência dela, no caso da qualificação como "fato permitido"). Já os princípios fundamentais, igualmente dotados de validade positiva e de um modo geral estabelecidos na constituição, não se reportam a um fato específico, que se possa precisar com facilidade a ocorrência, extraindo a conseqüência prevista normativamente. Eles devem ser entendidos como indicadores de uma opção pelo favorecimento de determinado valor, a ser levada em conta na apreciação jurídica de uma infinidade de fatos e situações possíveis, juntamente com outras tantas opções dessas, outros princípios igualmente adotados, que em determinado caso concreto podem se conflitar uns com os outros, quando já não são mesmo, *in abstracto*, antinômicos entre si.

Os princípios jurídicos fundamentais, dotados também de dimensão ética e política, apontam a direção que se deve seguir para tratar de qualquer ocorrência de acordo com o Direito em vigor, caso ele não contenha uma regra que a refira ou que a discipline suficientemente. A aplicação desses princípios, contudo, envolve um esforço muito maior do que a aplicação de regras, em que, uma vez verificada a identidade do fato ocorrido com aquele previsto por alguma delas, não resta mais o que fazer, para se saber o tratamento que lhe é dispensado pelo direito. Já para aplicar as regras, é preciso haver um *procedimento*, para que se comprove a ocorrência dos fatos sob os quais elas haverão de incidir. A necessidade de se ter um procedimento tornar-se ainda mais aguda quando se trata da aplicação de princípios, pois aí a discussão gira menos em torno de fatos do que de valores, o que requer um cuidado muito maior para se chegar a uma decisão fundamentada objetivamente.

Em sendo assim, é de se esperar que, na medida em que aumenta a freqüência com que se recorre a princípios para solução de problemas jurídicos, cresce também a importância daquele ramo do direito ocupado em disciplinar os procedimentos, sem os quais não se chega a um resultado aceitável, ao utilizar um meio tão pouco preciso e vago de ordenação da conduta, como são os princípios. Isso significa também que a determinação do que é conforme ao Direito passa a depender cada vez mais da situação concreta em que aparece esse problema, o que beneficia formas de pensamento pragmáticas, voltadas para orientar a ação daqueles envolvidos na tomada de uma decisão. Procedimentos são séries de atos ordenados com a finalidade de propiciar a solução de questões cuja dificuldade e/ou importância requer uma extensão do lapso temporal, para que se considerem aspectos e implicações possíveis. Dentre os procedimentos regulados pelo Direito, podem-se destacar aqueles que envolvem a participação e a influência de vários sujeitos na formação do ato final decisório, reservando-lhes a denominação técnica de "processo".

3. De uma perspectiva estrutural, partindo daquela distinção, já corriqueira, entre normas jurídicas que são *regras* daquelas que são *princípios*, distinção essa elaborada em sede de teoria do direito a partir de trabalhos de autores contemporâneos como Karl Larenz, Josef Esser, Ronald Dworkin e Robert Alexy, pode-se, então, afirmar, que normas substancialmente constitucionais têm a estrutura de princípios, com a qual se consagra, explícita ou implicitamente, valores, no plano positivo do direito, conferindo-lhes, assim, natureza deôntica diferenciada daquelas que têm, enquanto determinações absolutas, como o são, em uma ordem ética, religiosa ou ideológica qualquer, os valores. Assim, no modelo mais sofisticado de figuração da ordem jurídica, proposto por Alexy em sua *Teoria dos Direitos Fundamentais*, distinguem-se três níveis, a saber, o dos princípios, o das regras e o dos procedimentos. É neste último nível em que os interesses e bens da vida, traduzidos em *valores*, vêm a ser consagrados positivamente enquanto princípios, e qualificadores, ainda que em graus diversos de generalidade e abstração, dos *fatos* previstos normativamente pelas regras, resultam vertidos em novas *normas*, aptas a incidirem em determinadas situações concretas, conformando-as juridicamente.

Assim sendo, considerando serem os *direitos fundamentais* o conteúdo essencial de uma Constituição como, a exemplo da que temos atualmente, as que se apresentam para fundar um Estado Democrático de Direito, conteúdo este ao qual se agrega a condizente *organização institucional do Estado* e da sociedade civil, para que se tenha, tudo somado, a Constituição em sentido substancial, então se tem que as *garantias constitucionais* integrariam a Constituição em sentido processual. São essas garantias tanto aquelas ditas *garantias fundamentais*, por garantirem direitos igualmente fundamentais, seja do ponto de vista formal, seja daquele substancial, como também as chamadas *garantias institucionais*, aquelas denominadas na doutrina alemã, em uma terminologia que remonta a Carl Schmitt, *Einrichtungsgarantien*, as de ordem pública (*institutionelle Garantien*), e as *garantias de instituições* (*Institutsgarantien*), da ordem privada, a exemplo da família, do ensino, da imprensa etc.

Nossa compreensão do quanto o Estado Democrático de Direito depende de procedimentos, não só legislativos e eleitorais, mas especialmente aqueles judiciais, para que se dê sua realização, aumenta na medida em que precisemos melhor o conteúdo dessa fórmula política.

Historicamente, poder-se-ia localizar o seu surgimento nas sociedades européias recém-saídas da catástrofe da II Guerra Mundial, que representou a falência tanto do modelo liberal de Estado de Direito, como também das fórmulas políticas autoritárias que se apresentaram como alternativa. Se em um primeiro momento observou-se um prestígio de um modelo social e, mesmo, socialista de Estado, a fórmula do Estado Democrático se firma a partir de uma revalorização dos clássicos direitos individuais de liberdade, que se entende não poderem jamais ser demasiadamente sacrificados, em nome da realização de direitos sociais. O Estado Democrático de Direito, então, representa uma forma de superação dialética da antítese entre os modelos liberal e social ou socialista de Estado. Nessa perspectiva, tem-se a influente obra de Elíaz Díaz, "Estado de Derecho y sociedad democrática", bem como a monografia, bem anterior, já clássica na literatura política e constitucional em nosso País, de Mestre Paulo Bonavides, "Do Estado Liberal ao Estado Social".

Em sendo assim, tem-se o compromisso básico do Estado Democrático de Direito na harmonização de interesses que se situam em três esferas fundamentais: a *esfera pública*, ocupada pelo Estado, a *esfera privada*, em que se situa o indivíduo, e um segmento intermediário, a *esfera coletiva*, em que se tem os interesses de indivíduos enquanto membros de determinados grupos, formados para a consecução de objetivos econômicos, políticos, culturais ou outros.

Há quem veja na projeção atual desses grupos, no campo político e social, como um dos traços característicos da pós-modernidade, quando então as ações mais significativas se deveriam a esses novos sujeitos coletivos, e não a sujeitos individuais ou àqueles integrados na organização política estatal.

Indubitavelmente, o problema básico a ser solucionado por qualquer constituição política contemporânea não pode mais ser captado em toda sua extensão por aquela formulação clássica, em que se tinha um problema de delimitação do poder estatal frente ao cidadão individualmente considerado.

Hoje, entidades coletivas demandam igualmente um disciplinamento de sua atividade política e econômica, de modo a que possam satisfazer o interesse coletivo que as anima, compatibilizando-o com interesses de natureza individual e pública, com base em um "princípio de proporcionalidade", que se procurou indicar aqui propriedades teóricas – e práticas – capazes de torná-lo uma espécie de ponto de Arquimedes para alavancar o Estado Democrático de Direito. Nos estudos que realizamos anteriormente, evidenciou-se, por exemplo, que aquele princípio pode ser considerado algo assim como o "princípio dos princípios", de husserliana memória, uma vez que é a ele, em última instância, que se recorre para resolver, em "casos difíceis" (*hard cases*), o conflito entre diversos valores e interesses, expressos em outros princípios fundamentais da ordem jurídica. Isso porque o princípio da proporcionalidade é capaz de dar um "salto hierárquico" (*hierarchical loop*), ao ser extraído do ponto mais alto da "pirâmide" normativa para ir até a sua "base", onde se verificam os conflitos concretos, validando as normas individuais ali produzidas, na forma de decisões administrativas, judiciais etc. Essa forma de validação é tópica, permitindo atribuir um significado diferente a um mesmo conjunto de normas, a depender da situação a que são aplicadas. É esse o tipo de validação requerida nas sociedades hipercomplexas da pós-modernidade – ou, se preferirmos, para evitar o desgaste desse significante, o "pós-moderno", podemos falar em "sociedades hipermodernas", ou em uma só sociedade hipermoderna, a sociedade mundial, a sociedade da comunicação em rede. Nela se misturam criação (legislação) e aplicação (jurisdição e administração) do Direito, tornando a linearidade do esquema de validação kelseneano pela referência à estrutura hierarquicamente escalonada do ordenamento jurídico em circularidade, com o embricamento de diversas hierarquias normativas, as *tangled hierarchies* da teoria sistêmica. Concretamente, isso significa que assim como uma norma ao ser aplicada mostra-se válida pela remissão a princípios superiores, esculpidos na Constituição, esses princípios validam-se por serem referidos na aplicação daquelas normas. É o princípio da proporcionalidade, portanto, que permite realizar o que os norte-americanos chamam *balancing* de interesses e bens. A mesma idéia de sopesamento, ponderação, é expressa pela *Abwägung* dos alemães. E isso porque, para solucionar as colisões entre interesses diversos de certas coletividades entre si e com interesses individuais ou estatais, tão variadas e imprevisíveis em sua ocorrência, não há como se amparar em uma regulamentação prévia exaustiva, donde a dependência incontornável de procedimentos para fazer incidir o princípio da proporcionalidade, regulando o conflito de princípios, para atingir, assim, as soluções esperadas.

Compreende-se, então, como o centro de decisões politicamente relevantes, no Estado Democrático contemporâneo, sofre um sensível deslocamento do Legislativo e Executivo em direção ao Judiciário. O processo judicial que se instaura mediante a propositura de determinadas ações, especialmente aquelas de natureza coletiva e/ou de dimensão constitucional – ação popular, ação civil pública, mandado de injunção etc. – torna-se um instrumento privilegiado de *participação política e exercício permanente da cidadania, com vista à necessária transformação social emancipatória*. A Teoria Fundamental da Constituição aqui proposta levanta a pretensão de servir como instrumento cognitivo para essa transformação, enquanto teoria jurídica emanada do Direito Constitucional do Estado Democrático que, enquanto fundamental, é de todo o Direito, desde que adequado a esta fórmula política de vigência insuperável: donde ser "fundamental", ao invés de "geral", pois se, por um lado, uma teoria ou é geral ou não é teoria propriamente, de outro lado, não é possível uma teoria do Direito "em geral", de todo e qualquer um.

4. A constituição é vista por Peter Häberle, em estudo já clássico, como processo, aberto para a participação pluralística dos representantes das mais diversas interpretações. A concepção da ordem constitucional como um processo, no qual se inserem os defensores de interpretações diversas no momento de concretizá-la, e não como ordem já estabelecida, vem se mostrando como uma nova orientação em filosofia do direito, mais consentânea com o modo atual de se conceber o próprio conhecimento, de bases científicas. É que estas bases foram abaladas e substituídas pelas revoluções que superaram na matemática e na física o modo tradicional de figuração do espaço, remontando à geometria euclidiana, refinada pela analítica cartesiana e corroborada pelos resultados obtidos de sua aplicação no estudo da natureza, desde Copérnico até culminar em Newton, passando por Galileu, o que suscitou a conhecida formulação de Thomas Kuhn, sobre a substituição de paradigmas científicos.

Aqui, vem referida uma noção de importância capital na epistemologia contemporânea: aquela de "paradigma", cunhada por Thomas S. Kuhn, em sua obra *A Estrutura das Revoluções Científicas*, de 1962. O paradigma de uma ciência pode ser definido, primeiramente, como o conjunto de valores expressos em regras, tácita ou explicitamente acordadas entre os membros da comunidade científica, para serem seguidas por aqueles que esperam ver os resultados de suas pesquisas – e eles próprios – levados em conta por essa comunidade, como contribuição ao desenvolvimento científico. Além disso, integra o paradigma uma determinada concepção geral sobre a natureza dos fenômenos estudados por dada ciência, bem como sobre os métodos e conceitos mais adequados para estudá-los – em suma: uma teoria científica aplicada com sucesso, paradigmaticamente.

Por essa caracterização, percebe-se a conotação normativa que tem a noção de paradigma, donde se explica o fato, apontado por Kuhn, de que os paradigmas, tal como outras ordens normativas, entrem em crise, rompam-se por meio de "revoluções", quando não se consegue, a partir deles, explicar certas anomalias, o que ocasiona sua substituição por algum outro. O exemplo típico é o da substituição, na física, no paradigma mecanicista de Copérnico, Galileu, Giordano Bruno, Newton etc., por aquele relativista de Albert Einstein, Max Planck, Niels Bohr, Werner Heisenberg etc.

Daí ter Edmund Husserl, de sua perspectiva fenomenológica, alertado para o caráter restritivo do conhecimento obtido pelo formalismo científico, apesar de sua indubitável eficácia, consubstanciando-se em ameaça ao "mundo comum da vida" (*Lebenswelt*), assim como Bachelard, ao mesmo tempo em que, refletindo sobre a nova cientificidade oriunda dos avanços da física relativística e quântica, apontava o seu caráter aproximativo, em um *processo* inesgotável de acercamento das descobertas, alertando, também, para a necessidade de se complementar os rigores do método científico com a liberdade criativa da imaginação poética. É essa nova ciência, processual e, por isso também, aberta, que se nos afigura homóloga à concepção aqui esposada, sobre a importância de se reconhecer um sentido também processual à constituição, para que assim ela se preste, cada vez mais, a ser o fundamento adequado, por dinâmico ao invés de estático, para uma ordem jurídica que se faz e refaz a cada dia, com a possibilidade de ir-se aperfeiçoando enquanto instrumento de inclusão dos que a ela se sujeitam, permanecendo sujeitos dotados da dignidade de seres autoconscientes.

É de todo conveniente o emprego de novas categorias em estudos que levam em conta a complexidade da realidade estudada, considerando que a mesma não existe para nós independentemente de nossa observação dela. Só assim poderemos, igualmente, enfrentar melhor as questões éticas e jurídicas com que nos defrontamos em um mundo que a ciência vem, ao mesmo tempo, revelando e tornando mais complexo. Isso quer dizer, em termos sucintos, que se postula dever ser este um instrumento de promoção do aperfeiçoamento democrático do poder e do saber. Há, portanto, desta perspectiva aqui defendida, uma epistemologia que favorece a adoção de valores mais condizentes com o pluralismo democrático, fórmula política mais respeitosa à dignidade dos seres humanos, tendo tal epistemologia sua adoção favorecida, no campo jurídico, por uma concepção teórico-fundamental da constituição – e, logo, também do Direito que nela se baseia –, assim como o desenvolvimento deste Direito é fomentado por semelhante teoria de ciência jurídica.

Bibliografia

AFONSO DA SILVA, Virgílio. "O Proporcional e o Razoável", *RT* 798, 2002.

ALEXY, Robert. *Theorie der Grundrechte*. Baden-Baden, Nomos, 1985 (edição em língua portuguesa, trad. de Virgílio Afonso da Silva, Malheiros Editores, 2008).

ARAÚJO, Francisco Fernandes de. *Princípio da Proporcionalidade: Significado e Aplicação Prática.* Campinas, Copola, 2002.

BONAVIDES, Paulo. *Curso de Direito Constitucional.* 21ª ed., São Paulo, Malheiros Editores, 2007.

DÜRIG, em "Der Grundsatz von der Menschenwürde. Entwurf eines praktikablen Wertsystems der Grundrechte aus Art. 1, Abs. I, in Verbindung mit Art. 19. Abs. II, des Grundgesetzes", in *Archiv für öffentliches Recht*, n. 81, 1956.

DWORKIN, Ronald. *Taking Rights Seriously.* Cambridge (Mass.), Harvard University Press, 1978.

GUERRA FILHO, Willis Santiago. *Ensaios de Teoria Constitucional.* Fortaleza, Imprensa Universitária da UFC, 1989.

_____. *Teoria Processual da Constituição.* 2ª ed., São Paulo, IBDC/Celso Bastos Ed., 2002.

_____. "O Princípio da Proporcionalidade em Direito Constitucional e em Direito Privado no Brasil", in ARRUDA ALVIM; CERQUEIRA CÉSAR, Joaquim Portes de; ROSAS, Roberto (Orgs.). *Aspectos Controvertidos do novo Código Civil. Escritos em Homenagem ao Min. José Carlos Moreira Alves.* São Paulo, Ed. RT, 2003.

_____. "Sobre o Princípio da Proporcionalidade", in LEITE, George Salomão (Org.). *Dos Princípios Constitucionais. Considerações em torno das Normas Principiológicas da Constituição.* São Paulo, Malheiros Editores, 2003.

_____. *Processo Constitucional e Direitos Fundamentais.* 3ª ed., São Paulo, IBDC/Celso Bastos Ed., 2003// 4ª ed., São Paulo, RCS, 2005.

_____. "Princípio da Proporcionalidade e Devido Processo legal", in AFONSO DA SILVA, Virgílio (Org.). *Interpretação Constitucional.* São Paulo. Malheiros Editores, 2005.

_____. "A Garantia Fundamental da Proporcionalidade em sua Projeção no Novo Código Civil Brasileiro", in DIDIER JR., Fredie; MAZZEI, Rodrigo (Orgs.). *Reflexos do novo Código Civil no Direito Processual.* Salvador, JusPODIUM, 2006.

HIRSCHBERG, Lothar. *Der Grundsatz der Verhältnismäßigkeit.* Göttingen, Tese, 1981.

LERCHE, Peter. *Übermaß- und Verfassungsrecht – Zur Bindung des Gesetzgebers an die Grundsätze der Verhältnismäßigkeit und Erforderlichkeit.* Heidelberg, Müller, 1961.

MORIN, E. e KERN, A. *Terra-Pátria.* Trad. Paulo Neves. 3ª ed., Porto Alegre, Sulina, 2000.

SARLET, Ingo. *Dignidade da Pessoa Humana e Direitos Fundamentais na Constituição Federal de 1988.* Porto Alegre, Livraria do Advogado, 2001.

STELZER, Manfred. *Das Wesensgehaltsargument und der Grundsatz der Verhältnismäßigkeit*. Wien/New York, Springer, 1991.

TORRES, Ricardo Lobo. "A Legitimação dos Direitos Humanos e os Princípios da Ponderação e da Razoabilidade", in TORRES, Ricardo Lobo (Org.). *A Legitimação dos Direitos Humanos*. Rio de Janeiro, Renovar, 2002.

Quarta Parte

PESSOA HUMANA E DIREITOS FUNDAMENTAIS

14
A CONSTRUÇÃO EUROPEIA
E OS DIREITOS FUNDAMENTAIS

António José Avelãs Nunes

1. Em 1957, quando foi assinado o Tratado de Roma, que instituiu a Comunidade Económica Europeia (CEE), já estavam em vigor, ratificadas pelos seis estados signatários do Tratado, a *Declaração Universal dos Direitos do Homem* (aprovada pela Assembleia Geral da ONU em 10.12.1948) e a *Convenção Europeia de Salvaguarda dos Direitos do Homem e das Liberdades Fundamentais* (em regra designada por *Convenção Europeia dos Direitos do Homem* – CEDH, assinada em Roma em 4.11.1950).

No entanto, o Tratado de Roma não se ocupou expressamente dos direitos fundamentais, centrando-se no objectivo de pôr de pé um *mercado comum*, na base de uma união aduaneira (zona de comércio livre com uma pauta aduaneira comum relativamente a países terceiros).

É certo que aos cidadãos dos estados-membros eram reconhecidos certos direitos que podem considerar-se incluídos no elenco normal dos direitos fundamentais, decorrentes do princípio da não discriminação em razão da nacionalidade, do princípio da igualdade entre os sexos em matéria de remuneração do trabalho, do direito de livre circulação dentro do espaço da CEE, do direito de exercício da actividade económica em qualquer país da Comunidade. Tratava-se, porém, como resulta do seu enunciado, de direitos reconhecidos aos *agentes económicos* (trabalhadores ou empresários) actuantes no *mercado comum* e não propriamente de *direitos das pessoas*. As Comunidades Europeias eram essencialmente, e sem disfarce, *comunidades económicas*, não comunidades de pessoas, pelo que os direitos das pessoas só eram tidos em conta na medida em que eles fossem um pressuposto do estabelecimento e do desenvolvimento do *mercado comum*.

2. Só em 1986, no *Preâmbulo* do *Acto Único Europeu*,[1] foi assumido pela primeira vez, de forma explícita, o compromisso dos estados-membros no sentido de "promover conjuntamente a democracia, com base nos direitos fundamentais reconhecidos nas constituições e na legislação dos estados-membros, na Convenção Europeia de Salvaguarda dos Direitos do Homem e das Liberdades Fundamentais e na Carta Social Europeia, nomeadamente a liberdade, a igualdade e a justiça social".

Na sequência do Tratado de 1986, três Directivas de 28.6.1990 vieram generalizar o direito de livre circulação aos não activos, mas condicionaram o direito de residência de um não activo em um país da União diferente daquele de que é nacional à prova de que tem meios de subsistência suficientes. O que indicia claramente que a Comunidade Europeia estava longe de se assumir e de poder ser vista como uma *comunidade de pertença*, uma comunidade integradora de todos os nacionais dos estados-membros, que não poderiam considerar-se *cidadãos europeus*.[2]

3. Em 1992, o Tratado de Maastricht[3] cria a *União Europeia* (entidade que substituiu as Comunidades Europeias) e esta, embora mantenha um cunho predominantemente económico, veio introduzir claramente preocupações de natureza política no processo de integração europeia. Daí o espaço ampliado concedido à problemática dos direitos fundamentais.

Na verdade, o Tratado vem proclamar que "a União assenta nos princípios da liberdade, da democracia, do respeito pelos direitos do Homem e pelas liberdades fundamentais, bem como do estado de direito, princípios que são comuns aos estados-membros" e vem determinar que a União Europeia (UE) "respeitará os direitos fundamentais tal como os garante a Convenção Europeia de Salvaguarda dos Direitos do Homem e das Liberdades Fundamentais (...), e tal como resultam das tradições constitucionais comuns aos estados-membros, enquanto princípios gerais do direito comunitário" (art. 6º).

Esta norma (artigo F do texto originário) parece implicar o reconhecimento de que a actuação das instituições da União no que se refere

1. Tratado assinado no Luxemburgo em 17.2.1986 (com entrada em vigor em 1.7.1987), que veio concretizar o projecto de *mercado único europeu*.
2. Cf. R. Moura Ramos, *Das Comunidades à União Europeia – Estudos de Direito Comunitário*, pp. 337-338.
3. É assim conhecido por ter sido assinado na cidade holandesa de Maastricht em 6.2.1992, tendo entrado em vigor em 1.11.1993. O nome oficial é o de *Tratado da União Europeia*.

ao respeito (ou não) dos direitos fundamentais (com o significado e alcance que dela resultam) poderá ser objecto de apreciação e controlo jurisdicional por parte do Tribunal de Justiça da Comunidade Europeia – TJCE. Mas o art. L não incluía estas matérias na competência deste Tribunal.[4]

De todo o modo, é claro que não se trata da consagração de uma tábua de direitos fundamentais, como o fazem normalmente as constituições dos estados soberanos, porque os Chefes de Estado e de Governo dos países signatários do Tratado de Maastricht não seguiram a orientação preconizada pelo Parlamento Europeu na *Declaração de Direitos e Liberdades Fundamentais* (aprovada por Resolução de 12 de Abril de 1989), e porque afastaram também a hipótese de adesão da própria União Europeia enquanto tal à CEDH.

No *Protocolo relativo à política social* (Acordo relativo à política social celebrado entre os estados-membros da Comunidade Europeia com excepção do Reino Unido), protocolo que é parte integrante do Tratado de Maastricht, o art. 1º proclama que "a Comunidade e os estados-membros terão por objectivos a promoção do emprego, a melhoria das condições de vida e de trabalho, uma protecção social adequada, o diálogo entre parceiros sociais, o desenvolvimento dos recursos tendo em vista um nível de emprego elevado e duradouro e a luta contra as exclusões". E o art. 6º consagra o dever de cada estado-membro de assegurar "a aplicação do princípio da igualdade de remuneração entre trabalhadores masculinos e femininos, para trabalho igual".

É um passo no sentido do reconhecimento dos direitos sociais dos trabalhadores.[5] Mas é evidente que a ponderação destes direitos continua a ter uma inspiração económica, subordinando-os à "necessidade de

---

4. A hipótese que colocamos no texto não valeria, porém, relativamente a direitos tão relevantes como os que se relacionam com a política de asilo, o controlo de estrangeiros na fronteira externa da UE, a política de imigração e o estatuto dos estrangeiros que residam no território da União. Neste sentido, cf. R. Moura Ramos, "Maastricht e os Direitos do Cidadão Europeu", in *Das Comunidades à União Europeia*, cit., pp. 330-332.
5. Em 18.10.1961 foi assinada em Turim, no quadro do Conselho da Europa, a *Carta Social Europeia* e em 9.12.1989 o Conselho Europeu aprovou (em Estrasburgo) a *Carta Comunitária dos Direitos Fundamentais dos Trabalhadores*. Estas Cartas não passam, porém, de meras *declarações políticas*, sem qualquer força vinculativa no plano jurídico. Mas esta última tem sido um guia para a acção da UE nas áreas por ela contempladas relativas ao trabalho por conta de outrem (direito ao exercício de actividade profissional em qualquer estado-membro; liberdade de associação e negociação colectiva; direito à formação profissional, à protecção da saúde e à segurança no local de trabalho; direito a uma remuneração equitativa, à melhoria das condições de vida e de trabalho e a uma protecção social adequada nos termos definidos legalmente em cada estado-mem-

manter a capacidade concorrencial da economia comunitária" (art. 1º, *in fine*).

No que toca à liberdade de circulação e ao direito de residência, os novos artigos introduzidos pelo Tratado de Maastricht afirmam (art. 8º-A) que "qualquer cidadão da União goza do direito de circular e permanecer livremente no território dos estados-membros". Mas logo se acrescenta que este direito é reconhecido "sem prejuízo das limitações e condições previstas no presente Tratado [por exemplo as dos arts. 48º, 52º e 58º?] e nas disposições adoptadas em sua aplicação". E o n. 2 deste art. 8º-A reconhece a existência de dificuldades no exercício destes direitos, ao admitir que "o Conselho pode adoptar medidas destinadas a facilitar o exercício dos direitos a que se refere o número anterior". Mas fá-lo com tantas exigências que não são de esperar grandes facilidades: "salvo disposição em contrário do presente Tratado – estipula o n. 2 –, o Conselho delibera por unanimidade, sob proposta da Comissão, e após parecer favorável do Parlamento Europeu".

Mesmo um direito tão fundamental como é o *direito de circulação* parece ser consagrado apenas porque ele é um *elemento caracterizador* do *mercado interno* (art. 3º, al. "c", do Tratado de Maastricht). Por imperativo do "princípio de uma economia de mercado aberto e de livre concorrência", a liberdade de circulação de mercadorias, de serviços e de capitais é reconhecida em toda a sua plenitude, sem qualquer limitação. Mas não é reconhecida a *liberdade de circulação das pessoas*. É reconhecida apenas a *liberdade de circulação dos trabalhadores* (exceptuados os da administração pública), na medida em que ela pode servir os *interesses do mercado* (i.é, os interesses do capital). Com efeito, a liberdade de circulação dos trabalhadores só é reconhecida (cf., nomeadamente arts. 48º, 52º e 58º) para responder a ofertas de emprego, para exercer uma actividade laboral, para concretizar a liberdade de estabelecimento ou a liberdade de prestação de serviços em qualquer país da União Europeia.

Não será fácil mudar as regras que continuam a subordinar o direito de circulação e o direito de residência às razões económicas de *defesa do mercado aberto e de livre concorrência*. Mas a verdade é que o Tribunal de Justiça da Comunidade Europeia tem interpretado e conformado estes direitos em moldes que vão além dos textos pertinentes do direito comunitário aplicável.[6]

bro; direito à igualdade de tratamento entre homens e mulheres; direito a informação, consulta e participação dos trabalhadores).

6. Sobre esta matéria, cf. F. Liberal Fernandes, *Liberdade de Circulação dos Trabalhadores na Comunidade Europeia*, 2002.

Uma nota mais. As preocupações de natureza política que atrás referimos justificarão igualmente a consagração da *cidadania europeia* (arts. 17º a 22º dos Tratados, segundo a numeração adoptada pelo Tratado de Amesterdão), considerando-se *cidadão da União* qualquer pessoa que tenha a nacionalidade de um estado-membro. A consagração da *cidadania europeia* não anula nem substitui a cidadania nacional de qualquer cidadão de um estado-membro da UE, antes acresce a ela, mas veio conferir aos cidadãos europeus alguns *direitos de cidadãos*, não vinculados à sua condição de empresários ou de trabalhadores (arts. 8º-D, 138º-D e 138º-E do Tratado de Maastricht).[7]

4. O Tratado de Amesterdão (1997) mantém o mesmo tom de indefinição no que concerne aos direitos fundamentais. O art. 13º dos Tratados diz que o Conselho, deliberando por *unanimidade, pode tomar*, sob proposta da Comissão e após consulta ao Parlamento Europeu, as medidas necessárias para combater a discriminação em razão do sexo, raça ou origem étnica, religião ou crença, deficiência, idade ou orientação sexual.[8]

Mesmo tratando-se de direitos fundamentais, a *iniciativa legislativa* permanece monopólio da Comissão Europeia, cabendo ao Conselho o *poder de legislar*, sendo o Parlamento Europeu *mero órgão consultivo*. Este regime, que atribui à Comissão o papel decisivo no que toca à adopção (ou não) das medidas necessárias para tornar efectivos estes direitos fundamentais, só pode significar que eles são valorizados de modo secundário relativamente aos interesses económicos em presença, uma vez que a missão atribuída à Comissão é a de "garantir o funcionamento e o desenvolvimento do mercado comum" (art. 211º dos Tratados), pelo que as suas iniciativas se inspiram, naturalmente, nos "valores" que definem o *mercado comum* e visam, obviamente, ao cumprimento desta missão.

O Tratado de Amesterdão introduziu também um título relativo ao *emprego* (Título VIII), porque o Governo francês (Lionel Jospin) fez disso condição para aceitar o Pacto de Estabilidade e Crescimento. Mas este Título VIII não define nenhum objectivo vinculativo, não consagra o *direito ao trabalho* nem compromete a União a promover uma política activa de combate ao desemprego e de promoção do pleno emprego. Afirma-se apenas o compromisso dos estados-membros e da Comunidade em desenvolver uma *estratégia coordenada em matéria de empre-*

---

7. À frente diremos algo mais sobre os direitos incluídos na cidadania europeia e o seu significado.

8. O n. 2 do artigo 13º exclui expressamente qualquer harmonização das disposições legislativas e regulamentares dos estados-membros nesta matéria.

go, com vista à realização de um *elevado nível de emprego*, salientando-se a *formação de mão-de-obra qualificada, formada e susceptível de adaptação* e a estruturação de *mercados de trabalho que reajam rapidamente às mudanças económicas*.

O objectivo keynesiano do *pleno emprego* é afastado, não vá Keynes ressuscitar, depois de ter sido decretada a sua "morte"... (um *elevado nível de emprego* é quanto basta).[9] A vida mostra que, verdadeiramente, o que tem movido a Comissão e os Governos dos estados-membros é a promoção de mercados de trabalho *flexíveis* (com despedimentos mais fáceis, trabalho cada vez mais precário, direitos sociais cada vez mais reduzidos), que *reajam rapidamente às mudanças económicas*, para assegurar, por esta via, a competitividade (uma competitividade sem futuro).

Tudo em plena concordância com os fundamentos teóricos que vêm enquadrando a construção europeia, com particular evidência a partir do Acto Único e da concretização do mercado interno único. De acordo com os cânones do pensamento neoliberal, entende-se que o desemprego depende essencialmente de factores de *rigidez* que impedem o funcionamento do mercado de trabalho segundo as regras da concorrência. Esses factores são os sindicatos (que impõem salários muito elevados e uniformes e que impedem a baixa dos salários nominais), o subsídio de desemprego, o salário mínimo garantido, os descontos obrigatórios dos empregadores para os sistemas de segurança social (que agravam os custos da mão-de-obra).

Sendo esta a filosofia que orienta as instâncias comunitárias, não admira que as linhas directrizes definidas pelo Conselho Europeu por maioria qualificada, que os estados-membros têm em conta nas suas "políticas de emprego" se centrem basicamente no que se designa, enfaticamente, por *reforma estrutural do mercado de trabalho*, que se traduz na diminuição da protecção do emprego e na instabilidade e precariedade dos postos de trabalho, na diminuição dos custos sociais do trabalho (reduzindo a contribuição patronal para a segurança social, com o pretexto de que assim se facilita a empregabilidade dos desempregados), na maior diferenciação da estrutura salarial (i.é, o alargamento do campo de salários baixos e da desigualdade de rendimentos), na moderação salarial como regra de ouro da competitividade.[10]

---

9. A *Estratégia de Lisboa* (Março/2000) proclamou o objectivo de transformar a UE na "economia do conhecimento mais dinâmica e competitiva do mundo", apontando para o "pleno emprego de qualidade" que garanta maior coesão social. Até ao momento, trata-se de meros objectivos platónicos, sem perspectiva de concretização.

10. Ver "Recommandation du Conseil sur les Grandes Orientations des Politiques Economiques des États Membres et de la Communauté (2003-2005), 2003/578/CEE",

A *flexibilização dos mercados de trabalho* e a *moderação salarial* constituem o cerne desta estratégia, que vem alimentando a concorrência entre os países da UE, apoiada no *dumping salarial, fiscal e social*, esquema que o alargamento veio potenciar, arrastando com ele a política de *deslocalização de empresas*, tudo ao serviço do *nivelamento por baixo* no que toca à estabilidade do emprego, ao nível dos salários, aos direitos sociais.

Esquece-se que os trabalhadores também são consumidores e que, no tempo da *produção em massa*, o capitalismo não pode dispensar o *consumo de massa*. Parece que Henri Ford compreendeu isto mesmo logo no momento em que a sociedade de consumo começou a dar os primeiros passos. E Keynes veio enquadrar teoricamente esta compreensão: o objectivo do *Welfare State* era, na sua óptica, o de salvar o capitalismo (dentro da democracia), não o de conceder *privilégios* aos trabalhadores, nem o de construir o socialismo.

5. Do que fica dito parece poder concluir-se que, quarenta anos depois do Tratado de Roma, os tratados por que se regia a União Europeia não continham uma verdadeira carta dos direitos fundamentais. Esta só viria a ser aprovada em Nice (Dezembro de 2000), mas apenas como *declaração de princípios* (que não é parte integrante dos tratados), sem carácter vinculativo do ponto de vista jurídico, permanecendo na esfera de competência do Tribunal de Justiça o poder de conformação dos direitos fundamentais e a sua consideração nas decisões a tomar, à luz dos *princípios gerais do direito comunitário* constantes dos Tratados, das normas constitucionais comuns aos estados-membros (a tradição constitucional democrática europeia) e das normas da CEDH (Roma, 4.11.1950).

Pois bem. A Parte II da chamada Constituição Europeia (CE) reproduz a Carta dos Direitos Fundamentais (CDF) aprovada como *declaração política* em Nice, à qual atribui *força jurídica*, "constitucionalizando-a". Sem dúvida que é importante, no plano simbólico (e no plano jurídico), a inclusão da CDF no texto do Tratado que Estabelece uma Constituição para a Europa – TECE, vulgarmente designado por *Constituição Europeia*. Há mesmo quem entenda que, só por isso, o novo Tratado dá corpo a uma verdadeira constituição.

A verdade, porém, é que desde 1992 (Tratado de Maastricht), os tratados consagravam como *princípios gerais da ordem jurídica comu-*

---

apud A. Lechevalier e G. Wasserman, *La Constitution Européenne – Dix Clés pour Comprendre*, p. 86.

nitária os direitos fundamentais, tal como eles são acolhidos na tradição constitucional democrática europeia e tal como os consagra a CEDH

A CDF só obriga os estados-membros quando estes tiverem de transpor para a respectiva ordem jurídica interna as novas leis-quadro comunitárias ou quando as suas administrações tiverem de aplicar directamente a legislação comunitária. Mas a CE prevê que os cidadãos da UE gozem de meios directos de protecção jurídica dos seus direitos perante a actuação das instituições comunitárias que violem os direitos consagrados na Carta.

Não podemos esquecer, no entanto, que tanto a CEE como, depois, a UE exigiram sempre, como critério de aceitação de novos membros, o respeito por estes direitos fundamentais. Esta exigência foi formalizada no Tratado de Maastricht, de cujo art. 49º resulta que só serão tidos em conta os pedidos de entrada na União formulados por estados europeus que respeitem os princípios enunciados no n. 1 do art. 6º (os princípios da liberdade, da democracia, do respeito pelos direitos do Homem e pelas liberdades fundamentais, bem como do estado de direito, princípios que se consideram comuns aos estados-membros, i.é, integrantes da ordem jurídica destes).

Em consonância com esta norma geral, desde 1992 que o respeito dos direitos do homem e das liberdades fundamentais é considerado objectivo a prosseguir pela política externa e de segurança comum da União, ao mesmo tempo que se proclama que a política da União em matéria de cooperação para o desenvolvimento deve contribuir para o objectivo geral de desenvolvimento e consolidação da democracia e do estado de direito, bem como para o respeito dos direitos do homem e das liberdades fundamentais.

É claro, por outro lado, que a Carta se limita a juntar num texto único normas que já constavam, com força jurídica, de vários tratados e convenções que vinculavam a generalidade dos países da UE e conferiam aos seus cidadãos os direitos agora consagrados na Constituição Europeia.

À luz do que fica dito, parece, por isso, muito difícil conceber que esta protecção possa ser denegada, mesmo sem a CE, se qualquer instância comunitária puser em causa os princípios cujo respeito a Comunidade (e, depois, a UE) exige aos candidatos à adesão e deve tomar em conta no desenvolvimento das suas próprias políticas.[11]

---

11. Neste sentido é a orientação da jurisprudência do TJCE de há vários anos para cá. Sobre esta questão, cf. M. Luísa Duarte, *Estudos de Direito da União e das Comuni-*

A CONSTRUÇÃO EUROPÉIA E OS DIREITOS FUNDAMENTAIS 347

Outra novidade da "Constituição Europeia" é o reconhecimento da possibilidade de adesão da própria UE à CEDH, solução que se traduziria no facto de os cidadãos da União passarem a dispor de mais um meio de defesa dos seus direitos, na medida em que poderão recorrer para o Tribunal Europeu dos Direitos do Homem como instância de defesa dos direitos previstos na CEDH que forem violados pelas instâncias comunitárias, nos mesmos termos em que podem fazê-lo nos casos de violação desses direitos pelos seus estados nacionais.

5. Dando sequência à cidadania europeia consagrada em Maastricht, a "Constituição Europeia" consagra os direitos de cidadania que já estavam nos Tratados desde 1992. Vejamos de que direitos se trata (art. I-10º-2 da CE): o direito de circular e de permanecer livremente no território dos estados-membros (nos termos acabados de referir); o direito de eleger e de ser eleito nas eleições para o Parlamento Europeu (PE), bem como nas eleições municipais do estado-membro de residência, nas mesmas condições que os nacionais desse estado (mas não podem votar nas eleições legislativas, que relevam da *soberania nacional* e estão reservadas aos cidadãos de cada país); o direito de, no território de países terceiros em que o estado-membro de que são nacionais não se encontre representado, beneficiar da protecção das autoridades diplomáticas e consulares de qualquer estado-membro, nas mesmas condições que os nacionais desse estado; o direito de dirigir petições ao PE; o direito de recorrer ao Provedor de Justiça Europeu; o direito de se dirigir às instituições e aos órgãos consultivos da UE numa das línguas da União e de obter uma resposta na mesma língua.

Poderemos acrescentar os que transparecem no art. I-2º, que enuncia os *valores da União* (que vêm desde o Tratado de Amesterdão, 1997) e os que constam da Carta dos Direitos Fundamentais, agora incluída na Parte II da "Constituição Europeia".

No que toca aos direitos políticos, referiremos ainda a abertura do TECE a algumas práticas de *democracia participativa*.

O art. I-47º permite que um milhão, pelo menos, de cidadãos da UE, nacionais de um número significativo (a definir em lei europeia) de estados-membros, pode tomar a iniciativa de convidar a Comissão a, no âmbito das suas atribuições, apresentar uma proposta adequada em matérias sobre as quais esses cidadãos considerem necessário um acto ju-

---

dades Europeias, pp. 19 e ss. Desde 1970 que o TJCE assume que "a observância dos direitos fundamentais faz parte integrante dos princípios gerais de direito cujo respeito o Tribunal garante" (cf. P. Lusseau, *Constitution Européenne: Les Droits de l'Homme en Danger*, p. 61).

rídico da União para aplicar a "Constituição". O que acontece é que a Comissão pode ou não dar seguimento à proposta que lhe é apresentada, sendo vedado aos cidadãos dirigir-se, sem a intermediação da Comissão, às instituições legitimadas politicamente, de forma directa ou indirecta, pelo voto (o PE ou o Conselho de Ministros).

O art. I-24º-6, por sua vez, vem declarar que são públicas as reuniões do Conselho de Ministros sempre que este delibere e vote sobre um projecto de acto legislativo. É um simples gesto simbólico (a aproximar a prática deste "órgão legislativo" da prática normal dos parlamentos nacionais), porque a *discussão* dos temas envolvidos é da responsabilidade do Comité de Representantes Permanentes dos Governos dos Estados-Membros (art. I-24º-5).

O art. II-104º, finalmente, reconhece a qualquer cidadão da UE, bem como a qualquer pessoa singular ou colectiva com residência ou sede social em um estado-membro o *direito de petição* ao Parlamento Europeu.

Uma primeira observação para sublinhar que, ao contrário do que se passa com os direitos fundamentais de que gozam os cidadãos de um qualquer país, nos termos da respectiva constituição nacional, estes direitos dos cidadãos da União não são, porém, directa e imediatamente exequíveis. Só se tornam efectivos depois da adopção pelo Conselho Europeu (deliberando por unanimidade) das medidas para tanto necessárias, e, em última instância, da adopção das medidas que cada estado-membro tem de assumir, nos termos das respectivas normas constitucionais.

Uma segunda observação para enunciar aquela que é, a nosso ver, a questão fundamental: serão estes direitos bastantes para definir uma cidadania?[12] Os cidadãos dos países da UE sentir-se-ão portadores de uma *identidade comum*, sentir-se-ão cidadãos de uma *nova pátria comum*? Sentir-se-ão, ao menos, sujeitos da vida e da acção da UE?

Não vemos como poderá responder-se afirmativamente a estas questões. Na nossa leitura da realidade europeia, os cidadãos dos países da UE continuam a considerar o estado-nação como o horizonte inultrapassável da cidadania e o quadro natural da democracia. O próprio art. I-5º TECE declara que a União respeita a *identidade nacional* dos estados-membros (e creio que só ela conta verdadeiramente) e o art. I-10º lembra que *a cidadania da União não substitui a cidadania nacional*.

12. Sobre o conteúdo dos direitos atribuídos aos cidadãos da União, cf. R. Moura Ramos, *Das Comunidades à União Europeia...*, cit., pp. 339 e ss.

Os cidadãos dos países da UE vêem o poder político da União como algo que não está ao seu alcance, manobrado por uma tecnoburocracia sem rosto e pelos grupos de pressão com "representação diplomática" em Bruxelas. Entendem que as estruturas e competências da União estão a retirar importância às suas opções em termos de política interna do seu país. Apercebem-se de que os seus governantes tomam decisões em Bruxelas de que praticamente não prestam contas internamente, invocando as "culpas" de Bruxelas sempre que as coisas correm mal.[13]

Têm razão os sete Chefes de Estado (Alemanha, Áustria, Finlândia, Itália, Letónia, Polónia e Portugal) que, no dia 15 de Julho de 2005, fizeram publicar uma Carta conjunta, "Unidos pela Europa":[14] "Sem a aceitação dos cidadãos e a sua colaboração, a UE não conseguirá consolidar-se nem muito menos progredir". E a verdade, como eles reconhecem, é que, até agora, os processos de decisão das instituições comunitárias pecam por falta de transparência, e as próprias instâncias decisórias perdem-se no anonimato. O modo como o processo de integração se tem desenvolvido, marcado recorrentemente por atitudes de reserva mental por parte dos mais altos dirigentes relativamente às motivações e aos objectivos dos passos dados, justifica que os cidadãos dos países da UE se sintam excluídos não só das decisões com incidência directa no seu dia a dia, mas, sobretudo, das decisões relevantes para o seu futuro individual e colectivo.

Na sequência do Tratado de Maastricht, a CE fala de direitos e deveres dos cidadãos da União. Mas a verdade é que não se prevêem quaisquer *deveres*. O que parece traduzir o reconhecimento de que a União não é uma entidade soberana, que possa impor aos seus cidadãos *deveres de soberania*.

Esta mesma ideia está implícita na própria definição de *cidadania da União*, que não tem uma dimensão autónoma, sendo reconhecida apenas àquelas pessoas que são *nacionais dos estados-membros*, i.é,

---

13. É significativo que a abstenção tenha atingido, nas eleições para o PE de Junho/2004, uma taxa global de 45%. Mas foi igual ou superior a 70% na Eslováquia, Eslovénia, Estónia, Polónia, Reino Unido e República Checa; foi superior a 60% na Finlândia, Holanda, Hungria, Portugal e Suécia, e foi superior a 50% na Alemanha, Áustria, Dinamarca, França, Letónia e Lituânia. É um panorama que nos obriga a colocar em pauta, muito seriamente, a legitimidade democrática das instituições da União: os povos da Europa parece que estão de costas voltadas para elas. Longe da *Europa dos cidadãos*, vai-se fazendo a *Europa sem cidadãos*. Também por esta razão ganha sentido a síntese de A. Lechevalier e G. Wasserman (*La Constitution Européenne...*, cit., p. 55): "a história da construção europeia é, como sabemos, também a história do seu défice democrático".

14. Publicada em Portugal, no jornal *Público*, 15.7.2005, p. 10.

àquelas pessoas que o ordenamento jurídico de cada estado-membro considerar como cidadãos deste estado. Tudo se passa de acordo com os princípios do direito internacional público decorrentes, neste caso, do art. 1º da Convenção da Haia (12.4.1930), nos termos do qual "é da competência de cada estado determinar, através de legislação própria, quem são os seus nacionais".

O estado-nação continua, pois, a ser a matriz da cidadania; a cidadania da União não tem existência autónoma e a UE não pode considerar-se um espaço de cidadania, como uma *comunidade de cidadãos*, mas tão-só como uma *união de estados*.[15]

Uma pergunta final: se o *povo europeu* não existe, como é possível haver *cidadãos europeus*? Não se pode ser cidadão de um povo que não existe. E a solução não pode consistir na decisão política de "fazer os europeus", como pretende Dominique Strauss-Kahn (antigo ministro de Miterrand): "Fizemos a Europa, agora é preciso fazer os europeus".[16] Trata-se de uma proposta delirante, dramática e perigosa, feita para justificar o voto SIM à ratificação do TECE: o voto NÃO atrasaria dez anos *a construção do povo europeu*! Ninguém pode "produzir europeus" como quem produz armas ou sabonetes. O *povo europeu* não passa a existir apenas porque alguém, pateticamente, pretende que ele exista e se dispõe a *criá-lo*.

6. Muitos autores têm posto em relevo o facto de a CDF ficar aquém das tábuas de direitos (nomeadamente direitos económicos, sociais e culturais) consagradas nas constituições de alguns estados-membros e mesmo em documentos internacionais, como a Declaração Universal dos Direitos do Homem (DUDH – 10.12.1948), a Carta Social Europeia (Conselho da Europa, 18.10.1961) e a Carta Comunitária dos Direitos Sociais Fundamentais dos Trabalhadores (9.12.1989), a primeira nem sequer referida no texto da Constituição Europeia e as duas últimas referidas apenas no Preâmbulo, apesar de todos os estados-membros da EU terem reafirmado o seu respeito por ela em 10.12.1998 (Resolução da ONU comemorativa dos 50 anos da DUDH) e em 8.9.2000 (três meses antes da aprovação da CDF em Nice), na Declaração do Milénio.[17]

---

15. Georges Sarre (*L'Europe contre la Gauche*, pp. 9-11) defende que este "mito de uma República europeia" está "no coração do pensamento único", dele dependendo "o poder das elites políticas, económicas e mediáticas que governam sem o povo desde há vinte anos" e conclui que não passa de uma ilusão a ideia de que a Europa possa substituir a nação como "espaço de transformação social, de realização da justiça em todos os domínios, do exercício da democracia e da solidariedade".

16. *Apud* J.-P. Chevènement, *Pour l'Europe votez Non!*, pp. 54 e 183.

17. Ver P. Lusseau, *Constitution Européenne...*, cit., pp. 10, 67 e 106.

Salienta-se desde logo o facto de a CE considerar "liberdades fundamentais" não aquelas que em regra integram o núcleo dos *direitos, liberdades e garantias*, mas antes "a livre circulação de pessoas, serviços, mercadorias e capitais, bem como a liberdade de estabelecimento". Estas são as liberdades do (grande) capital (sobretudo do capital financeiro), concluem alguns.

Invocam outros o facto de a CE não reconhecer o direito à contracepção e ao aborto, nem sequer o direito ao divórcio, limitando-se a reconhecer o "direito de contrair casamento e o direito de constituir família" (art.II-69º).

Merece igualmente reparo o tratamento de um tema tão delicado como o do trabalho infantil.

As Cartas Sociais do Conselho da Europa mostram uma evolução positiva a este respeito, de 1961 para 1996. Na versão adoptada neste último ano, o art. 7º define a idade de quinze anos como a idade mínima para a entrada no mercado de trabalho (e a idade mínima de dezoito anos para certas actividades perigosas ou insalubres) e fixa em quatro semanas o período mínimo de férias pagas para os trabalhadores com menos de dezoito anos.

Ora o art. II-92º do TECE determina que *é proibido o trabalho infantil*, mas deixa uma larga margem de indefinição ao limitar-se a dizer que a idade mínima de admissão ao trabalho não pode ser inferior à idade em que cessa a escolaridade obrigatória. O certo é que o art. 17º da *Carta Social* de 1996 especifica que o ensino obrigatório compreende o ensino primário e o ensino secundário, mas o art. II-74º do TECE não define nenhum tempo ou idade para o ensino obrigatório. Parece, pois, que em um estado-membro da EU que fixar nos doze anos a idade máxima para frequentar o ensino obrigatório as crianças poderão começar a trabalhar aos doze anos, com a bênção da "constituição europeia".

O menos que se pode dizer é que se utilizou uma técnica legislativa deficiente. O que parece correcto é concluir que se andou para trás. Com efeito, numa versão da CE anterior à versão final, fixava-se a idade de quinze anos como idade mínima de admissão ao trabalho. Só que vários estados-membros da EU (Alemanha, Áustria, Dinamarca, Letónia, Polónia e Reino Unido) não se consideram vinculados ao referido art. 7º da Carta Social de 1996. Sacrificaram-se os direitos das crianças mas salvou-se a unanimidade requerida para *avançar* na construção da Europa...

Outros ainda sublinham que a CE não garante direitos fundamentais dos trabalhadores, como o direito ao trabalho, o direito a um rendimento mínimo, o direito a um subsídio de desemprego, o direito a uma pensão de reforma, o direito à habitação, direitos sociais colectivos reconhecidos em várias constituições modernas (de alguns estados-membros da UE) e na DUDH, talvez por isso ignorada pelos autores da CE, que preferem lembrar a CEDH, que não reconhece estes direitos.

O *direito ao trabalho* foi substituído pelo "direito de trabalhar", a "liberdade de procurar emprego" e o "direito de acesso gratuito a um serviço de emprego" (art. II-75º e art. II-89º), inserido no cap. II da CDF (*Liberdades*), em vez de integrar o cap. I, sob a epígrafe *Dignidade*. Ora o *direito de trabalhar* foi uma conquista das revoluções burguesas, uma vez que ele não é mais do que a outra face da *liberdade de trabalhar* inerente ao *estatuto jurídico* de *homens livres* reconhecido aos trabalhadores após o desaparecimento da *escravatura* e a extinção da *servidão pessoal*. O *direito ao trabalho* (com o correlativo dever do estado de garantir a todos os trabalhadores uma existência digna através do trabalho) começou a ser consagrado na Constituição francesa de 1793 e consolidou-se após a revolução de 1848. Esta "Constituição Europeia" reinventou agora o "direito de trabalhar"!

Como novidade – que contraria disposições expressas de algumas constituições de estados-membros –, surge, para nosso espanto, o reconhecimento do direito de greve às entidades patronais ou direito ao *lock out* (art. II-88º e art. III-210º-6).

O direito a um sistema público e universal de segurança social foi substituído pelo "direito de acesso às prestações de segurança social" (art. II-94º-1). O direito à habitação deu lugar ao "direito a uma ajuda à habitação, destinada a assegurar uma existência condigna" (art. II-94ª-3).

7. Em termos gerais, podemos dizer que a CE consagra, na Parte II (CDF), o habitual conjunto dos direitos, liberdades e garantias próprio das sociedades democráticas. E os artigos II-112-4 e II-112-6 dizem que os direitos fundamentais "devem ser interpretados em harmonia com as tradições nacionais" e que "as legislações e práticas nacionais devem ser plenamente tomadas em conta". Esta será a única excepção explícita ao princípio da prevalência da "Constituição Europeia" e do direito da União sobre as legislações nacionais dos estados-membros, prevista no art. I-6º do TECE.

Mas é preocupante sabermos que "a Carta será interpretada pelos órgãos jurisdicionais da União e dos Estados-Membros tendo na devida conta as anotações elaboradas sob a autoridade do *Praesidium* da Convenção que redigiu a Carta e actualizadas sob a responsabilidade do

Praesidium da Convenção Europeia". É o *Preâmbulo* da CDF – que designa por *Convenção Europeia* (!) o grupo de trabalho presidido por Giscard d'Estaing – que no-lo recorda solenemente.

Um exemplo destas *anotações* interpretativas. O art. II-62º-2 da CE diz que "ninguém pode ser condenado à pena de morte, nem executado". Mas as *Anotações* relativas ao art. 2º da CDF vêm remeter para o Protocolo n. 6 à CEDH, cujo n. 2 autoriza os estados signatários a prever na sua legislação a pena de morte para "actos praticados em tempo de guerra ou de perigo iminente de guerra". No esquecimento fica o Protocolo n. 12 à CEDH (em vigor desde 1.7.2003), que consagra a abolição da pena de morte em todas as circunstâncias.

Um outro exemplo. O art. II-66º da CE diz que "todas as pessoas têm direito à liberdade e à segurança". Mas a doutrina defendida nas *Anotações* permite que sejam privadas da liberdade as pessoas susceptíveis de propagar doenças contagiosas, os alienados mentais, os alcoólicos, os toxicodependentes e os vagabundos. Parece mentira, mas é verdade (cf. art. 6º das *Anotações*). Quererão fazer-nos regressar aos tempos em que os mendigos (vagabundos, por não terem onde trabalhar) eram considerados criminosos, muitas vezes condenados à pena de morte? Não custa acreditar que não é este o fim em vista, mas lá que aquela é a doutrina das *Anotações*, lá isso é...

Só mais um exemplo. O art. II-94º-1 reconhece e respeita o direito de acesso a determinados serviços sociais (protecção nas situações de maternidade, doença, acidente de trabalho, perda de emprego, dependência ou velhice). Mas o art. 34º das *Anotações* logo esclarece que "a referência aos serviços sociais (...) não implica de modo algum que tais serviços devam ser instituídos quando não existirem". Quer dizer: a CE reconhece o direito das pessoas às prestações da segurança social, mas reconhece aos estados o direito de não fazer nada para tornar efectivo aquele direito. Para o bem e para o mal, estamos realmente longe de uma *Europa dos cidadãos*. É manifesto, por outro lado, que esta "Constituição Europeia" não é uma constituição a sério. O que diríamos da Constituição de um país qualquer que proclamasse o direito de todos à segurança social e viesse dizer depois que o estado tem o direito de não fazer nada para garantir esse direito? Estamos a afastar-nos do *princípio da universalidade dos direitos humanos*, proclamado na DUDH. A CE fica aquém das Cartas Sociais de 1961 e de 1996.

Parece difícil não concordar com os autores que entendem que os direitos sociais não são, em geral, à luz da CE, direitos subjectivos susceptíveis de ser directamente invocados em juízo. Contra o *princípio da indivisibilidade dos direitos* (que reconhece a mesma dignidade e a mesma eficácia aos direitos civis e políticos e aos direitos económicos, sociais e culturais), o estatuto destes últimos depende das decisões dos juízes do TJCE.[18] Por outro lado, do art. II-112º-5 do TECE resulta que nenhum dos princípios referidos nas normas do TECE em matéria de direitos fundamentais (nomeadamente no âmbito dos direitos económicos, sociais e culturais) pode ser directamente invocado em tribunal. Quer dizer: as disposições da CDF que contenham princípios não passam de *declarações de intenções*, porque só podem ser invocadas junto dos tribunais (nacionais ou comunitários) perante actos da União ou dos estados-membros que os ponham em causa.

As preocupações acerca da eficácia e alcance das normas da CDF acentuam-se à luz do disposto no art. II-112º-2, que subordina o exercício dos direitos reconhecidos na Carta "que se regem por disposições constantes de outras partes da Constituição" às "condições e limites nela definidos". Há razões para temer que, a partir daqui, possa sujeitar-se o exercício dos direitos consagrados na CDF às condições e aos limites impostos pelo respeito das *liberdades fundamentais* proclamadas no art. I-4º, nomeadamente a liberdade de circulação de serviços, mercadorias e capitais e a liberdade de estabelecimento.

E é de recear que o TECE pretenda condicionar o exercício de tais direitos às exigências e aos limites de "um mercado interno em que a concorrência é livre e não falseada" (art. I-3º-2). É que estes *valores* são os mais presentes no texto e na "filosofia" do TECE.[19] Basta recordar que, mesmo "em caso de graves perturbações internas que afectem a ordem pública, em caso de guerra ou de tensão internacional grave que constitua ameaça de guerra, ou para fazer face a compromissos assumidos por um Estado para a manutenção da paz e da segurança internacional", os estados-membros devem proceder a consultas recíprocas "tendo em vista estabelecer de comum acordo as disposições necessárias para evitar que o funcionamento do mercado interno seja afectado pelas medidas que qualquer Estado-Membro possa ser levado a tomar". Mesmo

---

18. Cf. idem, ibidem, p. 68.
19. No texto da CE a palavra *banco* aparece 176 vezes; a palavra *mercado*, 88 vezes; *comércio*, 38 vezes; *concorrência*, 29 vezes; *capitais*, 23 vezes. Sintomaticamente, estas palavras desapareceram na edição abreviada difundida pelo Serviço de Publicações da UE (fala-se uma vez de *mercado*...). Lembra o "criminoso" que, talvez envergonhado mas não arrependido, tenta apagar as marcas do seu "crime"... Cf. B. Cassen, "O Debate viciado da Constituição Europeia", in *Le Monde Diplomatique* (edição portuguesa), pp. 6-7.

em caso de guerra, os esforços dos estados-membros devem concentrar-se na defesa do mercado. Para permitir que, depois da catástrofe, o mercado assegure o regresso ao "paraíso"? Ou para permitir que todos tenham acesso aos negócios chorudos que as guerras normalmente proporcionam?

O art. III-132º vai mais longe na defesa da sacrossanta "concorrência livre e não falseada": se as medidas adoptadas por qualquer estado-membro nas circunstâncias previstas no art. III-131º (cf. também art. III-436) "tiverem por efeito falsear as condições de concorrência no mercado interno, a Comissão analisará com o Estado-Membro interessado as condições em que tais medidas podem ser adaptadas às normas estabelecidas pela Constituição". Mais: o segundo parágrafo do art. III-132º prevê um processo particularmente expedito (em comparação com o procedimento normal previsto nos arts. III-360º e III-361º) para sindicar as medidas tomadas por qualquer estado-membro nas situações-limite referidas no art. III-131º. A Comissão ou qualquer estado-membro podem *recorrer directamente* ao Tribunal de Justiça se entenderem que outro estado-membro está a fazer utilização abusiva das faculdades previstas no art. III-131º. Mesmo em caso de guerra, o mais importante não parece ser a defesa da Paz, mas a defesa da *concorrência livre e não falseada*.

Perante isto, muitos temem que o exercício dos direitos reconhecidos na CDF venha, segundo esta CE, a subordinar-se às *condições e limites* decorrentes do respeito pelo funcionamento de "um mercado interno em que a concorrência seja livre e não falseada". Discutiu-se se a CE deveria ou não fazer referência à matriz religiosa da cultura europeia. Optou-se pela negativa, e bem, a nosso ver. Mas os autores desta "Constituição", que decidiram não fazer referência ao deus dos cristãos, escolheram outro deus omnipresente, que pretendem impor aos cidadãos dos países da UE, um deus que deve ser venerado acima de tudo, um deus que tudo resolve, ainda que à custa de "sacrifícios humanos": o *deus-mercado*. Um deus cruel, ao menos para quem aceite que, "numa economia mundialmente aberta, não há regulação nem limites para a violência da concorrência".[20]

8. As questões relacionadas com a política social estão entre as que são motivo de maior preocupação, dadas as implicações que têm no plano dos direitos económicos e sociais e, por isso mesmo, no plano das condições efectivas para a concretização dos próprios direitos, liberdades e garantias.

20. É Michel Rocard quem o reconhece (*Le Monde*, 19.6.2003).

Como ponto positivo da CE, poderá referir-se a consagração dos princípios apontados no art. III-209º, segundo o qual a definição e a execução das políticas da União devem nortear-se pelos objectivos da promoção de um nível de emprego elevado e duradouro, da melhoria das condições de vida e de trabalho, da garantia de uma protecção social adequada, do desenvolvimento dos recursos humanos (art. III-203º: formação de mão-de-obra qualificada, formada e susceptível de adaptação), da luta contra as exclusões, do diálogo entre os parceiros sociais (cf. art. I-48º).

O objectivo do *pleno emprego* continua, porém, esconjurado pelos tratados que vêm dando corpo ao projecto europeu, que só demagogicamente continua associado ao "modelo social europeu". Só no art. I-3º-3 o TECE fala de *pleno emprego*, como uma das metas do *desenvolvimento sustentável da Europa*. No Título dedicado ao emprego, não se fala de pleno emprego nem sequer de *desemprego*, apesar de ser de 10% a taxa média de desemprego no conjunto da UE. Tudo em consonância com as teses monetaristas e neoliberais, que desvalorizam o desemprego, considerando-o *desemprego voluntário*, que desaparecerá logo que se expurguem os mercados de trabalho das "imperfeições" que os afectam (salário mínimo, subsídio de desemprego, sistemas públicos de segurança social, "poder monopolístico" dos sindicatos).

Talvez se entenda que os princípios atrás referidos – que já vêm dos Tratados de Maastricht e de Amesterdão – possam ser invocados, no quadro da "Constituição Europeia", inclusive junto do TJCE, para impedir actos da União que os não respeitem. Mas a verdade é que a prática da generalidade dos estados-membros e das instituições da União vem apontando no sentido do *nivelamento por baixo* e nada no TECE se orienta no sentido da *harmonização no progresso*. Por alguma razão, o Tratado de Amesterdão retirou do texto dos Tratados a referência que neles se fazia à *harmonização do direito social no sentido do progresso*.

O mesmo art. III-209º chama a atenção para a "necessidade de manter a capacidade concorrencial da economia da União" e deixa muito claro que a harmonização dos sistemas sociais decorrerá fundamentalmente do "funcionamento do mercado interno".

O art. III-210º, por sua vez, determina que, nesta matéria, as instituições da União (nomeadamente o Conselho) deliberam sempre por *unanimidade*, ficando excluída "qualquer harmonização das disposições legislativas e regulamentares dos Estados-Membros" (no mesmo sentido, quanto ao emprego, o art. III-207º).

A *supranacionalização* das instituições comunitárias serve apenas para garantir a realização dos direitos e das liberdades do capital, mas não serve para garantir os direitos dos trabalhadores. O TECE parece conformar-se com a ideia (tão repetida por todos os difusores da ideologia dominante) segundo a qual, para competir com as potências asiáticas emergentes (China e Índia, *v.g.*), os trabalhadores europeus não podem continuar a receber salários tão elevados e muito menos podem se beneficiar dos direitos que foram conquistando ao longo de anos de luta e que o estado-providência veio consagrar. E não há dúvida de que o art. III-203º acolhe as práticas correntes nos últimos anos no sentido da *flexibilização* e da *desregulamentação* das relações laborais, ao promover o *empenho* da União e dos estados-membros na estruturação de "mercados de trabalho que reajam rapidamente às mudanças económicas".

A Carta dos Direitos Fundamentais não cria nenhum direito social europeu. A *asiatização* da Europa comunitária e não o reforço do chamado *modelo social europeu* parece ser o futuro, um futuro-passado, assente no recuo de duzentos anos do relógio da história. Não é exagero afirmar-se que "a Europa social é o parente pobre deste modo de construção europeia".[21] Há alguns anos atrás, pouco após a queda do Muro de Berlim (9 de Novembro de 1989), Michel Rocard reconhecia isto mesmo, com grande frieza: "As regras do jogo do capitalismo internacional sancionam qualquer política social audaciosa. Para fazer a Europa, é preciso assumir as regras deste jogo cruel".[22] É a aceitação fatalista da *mercadização* da economia e da vida, "feita pela Europa, graças à Europa e por causa da Europa", como reconhece Pascal Lamy, Director Geral da OMC.[23] É a aceitação do determinismo que se proclama inerente à revolução científica e tecnológica que subjaz à globalização neoliberal, esquecendo que esta é uma *política* inspirada por uma determinada visão do mundo.

Por nossa parte, queremos acreditar que há alternativas e cremos que o NÃO à ratificação da CE significou também isto mesmo: não estamos condenados a esta Europa. Como o próprio Presidente Chirac concluiu pouco depois de se saber o resultado do referendo na França[24]

---

21. Cf. A. Lechevalier e G. Wasserman, *La Constitution Européenne...*, cit., p. 12. Há quem seja mais radical e defenda que a destruição do *modelo social europeu* (a "americanização da Europa") equivale à "terceiro-mundização lenta dos povos da Europa". Assim, Didier Motchane, *apud* G. Sarre, *L'Europe...*, cit., p. 127.

22. Citado por Serge Halimi, "A Comunicação Social entra no Combate Europeu", in *Le Monde Diplomatique* (edição portuguesa), p. 3.

23. Citado por S. Halimi, ibidem.

24. Cf. *Le Monde Diplomatique* (edição portuguesa), julho/2005, p. 2.

(referendo que expressou claramente um NÃO socialmente de esquerda[25]), "os cidadãos dizem não à Europa porque recusam a Europa como ela é". Na referida carta pública dirigida aos povos da Europa, os sete Chefes de Estado de países da UE deixam a este respeito uma nota de optimismo, ao sustentarem que a Europa "será capaz de modelar as forças da globalização e de a dotar de uma dinâmica social". Em vez de se sujeitar fatalisticamente ao *modelo único* que alguns querem impor ao mundo, a Europa pode, segundo estes altos responsáveis políticos, propor um modelo (diferente) para o mundo inteiro, *modelando* a globalização.

Por nós, queremos acreditar que assim é. Mas as políticas seguidas, particularmente a partir de 1986, não vão neste sentido. E a chamada Constituição Europeia é uma verdadeira constituição do neoliberalismo. Acreditamos que o capitalismo, o neoliberalismo, a globalização predadora não são o *fim da história*. Nem o único caminho da história. Mas a inversão da actual *política de globalização neoliberal* exige uma *política de resistência* ao *diktat* dos que repetem incessantemente que a *globalização neoliberal é a consequência necessária e inevitável do progresso científico e tecnológico* e a definição de uma política activa de transformação da sociedade.

Bibliografia

CASSEN, Bernard. "O Debate viciado da Constituição Europeia", in *Le Monde Diplomatique* (edição portuguesa). Fev./2005.

_____. "Descodificação de cinco Pontos Fundamentais do Tratado", in *Le Monde Diplomatique* (edição portuguesa). Maio/2005.

CHEVÈNEMENT, Jean-Pierre. *Pour l'Europe votez Non!*, Paris, Fayard, 2005.

DUARTE, Maria Luísa. *Estudos de Direito da União e das Comunidades Europeias*. Coimbra, Coimbra Editora, 2000.

HALIMI, Serge. "A Comunicação Social entra no Combate Europeu", in *Le Monde Diplomatique* (edição portuguesa). Maio/2005.

_____. "As Promessas do Não", in *Le Monde Diplomatique* (edição portuguesa). Junho/2005.

LABICA, Georges. "Entrevista", *Avante*, 7.7.2005.

25. Num referendo com excepcional afluência às urnas (votaram mais de 70% dos franceses, quando o Presidente da República foi eleito por cerca de 33%), votaram NÃO 80% dos operários, cerca de 70% dos empregados, cerca de 60% dos jovens entre os 18 e os 25 anos, 80% dos desempregados. Apenas 23% dos votos NÃO vieram de eleitores tradicionais da direita; 77% dos que votaram NÃO são eleitores tradicionais da esquerda. Cf. entrevista de Georges Labica ao *Avante*, 7.7.2005, p. 22.

LECHEVALIER, A. e WASSERMAN, G. *La Constitution Européenne – Dix Clés pour Comprendre*. Paris, La Découverte, 2005.

LIBERAL FERNANDES, Francisco. *Liberdade de Circulação dos Trabalhadores na Comunidade Europeia*. Coimbra, Coimbra Editora, 2002.

LUSSEAU, Pascal. *Constitution Européenne: Les Droits de l'Homme en Danger*. Paris, Éd. Connaissances et Savoirs, 2005.

MOURA RAMOS, Rui de. *Das Comunidades à União Europeia – Estudos de Direito Comunitário*. Coimbra, Coimbra Editora, 1994.

_____. "O Projecto de Tratado que estabelece uma Constituição para a Europa", in *Temas de Integração*, n. 15-16 (2003).

SARRE, Georges. *L'Europe contre la Gauche*. Paris, Eyrolles, 2005.

15
A CONCILIAÇÃO DA VIDA LABORAL E FAMILIAR NO CONTEXTO DA PRESERVAÇÃO DA DIGNIDADE HUMANA

Claudio Pedrosa Nunes

1. Introdução. 2. A conciliação entre trabalho e família no Brasil. 3. Trabalho "versus" poder empresarial. Disciplina jurídico-constitucional. 4. Mobilidade geográfica e conciliação entre trabalho e família na Espanha: 4.1 Intróito; 4.2 Perfil da Lei 39/1999; 4.3 Limitação do poder empresarial. 5. Conclusões.

1. Introdução

A temática dos direitos humanos e da dignidade da pessoa é a ordem do dia neste momento de intensas transformações dos comportamentos sócio-econômicos. Globalização, flexibilidade e avanços tecnológicos são objeto de recorrentes discussões nos domínios acadêmicos, jurídicos, políticos, religiosos e até na área das ciências da saúde.

O ponto nodal que emerge desses embates é sempre a incessante busca da preservação dos direitos e da dignidade da pessoa humana, em que a salubridade do ambiente em que vive, a qualidade de vida e o tratamento igualitário e digno sob proteção do Estado e suas instituições são ao mesmo tempo a origem e as conseqüências resultantes das soluções que se idealizam.

Consoante anota Mota de Souza,[1] a dignidade da pessoa humana está embutida necessariamente na idéia de família, sendo esta, por sua

---

1. Carlos Aurélio Mota de Souza, "O Casamento. O Direito de Família à luz da Dignidade Humana", in *O Novo Código Civil: Estudos em Homenagem ao Professor Miguel Reale*, p. 1.103. Considerando a família um instituto do Direito Natural, o Autor escreve que "A Constituição Federal instituiu como fundamentos da República brasilei-

vez, categoria político-jurídica que antecede o Estado, de modo que a este (o Estado) cabe realizar políticas de preservação e oferecer solicitudes às sociedades familiares, no que estará cumprindo sua missão de velar pela dignidade da pessoa humana.

Nesse particular, pretendemos, em breve estudo, acrescentar mais um tópico que reputamos de significativa importância, respeitante ao aumento do nível de satisfação da vida do homem e da mulher enquanto trabalhadores, em conjunto com o seu desenvolvimento pessoal e familiar.

Assim é que nos propomos fazer uma abordagem sobre a questão da conciliação da vida laboral e familiar, cujo intento é demonstrar o que existe hoje de concreto no Brasil e na Espanha, de modo a estimular o debate entre tantos quantos julguem conveniente considerar o homem enquanto trabalhador e membro de um corpo familiar, numa conciliação capaz de integrar um dos tópicos da discussão concernente à preservação da dignidade da pessoa humana.

Em tal perspectiva, dividiremos este estudo em duas partes: a) uma relativa à existência ou não de políticas formais de conciliação da vida laboral e familiar no Brasil, designadamente em sede de legislação constitucional e infraconstitucional; b) outra relativa ao ambiente de conciliação da vida laboral e familiar hoje existente na Espanha, nomeadamente no âmbito do fomento à integração da mulher no mercado de trabalho.

Obviamente que se trata de um estudo resumido, como o exige a eficiência de uma obra de autoria coletiva. Entretanto, como sugerimos em linhas precedentes, nosso propósito é trazer a lume as primeiras informações acerca da questão da possibilidade de conciliação da vida laboral e familiar, conforme o que se extrai da legislação brasileira e espanhola, com o objetivo de inaugurar e estimular o debate entre os doutos e interessados.

2. A conciliação entre trabalho e família no Brasil

A Constituição brasileira de 1988, em seu artigo 226, confere à família a condição de base da sociedade, devendo merecer pronta proteção

ra a dignidade da pessoa humana (art. 1º, inc. III); elevada a valor supremo do ordenamento jurídico, deve informar toda a legislação infraconstitucional e as relações jurídicas e sociais. É no Direito de Família, em toda sua abrangência, que esta tutela da dignidade humana haverá de se aplicar, seja na fundação e desenvolvimento das relações familiares, seja na sua dissolução, pois é na família que se centra a pessoa, em relação de pró-existência com as demais".

do Estado. Trata-se de disposição genérica, mais parecendo conter um comando de norma programática. Porém, desse comando podemos retirar a base da interpretação de alguns dispositivos da Consolidação das Leis do Trabalho (CLT) no sentido de fomentar práticas do dia-a-dia do trabalhador, homem e mulher, para fins de conciliação da vida laboral e familiar.

É certo que no Brasil nada há de normativo específico acerca da conciliação da vida laboral e familiar do trabalhador, de modo que qualquer estudo nesse particular demandaria o exame e interpretação de comandos legais e infralegais genéricos, com soluções a serem idealizadas a partir daquilo que se entenda conveniente e aplicável, com autorização de norma análoga.

Disso deflui que, quando o artigo 226 da Constituição Federal atribui ao Estado o dever de zelar pela proteção da família, parece ser lícito considerar que, nessa proteção, insere-se a preservação da unidade, da continuidade e da permanência da convivência familiar, contemplando o homem na condição de trabalhador.

E isto nos conduz a pensar na questão dos percalços que o empregador, mesmo inadvertidamente, possa causar à unidade da família quando determinar a transferência de um trabalhador de uma cidade para outra, retirando-o de seu *habitat* natural referente à convivência familiar e ao local de trabalho em que se achava plenamente adaptado, rompendo bruscamente a harmonia familiar.

É dizer que a transferência, neste caso, resultaria na ruptura, de certo modo, da convivência e deveres diários do trabalhador com sua família, convivência esta já levada a efeito por longo tempo, desde a constituição do casamento ou outra forma de integração a uma entidade familiar, sem falar em outros compromissos regulares que toda pessoa possui em seu domicílio primitivo.

A grande questão concentra a possibilidade (ou não) de o trabalhador invocar o direito à preservação da unidade familiar contra ato do empregador que, legitimamente amparado por lei, determine a transferência do empregado para outra cidade distante daquela onde é domiciliada a sua família, por período igual ou superior a ano.

O regime jurídico de transferência do trabalhador, no direito do trabalho pátrio, está previsto no Título IV, Capítulo III, da Consolidação das Leis do Trabalho (CLT), especificamente nos artigos 468 a 470 daquele diploma legal. Afora tal normativo, não existe nenhuma outra regra jurídica, de origem legislativa, que disponha sobre o regime de transferência do trabalhador em geral.

Por força dos artigos 468 e 469 da Consolidação Trabalhista, desde que cumpridos os requisitos ali dispostos, o empregador tem direito subjetivo de determinar o deslocamento do trabalhador, prerrogativa assegurada pelo poder de direção que lhe é natural (artigo 2º, CLT) e, mais amplamente, pelo direito de propriedade previsto no artigo 5º, XXII, da Constituição Federal.[2]

Há aqui, portanto, dois valores em colidência: a) o direito do trabalhador de invocar a preservação da convivência e conseqüente unidade familiar; b) o poder de direção do empregador, que lhe confere a prerrogativa de utilizar e adaptar seu corpo funcional da forma que lhe aprouver, nos limites da lei, remanescente do direito de propriedade acima citado.

Diante desse embate, devemos nos ocupar das justificativas e demais orientações político-jurídicas que permitirão deduzir qual desses valores deve prevalecer ou como devem ser aplicados em harmonia, para fins de chegar-se a uma desejável conciliação entre interesses empresariais e operários. É o que faremos a seguir.

3. Trabalho versus poder empresarial.
Disciplina jurídico-constitucional

O artigo 170 da Constituição prescreve que a ordem econômica é *fundada* na valorização do trabalho humano (em primeiro lugar) e na livre iniciativa, tendo por *finalidade* a existência digna da pessoa humana, conforme os ditames da justiça social. Assim, por conduto da própria Constituição, a pessoa humana, preservada em sua dignidade, prevalece ou precede aos interesses puramente econômico-financeiros.

Poder-se-ia dizer, em breve trocadilho, que a preservação da dignidade da pessoa humana, enquanto constituída em família, representa a finalidade, o fim a que se voltou a Constituição, do que os preceitos da ordem econômica constituem o meio, isto é, o instrumento de realização da dignidade humana.

---

2. Entre os fundamentos do poder do empregador está o da propriedade privada que, segundo Célio Goyatá, compõe o poder hierárquico, consubstanciando "um poder inalienável que não pode ser subtraído e nem retirado do empregador no regime de produção de livre iniciativa (...). É-lhe inerente. Não deve e não pode ser abalado em sua estrutura. A sua própria etimologia diz de sua importância. Hierarquia deriva dos étimos gregos 'hieros' (sagrado) e 'arché' (comando), e é uma classificação de lugares pela ordem de subordinação" (cf. "Alguns Temas de Direito do Trabalho", in *Revista LTr* 38/113).

Aliás, o mesmo se pode dizer do alcance teleológico do artigo 1º, IV, da *Lex Legum*, em que os *valores sociais do trabalho* precedem à *livre iniciativa*. Portanto, a tutela da dignidade do trabalhador compõe o elenco de direitos fundamentais que, por sua natureza, como sugere Zippelius,[3] antecede ao próprio Estado e, com maior razão, aos empreendedores.

No caso específico da transferência do trabalhador, parece corolário lógico que o ato empresarial de transferência que implique ruptura da convivência e da unidade familiar representa ameaça à dignidade dos seus integrantes, sendo, assim, violador de princípio constitucional e, portanto, abusivo.

No âmbito da Administração Pública brasileira, já existe disciplinamento dessa questão. O Tribunal Regional Federal da 5ª Região, em interpretando o artigo 226 da Constituição Federal, decidiu que é direito do servidor público resistir a eventual transferência que lhe distancie da convivência com seu cônjuge, companheiro, ascendente ou descendente, exatamente para fins de preservação da unidade familiar. Entendeu aquele Pretório que o interesse público prevalecente no particular é o que concerne diretamente ao dever de proteção do Estado à família, como quis o constituinte de 1988. Nessa situação, o interesse da Administração Pública cede lugar ao bem considerado maior, qual seja, aquele que é pertinente à continuidade da unidade familiar no plano concreto.[4]

---

3. Reinhold Zippelius, *Teoria Geral do Estado*, p. 179. Ao tratar dos conflitos que surgem no contexto da organização social do Estado, o Autor sugere que se persiga uma harmonização dos seus fins, tendo em consideração os diversos momentos históricos que traduzem a fisionomia dos valores sociais em embate. São suas as palavras: "As decisões da constituição em favor de determinados fins fundamentais do Estado e de determinados princípios fundamentais de ordem e de direitos (Estado social, Estado de Direito, garantia dos direitos fundamentais, separação dos poderes etc., § 8º, II) surgem então como expressões das concepções específicas de justiça e ordem, próprias de uma determinada comunidade jurídica e numa determinada situação histórica: em parte como consagração das concepções dominantes nos âmbitos da ética social e da política, em parte como decisões orientadoras (...). A própria forma do Estado e os modelos de ordem social subordinados surgem sob este aspecto como esquemas organizativos, mais ou menos bem sucedidos, para uma harmonização óptima e justa (segundo a compreensão desta comunidade estatal) dos interesses existentes, e para uma realização óptima dos fins específicos que deverão ser perseguidos pelo Estado".
4. Traz-se à colação a ementa da decisão do TRF da 5ª Região: "'Transferência não justificada. Para se proceder à transferência do servidor público há que estar evidenciado o real interesse da administração, nos termos da Súmula 149 do então egrégio TFR. O emprego do cônjuge e as enfermidades da genitora e do filho do impetrante reforçam o

Pensamos que, *mutatis mutandis*, o mesmo argumento pode ser invocado para obstar ato de transferência de servidor público regido pela Consolidação Trabalhista, quando o interesse público em que se sustenta a decisão da Administração não transcender, em importância, à proteção constitucional da unidade familiar.

O entendimento constante do referido precedente jurisprudencial é ainda plenamente aplicável, segundo julgamos, nas relações de emprego regulares, ou seja, na execução dos contratos de trabalho celebrados com empresas ou outras sociedades privadas, não integrantes da Administração Pública. Trata-se do que a doutrina espanhola tem denominado "derechos laborales inespecíficos", conforme leciona Palomeque López.[5]

Os direitos de proteção à dignidade da pessoa humana, entre os quais se insere a preservação da unidade familiar, são indissociáveis de quaisquer indivíduos, nacionais ou estrangeiros, não deixando de amparar o trabalhador enquanto profissional envolto no ambiente regular e estrito da relação de emprego.

Mesmo quando o empregado acha-se integrante do ambiente produtivo, para desenvolvimento do qual colabora com seu trabalho, é considerado cidadão digno dos direitos e garantias fundamentais prescritos na Constituição (artigo 5º, CF), entre os quais o direito de convivência regular com sua família, ou seja, o direito à preservação, no plano empírico, da unidade familiar.

entendimento de que o ato transferidor não pode prevalecer em detrimento da unidade familiar (art. 226 CF – A família, base da sociedade, tem especial proteção do Estado)' (TRF, 5ª Região, 2ª Turma, MAS 1.729-CE, rel. Juiz José Delgado, *DJU*, Seção II, 13.8.1990)", *apud* Alexandre de Morais, in *Constituição do Brasil Interpretada e Legislação Constitucional*, p. 2.022.

5. Manuel Carlos Palomeque López, "Derechos Fundamentales Generales y Relación Laboral: Los Derechos Laborales Inespecíficos", in *El Modelo Social en la Constitución Española de 1978*, p. 229. Para o eminente catedrático da Universidade de Salamanca, os direitos trabalhistas inespecíficos são "otros derechos constitucionales de carácter general y, por ello, no específicamente laborales que pueden ser ejercidos, sin embargo, por los sujetos de las relaciones de trabajo (los trabajadores en particular) en el ámbito de las mismas, por lo que en tal caso adquieren un contenido o dimensión laborales sobrevenidos. Se produce así una 'impregnación laboral' de derechos de titularidad general o inespecífica por el hecho de su ejercicio por trabajadores asalariados (también eventualmente por empresarios) a propósito y en el ámbito de un contrato de trabajo. Son derechos atribuidos con carácter general a los ciudadanos, que son ejercidos en el seno de una relación jurídica laboral por ciudadanos que, al propio tiempo, son trabajadores y, por lo tanto, se convierten en verdaderos derechos laborales en razón del sujeto y de la naturaleza de la relación jurídica en que se hacen valer (...)".

4. Mobilidade geográfica e conciliação entre trabalho e família na Espanha

4.1 Intróito

Na Espanha, o tratamento da conciliação da vida laboral e familiar mereceu maior atenção do legislador, designadamente com a edição da Lei 39/1999.[6] Referida lei foi editada com escopo essencial de favorecer a inserção da mulher no mercado de trabalho, sem menoscabo de suas atividades familiares regulares.

Não obstante, a norma em comento acabou se transformando numa inovação trabalhista de grande utilidade no sentido de chamar a atenção para o respeito à dignidade humana do trabalhador, considerando uma dimensão mais abrangente em relação à mera concessão de direitos sociais como salário justo, períodos de descanso, aposentadoria etc. É o que iremos desenvolver a seguir.

4.2 Perfil da Lei 39/1999

A limitação do emprego de instrumentos flexibilizatórios em sede de conciliação entre vida laboral e familiar foi objeto de importante debate no âmbito da legislação e da doutrina espanholas. Sua aceitabilidade pela comunidade empresarial e de trabalhadores daquele país autoriza a que possivelmente possa servir de modelo a ser adotado no Brasil, ainda que com algumas alterações.

Em tal particular, leciona Almendros González, a modo de comentários acerca da Lei 39/1999,[7] que uma característica desse modelo diz respeito à reversão da tendência da legislação espanhola recente no sentido de incentivar e garantir a introdução de permissivos flexibilizatórios demasiado amplos nas condições laborais em geral, a exemplo do que sucedera por meio das Leis ns. 11/1994 e 12/2001.[8]

---

6. Chamada "Lei de Conciliação da Vida Familiar e Laboral-LCVFL)"
7. A Lei 39/1999 dispõe sobre a adoção de programas, inclusive de índole protetiva, que assegurem tempo e criem incentivos para que o trabalhador possa cuidar regularmente dos assuntos que tocam à sua família. Referida lei introduz uma série de alterações no Estatuto dos Trabalhadores (Real Decreto Legislativo n. 1/1995), na Lei de Prevenção de Riscos Laborais (Lei n. 31/1995), na Lei Geral de Seguridade Social (Real Decreto Legislativo n. 1/1994) e na Lei de Procedimento Laboral (Real Decreto Legislativo n. 2/1995). Para os especialistas espanhóis, as disposições da referida lei proporcionam inclusive melhores condições de acesso e adaptação da mulher ao mercado de trabalho.
8. Entende o renomado jurista ibérico que "la LCVFL potencia un modelo de regulación intervencionista y heterónomo que invierte la tendencia flexibilizadora carac-

Assim, reitera-se o diagnóstico segundo o qual as garantias legais de admissão ou impedimento de transferência do trabalhador para fins de gozo de direitos da vida familiar enseja interpretação cuidadosa e diferenciada no tocante à flexibilidade das condições de trabalho.

O artigo 39.1 da Constituição espanhola de 1978 impõe ao Estado encomendar aos poderes públicos o implemento de proteção social, econômica e jurídica da família, em face do que se confere à normativa infraconstitucional de conciliação entre trabalho e família, o objetivo de regulação e efetivação das políticas ou programas do Estado espanhol no particular.[9]

Não obstante a LCVFL não se refira expressamente aos casos de mobilidade geográfica do trabalhador para efeito de proveito da vivência familiar, o intento teleológico que se extrai do texto da referida lei (proteção da família pelo Estado-Poderes Públicos) sugere hermenêutica ampla capaz de abranger referido regime jurídico (mobilidade geográfica). O mesmo entendimento deve ser vislumbrado no contexto do Real Decreto n. 1.251/2001, que regula as prestações econômicas do sistema de Seguridade Social por maternidade e risco durante a gravidez.

Por outro lado, conforme enuncia Almendros González, a conciliação da vida familiar e laboral permite a inserção do homem como corresponsável pela gestão das atividades domésticas, o que representa a concretização de um dos supostos do princípio constitucional da igualdade entre homens e mulheres (artigo 14 da Constituição da Espanha).

Aliado a isso, encontra-se o fomento à integração da mulher ao mercado de trabalho, na medida em que a ombreia com o homem em sede de prestação de serviços fora do lar. Evidentemente que a previsão de supostos que auxiliem na aproximação geográfica de marido e mulher trabalhadores perfaz o cumprimento dessa missão do Estado, alçada em nível de prevalência sobre condutas flexibilizatórias amplas.[10]

---

terística de las anteriores reformas laborales, tomando el papel garantista clásico de las normas laborales. Consiguientemente, la mayor parte de sus preceptos tienen carácter de derecho necesario, lo que limita la autonomía colectiva (aunque lógicamente ésta pueda ampliar y mejorar los derechos reconocidos legalmente) y, por supuesto, individual" (cf. *Familia y Trabajo. Comentario Práctico a la Ley de Conciliación de la Vida Familiar y Laboral: Aspectos Laborales*, p. 16).

9. O artigo 39.1 da Constituição Española prescreve que "los poderes públicos aseguran la protección social, económica y jurídica de la familia".

10. Anota o Autor que "la LCVFL ha aparecido en nuestro ordenamiento jurídico acompañada de una campaña de divulgación y publicidad dirigida a concienciar a la sociedad de la oportunidad de esta ley y a la corresponsabilización de los varones en las obligaciones familiares" (Cf. *Familia y Trabajo...*, cit., pp. 24-25).

Importante registrar que os imperativos de conciliação da vida familiar e laboral são objeto de intensas discussões no conjunto da comunidade européia, diante do que fora editada a Resolução n. 29/2000, do Conselho da União Européia, com o objetivo de fomentar "a participação equilibrada de homens e mulheres na atividade profissional e na vida familiar", ao tempo em que insta os Estados-membros a promover políticas públicas para sua efetividade.

A despeito, outrossim, das limitações aos processos de flexibilidade laboral via alteração geográfica, tendo em vista os imperativos legais de auxílio para conciliação da vida familiar e laboral, é imperioso demarcar o alcance da expressão "entidade familiar", conforme os ditames da Lei 39/1999, para efeito de postulações de direitos laborais no particular.[11]

Entendemos, todavia, que não nos compete enveredar pormenorizadamente nessa seara, conquanto alheia ao objeto do estudo a que ora nos propomos. Fato é que em se considerando o trabalhador em relação com o que se considere juridicamente uma "família", estará o empresário vinculado à normativa constitucional e legal de referência à conciliabilidade da vida familiar e laboral, com impacto sobre sua iniciativa de modificações contratuais em matéria de lugar de trabalho.

A recente discussão – tanto na Espanha como no Brasil – acerca da admissão do casamento homossexual ou do reconhecimento de direitos laborais e previdenciários aos casais homossexuais é de fundamental importância para efeito de aplicação das regras e princípios em comento, ao que remetemos o leitor à leitura específica apropriada nesse particular.[12]

---

11. Entretanto, destaque-se que a Lei n. 39/1999 (Lei de Conciliação da Vida Familiar e Laboral) somente admite como beneficiários de seus preceitos os trabalhadores que se constituam em matrimônio heterossexual formal, conforme ensina Almendros González com estas palavras: "La construcción de este modelo protector de la familia que garantiza la conciliación de responsabilidades familiares y laborales se erige sobre una determinada concepción de familia: el marco familiar estable formado por una pareja heterosexual casada" (Cf. *Familia y Trabajo...*, cit., p. 34).

12. Em sessão realizada em 20 de abril de 2005, o Parlamento espanhol (Congresso dos Deputados) aprovou a lei do casamento homossexual. Trata-se de projeto de lei que altera o Código Civil em matéria de direito de contrair matrimônio. Pelo projeto, que ainda depende de ratificação pelo Senado daquele país, o artigo 44 do Código Civil é acrescido do parágrafo segundo, o qual tem a seguinte redação: "El matrimonio tendrá los mismos requisitos y efectos cuando ambos contrayentes sean del mismo o de diferente sexo". Os efeitos trabalhistas e previdenciários decorrentes da referida lei certamente trarão impacto sobre a conciliação da vida familiar e laboral, alterando no particular alguns dispositivos da Lei n. 39/1999.

A importância dos efeitos da Lei 39/1999-LCVFL se manifesta, ademais, como limitação à flexibilidade de saída (despedida), na medida em que a proíbe expressamente, se atendidos os requisitos da referida lei a respeito dos riscos da trabalhadora durante a gravidez (artigos 7º e 8º). É efetivamente uma norma de acentuada cogência e que revela o caráter de direito fundamental que se atribui às situações de risco ao nascituro e à mulher trabalhadora gestante.

4.3 Limitação do poder empresarial

Veja-se que o artigo 39 da Constituição da Espanha insere o capítulo da proteção à família no título relativo "aos direitos e deveres fundamentais dos cidadãos". Nesse desenho, remanesce de grande valia a idealização de mecanismos flexibilizatórios internos, cuja finalidade seja permitir a ideal conciliação entre trabalhadores e empresariado.

É certo, como visto, que os casos de gravidez e, de resto, as questões pertinentes à conciliação do trabalhador com sua vida familiar afugentam a liberdade empresarial de maleabilidade funcional e geográfica. Isto, porém, não quer significar supressão absoluta de práticas flexibilizatórias, tanto quanto estas sejam consentidas pela comunidade laboral via norma autônoma ou heterônoma para fins de inserção de trabalhadores nos processos de crescimento produtivo em proveito de todos.

Assim, há dois aspectos a considerar. Por um lado, a proibição de despedida concentra diretriz que certamente inibe as faculdades flexibilizatórias de condução dos recursos humanos disponíveis (afugentando, inclusive, a contratação sobretudo de mulheres, ante os receios laborais do empresário nesse pormenor).

Porém, por outro lado, tal se constitui em boa alternativa para "obrigar" trabalhadores e empresários a reconhecer a importância e excelentes resultados que a utilização adequada das faculdades legais de alteração das condições de trabalho no curso do contrato laboral (aliado à necessidade de qualificação profissional do trabalhador) pode oferecer para pacificação laboral e busca de espaços que redundem em proveito e conciliação entre capital e trabalho.

A ação tutelar do Estado em matéria de riscos do trabalho não deve ser concebida como um contra-senso em termos de incentivo a modernos instrumentos de adaptabilidade de condições de trabalho, mas como imperativo de implemento de direitos fundamentais dos cidadãos, conjugado com a função social da empresa.

A proibição de despedida de trabalhadores protegidos pela lei espanhola de conciliação da vida familiar e laboral (Lei 39/1999, de 5 de novembro) perfaz também obediência às normas internacionais que dispunham sobre o elenco de direitos fundamentais dos trabalhadores, de que são exemplos, entre as principais, a Convenção 158 da OIT, de 22 de junho de 1982 (artigo 5), e as Diretivas Comunitárias 76/207 e 92/85 da CEE.[13]

No Brasil, a limitação de mobilidade geográfica da trabalhadora grávida é legalmente disciplinada (artigo 391, parágrafo único, CLT), assim como também é proibida sua despedida automática (artigo 10, inciso II, alínea "b", do Ato das Disposições Constitucionais Transitórias), salvo quanto à trabalhadora doméstica,[14] o que confirma a tendência mundial de limitações à flexibilidade de saída no particular.

A problemática da determinação do lugar do trabalho do empregado se eleva na medida em que o trabalhador incorpora direitos subjetivos e até potestativos, invertendo-se a situação corrente na relação jurídica laboral em que o empregador estabelece quase que unilateralmente as condições de trabalho. Nesse sentido, sugere Luigi Angiello que o *ius resistentiae* do trabalhador é o oposto similar ao poder de direção ou modificação contratual substancial do patrão.[15]

Não é de esquecer, outrossim, o grande problema que pode gerar um programa de transferência coletiva de trabalhadores frente aos inte-

---

13. Nesse sentido é a sentença do STJCE de 3.2.2000, em que são partes Silke e Karin Mahlbure, *apud* Jesus Cruz Villalón, *Estatuto de los Trabajadores Comentado*, p. 527.

14. A trabalhadora doméstica não é contemplada com a garantia de emprego prevista no artigo 10, II, "b", da ADTC, da Constituição Federal, porque regida por lei específica (Lei n. 5.859/72) e destinatária apenas das disposições dos incisos IV, VI, VIII, XV, XVII, XVIII, XIX, XXI e XXIV do artigo 7º da Constituição Federal. No particular, o Tribunal Superior do Trabalho decidiu: "A vedação de despedida prevista no art. 10, inciso II, alínea b, do ADCT não contempla a empregada doméstica, porquanto a proteção não se inclui entre os direitos assegurados pelo art. 7º, parágrafo único, da Constituição da República aos trabalhadores domésticos. Embora a lei não resguarde a empregada doméstica gestante da despedida arbitrária ou sem justa causa, deve o empregador pagar, a título de indenização, o equivalente ao salário-maternidade, visto que, com a denúncia do contrato, obsta o gozo da licença a que a trabalhadora teria direito, consoante disposição contida no art. 7º, XVIII, da Constituição da República, combinada com o parágrafo único do mesmo dispositivo" (cf. TST, RR 426.347/98, rel. Min. Darcy Carlos Mahle).

15. Fazendo paralelo entre os direitos subjetivos dos trabalhadores frente às faculdades de alteração do contrato de trabalho, num contexto da mobilidade geográfica, expõe o Autor que "in sostanza, il problema veniva impostato nei seguenti termini: da un lato l'estensione dei poteri dell'imprenditore di determinare il luogo della prestazione lavorativa; dall'altro, la posizione del lavoratore di fronte al trasferimento e i limiti dello 'jus resistentiae'" (cf. *Il Trasferimento dei Lavoratori*, cit., p. 3).

resses e direitos do trabalhador singularmente considerado, como ocorre na Itália, conforme bem registra Angiello. Tal confronto evidentemente apresenta peculiaridades dignas de atenção.

É que se a transferência coletiva constitui pressuposto que aproveita sobretudo à melhoria da gestão e produção empresarial, ainda que com anuência sindical, concentra, por outro lado, situações de possível enfrentamento em termos de direitos individuais indisponíveis, ou outros direitos de elevada envergadura que reclame invocação de preservação de direitos fundamentais.[16]

Portanto, a exemplo do que ocorre no tocante às limitações empresariais relativas à conciliação da vida familiar e laboral – que também não deixa de estar inserida no elenco de direitos fundamentais previstos no artigo 39 da Constituição espanhola – o embate relativo a outros direitos fundamentais de fixação de residência em determinado lugar alheio ao querer empresarial se revela de grande importância e complexidade em tema de mobilidade geográfica.

E quais são estes "outros direitos fundamentais"? Obviamente que somente a casuística de cada situação particular demonstrará o que se pode reputar como um direito fundamental individual no contexto a que ora nos referimos.

Porém, podemos conceber alguns, em uma previsão de ordem geral: a) o direito de educação do trabalhador e de seus filhos em escolas especializadas ou públicas adaptadas à realidade do trabalhador (artigo 44 da Constituição da Espanha); b) os cuidados com a saúde do trabalhador e dos seus, designadamente em casos de minusvalia e outras deficiências (artigos 43 e 49 da Constituição Espanhola); c) exigências atinentes ao exercício de um sacerdócio religioso em determinados lugares, especial-

---

16. A situação acima invocada reflete a complexidade dos confrontos entre disciplinamento individual e coletivo de condições de trabalho e, portanto, põe risco à efetivação da flexibilidade via negociação sindical. O problema central parece residir na definição e alcance do que se possa entender por direito laboral individual, envolto em direitos fundamentais constitucionais e gravado por cláusula de inderrogabilidade. Assim é que Luigi Angiello realça que "tali questioni incidono anche sul tema dei trasferimenti collettivi che possono formare – ed hanno formato – oggetto di accordi sindicale che – a prescindere per ora dalla loro validità – vanno ad incidere su interessi dei singoli lavoratori coinvolti. L'azione sindacale dunque si manifesta in modo sensibile nella materia dei trasferimenti collettivi, non esplicandosi, peraltro, allo stesso modo in tema di trasferimenti individuali. Le ragioni di tale atteggiamento sindacale sono abbastanza intuitive: sul piano individuale le vicende modificativi del luogo della prestazione sono disciplinate da norme inderogabili volte a circoscrivere il potere dell'imprenditore" (cf. *Il Trasferimento dei Lavoratori*, cit., p. 9).

mente nos casos de estrangeiros de cultura religiosa diferente da do país de prestação dos serviços (liberdade religiosa e condições de efetivação de seu exercício: artigo 16 da Constituição Espanhola).

Desta forma, é lícito reconhecer que a flexibilidade geográfica da prestação de serviço é assaz tortuosa quando referente ao confronto com o exercício de direitos fundamentais de âmbito individual. Sem embargo, entendemos que é ainda a negociação coletiva que pode oferecer soluções adequadas em termos de encontro do ponto de equilíbrio em meio à flexibilidade do lugar do trabalho.

É induvidoso, outrossim, que a legitimidade da representação sindical será um diferencial importante, aliado à participação efetiva de todos os trabalhadores no torno do momento de evolução das negociações, inclusive por intermédio de reuniões periódicas ou mesmo de assembléia geral. O ajuste do econômico com o social, nesse particular, terá na negociação coletiva um referencial importante.

5. Conclusões

Abordamos, neste breve estudo, algumas questões acerca da possibilidade, percalços e ação do Estado na adoção de políticas de conciliação da vida laboral e familiar como importante aspecto a ser considerado na tutela e preservação da dignidade da pessoa humana.

Nosso propósito foi enfatizar o que há de fundamental no Brasil e na Espanha nesse particular, perquirindo o que há de relevante em termos de legislação, doutrina e jurisprudência, numa perspectiva de fomentar o debate acerca desse novo paradigma envolto na relação entre empregado e empregador.

No Brasil, a questão que reputamos mais importante é a que diz respeito à transferência do trabalhador de seu *habitat* familiar natural, quando, no cumprimento do contrato e diante do poder empresarial do empregador, tiver o obreiro de ser desligado da convivência habitual com sua família e de seus afazeres particulares e domésticos indispensáveis à sua adequada formação intelectual e psicológica.

Nesse sentido, mencionamos o tratamento constitucional da família por força do artigo 226 da Lei Maior, realçando o papel do Estado quanto à proteção que deve oferecer às entidades familiares, designadamente no sentido de que cabe ao mesmo (o Estado) atuar no sentido de assegurar a convivência harmônica e sem rupturas dos membros da sociedade conjugal.

Em seguida, fizemos referência à legislação trabalhista relativa à transferência do trabalhador, designadamente diante do comando dos artigos 469 e 470 da Consolidação Trabalhista, revelando os paradoxos e complexidades do tema em se tratando de necessidade de conciliação da vida laboral e familiar.

Também nos reportamos ao embate existente entre a prevalência ou não dos direitos sociais dos trabalhadores e os direitos de livre disposição da propriedade privada e liberdade de empresa dos empresários, enfocando as possibilidades de verificação de uma relação de coordenação ou subordinação entre esses bens constitucionais, através do confronto entre os artigos 1º, 5º, 6º, 7º e 170 da Constituição do Brasil.

A partir do item 3 deste trabalho ressaltamos a fisionomia das políticas de conciliação da vida laboral e familiar na Espanha, investigando seus pormenores e alcance, de modo a aproveitá-lo como modelo a ser estudado e invocado no Brasil, observando, sobretudo, sua grande utilidade para efeito de inaugurar um novo viés de preservação da dignidade humana no contexto das relações do trabalho.

Trilhando novos rumos em termos de dignidade da mulher e sua inserção no mercado de trabalho, foi editada, na Espanha, a Lei 39/1999, denominada Lei de Conciliação da Vida Familiar e Laboral (LCVFL). Seu objetivo primitivo foi depois alterado, ampliando-se seu campo de atuação para abranger as situações em que o varão, enquanto trabalhador, tivesse assegurado o direito de participar mais intensamente do ambiente familiar, inclusive integrando-se com as atividades domésticas em igualdade de condições com a mulher.

Realçamos, por fim, a questão da transferência do trabalhador espanhol em confronto com os poderes empresariais assegurados constitucionalmente naquele país ibérico, ressaltando a importância do nível de maturidade das organizações sindicais, tornando as negociações entre as categorias um substancioso instrumento de fomento às políticas de conciliação da vida laboral e familiar, numa perspectiva inovadora do desenvolvimento e preservação da dignidade do trabalhador.

Bibliografia

ALMENDROS GONZÁLEZ, Miguel Angel. *Familia y Trabajo. Comentario Práctico a la Ley de Conciliación de la Vida Familiar y Laboral: Aspectos Laborales*. Granada, Comares, 2000.

ANGIELLO, Luigi. *Il Trasferimento dei Lavoratori*. Padova, CEDAM, 1966.

CRUZ VILLALÓN, Jesus. *Estatuto de los Trabajadores Comentado*. Madrid, Tecnos, 2004.

GOYATÁ, Célio. "Alguns Temas de Direito do Trabalho", in *Revista LTr*, n. 38. Fevereiro 1974.

MORAIS, Alexandre de. *Constituição do Brasil Interpretada e Legislação Constitucional*. São Paulo, Atlas, 2002.

MOTA DE SOUZA, Carlos Aurélio. "O Casamento. O Direito de Família à luz da Dignidade Humana", in *O Novo Código Civil: Estudos em Homenagem ao Professor Miguel Reale*. São Paulo, LTr, 2003.

PALOMEQUE LÓPEZ, Manuel Carlos. "Derechos Fundamentales Generales y Relación Laboral: Los Derechos Laborales Inespecíficos", *El Modelo Social en la Constitución Española de 1978*. Edición del Ministerio de Trabajo y Asuntos Sociales, 2003.

ZIPPELIUS, Reinhold. *Teoria Geral do Estado*. 3ª ed., Lisboa, Fundação Calouste Gubenkian, 1997.

16

OS DIREITOS FUNDAMENTAIS SOCIAIS, O DIREITO A UMA VIDA DIGNA (MÍNIMO EXISTENCIAL) E O DIREITO PRIVADO: APONTAMENTOS SOBRE A POSSÍVEL EFICÁCIA DOS DIREITOS SOCIAIS NAS RELAÇÕES ENTRE PARTICULARES[1]

INGO WOLFGANG SARLET

1. Notas preliminares. 2. Os direitos sociais como direitos fundamentais na ordem constitucional brasileira. 3. O assim designado mínimo existencial e os direitos fundamentais sociais. 4. Os direitos (fundamentais) sociais e o mínimo existencial: algumas notas sobre sua eficácia nas relações entre particulares: 4.1 Breves observações sobre a constitucionalização do Direito Privado de um modo geral; 4.2 O reconhecimento da vinculação do Estado e dos particulares (portanto, de uma eficácia simultaneamente "vertical" e "horizontal") à dignidade da pessoa humana e, em princípio, a todos os direitos fundamentais; 4.3 A necessária superação da alternativa eficácia direta ou indireta por uma metódica reciprocamente complementar e diferenciada, a partir de uma eficácia direta "prima facie" dos direitos fundamentais também nas relações entre particulares; 4.4 A garantia de um mínimo existencial como critério material para a aplicação dos direitos fundamentais sociais no Direito Privado e, de modo especial, no âmbito das relações entre particulares. 5. Palavras de encerramento.

1. Notas preliminares

Basta uma rápida incursão pelo atual debate em torno dos direitos fundamentais e até mesmo um superficial exame da literatura produzida

---

1. O presente trabalho, com ligeiras adaptações, corresponde ao texto "Direitos fundamentais sociais, 'mínimo existencial' e direito privado: breves notas sobre alguns

nos últimos anos, inclusive no âmbito nacional, para que se perceba que qualquer um dos eixos temáticos indicados pela epígrafe deste ensaio por si só já ofereceria material suficiente para uma miríade de abordagens. Por outro lado, o fato de a profusão da produção científica nacional e estrangeira, embora aparentemente (mas apenas aparentemente!) tenha, em relação a diversos temas, levado a um ponto de saturação, não deve servir de desestímulo a quem se propõe a enfrentar qualquer um dos tópicos também aqui sugeridos.

Notadamente em função da permanente controvérsia a respeito de questões basilares, envolvendo, *v.g.*, desde a fundamentação, o conteúdo, o significado e até mesmo a própria existência de direitos fundamentais sociais, passando pela cada vez mais prestigiada – mas nem por isso menos imune a questionamentos – teoria do "mínimo existencial" (por sua vez, geneticamente conectada à temática da dignidade da pessoa humana e dos direitos fundamentais) e da problemática da vinculação dos particulares aos direitos fundamentais sociais, ou, para quem assim o prefere, da chamada "eficácia horizontal" desses direitos, verifica-se a necessidade de insistir permanentemente no debate. Além do mais, mesmo que a missão de estreitar as relações, nem sempre fáceis de descortinar e analisar, entre as categorias estampadas no título só possa aqui ser levada a efeito parcialmente e de modo assumidamente mais exploratório, dados os limites até mesmo "espaciais" dos quais se dispõe, não haveria melhor oportunidade de fazê-lo, em virtude da natureza da obra coletiva na qual se insere o texto, que justamente focaliza a dignidade da pessoa humana (inconcebível sem a garantia de um padrão mínimo de justiça social e de condições materiais para uma vida com qualidade) e sua projeção dialógica e aberta (sempre dinâmica e dialética) em relação ao Direito Privado.

Nesta perspectiva, ainda que sumariamente e a título de pressuposto teórico e dogmático, não haveria como deixar de principiar a reflexão ora proposta com uma breve incursão sobre a concepção dos direitos fundamentais na ordem constitucional brasileira, em especial sobre a sua formal e substancial fundamentalidade. Num segundo passo, há que enveredar para a discussão em torno da noção de "mínimo existencial" e a sua vinculação com a dignidade da pessoa humana (no âmbito do assim designado direito fundamental a uma vida com dignidade) e os direitos sociais como direitos fundamentais. Na terceira e última etapa

aspectos da possível eficácia dos direitos sociais nas relações entre particulares", publicado no livro *Direitos Fundamentais: Estudos em Homenagem ao Professor Ricardo Lobo Torres*, Renovar.

apontar-se-á alguns pressupostos e possibilidades de uma substancial eficácia dos direitos fundamentais sociais e, de modo especial, do assim designado "mínimo existencial" no âmbito das relações entre entes (pessoas físicas e jurídicas) de natureza privada. Por derradeiro, impõe-se um voto de gratidão aos ilustres organizadores desta obra, Professores Agassiz Almeida Filho e Plínio Melgaré, pela possibilidade de participar também deste debate acadêmico.

2. Os direitos sociais como direitos fundamentais na ordem constitucional brasileira

Ainda que não se pretenda aqui – consoante já indicado – desenvolver a relevante e instigante discussão em torno de qual seja o conceito e o conteúdo dos direitos fundamentais sociais, especialmente no que diz com a controvérsia que se estabeleceu em torno até mesmo de sua fundamentalidade (designadamente no plano material) propriamente dita, – já que tal análise não poderia prescindir de uma incursão pela intrincada questão da fundamentação filosófica dos direitos sociais, que, dada a natureza e extensão do texto, inexoravelmente resultaria incompleta e superficial –, não há como deixar de firmar posição a respeito de algumas questões centrais para a abordagem, pelo menos para estabelecer os marcos que servirão de parâmetro para os desenvolvimentos subseqüentes, renunciando, contudo, e para efeito deste ensaio, a qualquer pretensão de verticalidade.

Assim, considerando a perspectiva dogmático-jurídica (mas não formal-positivista) da abordagem, reafirma-se a necessidade de uma leitura constitucionalmente adequada também da fundamentação (inclusive filosófica), da fundamentalidade e do conteúdo dos direitos sociais. É a Constituição Federal de 1988 (doravante referida como CF) o referencial que nos servirá de guia, assim como os compromissos (ou eventuais "descompromissos") expressa e/ou implicitamente firmados pelo Constituinte em relação a determinadas concepções de justiça (abarcando a própria noção de justiça "social"[2]) e com determinada ordem de valores,

---

2. Registre-se aqui a intensa discussão a respeito da noção de justiça social e a existência de críticas até mesmo no que diz com a própria expressão "justiça social". Sobre o tema, v., dentre tantos, W. Kersting (Org.), *Politische Philosophie des Sozialstaats*, 2000 e, mais recentemente, fazendo uma sumária mas excelente discussão da fundamentação dos direitos sociais como direitos humanos (e fundamentais), J. Neuner, "Los Derechos Humanos Sociales", *Anuario Iberoamericano de Justicia Constitucional*, 9/239-266. Entre nós e dentre outros – almejando justamente uma compreensão integrada com o direito constitucional positivo – a recente abordagem de L. F. Barzotto, "Justiça

já que, de acordo com concepção amplamente consagrada, os direitos fundamentais (e os sociais não fogem à regra) expressam uma ordem de valores objetivada na e pela Constituição.[3]

Uma primeira constatação que se impõe, e que resulta já de um superficial exame do texto constitucional, é a de que o Constituinte acabou por reconhecer um conjunto heterogêneo e abrangente de direitos (fundamentais) sociais, o que, sem que se deixe de admitir a existência de diversos problemas ligados a uma precária técnica legislativa e sofrível sistematização (que, de resto, não constituem uma particularidade do texto constitucional) acaba por gerar conseqüências relevantes para a compreensão do que são, afinal de contas, os direitos sociais como direitos fundamentais.

Neste sentido, verifica-se, desde logo e na esteira do que já tem sido afirmado há algum tempo entre nós, que também os direitos sociais (sendo, ou não, tidos como fundamentais) abrangem tanto direitos prestacionais (positivos) quanto defensivos (negativos), partindo-se aqui do critério da natureza da posição jurídico-subjetiva reconhecida ao titular do direito, bem como da circunstância de que os direitos negativos (notadamente os direitos à não-intervenção na liberdade pessoal e nos bens fundamentais tutelados pela Constituição) apresentam uma dimensão "positiva" (já que sua efetivação reclama uma atuação positiva do Estado e da sociedade) ao passo que os direitos a prestações (positivos) fundamentam também posições subjetivas "negativas", notadamente quando se cuida de sua proteção contra ingerências indevidas por parte dos órgãos estatais, de entidades sociais e também de particulares.[4] Que tais constatações não podem ter o condão de tornar obsoleta e equivocada a possível classificação dos direitos fundamentais em direitos de defesa e direitos a prestações – muito embora assim tenha sido sustentado por

Social. Gênese. Estrutura e Aplicação de um Conceito", *Direito & Justiça – Revista da Faculdade de Direito da PUC/RS*, vol. 28, especialmente p. 122 e ss., ainda carente – como, de resto, qualquer trabalho científico – de alguns contrapontos, como, por exemplo, as observações feitas no nosso *Dignidade da Pessoa Humana e Direitos Fundamentais na Constituição Federal de 1988*, p. 91 (especialmente nota de rodapé n. 215).

3. A respeito deste tópico, v., por todos (no âmbito da doutrina estrangeira), K. Hesse, *Grundzüge des Verfassungsrechts der Bundesrepublik Deutschland* (existe tradução para o português, publicada pela Editora Sérgio Fabris, Porto Alegre), pp. 133 e ss. Entre nós, além do nosso *A Eficácia dos Direitos Fundamentais*, pp. 155-166, onde desenvolvemos de modo mais detido esta dimensão dos direitos fundamentais, à luz de farta doutrina nacional e estrangeira, v. o recente e profundo contributo de D. Sarmento, "A Dimensão Objetiva dos Direitos Fundamentais", in R. L. Torres e C. A. Mello (Orgs.), *Arquivos de Direitos Humanos*, vol. IV, pp. 63-102.

4. Sobre o ponto remetemos ao nosso *A Eficácia...*, cit., pp. 281 e ss.

alguns – afigura-se como evidente. Isto, especialmente em se tendo presente a distinção entre texto (enunciado semântico) constitucional e norma jurídica (resultado da interpretação do texto), de acordo com o qual pode haver mais de uma norma contida em determinado texto, assim como normas sem texto expresso que lhe corresponda diretamente.[5] Assim, a partir de um certo texto há como extrair uma norma (ou normas) que pode (ou não) reconhecer um direito como fundamental e atribuir uma determinada posição jurídico-subjetiva (sem prejuízo dos efeitos jurídicos já decorrentes da dimensão objetiva) à pessoa (individual ou coletivamente), posição que poderá ter como objeto uma determinada prestação (jurídica ou fática) ou uma proibição de intervenção.[6]

Para demonstrar o exposto, bastaria aqui referir o exemplo do direito à moradia (como direito negativo, podendo bloquear – negativamente – ações contrárias, como no caso da vedação da penhora) e, como direito positivo, podendo servir de fundamento a uma atuação do Estado no sentido de assegurar (mediante determinadas prestações jurídicas ou materiais) o acesso a uma moradia.[7]

Se os direitos sociais a prestações (segundo Alexy, os direitos a prestações em sentido estrito, no sentido de direitos subjetivos a prestações materiais vinculados aos deveres estatais do Estado na condição de Estado Social de Direito[8]) também implicam direitos subjetivos negativos – impedindo, por exemplo, restrições desproporcionais e/ou violadoras de seu núcleo essencial, que, por sua vez, sempre serão despro-

5. A respeito, no âmbito da doutrina nacional, indispensável a consulta da obra de L. L. Streck, *Hermenêutica Jurídica e(m) Crise: uma Exploração Hermenêutica da Construção do Direito*, pp. 310 e ss., em capítulo que ostenta o significativo título "O caráter não-relativista da hermenêutica ou de como a afirmação 'a norma é (sempre) o produto da atribuição de sentido a um texto' não pode significar que o intérprete esteja autorizado a 'dizer qualquer coisa sobre qualquer coisa'".
6. Cf. paradigmaticamente demonstrado por R. Alexy, *Theorie der Grundrechte*, pp. 53 e ss. (quando apresenta seu conceito de norma de direito fundamental) e, mais adiante, especialmente no ponto em que examina a dimensão subjetiva dos direitos fundamentais como direitos de defesa e direitos a prestações (idem, ibidem, pp. 159 e ss.)
7. V. o nosso "O Direito Fundamental à Moradia na Constituição: algumas Anotações a respeito de seu Contexto, Conteúdo e possível Eficácia", in J. A. Sampaio (Org.), *Crise e Desafios da Constituição*, pp. 415-469.
8. Com efeito, para R. Alexy, *Theorie der Grundrechte*, pp. 395 e ss., os direitos a prestações em sentido estrito (direitos sociais) se distinguem dos direitos a prestações em sentido amplo, já que estes dizem com a atuação positiva do Estado no cumprimento dos seus deveres de proteção, já decorrentes da sua condição de Estado democrático de Direito e não propriamente como garante de padrões mínimos de justiça social, ao passo que os direitos a prestações em sentido estrito (direitos sociais) dizem com direitos a algo (prestações fáticas) decorrentes da atuação do Estado como Estado Social.

porcionais[9] –, há que destacar que a Constituição de 1988, pelo menos de acordo com seu texto, incluiu no seu rol de direitos sociais típicos direitos de caráter negativo (defensivo), como dão conta, entre outros, os exemplos do direito de greve, da liberdade de associação sindical, das proibições de discriminação entre os trabalhadores (direitos especiais de igualdade). Até mesmo no campo dos direitos políticos, que já pressupõe também toda uma organização e estrutura que viabilize o seu exercício, há previsão expressa de um direito tipicamente prestacional, como é o caso do direito dos partidos políticos (titulares do direito) a recursos do fundo partidário e ao acesso aos meios de comunicação para fins de propaganda eleitoral (art. 17, § 3º, da CF). Com isso, ao se empreender uma tentativa de definição dos direitos sociais, abrem-se pelo menos duas alternativas, ambas em princípio legítimas, mas apenas uma efetivamente afinada com o sentido mínimo passível de ser extraído do sistema constitucional, adotando-se aqui a postura hermenêutica da melhor resposta possível – sempre fundada no sistema constitucional e tão bem sustentada por Juarez Freitas[10] –, e refutando, via de conseqüência, a tese da única resposta correta.

Com efeito, como primeira opção (que, desde logo, assumimos como a mais apropriada), cumpre aceitar a vontade expressamente enunciada do Constituinte, no sentido de que o qualificativo de social não está exclusivamente vinculado a uma atuação positiva do Estado na implementação e garantia de proteção e segurança social, como instrumento de compensação de desigualdades fáticas manifestas e modo de assegurar um patamar pelo menos mínimo de condições para uma vida digna (o que nos remete ao problema do conteúdo dos direitos sociais e de sua própria fundamentalidade). Tal consideração se justifica pelo fato de que também são sociais (sendo legítimo que assim seja considerado) direitos que asseguram e protegem um espaço de liberdade e a proteção de determinados bens jurídicos para determinados segmentos da sociedade, em virtude justamente de sua maior vulnerabilidade em face do poder estatal, mas acima de tudo social e econômico, como demonstram justamente os direitos dos trabalhadores.[11]

---

9. Neste sentido, v. H. Scholler, "O Princípio da Proporcionalidade no Direito Constitucional e Administrativo da Alemanha", *Revista Interesse Público* (*RIP*) 2/93-107.

10. Cf. J. Freitas, no seu excelente ensaio sobre "A melhor Interpretação Constitucional *versus* a única Resposta Correta", in Virgílio Afonso da Silva (Org.), *Interpretação Constitucional*, pp. 317 e ss.

11. Para um maior desenvolvimento especialmente do conceito e classificação dos direitos fundamentais sociais, v., além do nosso "Os Direitos Fundamentais Sociais na

O fato de que em outras ordens constitucionais, como é o caso de Portugal, que oferece o exemplo mais próximo e evidente, tais direitos (dos trabalhadores) tenham sido – por ocasião da primeira grande revisão constitucional de 1982 – deslocados para o capítulo dos direitos, liberdades e garantias, que, por sua vez, corresponde, de certa forma, a direitos de cunho em primeira linha (mas não exclusivamente) defensivo – nunca impediu que a doutrina portuguesa a eles se referisse como "liberdades sociais".[12] Assim, parece evidente que também entre nós, com ainda maior motivo, não há razão – especialmente por força das especificidades já referidas e ante a ausência de qualquer distinção entre os diversos direitos sociais – para que se possa e muito menos se deva chancelar tal diversidade de tratamento, ainda que em termos conceituais.

A segunda alternativa, de certo modo já apontada, seria a de acolher a definição habitualmente sustentada pelos autores alemães, e ainda eventualmente encontrada na literatura nacional e estrangeira em geral, no sentido de que direitos sociais seriam apenas os direitos cujo objeto é a garantia de uma prestação material do Estado no campo da realização da justiça social, notadamente para assegurar níveis mínimos de liberdade e igualdade fática e não meramente formal, na esteira, aliás, entre outros, também do já referido ícone da teoria constitucional contemporânea dos direitos fundamentais, Robert Alexy.[13] Ainda que tal conceito de direitos sociais seja tentador, especialmente em se vinculando a noção de direitos sociais à implementação dos pressupostos fáticos para uma vida digna e para uma efetiva possibilidade de fruição das liberdades, não há como – pelo menos em se cuidando de uma teoria constitucional concreta dos direitos sociais – desconsiderar o projeto expressamente veiculado pelo Constituinte, que, de resto, não impede que os direitos sociais na condição de direitos a prestações sociais possam ser objeto de tratamento diferenciado dos direitos sociais de caráter negativo, notadamente quando às suas possibilidades de efetivação e até mesmo, como já demonstrado, no que diz com sua fundamentação e seu significado, inclusive no concernente ao problema de sua eficácia nas relações entre particulares, aspecto que será desenvolvido na terceira parte deste estudo.

Constituição de 1988", in I. W. Sarlet (Org.), *Direito Público em Tempos de Crise: Estudos em Homenagem a Ruy Ruben Ruschel*, pp. 140 e ss., bem como alguns desenvolvimentos mais recentes no igualmente nosso *A Eficácia...*, cit., pp. 281 e ss.

12. Cf. J. C. Vieira de Andrade, *Os Direitos Fundamentais na Constituição Portuguesa de 1976*, pp. 385 e ss.

13. Cf. R. Alexy, *Theorie...*, cit., pp. 454 e ss.

Para além das observações que já indicam (mesmo que ainda não em toda a sua extensão) a complexidade e diversidade dos direitos sociais, inclusive em aspectos não diretamente vinculados à sua condição de direitos fundamentais, é preciso, ainda que sumariamente, investir na problemática da fundamentalidade dos direitos sociais, ressaltando que também nesta esfera não há como adotar tese manifestamente divorciada do direito constitucional positivo brasileiro. Para este efeito, relembre-se que a noção de direitos fundamentais como direitos reconhecidos e assegurados por uma determinada Constituição (sendo assim passíveis de diferenciação em relação aos direitos humanos, considerados como aqueles reconhecidos pelo direito positivo internacional) encontra-se necessariamente vinculado ao que se tem designado de dupla fundamentalidade formal e material, designadamente a circunstância de que se cuida de bens jurídicos que, na ótica do Constituinte, expressa ou implicitamente enunciada, são dotados de suficiente relevância e essencialidade (fundamentalidade material) a ponto de merecerem e necessitarem de uma proteção jurídica e normatividade reforçada em relação até mesmo às demais normas constitucionais, mas especialmente no que diz com sua exclusão do âmbito da disponibilidade plena dos poderes constituídos.[14]

A partir de tais premissas e mesmo reconhecendo não serem elas imunes a críticas, que, de resto, já de há muito têm sido objeto de acalorada discussão no meio doutrinário e jurisprudencial, é por conta da fundamentalidade em sentido material que correm as maiores querelas. Com efeito, a fundamentalidade formal, tem sido considerada, num primeiro momento, como resultado da decisão expressa do Constituinte (art. 5º, § 1º, da CF) ter assegurado às normas de direitos e garantias fundamentais uma aplicabilidade direta, que desde logo vai compreendida no sentido de que o as normas de direitos fundamentais devem, em princípio, ter o *status* de normas de eficácia plena, que impõe ao conjunto dos órgãos estatais o dever de otimização da sua eficácia e efetividade. Além disso, importa aqui frisar a proteção reforçada contra até mesmo o poder de reforma da Constituição, já que, também por força de expressa previsão do Constituinte, pelo menos parte dos direitos fundamentais acabaram sendo guindados à condição de "cláusulas pétreas" (art. 60, § 4º, IV).

---

14. Cf. o nosso *A Eficácia...*, cit., pp. 86 e ss., na esteira de autores como R. Alexy, *Theorie...*, cit., pp. 473 e ss., e J. J. Gomes Canotilho, *Direito Constitucional e Teoria da Constituição*, pp. 378-380.

O problema que aqui assume papel de destaque, e que em parte já foi anunciado, e mesmo tido por superado (pela opção pessoal já previamente anunciada), diz essencialmente com a fundamentalidade material, já que a doutrina, em termos gerais e aqui evidentemente simplificados, se divide entre: a) os que reconhecem a todas as normas de direitos fundamentais a proteção formalmente assegurada pela Constituição; b) os que sustentam que apenas parte dos direitos sociais expressa ou implicitamente assegurados seriam materialmente constitucionais (com base no critério de sua relevância e conteúdo), de tal sorte que apenas estes se encontram em condições de comungar da proteção e normatividade reforçada decorrentes da fundamentalidade formal; e c) os que negam enfaticamente a fundamentalidade dos direitos sociais em geral, em outras palavras, aqueles que, mesmo que por razões nem sempre idênticas, distinguem os direitos fundamentais dos direitos sociais, de tal sorte que o regime "pleno" da fundamentalidade formal e material apenas àqueles seria aplicável.

Em síntese, embora lamentando o cunho sumário, portanto, inevitavelmente menos verticalizado, das razões expostas, mas tendo em vista a absoluta necessidade de traçarmos as diretrizes basilares das considerações subseqüentes, firma-se aqui posição em torno da tese de que – pelo menos no âmbito do sistema de direito constitucional positivo nacional – todos os direitos sociais são fundamentais, tenham sido eles expressa ou implicitamente positivados, estejam eles sediados no Título II da CF (Dos Direitos e Garantias Fundamentais) ou dispersos pelo restante do texto constitucional ou mesmo que estejam (também expressa e/ou implicitamente) localizados nos tratados internacionais regularmente firmados e incorporados pelo Brasil.[15]

É evidente, por outro lado, que diante de afirmação da condição de direitos fundamentais dos direitos sociais no âmbito da ordem constitucional pátria e, portanto, da fixação da parametricidade da assim designada constitucionalização da ordem jurídica privada, não se poderá olvidar dos problemas teórico-práticos vinculados ao reconhecimento de tal posição, já que persiste, por exemplo, a necessidade de se discutir quando se está, de fato, diante de uma autêntica norma de direito fundamental ainda que situada fora do título próprio da Constituição. Para tanto, não há como dispensar o exame de critérios materiais para justificação, no caso em particular, de uma fundamentalidade material.[16]

15. A respeito da abertura material dos direitos fundamentais na ordem constitucional brasileira, remete-se ao nosso *A Eficácia...*, cit., pp. 90 e ss.
16. Especificamente sobre este tópico, v. J. C. Vieira de Andrade, (*Os Direitos Fundamentais...*, cit., pp. 75 e ss.), bem como, entre nós, o nosso *A Eficácia...*, cit., pp. 86 e ss., onde restou desenvolvido o tema.

Da mesma forma, remanesce a controvérsia – em parte acirrada pela introdução de um § 3º no artigo 5º, da CF, prevendo a possibilidade (?) de uma incorporação dos tratados em matéria de direitos humanos por meio do procedimento de emenda constitucional – a respeito da forma de incorporação e da própria hierarquia normativa desses direitos no plano da ordem jurídica nacional,[17] temática que aqui compreensivelmente não poderá ser explorada. Para efeitos deste ensaio, todavia, firma-se posição em prol da necessidade de prévia chancela do legislador como requisito para a internalização dos tratados (a partir de uma exegese tópico-sistemática das normas contidas no art. 5º, §§ 2º e 3º, em combinação o art. 84, inc. VIII, da CF) bem como da hierarquia constitucional dos direitos previstos nos tratados regularmente incorporados, seja na condição de materialmente constitucionais (e, portanto, fundamentais), seja na condição de formal e materialmente constitucionais, no caso de virem a ser incorporados por emenda à Constituição.

Como corolário desta decisão hermenêutica em prol da fundamentalidade dos direitos sociais na ordem constitucional brasileira, e por mais que se possa, e, até mesmo, a depender das circunstâncias e a partir de uma exegese sistemática se devam reconhecer possíveis diferenças de tratamento, os direitos sociais – por serem fundamentais –, comungam do regime pleno da fundamentalidade também no que diz com a sua vertente formal.

Com efeito, os direitos sociais (negativos e positivos) encontram-se sujeitos à lógica do artigo 5º, § 1º, da CF, no sentido de que a todas as normas de direitos fundamentais se devem outorgar a máxima eficácia e efetividade possível, no âmbito de um processo de otimização pautado pelo conjunto de princípios fundamentais e à luz das circunstâncias do caso concreto. Em outras palavras, também as normas de direitos sociais (inclusive de cunho prestacional) devem, em princípio, ser consideradas como dotadas de plena eficácia e, portanto, direta apli-

---

17. Sobre a incorporação e hierarquia dos tratados internacionais de direitos humanos na ordem brasileira, v. o clássico de F. Piovesan, *Direitos Humanos e o Direito Constitucional Internacional*, pp. 103 e ss. Dentre a literatura mais recente, vale conferir os aportes de G. R. B. Galindo, *Tratados Internacionais de Direitos Humanos e Constituição Brasileira*, 2003; A. C. Pagliarini, *Constituição e Direito Internacional: cedências possíveis*, 2003; C. Pinheiro, *Direito Internacional e Direitos Fundamentais*, 2001; e V. de Oliveira Mazzuoli, *Direito Internacional: Tratados e Direitos Humanos Fundamentais na Ordem Jurídica Brasileira*, 2001.

cabilidade, o que não significa (e nem o poderia) que sua eficácia e efetividade deverão ser iguais.[18]

De outra parte, também os direitos sociais – justamente por serem fundamentais – constituem limites materiais ao poder de reforma constitucional, desimportando – aqui e neste momento – se na condição de limites expressos ou implícitos, já que, em princípio e de acordo com a doutrina majoritária, a proteção deverá ser a mesma.[19] Isso não significa, por elementar, que se possa falar em proteção absoluta dos direitos fundamentais (sociais, ou não) contra alterações constitucionais, já que, em princípio, não podem ser tratados como absolutamente infensos a qualquer limitação. A exemplo do que ocorre em termos de proteção contra as restrições legislativas de direitos fundamentais em termos gerais, apenas o núcleo essencial dos princípios e direitos fundamentais integrantes do rol das "cláusulas pétreas" encontra-se salvaguardado (no sentido de "blindado") contra uma atuação do poder de reforma constitucional.[20]

Por derradeiro, para fechar este capítulo, é preciso recordar, que uma concepção satisfatória de direitos fundamentais sociais somente pode ser obtida com relação a uma ordem constitucional concreta, pois o que é fundamental para uma sociedade pode não o ser para outra, ou não o ser da mesma forma, o que não afasta a necessidade de se considerar a existência de categorias universais (portanto, universalizáveis) no que diz respeito à fundamentalidade de certos valores, como é o caso da vida e da dignidade da pessoa humana, ainda que também estes valores careçam de uma adequada contextualização, especialmente quando se cuida de transformá-los em realidade.[21] É, pois, justamente considerando o elo entre direitos fundamentais sociais, vida e dignidade da pessoa humana, que, ademais, dizem com necessidades existenciais de todo e qualquer indivíduo, que, na seqüência, se estará a examinar o assim designado mínimo existencial e sua relação com os direitos sociais.

18. Neste sentido, de modo mais desenvolvido, v. o nosso *A Eficácia...*, cit., pp. 281 e ss.
19. Cf. o nosso "A Problemática dos Direitos Fundamentais Sociais como Limites Materiais ao Poder de Reforma da Constituição", in I. W. Sarlet (Org.), *Direitos Fundamentais Sociais: Estudos de Direito Constitucional, Internacional e Comparado*, pp. 333 e ss.
20. Cf. o nosso *A Eficácia...*, cit., pp. 400 e ss., com a adesão, entre outros, de D. Sarmento, "Direito Adquirido, Emenda Constitucional, Democracia e Reforma da Previdência", in M. L. Tavares (Coord.), *A Reforma da Previdência Social*, pp. 1-48, e, de forma próxima, M. L. Tavares, *Previdência e Assistência Social: Legitimação e Fundamentação Constitucional Brasileira*, pp. 177 e ss.
21. Cf. o nosso *A Eficácia...*, cit., pp. 81 e ss.

3. O assim designado mínimo existencial e os direitos fundamentais sociais

A vinculação dos direitos (fundamentais) sociais com o que passou a ser designado de uma garantia de um mínimo existencial é evidente, mas é igualmente evidente que também aqui há uma série de aspectos controversos que, já há algum tempo, integram a pauta das discussões a respeito dos direitos fundamentais. Entre nós, muito embora o tema não venha a ser exatamente novo, não faz, contudo, muito tempo que tem sido objeto de estudos mais sistemáticos. Nesta seara destaca-se inquestionavelmente a obra de Ricardo Lobo Torres, quanto escreveu o primeiro ensaio especialmente dedicado ao tema no Brasil, já há mais de quinze anos e pouco após o advento da Constituição de 1988, publicado na prestigiada *Revista de Direito Administrativo*.[22] Desde então, o próprio Autor tem revisitado o tema, ampliando o horizonte de seus estudos e aperfeiçoando seu rico arcabouço argumentativo.

Adentrando desde logo este aspecto do tema, é possível afirmar que a noção de um direito fundamental (e, portanto, também de uma garantia fundamental) às condições materiais que asseguram uma vida com dignidade teve sua primeira importante elaboração dogmática na Alemanha, onde, de resto, obteve também um relativamente precoce reconhecimento jurisprudencial.

Com efeito, em que pese não existirem, de um modo geral, direitos sociais típicos expressamente positivados na Lei Fundamental da Alemanha, notadamente de cunho prestacional – excepcionando-se a previsão da proteção da maternidade e dos filhos, bem como a imposição de uma atuação positiva do Estado no campo da compensação de desigualdades fáticas no que diz com a discriminação das mulheres e dos portadores de necessidades especiais – a discussão em torno da garantia do mínimo indispensável para uma existência digna ocupou posição destacada não apenas nos trabalhos preparatórios no âmbito do processo constituinte, mas também após a entrada em vigor da Lei Fundamental de 1949, desenvolvida pela doutrina, mas também no âmbito da práxis legislativa, administrativa e jurisprudencial.

Na doutrina, o primeiro nome ilustre a sustentar a possibilidade do reconhecimento de um direito subjetivo à garantia positiva dos recursos mínimos para uma existência digna foi o publicista Otto Bachof, que, já no início da década de 1950, considerou que o princípio da dignidade

---

22. Cf. R. L. Torres, "O Mínimo Existencial e os Direitos Fundamentais", *Revista de Direito Administrativo* 177/20-49.

da pessoa humana (art. 1º, inc. I, da Lei Fundamental da Alemanha, na seqüência referida como LF) não reclama apenas a garantia da liberdade, mas também um mínimo de segurança social, já que, sem os recursos materiais para uma existência digna, a própria dignidade da pessoa humana ficaria sacrificada. Por esta razão, o direito à vida e integridade corporal (art. 2º, inc. II, da LF) não pode ser concebido meramente como proibição de destruição da existência, isto é, como direito de defesa, impondo, ao revés, também uma postura ativa no sentido de garantir a vida.[23] Cerca de um ano depois da paradigmática formulação de Bachof, o Tribunal Federal Administrativo da Alemanha (*Bundesverwaltungsgericht*), já no primeiro ano de sua existência, reconheceu um direito subjetivo do indivíduo carente de auxílio material por parte do Estado, argumentando, igualmente com base no postulado da dignidade da pessoa humana, direito geral de liberdade e direito à vida, que o indivíduo, na qualidade de pessoa autônoma e responsável, deve ser reconhecido como titular de direitos e obrigações, o que implica principalmente a manutenção de suas condições de existência.[24] Ressalte-se que, apenas alguns anos depois, o legislador acabou regulamentando – em nível infraconstitucional – um direito a prestações no âmbito da assistência social (art. 4º, inc. I, da Lei Federal sobre Assistência Social [*Bundessozialhilfsgesetz*]).

Por fim, embora transcorridas cerca de duas décadas da referida decisão do Tribunal Administrativo Federal, também o Tribunal Constitucional Federal acabou por consagrar o reconhecimento de um direito fundamental à garantia das condições mínimas para uma existência digna. Da argumentação desenvolvida ao longo desta primeira decisão, extrai-se o seguinte trecho: "certamente a assistência aos necessitados integra as obrigações essenciais de um Estado Social. (...) Isto inclui, necessariamente, a assistência social aos concidadãos, que, em virtude de sua precária condição física e mental, se encontram limitados nas suas atividade sociais, não apresentando condições de prover a sua própria subsistência. A comunidade estatal deve assegurar-lhes pelo menos as condições mínimas para uma existência digna e envidar os esforços necessários para integrar estas pessoas na comunidade, fomentando seu acompanhamento e apoio na família ou por terceiros, bem como criando as indispensáveis instituições assistenciais".[25] Em que pesem algumas

23. Cf. O. Bachof, "Begriff und Wesen des sozialen Rechtsstaates", *VVDStRL*, n. 12 (1954), pp. 42-43.
24. Cf. *BVerwGE* 1, 159 (161 e ss.), decisão proferida em 24.6.1954.
25. Cf. *BVerfGE* 40, 121 (133).

modificações no que tange à fundamentação, bem quanto ao objeto da demanda, tal decisão veio a ser chancelada, em sua essência, em outros arestos da Corte Constitucional alemã, resultando no reconhecimento definitivo do *status* constitucional da garantia estatal do mínimo existencial.[26] Além disso, a doutrina alemã entende que a garantia das condições mínimas para uma existência digna integra o conteúdo essencial do princípio do Estado Social de Direito, constituindo uma de suas principais tarefas e obrigações.[27]

Neste sentido, o indivíduo deve poder levar uma vida que corresponda às exigências do princípio da dignidade da pessoa humana, razão pela qual o direito à assistência social – considerado, pelo menos na Alemanha e, de modo geral, nos países que integram a União Européia, a principal manifestação da garantia do mínimo existencial – alcança o caráter de uma ajuda para a auto-ajuda (*Hilfe zur Selbsthilfe*), não tendo por objeto o estabelecimento da dignidade em si mesma, mas a sua proteção e promoção.[28]

Desenvolvendo os aspectos já referidos, a doutrina (mas também a jurisprudência) constitucional da Alemanha passou a sustentar que – e, em princípio, as opiniões convergem neste sentido – a dignidade propriamente dita não é passível de quantificação.[29] A fixação do valor da prestação assistencial destinada à garantia das condições existenciais mínimas, em que pese sua viabilidade, é – além de condicionada espacial e temporalmente – dependente do *standart* socioeconômico vigente,[30]

26. Para tanto, v. *BVerfGE* 78, 104, reiterada em 82, 60 e 87, 153. Ressalte-se que nas duas últimas decisões, se tratou da problemática da justiça tributária, reconhecendo-se para o indivíduo e sua família a garantia de que a tributação não poderia incidir sobre os valores mínimos indispensáveis a uma existência digna. Cuidou-se, contudo, não propriamente de um direito a prestações, mas, sim, de limitar a ingerência estatal na esfera existencial, ressaltando-se aqui também uma dimensão defensiva do direito fundamental ao mínimo para uma existência digna. Note-se que o princípio da dignidade humana passa, sob este aspecto, a constituir limite material ao poder de tributar do Estado.
27. Neste sentido a paradigmática proposição de um dos principais teóricos do Estado Social na Alemanha, H. F. Zacher, "Das soziale Staatsziel", in Isensee-Kirchhof (Org.), *Handbuch des Staatsrechts der Bundesrepublik Deutschland (HBStR)*, vol. I, pp. 1.062 e ss.
28. Esta a oportuna formulação de V. Neumann, "Menschenwürde und Existenzminimum", *NVwZ*, 1995, p. 425.
29. Cf., novamente e por todos, V. Neumann, ibidem, pp. 428-429.
30. Cf. C. Starck, "Staatliche Organisation und Staatliche Finanzierung als Hilfen zu Grundrechtsverwirklichungen?", in Christian Starck (Org.), *Bundesverfassungsgericht und Grundgesetz, Festgabe aus Anlass des 25. jährigen Bestehens des Bundesverfassungsgerichts*, vol. II (*BVerfG und GG II*), p. 522.

já não se pode negligenciar a circunstância de que o valor necessário para a garantia das condições mínimas de existência evidentemente estará sujeito às flutuações, não apenas na esfera econômica e financeira, mas também das expectativas e necessidades vigentes.[31]

De qualquer modo, tem-se como certo que a garantia efetiva de uma existência digna abrange mais do que a garantia da mera sobrevivência física, situando-se, portanto, além do limite da pobreza absoluta. Sustenta-se, neste sentido, que se uma vida sem alternativas não corresponde às exigências da dignidade humana, a vida humana não pode ser reduzida à mera existência.[32] Registre-se, neste contexto, a lição de Heinrich Scholler, para quem a dignidade da pessoa humana apenas estará assegurada "quando for possível uma existência que permita a plena fruição dos direitos fundamentais, de modo especial, quando seja possível o pleno desenvolvimento da personalidade".[33]

Do exposto, a partir da experiência germânica – que, à evidência, não foi a única, mas seguramente, em termos de repercussão sobre o direito comparado, certamente a mais relevante – resultam já pelo menos duas constatações de relevo e que acabaram por influenciar significativamente os desenvolvimentos subseqüentes.

A primeira diz com o próprio conteúdo do assim designado mínimo existencial, que não pode ser confundido com o que se tem chamado de mínimo vital ou um mínimo de sobrevivência, de vez que este último diz com a garantia da vida humana, sem necessariamente abranger as condições para uma sobrevivência física em condições dignas, portanto, de uma vida com certa qualidade. Não deixar alguém sucumbir à fome certamente é o primeiro passo em termos da garantia de um mínimo existencial, mas não é – e muitas vezes não o é sequer de longe – o suficiente. Tal constatação, todavia, nunca impediu que se sustentasse que a obrigação do Estado – em termos de direitos subjetivos a prestações – estaria limitada à garantia do mínimo vital, posição esta, aliás, enfaticamente refutada por Ricardo Lobo Torres em todos os seus escritos sobre o tema, ao destacar, entre outros aspectos, a direta fundamentação

---

31. Neste sentido, R. Breuer, "Grundrechte als Anspruchsnormen", in *Verwaltungsrecht zwischen Freiheit, Teilhabe und Bindung, Festgabe aus Anlass des 25. jährigen Bestehens des Bundesverwaltungsgerichts (FS für das BVerwG)*, p. 97.
32. Esta a lição de V. Neumann, "Menschenwürde und Existenzminimum", cit., pp. 428 e ss.
33. Cf. H. Scholler, "Die Störung des Urlaubsgenusses eines 'empfindsamen Menschen' durch einen Behinderten", *JZ* 1980, p. 676 ("wo ein Dasein möglich ist, welches sich grundrechtlich entfalten kann, insbesondere wo die Möglichkeit der Persönlichkeitsentfaltung besteht").

do mínimo existencial, entre outros princípios, na dignidade da pessoa humana.[34] Tal interpretação do conteúdo do mínimo existencial (conjunto de garantias materiais para uma vida condigna) é a que tem prevalecido não apenas na Alemanha, mas também na doutrina e jurisprudência constitucional comparada, notadamente no plano europeu, como dá conta, em caráter ilustrativo, a recente contribuição do Tribunal Constitucional de Portugal na matéria, ao reconhecer tanto um direito negativo quanto um direito positivo a um mínimo de sobrevivência condigna, como algo que o Estado não apenas não pode subtrair ao indivíduo, mas também como algo que o Estado deve positivamente assegurar, mediante prestações de natureza material.[35]

A outra constatação diz respeito à fundamentação de um direito (garantia) fundamental de um mínimo existencial. Ao passo que parte expressiva dos autores europeus, especialmente na Alemanha, não aderiram – pelo menos não diretamente – a uma fundamentação de cunho liberal do mínimo existencial, embasando-o, como já referido, na própria garantia da dignidade da pessoa humana e no dever de sua concretização pelos órgãos estatais a partir da cláusula geral do Estado Social, percebe-se que no mundo anglo-saxão, de um modo geral, o mínimo existencial recebeu uma fundamentação eminentemente liberal, como garantia da própria liberdade. Tal orientação, com algumas felizes matizações decorrentes do diálogo fecundo com a experiência européia, acabou sendo recolhida, entre nós, por Ricardo Lobo Torres, já que este advoga, com base especialmente em John Rawls e Robert Alexy, que o mínimo existencial assume a garantia das condições materiais para o exercício da liberdade efetiva (real) e não meramente formal, estando, portanto, embasado diretamente nos princípios da liberdade e da autonomia.[36]

Se, por um lado, é perfeitamente possível afirmar que os princípios da liberdade (autonomia) e da dignidade da pessoa humana, a despeito de sua íntima conexão, não são necessariamente coincidentes, ainda mais em se partindo de uma leitura não estritamente kantiana da dignidade,[37]

---

34. Cf., por último, R. L. Torres, "A Metamorfose dos Direitos Sociais em Mínimo Existencial", in I. W. Sarlet (Org.), *Direitos Fundamentais Sociais: Estudos de Direito Constitucional, Internacional e Comparado*, pp. 11 e ss.

35. Cf. a decisão proferida no Acórdão 509 de 2002 (versando sobre o rendimento social de inserção), bem como os comentários tecidos por Vieira de Andrade, *Os Direitos Fundamentais...*, cit., pp. 403 e ss., e, mais recentemente, por R. Medeiros, anotações ao art. 63 da Constituição da República Portuguesa, in J. Miranda e R. Medeiros, *Constituição Portuguesa Anotada*, t. I, pp. 639-640.

36. Cf. R. L. Torres, "*A Metamorfose...*", cit., pp. 4 e ss.

37. A este respeito, remetemos ao nosso *Dignidade...*, cit., pp. 45 e ss.

também é verdade que a própria compreensão do princípio autonômico é diversa, a depender da perspectiva privilegiada, que poderá ser mais ou menos liberal (já que também as análises liberais, a despeito de pontos importantes em comum, não se equivalem) ou fundada em doutrinas comprometidas em maior ou menor grau com o ideário socialista ou algumas de suas variações. Que tais abordagens nem sempre geram diferenças substanciais em termos do conceito e conteúdo do assim designado mínimo existencial igualmente merece referência, como, aliás, bem o revela a posição adotada por Ricardo Lobo Torres, que, a exemplo de Alexy, reconhece até mesmo direitos subjetivos a prestações estatais, de caráter jusfundamental, naquilo que tais prestações dizem com a satisfação do mínimo existencial, ou seja, com a garantia de uma vida condigna.[38]

Todavia, uma possível convergência entre uma fundamentação liberal e uma justificação social (ou mesmo socialista, a depender de "qual" socialismo estiver em causa) não deve – ou, pelo menos, não deveria – levar à desconsideração das diferenças efetivas entre ambas as vias fundamentais, já que diferenças há inclusive no âmbito das abordagens liberais e sociais, individualmente consideradas. Bastaria recordar aqui, em caráter ilustrativo, as teorias de John Rawls e Michael Walzer[39] (ambos liberais, mas substancialmente divergentes em relação a alguns tópicos, inclusive em termos de justiça social) e as diferentes correntes de pensamento agrupadas em torno de uma ideologia de cunho socialista. As diferenças resultam sim em problemas concretos, vinculados, por exemplo, à diferença entre o mínimo vital e o existencial, o conteúdo da garantia do mínimo existencial, o papel do Poder Judiciário na sua proteção e implementação, entre outros tantos tópicos que aqui poderiam ser referidos. Bastaria, ainda neste contexto, referir a acirrada controvérsia em torno da vinculação dos órgãos estatais à Constituição, e, portanto, aos deveres de proteção nela enunciados (com destaque para a proteção da dignidade da pessoa humana e, portanto, do mínimo existencial) e, de modo especial, a discussão em torno da legitimidade do controle pelo Judiciário dos atos comissivos e omissivos dos demais órgãos estatais com base nos direitos e deveres fundamentais constitucionais.[40]

---

38. Cf. R. L. Torres, "A Metamorfose...", cit., pp. 1 e ss.
39. Abordando o problema justamente com base na contribuição dos dois teóricos referidos, v., entre nós e entre outros, além de R. L. Torres, especialmente Ana Paula de Barcellos, *A Eficácia Jurídica dos Princípios Constitucionais. O Princípio da Dignidade da Pessoa Humana*, pp. 123 e ss.
40. A respeito destes tópicos já existe entre nós farta e excelente literatura. Com feito, no âmbito apenas da produção monográfica destacam-se as obras de G. Binen-

Tomando como exemplo o problema do conteúdo das prestações vinculadas ao mínimo existencial, verifica-se que a doutrina e a jurisprudência alemã partem – de um modo mais cauteloso – da premissa de que existem diversas maneiras de realizar esta obrigação, incumbindo ao legislador a função de dispor sobre a forma da prestação, seu montante, as condições para sua fruição etc., podendo os tribunais decidir sobre este padrão existencial mínimo, nos casos de omissão ou desvio de finalidade por parte dos órgãos legiferantes.[41] Relevante, todavia, é a constatação de que a liberdade de conformação do legislador encontra seu limite no momento em que o padrão mínimo para assegurar as condições materiais indispensáveis a uma existência digna não for respeitado, isto é, quando o legislador se mantiver aquém desta fronteira.[42] Tal orientação, de resto, é que aparentemente tem prevalecido na doutrina e jurisprudência supranacional e nacional (constitucional) Européia,[43] e,

bojm, *A nova Jurisdição Constitucional Brasileira*, 2001; A. Krell, *Direitos Sociais e Controle Judicial no Brasil e na Alemanha*, 2002; L. L. Streck, *Jurisdição Constitucional e Hermenêutica*, 2003; C. A. Mello, *Democracia Constitucional e Direitos Fundamentais*, 2004, S. F. Moro, *Jurisdição Constitucional como Democracia*, 2004; L. R. Barroso, *Controle de Constitucionalidade no Direito Brasileiro*, 2004; e, por último, E. Appio, *Controle Judicial de Políticas Públicas no Brasil*, 2005, todos, ainda que mediante fundamentos e perspectivas diferenciadas e mesmo reconhecendo, em certas hipóteses, alguns limites à atividade jurisdicional, afirmando com ênfase a legitimação substancial dos órgãos jurisdicionais para o controle dos atos dos demais órgãos estatais, inclusive na esfera da efetivação de prestações materiais correspondentes aos direitos sociais e mínimo existencial. Abordando o tema pelo prisma das funções da jurisdição constitucional e reconhecendo também uma atuação mais ampla v. ainda A. R. Tavares, *Teoria da Justiça Constitucional*, 2005. Privilegiando, em contrapartida, uma perspectiva procedimental e mais ou menos resistente a um ativismo jurisdicional, v. as igualmente relevantes obras de C. P. Souza Neto, *Jurisdição Constitucional, Democracia e Racionalidade Prática*, 2002; C. P. Souza Neto, G. Bercovici, J. F. Moraes Filho e M. M. Barreto Lima, *Teoria da Constituição. Estudos sobre o lugar da Política no Direito Constitucional*, 2003; J. A. Leite Sampaio (Org.), *Jurisdição Constitucional e Direitos Fundamentais*, 2003; A. R. de Souza Cruz, *Jurisdição Constitucional Democrática*, 2003; M. Cattoni (Coord.), *Jurisdição e Hermenêutica Constitucional*, 2005 e I. W. Sarlet (Org.), *Jurisdição e Direitos Fundamentais*, 2005.

41. Esta a posição de R. Breuer, "Grundrechte als Anspruchsnormen", cit., p. 97. Também o Tribunal Federal Constitucional atribui ao legislador a competência precípua de dispor sobre o conteúdo da prestação. Neste sentido, v. *BVerfGE* 40, 121 (133) e 87, 153 (170-1).

42. Cf. o já referido *leading case* do Tribunal Constitucional Federal (*BVerfGE* 40, 121 [133]).

43. Ainda que não se trate do reconhecimento de um direito a prestações propriamente dito, o Tribunal Constitucional Espanhol, na Sentença n. 113/1989, entendeu que "Es incompatible con la dignidad de la persona el que la efectividad de los derechos patrimoniales se leve al extremo de sacrificar el mínimo vital del deudor, privándole de

de algum modo, parece ter sido assumida como substancialmente correta também por expressiva doutrina e jurisprudência sul-americana, como dão conta importantes contribuições oriundas da Argentina[44] e da Colômbia.[45] Entre nós, basta, por ora, lembrar o crescente número de publicações e de decisões jurisdicionais, inclusive proferidas por Tribunais Superiores, neste último caso, com destaque para a área da saúde.[46]

É preciso frisar, por outro lado, que também no que diz com o conteúdo do assim designado mínimo existencial, bem como com a sua proteção e implementação, existe uma gama variada de posicionamentos em relação à atuação do poder judiciário nesta seara, de tal sorte que tal temática aqui não será especificamente examinada. De outra parte, mesmo que não se possa adentrar em detalhes, firma-se posição no sentido de que o objeto e conteúdo do mínimo existencial, compreendido também como direito e garantia fundamental, haverá de guardar sintonia com uma compreensão constitucionalmente adequada do direito à vida e da dignidade da pessoa humana como princípio constitucional fundamental. Neste sentido, remete-se à noção de que a dignidade da pessoa humana somente estará assegurada – em termos de condições básicas a

los medios indispensables para la realización de sus fines personales. Se justifica así, junto a otras consideraciones, la inembargabilidad de bienes y derechos como límite del derecho a la ejecución de las sentencias firmes" (in F. R. Llorente (Org.), *Derechos Fundamentales y Principios Constitucionales (Doctrina Jurisprudencial)*, p. 73). Já admitindo um direito às prestações vinculadas ao mínimo existencial, v. a já citada decisão do Tribunal Constitucional de Portugal, na esteira de jurisprudência anterior, ainda que em princípio tímida e partindo da primazia da concretização pelos órgãos legiferantes.

44. V. especialmente C. Courtis e V. Abramovich, *Los Derechos Sociales como Derechos Exigibles*, 2003, apresentando e comentando um expressivo elenco de casos envolvendo os direitos sociais e o mínimo existencial não limitado à experiência da Argentina.

45. Inventariando e comentando a jurisprudência constitucional da Colômbia, v. Rodolfo Arango; Julieta Lemaitre (Dir.), "Jurisprudencia Constitucional sobre el Derecho al Mínimo Vital", in *Estudios Ocasionales CIJUS*, 2002.

46. V. aqui, entre outras, a decisão emblemática proferida pelo Supremo Tribunal Federal, relatada pelo Ministro Celso de Mello (Agravo Regimental no RE 271.286-8-RS, publicada no *DJU* em 24.11.2000), onde restou consignado – igualmente em hipótese que versava sobre o fornecimento de medicamentos pelo Estado (no caso, paciente portador de HIV) que a saúde é direito público subjetivo não podendo ser reduzido à "promessa constitucional inconseqüente". Mais recentemente, v. a paradigmática decisão monocrática do STF proferida na ADPF 45, igualmente da lavra do Ministro Celso de Mello, afirmando – embora não tenha havido julgamento do mérito – a dimensão política da jurisdição constitucional e a possibilidade de controle judicial de políticas públicas quando se cuidar especialmente da implementação da garantia do mínimo existencial, posição esta reafirmada no RE 436.996-SP, igualmente relatado pelo Ministro Celso de Mello, onde foi reconhecido o direito subjetivo e o correspondente dever constitucional de assegurar o atendimento em creches e pré-escolas para crianças de até seis anos de idade.

serem garantidas pelo Estado e pela sociedade – em que a todos e a qualquer um estiver assegurada nem mais nem menos do que uma vida saudável.⁴⁷

Dito isso, o que importa, nesta quadra, é a percepção de que a garantia (e direito fundamental) do mínimo existencial independe de expressa previsão constitucional para poder ser reconhecida, visto que decorrente já da proteção da vida e da dignidade da pessoa humana. No caso do Brasil, onde também não houve uma previsão constitucional expressa consagrando um direito geral à garantia do mínimo existencial, os próprios direitos sociais específicos (como a assistência social, a saúde, a moradia, a previdência social, o salário mínimo dos trabalhadores, entre outros) acabaram por abarcar algumas das dimensões do mínimo existencial, muito embora não possam e não devam ser (os direitos sociais) reduzidos pura e simplesmente a concretizações e garantias do mínimo existencial, como, de resto, já anunciado. Por outro lado, a previsão de direitos sociais não retira do mínimo existencial sua condição de direito-garantia fundamental autônomo e muito menos não afasta a necessidade de se interpretar os demais direitos sociais à luz do próprio mínimo existencial, notadamente para alguns efeitos específicos, o que agora não serão objeto de atenção mais detida.

Neste contexto, há que enfatizar que o mínimo existencial – compreendido como todo o conjunto de prestações materiais indispensáveis para assegurar a cada pessoa uma vida condigna (portanto, saudável) tem sido identificado – por muitos – como constituindo o núcleo essencial dos direitos fundamentais sociais, núcleo este blindado contra toda e qualquer intervenção por parte do Estado e da sociedade.

Considerando a relevância deste ponto, inclusive no concernente ao trato da assim designada "eficácia horizontal" dos direitos fundamentais, mas especialmente no tocante à relação entre o mínimo existencial e os direitos fundamentais de um modo geral, é preciso recordar, que não se endossa a tese de acordo com a qual o conteúdo em dignidade da pessoa humana equivale necessariamente ao núcleo essencial dos direitos fundamentais.⁴⁸ Com efeito, consoante já demonstrado em outra ocasião, não é certo que todos os direitos fundamentais tenham um fundamento direto na dignidade da pessoa humana e, portanto, um conteúdo certo em dignidade.⁴⁹

---

47. Cf. o nosso *Dignidade...*, cit., pp. 59-60.
48. Cf. demonstrado no nosso *Dignidade...*, cit., pp. 118 e ss.
49. V., neste sentido, o nosso *Dignidade...*, cit., pp. 77 e ss.

O mesmo aplica-se aos próprios direitos fundamentais sociais (que – como demonstrado logo atrás – não se reduzem à dimensão prestacional, assim como não se limitam ao mínimo existencial) ainda mais em se considerando as peculiaridades e a extensão do elenco dos direitos positivados na Constituição de 1988. Assim, verifica-se que mesmo não tendo um conteúdo que possa ser diretamente reconduzido à dignidade da pessoa humana ou, de modo geral, a um mínimo existencial, os direitos fundamentais em geral e os direitos sociais nem por isso deixam de ter um núcleo essencial. Que este núcleo essencial, em muitos casos, até pode ser identificado com o conteúdo em dignidade destes direitos e que, especialmente em se tratando de direitos sociais de cunho prestacional (positivo) este conteúdo essencial possa ser compreendido como constituindo justamente a garantia do mínimo existencial, resulta evidente. Por outro lado, tal constatação não afasta a circunstância de que, *quando for o caso*, este próprio conteúdo existencial (núcleo essencial = mínimo existencial) não é o mesmo em cada direito social (educação, moradia, assistência social etc.) não dispensando, portanto, a necessária contextualização e interpretação tópico-sistemática em cada oportunidade que se pretender extrair alguma conseqüência jurídica concreta em termos de proteção negativa ou positiva dos direitos sociais e do seu conteúdo essencial, seja ele, ou não, diretamente vinculado a alguma exigência concreta da dignidade da pessoa humana.

Outro aspecto que merece destaque diz com o fato de que tendo a própria garantia do mínimo existencial sido (como cláusula geral) implicitamente consagrada pela ordem constitucional brasileira, em diversas situações tal garantia acabou – inclusive antes mesmo da edição da vigente Constituição – sendo concretizada, em algumas das suas dimensões, pelo legislador infraconstitucional, o que ocorre, por exemplo, com a obrigação alimentar. Tal exemplo revela, por um lado, que a garantia do mínimo existencial já estava presente no constitucionalismo pretérito, até mesmo pelo fato de dizer com necessidades básicas da pessoa humana que, independentemente de uma previsão formal e expressa num texto constitucional, têm relação (ou assim deveriam ter) com a compreensão do conteúdo material do direito constitucional e dos direitos fundamentais, até mesmo pelo fato de estar em causa a vida e a dignidade da pessoa e da vida humana.

De outra parte, verifica-se que a previsão legal – como ocorre com os alimentos ou mesmo, em parte, com os direitos de personalidade – não permite afirmar que se está diante de direitos fundamentais de cunho legal, já que o legislador tão-somente explicitou no texto legal aquilo que já estava implicitamente consagrado na Constituição. O direito aos alimentos, assim como os direitos de personalidade não previstos expressamente na Constituição, são, portanto, direitos fundamentais legislativamente concretizados, o que evidentemente se aplica a outras hipóteses, a depender de cada caso, o que aqui vai lembrado para reforçar a já anunciada necessidade de se tomar o conjunto dos direitos fundamentais, expressa e implicitamente consagrados pelo Constituinte, sempre à luz da abertura material tal qual consagrada no artigo 5º, § 1º, da CF, como parâmetro para a constitucionalização (e, em certo sentido, da "jusfundamentalização") da ordem jurídica como um todo.

De todo o exposto, há como extrair, ainda, outra constatação de relevo também para os desenvolvimentos subseqüentes, qual seja, a impossibilidade de se estabelecer, de forma apriorística e acima de tudo de modo taxativo, um elenco dos elementos nucleares do mínimo existencial, no sentido de um rol fechado de posições subjetivas (direitos subjetivos) negativos e positivos correspondentes ao mínimo existencial, o que evidentemente não afasta a possibilidade de se inventariar todo um conjunto de conquistas já sedimentadas e que, em princípio e sem excluírem outras possibilidades, servem como uma espécie de roteiro a guiar o intérprete e, de modo geral, os órgãos vinculados à concretização dessa garantia do mínimo existencial.[50]

Por derradeiro, antes de enveredar a seara das relações entre os direitos sociais e o Direito Privado, convém frisar que assim como ocorre com a dignidade da pessoa humana e os direitos fundamentais de um modo geral, também ao mínimo existencial corresponde, além de uma dimensão jurídico-objetiva vinculativa de todos os órgãos estatais (impondo, por exemplo, deveres gerais e específicos de proteção), todo um complexo heterogêneo de posições subjetivas negativas (defensivas) e positivas (prestacionais) expressas e/ou implícitas, que precisam ser devidamente consideradas em qualquer análise que se fizer do tema, notadamente naquilo que se estiver a discutir, a proteção e promoção do mínimo existencial por parte do – mas também contra o – Estado e da sociedade.

---

50. É precisamente neste sentido que compreendemos a proposta de A. P. de Barcellos, *A Eficácia Jurídica dos Princípios Constitucionais. O Princípio da Dignidade da Pessoa Humana*, pp. 247 e ss., ao incluir no mínimo existencial a garantia da educação fundamental, da saúde básica, da assistência aos desamparados e do acesso à justiça, pena de fecharmos de modo constitucionalmente ilegítimo (ou, pelo menos, problemático) o acesso à satisfação de necessidades essenciais, mas que não estejam propriamente vinculadas (pelo menos, não de forma direta) às demandas colacionadas pela ilustre Autora.

4. Os direitos (fundamentais) sociais e o mínimo existencial: algumas notas sobre sua eficácia nas relações entre particulares

4.1 Breves observações sobre a constitucionalização do Direito Privado de um modo geral

Deixando-se de lado, por necessário, uma digressão mais pormenorizada sobre a evolução das relações entre a Constituição e o Direito Privado, tema, aliás, sobre o qual existe farta e excelente literatura também no Brasil,[51] assume-se aqui como pressuposto que as relações entre a Constituição, os direitos fundamentais e o Direito Privado sempre foram marcadas por uma lógica dialética e dinâmica de influência recíproca.[52] Já desde o advento do constitucionalismo, tais relações distinguem-se ao longo do tempo, especialmente em termos quantitativos e qualitativos dependendo do lugar ocupado pelo direito constitucional e dos efeitos atribuídos às normas constitucionais e do papel desempenhado pelo que ainda se poderia chamar de um Direito Privado. Com efeito, assim como mudaram as funções da Constituição e as funções clássicas foram substancialmente – pelo menos em muitos lugares – reconstruídas, também mudou o tratamento outorgado às constituições como norma jurídica, com sensíveis reflexos também sobre a interpretação da ordem jurídica infraconstitucional. De outra parte, é preciso considerar que a própria Constituição em sentido material – ou aquilo que se tem chamado de identidade constitucional – encontra-se em constante processo de redefinição e reconstrução, influindo, por sua vez, também sobre a produção e alteração da constituição formal e do direito positivado no plano legal.

Com base nesta evolução é que atualmente já se pode partir de algumas premissas, que, muito embora não dispensem uma análise individual profunda e diferenciada, nem afastem uma série de pontos de vista distintos no que diz com uma miríade de aspectos, podem ser extraídas de uma doutrina e, até mesmo, em boa parte, de uma prática já substancialmente sedimentada e institucionalizada (pelo menos em termos majoritários e quanto ao direito nacional) e dizem aqui mais de perto com

---

51. Dentre a farta e excelente produção monográfica, destacamos aqui, também em homenagem ao pioneirismo dos autores e fundadores da escola do direito civil-constitucional no Brasil, L. E. Fachin, *Repensando os Fundamentos do Direito Civil Brasileiro Contemporâneo*, 1998, e G. Tepedino, *Temas de Direito Civil*, 1999, ambos com diversas obras posteriores versando sobre aspectos das relações entre a Constituição e o Direito Civil, e C. L. S. Ramos, G. Tepedino, H. H. Barboza, J. A. P. Gediel, L. E. Fachin e M. C. Bodin de Moraes (Org.), *Diálogos sobre Direito Civil. Construindo a Racionalidade Contemporânea*, 2002.

52. Cf., por todos, a obra de K. Hesse, *Derecho Constitucional...*, cit.

o fenômeno da constitucionalização da ordem jurídica e com as suas conseqüências.

Neste sentido, aponta-se com inteira razão para o fato de que a assim designada constitucionalização do Direito[53] (e, portanto, também do Direito Privado) se manifesta por duas vias:[54] a) a presença da Constituição no Direito Privado, em que se cuida da influência das normas constitucionais, via concretização legislativa e/ou judicial sobre as normas do Direito Privado e as relações entre particulares, e b) a presença do Direito Privado na Constituição, em que se cuida de institutos originalmente do Direito Privado previstos na Constituição – que, por sua vez, irá influenciar o Direito Privado – situação na qual, no fundo, se está a falar de direito constitucional e não propriamente de um direito civil-constitucional.

Em face da afirmação da supremacia e da unidade da Constituição – dos seus valores, princípios e regras – como fundamento normativo e, portanto, necessariamente vinculativo da validade e da própria legitimidade da ordem jurídica, passou a ser possível compreender as relações entre o Direito Público e o Direito Privado, antes – quando do advento do constitucionalismo liberal-burguês – tidas como praticamente inexistentes, já que se tratavam de esferas distintas e até mesmo tidas como incomunicáveis, como estando – intimamente ligadas pelo amálgama constitucional, sempre no contexto de um sistema jurídico unitário, embora materialmente aberto.[55]

Atualmente, por mais que as evoluções recentes estejam a atestar, em boa medida, a gradativa perda da centralidade das Constituições (mire-se o papel crescente do direito internacional e dos organismos transnacionais), mas também a crescente incapacidade das Constituições e do direito em geral, de corresponderem às exigências e desafios de

---

53. Sobre os pressupostos e manifestações da constitucionalização da ordem jurídica como um todo, v., por todos, G. F. Shuppert e C. Bumke, *Die Konstitutionalisierung der Rechtsordnung*, 2000 e R. Guastini, "La 'Constitucionalización' del Ordenamiento Jurídico: el Caso Italiano", in M. Carbonell (Ed.), *Neoconstitucionalismo(s)*, pp. 49-74.

54. Entre nós, seguindo esta linha de entendimento e desenvolvendo com maestria o tema, confira-se, por último, o excelente contributo de E. Facchini Neto, "Reflexões Histórico-Evolutivas sobre a Constitucionalização do Direito Privado", in I. W. Sarlet (Org.), *Constituição, Direitos Fundamentais e Direito Privado*, especialmente pp. 35 e ss.

55. J. Freitas, *A Interpretação Sistemática do Direito*, pp. 225 e ss., bem destacando que a despeito da superação de uma lógica da recíproca exclusão entre as esferas do público e do privado, por conta da supremacia e da unidade da Constituição, ambas as esferas (e, portanto, também o direito público e o direito privado) permanecem apresentando diferenças funcionais que justificam uma distinção.

uma proteção eficaz no âmbito da nossa complexa sociedade de risco contemporânea ou pós-moderna,[56] como preferem alguns, não há como desconsiderar que tanto a superação da dissociação público-privado quanto a circunstância de a Constituição ser o parâmetro primeiro das relações jurídicas no âmbito nacional-estatal segue sendo atual. Assim, não há – pelo menos ainda – como apontar para uma superação do fenômeno da constitucionalização da ordem jurídica, o que não afasta, por evidente, novas transformações no que diz com as funções da própria Constituição e do Direito de um modo geral, no contexto da relação permanentemente dialética e dinâmica, típica da constante reconstrução da identidade constitucional[57] e, de modo geral, do Direito, já referida.

O fato é que justamente o avanço da globalização e o impacto de seus efeitos colaterais de cunho negativo, como é o caso do incremento dos níveis de exclusão social e de opressão por parte dos poderes sociais, cuja influência tem crescido vertiginosamente na mesma proporção em que o Estado se demite ou é demitido de suas funções regulatórias e fiscalizatórias, mediante a fragilização de sua capacidade de atuar efetivamente na proteção e promoção dos direitos fundamentais, revela o quão atual é a discussão em torno da eficácia social da Constituição e dos direitos fundamentais para além das relações entre o Estado e os particulares.[58]

Assim, ainda com maior razão (mesmo que de modo diferenciado) do que se afirmava no auge do constitucionalismo social, segue valendo a premissa de que a dignidade da pessoa humana e os direitos fundamentais, de um modo geral, aplicam-se na e a toda ordem jurídica e social. Com efeito, a proteção do cidadão e da sociedade contra o abuso do poder econômico e social pressupõe que se tomem a sério estes riscos e ameaças e que se levem a sério as funções e possibilidades da Constituição e dos Direitos Fundamentais em todos os setores da vida social e jurídica. Que tal desafio diz respeito também aos direitos fundamentais

---

56. Sobre o tema do impacto da globalização sobre o direito de um modo geral, v. o paradigmático estudo de J. E. Faria, *O Direito na Economia Globalizada*, 2007. Abordando já o tema específico das relações entre a Constituição e o Direito Privado, inclusive quanto à aplicação dos direitos fundamentais às relações privadas, v. o instigante estudo de G. Teubner, "Globale Zivilverfassungen: Alternativen zur staatszentrierten Verfassungstheorie", *Zeitschrift für ausländisches öffentliches Recht und Völkerrecht*, vol. 63 (2003), pp. 1-28.

57. Sobre o tema, v., por todos, M. Rosenfeld, *A Identidade do Sujeito Constitucional*, 2003.

58. Aqui remete-se aos desenvolvimentos de D. Sarmento, *Direitos Fundamentais e Relações Privadas*, pp. 43 e ss.

sociais, pelo seu significado para uma vida humana com dignidade, resulta evidente, ainda mais que são os direitos sociais os mais ameaçados de supressão (ou, pelo menos, de uma desconstitucionalização e/ou flexibilização) e de toda a sorte de violações, por razões que aqui não há como inventariar a analisar, mas que são, em geral, de todos já conhecidas.

4.2 O reconhecimento da vinculação do Estado e dos particulares (portanto, de uma eficácia simultaneamente " vertical" e "horizontal") à dignidade da pessoa humana e, em princípio, a todos os direitos fundamentais

A partir das observações precedentes e considerando que um Estado Democrático de Direito genuíno é necessariamente um Estado "amigo" e não detrator dos direitos fundamentais,[59] já que comprometido justamente com a proteção e efetivação dos direitos fundamentais de todas as pessoas, de modo a prever mecanismos eficientes para que tais violações (inclusive e – importa frisar – não exclusivamente do poder público) sejam, senão completamente evitadas (o que é impossível), pelo menos eficientemente coibidas e reparadas, assume-se hoje como sedimentada a posição de acordo com a qual tanto o Estado quanto os particulares (pessoas físicas e jurídicas) encontram-se, de alguma forma, vinculados aos direitos fundamentais. Refutam-se, portanto, desde logo, as teses – minoritárias, convém frisar, no âmbito do mundo jurídico europeu e latino-americano – que, a exemplo da doutrina norte-americana da "state action", negam categoricamente qualquer vinculação de atos puramente "privados" e de entes "particulares" às cláusulas constitucionais.[60] Assim, se em relação ao modo de incidência (portanto, ao modo pelo qual se dá a vinculação e os efeitos que dela se podem extrair), segue existindo controvérsia mesmo entre nós, quanto ao "se" (isto é, quanto ao fato em si de existir alguma vinculação), há como partir da premissa de que, justamente no contexto de um Estado Democrático de Direito, não há como afastar a existência desta vinculação.

Por outro lado, da mesma forma, que a vinculação dos órgãos estatais aos direitos fundamentais deve hoje ser compreendida como uma vinculação isenta de lacunas, que, nas palavras de Gomes Canotilho,

---

59. J. C. Vieira de Andrade, *Os Direitos Fundamentais...*, cit., p. 284.
60. Neste sentido, remetemos, no âmbito da doutrina nacional, entre outros, a D. Sarmento, *Direitos Fundamentais e Relações Privadas*, pp. 226 e ss. e A. R. do Valle, *Eficácia dos Direitos Fundamentais nas Relações Privadas*, pp. 112 e ss.

abrange tanto os órgãos, quanto as funções e os agentes públicos, em todos os níveis e modos de atuação,[61] também a vinculação dos particulares e das entidades privadas em geral aos direitos fundamentais assume a condição de pressuposto para toda a discussão em torno da efetividade (eficácia social) da Constituição. Importa frisar, ainda mais, que se está a tratar da eficácia dos direitos sociais, que como estes têm por objeto primacial a promoção da igualdade e liberdade material e compensação de graves desigualdades, bem como – e acima de tudo – a garantia de condições efetivas para uma vida digna, quanto maior a eficácia e efetividade dos direitos fundamentais (também sociais, portanto) na ordem "privada" quanto maior a eficácia social dos direitos fundamentais e dos direitos sociais.

Além disso, se os direitos sociais são também fundamentais e se a dignidade da pessoa humana é reconhecida a qualquer pessoa (de tal sorte que também, mesmo com base numa leitura minimalista-liberal, os direitos relacionados ao mínimo existencial são atribuídos a todos e a qualquer um), não há como sustentar uma exclusão dos direitos sociais quanto à vinculação dos poderes públicos e dos próprios particulares, sem que com isso se esteja a desconsiderar possíveis e até mesmo necessárias diferenciações quanto ao modo de vinculação e especialmente no que diz com algumas das conseqüências daí oriundas, o que será versado logo mais adiante.

É pelas razões expostas (mas não somente por elas) que no fundo há que partir da premissa de que os direitos fundamentais geram efeitos tanto no plano verticalizado das relações entre os particulares e o poder estatal, quanto no plano (igualmente verticalizado) das relações entre particulares que não são detentores de um efetivo poder social e outros que detém parcelas expressivas de poder social, bem como das relações entre particulares em situação de tendencial igualdade fática, ainda que aqui não se possa aplicar, de modo geral e de modo igual, as mesmas categorias dogmático-argumentativas, por conta de um maior impacto da autonomia privada. Se é, à evidência, verdade que são os órgãos estatais que se encontram diretamente vinculados pelos deveres de proteção expressa e implicitamente contidos nos direitos fundamentais,[62] também

---

61. Cf. J. J. Gomes Canotilho, *Direito Constitucional...*, cit., p. 439.
62. Sobre os deveres de proteção e sua relevância para o problema específico ora versado (mesmo que não se vá aderir à posição do Autor em prol de uma eficácia apenas indireta dos direitos fundamentais nas relações entre particulares), v., por todos, C.-W. Canaris, *Direitos Fundamentais e Direito Privado*, 2003.

é correto afirmar que entre os particulares existe um dever de respeito e consideração (portanto, de não violação) em relação à dignidade e direitos fundamentais das outras pessoas.[63] Assim, a eficácia vertical será sempre complementada por uma espécie de eficácia horizontal, que mais apropriadamente tem sido designada de eficácia dos direitos fundamentais no âmbito das relações privadas, já que tal terminologia contorna a circunstância de que também estas relações são, em boa parte, inevitavelmente verticais.[64]

Para ilustrar tal assertiva, basta lembrar que mesmo quando estiver em causa a vinculação de um particular a um direito fundamental, por exemplo, quando se cuidar de pedido de indenização promovido por determinada pessoa contra outra com base em violação (por parte da pessoa demandada) do direito fundamental à honra e/ou imagem, é perante o Estado (vinculado diretamente pelo dever de proteção dos direitos fundamentais) que tal demanda é intentada e é o Estado que tem o poder-dever de compor, de modo constitucionalmente adequado esta situação, ou seja, o conflito entre particulares. O exemplo, ainda que elementar, apenas demonstra que existem questões absolutamente singelas que nem por isso deixam de ser relevantes e precisam ser levadas em conta quando da construção das categorias argumentativas. Na hipótese referida, se este órgão estatal (no caso, o Judiciário) desconsiderar o pleito por uma defeituosa apreciação do caso à luz da Constituição, por não ter vislumbrado, quando deveria, uma violação de direito fundamental, também o ato estatal (decisão) poderá ser atacado por conta de uma violação de um dever de proteção estatal fundado nos direitos fundamentais, o que poderá ocorrer tanto por meio de uma violação da proibição de insuficiência, quanto por meio de uma violação do princípio da proibição de excesso, embora neste último caso se não esteja necessariamente diante da violação de um dever de proteção.

63. V., a respeito, as ponderações de J. Miranda, in J. Miranda e R. Medeiros, *Constituição Portuguesa Anotada*, vol. I, p. 157, muito embora sua posição tendencialmente mais cautelosa no que diz com a aplicação das normas de direitos fundamentais às relações privadas.
64. Neste sentido, v. já o nosso "Direitos Fundamentais e Direito Privado: algumas Considerações em torno da Vinculação dos Particulares aos Direitos Fundamentais", in I. W. Sarlet (Org.), *A Constituição Concretizada: construindo pontes com o Público e Privado*, pp. 107-163, na esteira de autores como J. M. Bilbao Ubillos e com a adesão, mais recentemente, entre nós, de J. R. G. Pereira, "Apontamentos sobre a Aplicação das Normas de Direito Fundamental nas Relações Jurídicas entre Particulares", in L. R. Barroso (Org.), *A nova Interpretação Constitucional*, pp. 132 e ss. e de T. L. S. Sombra, *A Eficácia dos Direitos Fundamentais nas Relações Jurídico-Privadas*, pp. 123 e ss.

Além de uma vinculação dos órgãos jurisdicionais, em muitas hipóteses já está em causa, desde logo, a vinculação do legislador aos direitos fundamentais, mesmo quando se cuida de uma eficácia em relação aos particulares, já que, em princípio, é o legislador que regula os conflitos entre os direitos fundamentais dos atores privados, concretizando o dever de proteção estatal. Assim, por evidente que tal opção legislativa deve ser considerada por ocasião da solução do caso pelo Poder Judiciário, embora a este obviamente não possa ser negado o poder-dever de controle da legitimidade constitucional da legislação, ou declarando, se for o caso, a sua inconstitucionalidade, ou – se estiverem presentes os pressupostos – interpretando-a conforme a Constituição ou, ainda, na ausência e/ou insuficiência da lei (e na lei, se esta, por exemplo, não cumprir minimamente com os deveres de proteção que incumbem, em primeira linha – mas não exclusivamente – ao legislador), efetivando o dever de proteção estatal no caso concreto, mediante a aplicação direta das normas de direitos fundamentais aos atos dos particulares envolvidos no conflito.

A partir do exposto, percebe-se também que além de inequívocos pontos de contato entre as eficácias "vertical" e "horizontal", também não há como distinguir com precisão entre a assim designada eficácia direta (ou imediata) e a eficácia indireta (ou mediata) dos direitos fundamentais no que diz com sua aplicação às relações entre particulares. Tal constatação aponta inexoravelmente para a necessidade de se compreender também o problema da eficácia dos direitos fundamentais no âmbito do Direito Privado (tanto em relação aos atos do Estado, quanto aos atos de atores privados) como um processo complexo, dialético e dinâmico, incompatível com uma metódica fechada e unilateral.

4.3 A necessária superação da alternativa eficácia direta ou indireta por uma metódica reciprocamente complementar e diferenciada, a partir de uma eficácia direta prima facie dos direitos fundamentais também nas relações entre particulares

Com base nas formulações precedentes, especialmente no que restou afirmado em relação à confluência e complementaridade, portanto, em relação ao necessário diálogo entre os problemas da vinculação dos órgãos estatais e dos particulares, e sem que aqui se vá inventariar as diversas posições existentes sobre o modo de incidência das normas de direitos fundamentais no âmbito das relações entre particulares,[65] é pos-

---

65. Remete-se aqui o leitor para as competentes e mais atualizadas sínteses de D. Sarmento, *Direitos Fundamentais e Relações Privadas*, pp. 223 e ss.; J. R. G. Pereira,

sível partir do pressuposto, de resto já assumido como correto em estudo anterior,[66] de que também não há como aceitar, notadamente em termos de aplicação das normas de direitos fundamentais e de seus efeitos às relações entre particulares, uma distinção absoluta entre a eficácia imediata e a eficácia mediata, pelo menos não no sentido da aplicação isolada e exclusive de uma das formas de incidência das normas de direitos fundamentais às relações entre particulares. Com efeito, consoante já demonstrado, em boa parte dos casos a existência de uma prévia opção legislativa no que diz com a composição de conflitos entre particulares (e os seus respectivos direitos fundamentais como direitos subjetivos) é a solução constitucionalmente adequada, de tal sorte que não haverá o Judiciário de interferir, pena de – neste caso – extrapolar as suas competências jurisdicionais. Em outras hipóteses, contudo, a própria lei estará violando direitos fundamentais e/ou princípios constitucionais, cabendo aos órgãos jurisdicionais fazer valer o seu poder-dever de correção ou mesmo, na ausência ou insuficiência da lei, aplicar diretamente as normas constitucionais, delas extraindo mesmo sem lei os seus efeitos jurídicos e outorgando-lhe máxima efetividade.

O caso do direito à moradia bem ilustra a correção desta afirmação. Quando o Poder Judiciário (situações que hoje são absolutamente corriqueiras) deixa de aplicar, no caso concreto, a legislação que expressamente prevê a possibilidade de penhora do imóvel do fiador de uma relação locatícia ou mesmo do imóvel do condômino, mesmo em face de uma cobrança de débitos condominiais, se está tão-somente reconhecendo a inconstitucionalidade de parte de uma opção (portanto, também e em certo sentido, de uma ponderação) legislativa prévia que concretizou o dever de proteção estatal em relação à moradia e desta em face de outros bens constitucionalmente tutelados. Em última análise, se está a dizer que a legislação que impediu a penhora nas demais situações também passa a se aplicar às hipóteses originariamente excepcionadas. De mesma forma, acaba-se partindo (e é correto que assim o seja) da mediação já efetuada pelo legislador, quando se estende – como já fez o nosso Superior Tribunal de Justiça – a proteção da legislação a respeito do bem de família às uniões estáveis e até mesmo a outras hipóteses, ainda que uma ou outra possa ser questionada, se não quanto ao seu re-

---

"Apontamentos sobre a Aplicação das Normas de Direito Fundamental...", cit., pp. 157 e ss.; T. L. S. Sombra, *A Eficácia dos Direitos Fundamentais...*, cit., pp. 159 e ss.; A. R. do Valle, *Eficácia dos Direitos Fundamentais...*, cit., pp. 139 e ss., e, mais recentemente, W. Steinmetz, *A Vinculação dos Particulares a Direitos Fundamentais*, pp. 135 e ss.

66. V. o nosso, "Direitos Fundamentais e Direito Privado...", cit., especialmente pp. 154 e ss.

sultado, no que diz com a fundamentação utilizada pelos órgãos jurisdicionais.

A adoção de uma metódica diferenciada, com o que se adere às formulações de Gomes Canotilho,[67] que – adotando uma posição bastante próxima de Alexy[68] – necessariamente parte da premissa de que a garantia de uma eficácia social dos direitos fundamentais traduz um fenômeno complexo, que exige a consideração coordenada (embora nem sempre facilmente digerível) de uma multiplicidade de fatores e técnicas, que abrangem especialmente a confluência das dimensões já referidas (eficácia vertical e horizontal e da eficácia direta e indireta) não afasta – pelo contrário, até mesmo reclama – a adesão à premissa de que, em princípio, portanto *prima facie*, as normas de direitos fundamentais geram efeitos diretamente sobre as normas de Direito Privado (eficácia tipicamente vertical), mas também sobre os atos de entidades privadas, sejam estas, ou não, detentoras de efetivas parcelas de poder social.

Sem que se possa adentrar aqui o complexo e diversificado arcabouço argumentativo disponível no que diz com as razões favoráveis e contrárias a uma eficácia direta (imediata) dos direitos fundamentais nas relações privadas, problema, de resto, versado com maestria, também entre nós, por autores de justa reputação e já referidos, firma-se aqui posição no sentido de que, no direito constitucional brasileiro, para além de outras razões passíveis de menção,[69] a vinculação dos particulares aos direitos fundamentais (evidentemente àqueles direitos que, por sua natureza, não vinculam em primeira linha e, portanto, diretamente – embora não de forma exclusiva – os órgãos estatais) e uma eficácia em princípio direta, no sentido de não necessariamente dependente de uma prévia mediação pelo legislador, já decorre de uma adequada exegese do sentido e alcance da norma contida no artigo 5º, § 1º, da CF, quando dispõe que as normas definidoras de direitos fundamentais têm aplicação imediata.

Com efeito, para além do sentido literal do texto constitucional, que por si só já conforta (embora talvez – e por si só – não ainda de modo suficiente) a tese ora sustentada, não há como olvidar que a partir da norma contida no dispositivo citado se pode afirmar que a todos os órgãos estatais incumbe um dever de maximização da eficácia e efetividade

67. Cf. J. J. Gomes Canotilho, *Direito Constitucional...*, cit., p. 1.293.
68. Cf. R. Alexy, *Theorie...*, cit., pp. 484 e ss. A posição de Alexy – que voltará a ser referida – foi adequadamente denominada como representando "teoria integradora" por W. Steinmetz, *A Vinculação...*, cit., pp. 181 e ss.
69. Aqui se remete ao nosso já referido estudo "Direitos Fundamentais e Direito Privado...", cit., pp. 138 e ss.

de todas as normas de direitos fundamentais, no sentido de compreendê-las, em princípio, como normas de eficácia plena.[70] Que o dever-poder dos órgãos estatais no sentido de imprimir a máxima eficácia e efetividade (portanto também a máxima proteção) às normas de direitos fundamentais pressupõe a aplicação em princípio direta a todos os atos estatais e não-estatais, pena de comprometer o objetivo de alcançar níveis ótimos, ou, pelo menos, razoáveis de eficácia social, isto é, em todos os setores da vida pública e privada, resulta evidente. Neste contexto, vale relembrar a sempre atual lição de Jean Rivero,[71] que, ao afirmar a necessária implementação dos direitos fundamentais nas relações entre privados, refutou a possibilidade de se chancelar uma espécie de dupla ética social (resultante de uma diversificada concepção do ser humano no campo das relações entre os particulares e o Estado e os particulares entre si), bem como a posição adotada pelo Tribunal Constitucional da Espanha, ao sustentar, em síntese, que no âmbito de um Estado social e democrático de Direito a titularidade dos direitos fundamentais também deve ser assegurada plenamente na esfera da vida social em geral.[72]

Que a eficácia (em princípio direta) das normas de direitos fundamentais também no âmbito das relações privadas não poderá ser uma eficácia absoluta, do que advém a necessidade de se adotar, como anunciado, soluções diferenciadas, já decorre tanto do fato – apontado com acuidade por Bilbao Ubillos – de as normas de direitos fundamentais não serem homogêneas – visto terem diversos graus de eficácia e gerarem efeitos diversificados e peculiares,[73] quanto da própria estrutura normativa e da natureza eminentemente – mas não necessariamente – principiológica das normas de direitos fundamentais (o que inclui os direitos sociais) não deveria causar maior perplexidade.[74] Com efeito,

---

70. Neste ponto remete-se ao nosso *A Eficácia...*, cit., pp. 259 e ss.
71. Cfr. J. Rivero, "La Protection des Droits de l'Homme dans les Rapports entre Personnes Privées", in René Cassin, *Amicorum Discipulorumque Líber*, vol. III, p. 315.
72. Sentença do Tribunal Constitucional n. 18/1984, que, de modo geral e salvo posições isoladas divergentes, recebeu os aplausos da doutrina e acabou sendo reafirmada em uma série de julgados posteriores. A respeito, v. as observações de F. F. Segado, "La Teoría Jurídica de los Derechos Fundamentales en la Constitución Española de 1978 y su Interpretación por el Tribunal Constitucional", *Revista de Informação Legislativa*, n. 121 (1994), p. 87. Na doutrina espanhola deve-se – sem prejuízo de expressivas contribuições mais recentes – especialmente ao monumental trabalho de J. M. Bilbao Ubillos, *La Eficacia de los Derechos Fundamentales frente a Particulares*, o desenvolvimento dogmático mais aprofundado do tema e uma defesa qualificada da eficácia em princípio direta dos direitos fundamentais nas relações entre particulares.
73. Cf. J. M. Bilbao Ubillos, *La Eficacia...*, cit., p. 355.
74. V. o nosso "Direitos Fundamentais e Direito Privado...", cit., p. 157.

cuidando-se de relações entre titulares de direitos fundamentais – circunstância que justamente caracteriza as relações entre particulares e as distingue, em termos gerais, das relações com o Estado – sempre se farão presentes (o que acaba sendo um outro elo comum às teorias da eficácia direta e indireta), na esteira do que com acuidade observou Alexy, conflitos ou, pelo menos, situações de tensão, que, por sua vez, reclamam soluções distintas, de acordo com o caso concreto e do (ou dos) direitos fundamentais em conflito (tensão), razão pela qual também aqui se está diante de um problema de ponderação, que, à evidência, não se pode resolver pela lógica do "tudo ou nada",[75] mas sempre à luz dos critérios da proporcionalidade, na sua dupla acepção como vedação de excesso e de insuficiência.[76]

É justamente por essa razão que, na esteira, entre outros, de Gomes Canotilho, se comunga do entendimento de que é inviável advogar a existência de soluções uniformes também no que diz com a eficácia dos direitos fundamentais nas relações entre particulares, já que o adequado manejo da eficácia direta (mas não necessariamente igual!) e a intensidade da vinculação dos particulares aos direitos fundamentais deve ser pautada de acordo com as circunstâncias do caso concreto,[77] sendo insuficientes, portanto – como já há algum tempo lembrou Klaus Stern – os modelos ainda em boa parte adotados pela doutrina e jurisprudência.[78]

75. Cf. R. Alexy, *Theorie...*, cit., pp. 480 e ss.
76. Sobre o princípio (ou postulado, como preferem alguns – entre nós destaca-se o excelente trabalho de Humberto Ávila, *Teoria dos Princípios*, 2007, fundados em razões de peso, mas que aqui não cabe avaliar) da proibição de insuficiência, como contraponto da tradicional vedação de excesso vinculada à dimensão negativa dos direitos fundamentais e aplicada especialmente às restrições dos direitos, aplicado justamente na seara do tema ora versado, v. o paradigmático estudo de C.-W. Canaris (*Direitos Fundamentais...*, cit., pp. 119 e ss.). Dentre a produção monográfica estrangeira dedicada à proporcionalidade indispensável a contribuição de C. B. Pulido, *El Princpio de Proporcionalidad y los Derechos Fundamentales*, pp. 798 e ss. Entre nós, desenvolvendo aspectos da diferença entre a proibição de excesso e insuficiência, embora não na esfera jusprivatista, v. o nosso "Constituição e Proporcionalidade: o Direito Penal e os Direitos Fundamentais entre Proibição de Excesso e de Insuficiência", *Revista Brasileira de Ciências Criminais* (*IBCCRIM*), vol. 47 (2003), pp. 60-122, e L. L. Streck, "Da Proibição de Excesso (*Übermassverbot*) à Proibição de Proteção Deficiente (*Untermassverbot*): de como não há Blindagem contra Normas Penais Inconstitucionais", *Revista do Instituto de Hermenêutica Jurídica*, vol. 2, pp. 243 e ss.
77. Cf. J. J. Gomes Canotilho, *Direito Constitucional...*, cit., pp. 1.289 e ss.
78. K. Stern, *Das Staatsrecht der Bundesrepublik Deutschland*, vol. III/1, p. 1.563.

Assim, seguindo estas diretrizes (com destaque para a necessária observância da vinculação dos órgãos estatais aos deveres de proteção e suas conseqüências bem como a aplicação dos critérios da proporcionalidade na dupla acepção referida, abrangendo também a técnica da interpretação conforme a Constituição, de extrema relevância quando se tratar do controle das opções legislativas), a doutrina e a jurisprudência têm desenvolvido uma série de critérios materiais (note-se que aqui não se está a adentrar a dimensão processual-procedimental da problemática, que, embora conexa, pode – e inclusive costuma – ser tratada em separado), no sentido de categorias argumentativas, com o intuito de direcionar a atividade hermenêutica no que diz com o reconhecimento da eficácia dos direitos fundamentais nas relações privadas. É justamente neste ponto que também a garantia de um mínimo existencial (no sentido aqui adotado de garantia das condições indispensáveis para uma vida com dignidade) e a preservação do núcleo essencial dos direitos fundamentais, notadamente em situações de conflitos e quando em causa uma limitação (legislativa, ou não) de direitos, passa a voltar a merecer a atenção, como um dos (talvez um dos mais importantes) critérios para uma adequada ponderação e, portanto, para uma solução constitucionalmente legítima do problema posto (também) quando em causa a eficácia dos direitos fundamentais sociais no âmbito do Direito Privado e, de modo especial, no concernente às relações entre particulares.

Que o critério do núcleo essencial e do mínimo existencial (que não se confundem necessariamente, como apontado mais acima) não pode ser manejado de forma isolada, mas apenas no contexto de uma interpretação sistemática e em conjugação com outros critérios, resulta evidente, mas nem por isso se torna menos digno de nota. Entre os demais parâmetros – afora os já apontados, embora aqui não desenvolvidos – utiliza-se, com razão, o critério da maior ou menor desigualdade fática verificada no caso concreto, isto é, a existência, ou não, de uma relação entre detentor(es) de efetivo poder social e um indivíduo ou grupo socialmente fragilizado (vulnerável), pelo menos na relação jurídica em que se estabelece o conflito de interesses a ser solvido com base nos direitos fundamentais. Com efeito, em que pesem as justas críticas endereçadas contra a utilização indiscriminada e unilateral do critério dos poderes sociais,[79] é correto afirmar que tanto mais necessária se fará a

---

79. V. a respeito do problema dos poderes privados (sociais) e seu impacto no problema da eficácia dos direitos fundamentais nas relações entre particulares, da literatura especializada estrangeira, as ponderações de. J. J. Gomes Canotilho, *Direito Constitucional...*, cit., p. 1.293. Entre nós, v. o nosso "Direitos Fundamentais e Direito Priva-

tutela de um direito fundamental (de um determinado ator social), quanto mais no lado oposto da relação jurídica se estiver em face de um agente privado poderoso.[80] Em outras palavras, tanto o controle dos critérios da proporcionalidade – como proibição de excesso ou insuficiência – quanto a observância dos requisitos da aplicação dos deveres de proteção estão sujeitos a maior rigor em situações de efetivo e objetivamente aferível desnível de poder social.

4.4 A garantia de um mínimo existencial como critério material para a aplicação dos direitos fundamentais sociais no Direito Privado e, de modo especial, no âmbito das relações entre particulares

Com base no exposto e retomando aqui as ponderações já tecidas com relação à dupla dimensão negativa (defensiva) e positiva (prestacional) dos direitos fundamentais sociais, importa – agora já no contexto específico da discussão em torno de qual a possível eficácia desses direitos no que diz com a sua aplicação às relações privadas – destacar, de plano, que se parte do pressuposto de que em ambas as dimensões os direitos sociais geram efeitos *para as* e *nas* relações entre particulares. Tal premissa já havia sido sustentada em estudo anterior,[81] mas sem qualquer desenvolvimento adicional, tendo em conta o enfoque precípuo da abordagem e as próprias limitações físicas do texto. Cumpre, pois, percorrer o caminho apontado, considerando especialmente as contribuições mais recentes a respeito do problema, que revelam tratar-se de tópico altamente controverso e ainda carente de maior discussão e reflexão.

Na ocasião em que se teve a oportunidade de se pronunciar a respeito, restou consignado que todos os direitos fundamentais, inclusive de cunho prestacional, "são (...) eficazes (vinculantes) no âmbito das relações entre particulares, inexistindo, em princípio, distinção entre os direitos de cunho defensivo e os prestacionais, em que pese o seu objeto diverso e a circunstância de que os direitos fundamentais do último grupo possam até vincular, na condição de obrigado em primeira linha, os órgãos estatais".[82]

---

do...", pp. 128 e ss., e, mais recentemente, D. Sarmento, *Direitos Fundamentais...*, cit., pp. 301 e ss., J. R. G. Pereira, "Apontamentos sobre a Aplicação das Normas...", cit., pp. 145 e ss., e, por último, W. Steinmetz, *A Vinculação dos Particulares...*, cit., pp. 83 e ss.

80. Cf. já o nosso "Direitos Fundamentais e Direito Privado...", cit., p. 155.
81. Idem, ibidem, p. 154.
82. Idem, ibidem.

Tal posição foi compartilhada, desenvolvida e reforçada especialmente por Daniel Sarmento,[83] que avançou significativamente na discussão, como se terá a oportunidade de verificar. De outra parte, também houve quem criticasse a posição adotada, inclusive por ter sido desacompanhada – no que efetivamente assiste razão ao articulista – de maior fundamentação, como de resto já foi assumido. Tal posicionamento crítico foi bem articulado por Wilson Steinmetz, que – mesmo adotando posição divergente – igualmente enriqueceu o debate com argumentos de inequívoco valor.[84] Assim, é de se aproveitar o ensejo para, à luz dos argumentos esgrimidos especialmente pelos autores citados, mas também por outros doutrinadores, bem como com base em algumas situações concretas, analisadas também a partir de alguma jurisprudência, enfrentar as críticas e demonstrar a razão pela qual se segue mantendo a posição inicialmente adotada.

Desde logo, há que retomar a distinção entre os direitos fundamentais sociais como direitos negativos e positivos, lembrando que a problemática da vinculação e, portanto, da eficácia dos direitos sociais na esfera privada necessariamente haverá de considerar os aspectos peculiares de cada uma das dimensões. É de recordar também – aspecto aparentemente não considerado *de modo suficiente* por Wilson Steinmetz – de que os direitos sociais podem assumir a condição de "liberdades sociais", como é o caso da liberdade de greve e de associação sindical, por exemplo, ou a condição de direitos a prestações como é o caso do direito à saúde, à educação, à moradia, ou de alguns direitos dos trabalhadores, como a garantia do salário mínimo, a remuneração das férias, entre outros. Para além disso, importa reafirmar que os próprios direitos a prestações têm uma faceta defensiva, pois geram direitos subjetivos (negativos) de respeito e abstenção de violações. Ambas as dimensões – negativa e positiva – pressupõem deveres de proteção do Estado, que, por sua vez, na condição de direitos à proteção, assumem a feição de direitos prestacionais.

Assim, quando se afirmou (generalizadamente, como bem observou Steinmetz) que todos os direitos fundamentais, inclusive os direitos a prestações, (que não são apenas os direitos sociais, que, por sua vez, não são todos direitos a prestações, convém repisar!) operam eficácia nas relações entre particulares, *inexistindo* (aqui Wilson Steinmetz utiliza a expressão "irrelevante"[85]) *distinção entre os direitos de cunho defensivo*

---

83. Cf. D. Sarmento, *Direitos Fundamentais...*, cit., pp. 332 e ss.
84. CF. W. Steinmetz, *A Vinculação dos Particulares...*, cit., pp. 274 e ss.
85. Idem, ibidem, p. 278.

e prestacional, o que se quis ressaltar – e aqui de fato há que reconhecer que talvez a afirmativa tenha carecido de uma explicação apropriada – é que a distinção entre direitos a prestações e direitos de defesa (que de há muito se tem por existente – a distinção – e relevante, inclusive como já fartamente anunciado neste ensaio) por si só não afasta uma possível eficácia direta também no âmbito das relações entre particulares, pois tal eficácia se verifica tanto na dimensão negativa quanto na positiva. Que, por outro lado, a eficácia poderá não ser a mesma em se cuidando de uma ou de outra das dimensões, como de resto, já não é igual no âmbito da própria dimensão negativa (basta aqui apontar para o fato de que o direito de propriedade não tem – e nem poderia ter – a mesma eficácia, seja vertical, seja horizontal, do que o direito à privacidade) resulta evidente, nunca foi negado e tem sido, aliás, reafirmado ao longo de todos os estudos envolvendo a eficácia dos direitos fundamentais de um modo geral.[86]

Pelas razões expostas, não existe, portanto, contradição entre a assertiva genérica efetuada e a necessária distinção entre uma dimensão negativa e positiva dos direitos fundamentais. A ausência de contradição se mostra ainda mais evidente em se levando em conta que, ao se afirmar, como pressuposto teorético, que as normas de direitos fundamentais em geral (inclusive de direitos ditos sociais) vinculam e geram eficácia direta *prima facie* sempre se deixou clara a necessidade de se adotar uma metódica diferenciadora que assume tanto aspectos de uma eficácia vertical e horizontal, quando de uma eficácia direta e indireta, de tal sorte que diferenciações não são apenas possíveis, mas necessárias.

Para além disso, quando se afirmou que todos os direitos fundamentais vinculam – de algum modo – os particulares e geram – também de algum modo e de modo geral – efeitos diretamente nas relações entre agentes privados e em relação aos atos por estes praticados, evidentemente se há de tomar tal afirmação como *prima facie*, isto é, como sendo em princípio, já que no mesmo estudo desde logo se deixou claro que existem direitos fundamentais cujo destinatário é o Estado e outros direcionados diretamente e em primeira linha (o que não quer necessariamente dizer de modo exclusivo) em relação a particulares, o que ocorre, por exemplo, com os direitos dos trabalhadores.

A circunstância de Robert Alexy definir os direitos a prestações em sentido estrito como direitos sociais e como direitos da pessoa a algo em face do Estado (no caso, uma prestação material de justiça social) por si

---

86. A respeito deste ponto remete-se ao nosso *A Eficácia...*, cit., pp. 254 e ss.

só não poderia exluir uma vinculação também – ainda que não sempre e não sempre da mesma forma – de particulares, ao contrário do que advoga Wilson Steinmetz,[87] para quem, aliás, "os particulares *não estão obrigados* (grifo do Autor) ante o direito fundamental social à educação, a criar escolas, universidades ou outras instituições de ensino para outros particulares". Ainda para o Autor, "os particulares *não estão obrigados*, ante o direito fundamental social à saúde, a criar hospitais e postos ou ambulatórios de saúde nem a pagar tratamentos médicos para outros particulares". Considerando os exemplos extremos citados, poder-se-á realmente ficar tentado a dar razão ao Autor, mas por maior que possa ser uma tentação, a resistência não só é possível, como também, em muitos casos, necessária. É o que ocorre precisamente com a eficácia dos direitos sociais a prestações no âmbito das relações entre particulares.

O fato de se reconhecer – com Daniel Sarmento – a necessidade de elevada dose de prudência e, portanto, de bom senso, no reconhecimento de direitos subjetivos a prestações tendo por destinatário particulares,[88] não poderá, por sua vez, levar à negação de tais direitos. Ademais, a eficácia – inclusive direta – das normas de direitos fundamentais sociais na esfera das relações entre particulares não se resume (e nem poderia) ao reconhecimento de posições jurídico-subjetivas de cunho prestacional, como, de resto, igualmente demonstrou Daniel Sarmento, referindo-se, entre outras possibilidades, a efeitos negativos como ocorre com aplicação do princípio da proibição de retrocesso, aqui citada apenas para ilustrar a assertiva.[89]

É precisamente no campo da eficácia direta nas relações entre particulares que o mínimo existencial – na sua dimensão prestacional – há que ter operatividade. Se uma eficácia "prestacional" já é possível até mesmo fora do âmbito do que tem sido considerado o mínimo existencial (poder-se-á aqui citar o exemplo atual da disponibilização, ainda que cogente, por imposta pelo poder público, de vagas – portando de um acesso a prestações no campo do direito à educação também por instituições particulares de ensino superior), o que não dizer quando estiverem em causa prestações indispensáveis à satisfação das condições mínimas para uma vida com dignidade, com apoio também – mas como argumento adicional tão-somente! – no princípio da solidariedade que, à evidência, não vincula apenas aos órgãos estatais, mas a sociedade como um todo, como, de resto, bem destacou Daniel Sarmento ao ex-

---

87. Cf. W. Steinmetz, *A Vinculação dos Particulares...*, cit., p. 279.
88. D. Sarmento, *Direitos Fundamentais...*, cit., pp. 342 e ss.
89. Idem, ibidem, p. 341.

plorar este aspecto.⁹⁰ No caso do direito à saúde, citado por Wilson Steinmetz quando da sua já referida crítica, também já se registram casos de uma imposição – inclusive na esfera jurisdicional – de prestações materiais a entidades privadas, em favor de outros particulares. Isto se verifica com certa freqüência (e, é claro, em determinadas circunstâncias e sob determinados pressupostos) em hipóteses envolvendo empresas mantenedoras de planos de saúde que, mesmo alegando não haver cobertura contratual, são obrigadas, com base nos direitos fundamentais à proteção do consumidor e à saúde constitucionalmente assegurados, a arcar com as despesas médico-hospitalares relativas a seus segurados.⁹¹

Que o reconhecimento – especialmente quando efetuado diretamente e, portanto, sem mediação legislativa – de direitos subjetivos a prestações sociais contra entidades privadas deve ser encarado com cautela e passar por um rigoroso controle no que diz com os critérios que presidem a solução de conflitos de direitos, já foi frisado, mas há de ser repisado. Que justamente em virtude desta necessidade, importa construir critérios materiais robustos para uma adequada ponderação à luz do caso concreto, igualmente haverá de ser reconhecido como essencial, na linha, aliás, do que – cuidando justamente desta problemática – anunciou o já citado Daniel Sarmento.⁹²

É precisamente neste contexto – justamente pelo fato de se tratar, juntamente com a proporcionalidade (sempre presente onde se tratar da ponderação de bens) no mais importante critério material a ser adotado – que se há de retomar a noção de que o princípio da dignidade da pessoa humana e, portanto, pelo menos o conteúdo em dignidade da pessoa humana (que não é necessariamente equivalente ao núcleo essencial) dos direitos fundamentais vincula tanto o Estado quanto os particulares

---

90. Idem, ibidem, pp. 337 e ss., ressaltando, com correção, o caráter de modo geral secundário da obrigação da sociedade e, portanto, reconhecendo – ao que parece – uma espécie de subsidiariedade quanto à invocação (direta e exclusiva) do princípio da solidariedade, em mais de um momento enunciado na CF de 1988.

91. Sobre o tema v., além dos exemplos citados por D. Sarmento (*Direitos Fundamentais...*, cit., pp. 343-344), especialmente o instigante ensaio de C. L. Marques, "Solidariedade na Doença e na Morte: sobre a Necessidade de 'Ações Afirmativas' em Contratos de Planos de Saúde e de Planos Funerários frente ao Consumidor Idoso", in I. W. Sarlet (Org.), *Constituição, Direitos Fundamentais e Direito Privado*, pp. 185-222. A respeito da proteção do consumidor como direito fundamental, v., entre outros, a bela fundamentação de B. N. B. Miragem, "O Direito do Consumidor como Direito Fundamental - Conseqüências Jurídicas de um Conceito", *Revista de Direito do Consumidor*, vol. 43, pp. 111-132.

92. Cf. D. Sarmento, *Direitos Fundamentais...*, cit., p. 349, ao frisar a "necessidade de estabelecimento de *standarts* para esta vinculação".

e vincula também e sempre diretamente. Pelo menos, é esta a tese subjacente a todo o discurso que aqui se empreende. Assim, mesmo para aqueles (pelo menos para um expressivo número destes) que de modo geral questionam uma eficácia direta dos direitos fundamentais nas relações entre particulares, o núcleo essencial dos direitos fundamentais e, com maior razão ainda, o seu conteúdo em dignidade da pessoa humana (que é reconhecida a cada um e a todos) vincula inclusive diretamente, prevalecendo, se for o caso, sobre prévias opções legislativas e políticas.[93]

De outra parte, resulta evidente, que pela mesma razão que se refuta uma equiparação do núcleo essencial ao conteúdo em dignidade da pessoa humana nos direitos fundamentais (além de se reconhecer que nem todos os direitos radicam diretamente na dignidade da pessoa embora todos os direitos tenham um núcleo essencial) também se haverá de repudiar uma exegese restritiva que apenas (exclusivamente) outorgue efeitos diretos à dignidade da pessoa no âmbito das relações entre particulares. Da mesma forma, a aceitação da tese de que o conteúdo em dignidade e/ou o núcleo essencial dos direitos fundamentais sempre vinculam – de algum modo, em virtude da aplicação de metódicas diferenciadas – diretamente o Estado e os particulares, não quer significar que para além do núcleo em dignidade (ou núcleo essencial) são se possam extrair efeitos para as relações privadas, até mesmo pelo fato de que em assim entendendo, estaríamos excluindo manifestações importantes da eficácia possível dos direitos fundamentais em relação ao Estado e aos atores sociais, tópico que aqui não se irá desenvolver. O que se afirma, portanto, é que pelo menos no concernente ao conteúdo em dignidade e, de modo geral, ao núcleo essencial dos direitos fundamentais não se

---

93. É o caso, para ilustrar com alguns dos nomes mais ilustres, de Carlos Alberto da Mota Pinto, *Teoria Geral do Direito Civil*, pp. 71 e ss. adotando, em síntese, a partir da última edição da obra, uma posição já mais próxima da metódica diferenciadora sustentada por Gomes Canotilho, mas ainda partindo de uma eficácia em princípio, portanto, como regra geral, indireta, tal qual sustentada nas primeiras edições da obra. Na Alemanha, esta é a posição subjacente à obra de J. Neuner, *Privatrecht und Sozialstaat*, pp. 150 e ss. No âmbito da doutrina constitucional especializada, v. por todos, em língua portuguesa, as excelentes contribuições de Paulo Mota Pinto, "O Direito ao livre Desenvolvimento da Personalidade", in *Portugal-Brasil Ano 2000*, pp. 149 e ss., e de J. C. Vieira de Andrade (*Os Direitos Fundamentais...*, cit., pp. 266 e ss.), que, no entanto, adota posição bem mais restritiva no que diz com a eficácia direta do núcleo essencial (e da dignidade da pessoa humana) que, segundo este Autor, seria possível em princípio em situações marcadas por efetiva desigualdade fática e, portanto, da existência de um desnível de poder social.

deveria, pelo menos não em princípio, questionar a possível e necessária vinculatividade e eficácia direta.

Não se há de olvidar que mesmo a partir de ótica confessadamente político-liberal, as prestações respeitantes à satisfação do mínimo existencial geram direitos subjetivos definitivos, diretamente vinculantes e exigíveis em Juízo, como, por exemplo, sustenta Ricardo Lobo Torres. Que disso advém conseqüências jurídicas diretas para os particulares e que estes, em determinadas circunstâncias e à luz de uma adequada ponderação (ou hierarquização) de bens podem ser demandados como sujeitos passivos mesmo sem prévio permissivo legal, é tão evidente quanto evidente é também a circunstância de que a negativa pura e simples de tal possibilidade poderá ferir de morte o próprio direito ao mínimo existencial.

A reforçar este argumento – ainda que por prisma diverso – verifica-se que a doutrina majoritária tem entendido que o núcleo em dignidade humana constitui o conteúdo indisponível dos direitos fundamentais mesmo para o próprio titular do direito, gerando inclusive um dever estatal de proteção da pessoa contra si mesma, nas hipóteses em que estiver havendo uma evidente violação deste núcleo em dignidade.[94] Assim, o mínimo existencial, no que diz com a garantia da satisfação das necessidades básicas para uma vida com dignidade, assume a condição de conteúdo irrenunciável dos direitos fundamentais sociais (assim como o conteúdo em dignidade é irrenunciável no campo dos direitos fundamentais em geral)[95] e, portanto, vincula o próprio (particular) titular do direito e, por via de conseqüência, também acaba por gerar um correlato e direto dever jurídico de respeito e proteção, mesmo por parte de outros particulares.

Aplicação interessante da noção de que os direitos sociais – aqui, naquilo em que estiver em causa o assim designado mínimo existencial –, mesmo na sua dimensão prestacional, geram possíveis efeitos e vinculam (também diretamente, a depender do caso) nas relações entre particulares, poderá ser pelo menos vislumbrada no exemplo do usucapião

---

94. A respeito deste tópico v. J. C. Vieira de Andrade, *Os Direitos Fundamentais...*, cit., p. 274, relativizando aqui sua tese de que, em geral, entre iguais, não existem razões para reconhecer uma eficácia direta, afirma que "a dignidade da pessoa humana, enquanto conteúdo essencial absoluto do direito, nunca pode ser afectada – esta é a garantia mínima que se pode retirar da Constituição".

95. Sobre o problema da renúncia a direitos fundamentais, v. por todos, J. R. Novais, "Renúncia a Direitos Fundamentais", in J. Miranda (Org.), *Perspectivas Constitucionais*, vol. I, pp. 263-335.

constitucional urbano e rural, onde, de certa forma, o exercício da função sócio-existencial da posse acaba por assegurar a um particular a transferência, em seu favor (portanto, de certo modo como uma prestação concreta), da propriedade que antes pertencia a outro particular. Da mesma forma o direito aos alimentos, que, mesmo tendo sido regulado pelo legislador, não pode ser simplesmente considerado (como, de resto, já referido) um direito legal ou mesmo um direito fundamental de matriz legal, já que se cuida indubitavelmente de um direito fundamental constitucional implícito (pelo menos na maioria das ordens constitucionais nas quais não restou expressamente consagrado) radicado no direito às condições materiais mínimas para uma vida com dignidade, isto é, para uma vida saudável.

O simples fato de tanto no caso do usucapião constitucional quanto no caso dos alimentos (cujo sujeito passivo é sempre – como direito subjetivo positivo – em primeira linha um particular[96]) se ter de modo geral e para a maioria das hipóteses já alguma resposta legislativa, nunca impediu (e bastaria aqui ver a evolução jurisprudencial brasileira) a correção e eventualmente até mesmo a complementação das opções dos entes estatais encarregados, em primeira linha, da concretização desses direitos, com efeitos diretos contra os particulares, o que, por si só, já bastaria para confortar a tese subjacente ao presente ensaio.

5. Palavras de encerramento

Diante de todo o exposto, mesmo que aqui não tenha sido possível explorar de modo suficientemente completo e aprofundado os diversos meandros da problemática, já que nem foi possível rastrear e enfrentar todos os argumentos que têm sido esgrimidos pela literatura ao longo do tempo, mantém-se a firme convicção que há como seguir endossando – desde que se tenha sempre o cuidado de não desconsiderar todas as facetas de uma metódica diferenciada e os critérios materiais estabelecidos na própria Constituição para a necessária solução tópico-sistemática dos casos concretos – a tese da eficácia em princípio direta dos direitos fundamentais sociais no âmbito das relações entre particulares. No mínimo há de se admitir que se cuida de uma linha argumentativa substancialmente viável, a reclamar, todavia, um desenvolvimento constante na

---

96. Neste caso, é claro que segue havendo uma vinculação direta dos órgãos estatais aos direitos fundamentais, já por conta dos deveres de proteção, o que não afasta, como se percebe desde logo, uma eficácia – até mesmo direta – nas relações entre particulares.

teoria e na prática. Neste contexto, espera-se, ao fim e ao cabo, que este singelo ensaio tenha pelo menos contribuído para o debate.

Bibliografia

ALEXY, Robert. *Theorie der Grundrechte*. 2ª ed., Frankfurt am Main, Suhrkamp, 1994. *Teoria dos Direitos* Fundamentais. Trad. de Virgílio Afonso da Silva. São Paulo, Malheiros Editores, 2008.

APPIO, Eduardo. *Controle Judicial das Políticas Públicas no Brasil*. Curitiba, Juruá, 2004.

ARANGO, Rodolfo; LEMAITRE, Julieta (Dir.). "Jurisprudencia Constitucional sobre el Derecho al Mínimo Vital", in *Estudios Ocasionales CIJUS*. Bogotá, Ediciones Uniandes, 2002.

ÁVILA, Humberto. *Teoria dos Princípios – da Definição à Aplicação dos Princípios Jurídicos*. 7ª ed., ampl. e atual., São Paulo, Malheiros Editores, 2007.

BACHOF, Otto. "Begriff und Wesen des sozialen Rechtsstaates", *VVDStRL* n. 12 (1954).

BARCELLOS, Ana Paula de. *A Eficácia Jurídica dos Princípios Constitucionais. O Princípio da Dignidade da Pessoa Humana*. Rio de Janeiro, Renovar, 2002.

BARROSO, Luís Roberto. *O Controle de Constitucionalidade no Direito Brasileiro*. São Paulo, Saraiva, 2004.

BARZOTTO, Luís Fernando, "Justiça Social. Gênese. Estrutura e Aplicação de um Conceito", *Direito & Justiça – Revista da Faculdade de Direito da PUC/RS*, vol. 28, 2003.

BERCOVICI, Gilberto; MORAES FILHO, José Filomeno de; LIMA, Martonio Mont'Alverne Barreto.*Teoria da Constituição. Estudos sobre o lugar da Política no Direito Constitucional*. Rio de Janeiro, Lumen Juris, 2003.

BINENBOJM, Gustavo. *A Nova Jurisdição Constitucional Brasileira*. Rio de Janeiro, Lumen Juris, 2001.

BREUER, Rüdiger. "Grundrechte als Anspruchsnormen", in *Verwaltungsrecht zwischen Freiheit, Teilhabe und Bindung, Festgabe aus Anlass des 25 jährigen Bestehens des Bundesverwaltungsgerichts (FS für das BVerwG)*. München, C. H. Beck, 1978.

CANARIS, Claus-Wilhelm. *Direitos Fundamentais e Direito Privado*. Tradução de Ingo Wolfgang Sarlet e Paulo Mota Pinto. Coimbra, Almedina, 2003.

CANOTILHO, José Joaquim Gomes. *Direito Constitucional e Teoria da Constituição*. 7ª ed., Coimbra, Almedina, 2003.

CATTONI, Marcelo (Coord). *Jurisdição e Hermenêutica Constitucional*. Belo Horizonte, Del Rey, 2005.

COURTIS, Christian; ABRAMOVICH, Victor. *Los Derechos Sociales como Derechos Exigibles*. Madrid, Trotta, 2003.

CRUZ, Álvaro Ricardo de Souza. *Jurisdição Constitucional Democrática*. Belo Horizonte, Del Rey, 2004.

FACHIN, Luiz Edson (Coord.). *Repensando os Fundamentos do Direito Civil Brasileiro Contemporâneo*. Rio de Janeiro, Renovar, 1998.

FACCHINI NETO, Eugênio. "Reflexões Histórico-Evolutivas sobre a Constitucionalização do Direito Privado", in SARLET, Ingo Wolfgang (Org.). *Constituição, Direitos Fundamentais e Direito Privado*. Porto Alegre, Livraria do Advogado, 2003.

FARIA, José Eduardo. *O Direito na Economia Globalizada*. 1ª ed., 4ª tir., São Paulo, Malheiros, 2007.

FREITAS, Juarez. *A Interpretação Sistemática do Direito*. 4ª ed. São Paulo, Malheiros, 2004.

_____. "A melhor Interpretação Constitucional *versus* a única Resposta Correta", in SILVA, Virgílio Afonso da (Org). *Interpretação Constitucional*. 1ª ed., 2ª tir., São Paulo, Malheiros Editores, 2007.

GALINDO, George Rodrigo Bandeira. *Tratados Internacionais de Direitos Humanos e Constituição Brasileira*. Belo Horizonte, Del Rey, 2003.

GUASTINI, Riccardo. "La 'Constitucionalización' del Ordenamiento Jurídico: el Caso Italiano", in Miguel Carbonell (Ed.). *Neoconstitucionalismo(s)*. Madrid, Trotta, 2003.

HESSE, Konrad. *Grundzüge des Verfassungsrechts der Bundesrepublik Deutschland*. 20ª ed., Heidelberg, C. F. Muller, 1995 (existe tradução para o português, publicada pela Editora Sérgio Fabris, Porto Alegre).

_____. *Derecho Constitucional y Derecho Privado*. Madrid, Civitas, 2005.

KERSTING, Wolfgang (Org). *Politische Philosophie des Sozialstaats*. Göttingen, Velbrück Wissenschaft, 2000.

KRELL, Andréas. *Direitos Sociais e Controle Judicial no Brasil e na Alemanha: os (des)caminhos de um Direito Constitucional "Comparado"*. Porto Alegre, Sergio Fabris, 2002.

LLORENTE, Francisco Rubio (Org.). *Derechos Fundamentales y Principios Constitucionales (Doctrina Jurisprudencial)*. Barcelona, Ariel, 1998.

MARQUES, Cláudia Lima. "Solidariedade na Doença e na Morte: sobre a Necessidade de 'Ações Afirmativas' em Contratos de Planos de Saúde e de Planos Funerários frente ao Consumidor Idoso", in SARLET, Ingo Wolfgang (Org.). *Constituição, Direitos Fundamentais e Direito Privado*. Porto Alegre, Livraria do Advogado, 2003.

MAZZUOLI, Valério de Oliveira. *Direito Internacional: Tratados e Direitos Humanos Fundamentais na Ordem Jurídica Brasileira*. Rio de Janeiro, América Jurídica, 2001.

MELLO, Cláudio Ari. *Democracia Constitucional e Direitos Fundamentais*. Porto Alegre, Livraria do Advogado, 2004.

MIRAGEM, Bruno Nunes Barbosa. "O Direito do Consumidor como Direito Fundamental – Conseqüências Jurídicas de um Conceito", *Revista de Direito do Consumidor*, vol. 43.

MIRANDA, Jorge; MEDEIROS, Rui. *Constituição Portuguesa Anotada*, t. I. Coimbra, Coimbra Editora, 2005.

MORO, Sérgio Fernando. *Jurisdição Constitucional como Democracia*. São Paulo, Ed. RT, 2004.

NEUMANN, Volker. "Menschenwürde und Existenzminimum", *NVwZ*, 1995.

NEUNER, Jörg. *Privatrecht und Sozialstaat*. München, C. H. Beck, 1999.

_____. "Los Derechos Humanos Sociales", *Anuario Iberoamericano de Justicia Constitucional*, n. 9, 2005.

NOVAIS, Jorge Reis. "Renúncia a Direitos Fundamentais", in Jorge Miranda (Org.). *Perspectivas Constitucionais*, vol. I. Coimbra, Coimbra Editora, 1996.

PAGLIARINI, Alexandre Coutinho. *Constituição e Direito Internacional: cedências possíveis*. Rio de Janeiro, Forense, 2003.

PEREIRA, Jane Reis Gonçalves. "Apontamentos sobre a Aplicação das Normas de Direito Fundamental nas Relações Jurídicas entre Particulares", in BARROSO, Luis Roberto (Org.). *A nova Interpretação Constitucional*. Rio de Janeiro, Renovar, 2003.

PINHEIRO, Carla. *Direito Internacional e Direitos Fundamentais*. São Paulo, Atlas, 2001.

PINTO, Carlos Alberto da Mota. *Teoria Geral do Direito Civil*. 4ª ed., atualizada por António Pinto Monteiro e Paulo Mota Pinto, Coimbra, Coimbra Editora, 2005.

PINTO, Paulo Mota. "O Direito ao livre Desenvolvimento da Personalidade", in *Portugal-Brasil Ano 2000*. Coimbra, Coimbra Editora, 2000.

PIOVESAN, F. *Direitos Humanos e o Direito Constitucional Internacional*. São Paulo, Max Limonad, 1996.

PULIDO, Carlos Bernal. *El Principio de Proporcionalidad y los Derechos Fundamentales*. Madrid, Centro de Estudios Políticos y Constitucionales, 2003.

RAMOS, Carmen Lucia Silveira; TEPEDINO, Gustavo; BARBOZA, Heloisa Helena; GEDIEL José Antônio Peres; FACHIN, Luiz Edson; e BODIN DE MORAES, Maria Celina (Orgs.). *Diálogos sobre Direito Civil. Construindo a Racionalidade Contemporânea*. Rio de Janeiro, Renovar, 2002.

RIVERO, Jean. "La Protection des Droits de l'Homme dans les Rapports entre Personnes Privées", in CASSIN, René. *Amicorum Discipulorumque Liber*, vol. III. Paris, Editions Pedone, 1971.

ROSENFELD, Michel. *A Identidade do Sujeito Constitucional*. Belo Horizonte, Mandamentos, 2003.

SAMPAIO, José Adércio Leite (Coord). *Jurisdição Constitucional e Direitos Fundamentais*. Belo Horizonte, Del Rey, 2003.

SARLET, Ingo Wolfgang. "Os Direitos Fundamentais Sociais na Constituição de 1988", in SARLET, Ingo Wolfgang (Org.). *Direito Público em Tempos de Crise: Estudos em Homenagem a Ruy Ruben Ruschel*. Porto Alegre, Livraria do Advogado, 1999.

_____. "Constituição e Proporcionalidade: o Direito Penal e os Direitos Fundamentais entre Proibição de Excesso e de Insuficiência", *Revista Brasileira de Ciências Criminais (IBCCRIM)*, vol. 47 (2003).

_____. "O Direito Fundamental à Moradia na Constituição: algumas Anotações a respeito de seu Contexto, Conteúdo e possível Eficácia", in SAMPAIO, José Adércio (Org.). *Crise e Desafios da Constituição*. Belo Horizonte, Del Rey, 2003.

_____. "A Problemática dos Direitos Fundamentais Sociais como Limites Materiais ao Poder de Reforma da Constituição", in SARLET, Ingo Wolfgang (Org.). *Direitos Fundamentais Sociais: Estudos de Direito Constitucional, Internacional e Comparado*. Rio de Janeiro/São Paulo, Renovar, 2003.

_____. *Dignidade da Pessoa Humana e Direitos Fundamentais na Constituição Federal de 1988*. 3ª ed., Porto Alegre, Livraria do Advogado, 2004.

_____. *A Eficácia dos Direitos Fundamentais*. 5ª ed., Porto Alegre, Livraria do Advogado, 2005.

_____. (Org). *Jurisdição e Direitos Fundamentais*, vol. I, t. I. Porto Alegre, Livraria do Advogado, 2005.

SARMENTO, Daniel. "A Dimensão Objetiva dos Direitos Fundamentais", in TORRES, Ricardo Lobo; MELLO, Celso Albuquerque (Orgs.). *Arquivos de Direitos Humanos*, vol. IV. Rio de Janeiro, Renovar, 2003.

_____. *Direitos Fundamentais e Relações Privadas*. Rio de Janeiro, Lumen Juris, 2003.

_____. "Direito Adquirido, Emenda Constitucional, Democracia e Reforma da Previdência", in TAVARES, Marcelo L. (Coord.). *A Reforma da Previdência Social*. Rio de Janeiro, Lumen Juris, 2004.

SCHOLLER, Heinrich. "Die Störung des Urlaubsgenusses eines 'empfindsamen Menschen' durch einen Behinderten", in *JZ*, 1980.

_____. "O Princípio da Proporcionalidade no Direito Constitucional e Administrativo da Alemanha", *Revista Interesse Público (RIP)*, n. 2, 1999.

SEGADO, Francisco Fernandez. "La Teoría Jurídica de los Derechos Fundamentales en la Constitución Española de 1978 y su Interpretación por el Tribunal Constitucional", *Revista de Informação Legislativa* n. 121 (1994).

SHUPPERT, Gunnar Folke; BUMKE, Christian. *Die Konstitutionalisierung der Rechtsordnung*. Baden-Baden, Nomos, 2000.

SOMBRA, Thiago Luís Santos. *A Eficácia dos Direitos Fundamentais nas Relações Jurídico-Privadas*. Porto Alegre, Sergio Fabris, 2004.

SOUZA NETO, Cláudio Pereira de. *Jurisdição Constitucional, Democracia e Racionalidade Prática*. Rio de Janeiro, Renovar, 2002.

STARCK, Christian. "Staatliche Organisation und Staatliche Finanzierung als Hilfen zu Grundrechtsverwirklichungen?", in STARCK, Christian (Org.). *Bundesverfassungsgericht und Grundgesetz, Festgabe aus Anlass des 25 jährigen Bestehens des Bundesverfassungsgerichts*, vol. II *(BVerfG und GG II.)*. Tübingen, J. C. Mohr (Paul Siebeck), 1976.

STEINMETZ, Wilson. *Vinculação dos Particulares a Direitos Fundamentais*. São Paulo, Malheiros Editores, 2004.

STERN, Klaus. *Das Staatsrecht der Bundesrepublik Deutschland*, vol. III/1. München, C. H. Beck, 1988.

STRECK, Lênio Luiz. *Jurisdição Constitucional e Hermenêutica*. Rio de Janeiro, Forense, 2003.

_____. *Hermenêutica Jurídica e(m) Crise: uma Exploração Hermenêutica da Construção do Direito*. 5ª ed., Porto Alegre, Livraria do Advogado, 2004.

_____. "Da Proibição de Excesso (*Übermassverbot*) à Proibição de Proteção Deficiente (*Untermassverbot*): de como não há Blindagem contra Normas Penais Inconstitucionais", *Revista do Instituto de Hermenêutica Jurídica*, vol. 2, 2004.

TAVARES, André Ramos. *Teoria da Jurisdição Constitucional*. São Paulo, Saraiva, 2005.

TAVARES, Marcelo Leonardo. *Previdência e Assistência Social: Legitimação e Fundamentação Constitucional Brasileira*. Rio de Janeiro, Lumen Juris, 2003.

TEPEDINO, Gustavo. *Temas de Direito Civil*. Rio de Janeiro, Renovar, 1999.

TEUBNER, Gunther. "Globale Zivilverfassungen: Alternativen zur staatszentrierten Verfassungstheorie", *Zeitschrift für ausländisches öffentliches Recht und Völkerrecht*, vol. 63 (2003).

TORRES, Ricardo Lobo. "O Mínimo Existencial e os Direitos Fundamentais", *Revista de Direito Administrativo*, n. 177, 1989.

_____. "A Metamorfose dos Direitos Sociais em Mínimo Existencial", in SARLET, Ingo Wolfgang (Org.). *Direitos Fundamentais Sociais: Estudos de Direito Constitucional, Internacional e Comparado*. Rio de Janeiro, Renovar, 2003.

UBILLOS, Juan Maria Bilbao. *La Eficacia de los Derechos Fundamentales frente a Particulares: Análisis de la Jurisprudencia del Tribunal Constitucional*. Madrid, Centro de Estudios Políticos e Constitucionales, 1997.

VALLE, André Rufino do. *Eficácia dos Direitos Fundamentais nas Relações Privadas*. Porto Alegre, Sergio Fabris, 2004.

VIEIRA DE ANDRADE, José Carlos. *Os Direitos Fundamentais na Constituição Portuguesa de 1976*. 3ª ed., Coimbra, Almedina, 2004.

ZACHER, Hans Friedrich. "Das soziale Staatsziel", in ISENSEE, Josef; KIRCHHOF, Paul (Org.). *Handbuch des Staatsrechts der Bundesrepublik Deutschland (HBStR)*, vol. I. Heidelberg, C. F. Muller, 1987.

17
CONSTITUIÇÃO E DIREITOS HUMANOS.
OU: SÓ É POSSÍVEL DIGNIDADE NA CONSTITUIÇÃO!

JOSE LUIS BOLZAN DE MORAIS

JANAÍNA RIGO SANTIN

1. A questão dos direitos humanos. 2. O Brasil e o constitucionalismo de 1988. 3. A realização dos direitos humanos. 4. Constituição, funções do Estado e neoconstitucionalismo.

> *"Noite Trágica*
> *(...)*
> *A quanta dor a nossa dor resiste*
> *(...)."*
> Florbela Espanca

Pensar as possibilidades de realização dos direitos humanos diante de sua complementaridade e, mesmo, de uma unidade nas diversas dimensões em que se constituem coloca interrogações das mais difíceis. Poder-se-ia dizer, com a poetisa portuguesa citada, impõe dores que, muitas vezes, parece não vamos suportar. Mas, resistir... é preciso...

Nos dias que correm, quando o constitucionalismo, de alguma forma, já incorporou o seu conjunto substancial, percebe-se a todo o instante o constrangimento de situações que não dizem apenas respeito às promessas não cumpridas relativamente às prestações públicas necessárias e suficientes para dar concretude aos conteúdos dos reconhecidos direitos econômicos, sociais e culturais, mas, até mesmo, àquelas que se vinculam ao asseguramento dos conteúdos inaugurais desta tradição humanitária, ou seja, os nomeados direitos individuais, sem que se desconsidere as circunstâncias que afetam aqueles conteúdos peculiares aos tais direitos de solidariedade, bem como se reconhece a sua indivisibilidade e seu caráter complementar.

Assim, o que se pretende apontar nesta curta reflexão é a necessidade de, em particular, no caso do Brasil, colocar-se frente ao desafio de operar uma concretização republicana do texto constitucional que, necessariamente, deve considerar as insuficiências no asseguramento dos conteúdos fundantes de uma ordem jurídica identificada com um Estado Democrático de Direito (CF/1988, art. 1º), o qual supõe, por óbvio, a realização de "todas" as promessas da modernidade, sobretudo e mesmo em períodos de profunda crise.

Opta-se, assim, por refletir, ao longo do texto, alguns tópicos relacionados às condições para fruição, no seu mais amplo espectro, do catálogo de direitos fundamentais insertos nos textos constitucionais modernos como promessas para uma sociedade *justa e solidária*, tal como "prometido e acordado" no âmbito da Constituição Republicana de 1988.

Não há, nisto, como se esquivar da análise de uma tentativa de implementação dos direitos humanos tendo como cenário o espectro da globalização do universo das relações socioeconômicas e seus corolários, com vistas, sobretudo, a instrumentalizar as práticas jurídicas para tanto.

Mas, a experiência atual tem apontado para a insuficiência desta leitura quando se é confrontado com a desconstrução dos elementos – alguns deles – que identificam, desde sua origem, a fórmula do Estado de Direito, mesmo se tomado em sua extensão inaugural, como fórmula que permitiria o asseguramento de um conjunto de valores protetivos, em particular, à esfera da liberdade dos indivíduos, o que pressupõe, também, o espaço da privacidade, como instâncias constitutivas da dignidade humana em seus limites liberais clássicos.

Evidentemente que tal extensão não é mais suficiente para caracterizar o momento contemporâneo do Estado de Direito, como Estado Democrático de Direito, o que, aliás, tenta-se apontar desde há algum tempo em outros trabalhos, ao chamar a atenção ao caráter *transformador* assumido por este último, e não apenas como uma fórmula de estabilização de situações, muito embora, com a sua universalização, tais aspectos tenham passado a compor, como instâncias mínimas, o *patrimônio humanitário* de todos e cada um, individual e conjuntamente, em relação ao presente, mas conectado com o futuro.[1]

---

1. Ver, a respeito, os seguintes trabalhos de autoria de José Luis Bolzan de Morais, *Do Direito Social aos Interesses Transindividuais. O Estado e o Direito na Ordem Contemporânea*; *As Crises do Estado e da Constituição e a Transformação Espacial dos*

Como perspectiva reflexiva, toma-se emprestado o ideário republicano para significar que a tarefa de concretização das Constituições, nestes dias, passa por uma retomada do republicanismo como força propulsora para a realização do Estado Democrático de Direito, e não apenas pressupõe tarefas legislativas e políticas públicas concretizadoras das *promessas* constitucionais ou a intervenção corretiva da função jurisdicional como instância de solução de conflitos surgidos pela ausência de realização das mesmas.

Em compatibilidade com a proposta da presente obra, adota-se como estratégia operacional discorrer topicamente sobre os diversos aspectos que tocam esta temática, sem que isso implique rupturas ao longo do texto, mas, apenas, um mecanismo metodológico que viabilize a compreensão das posições adotadas, assim como torne nossa reflexão um ponto de partida para o aprofundamento do debate e não apenas se constitua em um rearranjo de informações e manifestações anteriormente assumidas pela doutrina, sem que tal tenha a pretensão de apresentar-se como um ineditismo. Por óbvio, o que segue tenciona formular uma *reflexão informada por muitas leituras e por muitos olhares*, mesmo de algumas vozes que orientam silenciosamente este estudo, presentes constantes nas referências bibliográficas listadas ao final.

1. A questão dos direitos humanos

A preocupação com o tema dos direitos humanos está presente, há muito tempo, nos trabalhos jurídicos daqueles preocupados com a qualificação da vida cotidiana dos indivíduos, dos grupos sociais, da humanidade e de todos os seres que habitam o planeta, com vistas a concretizar o maior fundamento do Estado Democrático de Direito brasileiro: o princípio da dignidade da pessoa humana.

Dessa forma é que inúmeros juristas, sociólogos, politólogos, filósofos etc., além daqueles que buscam construir uma visão transdisciplinar da temática dos direitos humanos, bem como agentes sociais engajados na luta por sua efetivação, consolidação e ampliação, vêm desenvolvendo pesquisas, projetos e estratégias com vistas a constituir um saber e práticas mais apuradas. Trata-se de formular um discurso garantidor da eficácia e efetividade dos conteúdos próprios – tradicionais ou inovadores – dos direitos humanos, assim como reconhecer novos espaços de

Direitos Humanos; e *Ciência Política e Teoria Geral do Estado*, este em co-autoria com Lenio Luis Streck. Todos publicados pela Livraria do Advogado de Porto Alegre.

luta, novas formas de afetação, tanto quanto novos instrumentos e espaços para sua realização, inclusive no âmbito do próprio Estado. Nesse sentido, dá-se especial atenção ao debate que cerca o fenômeno da jurisdição constitucional e do papel realizador e pró-ativo, muitas vezes atribuído e assumido pela função jurisdicional, mesmo nos países de tradição romano-germânica.

É de se ter presente que tais questionamentos devem acompanhar não apenas as transformações que se operam nos conteúdos – e aqui se observa que, como adverte Norberto Bobbio,[2] os direitos humanos não nascem todos de uma vez, eles são históricos e se formulam quando as circunstâncias sócio-histórico-políticas são propícias, refletindo as novas necessidades insurgentes nas sociedades, as quais clamam por um reconhecimento jurídico de novos conteúdos. Porém, não basta a sua mera positivação nos ordenamentos jurídicos. É necessário dar-lhes efetividade prática, na esteira das crises que assolam o Estado – seja com relação à sua capacidade decisória, seja quanto às suas possibilidades realizadoras. Podemos ainda agregar, conforme José Eduardo Faria,[3] a idéia de que às diversas dimensões pode-se atrelar o maior compromisso das funções do Estado – à cidadania civil e política (1ª dimensão) atrelava-se, de regra, a ação legislativa; à cidadania social e econômica (2ª dimensão), a ação executiva através de prestações públicas; à cidadania pós-material (3ª dimensão), a ação jurisdicional em sentido amplo, garantindo a efetividade de seus conteúdos.[4]

Ou seja, os direitos humanos são universais – apesar das dificuldades que cercam esta característica – e, cada vez mais se projetam no sentido de seu alargamento subjetivo, mantendo seu caráter de temporalidade, sem que isto signifique sua circunstancialidade. São históricos e, portanto, não definitivos – sem que sejam circunstanciais – exigindo, a todo o instante, a incorporação de novos conteúdos e, em conseqüência, novos instrumentos de resguardo e efetivação, além de um rearranjo das próprias estruturas institucionais do Estado e em suas relações, frente à sua (re)configuração.

2. Norberto Bobbio, *A Era dos Direitos*, 1992. Para este debate há uma literatura significativa, podendo-se mencionar também o trabalho de Ingo Wolfgang Sarlet, *A Eficácia dos Direitos Fundamentais*, 1998.
3. José Eduardo Faria, "Direitos Humanos e Globalização Econômica", *Revista O Mundo da Saúde*, vol. 22, n. 2, pp. 73-80.
4. É de ver que não há, também neste aspecto, uma uniformidade conceitual, podendo-se referir autores que multiplicam as gerações de direitos humanos, a partir de concepções primárias díspares.

Prefere-se, assim, dizer que se generalizam – ou difundem – na medida em que sob as dimensões atuais observa-se um aprofundamento subjetivo dos conteúdos albergados sob o manto dos direitos fundamentais.[5] Ou seja, da 1ª dimensão, com interesses de perfil individual, passou-se, na(s) última(s), a transcender o indivíduo como sujeito dos interesses reconhecidos,[6] sem desconsiderá-lo, obviamente.

Este parece ser um dos grandes pontos de estrangulamento da questão. Se, de um lado, o reconhecimento dos conteúdos das diversas dimensões de direitos humanos parece ser algo com o que as diversas correntes ideológicas sustentadoras dos mais diferentes governos podem conviver e, mais do que isso, buscar legitimação interna e internacional, de outro, a *tentativa de dar-se efetividade* aos mesmos esbarra em diversos empecilhos, sejam de ordem prático-política – e aí estão os inúmeros governos autoritários sob os mais diversos matizes espalhados pelo mundo, ainda hoje, bem como as *crises* que afetam a instituição Estado, ladeadas pelas inúmeras propostas de *reforma* de suas estruturas e estratégias, marcadas por tentativas de re(des)construir os fundamentos e estratégias próprias do Estado Social, tomado aqui em um significado ampliado – sejam de ordem teórico-jurídica – e aí estão as posições da tradição jurídica do Estado Moderno, em especial naqueles Estados assentados sobre uma base jurídica romano-germânica, que impõem uma postura contraditória em face de uma convivência e concorrência de ordens jurídicas diversas, particularmente entre o Direito interno e o Direito internacional,[7] ou que se embatem em torno à definição do perfil de atuação do próprio Estado.

É este último sentido que este trabalho pretende analisar, buscando não apenas recuperar/retomar o debate acerca da matéria, mas, mais do que isso, compartilhar algumas preocupações no sentido de buscar mecanismos que nos permitam dar a *maior efetividade* – no sentido dado

---

5. No âmbito deste trabalho, é suficiente adotarmos uma distinção simplificada para entendermos os direitos fundamentais como sendo o catálogo positivado dos direitos humanos em uma certa ordem jurídica.

6. A este respeito, ver José Luis Bolzan de Morais, *Do Direito Social aos Interesses Transindividuais...*, cit.

7. No sentido do debate acerca do Direito Internacional dos Direitos Humanos podem-se referir ilustrativamente os trabalhos de Flávia Piovesan, Antonio Augusto Cançado Trindade e Celso Antonio Bandeira de Mello, cf. bibliografia anexa. Também ver Walber de Moura Agra (Coord.), *Comentários à Reforma do Judiciário*, 2005, em especial nosso comentário às alterações promovidas no conteúdo do art. 5º da CF/1988, pp. 3-54.

por Jorge Miranda[8] – possível aos conteúdos normativos reguladores dos direitos humanos em suas diversas expressões.

O porquê de realizar-se tal estudo vai além da tentativa de atrair o interesse dos envolvidos com a proteção e promoção dos direitos humanos, ou de apontar caminhos inovadores. Pretende-se reavivar a memória da imprescindibilidade desta luta, em particular dentre aqueles responsáveis, em maior ou menor grau, por alguma parcela de atribuições político-jurisdicionais.

É indispensável, por isso, ter-se sempre presente a necessidade de construir instrumentos cada vez mais facilitadores da plena fruição destes conteúdos; bem como, no caso brasileiro, é preciso que se busque, até mesmo pela experiência histórica autoritária, instrumentalizar os operadores jurídicos com os meios necessários para uma prática comprometida com a efetividade dos direitos humanos, em especial a partir da promulgação da Carta Magna de 1988, a qual se assenta na salvaguarda dos direitos e garantias fundamentais, na esteira do constitucionalismo contemporâneo vinculado ao Estado Democrático de Direito.

Assim, a importância do debate acerca dos direitos humanos deve ser percebida no *âmbito do Direito*, pelo necessário reconhecimento e proteção mediante garantias suficientes e eficientes; no *âmbito da Política*, pelo seu acatamento, respeito e promoção; e, no *âmbito da Sociedade Civil*, pelo apego aos seus conteúdos já consolidados e pela busca de salvaguardas aos novos desafios, além da moldagem de estratégias sociais de proteção e promoção independentes daquelas postas à disposição pelo direito positivo ou, diante das referidas *crises do Estado*, daquelas assumidas pelo ente público por meio de políticas protetivas, promocionais ou prestacionais.

Tal se apresenta não apenas em razão de sua constante ampliação, mas em especial em virtude do freqüente desrespeito de que são objetos os direitos humanos, o que afeta tanto o conteúdo dos direitos *sociais*, como também aqueles tradicionais e de aparente facilidade de concretização, como os direitos de 1ª dimensão, voltados a assegurar as *esferas de liberdade dos indivíduos*, os quais não podem ser percebidos em exclusão destes, como se para sua concretização não houvesse a incidência de custos de natureza econômica ou de atitudes positivas.

Portanto, de que adianta retomar o tema dos direitos humanos e sua implementação a partir de uma estratégia constitucional e hermenêutica, consolidando e ampliando o seu catálogo, bem como os mecanismos

---

8. Ver Jorge Miranda, *Manual de Direito Constitucional*, 1996.

procedimentais e as instâncias de proteção dos mesmos se, diante do atual quadro de *crise das instituições públicas* – crise do espaço público, da democracia, do Estado enquanto tal etc. – as instâncias de regulação social – como é o caso do Direito, como normatividade estatal – estão se enfraquecendo ou, pior, desaparecendo, como espaços públicos de apelo, em especial frente a estruturas e estratégias pára-estatais e mercadológicas?

Não basta, neste espectro, restringir o debate jurídico-positivo acerca do tema enfrentado, sem verificar que a sua efetividade não depende apenas do reforço por mecanismos jurídicos de regulação, posto que estes, muitas vezes, esfacelam-se perante o estabelecimento de um espaço "público" privatizado ou paralelo.

Deve-se, por outro lado, observar uma inevitável correspondência entre os direitos humanos e a democracia, posto que se esta se enfraquece são aqueles os primeiros e principais prejudicados. Ao serem atacadas as instituições democráticas, atinge-se não apenas os direitos humanos civis e políticos, mas todas as dimensões de direito, fazendo supor, como aponta Renato Janine Ribeiro, de que "somente é legítimo, na política, o regime democrático".[9]

Neste sentido, a questão que se coloca diz com a concretização dos conteúdos relativos aos direitos humanos, particularmente quando nos referimos àqueles de caráter coletivo, tais os econômicos, sociais e culturais, que exigem não apenas uma abstenção por parte da autoridade pública e um reconhecimento legislativo, mas, para além, requerem uma atuação positiva, em especial, desta transformada autoridade pública, através de prestações públicas, em sua versão tradicional.

2. *O Brasil e o constitucionalismo de 1988*

A Constituição de 1988 é qualificada como a mais democrática da História Constitucional Brasileira, classificada como o documento da dignidade da pessoa humana, da liberdade, da democracia, da cidadania e da justiça social: a "Constituição Cidadã". A luta pela redemocratização do país e reafirmação dos anseios populares consolidou-se formalmente pela sua promulgação.

9. Ver Renato Janine Ribeiro, "Primazias da Democracia", in *Folha de São Paulo*, 13.7.1997, Caderno *Mais*, pp. 5-13. Para ele: "Este valor ético da democracia faz com que os direitos que a constituem tenham primazia sobre todos os outros direitos possíveis do homem. Aliás, nosso tempo mostra que tais direitos somente são assegurados quando há o núcleo duro dos direitos democráticos".

Pacto que consolida a "Nova República" – uma república verdadeiramente pública, baseada no respeito à pessoa, nos direitos fundamentais e nos princípios do Estado constitucional moderno – confere primazia ao homem e subordina o poder público à ordem democrática constitucional – fato que o povo não presenciava desde o início da formação do Estado brasileiro.

Representa um grande marco nas lutas pelos direitos fundamentais no Brasil, já que a sociedade civil estava amordaçada por mais de 20 anos de forte autoritarismo (característico da ditadura militar). Nas palavras de Sarlet, "a relevância atribuída aos direitos fundamentais, o reforço de seu regime jurídico e até mesmo a configuração do seu conteúdo são frutos da reação do Constituinte, e das forças sociais e políticas nele representadas, ao regime de restrição e até mesmo de aniquilação das liberdades fundamentais".[10] Acabou com o regime autoritário, declarando o regime democrático como normalidade legítima da convivência nacional.

O resultado desses anos de arbítrio extravasou-se na Constituição de 1988, em que, pela primeira vez, a sociedade civil participou ativamente da sua elaboração. O canal se efetivou por meio da imprensa, agora livre, dos partidos políticos e dos movimentos sociais organizados, num amplo processo de discussão oportunizado com a redemocratização do país. Propiciou-se um debate sem precedentes na história nacional sobre o que viria a ser o conteúdo da Constituição vigente. Não se conhece, no mundo, outro país que tenha mobilizado tanto entusiasmo e participação direta do povo num processo constituinte.

"Embora não haja condições de reproduzir com minúcias o desenvolvimento dos trabalhos da Assembléia presidida pelo Deputado Ulysses Guimarães, importa registrar aqui a dimensão gigantesca deste processo. O anteprojeto elaborado pela Comissão de Sistematização, presidida pelo Deputado Bernardo Cabral, continha 501 artigos e atraiu cerca de 20.700 emendas. Menos expressiva, mas ainda assim significativa por tratar-se do exercício de modalidade de democracia participativa, é a constatação de que o projeto foi objeto de 122 emendas populares, estas subscritas por no mínimo 30.000 eleitores."[11]

Dessa forma, apesar da ausência de norma expressa qualificando a República como um Estado Social e Democrático de Direito, já que o *caput* do artigo 1º se refere apenas aos termos "democrático" e "de di-

---

10. Ingo Wolfgang Sarlet, *A Eficácia...*, cit., p. 68.
11. Idem, ibidem, p. 66.

reito", nem por isso os princípios fundamentais do Estado Social deixam de encontrar guarida nessa Constituição.

Seguindo o espírito presente nas Constituições de 1934 e 1946, mas com maiores concessões aos direitos humanos, a Constituição de 1988 mescla a proteção aos direitos individuais (frutos do liberalismo) com os direitos sociais (frutos da social-democracia). É uma Constituição de caráter profundamente compromissório, harmonizadora das diversas forças políticas, conciliadora de "posições e reivindicações nem sempre afinadas entre si, resultantes das fortes pressões políticas exercidas pelas diversas tendências envolvidas no processo Constituinte",[12] o que é absolutamente legítimo num processo democrático. Resulta, portanto, do compromisso entre interesses opostos.

Assim, aquele sonho de redemocratização formal do país consolidou-se com a promulgação da nova Constituição. Todavia, ainda não se pode dizer que o Brasil tenha atingido uma democracia efetiva, no sentido amplo do termo. Imperioso percorrer longo caminho, para que possa atingir o ideal de uma sociedade solidária, justa, com erradicação da pobreza e da marginalização, com distribuição de renda e redução das desigualdades sociais e regionais, bem como com o pleno exercício dos direitos fundamentais, conforme inscrito no texto constitucional. Há liberdade, sim, mas a igualdade e a justiça sociais ainda estão longe de serem atingidas.[13] O texto constitucional representa o caminho, tudo aquilo que deve ser observado, formalmente, para atingir esse ideal. E o caminho passa necessariamente pela efetivação dos direitos fundamentais positivados na Carta Magna.

O aspecto ora enfocado provavelmente resume a maior dificuldade em tornar efetivos[14] os direitos fundamentais, em especial os direitos sociais e econômicos. É que simplesmente reconhecê-los não lhes dá plenitude e efetividade, ficando apenas no âmbito da pura formalidade. São necessários não só mecanismos institucionais, mas toda uma política

12. Idem, ibidem, p. 67.
13. Segundo Norberto Bobbio, "a liberdade e a igualdade dos homens não são um dado de fato, mas um ideal a perseguir; não são uma existência, mas um valor; não são um ser, mas um dever ser" (*A Era dos Direitos*, cit., p. 29).
14. Luis Roberto Barroso, comentando definição preconizada por Kelsen, em sua *Teoria Pura do Direito*, afirma que a noção de efetividade ou eficácia social corresponde o fato real da norma "ser efetivamente aplicada e observada, da circunstância de uma conduta humana conforme a norma se verificar na ordem dos fatos. A efetividade significa, portanto, a realização do Direito, o desempenho concreto de sua função social. Ela representa a materialização, no mundo dos fatos, dos preceitos legais e simboliza a aproximação, tão íntima quanto possível, entre o *dever-ser* normativo e o *ser* da realidade social" (*Interpretação e Aplicação da Constituição*, p. 236).

voltada para a questão social – uma política que envolva a etapa de desenvolvimento em que se encontra o Estado proclamador de tais direitos. Norberto Bobbio afirma que são "(...) necessárias condições objetivas que não dependem da boa vontade dos que os proclamam, nem das boas disposições dos que possuem os meios para protegê-los. (...) Sabe-se que o tremendo problema diante do qual estão hoje os países em desenvolvimento é o de se encontrarem em condições econômicas que, apesar dos programas ideais, não permitem desenvolver a proteção da maioria dos direitos sociais. O direito trabalho nasceu com a Revolução Industrial e é estreitamente ligado à sua consecução. Quanto a esse direito, não basta fundamentá-lo ou proclamá-lo. Nem tampouco basta protegê-lo. O problema da sua realização não é nem filosófico nem moral. Mas tampouco é um problema jurídico. É um problema cuja solução depende de certo desenvolvimento da sociedade e, como tal, desafia até mesmo a Constituição mais evoluída e põe em crise até mesmo o mais perfeito mecanismo de garantia jurídica".[15]

Essa característica dos direitos econômicos, sociais e culturais – sua dimensão economicamente relevante – assume especial relevância no âmbito de sua eficácia e efetivação, isto é, significa que a realização das prestações reclamadas não é possível sem que se despenda algum recurso. Assim, a sua concretização depende, em última análise, da conjuntura econômica e dos interesses daqueles que dispõem de poder para gerir tais recursos, promovendo um choque entre a necessária realização dos seus conteúdos em face das condições necessárias para tal.

Ainda, segundo Bobbio, "descendo do plano ideal ao plano real, uma coisa é falar dos direitos do homem – direitos sempre novos e cada vez mais extensos – e justificá-los com argumentos convincentes; outra coisa é garantir-lhes uma proteção efetiva. (...) À medida que as pretensões aumentam, a satisfação delas torna-se cada vez mais difícil".[16] Os direitos sociais, econômicos e culturais "são mais difíceis de proteger do que os direitos de liberdade",[17] por exigirem uma conduta positiva do Estado e, portanto, necessitando de vontade política para produzir "aquela organização dos serviços públicos de onde nasceu até mesmo uma nova forma de Estado, o Estado Social".[18]

Assim, afirmar direitos não é uma questão exclusivamente jurídica. É, também, uma questão política. É preciso estabelecer um serviço pú-

15. Bobbio, *A Era dos Direitos*, cit., pp. 44-45.
16. Idem, ibidem, p. 63.
17. Idem, ibidem.
18. Idem, ibidem, p. 72.

blico, organizar as condições de acesso a esse serviço, destinar recursos suficientes para suportar os gastos advindos da prestação dos serviços públicos do Estado a fim de ver cumpridos tais direitos. Como afirma Konrad Hesse, as "questões constitucionais não são, originariamente, questões jurídicas, mas sim questões políticas".[19] Pode-se multiplicar os exemplos de contraste entre as declarações formais e solenes e a sua consecução, entre a grandiosidade das promessas e a miséria das realizações.

"Enquanto os direitos de liberdade nascem contra o superpoder do Estado – e, portanto, com o objetivo de limitar o poder –, os direitos sociais exigem, para sua realização prática, ou seja, para a passagem da declaração puramente verbal à sua proteção efetiva, precisamente o contrário, isto é, a ampliação dos poderes do Estado."[20]

E esse é um dos grandes problemas proclamados neste século XXI: o contra-senso existente entre as práticas neoliberais – defensoras de um Estado mínimo –, e a efetivação dos direitos sociais, econômicos e culturais, positivados e reconhecidos no texto constitucional – carecedores de intervenção estatal direta para a concretização de políticas públicas que os tornem efetivos.

Conforme aponta Luís Roberto Barroso, "no nível lógico, nenhuma lei, qualquer que seja sua hierarquia, é editada para não ser cumprida".[21] O direito existe para realizar-se. O direito constitucional não foge a esse desígnio. Na verdade, o que a Constituição pode fazer é garantir o empenho do Estado quanto aos direitos fundamentais, assegurar a expectativa de direito à saúde e de direito à educação, por exemplo. Contudo, compete à gestão estatal assegurar as transformações sócio-econômicas e organizacionais indispensáveis para tais fins, embora a escassez dos recursos disponíveis constitua limite fático a exigir estratégias de ação política adequadas aos fins do Estado descritos no texto constitucional.

É justamente em virtude desses aspectos que muitos sustentam "a colocação dos direitos sociais a prestações sob o que se denominou de uma 'reserva do possível', que, compreendida em sentido amplo, abrange tanto a possibilidade, quanto o poder de disposição por parte do destinatário da norma".[22] Declaram haver uma certa relatividade na efetivação dos direitos sociais prestacionais, uma vez que o Estado lhes dará

---

19. Konrad Hesse, *A Força Normativa da Constituição*, p. 9.
20. Bobbio, *A Era dos Direitos*, cit., p. 72.
21. Luís Roberto Barroso, *Interpretação e Aplicação...*, cit., p. 239.
22. Ingo Wolfgang Sarlet, *A Eficácia...*, cit., pp. 260-261.

concretização legislativa na dependência da conjuntura socioeconômica e da efetiva disponibilidade de recursos para provê-los. Verifica-se, pois, que é preciso, antes de tudo, vontade política de tornar efetivos os dispositivos constitucionais, através de um planejamento político-administrativo – que considere o patamar de desenvolvimento social, político, econômico e cultural da sociedade, sob pena de comprometer seriamente a eficácia normativa do texto constitucional.[23]

Essa atuação das elites conservadoras foi colocada em prática logo que a Carta Magna de 1988 entrou em vigor. "Desde o início, pelo menos em relação a determinadas matérias, como por exemplo, com relação aos direitos sociais ou com relação à ordem econômica, não houve vontade política de se tentar chegar a uma afinação das instituições para a realização da democracia social no Brasil."[24] É que aquilo que os conservadores não conseguiram evitar durante a sua elaboração, trataram de boicotar posteriormente. O Brasil tem uma Carta que atende a todos os requisitos para ser considerada uma Constituição moderna; contudo, pela pressão e vontade dos "donos do poder", ou seja, dos setores econômicos e politicamente influentes, não foi aplicada nem regulamentada (o momento atual mostra que está sendo desmontada).

Na esteira da inaplicabilidade da Constituição de 1988 – apesar do seu tão elogiado texto –, dentre outros, está a contingência econômica atual. Na época de sua promulgação, juntamente com o *lobby* efetuado pela sociedade civil – sedenta por reformas sociais –, predominava, apesar das contrariedades, em âmbito mundial, a ideologia social-democrática. Mas, com a queda do Muro de Berlim em 1989 e, logo após, do regime socialista na União das Repúblicas Socialistas Soviéticas, o processo de globalização do capitalismo e a supremacia da ideologia neoliberal apostaram em um projeto de "reforma" do Estado.

Essa nova política define uma mudança no cenário político e econômico mundial (e também brasileiro), o que se reflete diretamente na atual Constituição: implementa-se uma ação cujo objetivo não é outro, senão, pôr abaixo as promessas constitucionais. Assim, precipita-se, de forma irreversível, a questão da revisão constitucional, por seu texto ir de encontro aos anseios do ideário neoliberal. Retorna-se à exaltação do mercado, da competitividade, do individualismo, da livre iniciativa e do darwinismo social – que já haviam mostrado seus efeitos colaterais no antigo Estado Liberal como Estado Mínimo.

---

23. Idem, ibidem, pp. 259-264, 320-321.
24. Carmen Lúcia Rocha, "O Constitucionalismo Brasileiro em Crise", *Diário da Justiça*, 13.11.1998, Porto Alegre, n. 1.494, p. 72.

Procura-se, na alteração da essência da Carta de 1988, desmantelar os direitos e garantias do cidadão, principais avanços da Carta, como se os direitos sociais, econômicos e culturais fossem os grandes culpados da crise econômica que afeta o país. Assim, proclama-se que o atendimento de tais demandas, além de exigir vultosos recursos, prejudicaria padrões de eficiência, produtividade e competitividade e resultaria num déficit público crônico, gerador de inflação.

A partir da premissa de que a Constituição é um meio e nunca um fim em si mesma, depreende-se que a afirmação de que a força operante das normas constitucionais pode "evoluir" a conjuntura social não passa de mera ilusão. Porém, deve-se assentar, como adiante se verá, que os preceitos constitucionais servem, sim, para ordenar a realidade circundante a depender da interpretação que se lhes atribuam.

Em verdade, a efetividade da Constituição é um processo, pois a simples elaboração de um texto constitucional, mesmo que contemple todos os direitos, não é suficiente para que o ideário que o inspirou se introduza efetivamente nas estruturas sociais, passando a reger com preponderância o relacionamento político de seus integrantes.

E também, é fundamental a percepção de que a realização efetiva dos preceitos constitucionais depende (1) de um engajamento maciço dos que dela fazem parte, nesse processo, e (2) de um Estado Democrático de Direito que abra canais para essa participação. Assim, a manutenção e a realização dos conteúdos sociais da Constituição de 1988 dependem, em grande medida, da capacidade de (re)organização da sociedade, pois, quando se trata de direitos fundamentais, é indispensável a participação popular na exigência dos mesmos. Para Carmen Lúcia Antunes Rocha, "Não parte do poder público a idéia de que é melhor um mau acordo do que uma boa demanda, que é a desmoralização total do direito e da idéia de viver num Estado de Direito. Passa de cada cidadão que confortavelmente, que comodamente, prefere não ir à luta em busca de seu direito. Direito não se ganha, direito se conquista. Direito não cai do céu. Direito é uma luta diária, todo o dia você sabe que precisa lutar pelo que é seu. (...) O que nós temos pedido é que todos nós cidadãos cuidemos de nos organizarmos politicamente, de maneira legítima, de maneira democrática, até para exercer o dever constitucional. É dever, é princípio constitucional, o da solidariedade social. Esta é a primeira constituição que traz este princípio fundamentalíssimo, ao lado do princípio da dignidade da pessoa humana, traz o princípio da solidariedade social, que é um princípio muitíssimo pouco aplicado por cada um de nós e relevado por cada um de nós. (...) O que nós pedimos é (...) que pelo menos cada um de nós tenha a responsabilidade com o Brasil de fazermos com que a democracia não seja só uma esperança".[25]

A construção democrática do Brasil passa, pois, por cada um dos cidadãos brasileiros. E a democracia passa pelo reconhecimento e fruição dos direitos fundamentais, sendo uma conquista diária. Direito proclamado formalmente, porém não efetivado na sociedade, é apenas uma promessa descumprida, que acaba por desacreditar tanto o ordenamento jurídico quanto as instituições jurídico-políticas do País como um todo.

3. A realização dos direitos humanos

Nesta perspectiva, quando se questiona acerca da *concretização* dos conteúdos dos direitos humanos, particularmente os de 2ª dimensão – embora não só destes, como já explicitado –, propõe-se que tal enfrentamento deva ser feito sob duas perspectivas distintas, sem que sejam excludentes.

A – Em um primeiro plano deve-se pensar em uma vertente de *concretização dos direitos humanos pelo Estado*, ou seja, verificar o papel do ente público estatal para que se obtenha o máximo de efetividade, assim como o máximo de adequação dos conteúdos que lhe são próprios. Por evidente que a ação pública estatal deverá incluir não apenas o reconhecimento *em âmbito legislativo* expresso ou implícito – por meio de uma *cláusula constitucional aberta* – (vide art. 5º da CF/1988) que, como visto, tem serventia no âmbito das *liberdades negativas*, mas é insuficiente para a seara dos direitos sociais, econômicos e culturais.

Quando se trata das *liberdades positivas*, a essa ação do legislador – pelo reconhecimento e pela regulação – é imprescindível que se agregue uma atuação promotora, a qual se funda, em geral, na *ação executiva* do Estado, colocando em prática conteúdos reconhecidos pelo direito positivo. Este caráter prestacional se vincula inexoravelmente à implementação dos direitos sociais, econômicos e culturais, o que traz à baila todos os questionamentos referentes aos projetos de Reforma do Estado, em particular aqueles dotados de um ideário neoliberal/capitalista.

Portanto, quanto à implementação dos conteúdos dos direitos humanos de segunda dimensão, é inafastável a necessária compreensão dos contornos próprios às crises do Estado contemporâneo, nos seus aspectos conceituais (em particular o problema da soberania) e estruturais (no que

25. Idem, ibidem, p. 83.

diz com os problemas financeiros, ideológicos e filosóficos do *Welfare State*).[26]

De outro lado, é preciso que se pense a concretização dos direitos humanos a partir do prisma da *jurisdição*, muito embora à função jurisdicional seja atribuída expressão fundamental quando se está frente aos direitos de 3ª geração, o que não a afasta da problemática ora enfrentada.

Trata-se de pensar a função da jurisdição em uma perspectiva ampliada, capaz de congregar tanto a ação do agente público encarregado das atribuições afetas à função pública estatal quanto algo que se poderia denominar como uma *prática jurídica comprometida*, envolvendo todos os operadores jurídicos. Com o alargamento e aprofundamento dos catálogos de direitos humanos, enfrenta-se o problema de *como tornar tais conteúdos fruíveis pelos cidadãos*, particularmente de se refletir a questão em um contexto de *escassez* e *transformação das estruturas políticas*. Este estado de coisas promove, para além das dificuldades tradicionais de natureza teórica acerca do caráter eficacial das normas contempladoras de tais conteúdos, um crescimento exponencial da conflituosidade em torno à falta ou insuficiente realização dos direitos humanos, o que vai se caracterizar pela fórmula da *judicialização da política* ou da *politização do jurídico*.

Há, portanto, um problema ampliado. Parte de um questionamento acerca da teoria jurídica constitucional, que se inicia com a compreensão do perfil das normas que introjetam tal conteúdo e que aparecem, muitas vezes, apenas como *embelezamentos estratégicos e legitimadores* da ordem normativa estatal, sem se refletirem no cotidiano prático do cidadão. Por outro lado, esta situação aponta para um clima de profunda revisão das estruturas organizacionais e funcionais do Estado, bem como no que respeita ao seu fundamento de legitimidade.

Aqui se põe a necessidade de referir e refletir acerca das ditas *normas programáticas* e de sua *concretização* assentada na idéia de *ótima concretização da norma*, sustentada em princípios tais como o da *unidade constitucional, concordância prática, exatidão funcional, efeito integrador* e *força normativa da Constituição (máxima efetividade)*, como explicita Konrad Hesse.[27]

---

26. A respeito, ver, José Luis Bolzan de Morais, "As Crises do Estado Contemporâneo", in *América Latina: Cidadania, Desenvolvimento e Estado*.
27. Ver o seu *A Força Normativa da Constituição*, cit. Para o trato da questão hermenêutica, ver Lênio Streck, *Hermenêutica Jurídica e(m) Crise*, 1999.

Portanto, a implementação dos conteúdos de direitos humanos implica na necessária compreensão da *ação jurídica* suportada em uma *prática comprometida* e assente em uma *teoria engajada*, em que a Constituição não seja percebida exclusivamente como uma *folha de papel*, na expressão consagrada por F. Lassale.

Por outro lado, a questão jurisdicional – como aqui entendida – refere, ainda, a necessidade de que, para além da compreensão do tema, sejam *utilizados os instrumentos procedimentais* para fazer valer os seus conteúdos, apropriando-se do que o próprio texto constitucional coloca à disposição do cidadão. Assim, em *situações individuais* há o *habeas corpus, habeas data* e o *mandado de segurança*; para *situações coletivas*, há o *mandado de segurança coletivo*; para as situações que envolvam *interesses difusos*, há a *ação popular, ação civil pública*, além de se considerar as possibilidades postas pelo *mandado de injunção, ação direta de inconstitucionalidade por omissão* e a *argüição de descumprimento de preceito fundamental*.

Por óbvio que não se trata de tarefa fácil, em quaisquer dos aspectos acima expressos, particularmente quando se toma como pano de fundo o Estado Contemporâneo e sua conformação e o caráter da formação jurídica dos atores envolvidos, submetidos, ainda, a uma tradição dogmática liberal-individualista normativista.

Ou seja: o cenário atual conduz o jurista a circunstâncias complicadoras, tratando-se de uma das tarefas mais árduas e difíceis. É preciso que o jurista saiba que a Constituição, como documento jurídico-político, está imersa neste jogo de tensões e de poderes; entretanto, é indispensável que os militantes do direito constitucional e dos direitos humanos percebam que a Constituição não deverá ser adaptada conforme programa de governo de quem detém o poder naquele momento. Ao contrário, são os programas de governo que precisam se constitucionalizar.

Tal perspectiva envolve, ainda, um discurso competente acerca do constitucionalismo contemporâneo, de seus conteúdos e de suas estratégias de realização.

B – De outra banda, seria preciso pensar a questão da concretização dos direitos humanos a partir de uma perspectiva social, para o quê será feito apenas menção. Ou seja: de que estratégias, além daquelas já apontadas, deveriam lançar mão os atores sociais para verem materializadas as *políticas humanitárias* erigidas ou não – uma vez que poderiam agir com o objetivo de verem satisfeitas tanto pretensões já positivadas como pretensões novas, emergentes de novos contextos e conflitos – como direitos fundamentais.

Por óbvio que as possibilidades de verem satisfeitas tais pretensões podem, nos dias de hoje, ser pensadas a partir de uma *dupla via*.

Na primeira, mediante pretensões dirigidas à autoridade pública estatal, buscando fazer valer os direitos humanos desde alguma estratégia positivo/prestacional e/ou negativa/abstenção – na dependência do conteúdo da pretensão – por parte do Estado, de suas funções, de suas agências ou agentes.

Na segunda, poder-se-ia supor um processo de *autonomização social* – o que não significa adoção de uma matriz (neo)liberal/capitalista – que conduzisse a uma apropriação coletiva das *incumbências* necessárias à efetivação de tais conteúdos. Tal efetivação dar-se-ia, então, a partir de um comprometimento coletivo pelo bem-estar comum, desde a assunção de tarefas sociais no próprio âmbito da sociedade e pelos atores sociais os mais diversos, libertando-se de amarras, muitas vezes, intransponíveis, próprias às características estruturais do Estado Contemporâneo, como Estado do Bem-Estar Social, em suas diversas experimentações práticas.

Aqui, e dessa forma, poder-se-ia incluir diversas experiências que vão desde uma *"flexibilização" participativa* da democracia representativa até a implementação de *políticas públicas autônomas* capazes de romper ideologicamente com o caráter transferencial adrede ao modelo representativo.

4. Constituição, funções do Estado e neoconstitucionalismo

Pode-se, sem dúvida, nesta linha, sustentar que um dos grandes temas que se apresentam para o constitucionalismo diz respeito à revisão do papel das funções tradicionais do Estado, em particular quanto às atribuições, limites, investidura etc., bem como, para o que nos interessa aqui, no que se refere à função jurisdicional. Isso se dá, sobretudo, diante do constitucionalismo contemporâneo, voltado à construção de um *Estado Democrático de Direito*,[28] em que este assume um papel central no processo de consolidação dos *acordos* constitucionais expressos nas normas que compõem o texto das Constituições, em especial aquelas assumidas na segunda metade do século passado.

Neste contexto, o constitucionalismo ganha contornos novos, com vistas a alargar a própria compreensão do que seja Constituição, passan-

---

28. Para uma compreensão do significado de Estado Democrático de Direito ver Lenio Luiz Streck e José Luis Bolzan de Morais, *Ciência Política e Teoria Geral do Estado*, 2004.

do de um texto legislado a um documento histórico-cultural. Assim, resumidamente, pode-se dizer que a Constituição – em uma perspectiva denominada *substancialista*[29] – à forma escrita agrega a questão da sua legitimidade, bem como a problemática de sua função.

Ou, dito de outra maneira mais abrangente, na concepção de P. Häberle, as Constituições são "testi costituzionali in senso stretto e formale le costituzioni scritte, in senso largo e materiale anche le opere classiche di un Aristote (in matéria di eguaglianza e giustizia), di un Montesquieu (in matéria di separazione dei poteri) o di un Hans Jonas in materia di tutela dell'ambiente, intesa come imperativo categorico kantiano esteso sia nel tempo sia nello spazio all'intero mondo (...)".[30]

Ou seja, tem-se hoje em dia uma concepção das Constituições em que – para além de seus novos conteúdos e estratégias – estas passam a ser percebidas como um documento jurídico-histórico-cultural, o que põe em evidência o problema da realização do projeto constitucional e da atribuição de sentido ao texto constitucional, implicando em uma revisão das relações entre as funções estatais clássicas em um ambiente de – aparente – escassez de meios e de mudanças paradigmáticas nas/ das fórmulas político-institucionais modernas,[31] apropriando à jurisdição

29. De outro lado, podem-se referir uma outra perspectiva chamada formalista, para a qual, na tradição dos *Federalistas*, como diz Giovanni Sartori "(...) as constituições são, em primeiro lugar e acima de tudo, instrumentos de governo que limitam, restringem e permitem o controle do exercício do poder político" (p. 211) ou seja, as "constituições são 'formas' que estruturam e disciplinam os processos decisórios do Estado (...) são conjuntos de procedimentos tendo por objetivo assegurar o exercício do poder sob controle (...) são e devem ser neutras com relação ao seu conteúdo" (p. 214). Nesta tradição, "Precisamos desconfiar, assim, das constituições que contêm aspirações (...). As constituições com aspirações são, no final de contas, um desvio e um sobrepeso de capacidades constitucionais que têm como resultado a impossibilidade de funcionar" (p. 215) (ver *Engenharia Constitucional. Como mudam as Constituições*, 1996). Para Nicola Matteucci: "La constitución escrita basa su legitimidad en dos elementos: ya sea en el contenido mismo de las normas, que se imponen por su racionalidad intrínseca y por su justicia; ya sea en su fuente formal, por emanar de la voluntad soberana del pueblo a través de una asamblea constituyente y, a veces, de un referéndum (...) El segundo carácter se refiere a la función: se quiere una constitución escrita no sólo para impedir un gobierno arbitrario e instaurar un gobierno limitado, sino para garantizar los derechos de los ciudadanos y para impedir que el Estado los viole. En efecto, la constitución no sólo regula el funcionamiento de los organismos del Estado, sino que además consagra los derechos de los ciudadanos, puestos como límites al poder del Estado" (ver *Organización del Poder y Libertad. Historia del Constitucionalismo Moderno*, 1998).

30. Ver, do Autor, *Diritto Costituzionale Nazionale, Unioni Regionali fra Stati e Diritto Internazionale come Diritto Universale dell'Umanità: Convergenze e Divergenze*, p. 2.

31. Sobre este debate, ver Jose Luis Bolzan de Morais, *As Crises do Estado...*, cit.

uma tarefa que ultrapassa em muito a simples aplicação das normas jurídicas e a verificação da adequação hierárquica dos textos legislados que, aliás, ela nunca teve, apesar das negativas doutrinárias recorrentes.

Assim, à jurisdição abre-se a possibilidade de promover atribuições de sentido aos textos constitucionais por intermédio de sua intervenção jurisprudencial, emergindo como atuação peculiar à consolidação do Estado Democrático de Direito, cujo caráter transformador incorpora um deslocamento no sentido da função jurisdicional do Estado como instância de realização do projeto presente no pacto constitucional.

O acontecimento histórico do constitucionalismo ocidental colocou, assim, a possibilidade de que os órgãos jurisdicionais com atribuições de controle de constitucionalidade, em especial, venham a promover a (re)significação dos textos dos Estatutos Fundamentais, cumprindo uma função que originariamente constituiu-se em tarefa do Poder Constituinte[32] como expressão da atividade legislativa, reinscrevendo a temática da especialização de funções, sem, contudo, comprometer os limites próprios a esta estratégia organizacional da atividade estatal, tendo-se presente os riscos da violação dos mesmos, podendo, inclusive, levar *alla tentazione dell'onnipotenza*.[33]

Logo, esta mesma atividade jurisdicional pode, paradoxalmente, significar uma invasão pelo Judiciário das esferas de atribuições classicamente atreladas às funções executiva e legislativa, atingindo o princípio da especialização de funções, sobretudo pela alteração/(re)construção

---

32. Toma-se aqui a idéia de Poder Constituinte como aquele que produz o *texto* constitucional, sem a distinção clássica e equivocada entre *poder constituinte originário* e *poder constituinte* derivado, na medida em que só àquele pode-se atribuir a tarefa de produzir a Constituição em seu texto original. Por outro lado, a interpretação constitucional adquiriu uma posição de destaque nas últimas décadas do século XX, fruto da terceira fase do constitucionalismo, perceptível no pós-Guerra. Isso porque o preenchimento dos conteúdos de certos direitos constitucionais (geralmente de direitos fundamentais), assim como a extensão desses mesmos direitos estão "nas mãos" daqueles que compõem esse essencial órgão, o Tribunal Constitucional. Como diz Pedro de Vega, "Sucede, no obstante, que las dificultades y problemas para obtener el consenso en las sociedades pluralistas determinan que la voluntad constituyente se exprese por lo común en una legislación constitucional confusa, ambigua y polisémica. Con lo cual, a la hora de interpretar y custodiar el cumplimiento de esa voluntad por parte de los Tribunales Constitucionales, lo que realmente ocurre es que de guardianes del poder constituyente pasan a transformarse en sus sustitutos. (...) es un acto de auténtica creación constitucional" (ver a respeito "Apuntes para una Historia de las Doctrinas Constitucionales del Siglo XX", in *Teoría de la Constitución*, 2000).

33. Valerio Onida, *Corriere della Sera*, 20.1.2005, p. 5.

interpretativa de dispositivos constitucionais, caso a jurisdição ceda *alla tentazione de sostituire proprie valutazioni di opportunità a quelle espresse nelle decisioni politiche*.[34]

Ou, por outro viés, o Poder Judiciário e a expansão de sua atuação, nesse sentido, quanto à invasão do Legislativo pelo Executivo, serviria como corretivo, comportando-se como um instrumento de *accountability*; e, quanto à representação política clássica, serviria como um novo caminho para a aquisição, defesa e concretização de direitos.

Tais circunstâncias se põem em consonância com a transformação política operada pelo Estado Democrático de Direito, quando a própria noção de democracia é trasladada para um *locus* legitimador não mais meramente formal, senão, principalmente, substancial. Esta visão já está presente no âmbito do Estado Social, no qual a noção de garantia não fica mais restrita aos padrões liberais de limitação negativa da ação estatal, mas vem acrescida de um *plus* transformador, em que a concretização de obrigações/prestações que importam na transfiguração do *status quo* assume efetivamente uma posição de primazia no espaço de legitimação constituído pela função de garantia. Com isso, a distribuição clássica das funções dos poderes públicos não mais está sujeita a uma separação rigorosa, com o objetivo de reforçar uma estrutura de fiscalização; mas, noutro sentido, apresenta-se mais flexível, voltada a uma finalidade de cooperação, baseada na perspectiva de que há uma unidade inexorável no Estado[35] para a realização de valores éticos substanciais positivados constitucionalmente e intensamente reclamados pela população. Logo, essa finalidade de cooperação entre os poderes públicos para a plena efetivação dos direitos fundamentais está, de alguma maneira, expressa em uma atribuição executiva peculiar ao espaço público, sem que se limite às tarefas próprias do Poder Executivo.

34. Idem, ibidem.
35. Parece que a idéia clássica, proposta por Montesquieu, aponta, muitas vezes, para uma fragmentação estatal, em que as diversas funções do Estado aparecem como compartimentos descompromissados com a construção conjunta do projeto de Estado alicerçado na Constituição. Não raro, as funções de Estado parecem estar vinculadas a lógicas e compromissos distintos, sem que se percebam como operadoras do que Rousseau supunha ser a *vontade geral*. Talvez um bom exemplo desta fragmentação possa ser buscado na figura dos *precatórios*, na qual se percebe claramente a descontinuidade e fragmentação da atuação dos diferentes poderes públicos, quando um deles – o jurisdicional – determina o pagamento de valores, o outro – o executivo – precisa cumprir a ordem e alocar recursos orçamentários para o futuro e, eventualmente, se utiliza do terceiro – o legislativo – para instrumentalizar formas que viabilizem o pagamento, sem que se tenha, muitas vezes, uma atuação conjunta dos mesmos diante do interesse em disputa.

Para Valério Onida, neste contexto, é preciso "rilegge la tripartizione dei poteri: non più legislativo, esecutivo e giudiziario ma 'poteri di governo e politici, da un lato, e poteri di garanzia dall'altro'".[36]

Ou seja, para enfrentar tais circunstâncias, como dito anteriormente, pode-se optar por uma outra classificação para as funções do Estado, segmentando-as entre *funções de governo*, que abarcariam as tradicionais funções executiva e legislativa, e *função de garantia*, vinculada à atividade jurisdicional. Esse novo viés nos (re)conduz à discussão acerca do papel/conteúdo da jurisdição no interior de um projeto democrático, implicando em uma reconsideração das relações entre o *princípio democrático* e a *função de garantia*, assim como de uma retomada do próprio debate acerca da (uma) caracterização da *democracia*.[37]

Neste ambiente, não só as fórmulas e práticas são revisitadas, como seus instrumentos e meios ganham novos contornos. A estratégia social-liberal da especialização de funções assimila tais circunstâncias, promovendo um rearranjo institucional que, em um primeiro momento, promove a função executiva para o centro do jogo político, diante da necessidade de pôr em prática os programas constitucionais sob a forma de políticas públicas prestacionais, forjando o que chamamos, como já dito, "executivização" da Constituição.

Entretanto, contemporaneamente, é a função jurisdicional – como guardiã e realizadora da Constituição – que passa a ter seu espectro de atuação reforçado, assumindo-se como espaço político para a consolidação do projeto constitucional,[38] processo reconhecido como "judicia-

36. Ver *Corriere della Sera*, 20.1.2005, p. 5.
37. Este debate foi realizado no texto "A Jurisprudencialização da Constituição. A Construção Jurisdicional do Estado Democrático de Direito", publicado no *Anuário PPGD/UNISINOS* de 2002, pp. 297-350.
38. A tradicional teoria da democracia considera-a, sem dúvida alguma, em função dos efeitos substanciais que potencialmente podem surgir a partir do estabelecimento e cumprimento das regras formais do jogo, como o melhor e mais seguro caminho para a justiça concreta, sendo ela a forma exata de organização do *estado de justiça*, não sendo possíveis tensões entre democracia e justiça. Partindo-se dessa nota conceitual sobre democracia formal, e jamais desprezando o processo histórico por ela caracterizado, não é possível crer-se que o simples respeito aos procedimentos formais democráticos possa garantir que uma decisão política venha a satisfazer a realização de uma pretensão de justiça voltada para a concretização dos direitos humanos. Neste aspecto, razão parece ter Höffe quando diz que os procedimentos democráticos de decisão são determinados por regras de maioria, mas decisões de maioria são, quando muito, vantajosas, para a maioria e, de modo algum, para todos. Mas a maioria pode impor seus interesses à minoria, de modo que a democracia pode se tornar uma variante do "direito do mais forte" (ver Otfried Hoffe, *Justiça Política: Fundamentação de uma Filosofia Crítica do Direito e do Estado*, p. 370).

lização" da política e politização do jurídico ou, de outro ângulo, porém correlato, jurisprudencialização da Constituição.

Este rearranjo institucional da organização do exercício do poder político exige, portanto, uma análise renovada, o que é realizado, de regra, desde o embate entre procedimentalistas e substancialistas, apesar de esta ser uma discussão que pode receber outro tratamento, de não exclusão recíproca, mas de aproximação.

Dessa forma, este debate, como analisado acima, não pode ser tratado senão a partir de uma revisão conceitual do próprio constitucionalismo, que deverá ser visto como um projeto substancial marcado pela incerteza própria à democracia. Entretanto, não é possível abstrair-se que este se constitui a partir de uma *unidade* voltada à realização da *dignidade humana* como um *valor constitucional* advindo do projeto civilizatório por ele representado. Tal não é um debate que se resolva exclusivamente com uma segmentação entre posturas procedimentalistas e substancialistas; bons e maus; mocinhos e bandidos...

A questão democrática põe em evidência não apenas *quem*? e *como*? mas *o quê*? decidir com vistas à realização dos interesses de *todos* e não apenas de uma *maioria circunstancial* ou do desejo incontido de um ou de poucos, mesmo que a estes se lhes atribua a competência para o controle dos atos públicos em face do texto constitucional.

E, por isso mesmo, o papel do constitucionalismo – e, em particular, da jurisdição constitucional –, com as nuances advindas da (des)ordem contemporânea, parece ainda central para aqueles que não apenas se ocupam em estudá-lo, mas, e particularmente, para todos aqueles preocupados com a continuidade democrática assentada a partir do conteúdo expresso nos direitos humanos. Trata-se de uma preocupação sustentada não apenas em um conjunto de regras do jogo democrático, como quer Norberto Bobbio,[39] mas também em seu conteúdo humanitário e transformador, em particular quando se coloca frente a um projeto constituinte alicerçado na idéia de Estado Democrático de Direito, como referido, em que o *seu Direito* precisa suportar e viabilizar este projeto transformador.[40]

---

39. Ver, sobre o tema das regras do jogo democrático, Norberto Bobbio, *O Futuro da Democracia: uma Defesa das Regras do Jogo*, 1986.
40. Como diz Marcelo Gallupo, "o direito desse tipo de Estado deve adotar um conceito de princípio capaz de suportar esse pluralismo de projetos de vida, que não pode ser um conceito que implique uma hierarquia entre os princípios, o que pode causar estranheza na Teoria Jurídica dominante no Brasil, ainda muito marcada tanto pelo paradigma do Liberalismo quanto pelo paradigma do Estado Social, ambos profundamente

Bibliografia

AGRA, Walber de Moura (Coord.). *Comentários à Reforma do Judiciário*. 2ª ed., Rio de Janeiro, Forense, 2005.

AMIRANTE, Carlo. "Principles, Values, Rights, Duties, Social Needs and the Interpretation of the Constitution. The Hegemony of Multi-Level Governance and the Crisis of Constitutionalism in a Globalised World", in NERGELIUS, Joakim *et all. Challenges of Multi-Level Constitutionalism*. 21$\underline{st}$ World Congress "Law and Politics in Search of Balance". Suécia, 12-18.8.2003.

BANDEIRA DE MELLO, Celso Antonio. "Eficácia das Normas Constitucionais sobre Justiça Social", *Revista de Direito Público* 57-58/233-256, jan-jun/ 1991.

BARROSO, Luis Roberto. *Interpretação e Aplicação da Constituição*. 3ª ed., São Paulo, Saraiva, 1999.

BOBBIO, Norberto. *Teoria do Ordenamento Jurídico*. São Paulo, Pólis, 1987.

_____. *A Era dos Direitos*. Trad. por Carlos Nelson Coutinho. Rio de Janeiro, Campus, 1992.

_____. *O Futuro da Democracia: uma Defesa das Regras do Jogo*. São Paulo, Paz e Terra, 1996.

BOLZAN DE MORAIS, Jose Luis. *Do Direito Social aos Interesses Transindividuais. O Estado e o Direito na Ordem Contemporânea*. Porto Alegre, Livraria do Advogado, 1996.

_____. "A Democracia dos Modernos. Crise de Representação e novas Formas e Lugares para as Práticas Democráticas. Relato de Pesquisa", in ROCHA, Leonel Severo e STRECK, Lenio (Orgs.). *Anuário do PPGD*. São Leopoldo, UNISINOS, 2003.

_____. *A Subjetividade do Tempo*. Porto Alegre, Livraria do Advogado, 1998.

_____. *As Crises do Estado e da Constituição e a Transformação Espacial dos Direitos Humanos*. Col. Estado e Constituição. Porto Alegre, Livraria do Advogado, 2002.

_____. "O Brasil pós-88. Dilemas do/para o Estado Constitucional", in SCAFF, Fernando Facury (Org.). *Constitucionalizando Direitos: 15 anos da Constituição Brasileira de 1988*. Rio de Janeiro, Renovar, 2003.

_____. *Costituzione o Barbarie*. Col. Costituzionalismi Difficili, n. 2. Lecce, Ed., Pensa, 2004.

_____. "Uma Democracia Federal. Novos Lugares para a Política Democrática", in AVELÃS NUNES, Antônio José e COUTINHO, Jacinto Nelson de Miranda. *Diálogos Constitucionais Brasil/Portugal*. Rio de Janeiro, Renovar, 2004.

_____. "Direitos Humanos e Constituição. O novo da EC 45/04", in LEAL, Rogério Gesta e REIS, Jorge Renato dos. *Direitos Sociais & Políticas Públicas. Desafios Contemporâneos*. Santa Cruz do Sul, EDUNISC, 2005.

sistematizadores, mas certamente não no meio das demais Ciências Sociais" (ver, do Autor, *Igualdade e Diferença. Estado Democrático de Direito a partir do Pensamento de Habermas*, p. 21).

_____. "As Crises do Estado Contemporâneo", in *América Latina: Cidadania, Desenvolvimento e Estado*. Porto Alegre, Livraria do Advogado.

BOLZAN DE MORAIS, Jose Luis *et all*. "A Jurisprudencialização da Constituição. A Construção Jurisdicional do Estado Democrático de Direito", in *Anuário do Programa de Pós-Graduação em Direito/UNISINOS*. São Leopoldo, EdUNISINOS, 2002.

BOLZAN DE MORAIS, Jose Luis e AGRA, Walber de Moura. "A Jurisprudencialização da Constituição e a Densificação da Legitimidade da Jurisdição Constitucional", in *Revista do Instituto de Hermenêutica Jurídica*, vol. 1, n. 2. Porto Alegre, IHJ, 2004.

BOLZAN DE MORAIS, Jose Luis e MORAIS, Eliane Pinheiro de. "Direitos Humanos e Saúde", *Revista O Mundo da Saúde*, vol. 22, n. 2. Centro Universitário São Camilo, 1998.

BOLZAN DE MORAIS, Jose Luis; STRECK, Lenio Luiz. *Ciência Política e Teoria Geral do Estado*. 4ª ed., Porto Alegre, Livraria do Advogado Editora, 2004.

BONAVIDES, Paulo. *Curso de Direito Constitucional*. 21ª ed., São Paulo, Malheiros Editores, 2007.

BURDEAU, Georges. HAMON, Francis. TROPER, Michel. *Droit Constitutionnel*. 23ª ed., Paris, LGDJ, 1993.

CANÇADO TRINDADE, Antonio Augusto. *A Proteção Internacional dos Direitos Humanos: Fundamentos Jurídicos e Instrumentos Básicos*. São Paulo, Saraiva, 1991.

CANOTILHO, Jose Joaquim Gomes. *Constituição Dirigente e Vinculação do Legislador*. Coimbra, Coimbra Ed., 1994.

_____. *Direito Constitucional*. Coimbra, Almedina, 1996.

_____. *Direito Constitucional e Teoria da Constituição*. 7ª ed., Coimbra, Almedina, 2004.

DANTAS, Ivo. *O Valor da Constituição*. Rio de Janeiro, Renovar, 1996.

ECO, Umberto. *Viagem na Irrealidade Cotidiana*. 6ª ed., Rio de Janeiro, Nova Fronteira, 1987.

FARIA, Jose Eduardo. "Direitos Humanos e Globalização Econômica", in *Revista O Mundo da Saúde*, vol. 22, n. 2. Centro Universitário São Camilo, 1998.

_____. *O Direito na Economia Globalizada*. 1ª ed., 4ª tir., São Paulo, Malheiros Editores, 2007.

FERRAJOLI, Luigi. *Diritto e Ragione. Teoria del Garantismo Penale*. Roma-Bari, Laterza, 1989.

_____. "O Direito como Sistema de Garantias", in OLIVEIRA JR., Jose Alcebíades de (Org.). *O Novo em Direito e Política*. Porto Alegre, Livraria do Advogado, 1997.

GALUPPO, Marcelo Campos. *Igualdade e Diferença. Estado Democrático de Direito a partir do Pensamento de Habermas*. Belo Horizonte, Mandamentos, 2002.

HÄBERLE, Peter. *Diritto Costituzionale Nazionale, Unioni Regionali fra Stati e Diritto Internazionale come Diritto Universale dell'Umanità: Convergenze e*

Divergenze. Texto em versão italiana por J. Luther, de conferência proferida na Cidade do México e Bologna, em abril de 2004. Mimeo.

HESSE, Konrad. *A Força Normativa da Constituição*. Trad. por Gilmar Ferreira Mendes. Porto Alegre, SAFE, 1991.

HOBBES, Thomas. *Diálogo entre um Filósofo e um Jurista*. 2ª ed., São Paulo, Landy, 2004.

HOFFE, Otfried. *Justiça Política: Fundamentação de uma Filosofia Crítica do Direito e do Estado*. 1ª ed., Petrópolis, Vozes, 1991.

KEHL, Maria Rita. "Masculino/Feminino: o Olhar da Sedução", in NOVAES, Adauto (Org.). *O Olhar*. São Paulo, Cia. das Letras, 1988.

KELSEN, Hans. *Teoria Pura do Direito*. São Paulo, Martins Fontes, 1985.

LASSALE, Ferdinand. *Que é uma Constituição?* Porto Alegre, Vila Martha, 1980.

LAVIÉ, Humberto Quiroga. *Derecho Constitucional Latinoamericano*. México, UNAM, 1991.

MATTEUCCI, Nicola. *Organización del Poder y Libertad. Historia del Constitucionalismo Moderno*. Madrid, Trotta, 1998.

MEDEIROS, Antonio Paulo Cachapuz de. *O Poder de Celebrar Tratados*. Porto Alegre, SAFE, 1995.

MELLO, Celso D. Albuquerque. *Direito Constitucional Internacional*. Rio de Janeiro, Renovar, 1994.

MIRANDA, Jorge. *Manual de Direito Constitucional*. Coimbra, Coimbra Ed., 1996.

MÜLLER, Friedrich. *Quem é o Povo? A Questão Fundamental da Democracia*. São Paulo, Max Limonad, 2000.

ONIDA, Valério. *Corriere della Sera*, 20.1.2005.

PIOVESAN, Flavia. *Direitos Humanos e o Direito Constitucional Internacional*. São Paulo, Max Limonad, 2006.

POULANTZAS, Nicos (Org.). *O Estado em Crise*. Rio de Janeiro, Graal, s/d.

RIBEIRO, Renato Janine. "Primazias da Democracia", *Folha de São Paulo*, Caderno *Mais*, 13.7.1997.

ROCHA, Carmen Lúcia. "O Constitucionalismo Brasileiro em Crise", *Diário da Justiça*. Porto Alegre, 13.11.1998. Ano VII, n. 1.494.

ROTH, André-Noël. "O Direito em Crise: Fim do Estado Moderno", in FARIA, Jose Eduardo. *Direito e Globalização Econômica: Implicações e Perspectivas*. 1ª ed., 2ª tir., São Paulo, Malheiros Editores, 1998.

SARLET, Ingo W. *A Eficácia dos Direitos Fundamentais*. Porto Alegre, Livraria do Advogado, 1998.

SARTORI, Giovanni. *Engenharia Constitucional. Como mudam as Constituições*. Brasília, UnB, 1996.

STRECK, Lenio. *Hermenêutica Jurídica e(m) Crise*. Porto Alegre, Livraria do Advogado, 1999.

STRECK, Lenio Luiz; BOLZAN DE MORAIS, Jose Luis. *Ciência Política e Teoria Geral do Estado*. 4ª ed., Porto Alegre, Livraria do Advogado Editora, 2004.

VEGA, Pedro de. "Apuntes para una Historia de las Doctrinas Constitucionales del Siglo XX", in *Teoría de la Constitución*. Madrid, Editorial Trotta, 2000.

VERDUSSEN, Marc. "L'Application de la Convention Européenne des Droits de l'Homme par les Cours Constitutionnelles", in SEGADO, Francisco Fernadéz. *The Spanish Constitution in the European Constitutional Context*. Madrid, Dykinson, 2004.

WARAT, Luis Alberto. *Introdução Geral ao Direito. A Epistemologia Jurídica da Modernidade*. Porto Alegre, SAFE Editor, 1995.

# 18
A DIGNIDADE DA PESSOA HUMANA E O DIREITO À VIDA

ROGÉRIO MAGNUS VARELA GONÇALVES

1. Introdução. 2. O princípio da dignidade da pessoa humana. 3. O princípio vida. 4. A eventual colisão dos princípios (vida e dignidade). 5. A ponderação de interesses. 6. Alguns "hard cases" entre o direito à vida e a dignidade da pessoa humana: 6.1 A pena de morte; 6.2 O aborto eugênico; 6.3 A greve de fome (com intuito de óbito) em penitenciárias; 6.4 A eutanásia. 7. À guisa de conclusão.

1. Introdução

A dignidade da pessoa humana é objeto recorrente no estudo do moderno direito constitucional, razão pela qual se deve louvar o tema central escolhido pelos Organizadores deste livro coletivo.

O preceito em epígrafe cresceu em importância após os horrores cometidos na Segunda Guerra Mundial, sendo uma clara e necessária resposta aos notórios fatos de tratamento desumano, degradante e indigno a que foram submetidos os judeus e outras minorias perseguidas pelos nazistas (holocausto).

Nesta linha de pensamento, com o advento do término do supracitado confronto bélico, o constitucionalismo elevou a dignidade da pessoa humana à categoria de verdadeiro núcleo axiológico constitucional e, por conseguinte, a um *status* de valor jurídico supremo do subsistema normativo.[1]

Para atestar o que se alega, pede-se licença para transcrever breve passagem do preâmbulo da Declaração Universal dos Direitos Humanos,

---

1. Conferir o artigo de F. Fernández Segado, "La Dignidad de la Persona como Valor Supremo del Ordenamiento Jurídico Español y como Fuente de todos los Derechos", *Jus – Rivista di Scienze Giuridiche*, n. 2, pp. 201-233.

promulgada em 10 de dezembro de 1948, na qual resta evidente o local de destaque que se deve dar ao tratamento digno para os seres humanos, senão vejamos:

"Declaração Universal dos Direitos Humanos – *DUDH*

"Preâmbulo

"Considerando que o reconhecimento da dignidade inerente a todos os membros da família humana e dos seus direitos iguais e inalienáveis constitui o fundamento da liberdade, da justiça e da paz no mundo;

"Considerando que o desconhecimento e o desprezo dos direitos do Homem conduziram a atos de barbárie que revoltam a consciência da Humanidade e que o advento de um mundo em que os seres humanos sejam livres de falar e de crer, libertos do terror e da miséria, foi proclamado como a mais alta inspiração do Homem;

"Considerando que é essencial a proteção dos direitos do Homem através de um regime de direito, para que o Homem não seja compelido, em supremo recurso, à revolta contra a tirania e a opressão; (...)."

No que diz respeito ao direito constitucional brasileiro, cumpre relembrar que o primado da dignidade da pessoa humana, expressamente inserido no inciso III, do art. 5º da Carta Constitucional vigente no Brasil, é considerado como uma das vigas mestras dos direitos fundamentais.

É nessa perspectiva (sob o olhar da dignidade do ente humano) que se pretende estudar a temática do direito à vida e a sua eventual relativização.

Com efeito, é clássica a idéia de que a vida é sagrada. A influência religiosa desta assertiva é inconteste, eis que apenas quem deu a vida (o Criador, para quem nele acredita) é que poderia ceifar a própria existência humana. Logo, a vida não seria apenas um direito, tendo mesmo ares de um dever.

Todavia, com um claro processo de secularização do mundo moderno, várias destas premissas de cunho metafísico começaram a ser questionadas. O direito à vida, outrora uma questão absoluta e inatingível, passou a ser posto em causa.

Nesta linha de pensamento, existem os que defendem a despenalização da prática de aborto; a possibilidade de implementação da pena de morte; e a possibilidade da não punição pela realização da eutanásia.

Essa discussão não é inovadora, porém ganhou novo e importante capítulo com a elaboração do Tratado que estabelece uma Constituição para a Europa.² Trata-se da disposição nas normas no corpo do documento normativo europeu. Usualmente, o direito à vida é inserido no frontispício dos Diplomas Legais desta natureza. Contudo, na disposição em comento, vê-se que o direito à vida foi localizado apenas no art. 2º, enquanto que o direito à dignidade da pessoa humana ficou plasmado no art. 1º do Tratado Europeu.

E não se pense que a disposição das normas dentro de uma unidade constitucional (ou de um Tratado Constitucional, como é o caso) é apenas topográfica ou geográfica, pois é de todos sabido que as normas mais relevantes devem ficar em posições cimeiras e da fachada constitucional.

Sendo assim, foram reavivadas as discussões acerca da possibilidade de se relativizar o direito à vida. Alguns defendem a idéia de que vida sem dignidade não é uma verdadeira vida, razão pela qual seria plenamente aceitável a relativização do direito à vida. A outra corrente ideológica assevera que a vida é pressuposto lógico da dignidade da pessoa humana, ou seja, não há que se cogitar da vida ser digna ou indigna se não houver a vida em si. Logo, advogam a tese de que o direito à vida não pode ser apequenado.

Um exemplo recente da história da humanidade trouxe à tona esta celeuma: o caso da Senhora Terri Schiavo, que ficara internada por mais de quinze anos com danos encefálicos severos (com vida praticamente vegetativa) e que veio a falecer no dia 31 de março de 2005, treze dias após de ter sido privada da alimentação e hidratação que recebia por intermédio de máquinas hospitalares. A ordem para a retirada dos tubos que a mantinham "viva" foi dada pelo Tribunal da Flórida, atendendo a um apelo do seu marido, o Senhor Michael Schiavo.

É com o intuito de tecer breves considerações acerca do que vem a ser dignidade da vida que se escreve este singelo texto. Registre-se, desde já, que o texto mais objetiva instigar uma reflexão acerca do tema do que trazer respostas escolares e professorais.

Feita esta breve abordagem introdutória, que serve mais para a apresentação do tema a ser tratado, forçoso navegar pelos revoltos mares da temática do direito à vida e da dignidade da pessoa humana.

2. A norma de direito internacional em comento foi subscrita pelos então 25 representantes da União Européia, especificamente na cidade de Roma, em data de 29 de outubro de 2004. Registre-se, oportunamente, que ela entraria em vigor em 1º de novembro de 2006, consoante se infere da leitura do item IV, do art. 447 da referida normatização. Todavia, a reprovação do povo francês e holandês coloca em dúvida a própria aplicabilidade do Tratado.

2. O princípio da dignidade da pessoa humana

A dignidade da pessoa humana foi elevada ao patamar de princípio constitucional em numerosos países. Apenas a título ilustrativo, permite-se fazer uma breve visitação a alguns dos Textos Magnos que pugnaram por constitucionalizar o preceito da dignidade humana.

Na Alemanha, a sua Carta Constitucional de 1949 foi explícita ao dizer que "a dignidade humana é inviolável. Respeitá-la e protegê-la é obrigação de todos os Poderes estatais" (art. 1º, n. 1).

A Norma Ápice de Portugal, promulgada em 1976, insere a dignidade da pessoa humana no rol de seus princípios fundamentais, o que se pode constatar da mera leitura seu art. 1º: "Portugal é uma República soberana, baseada na dignidade da pessoa humana e na vontade popular e empenhada na construção de uma sociedade livre, justa e solidária".

A Lei Fundamental da Espanha, datada de 1978, assevera que "a dignidade da pessoa, os direitos invioláveis que lhe são inerentes, o livre desenvolvimento da personalidade, o respeito à lei e aos direitos dos outros são fundamentos da ordem política e da paz social" (art. 10, n. 1).

No Brasil, o inciso III do art. 1º da Lei Maior de 1988 é categórico em dizer que a dignidade da pessoa humana é um dos fundamentos da República Federativa do Brasil.

Não obstante o cânone da dignidade da pessoa humana estar, como visto acima, insculpido em vários ordenamentos jurídico-constitucionais, forçoso reconhecer o elevado grau de dificuldade de sua conceituação.[3] Reputa-se tal dificuldade a certa vagueza e fluidez dos elementos caracterizadores da dignidade, havendo mesmo que se falar na existência de várias dimensões da dignidade.[4]

É claramente mais fácil sentir o que é digno ou indigno em face do ente humano do que, de forma acadêmica, professoral e hermética, atri-

---

3. "Ainda que as considerações até agora tecidas já possam ter lançado alguma luz sobre o significado e o conteúdo da dignidade da pessoa humana, não há como negar, de outra parte, que uma conceituação clara do que efetivamente seja esta dignidade, inclusive para efeitos de definição do seu âmbito de proteção como norma jurídica fundamental, se revela no mínimo difícil de ser obtida, isto sem falar na questionável (e questionada) viabilidade de se alcançar algum conceito satisfatório do que, afinal de contas, é e significa a dignidade da pessoa humana hoje" (Ingo Wolfgang Sarlet, *Dignidade da Pessoa Humana e Direitos Fundamentais na Constituição Federal de 1988*, pp. 38-39).

4. Quem pretender uma visão mais geral das possibilidades conceituais e aplicativas da dignidade deverá promover a leitura da seguinte obra (que se nos apresenta como incontornável): Ingo Wolfgang Sarlet (Org.), *Dimensões da Dignidade: Ensaios de Filosofia do Direito e Direito Constitucional*, 2005.

buir um conceito dessa mesma dignidade. O homem comum pode até desconhecer qualquer dos conceitos de dignidade da pessoa humana. Todavia, sabe identificar uma situação concreta de tratamento indigno para com ele próprio ou com relação a um semelhante.

Dürig foi muito sensível a esta constatação social do que seja ser tratado de forma digna ou indigna e desenvolveu a idéia da "fórmula do objeto", posteriormente acatada pela Corte Constitucional germânica. A base de sua teoria residia no fato de que se o indivíduo fosse tratado como mero objeto pelo Estado (a coisificação do homem) ou se o mesmo ente público o tratasse com total desprezo, ignorando suas necessidades vitais básicas (a nadificação do homem), estaria sendo ferida a dignidade da pessoa humana.[5]

Contudo, não obstante a missão de se definir o que venha a ser dignidade da pessoa humana seja claramente difícil e inglória, pedimos licença para transcrever alguns autores que se aventuraram em levar adiante a empreitada para, ao final deste tópico, encontrar – ao menos – elementos integrantes do referido preceito.

Para Canotilho, quando explica a inclusão da dignidade da pessoa humana na esfera constitutiva da República de Portugal, "trata-se do princípio antrópico que acolhe a idéia pré-moderna e moderna de *dignitas-hominis* (Pico della Mirandola), ou seja, do indivíduo conformador de si próprio e da sua vida segundo o seu próprio projeto espiritual (*plastes et fictor*)".[6]

Já para Gouveia, "o princípio da dignidade da pessoa humana, como relevante manifestação material do princípio do Estado de Direito, significa, de um modo geral, que a pessoa é colocada como o fim supremo do Estado e do Direito".[7]

---

5. Acerca do tema, vide o muito bom trabalho de Jorge Reis Novais, *Os Princípios Constitucionais Estruturantes da República Portuguesa*, 2004. Do texto acima se permite fazer a seguinte transcrição: "Foi perante esta impossibilidade que no pós-guerra, designadamente na Alemanha, onde os abusos extremos verificados no período anterior estimularam uma nova reflexão, ganhou corpo uma nova configuração do princípio da dignidade da pessoa humana que, sob influência doutrinária de Dürig e posterior acolhimento pelo Tribunal Constitucional alemão, viria a ser conhecida como 'fórmula do objecto'. Numa clara inspiração Kantiana – no sentido do reconhecimento da independência e valor intrínseco da pessoa como fim em si mesma, como algo que não é substituível ou sujeito a um preço – sustenta-se, agora, que a dignidade é violada quando a pessoa é degradada ao nível de uma coisa ou de um objecto do actuar estatal, na medida em que a pessoa deixe de ser considerada como sujeito autónomo e fim em si para ser tratada como instrumento ou meio de realização de fins alheios" (pp. 56-57).
6. J. J. Gomes Canotilho, *Direito Constitucional...*, cit., p. 225.
7. Jorge Bacelar Gouveia, *Manual de Direito Constitucional*, vol. II, pp. 784-785.

Para Sarlet, não se pode perder de vista que qualquer conceito deste princípio deve levar em conta uma dupla perspectiva (ontológica e instrumental), bem como atender a uma dimensão simultaneamente negativa (defensiva – o Estado não agressor) e positiva (prestacional – o Estado que não se limita a não interferir negativamente na vida dos cidadãos, mas que interfere de forma positiva). Sendo assim, ele propõe a seguinte definição: "Assim sendo, temos por dignidade da pessoa humana a qualidade intrínseca e distinta de cada ser humano que o faz merecedor do mesmo respeito e consideração por parte do Estado e da comunidade, implicando, neste sentido, um complexo de direitos e deveres fundamentais que assegurem a pessoa tanto contra todo e qualquer ato de cunho degradante e desumano, como venham a lhe garantir as condições existenciais mínimas para uma vida saudável, além de propiciar e promover sua participação ativa e co-responsável nos destinos da própria existência e da vida em comunhão com os demais seres humanos".[8]

Ao término das lições acima, quer parecer inequívoca a idéia de que a dignidade da pessoa humana se mostra como a viga mestra dos direitos fundamentais. Igualmente, resta indiscutível a interligação entre a dignidade da pessoa humana e o livre desenvolvimento da personalidade de cada indivíduo (e para o intuito mais direto deste escrito tal fato se revela muito importante quando se estuda a autonomia da vontade para o suicídio, a eutanásia, o aborto e questões correlatas).

Feitas estas breves incursões no rico mundo da dignidade da pessoa humana, acredita-se que já é chegada a hora de percorrer o caminho do direito ou do princípio vida.

3. O princípio vida

A vida pode ser estudada sob um prisma mais global, aí não se limitando a uma existência biológica ou somática (em que se vai dar importância à boa qualidade de vida e seus desdobramentos). Em contrapartida, pode ser vista sob o olhar mais reducionista de uma mera existência humana. O texto ora escrito segue, como já deve ter ficado claro ao leitor, a primeira corrente.

Todavia, por respeito ao pensar discordante e atento ao dever dialético de trabalhos desta natureza, pede-se licença para transcrever o conceito redutivo de vida de Kloepfer, para quem: "O direito à vida é o direito de viver. Ele abrange a existência corporal, a existência biológica

---

8. Ingo Wolfgang Sarlet, *Dignidade da Pessoa Humana*..., cit., p. 62.

e física, que é pressuposto vital para a utilização de todos os direitos fundamentais. A proteção refere-se, aqui, à vida individual, não apenas à vida humana em geral. Fenômenos vinculados à consciência ou a um determinado estágio de desenvolvimento corporal não são decisivos; proíbem-se, por isso, de acordo com a opinião dominante, valorações de ordem social, do ponto de vista do desenvolvimento da Medicina, de ordem política, racial ou quaisquer outras, da vida que merece proteção. *A vida é compreendida, então, num sentido exclusivamente biológico ou fisiológico*"[9] (sem itálicos no original).

Quer aparentar que não foi feliz o Autor germânico em apequenar a vida a uma questão apenas fisiológica, olvidando outras dimensões que com ela se entrelaçam.

Registre-se que a defesa da vida é algo tão relevante para a maioria dos ordenamentos jurídicos que ela (a vida) é considerada, na generalidade dos países, como sendo detentora de caráter de inviolabilidade. Apenas a título ilustrativo, pede-se licença para recordar que a Constituição da República de Portugal afirma, em seu n. 1, do art. 24, que "a vida humana é inviolável".

Muito embora se reconheça a posição de destaque que é dada ao direito à vida – em virtude da influência do cristianismo, bem como em decorrência da maneira como a sociedade ocidental encara o óbito –, não se pode perder de vista que tal direito não é absoluto.

Confirmando o que se alega, é de bom alvitre relembrar que o próprio Texto Magno do Brasil prevê, de forma não usual, a pena de morte (inciso XLVII do art. 5º). Conjugando o já citado artigo com o art. 84, XIX da mesma Lei Maior e com os artigos 355 e seguintes do Código Penal Militar, tem-se que os principais casos em que se permite a pena de morte são os seguintes: os casos de traição; de favorecimento do inimigo; de tentativa contra a soberania nacional; de coação a comandantes; informação ou auxílio ao inimigo; aliciação militar; ato prejudicial à eficiência das tropas; covardia qualificada; fuga em presença do inimigo; espionagem contra a nação brasileira; motim, revolta ou conspiração; incitamento em presença do inimigo; rendição ou capitulação; danos em bens de interesse militar do Brasil; crime de perigo comum; recusa de obediência em operação; violência contra superior ou militar em serviço; abandono do posto; deserção em presença de inimigo; libertação de prisioneiro; evasão e amotinamento de prisioneiros; homicídio qualificado e genocídio.

---

9. Michael Kloepfer, "Vida e Dignidade da Pessoa Humana", in Ingo Wolfgang Sarlet (Org.), *Dimensões da Dignidade...*, cit., pp. 158-159.

No campo infraconstitucional também se permite, de forma excepcional, a interrupção da vida (no caso em questão da vida intra-uterina), quando o art. 128 do Código Penal brasileiro possibilita o aborto terapêutico (quando inexistir outro meio de salvar a vida da gestante) e o sentimental (quando o estado gravídico resultar de comprovado estupro).

Antigas verdades tidas por indiscutíveis sobre a vida, seu início e o seu fecho têm sido postas à prova. Saber qual o momento do surgimento e do fim da vida é de suma importância para o enfrentamento de questões como o aborto e a eutanásia.

Acerca do início da vida, podem ser listadas cinco respostas básicas da ciência, a saber: a visão genética (que teoriza que a vida humana começa na fertilização, opinião que hoje é acatada pela Igreja Católica); a visão embriológica (segundo a qual a vida humana tem início na terceira semana de gestação); a visão neurológica (a vida só teria início com a atividade elétrica do cérebro, sendo certo que não há consenso temporal, eis que alguns estudiosos já afirmam existir tais sinais na 8ª semana de gestação, enquanto que outros só o encontram na 20ª semana. A razão central desta teoria decorre do fato da necessidade de uniformização de critérios com relação ao momento terminal da vida, cuja corrente majoritária afirma ser a morte cerebral); a visão ecológica (que leva em consideração a capacidade de vida fora do útero, algo que ficaria entre a 20ª e a 24ª semana, sendo induvidoso que este foi o critério seguido pela Corte Constitucional norte-americana, no julgamento permissivo do aborto naquele país) e a visão metabólica (segundo a qual a questão do início da vida humana é irrelevante).

No que tange ao término da vida, a maioria dos estudiosos advoga a tese de que a existência de atividade cerebral é que determina a presença de qualquer sopro de vida nos seres humanos. Contudo, casos como o de Trisha Marshall coloca novos ingredientes nesta discussão. A cidadã em referência foi alvejada com um tiro na cabeça quando realizava um assalto nos Estados Unidos da América. Foi interna em um hospital da Califórnia, precisamente em 1993, sendo diagnosticada a sua morte cerebral. Entrementes, foi mantida "viva" ligada a aparelhos durante 104 dias, sendo que em 4 de agosto de 1993 ela (um ser já tido como morto há mais de três meses) trazia à vida seu filho.

Longe de tentar olvidar ou desconsiderar a importância da vida humana, o texto apenas se permite indagar se a vida é um bem em si mesmo, ou se ela deveria sempre ser conjugada com fatores tais quais: a boa qualidade de vida e a existência de uma vida digna. Interligada com esta problemática encontra-se a questão de ser adequado termos um início e um desenvolvimento digno de nossas vidas, igualmente se nos parece adequado que exista um término digno de nossas existências.

A melhor doutrina que se debruça sobre o princípio vida entende que as pretensões reconduzíveis ao direito à vida são, fundamentalmente, três: a pretensão à conquista da vida; a pretensão da manutenção da vida; e a pretensão de se renunciar à vida.

Neste particular, podem surgir algumas conflituosidades entre a vida e a dignidade, o que será abordado em seguida.

4. A eventual colisão dos princípios (vida e dignidade)

Seria adequado que todos os seres humanos tivessem a possibilidade de ter uma vida digna. Contudo, nem todos são tão afortunados. Milhões de pessoas passam por situação de extrema miséria ou suportam problemas físicos e/ou mentais claramente incapacitantes e incuráveis.

O mundo, não obstante pouco faça para mudar o dantesco quadro, é seguidamente assolado com perturbadoras imagens de fome e de flagelo (mormente em países pobres).

Por conseguinte, vê-se que a dignidade da vida nem sempre está presente.

Por fim, de se afastar as alegações de Mário Raposo,[10] para quem a aparente colisão de direitos fundamentais (direito à vida e o direito à dignidade da pessoa humana) seria facilmente superável, porquanto sempre se deveria prestigiar a vida (eis que ele entende ser um valor absoluto) em detrimento até mesmo da dignidade (que teria um valor relativo).

A distância desta opção teórica é a mesma mantida com relação aos que pensem de forma diametralmente oposta (sempre deixando o direito à vida em patamar secundário), porque ambas as teorias pecam pelo julgamento *a priori*, ou seja, por um conceito pré-estabelecido (uma verdadeira pré-compreensão ou pré-conceito acerca do tema), sendo recomendável a análise tópica e pontual para ser possível se chegar a uma resposta juridicamente mais satisfatória e sem apriorismos.

O texto segue, neste particular, os ensinamentos de Gustavo Zagrebelsky, quando advoga a tese de um direito constitucional flexível (dúctil), em que não poderia prosperar qualquer idéia de absolutismo deste

---

10. Mário. Eutanásia Raposo, "Alguns Problemas Envolvidos", *Brotéria (Revista de Cultura)*, n. 150, vol. 2, pp. 267-281.

ou daquele princípio, consoante se infere da seguinte transcrição: "Se cada princípio e cada valor se entendessem como conceitos absolutos seria impossível admitir outros juntos a eles. É o tema do conflito de valores, que queríamos resolver dando a vitória a todos, mesmo que não ignoremos sua tendência para serem inconciliáveis. O tempo presente parece dominar a aspiração a algo que é conceitualmente impossível, mas altamente desejável na prática: não há prevalência de um só valor e de um só princípio, sim a salvaguarda de vários simultaneamente. O imperativo teórico de não contradição – válido para a ciência jurídica – não deveria obstaculizar o trabalho, próprio da jurisprudência, de tentar realizar positivamente a concordância prática das diversidades e inclusive das contradições que, mesmo sendo tais na teoria, não deixam de ser desejáveis na prática. 'Positivamente': não, portanto, mediante a simples amputação das potencialidades constitucionais, mas sim principalmente mediante prudentes soluções acumulativas, combinatórias, compensatórias, que conduzam os princípios constitucionais a um desenvolvimento conjunto e não a um declive conjunto".[11]

Nesta linha de tirocínio, entende que a ponderação de interesses constitucionais seria uma resposta interessante e madura ao problema.

5. *A ponderação de interesses*[12]

A ponderação de interesses busca, constatado um conflito de interesses legítimos, um melhor equilíbrio possível entre os princípios colidentes (*in casu*, o princípio vida e a dignidade da pessoa humana).

O texto segue de perto, neste momento, o pensamento de Ana Paula de Barcellos, para quem "a ponderação pode ser descrita como uma técnica de decisão própria para os casos difíceis (do inglês 'hard cases'), em relação aos quais o raciocínio tradicional da subsunção não é adequado".[13]

Já Canotilho assegura que "as idéias de ponderação (*Abwägung*) ou de balanceamento (*balancing*) surgem em todo o lado onde haja a ne-

---

11. Gustavo Zagrebelsky, *El Derecho Dúctil. Ley, Derechos, Justicia*, p. 16 (tradução livre do Autor).
12. Quem pretender um estudo específico nesta temática (já que aqui apenas iremos dar um olhar claramente superficial na matéria) não pode se privar da leitura de Jorge Reis Novais, *As Restrições aos Direitos Fundamentais Não Expressamente Autorizados pela Constituição*, pp. 639-725.
13. Ana Paula de Barcellos, na obra coletiva organizada por Luís Roberto Barroso, *A nova Interpretação Constitucional: Ponderação, Direitos Fundamentais e Relações Privadas*, p. 55.

cessidade de encontrar o direito pra resolver os casos de tensão (F. Ossenbühl) entre bens juridicamente protegidos".[14]

A doutrina desenvolveu duas soluções para casos em que há aparente choque entre princípios jurídicos, a saber: a concordância prática (que encontra em Konrad Hesse um dos seus mais eminentes defensores) e a dimensão de peso ou de importância (capitaneada por Ronald Dworkin).

O ponto de interseção das duas correntes apontadas acima é o fato de que o princípio da proporcionalidade seria utilizado como um metaprincípio, na tentativa de preservar o mais que possível os preceitos constitucionais em cotejo ou confronto.

Canotilho, ao estudar o primado da concordância prática o faz em associação com o preceito da especificidade, afirmando que "as relações de complementaridade, de condicionamento e imbricação entre os princípios estruturantes explicam o sentido da especificidade e concordância prática: a especificidade (conteúdo, extensão e alcance) própria de cada princípio não exige o sacrifício unilateral de um princípio em relação aos outros, antes aponta para uma tarefa de harmonização, de forma a obter-se a máxima efectividade de todos eles".[15]

Já a dimensão de peso ou de importância, como outro critério mobilizado para enfrentar os eventuais choques entre vida e dignidade (partindo-se do paradigma da ponderação de interesses), parte da afirmativa de que os princípios divergem das normas, porquanto estas estariam pautadas na lógica do tudo (cumprimento integral) ou do nada (desrespeito total ao comando normativo).

Apenas para corroborar com o que foi dito é de bom tom transcrever breve passagem do pensar de Dworkin quando diz que os princípios "possuem uma dimensão que não é própria das regras jurídicas: a dimensão do peso ou importância. Assim, quando se entrecruzam vários princípios, quem há de resolver o conflito deve levar em conta o peso relativo de cada um deles (...). As regras não possuem tal dimensão. Não podemos afirmar que uma delas, no interior do sistema normativo, é mais importante do que outra, de modo que, no caso de conflito entre ambas, deve prevalecer uma em virtude de seu peso maior. Se duas regras entram em conflito, uma delas não é válida".[16]

14. J. J. Gomes Canotilho, *Direito Constitucional e Teoria da Constituição*, cit., pp. 1.236-1.237.
15. Idem, ibidem, pp. 1.186-1.187.
16. *Apud* Ruy Samuel Espíndola, *Conceito de Princípios Constitucionais*, p. 65.

Não parece existir uma forma mais acertada, sendo indiscutível e natural o fato de que o direito de origem romano-germânica tenha seguido mais de perto a idéia da concordância prática, enquanto que o direito saxão tenha se posicionado mais em favor da dimensão de peso ou importância dos cânones envolvidos.

Com efeito, pode-se até mesmo cogitar da aplicação seqüenciada dos dois recursos apontados pela doutrina. Primeiramente, aplicar-se-ia a concordância prática. Caso não seja possível suplantar o impasse apenas com a sua mobilização, seria também utilizada a lógica de se mensurar o peso e importância dos princípios em jogo, sacrificando, o mínimo possível, o princípio que no cotejo tem menor valia.

6. Alguns hard cases entre o direito à vida e a dignidade da pessoa humana

6.1 A pena de morte

A pena de morte – a aplicação de uma sentença por parte do Poder Judiciário – consistente em retirar legalmente a vida de um indivíduo que cometera um crime considerado pelo Estado suficientemente grave e justo de ser punido com o óbito.

Registre-se que a grande maioria das democracias do Globo não aceita a aplicação da pena letal, sendo igualmente certo que a Convenção Européia de Direitos Humanos (elaborada em 1950 e como forte resposta às atrocidades cometidas na II Guerra Mundial) recomenda a sua extirpação.

Contudo, ainda existe a previsão de sua aplicação na maioria dos países árabes, nos Estados Unidos da América (em 38 dos 50 Estados federados), Irã, Paquistão, Cingapura, Afeganistão, Indonésia e Japão.

Vejamos alguns argumentos mobilizados para a não aplicação da pena de morte.

Um dos elementos que não se pode olvidar é o fato de que o Poder Judiciário, até pela circunstância de ser composto de seres humanos, necessariamente falíveis, poderia ceifar a vida de um sem número de inocentes. Neste particular, quer parecer mais prudente e defensável manter centenas ou milhares de culpados vivos (e pagando pelas suas infrações penais de outras formas: pena privativa de liberdade, suspensão ou interdição de direitos, perda de bens, multa ou prestação social alternativa) do que promover o assassinato estatal de um só inocente.

Outro aspecto que não pode passar ao largo desta discussão é a idéia da extirpação da parte para a salvação do todo. Em outras palavras, e em termos metafóricos, seria uma forma de se excluir uma laranja podre para salvar o cesto de boas laranjas. Sendo assim, a pena de morte seria apenas uma forma de proteger a maioria das pessoas. Esse pensamento é assaz perigoso, eis que o indivíduo que defende esta linha de pensar sempre se tem como todo (a ser mantido) e nunca como a parte (a ser extirpada). Ninguém que defende este argumento se imagina na posição do excluído e, sim, na do incluído.

Se, por exemplo, o "Estado paralelo" que domina parte dos morros e favelas no Rio de Janeiro conseguisse subjugar o Estado oficial, quem nos garante, aplicando-se essa teoria de exclusão da parte para a salvação do todo, que nós não seríamos os excluídos? Se a marcha de Adolf Hitler tivesse prosseguido será que ele não poderia entender da necessidade de eliminação dos sul-americanos, ante a sua suposta inferioridade com relação à raça ariana?

Elemento relevante quando se fala na implementação da pena fatal tem cunho religioso: é o fato de que se apenas um ser divino teria a possibilidade de dar a vida, apenas ele teria também a legitimidade de suprimi-la.

A majoritária doutrina constitucional italiana utiliza dois elementos para não aceitar a pena fatal, a saber: o princípio da finalidade reeducativa da pena (que perderia a sua razão de existência em casos de assassínio do criminoso) e o princípio de que a pena não pode contrariar o valor da humanidade.[17] No que toca ao texto constitucional vigente no Brasil, merece registro que o inciso III do art. 5º não permite o tratamento desumano, degradante ou a tortura, fatores que se somam no sentido de não aplicação da punição em testilha.

Por fim, tem-se que a pena de morte não se mostra apta a diminuir os índices de criminalidade. Com efeito, nos países em que ela permanece em vigor, não houve o alcance do objetivo de sua implantação, que seria dar maior segurança para a população.

Por todos estes fatores, faz-se mister externar juízo valorativo amplamente negativo à punição em testilha, entendendo que fizeram bem as Constituições da Espanha (art. 15), de Portugal (art. 24) e do Brasil (art. 5º, inciso XLVII), em não aceitar, via de regra, a pena de morte, porquanto há clara ausência de legitimação estatal para impor a referida punição capital.

17. Maria Beatrice Magro, "Pena di Morte e Principi Costituzionali", *Archivio Giuridico*, vol. CCXXIII, fasc. IV, pp. 449-457.

6.2 O aborto eugênico

A legislação brasileira não permite o aborto eugênico, que se caracteriza pela inviabilidade de vida extra-uterina do nascituro ou ainda quando a criança tem a possibilidade de sofrer graves deformidades.

Muito se discute o fato de as Cortes de Justiça não permitirem o abortamento nos casos de fetos que sofrem de anencefalia (má formação fetal em que não existe abóbada craniana e os hemisférios cerebrais ou não existem, ou se apresentam como pequenas formações aderidas à base do crânio).

As questões que são postas dizem respeito a certa contradição entre a permissão de abortar e a sua vedação.

Sim, se é permitido que a mãe aborte uma criança que tenha viabilidade de vida extra-uterina, como ocorre nos casos de aborto sentimental (gravidez decorrente de estupro), porque não permitir a interrupção voluntária da gravidez em casos de completa impossibilidade de vida. Sendo assim, parece que a vida real tem sido pouco considerada pelo legislador e pelo aplicador da norma.

Um dos argumentos contrários ao que foi exposto acima é o sofrimento que a mãe teria quando olhasse para o seu filho, sendo este fruto de uma relação sexual forçada. Ora, nada impediria que a mãe tivesse o filho (já que existe viabilidade fetal) e levasse o recém-nascido para um orfanato, onde ele poderia ser adotado e ter uma vida digna.

Outro argumento daqueles que advogam a tese do aborto sentimental em detrimento do eugênico é que seria muito penoso (uma verdadeira agressão psicológica) para a mãe carregar em seu ventre, durante cerca de 40 (quarenta) semanas um feto originado em uma violência sexual. O texto entende que igualmente ou até mesmo mais sofrido é o fato de uma mãe carregar em seu útero uma criança que irá nascer e se despedir da genitora em poucos minutos ou horas.

Sem ter o interesse de ser contraditório, entende que diversa é a questão referente a pretensão de aborto eugênico nos casos de possibilidade real e concreta de a criança nascer com defeitos físicos. Nestes casos, a inclinação do texto ora formulado é no sentido de acreditar que houve acerto estatal em não admitir a interrupção da gravidez.

Acredita-se que a tentativa de inibir a gênese de seres humanos portadores de alguma deficiência (ou especificidade física) é tentar promover, *a priori*, uma odiosa seleção (seleção esta que não seguiria os parâmetros de Charles Darwin, eis que não seria natural e sim com a ingerência humana).

Quando indagado sobre este tema,[18] só se tem a recordar o quanto evoluiu a cosmologia e a física teórica a partir dos estudos e ensinamentos de Stephen Hawking (portador de esclerose amiotrófica lateral, uma incomum doença degenerativa que paralisa, um a um, os músculos do corpo). Igualmente, não se pode olvidar o quanto é agradável escutar as sinfonias de Ludwig van Beethoven (que entre 1816 e 1827 ainda compôs excelentes músicas, mesmo em estado de total surdez). De igual sorte, são instigantes e inspiradoras as obras de arte do Mestre Aleijadinho (cuja doença degenerativa dos membros não o impediu de ser um dos expoentes da escultura brasileira de todos os tempos). Por fim, jamais por último, não se pode deixar de citar o contributo literário dado por Machado de Assis (que possuía saúde frágil, era gago e epilético).

Em suma, milhares ou milhões de pessoas ditas normais e aparentemente sem nenhum defeito físico trouxeram pouca ou nenhuma real contribuição para o progresso da humanidade, enquanto que os citados acima são sempre lembrados (não obstante o fato de terem alguns caracteres físicos específicos) como colaboradores para o crescimento científico e cultural dos povos.

6.3 A greve de fome (com intuito de óbito) em penitenciárias

Não raras vezes os presidiários expressam, das mais variadas formas possíveis, sua inconformidade com o fato de estarem presos, bem como em face do tratamento recebido pelas autoridades prisionais.

Uma das mais extremas formas de manifestação é justamente a greve de fome com o intuito de óbito, em que o detento não deseja ser atendido pelo quadro clínico, já também expressando que não poderia admitir a alimentação compulsória.

Cabe aqui indagar se o Estado (sentido genérico) teria legitimidade de interferir nesta escolha do preso ou em que momento e em que circunstâncias poderia tomar as rédeas da situação.

Antecipadamente, convém destacar que se está diante de uma clara situação de autocolação em perigo. Acerca do assunto, é de bom alvitre relembrar os ensinamentos de Gandara-Vallejo, para quem "há colocação

---

18. Indagação formulada ao Autor pelo Prof.-Dr. João Loureiro, nas aulas de doutoramento na Faculdade de Direito da Universidade de Coimbra, especificamente na sala do Conselho Científico, em janeiro de 2004.

em perigo quando alguém efetua ações que criam um perigo para si mesmo ou se expõe a um perigo já existente".[19]

Sim, o que se busca estabelecer é em que grau um outro presidiário ou o próprio Estado têm qualquer dever de assistência com relação ao indivíduo que deliberadamente quer ceifar a sua própria vida com a ausência de ingestão alimentar.

A priori, qualquer indivíduo tem o poder de – levando-se em conta a liberdade da pessoa – deixar de se alimentar. Contudo, o caso em comento é mais complexo, posto que a maioria das constituições ocidentais aduza que a integridade física e moral dos presos é um dever estatal (vide, à guisa de exemplo, o art. 5º, inciso XLIX da vigente Carta Constitucional do Brasil).

Logo, a matéria não é pacífica, sendo certo que as Cortes Constitucionais não têm sido uniformes no enfrentamento da questão. Três são os principais caminhos seguidos pela doutrina e pela jurisprudência.[20]

No Reino Unido (quando da apreciação dos presos do IRA que faziam a greve de fome com intuito terminal) foi acatada a tese do respeito absoluto da livre decisão do recluso de falecer por carência alimentar deliberada. Sendo assim, mesmo quando os presos perderam a consciência, foi respeitado o desejo manifestado e expresso em momentos anteriores, o que propiciou a efetivação do óbito.

Uma segunda possibilidade é a de permitir a intervenção médica em casos de grave comprometimento da saúde do preso, mesmo que ele ainda esteja consciente de seus atos e que não concorde com o auxílio clínico. Tal linha de tirocínio foi seguida nos autos de 3 de janeiro de 1990, do Julgado de Vigilância penitenciária de Guadalajara. O problema já suscitado pelos opositores deste pensar é o elevado grau de subjetividade em se saber em qual momento existe perigo e lesão grave para o detento.

Uma terceira forma de enfrentar esta problemática é a de aguardar que o preso possa perder a sua consciência e, ato contínuo, promover a assistência clínica. O argumento jurídico central é o de que o preso inconsciente perdeu o direito do arrependimento, razão pela qual o Estado tem o poder-dever de intervir. Pode-se até suscitar da existência de uma

---

19. Beatriz de La Gandara-Vallejo, *Consentimiento, Bien Jurídico e Imputación Objetiva*, p. 135.
20. Quem quiser se aprofundar na problemática encontrará a incontornável obra seguinte: Luísa Neto, *O Direito Fundamental à Disposição sobre o próprio Corpo (a Relevância da Vontade na Configuração do seu Regime)*, pp. 708-716.

vontade presumida do preso, agora não mais consciente (eis que o preso dizia a todos que gostaria de morrer por inanição ou mesmo tendo ele escrito este seu desejo), presunção esta que não tem o condão de afastar a interferência médica. Registre-se que esta última corrente é detentora de maioria de adeptos, bem como foi utilizada pelo Tribunal Constitucional da Espanha (120/90).

Quer parecer que esta derradeira forma de abordagem é a mais acertada e respeita em maior medida a liberdade do indivíduo.[21]

6.4 A eutanásia

Este tópico tem por objetivo específico responder à seguinte indagação: seria a eutanásia um direito?[22]

Para tentar responder de forma satisfatória ao questionamento, faz-se mister teorizar, mesmo que de forma superficial, acerca do conceito jurídico da eutanásia, de seu regime jurídico, de sua natureza jurídica e de sua fundamentação jurídica.

O conceito de eutanásia é indissociável de seu núcleo semântico tradicional, ou seja, conferir ou proporcionar a alguém uma boa morte ou uma morte suave, mormente quando o assistido se encontrar "numa fase terminal de sua vida, acometido por doença incurável e numa situação de profundo sofrimento".[23]

---

21. Acerca da matéria é muito feliz o texto a seguir reproduzido: "A decisão de um recluso em greve de fome reivindicatória, de não se submeter a tratamento médico nem alimentação forçada, enquanto não põe em perigo a liberdade dos demais – em cujo pressuposto deveriam intervir os poderes públicos para regular o conflito com base no interesse geral – e enquanto fruto de vontade reflexionada de pessoas totalmente capazes de se autodeterminarem, deve ser plenamente respeitada, diferindo-se o necessário momento da intervenção, não para o instante em que apareça o risco físico para a saúde ou vida, mas para aqueles em que, perdida a consciência, caem os pressupostos lógicos acabados de apontar" (Luísa Neto, *O Direito Fundamental...*, cit., pp. 713).

22. Quem tiver interesse de se aprofundar no tema encontrará um livro incontornável: Maria José Parejo Guzman, *La Eutanasia ¿un Derecho?*, 2005.

23. Jorge Miranda e Rui Medeiros, *Constituição Portuguesa Anotada*, t. I, p. 247. Do conceito exposto acima e ainda seguindo de perto as lições de Jorge Miranda e de Rui Medeiros, resta evidente que o texto ora escrito não admite como real eutanásia a prática nazista a chamada "eutanásia eugênica" (quando se suprimiam vidas, independentemente da vontade do paciente, quando este fosse acometido de maiores comprometimentos físicos ou psíquicos), não aceita como sendo eutanásia a nominada "eutanásia econômica ou social" (quando se eliminavam os que se constituíam em um fardo econômico para a sociedade, eis que não contribuíam para a geração de riquezas), bem como não entende

Não se pode olvidar o fato de que o assunto não é novo, sendo de todos conhecido o projeto desenvolvido por Goddard para a Sociedade Médica de Willesdon, em que se promove uma das primeiras defesas jurídicas da eutanásia (1907).

O argumento central para que se possa admitir a morte assistida decorre do fato de ela ser uma manifestação do direito à livre disposição. De se recordar, neste particular, que a moderna idéia de livre desenvolvimento da personalidade exige que qualquer tratamento médico (excetuando-se os casos em que o paciente se encontre fora de sua plenitude de tirocínio) seja tomado com o consentimento informado do doente.

Trata-se de uma mudança paradigmática na relação médico-paciente, saindo da era hipocrática (que advogava a tese de que o médico poderia fazer o que bem entendesse, eis que sempre buscava o melhor para o seu enfermo) para a era do consentimento informado (na qual o paciente tem o direito de dar ou não o seu aval para a realização de qualquer procedimento cirúrgico).

Sendo assim, é pacífico que uma intervenção cirúrgica exija a aquiescência do enfermo. Seguindo o mesmo pensar é que se admitiu na Holanda e na Bélgica que o paciente dê o seu consentimento informado no sentido de acabar com a própria vida, quando esta se mostra indigna, dolorosa e traumática para o requerente. Seria uma autêntica renúncia do direito fundamental à vida (e aqui cabe o leitor refletir acerca da renunciabilidade dos direitos fundamentais[24]), uma verdadeira aplicação do direito fundamental a dispor sobre o próprio organismo.

Registre-se, como contraponto e como forma de se entender que a matéria é assaz polêmica mesmo em sede de países integrantes da União Européia, que a Irlanda trata a eutanásia como homicídio comum, não existindo qualquer dispositivo penal que atribua pena menos gravosa pela referida prática. Já na Alemanha, a eutanásia ativa é vedada, sendo punível como sendo um homicídio a pedido da vítima (o que diminui a pena a ser aplicada). Igual tratamento é dado pelo direito material e processual penal em terras lusitanas, sendo que o art. 134 do Código Penal português é categórico em afirmar que o crime de homicídio a requeri-

---

estar diante de real eutanásia quando se fala em "eutanásia criminal" (supressão das vidas de criminosos que representam grave perigo para a sociedade). Também não se pode confundir com eutanásia as situações de suicídio e do "desligar da máquina" quando a morte cerebral já tiver sido apurada pelo corpo médico.
24. Jorge Reis Novais, "Renúncia a Direitos Fundamentais", in Jorge Miranda (Coord.), *Perspectivas Constitucionais*, vol. I, pp. 263 e ss.

mento (ao qual é equiparado o auxílio ao suicídio) é apenas punível com pena de um a três anos.[25]

A eutanásia pode ser ativa (quando o indivíduo realiza algum ato que acarretará a própria morte) ou passiva (quando o agente deixa de se submeter aos tratamentos médicos e, por conseguinte, irá falecer).

Merece registro que a problemática do desligar da máquina que mantém "vivo" um ser humano pode ser abordado sob a perspectiva da já citada teoria de Dürig (fórmula do objeto). Com efeito, se o indivíduo está irremediável e indefinidamente preso a qualquer maquinário para lhe manter com sinais básicos de vida, não seria ilícito afirmar que ele, com o passar do tempo, só existe atrelado ao referido equipamento. Por conseguinte, seria como que um prolongamento da máquina. Em outras palavras, ele estaria sendo coisificado a uma mera engrenagem da máquina.

A teoria da não aceitação (por ferimento ao dogma da dignidade humana) da coisificação ou da nadificação do homem foi utilizada, *verbi gratia*, para não admitir que em França houvesse a continuidade do bizarro entretenimento do arremesso dos anões. Frise-se que não obstante os próprios anões entendessem que não estavam sendo aviltados em sua dignidade, eis que com o inusitado ofício conseguiam sua mantença pessoal e de sua família, houve o entendimento de que seria aplicável ao caso concreto a idéia da proteção de si mesmo.

Com efeito, instado a se manifestar sobre a "diversão", o Conselho de Estado francês se posicionou pela impossibilidade de continuidade da prática, muito embora os próprios anões terem afirmado, na qualidade de litisconsortes passivos das casas de diversões noturnas que promoviam o dantesco entretenimento, que não se sentiam ultrajados com a sua equiparação a um projétil. Afirmavam, outrossim, que pior era quando não tinham emprego e ficavam impossibilitados do sustento próprio e da família.

O interesse dos anões era imediatista, nitidamente derivando de suas precárias situações financeiras. Todavia, a sua coisificação agredia toda a coletividade. Assim sendo, tem-se por reforçada a idéia de que o conceito de dignidade da pessoa humana transcende o indivíduo diretamente afetado com a questão.

---

25. Para uma visão mais global da questão do uso de uma mão externa para propiciar o final da vida, recomenda-se a leitura de Benedita Mac Crorie, "A Eutanásia e o Auxílio ao Suicídio na Carta dos Direitos Fundamentais da União Européia", *Scientia Jurídica: Revista de Direito Comparado Português e Brasileiro*, t. LII, n. 297, pp. 447-473, set.-dez./2003.

Igualmente, é claramente indigno se imaginar um ser humano coletando nos depósitos de lixo o seu alimento diário. Todavia, acaso indagado sobre o fato, o indigente fatalmente afirmaria – ante a necessidade de saciar a sua fome – que pior é sofrer de inanição.

É nesse contexto que deve ser entendido o primado da dignidade da pessoa humana, protegendo o indivíduo da sua própria vontade primeira, quando esta for uma expressão viciada ou turvada do que lhe seja mais vantajoso.

Nos dois casos acima indicados, melhor do que permitir a manutenção do lançamento dos anões ou a busca por restos de comida nos depósitos de lixo, seria conceder um emprego digno para ambos e permitir com isso que eles possam fazer frente a todas as suas necessidades vitais básicas.

Joaquim B. Barbosa Gomes, ao analisar a supracitada decisão do Conselho de Estado da França, afirmou que "a decisão ora comentada consagra um novo tipo de intervenção do poder de polícia: a que visa proteger o indivíduo contra si próprio".[26]

Venia concessa, mas o texto ora formulado ousa discordar do Autor referido, posto que não se trata de proteger o indivíduo dele mesmo, mas sim das circunstâncias que maculam o seu discernimento.

Transportando-se toda esta linha argumentativa e de pensamento para a questão da eutanásia (mormente no que diz com o desligar das máquinas), quer parecer que é tão ou mais legítimo permitir que o homem seja protegido de si mesmo (da sua vontade) ou de seus entes familiares (da vontade deles), quando ele é apequenado ao *status* de mero componente ou elemento da máquina que o mantém com aparência vital.

Não se advoga a idéia de ceifar vidas por motivos fúteis. A idéia, até mesmo divinal (para quem acredita na religião católica), é a de que Deus deu a vida e vida em abundância. A vida vegetativa não estaria, por conseguinte, dentro de um conceito de boa qualidade de vida. Sendo assim, o presente texto não entende como defensável a eutanásia ativa, admitindo apenas a passiva.

Acerca da eutanásia, a Igreja Católica a entende como um grave assassinato e uma afronta aos parâmetros mínimos de dignidade humana.

26. Joaquim B. Barbosa Gomes, "O Poder de Polícia e o Princípio da Dignidade da Pessoa Humana na Jurisprudência Francesa", *ADV – Seleções Jurídicas*, n. 12, p. 19, dez./1996.

Todavia, ela mesma entende que pode ser legítimo o sobrestamento de tratamentos médicos onerosos, perigosos, extraordinários e desproporcionados aos resultados esperados. O que a Igreja admite é a rejeição ao excesso terapêutico. Não se busca trazer a morte ao enfermo, mas sim se conformar com o fato de que ela por vezes não pode ser evitada.[27]

A matéria pode ser dividida em três situações fático-jurídicas, que aqui nos limitaremos a referir (ante a natureza introdutória do texto e com o claro intuito de deixar aflorar a força criativa e de decisão do leitor), a saber:

a) os casos em que o requerente da eutanásia é consciente e capaz;

b) os casos dos que sofrem de incapacidade mental, bem como os casos em que o doente não pode expressar claramente a sua vontade;

c) os casos de pessoas conscientes, porém incapazes.

Afirma, por fim e já precipitando qualquer conclusão (e respondendo ao questionamento firmado no frontispício deste tópico), que a eutanásia, acaso aceita, deve ser aplicada com muita parcimônia. Contudo, o texto concorda com os escritos testamentais de Ramón Sampedro,[28] quando ele afirmava que viver é um direito e não uma obrigação.

7. À guisa de conclusão

O texto ora concluído é claramente inconcluso. A pouca ortodoxia acadêmica e o aparente paradoxo são propositais, eis que a matéria envolve vários quadrantes e se vai desenvolver de acordo com a formação cultural, religiosa, social, econômica, antropológica e política de quem a aprecie. Sendo assim, tomar-se-á a liberdade de estabelecer premissas mais gerais para uma reflexão profunda e pessoal do leitor.

1) A constante evolução da ciência médica tem colocado em dúvida alguns critérios anteriormente aceitos sobre o marco temporal inicial e final da vida, o que – indubitavelmente – há de trazer conseqüências para o mundo jurídico;

2) falta ao Estado a legitimidade para interromper a vida dos indivíduos, não se podendo acatar a pena de morte;

---

27. Carta de João Paulo II para o Ano Internacional do Idoso, de 26.10.1999.
28. Espanhol que, por meio de eutanásia, faleceu na Aldeia de Xuño e que escreveu a angustiante vida que suportava (e não vivia) no livro *Cartas desde el Infierno*, posteriormente adaptado para a produção da película *Mar Adentro*.

3) acerca da eutanásia, tem-se que melhor do que falar em escolha do evento morte é se dizer optar como se vive enquanto se está a morrer;[29]

4) longe de tentar defender a "cultura de morte"[30] contra a vida nascente e a terminal, o texto se permite questionar se a vida deve ser mantida a qualquer preço (até mesmo contra a vontade e a dignidade do vivente);

5) vida e dignidade devem caminhar juntas, sendo claramente incindíveis. Vida sem dignidade não é vida.

Bibliografia

BARCELLOS, Ana Paula de. In BARROSO, Luís Roberto (Org.). *A nova Interpretação Constitucional: Ponderação, Direitos Fundamentais e Relações Privadas*. 2ª ed., Rio de Janeiro, Renovar, 2006.

CANOTILHO, J. J. Gomes. *Direito Constitucional e Teoria da Constituição*. 7ª ed., Coimbra, Coimbra Editora, 2003.

CRORIE, Benedita Mac. "A Eutanásia e o Auxílio ao Suicídio na Carta dos Direitos Fundamentais da União Européia", *Scientia Jurídica: Revista de Direito Comparado Português e Brasileiro*, t. LII, n. 297. Braga, set.-dez./2003.

ESPÍNDOLA, Ruy Samuel. *Conceito de Princípios Constitucionais*. São Paulo, Ed. RT, 1999.

GAFO, Javier. *La Eutanasia y el Arte de Morir*. Madrid, 1990.

GANDARA-VALLEJO, Beatriz de La. *Consentimiento, Bien Jurídico e Imputación Objetiva*. Madrid, Colex, 1995.

GOMES, Joaquim B. Barbosa. "O Poder de Polícia e o Princípio da Dignidade da Pessoa Humana na Jurisprudência Francesa", *ADV – Seleções Jurídicas* 12/19. Dez./1996.

GOUVEIA, Jorge Bacelar. *Manual de Direito Constitucional*, vol. II. Coimbra, Almedina, 2005.

KLOEPFER, Michael. "Vida e Dignidade da Pessoa Humana", in SARLET, Ingo Wolfgang (Org.). *Dimensões da Dignidade: Ensaios de Filosofia do Direito e Direito Constitucional*. Porto Alegre, Livraria do Advogado Editora, 2005.

MAGRO, Maria Beatrice. "Pena di Morte e Principi Costituzionali", *Archivio Giuridico*, vol. CCXXIII, fasc. IV, 2003.

MIRANDA, Jorge e MEDEIROS, Rui. *Constituição Portuguesa Anotada*, t. I. Coimbra, Coimbra Editora, 2005.

---

29. Javier Gafo, *La Eutanasia y el Arte de Morir*, pp. 14, 18, 27, 79, 87, 95 a 107.
30. Expressão cunhada por João Paulo II, na *Carta Encíclica "Evangelium Vitae"*.

NETO, Luísa. *O Direito Fundamental à Disposição sobre o próprio Corpo (a Relevância da Vontade na Configuração do seu Regime)*. Coimbra, Coimbra Editora, 2004.

NOVAIS, Jorge Reis. "Renúncia a Direitos Fundamentais", in MIRANDA, Jorge (Coord.). *Perspectivas Constitucionais*, vol. I. Coimbra, Coimbra Editora, 1996.

_____. *As Restrições aos Direitos Fundamentais Não Expressamente Autorizados pela Constituição*. Coimbra, Coimbra Editora, 2003.

_____. *Os Princípios Constitucionais Estruturantes da República Portuguesa*. Coimbra, Coimbra Editora, 2004.

PAREJO GUZMAN, Maria José. *La Eutanasia ¿un Derecho?* Navarra. Thomson Aranzadi, 2005.

RAPOSO, Mário. "Eutanásia. Alguns Problemas Envolvidos", *Brotéria (Revista de Cultura)*, n. 150 (vol. 2). Braga, 2000.

SARLET, Ingo Wolfgang. *Dignidade da Pessoa Humana e Direitos Fundamentais na Constituição Federal de 1988*. 2ª ed., Porto Alegre, Livraria do Advogado Editora, 2002.

_____ (Org.). *Dimensões da Dignidade: Ensaios de Filosofia do Direito e Direito Constitucional*. Porto Alegre, Livraria do Advogado Editora, 2005.

SEGADO, F. Fernández. "La Dignidad de la Persona como Valor Supremo del Ordenamiento Jurídico Español y como Fuente de todos los Derechos", *Jus – Rivista di Scienze Giuridiche*, n. 2. Ano L, Milano, Pubblicazioni dell'Università Cattolica, 2003.

ZAGREBELSKY, Gustavo. *El Derecho Dúctil. Ley, Derechos, Justicia*. Trad. de Marina Gascón. 5ª ed., Madrid, Trotta, 2003.

* * *

GRÁFICA PAYM
Tel. (011) 4392-3344
paym@terra.com.br